JN148078

尊厳の平等という未来へ

浅倉むつ子

尊厳の平等という未来へ

学術選書
267
労働法・ジェンダー

信山社

はしがき

2025年は，男女雇用機会均等法が制定され，国連の女性差別撤廃条約が日本で発効した1985年から数えて40年である。私たちは，戦後80年のちょうど折り返し時点で，これら2つのジェンダー平等を「志向する」法文書を手にしたのであり，その意味で1985年は，まさに日本の「平等元年」だった。私は，長年，「労働法」と「ジェンダー法」を研究してきたが，その中核には，常に，男女雇用機会均等法と女性差別撤廃条約があった。その40周年という記念すべき年に本書を出版できるのは，幸運なめぐり合わせである。

だが，「平等元年」からの40年は決して平坦な道のりではなく，ジェンダー平等を「推進」する力と「阻止」する力との激しい対立があった。女性差別撤廃条約は，差別をなくすには性別役割の変革が必要と宣言する画期的な国際文書だが，一方，性別役割を強固に支えそれに依拠する法制度は，なお根強く残り続けている。この日本社会の構造変革は容易ではない。たしかにこの間，いくつかの法改正が実現して，ジェンダー平等に向けた「前進」もあったものの，人権という視点からみると，先行する国々に比して日本の遅れは著しい。

もっとも，平等に対する揺り戻し（バックラッシュ）は全世界的な傾向である。UNウィメンによれば，2025年には，約25%の国々からバックラッシュの報告があったという。たしかに世界各地で民主主義は弱体化し，コロナ禍や武力紛争による女性の権利侵害，デジタル技術を用いた女性に対する暴力など，新たな差別は広がりをみせている。個人の尊厳が保障される社会を実現するためには，今後ともおおいなる努力が不可欠である。

本書には，2016年の単著（『雇用差別禁止法制の展望』有斐閣）以降に公表してきた研究論文を収録した。私は，2019年3月に早稲田大学を定年退職し，教壇にたつことはなくなったが，その後は「女性差別撤廃条約実現アクション」（2019年から），および「国際女性の地位協会」（2022年から）の共同代表としての仕事が増えた。前者は，女性差別撤廃条約の選択議定書批准を求める活動，後者は，同条約の研究・普及を通じてジェンダー平等社会を推進する活動をするNGOである。これらの活動からは，労働法研究とはまた異なるさまざまな学びがあり，本書には，それらを社会に還元したいという思いもこめている。

本書は，全体を11章で構成し，そこに44の論文を収録した（第1節～第44節）。各章の概要は，以下のとおりである。

第1章（「包括的差別禁止法制と複合差別」）では，主として雇用分野における日本の差別禁止法制の現状と問題点を分析し，なぜ包括的差別禁止法が求められるのかを述べている（第1節～第3節）。また，イギリスの「平等法」を対象に複合差別法理を検討し（第4節），さらに，性のみではなく障害という差別事由から示唆される差別禁止法理のあり方を論じている（第5節）。なかでも，性と障害という差別の交差性の検討は，欠かせないものである（第6節）。

第2章（「均等法をめぐる攻防」）では，男女雇用機会均等法の立法過程を分析して，同法の制定と改正をめぐるさまざまな攻防の実態を明らかにした（第7節）。そして，労働組合運動の女性リーダーからの聴き取りを通じ，「保護と平等」をめぐる女性たちの苦悩とそこからみえる男女共通規制への展望を描いた（第8節）。

第3章（「男女賃金差別の是正・解消」）では，男女間と正規・非正規労働者間の賃金格差を争う判例を整理し，カナダの法制度も参考にしながら，国際基準としての「同一価値労働同一賃金」原則を国内で実現する法制のあり方を提案している（第9節～第11節）。女性活躍推進法における使用者の男女賃金格差開示義務は，賃金格差の是正策の一つとして一定の進展をみせたが，格差是正のプロアクティブな方策としてはなお限界があり，さらなる立法構想を示す必要があることを論じている（第12節）。

第4章（「ジェンダー視点による『働き方改革』批判」）では，日本の雇用上のジェンダー不平等の要因をさぐり（第14節），その一つである長時間労働について，「働き方改革」が労働時間短縮要請に応えていないことを批判した（第15節～第17節）。そして，ジェンダー平等をめぐる立法と裁判の動向を整理し，解決すべき新たな問題を論じた（第18節）。

第5章（「コロナ禍と労働法」）では，2020年3月に発生した新型コロナ感染症に関わる法的な問題を論じ，日本の緊急対策にはジェンダー視点が欠落していたことを批判した（第19節，第20節）。未曾有の事態を経過した現在，日本のジェンダー平等政策には，場当たり的な弥縫策から包括的な人権擁護をめざし，ケア労働者の環境と権利保障を組み込む必要があると論じている（第21節）。

第6章（「男女共同参画条例」）では，策定に関わった多摩市の男女平等条例が，性別のみならず「性的指向と性自認」による差別禁止規定を設けるに至った事情（第22節）や，委員として関与した埼玉県男女共同参画条例に基づく「苦情処理」の実態を紹介している（第23節）。

第7章（「女性差別撤廃条約の実効性」）では，女性差別撤廃条約批准後の国内法改廃の動向（第24節）と，同条約に言及する裁判例の分析から（第25節），条約が国内で十分に活用されていない現実を明らかにした。また，同条約から20年後に制定された選択議定書の意義を述べ，個人通報の導入に消極的な日本政府の姿勢を批判している（第26節，第27節）。女性差別撤廃条約実現アクションが取り組んできた，選択議定書批准を求める地方議会の意見書採択活動を紹介し（第28節），具体的な個人通報事例としては，モルドバ共和国のケースをとりあげている（第29節）。

第8章（「ジェンダー主流化をめざす」）では，国内で取り組まれているジェンダー平等「推進」活動と，それを「阻止」しようとするバックラッシュの動向を紹介する（第30節〜第33節）。

第9章（「判例を契機に考える」）では，通常の判例評釈の枠を超えて，裁判・判決を素材に，企業や組織内部におけるジェンダー不平等の実態と権利侵害の実情を明らかにしようと試みた。具体的には，職場での旧姓使用を禁止した私立学校の事案（第34節），女性のみを統計籍職員として男性とは異なるコースに配属してきた公務職場の事案（第35節），育児休暇明けに保育園がみつからなかった正社員を契約社員として復帰させ，その後に正社員に戻さず契約更新拒否を行った民間会社の事案（第36節）である。

第10章（「ハラスメントの防止と撤廃」）では，セクシュアル・ハラスメントを中心に，国内の判例と立法の動向を分析して問題点を指摘する（第37節）。2019年にILOが採択した「暴力とハラスメントを防止・撤廃する」190号条約については，その制定過程での議論を分析して，同条約と勧告が各国に求めている規制内容を整理し，国内法整備のあり方を提言した（第38節）。学術分野でも不可欠なハラスメント防止対策については，改めて京大矢野事件の経緯を整理しつつ，大学や学会の取組みをうながし（第39節），さらに，大学におけるセクシュアル・ハラスメントをめぐる判例を収集して分析を加えた（第40節）。

第11章（「研究・教育・学術」）では，2019年1月に行った早稲田大学での最終講義の内容（第41節），早稲田大学におけるジェンダー法の講義やゼミ等の紹介と工夫についてふれ（第42節），最後に，日本学術会議の会員任命拒否事件を契機に生じている学術会議の法人化問題を論じている（第43節，第44節）。

以上の論文の初出一覧は，本書の最終頁に記載した。本書に収録した論文はすべて，公表当時のものに手を加えずにそのまま掲載しているため，随所に重複がみられ，また，時機に遅れた記述も多い。読者の方々には，この点，まことに申し訳なく，お許しを願うしかない。

本書の表題は，『尊厳の平等という未来へ』とした。人は個人として平等であり，誰も，差別や暴力や偏見によって貶められてはならない。私が研究を通じて求め続けてきたこの「平等」の理念にとって，それぞれの人の尊厳を「承認」するという目的は，きわめて重要な位置を占めている。そこで，私にとっては最後の単著になるはずの本書には，未来への願いをこめて，この表題をつけた。

本書を企画しようと思いついて，過去の論文の整理を始めてからほぼ1年余りが過ぎてしまった。信山社の編集者のみなさん，とりわけ稲葉文子さんには，長い研究生活の間に幾度もお世話になってきたが，本書の出版についても快く承諾して下さり，随時，変わらない温かいサポートをいただくことができた。ここに，心よりお礼を申し上げたい。

2025年3月8日の「国際女性デー」に

浅倉 むつ子

目　次

尊厳の平等という未来へ

第1章　包括的差別禁止法制と複合差別

1　包括的差別禁止立法の検討課題

I　はじめに

1980年代以降,「グローバル化」の到来により，資本や生産の海外移転，労働力移動が急速に進んだ。自国にグローバル資金の投資を呼び込むために，各国は，最大限の市場自由化を求めるようになり，労働法や社会政策の規制は攻撃の対象となった。21世紀の社会は,「行きすぎた」規制を是正するあまり，その内部にさまざまな排除装置を内包するものとなっている。

一方，ヨーロッパでは，このような社会環境，雇用環境の変化に対抗して，必要な労働法上の規制を維持・強化するための努力が積み重ねられてきた。しかし，近年のヨーロッパは限りなく不安定な状況にある。その一因は日本とも無縁ではない。なぜなら「世界で一番企業が活動しやすい国」をめざすアベノミクスが，規制緩和を推進しつつ，ヨーロッパ経済を厳しい競争に巻き込んでいるからである。自国企業の安泰だけを求める発想は，グローバル時代の国家としては無責任であろう。

しかも，企業の「安泰」ほどには，労働者の生活は改善されていない。格差社会は，日本国内ではさらに広がり，さまざまな社会の領域に参加できずに排除されている人々が増えている。社会的排除によって，すべての人に保障されるべき基本的な権利が剥奪されているのである。

もっとも，権利の剥奪が自己責任だというのであれば，国の責任を論じる必要はないかもしれない。だが，個人の有する「潜在能力」がきわめて多様である現実に照らせば，権利の剥奪を個人の自己責任とするのは妥当ではない。社会的排除に対しては，法が適切な対応をしていくべきであり，そうすることこそが，持続する社会を構築するために必要不可欠な対応といえよう。

さて，本書の各論文は，多数派に有利な形で構築されてきた社会が，その利益を共有しない少数派の人々を当該社会から排除するほど深刻な事態を生み出しているという事実を，ほぼ共通認識としている。そのうえで，構造的差別を是正するために，比較法の手法を使いつつ，差別禁止法理を理論的に深める研究に取り組んでいる。そこで本稿は，憲法学上の理論的成果である各論を，日本における差別禁止・平等立法の構想へつなげるための橋渡しの役割を担いたいと考える。そのために，雇用分野に限定しながら，日本における差別禁止法制の現状と問題点をさぐり，差別を是正するために求められる法制度改革の一端を示すものである。

Ⅱ　雇用差別をめぐる現行法制の概要

今日，EU 諸国等で禁止対象となっている差別事由は[(1)]，以下の3つに類型化することができる。第1は，非選択的な人的属性としての人種，民族，皮膚の色，出身国，性別，年齢，障害，性的指向などである。本人が選択できない属性によって不利益を与えることは，個人の人格的尊厳を損ねる行為であり，かかる属性が「先天的」であるか否かは重要ではない。障害，年齢，性的指向は，近年になってから違法な差別と認識されるようになった。第2は，選択的な人的属性としての宗教，信条，婚姻上の地位などである。これらの差別禁止の根拠は，そもそも個人に選択する自由があるにもかかわらず，選択したことによって不利益に取り扱われることは許されない，というところに求められる。このように，人格的侵害か，自由に対する侵害かという相違はあるとしても，上記のいずれの差別事由も「社会的差別」として禁止されるべき反規範性をもつ行為である，といえる。

それに対して，第3は，雇用分野に特化される差別事由としての労働契約的属性（短時間，有期，派遣など）である。これらの事由に基づく差別行為は，人格的侵害とも自由に対する侵害とも異なるが，とりわけ日本では，従前からある種の職場における「身分制」を生み出す機能を果たしてきた。近年では，これらも禁止されるべき事由に該当するという理解が広がっている。ただし禁止

(1)　代表的差別禁止法制としては，以下の EU 指令を挙げておきたい。宗教，信条，障害，年齢，性的指向差別を禁止する 2000 年「雇用職業平等待遇一般枠組指令」，人種・民族差別を禁止する 2000 年「人種・民族的出身平等待遇指令」，性差別を禁止する 2002 年「男女平等待遇統合指令」，1997 年「パート労働枠組指令」，1999 年「有期労働枠組指令」，2008 年「派遣労働指令」。

の根拠については「社会的差別」とは異なる分析が必要である[(2)]。

雇用分野における社会的差別を禁止する具体的な法制としては，労働基準法（3条，4条。以下，「労基法」という）[(3)]，男女雇用機会均等法（以下，「均等法」という）[(4)]，高年齢者雇用安定法（8条，9条）[(5)]，雇用対策法（10条）[(6)]，障害者基本法[(7)]，障害者差別解消法[(8)]，障害者雇用促進法[(9)]がある。

一方，労働契約的属性に関わる差別については，是正されるべき差別行為であり公序違反であるという認識そのものが未成熟という時代が長く続いてきた。変化が生じたのはようやく20年前にすぎないが[(10)]，今日では，いくつかの法制が整備されている。パートタイム労働者に関する短時間労働者法（パート労

---

(2) 憲法上の根拠についてふれておこう。憲法学では平等取扱と差別的取扱を区別しないのが一般的だと思われるが，木村草太は，日本国憲法14条1項前段（「すべて国民は，法の下に平等であって」）を「一般平等条項」，後段（「人種，信条，性別，社会的身分又は門地により，……差別されない」）を「差別禁止条項」と位置づけている［木村2008：5］。この説によれば，社会的差別禁止の法制度は，14条1項後段の「差別禁止条項」を具体化するものと解釈することになろう。憲法14条1項前段と後段を区分する説をとる毛塚勝利は，労働契約的属性差別の禁止の根拠を「一般平等条項」に求めている［毛塚2001：52］。

(3) 労基法3条は，国籍，信条，社会的身分を理由とする労働条件差別を，労基法4条は，性別を理由とする賃金差別を，それぞれ罰則つきで禁止している。

(4) 「雇用の分野における男女の均等な機会及び待遇の確保等に関する法律」。この法は，性別を理由とする募集，採用，配置，昇進，降格，教育訓練，福利厚生，職種・雇用形態の変更，退職勧奨，定年，解雇，労働契約更新差別を禁止する（5条～7条）。ただし労基法4条が対象とする賃金を除く。

(5) 「高年齢者等の雇用の安定等に関する法律」。この法は，60歳を下回る定年年齢の定めを禁止し（8条），65歳までの高年齢者雇用確保措置を定める（9条）。

(6) 募集・採用における年齢に関わりない均等な機会の確保を定める（10条）。

(7) 障害を理由とする差別禁止（4条1項）と，社会的障壁の除去のための必要かつ合理的配慮について定める（4条2項）。

(8) 「障害を理由とする差別の解消の推進に関する法律」。この法は，障害を理由とする不当な差別的取扱を行政機関等と事業主に対して禁止し（7条1項，8条1項），社会的障壁の除去のための必要かつ合理的配慮を，行政機関等の義務とし（7条2項），事業主の努力義務としている（8条2項）。

(9) 「障害者の雇用の促進等に関する法律」。この法は，障害を理由とする募集・採用から定年・解雇に至るすべての雇用ステージにおける差別禁止を定め（34条，35条），事業主の合理的配慮義務を定める（36条の2，36条の3）。

(10) 契機となったのは，丸子警報器事件・長野地上田支判平成8年3月15日（労働判例690号32頁）であった。

働法）[11]，労働契約法における有期契約労働者に関する条文[12]，労働者派遣法[13]である。加えて，2015年の派遣法改正と同時に，政府は派遣労働者の派遣先での均等・均衡処遇の実現に必要な措置（法制上の措置を含む）を3年以内にとるべき，と定める法律が成立した。「労働者の職務に応じた待遇の確保等のための施策の推進に関する法律」である。現在，この法律の要請に対応することも含めて，非正規労働者の均衡待遇の確保をめざす「同一労働同一賃金の推進」をめぐる議論が活発化している[14]。

Ⅲ　国際社会からの要請――包括的差別禁止法制へ

1　ILO111号条約批准という要請

1958年に，ILO（国際労働機関）は，雇用および職業についての差別待遇に関する111号条約を採択した。採択時，日本政府と労働者側は賛成し，使用者側は棄権を選択した。この条約はILOの基本権条約の一つだが[15]，日本はま

---

(11)　「短時間労働者の雇用管理の改善等に関する法律」。この法は，事業主が，雇用する短時間労働者と通常の労働者との待遇を相違させる場合には，その待遇の相違は，両者の職務内容，職務の内容と配置の変更の範囲，その他の事情を考慮して「不合理と認められるものであってはならない」（8条）とし，また，通常の労働者と同視すべき短時間労働者について，差別的取扱をしてはならない（9条）と規定する。

(12)　同法20条は，有期労働者と無期労働者の労働条件に相違がある場合，その相違は，両者の職務内容，職務の内容と配置の変更の範囲，その他の事情を考慮して，「不合理と認められるものであってはならない」と規定する。

(13)　「労働者派遣事業の適正な運営の確保及び派遣労働者の保護等に関する法律」。この法は，派遣元事業主が派遣労働者の賃金を決定する際に，同種の業務に従事する派遣先労働者の賃金水準との均衡や一般の労働者の賃金水準等を勘案するという配慮義務（30条の3第1項），教育訓練や福祉厚生など必要な措置を講じる配慮義務（同第2項）を定め，また，派遣先事業主が派遣労働者に対して，業務遂行に必要な能力を付与する教育訓練を実施し，福利厚生施設の利用を認めること（40条2項，3項）等を定める。

(14)　安倍総理大臣の施政方針演説（2016年1月22日）でにわかに浮上した「同一労働同一賃金の実現」政策は，一億総活躍国民会議でより具体化され，2016年6月2日の閣議決定（ニッポン一億総活躍プラン）では，わが国の雇用慣行には十分に留意しつつ，躊躇なく法改正を準備する，とされた。同年12月20日には，「同一労働同一賃金の実現に向けた検討会」から「同一労働同一賃金ガイドライン案」が示された。

(15)　ILOは，普遍的で基礎的な基本的人権を扱う8つの条約を基本権条約とよび，これらについての早期批准を各加盟国に訴えている。8条約とは，結社の自由に関する87号条約，団体交渉権に関する98号条約，強制労働禁止に関する29号条約と105号条約，児童労働の廃止に関する138号条約と182号条約，男女同一価値労働同一賃金に関する100号条約，そして111号条約である。

だ批准していない。

111号条約における差別待遇とは，人種，皮膚の色，性，宗教，政治的見解，国民的出身[16]または社会的出身に基づいて行われるすべての区別・除外または優先である。日本がこの条約を批准しない理由について，中山和久は「日本法の不備と，それをさらに不備なものにした最高裁判所の判例」を挙げる[17]。111号条約は，雇用・職業における機会と待遇の均等に反するあらゆる差別，排除または優先を禁じているが（1条1項(a)），ここには，当然に，募集・採用から解雇に至るあらゆる差別の禁止が含まれなければならない。にもかかわらず，日本法は，国籍，信条，社会的身分を理由とする労働者の処遇全般の差別禁止を定めるものの（労基法3条），労働契約を締結する前の募集・採用時の差別を明示的には含まない。しかも，これを解釈で補うべきであった最高裁[18]は，狭い解釈をえらび，「この条約との落差を，うめあわせのつかないほどにまで固定化してしまった」のである[19]。

国際社会からは，日本は，ILO111号条約を早期に批准して，募集・採用を含むすべての労働条件に関して，幅広い事由による差別を禁止する法制を整備するように要請されているといえよう。

2　女性差別撤廃委員会による「総括所見」

もう1つの要請は，国連の女性差別撤廃委員会（CEDAW）からの「総括所見」に見いだすことができる。日本は1985年に女性差別撤廃条約を批准し，条約に基づいて4年に一度，国家報告をCEDAWに提出してきた[20]。CEDAW第63会期中の2016年2月16日には，日本に対する第5回目の審査が行われ，同年3月7日に，CEDAWは日本に対する「総括所見」を公表した[21]。

「総括所見」は，日本に「条約1条に則った，……直接・間接の差別を網羅

(16)　吾郷眞一は，この条約における国民的出身とは国籍とは異なるため，国籍要件を課している国もこの条約を批准することは問題ないという［吾郷 1997：76］。

(17)　［中山 1983：194］。

(18)　三菱樹脂事件・最大判昭和48年12月12日（民集27巻11号1536頁）。

(19)　［中山 1983：195］。

(20)　日本はこれまで，第1次から第8次にわたる報告書を提出し，CEDAWから5回にわたって審査を受けてきた［浅倉 2016］。

(21)　Concluding observations on the combined seventh and eighth periodic reports of Japan, CEDAW/C/JPN/CO/7-8. 日本語訳は，内閣府のHPからみることができる。NGOによる日本語訳もある。［日本女性差別撤廃条約NGOネットワーク 2016：139-152］

する，女性に対する差別の包括的な定義がないことを……懸念する」〔para.10〕と述べ，「条約1条に則った女性に対する差別の包括的な定義を早急に採り入れる」よう求めている〔para.11〕。また，CEDAWの一般勧告28号（2010年）(22)に従って，「さまざまなマイノリティ・グループに属する女性に対する複合的・交差的形態の差別(23)を禁止する包括的な差別禁止法を制定」すること〔para.13(c)〕を要請し，ILO111号条約の批准の検討も求めている〔para.35(g)〕。

CEDAW「総括所見」における要請には法的拘束力はなく，CEDAWと日本が将来にわたって建設的対話を重ねることによって，実現が期待されるにすぎない。ただし日本政府は「総括所見」の内容を国民に幅広く周知しなければならず，4年後に提出される国家報告において，政府がいかに「総括所見」の実施について努力したかを示す必要がある。国内のNGOもまた，各方面と連携をとりながら「総括所見」の実施について監視を強めるであろう。

3　国際社会からの要請に応えるために

以上のような国際社会からの要請を的確に理解すれば，日本としては，現状の個々ばらばらな差別禁止法制を総合的に点検して，欠落している条文があれ

(22)　CEDAWの一般勧告28号は，以下のように規定する。「複合とは，（条約）2条に規定された締約国が負うべき一般的義務の範囲を理解するための基本概念である。性別やジェンダーに基づく女性差別は，人種，民族，宗教や信仰，健康状態，身分，年齢，階層，カースト制度および性的指向や性自認など女性に影響を与える他の要素と密接に関係している。性別やジェンダーに基づく差別は，このようなグループに属する女性に男性とは異なる程度もしくは方法で影響を及ぼす可能性がある。締約国は，かかる複合差別及び該当する女性に対する複合的なマイナス影響を法的に認識ならびに禁止しなければならない。締約国はまた，そのような差別の発生を防止するため，必要に応じて条約4条1項ならびに一般勧告25号に基づく暫定的特別措置を含め，政策や計画を採用ならびに推進しなければならない。」〔para.18〕。

(23)　ちなみに，複合差別（multiple discrimination）とは，禁止されている複数の保護特性にかかわる差別の一般的呼称である。複合差別はさまざまな状況の中で生じるが，中でも2つ以上の差別事由が交錯して機能するために，個々の事由による差別が立証しにくいという状況が生まれることがあり，それを交差差別（intersectional discrimination）ということがある。たとえば，黒人女性が差別されているが，黒人男性は差別されないために人種差別と主張することはできず，白人女性は差別されていないために性差別を主張することも難しいという場合。交差差別では，人種・性といういずれかの差別理由を特定して立証できないことが多いために，「複合的差別禁止規定」を設けるなどして，とくに注意を払う必要がある［浅倉 2015：603-605］。

ば補充しつつ，相互に矛盾がないように個々の禁止規定を整備・統合するという壮大な試みに，早急に取り組むべきである。そのような作業を通じて初めて，「差別とは何か」，「なぜ差別は禁止されるべきなのか」という議論が国民の間にも広まっていくであろう。ILO111号条約の批准は，そのような作業を伴いつつ，実現されることが望ましい。そして，CEDAW「総括所見」で示されたような，女性に対する複合差別を禁止するためにも，性別以外にいかなる差別事由が禁止されるべきであるのか，議論を尽くす必要がある。

現状の法制では，雇用分野に限ってみると，障害をめぐる法制（障害者基本法，障害者差別解消法，障害者雇用促進法）と，性別をめぐる法制（男女共同参画社会基本法，労基法，均等法）が，一応，募集・採用から解雇に至るまでのあらゆる雇用差別を禁止している。とはいえ，両方の法制を比較してみても，差別禁止のための目的，理念，手法は，どこまで共有されているのだろうか。差別撤廃のための具体的な手段は果たしてどこまで効果的なのだろうか。これらの法制を他の差別事由についても拡大することは，果たして可能なのだろうか。検討すべきことは非常に多い。

Ⅳ 包括的差別禁止法制にあたり検討すべきこと

1 差別の反規範性

包括的差別禁止法制の検討において，まず明らかにすべきことは，差別というものの反規範性である。なぜ，一定の事由を理由とする差別が反規範的とされるのだろうか。参考文献は数多いが，以下ではごく限られたものを紹介する。

まず，アメリカ合衆国憲法修正14条の「平等保護条項」の解釈をめぐり，連邦最高裁が人種区分・性区分を「疑わしい」もしくは「準・疑わしい」とする根拠として指摘している理由が参考になる。それらは，それぞれの区分が，①歴史性をもち（長く続いていること），②スティグマ（心理的害悪）をもたらし，③生来的で不変的であり，④政治過程における無力性（政治勢力として切り離されたマイノリティであること）をもたらすがゆえ，である。これらは，事由ごとにそれぞれ強調されている特色の描写であって，①から④のすべてに該当する差別事由は，人種や性別など，ごく限られたものとなるであろう。おそらく，これらのうちの複数に該当する「区分」は，強弱はあっても「疑わしい」ものとして，反規範性をもついってよい。

日本の議論では，毛塚勝利が，差別の反規範性の三層構造を論じている[24]。差別の一層目の反規範性は，類的属性評価によって個人が軽視されるからであり（個人の尊重への抵触），人を個人として尊重しないがゆえにもたらされる反規範性である。差別の第二層目の反規範性は，類型的属性にもとづいて異別取扱という否定的評価を行うからである。たとえば，自らの意思で選択できない属性（人種，性別など）によって不利益を被らせ，選択の自由である思想信条によって不利益を被らせることは反規範的である。さらに，差別の三層目の反規範性は，それによって社会生活を営む上で不可欠な基本的権利が侵害される可能性があるからである。たとえば雇用職業生活に関わる不利益や，政治的・経済的・社会的活動に関わる不利益をもたらすからだ，という。毛塚説によれば，どの差別事由についてどの層の反規範性が認められるかという点が，差別禁止の法制化を左右することになるであろう。

2　差別禁止法制の目的

つぎに論じるべきことは，反規範的な差別行為を禁止する法制は，一定の平等の実現を目的とするものであるが，その平等とはどのような内容であり，平等の達成によってどのような社会変化を実現しようとしているのかである。これを検討するには，差別禁止法制によっていかなる内容の平等が想定されるべきか（たとえば，形式的平等か，実質的平等か）等の検討が不可避である。ただしこの回答を得ることは簡単ではなく，本書の研究が全体として追求しようとしている課題でもある。

イギリスの労働法学者Sandra Fredmanの議論は，この点について示唆的である。Fredmanは「形式的平等」ではなく「実質的平等」という概念の必要性を強調しつつ，平等というものは以下の４つの重層的な目的をもつ，と論じている[25]。

第１に，平等を実現することは，特定集団の構成員が不利益を被ってきた経験に焦点をあて，これらの属性を理由に個々人や集団が経験してきた不利益のサイクルを是正するという目的がある。これは平等の「再配分」という次元を反映している。ここにいう不利益とは，物質的財産上の不利益と同時に，真実

(24)　[毛塚 2011]。

(25)　[Fredman 2011:25-33]。

の選択を求める機会の剥奪としての「潜在能力（capability）」[26]の欠如として理解することも可能である，という。

第2に，平等の実現には，あらゆる人々の平等なる尊厳と価値に敬意を払うという目的がある。すべての人が平等であるのは，能力や理性や特定の集団であることなどによるのではなく，人間であることのゆえであり，個人は，差別・暴力・偏見によって屈辱を与えられ，貶められることがあってはならない。これは平等の「承認」という次元を反映している。

第3に，属性を考慮せず一律に取り扱う「形式的平等」とは対照的に，「実質的平等」は，個々人のアイデンティティである差異を尊重・配慮しつつ，不利益性を取り除くという目的をもつ。これは，平等の「変革」という次元の反映である。なぜなら，差異への配慮は，建築物の仕様を障害者のニーズに配慮するために変更することや，育児中の男女が労働に参加できるように労働時間を変更することなどを含むからである。

第4に，過去の差別や社会構造が，一定のマイノリティの政治参加を妨害してきたことに照らせば，平等の実現は，この人々の政治参加実現の道を拓くという目的をもっている。これは平等の「参加」という次元の反映である，という。もっともFredmanは，参加を政治参加に限定せず，コミュニティや社会への参加を含むものとして把握している。

日本でも，差別禁止法制を立法化するにあたっては，このような議論を深めていく必要があるだろう。

3　禁止されるべき差別事由

包括的な差別禁止法制には，Ⅱで述べた各種の差別事由を包括的に盛りこむ必要がある。それらは，①人種，民族的出身，国籍，皮膚の色，②性別，性的指向，性自認，③婚姻上の地位，④妊娠・出産，⑤年齢，⑥障害，⑦宗教・信条，⑧社会的身分，⑨雇用形態，に及ぶであろう。

雇用関連の法制には，現在，「性的指向，性自認」差別を禁止する条文はないために，著しい差別については，権利濫用や公序違反を根拠に救済を命ずる裁判例があるにすぎない[27]。年齢については，前述のように，高年齢者雇用安

(26)　Amartya Sen と Martha Nussbaum により展開された理論である。
(27)　たとえば，S社事件・東京地決平成14年6月20日（労働判例830号13頁）。

定法と雇用対策法が若干の規定をおくものの，純然たる差別禁止法制とは異なり，労働市場における高齢者の雇用確保を定める立法としての性格が強い。現状では，募集，採用から解雇まであらゆるステージの差別を禁止する法制は，障害と性別について存在するにすぎない。

とりわけ，⑨の雇用形態を理由とする差別を，差別禁止対象に含むべきと考える理由について，検討しておこう。ここでは「差別禁止」と「平等取扱い」を峻別する議論（峻別論）と，それを批判する学説を紹介する(28)。峻別論は，おおむね，以下のように言う。欧米諸国では，雇用形態を理由とする差別については，人的属性を理由とする社会的差別とは規制を異にすると考えられ，別扱いを受けてきた。社会的差別は「差別禁止」原則の下で規制されており，かかる差別は公序違反性が強いため，わずかな例外を除いて異別取扱いは許されない。一方，雇用形態については，それ自体が契約内容であり選択の自由の結果であるため，「不利益取扱」原則の下におかれ，差別として禁止するか否かは政策的選択とされ，客観的（合理的）理由があれば許容される(29)。これに対して，水町勇一郎は，EU 諸国でも「差別禁止」と「不利益取扱い」原則はこのように単純に区別できないのではないか，また，その議論は日本にそのままあてはまりうるのかという疑問を投げかけ，①欧米でも両者の区別は相対的なものであること，②その相対性の根底にはそれぞれの基礎にある原理自体が交錯していること，③日本では，規範的判断として峻別論をとることにはより慎重になるべき，と主張する(30)。

私も水町に賛成である。思うに，欧米では，正規／非正規いずれにも職種・職務給制度が存在し，産業別に設定される協約賃金が適用されるため，そもそも同一職種における賃金格差は「不公正」なものとされており，一方，日本では，はじめから正規／非正規労働者には異なる賃金制度が適用されることが通常である。このような差異を考慮すれば，日本においてこそ，正規／非正規間の雇用形態差別は，雇用における身分差別と同じように差別禁止原則によって規制されるべきではないかと考える。男女間および正規／非正規間の同一価値

(28)　峻別論は［労働政策研究・研修機構 2011］であり，これを批判的に分析するのは［水町 2013：48］である。

(29)　［労働政策研究・研修機構 2011：Ⅲ］。

(30)　［水町 2013：48，56］。

労働同一賃金原則の実現手法については，別稿で提案している(31)。

上記の①から⑨の事由のうち，2つ以上の事由によって差別されている人々に対しては，複合差別対策として，差別根絶のための政策が他にさきがけて実施されるべきである。

4　禁止される差別類型

(1)　直接差別と間接差別

禁止されるべき差別類型には，直接差別と間接差別がある。直接差別とは，差別事由に該当する者に対する異なる取扱いである。一方，間接差別は，外形的には中立的な規定や慣行であっても，それらが適用されることによって，実際には一定のグループの人々に対して不利な帰結を生じさせる場合，その規定や慣行等に合理性があることを証明できない限り，違法な差別とするものである。間接差別は，一定の条件下での当該規定や慣行への無反省な依拠を法的に許さないものとして構成する法理であり，社会的多数派を標準に設計され運用されている制度が，その標準を共有しない者に対して生じさせる不利益を是正させる考え方である。

日本の法制では，性別に関してのみ，均等法7条が「性別以外の事由を要件とする措置」という見出しの下に，間接差別禁止規定をおく(32)。しかし，この条文は，行政指導を想定しているために，厚生労働省令で定める具体的な3事例のみに限定して適用されているにすぎない（均等法施行規則2条）(33)。この運用方法は抑制的にすぎる(34)。

一方，障害については，一般法である障害者差別解消法が，差別について，「障害を理由として障害者でない者と不当な差別的取扱いをする」（8条）こと

(31)　[浅倉 2010：313-319]。

(32)　均等法の7条は「間接差別」と明示的に規定していないが，均等法の指針（平成18年厚生労働省告示614号）は，「間接差別（7条関係）」として，「……間接差別とは，①性別以外の事由を要件とする措置であって，②他の性の構成員と比較して，一方の性の構成員に相当程度の不利益を与えるものを，③合理的な理由がないときに講ずることをいう」（第3の1(1)）としている。

(33)　これら3事例とは，①募集，採用にあたり，一定の身長，体重または体力を要件とすること，②コース別雇用管理制度におけるすべての労働者の募集・採用，昇進，職種の変更にあたり，転居を伴う転勤を要件とすること，③昇進にあたり転勤経験を要件とすること，である。

(34)　[浅倉 2007：61]。

と規定している。これは直接差別を想定させるが，間接差別を排除しているかどうかは定かではない。雇用領域の特別法である障害者雇用促進法は，差別の定義を設けていないが，募集・採用については，「事業主は……障害者に対して，……均等な機会を与えなければならない」(34条) とし，賃金等については，「事業主は，……障害者であることを理由として，……不当な差別的取扱いをしてはならない」(35条) と規定する。国会では，雇用促進法が禁止する「差別的取扱い」とは，直接差別を禁止する規定であり，間接差別の禁止は含まれないと明示的に説明がなされた(35)。間接差別の位置づけは，先送りされたといえよう。したがって，現行法制では，性別に関しては間接差別が禁止される一方，障害に関しては，間接差別は明文では禁止されていない。

「間接差別については，……直接差別に当たらない事案についても合理的配慮の提供で対応が図られると考えられることから，現段階では間接差別の禁止規定を設けることは困難」という議論があり，それが障害者雇用促進法改正に反映されたという経緯がある(36)。しかし，たとえば「事務員の採用にあたって，運転免許証の所持を条件とすること」や，「業務遂行上不可欠なものとは認められない基準が設定された場合」は，果たしてどのような論理で是正しうるのだろうか。合理的配慮を義務づけるだけで解決できないのであれば，やはり間接差別禁止規定を設けることに意味があったのではないだろうか。

⑵　ハラスメントの禁止

ハラスメントは，尊厳を侵害する言動であり，脅迫的・敵対的・冒涜的・屈辱的・攻撃的な労働環境を作り出す。したがって，禁止される差別事由にかかるすべてのハラスメントは，差別行為の一類型として，禁止されねばならない。

ところが，現行法上は，均等法と育児介護休業法のみがハラスメントに関する規定をもつにすぎない。すなわち，事業主のセクシュアル・ハラスメント措置義務（均等法11条）とマタニティ・ハラスメント措置義務（同法11条の2），ならびに，育児介護休業の利用に関して就業環境を害する言動を防止するため

(35)　平成25年5月30日第183回国会（参議院）厚生労働委員会における田村憲久厚生労働大臣の答弁より。

(36)　労働政策審議会「雇用分科会意見書」(2013年3月14日)。厚生労働省障害者雇用対策課長として障害者雇用促進法改正に携わった山田雅彦も「『合理的配慮の提供義務がありながら，間接差別は存在しうるか』という問いにどう答えるのか。議論において，この問いをめぐる明確な整理はできなかった」と総括している［山田 2016：328］。

の雇用管理上の措置義務である（育介法25条）。しかしこれらの条文は，ハラスメント言動そのものの禁止規定ではなく，事業主による一定の「措置」の不履行が法違反を招くとしているにすぎない。現在提起されている数多くのハラスメントにかかる民事訴訟は，民法の一般条項である不法行為や使用者の負うべき契約上の義務を根拠にして提起されており，これら訴訟では，一定の「度を超した」差別事案でないかぎり，救済されることはないのである。

包括的差別禁止法では，すべての差別事由に関わるハラスメント言動を明確に禁止する規定をおき，従業員が行ったハラスメントは事業主が知り得なかった場合以外は原則として「事業主の行為」とみなして，事業主の責任を問いうる仕組みとすべきである。

5　差別禁止法制の実効性確保

包括的差別禁止法制の実効性をどのように確保すべきなのかは，重要な論点である。これまで雇用領域の差別禁止に関しては均等法が先行してきたため，均等法における行政主導型のアプローチが，障害者雇用促進法においてもモデルとなっている。このモデルでは，法に反する行為に対しては，職権的な是正指導，紛争解決申立による助言・指導・勧告，さらに調停というような行政主導的手法によって，実効性が確保される。そしてこれら行政主導的差別是正の仕組みは，一定の効果を挙げてきていることから，確かに，包括的差別禁止法制においても，引き続きこのような実効性確保に期待するところが大きいと思われる。

しかし一方，行政指導や調停では解決できない事案は，暗数も含めば膨大となるはずである。それらの原因をさぐりながら，より効果的な差別禁止規定の実現のあり方を提案することも，私たちに課せられた課題である。現在，日本の労働法全体における実効性確保の制度は，複雑に入り組んでおり，違反に対する刑事罰，行政処分，当事者間の紛争解決，行政指導など，さまざまな権利実現手段が採用されている。重要なことは，雇用差別は決して許されてはならない人権侵害だという認識である。それゆえ，最終的には，法的強制力をもって差別行為を確実に排除する仕組みの構築が課題である。均等法など行政主導型の実効性確保モデルでは，唯一の強制力は，行政による勧告とそれを遵守しない場合の企業名公表でしかない[37]。しかもそれはごくわずかな場合にしか行

(37)　均等法は勧告に従わない場合の企業名公表制度を設けているが，障害者雇用促進法

われない[38]。

したがって最終的には強制力のある紛争解決システムを充実させるべきであり，そのためにはなによりもまず，差別禁止規定が明確に私法的効果をもつ条文として位置づけられなければならない。差別された労働者個人に対して，差別を排除する民事法的な権利を付与する法律でなければならないのである。

【引用文献】

吾郷眞一［1997］『国際労働基準法』（三省堂）
浅倉むつ子［2007］「日本における間接差別禁止とポジティブ・アクション」『ジェンダーと法』4号55-67頁
――［2010］「日本の賃金差別禁止法制と紛争解決システムへの改正提案」森ます美＝浅倉むつ子編『同一価値労働同一賃金原則の実施システム――公平な賃金の実現に向けて』（有斐閣）301-319頁
――［2014］「改正障害者雇用促進法に基づく差別禁止」『部落解放研究』201号89-110頁
――［2015］「包括的差別禁止立法の意義――イギリス2010年平等法が示唆すること――」『毛塚勝利先生古稀記念　労働法理論変革への模索』（信山社）581-608頁
――［2016］「女性差別撤廃委員会との『建設的対話』を」『労働法律旬報』1866号6-8頁
木村草太［2008］『平等なき平等条項論』（東京大学出版会）
毛塚勝利［2001］「労働法における平等――その位置と法理」労働法律旬報1495号48-54頁
――［2011］「労働法における差別禁止と平等取扱」『角田邦重先生古稀記念　労働者人格権の研究　下巻』（信山社）3-38頁
中山和久［1983］『ILO条約と日本』（岩波新書）
日本女性差別撤廃条約NGOネットワーク（JNNC）［2016］『女性差別撤廃条約第7・8次日本政府報告審議とJNNCの活動記録　国連と日本の女性たち』（JNNC）
Fredman, Sandra [2011]: Discrimination Law, 2nd ed., (Oxford University Press)
山田雅彦［2016］「行政実務者が振り返る『障害者雇用促進法改正』」永野仁美＝長谷川珠子＝富永晃一編『詳説　障害者雇用促進法』（弘文堂）318-342頁
労働政策研究・研修機構［2011］『雇用形態による均等処遇についての研究会報告書』

にはこれがない。障害者雇用促進法は，実効性確保の点で均等法に劣後している［浅倉2014：104］。

(38)　均等法上，企業名公表が行われたのは，2015年9月4日に医療法人医心会牛久皮膚科医院が妊娠を理由とする解雇を撤回しなかったとして公表された事例のみである。

2　雇用平等の展望と包括的差別禁止法

Ⅰ　はじめに

2016年8月の内閣改造時に，安倍首相の私的諮問機関として設置された「働き方改革実現会議」は，翌2017年3月28日に「働き方改革実行計画」（以下，「実行計画」とする）をとりまとめた。「実行計画」は，働き方改革こそが，「労働生産性を改善するための最良の手段」であるとして，①非正規雇用の処遇改善，②賃金引き上げと労働生産性向上，③長時間労働の是正，④柔軟な働き方がしやすい環境整備，⑤女性・若者が活躍しやすい環境整備，⑥病気の治療と仕事の両立，⑦子育て・介護と仕事の両立，障害者の就労，⑧雇用吸収力の高い産業への転職・再就職支援，⑨教育環境の整備，⑩高齢者の就業促進，⑪外国人材の受入れ，などの課題を扱う。その中心は「同一労働同一賃金」による非正規雇用の処遇改善と長時間労働の是正策である。さっそく，議論の場は労働審議会に移り，立法化が進められようとしている[(1)]。

「働き方改革」のねらいはあくまでもアベノミクスの成果とされる経済再生にあり，「実行計画」の冒頭に登場する「働く人の視点」は空疎化している。ましてや，「実行計画」のどこにも，労働者の基本的人権である雇用差別禁止政策は位置づけられていない。「実行計画」が女性・高齢者・外国人労働者などの活躍に期待し，本当に既存の「働き方」を改革しようとするのであれば，雇用における実質的な平等の保障こそが，まずもって優先されるべき重要な施策でなければならないはずである。本稿は，今回の「働き方改革」に欠如している施策としての「雇用差別禁止法制」のあり方について検討する。

Ⅱ　雇用平等はなぜ重要なのか

「働き方改革」にとって，なぜ雇用差別の禁止が重要なのか。「実行計画」は，一応，以下のように述べる。すなわち，「不合理な処遇の差」は，正当な処遇

(1)　労働政策審議会労働条件分科会・職業安定分科会・雇用均等分科会の各同一労働同一賃金部会「同一労働同一賃金に関する法整備について（報告）」(2017年6月9日)，労働政策審議会「時間外労働の上限規制について（建議）」(2017年6月5日)。

をされていないという気持ちを労働者に起こさせ，頑張ろうという意欲を喪失させる。一方，格差をなくしていけば，労働者には自分の能力を評価されているという納得感が生まれ，働くモチベーションを誘引するインセンティブとなり，生産性が向上する，というのである。しかし「働き方改革」には，労働者が公正に扱われず人格的に差別されている実際の職場状況についての現状分析はなく，「差別禁止」や「雇用平等」の原理的重要性についてもまったくふれられてはいない。

ところで，イギリスの労働法学者であるSandra Fredmanは，平等というものは，以下の４つの重層的な目的をもつ，と論じている[(2)]。第１に，平等には，不利益を被ってきた特定の集団の構成員に対して，経済的・潜在能力的な不利益サイクルを是正して「再配分」をはかるという目的がある。ここにいう不利益とは，経済的な不利益とともに，本人による真の選択を実現する「潜在能力」における不利益も含む。

第２に，平等には，あらゆる人々の尊厳と価値に平等に敬意を払うという目的がある。すべての人は能力や理性や特定の集団であることなどによってではなく，人間であることそのものによって「承認」されなければならない。第３に，平等は，各人の属性を否定するのではなく，個々人ごとの属性の差異を尊重・配慮しながら，不利益を取り除くという目的がある。各人ごとに「差異」があることを認めることによって，たとえば建築物の仕様を障害者のニーズにあわせて変更することなど，個別に必要な配慮が生まれるのである。そして第４に，平等は，過去の差別や社会構造によって，これまで参加を妨害されてきた人々に対して，政治への参加やコミュニティへの参加を実現する，という目的がある。

このような議論によって，私たちは，「雇用」の分野においてのみならず，社会のあらゆる分野にわたって，平等の必要性に気づくことになる。日本社会の将来展望を描くためには，平等をめぐるかかる理解を深めることが重要なのではないだろうか。それによって初めて，私たちは，平等を阻害する差別というものが反規範的な行為であること，すべての人にとって差別されないことは基本的人権であることを，確認しうるのだから。

---

(2)　S. Fredman, Discrimination Law 2nd ed., (Oxford University Press, 2011), pp.25-33.

Ⅲ　ジェンダー平等を阻害する要因

現実に目を転じれば，日本のジェンダー平等はきわめて低迷しており，2016年のジェンダー・ギャップ指数は世界の中の111位である。雇用分野ではとくに，ジェンダー格差が顕著であるが，私は，その要因について，第1に，日本社会に根強い性別役割分業とそれを支える法制度，第2に，企業社会に定着している性差別的な制度や慣行にある，と考えている。

前者（性別役割分業）については，育休取得率の男女格差（2015年には男性2.65%，女性81.5%）や，6歳未満の子をもつ夫の家事関連時間が67分という数字が，これをよく物語っている。もちろん労働者の意識ばかりに問題があるわけではない。「実行計画」も，問題が日本の長時間労働にあるという認識はあり，だからこそ長時間労働是正の必要性を課題としているのだろう。もし女性労働者の活躍に期待するのなら，家事・育児が女性のみに集中し，出産によって多くの女性が中途退職するという現実を変える必要があること，そのためには，男性も含むすべての労働者にワーク・ライフ・バランスを確保して，長時間労働という「働き方」の実態を変える必要がある，という認識に到達するのは，しごく当然のことであろう。

ところが，「実行計画」における長時間労働の是正策は，ほとんど「過労死対策」に焦点化されており（いや過労死対策の焦点化すらできていない，という声も強いのだが），実際のワーク・ライフ・バランスにつながる時間短縮効果は，ほとんど期待できない。本稿ではこの点について十分に論じる紙幅がないため，別稿を参照していただきたい(3)。

さて，ここでは，ジェンダー格差をもたらす第2の要因，すなわち，企業社会に定着している性差別的な制度や慣行についてとりあげる。ただ「性差別的」といっても，一方の性別の者を排除するというような明白な差別ばかりではない。むしろ問題は，日本の企業にある性中立的な制度・慣習であり，これらのいくつかは，判例法理によっても強固に支えられてきている。たとえば，

---

(3)　浅倉むつ子「労働時間法制のあり方を考える～生活者の視点から～」『自由と正義』67巻2号（2016年）41-49頁，同「『生活時間アプローチ』による労働時間短縮」『月刊社会民主』735号（2016年）7-10頁，同「生活時間をとりもどす　長時間労働の是正，男女均等待遇へ」『経済』253号（2016年）28-46頁，同「『かえせ☆生活時間プロジェクト』がめざすもの」『女も男も』129号（2017年）4-11頁。

使用者による裁量が大きな仕組みとして，包括的配転命令や時間外労働の業務命令があり，さらには，運用基準がきわめてあいまいな職能資格給制度などがある。詳しくいえば，職能資格給制度における人事考課や査定は，職務上の知識や判断力のみではなく，「熱意，協調性，指導性」などの不明瞭な基準に基づいて行われている。査定の基準が曖昧であれば，上司による裁量の幅は大きい。管理職男性が，「女性は子育てが大事。子育てしながらの勤務は熱意が不足するはず。責任ある仕事は女性には任せられない」という無意識なジェンダー・バイアスの保有者であれば，「熱意」などの情意評価にその意識が反映することになるであろう。それだけに，これらの制度や慣行は，性別役割分業とあいまって，企業内におけるジェンダー格差を温存・強化してきたといえる(4)。

以上のような認識にたてば，日本の社会においてジェンダー差別をなくすためには，まずもって，直接差別のみならず間接差別も含めて，雇用差別を禁止するための法制度の充実が優先課題であるといわねばならない。

Ⅳ　雇用差別関連法制の現状

1　国際社会からの指摘

雇用における差別禁止の法制度に関して，日本は，国際条約に照らしても，いくつかの解決しなければならない課題をかかえている。国際機関から指摘されていることを，2点，紹介しておこう。

第1は，ILO111号条約（1958年「雇用および職業についての差別待遇に関する条約」）の批准という課題である。この条約はILOの8つの基本条約(5)の一つであるにもかかわらず，日本は批准していない。111号条約における差別待遇とは，人種，皮膚の色，性，宗教，政治的見解，国民的出身，社会的出身に基づいて行われるすべての区別，除外，または優先である。この条約が，募集・

(4)　そのよい表れが，中国電力事件（広島地裁平成23年3月17日判決・労経速2188号14頁，広島高裁平成25年7月18日判決・労経速2188号3頁）である。浅倉むつ子『雇用差別禁止法制の展望』（有斐閣，2016年）101頁参照。

(5)　ILOは，普遍的で基礎的な基本的人権を扱う8条約を基本権条約とよび，これらの条約の早期批准を各加盟国に訴えている。8条約とは，結社の自由に関する87号条約，団体交渉権に関する98号条約，強制労働禁止に関する29号条約と105号条約，児童労働の廃止に関する138号条約と182号条約，男女同一価値労働同一賃金に関する100号条約，そして111号条約である。

採用から解雇に至るあらゆる差別を禁止していることに照らせば，日本の労基法3条が，国籍，信条，社会的身分を理由とする労働者の処遇全般に差別を禁止しながらも，労働契約を締結する前の募集・採用時の差別を明示的に禁止していないことは，問題である。

第2は，日本の法律には，差別に関する定義が存在しないことである。女性差別撤廃委員会（CEDAW）は，日本に対する5回目の審査を2016年2月16日に行い，その後に出した「総括所見」（2016年3月7日）において，日本には「女性差別撤廃条約1条に則った，……直接・間接の差別を網羅する，女性に対する差別の包括的な定義がないことを……懸念する」と述べ，「女性に対する差別の包括的な定義を早急に採り入れる」ように求めている(6)。同時に，マイノリティグループに属する女性に対する「複合的／交差的差別」を禁止していないことも，DEDAWから指摘されていることである。

以上の2点から言えることは，日本ではこれまで，雇用分野においても，正面から差別禁止の意義や目的を論じつつ，立法政策に取り組むという姿勢が欠如していたということであろう。たしかにいくつかの立法の中には，雇用差別を禁止する条文が散見される。しかしそれらは，必要に応じていわば場当たり的な政策的対応が行われたにすぎず，差別禁止の目的や理念について正面から論じられた結果とはいえない。このようなモザイク的な立法政策では，とうていILO111号条約の批准はおぼつかないというべきである。

2　雇用差別をめぐる現行法制の概要

雇用において禁止される差別事由には，2つの類型がある。1つは，社会的差別事由であり，本人が自ら選択することができない人的属性としての人種，性別，年齢，障害などである。もう1つは，雇用分野に特化される差別事由としての労働契約的属性（短時間，有期，派遣など）である。

1つ目の社会的差別事由に関わる現行法の条文には，以下のような規定がある。まず，労働基準法3条が，国籍，信条，社会的身分を理由とする労働条件差別を禁止し，同法4条が，性別を理由とする賃金差別を，それぞれに罰則つきで，禁止している。ただしこれらの条文は，先に述べたように，募集・採用という入口の差別的行為を規制するものではないと解されている。男女雇用機

(6)　浅倉・前掲注(4)520頁以下参照。

会均等法は，性別を理由とする募集，採用，配置，昇進，降格，教育訓練，福利厚生，職種・雇用形態の変更，退職勧奨，定年，解雇，労働契約更新差別を禁止している（同法5条～7条）。ただし，均等法は，労基法4条が対象とする賃金に関する性差別行為を規制していない。

高年齢者雇用安定法は，60歳を下回る定年年齢の定めを禁止し（同法8条），65歳までの高年齢者雇用確保措置を定め（同法9条），雇用の出口に関する年齢規制を行っている。一方，雇用の入口に関しては，雇用対策法10条が，募集・採用における年齢に関わりない機会均等の確保を定めている。

障害に関しては，障害者基本法が，障害を理由とする差別を禁止し（同法4条1項），社会的障壁の除去のための必要で合理的な配慮の定めをおく（同法4条2項）。障害者差別解消法は，障害を理由とする不当な差別的取扱を行政機関と事業主に対して禁止し（同法7条1項，8条1項），社会的障壁の除去のための必要で合理的な配慮を，行政機関等の義務とし（同法7条2項），事業主の努力義務としている（同法8条2項）。雇用分野に関しては，障害者雇用促進法が，障害を理由とする募集・採用から定年・退職・解雇に至るすべての雇用ステージにおける差別禁止を定め（同法34条，35条），事業主の合理的配慮義務を定める（同法36条の2，36条の3）。

さて，2つめの差別事由である労働契約的属性に関わる差別については，近年，いくつかの法制が整備されている。短時間労働者（パートタイム労働者）に対しては，パートタイム労働法が，短時間労働者と通常の労働者との待遇の相違は「不合理と認められるものであってはならない」と規定し（同法8条），また，通常の労働者と同視すべき短時間労働者を「差別してはならない」（同法9条）と定める[(7)]。

労働契約法は，有期労働者に関して，有期労働者と無期労働者の待遇の相違は「不合理と認められるものであってはならない」と規定する（同法20条）。派遣労働者については，労働者派遣法が，派遣元事業主が派遣労働者の賃金を決定する際に，同種の業務に従事する派遣先労働者の賃金水準との均衡や一般の労働者の賃金水準等を勘案するという配慮義務（同法30条の3第1項），教育訓練や福利厚生など必要な措置を講じる配慮義務（同第2項）を定め，また，

(7)　パートタイム労働法8条と労働契約法20条は，いわゆる「均衡待遇」規定，パートタイム労働法9条は，いわゆる「均等待遇」規定として位置づけられている。前掲注(1)「同一労働同一賃金に関する法整備について（報告）」(2017年6月9日)。

派遣先事業主が派遣労働者に対して，業務遂行に必要な能力を付与する教育訓練を実施し，福利厚生施設の利用を認めること（同法40条2項，3項）等を定めている。さらに，冒頭でも述べた「行動計画」に基づき，同一労働同一賃金の推進をめぐる法改正が，現在，検討されている最中である。

V　包括的差別禁止立法の意義

上記のように，現行の差別禁止立法を雇用分野に限って概観すると，障害をめぐる法制（障害者基本法，障害者差別解消法，障害者雇用促進法）と，性別をめぐる法制（労基法，均等法）が，募集・採用から解雇に至るまでの雇用ステージにわたって，差別を禁止していることがわかる。とはいえ，これらの法制においても，差別禁止のための目的，理念，手法がどこまで共有されているのか，疑問である。性別と障害以外の差別事由に関しては，ほんの部分的な規定が散見されるにすぎない。

一方，EUでは，2000年の「雇用職業平等待遇一般枠組指令」が契機となり，加盟各国において，包括的で統一的な差別禁止の立法化が目指されるようになった。中でもイギリスの2010年平等法は，9つの差別事由を禁止対象とする包括的な差別禁止立法の一例として，日本も参考にすべきことが多い。ここで詳しく述べる余裕はないが，この法を作るにあたっては，イギリスの指導的立場にある労働法学者たちが，10数年もかけて，さまざまな差別概念の統合と調整をはかる議論を重ねてきた。このことが，イギリス国内での差別概念の深化をもたらし，社会的理解を大きく広げたと思われる(8)。

日本でも，上述したように，国際機関の指摘に応じてILO111号条約を批准し，差別に関する定義を立法化し，複合差別を禁止する法改正を行うのであれば，現在のような個別立法のモザイク的条文のあり方を克服して，包括的差別禁止法制を立法化すべきであろう。ここでは，そのような立法化のための検討項目について，いくつかの提言を行っておきたい。

第1に，包括的差別禁止法では，禁止されるべき差別事由としては，少なくとも，①人種，民族的出身，国籍，皮膚の色，②性別，性的指向，性自認，③婚姻上の地位，④妊娠・出産，⑤年齢，⑥障害，⑦宗教，信条，⑧社会的身分，⑨雇用形態について，規定すべきである。②の「性的指向，性自認」を理由と

(8)　2010年平等法については，浅倉・前掲注(4)532頁以下を参照。

する著しい差別について，現在では，権利濫用や公序良俗違反を根拠に救済を命ずる裁判例があるに過ぎないため，正面から，これらを差別禁止事由とする法規定は必要であろう。

⑨については，①から⑧までの社会的差別事由とは異なる文脈において，現在，法改正の議論が進行中である。じつは，欧米では，正規／非正規いずれにも職種・職務給制度が存在し，産業別に設定される協約賃金が適用されるために，そもそも同一職種における賃金格差は「不公正」なものとされている。しかし日本では，はじめから正規／非正規労働者に異なる賃金制度や雇用管理が適用されることが通常である。このような彼我の違いを考慮すると，日本においてこそ，正規／非正規間の雇用形態差別は，雇用における身分差別と同じように，差別禁止原則によってまずは規制されるべきではないか，と考える。

第2に，包括的差別禁止立法では，禁止されるべき差別類型として，直接差別と間接差別，ハラスメント，報復的差別について，検討すべきである。現在の日本の法制度では，均等法7条が性別に関する間接差別を禁止するのみであって，他の差別事由に関してはどこにも間接差別を禁止する規定はない。私見でも，すべての事由に関して間接差別が禁止されるべきだとは考えていないし，イギリスの2010年平等法にも間接差別禁止規定を備えていない差別事由があるのだが（妊娠・出産・育児などの差別事由），少なくとも，なぜ，差別事由ごとにかかる差異が生まれるのかという議論は，徹底して行われている。そのこと自体が，社会に有益な影響をもたらすというべきだろう。また，ハラスメントについては，禁止される差別事由に関わって他者の尊厳を侵害する言動があれば，それは差別行為の一類型として，禁止されるべきである。もちろん現在でも行われている数多くのハラスメントにかかる民事訴訟は，民法の一般条項である不法行為や使用者が負うべき契約上の義務違反として，今後とも提起されることになる。ただし，これら訴訟では，一定の「度を超した」差別事案でないかぎり救済されることはないのであるから，包括的差別禁止法で，ハラスメント言動を禁止する条文をおくこと，従業員が行ったハラスメントは事業主が知り得なかった場合以外は，原則として「事業主の行為」とみなして，事業主の責任を問いうる仕組みをつくることは，必要ではないだろうか。

このような包括的差別禁止立法では，2つ以上の差別事由によって差別されている人々に対しては，複合差別対策として，差別根絶のための政策が他にさきがけて実施されなければならないであろう。CEDAW から指摘されている複合差別への対応は，このような法政策をとれば，当然の政策課題として浮上すると考えられる(9)。

(9)　浅倉むつ子責任編集『ジェンダー法研究』3号（信山社，2016年）は「複合差別とジェンダー」の特集をとりあげている。参照していただきたい。

3　性差別禁止法のエンフォースメント

I　雇用差別禁止法制の整備・充実という要請

世界各国に目を向けると，雇用領域の差別禁止法制の展開にはめざましいものがある。日本に対しても，国際社会からは繰り返し，以下のような法整備の要請がなされてきた。

1つはILO第111号条約（雇用および職業についての差別に関する条約）の批准要請である。1958年に採択された同条約は，雇用分野における，人種，皮膚の色，性，宗教，政治的見解，国民的出身または社会的出身に基づいて行われるすべての区別・除外または優先を禁止する。ここには当然に，募集・採用から解雇に至るあらゆる差別の禁止が含まれなければならない。しかし労基法3条は，国籍，信条，社会的身分を理由とする労働条件差別を禁じているものの，契約締結前の募集・採用時の差別を明示的に禁止していない。しかもこれを解釈で補うべきであった最高裁は狭い解釈を選び(1)，「この条約との落差を，うめあわせのつかないほどにまで固定化してしまった」のである(2)。

もう1つは，国連の女性差別撤廃委員会（CEDAW）からの「総括所見」に基づく再三の要請である(3)。直近の「総括所見」は，締約国日本に「条約1条に則った，……直接・間接の差別を網羅する，女性に対する差別の包括的な定義がないことを……懸念する」と述べ，「条約1条に則った女性に対する差別の包括的な定義を早急に採り入れる」ように求めている。また，CEDAWの一般勧告28号（2010年）(4)に従って，「様々なマイノリティ・グループに属す

(1)　三菱樹脂事件・最高裁大法廷昭和48年12月12日判決・民集27巻11号1536頁。

(2)　中山和久『ILO条約と日本』（岩波新書，1983年）194頁。

(3)　日本の第7次・8次レポート審査の結果，2016年3月7日に「総括所見」が出されている。Concluding observation on the combined seventh and eighth periodic reports of Japan. CEDAW/C/JPN/CO/7-8. 日本語訳は内閣府のHPにある。

(4)　CEDAWの一般勧告28号は，以下のように規定する。「複合とは，条約2条に規定された締約国が負うべき一般的義務の範囲を理解するための基本概念である。性別やジェンダーに基づく女性差別は，人種，民族，宗教や信仰，健康状態，身分，年齢，階層，カースト制度および性的指向や性自認など女性に影響を与える他の要素と密接に関係している。性別やジェンダーに基づく差別は，このようなグループに属する女性に男

る女性に対する複合的・交差的形態の差別を禁止する包括的な差別禁止法を制定」することを要請し(5)，ILO 第 111 号条約の批准の検討も求めている。

これら国際社会からの要請を受け止めて，日本としては，現状のモザイク的な差別禁止法制を総合的に点検して，欠落している条文があれば補充しつつ，相互に矛盾のないように個々の禁止規定を整備・統合するという壮大な試みに，早急に取り組むべきであろう。そのような作業を通じて，「差別とは何か」，「なぜ差別は禁止されるべきなのか」という議論が国民の間にも広まるに違いない。ILO 第 111 号条約の批准も，雇用差別をめぐる幅広い議論を伴いつつ実現されることが望ましい。そして，CEDAW「総括所見」で示されたような，女性に対する複合差別を禁止するためにも，性別以外にはいかなる差別事由が禁止されるべきなのかについて，議論を尽くす必要がある。

Ⅱ　禁止される差別事由の拡大傾向

雇用において禁止されるべき差別事由を類型化すれば，①非選択的な人的属性としての人種，民族，皮膚の色，出身国，性別，年齢，障害，性的指向など，②選択的な人的属性である宗教，信条，婚姻上の地位など，③雇用分野に特化される差別事由である労働契約的属性（短時間，有期，派遣など）に分類することが可能である。

上記①に関していえば，本人が選択できない属性によって不利益を与えることは，個人の人格的尊厳を損ねる行為であり，かかる属性が「先天的」であるか否かは重要ではない。年齢，障害，性的指向などは，近年になってから違法な差別と認識されるようになったものである。上記②に関していえば，これらの差別が禁止される根拠は，そもそも個人に選択する自由があるにもかかわらず，選択したことによって不利益に取り扱われることは許されない，というところに求められる。このように，人格的侵害か，自由に対する侵害かという相違はあるにしても，上記①②のいずれの差別事由も「社会的差別」として禁止されるべき反規範性をもつ行為である。それに対して，上記③は，雇用分野に

性とは異なる程度もしくは方法で影響を及ぼす可能性がある。締約国は，かかる複合差別及び該当する女性に対する複合的なマイナス影響を法的に認識ならびに禁止しなければならない」。

(5)　複合差別・交差差別については以下を参照のこと。「特集　複合差別とジェンダー」浅倉むつ子責任編集『ジェンダー法研究』3 号（信山社，2016 年）。

特化される差別事由としての労働契約的属性であり，これらに基づく差別行為は，人格的侵害とも自由に対する侵害とも異なるものといえよう。

日本国内でも，法を通じて禁止されるべき差別事由は徐々に拡大する傾向にある。社会的差別を禁止する法律としては，1947年に労働基準法（国籍，信条，社会的身分による差別禁止）が，1985年に男女雇用機会均等法（募集・採用から解雇にいたる性差別の規制）が制定された。年齢に関しては，2001年改正雇用対策法が，年齢に関わりない採用を事業主の努力義務とし，2007年にこれが義務規定化された。高年齢者雇用安定法は，1994年に60歳を下回る定年制を禁止し，65歳までの雇用確保措置を義務規定とした。2013年には障害者差別解消法ができ，同年に，差別禁止規定を導入する障害者雇用促進法改正があった。

一方，労働契約的属性に関わる差別については，長い間，これらが是正されるべき差別行為であり公序違反であるという認識そのものが未成熟であった。しかし，とりわけ日本では，雇用形態の差違は，従前から，職場におけるある種の「身分制」を生み出す機能を果たしてきたのであり，近年ではようやくそれらを反省して，契約的属性もまた禁止されるべき差別事由に該当する，という理解が広がりつつある。採用時に合意をしたからといって雇用形態を理由とする労働条件差別が放任されてよい，という時代ではなくなってきているのである。2007年には，短時間労働者に対する差別を禁止するパート労働法改正が行われ，2012年の労働契約法改正によって，有期労働者と無期労働者の労働条件の相違は「不合理であってはならない」とされた。現在，「働き方改革」をめぐり国会に上程される予定の法案要綱（「働き方改革を推進するための関係法律の整備に関する法律案要綱」）でも，非正規労働者の差別待遇の禁止と均衡待遇が，主要なテーマの１つとなっている。

Ⅲ　禁止される差別行為類型は拡大しているか

禁止されるべき差別行為類型には，直接差別と間接差別がある。直接差別は，差別事由に該当する特性をもつ者に対して行われる，当該特性を理由とする異別取扱である。一方，間接差別は，外形的には中立的な規定や慣行が適用されることによって，実際には一定の特性をもつグループの人々に不利な帰結が生じる場合，その規定や慣行等の合理性が証明されない限り，違法な差別と評価されるものである。

現行法制では，性別に関してのみ，均等法7条が「性別以外の事由を要件とする措置」という見出しの下に，間接差別禁止規定をおく。とはいえ均等法7条は「間接差別」と明示的には規定せず，均等法指針（平成18年厚生労働省告示614号）が「間接差別（7条関係）」として，「……間接差別とは，①性別以外の事由を要件とする措置であって，②他の性の構成員と比較して，一方の性の構成員に相当程度の不利益を与えるものを，③合理的な理由がないときに講ずることをいう」（第3の1⑴）としている。

障害については，一般法である障害者差別解消法が間接差別を禁止しているか否かは定かではない。では，雇用領域の特別法である障害者雇用促進法はどうか。同法34条は，事業主に，障害者に対して募集・採用時に「均等な機会を与えなければならない」とし，35条は，事業主に，「障害者であることを理由として，……不当な差別的取扱いをしてはならない」と規定する。国会では，雇用促進法が禁止する「差別的取扱い」とは直接差別を禁止するものであって，間接差別の禁止は含まれないと説明された⑹。性別については間接差別が限定的とはいえ禁止されているのに，障害について間接差別禁止規定が置かれなかった理由は，「合理的配慮の提供で対応が図られると考えられる」からだという議論があり，間接差別禁止規定の制定は見送られた⑺。

ハラスメントもまた，差別行為の一類型として，それぞれの差別事由ごとに禁止規定が必要であると考えられる。現行法上は，均等法と育児介護休業法のみがハラスメントに関わる規定をおく。①職場におけるセクシュアル・ハラスメント言動による労働者の就労悪化防止措置義務（均等法11条），②妊娠・出産等に関するハラスメント言動による女性労働者の就労環境悪化防止措置義務（同法11条の2），③育児介護等に関わるハラスメント言動による労働者の就業環境悪化防止措置義務である（育介法25条）。ただしこれらの規定は，ハラスメント言動そのものの禁止規定ではなく，事業主による一定の「措置」の不履行が法違反を招くことを規定するにすぎない。一方，性差別としてのジェン

⑹　平成25年5月30日第183回国会（参議院）厚生労働委員会における田村憲久厚生労働大臣の答弁より。

⑺　「『合理的配慮の提供義務がありながら，間接差別は存在しうるのか』という問いにどう答えるのか。議論において，この問いをめぐる明確な整理はできなかった」と総括されている。山田雅彦「行政実務者が振り返る『障害者雇用促進法改正』」永野仁美他編『詳説　障害者雇用促進法』（弘文堂，2016年）。

ダー・ハラスメントについては措置義務規定もなく，障害を理由とするハラスメントも同様である。パワー・ハラスメントも含めて，数多くのハラスメントにかかる民事訴訟は，民法の一般条項である不法行為や使用者が負うべき契約上の義務を根拠に提起されており，これら訴訟では，一定の「度を超した」差別事案でないかぎり，救済されることはない。

以上のような雇用差別関連の法制度の現状に照らすと，禁止される差別事由の拡大傾向に比べて，禁止される差別行為類型については，さしたる変化がみられないといってよいかもしれない。

Ⅳ　差別禁止法制のエンフォースメント

本特集は，上記のような雇用差別禁止法制が抱える課題の中でもとりわけ，性差別禁止法制をめぐる実効性確保（エンフォースメント）のしくみがどうあるべきかという課題に焦点を合わせている。法律に具体的な差別禁止規定を導入しても，それだけで差別がなくなるわけではない。法制度に規定されている内容をいかに遵守させることができるのかは，差別禁止法研究のきわめて重要な課題であり，均等法が立法化されるときも，この問題は学界で繰り返し論じられてきた(8)。ところが均等法が制定された後は，雇用領域の差別禁止に関わる他の法制度ができる際に，均等法の行政主導型アプローチがモデルとして参照されることになった。今日では，均等法のエンフォースメントのあり方が論じられることは少なくなっているように思われる。差別禁止規定を導入する障害者雇用促進法改正が行われたときも，均等法はいかなる仕組みでエンフォースされているかが大きな参照点となり，いったいそれらがどの程度の効果をあげているのかを基本に立ち返って議論されることはなかった(9)。

しかし，個別紛争解決制度の整備がなされる過程で，労働法制全般のエンフォースメントのあり方が論じられる機会は増えつつある(10)。労働法全体に関

(8)　たとえば石田眞「雇用における男女差別の撤廃と実効性確保制度」日本労働法学会誌65号（1985年）。

(9)　浅倉むつ子「改正障害者雇用促進法に基づく差別禁止」部落解放研究201号（2014年）89頁以下。

(10)　代表的著作として，山川隆一『労働紛争処理法』（弘文堂，2012年）があり，そのほか，野川忍＝島田陽一＝山川隆一「座談会　労働法におけるエンフォースメント」季刊労働法234号（2011年）2頁，山川隆一「労働法の実現手法に関する覚書」根本到＝奥田香子＝緒方桂子＝米津孝司編『労働法と現代法の理論　西谷敏先生古希記念論

するエンフォースメント制度は，複雑に入り組んでおり，違反に対する刑事罰，行政処分，当事者間の紛争解決，行政指導など，様々な権利実現手段が採用されている。そのどれを採用すべきかについては，法規制の内容と同じ程度に重要な検討課題というべきであろう。雇用差別はけっして許されるべきではない人権侵害であり，それゆえ最終的には，法的強制力をもって差別行為を確実に排除する仕組みの構築が課題である。したがって差別禁止法制のエンフォースメントのあり方をさぐるには，幅広く刑事罰，行政処分，司法救済などを包括的に検討すべきであることは言うまでもない。

しかしながら，本特集では，現行の均等法，育児介護休業法等が備えている行政主導的な差別是正の仕組みに焦点をあてることにした。現行の均等法など行政主導型の実効性確保モデルは，法に反する行為に対して，職権的な是正指導，紛争解決申立てによる助言・指導・勧告，さらに調停という行政主導的手法を通じて，法の実効性を担保している。均等法には私法的効果に関する明文規定が存在せず，唯一の強制力は，行政による勧告とそれを遵守しない場合の企業名公表である(11)。しかしそれらは，ごくわずかな場合にしか行われておらず(12)，その限界性については多くの指摘がある。

ただその一方で，均等法や育児介護休業法に関わる相談件数や紛争解決の援助申請の数はかなりの数にのぼり，これら行政主導型のモデルが一定の効果を挙げてきていることもたしかであろう。だからこそ，性別以外の差別事由に関する具体的な立法化作業でも，均等法のエンフォースメントの仕組みが参照されているのである。にもかかわらず，それらの運用実態がどのようなものか，詳細について私たちはほとんど知ることができない。いったい相談や紛争解決援助の申請をした労働者のニーズに合致した解決は，どこまでなされているのだろうか。行政指導や調停では解決できなかった事案のごく一部は訴訟になり，その段階で始めて，行政主導的なエンフォースメントの実態を知ることができる。しかし行政指導や調停では解決できない事案は，暗数も含めば膨大な数に上る。差別禁止法制は，どのような手法を通じて当事者のニーズにみあった解

集(上)』(日本評論社，2013年) 75頁以下，などがある。

(11)　均等法は，勧告に従わない場合の企業名公表制度を設けているが，障害者雇用促進法にはこれがない。障害者雇用促進法は，実効性確保の点で均等法に劣後している。

(12)　均等法上，企業名公表が行われたのは，2015年9月4日に医療法人医心会牛久皮膚科医院が妊娠を理由とする解雇を撤回しなかったとして公表された事例のみである。

決を図ることができるのだろうか。それを検討するためには，現状の解決が当事者たちにどう受け止められているのかを，直接的にさぐるほかはない。

幸い，私たち研究グループは，文部科学省科学研究費補助金（挑戦的萌芽研究「差別禁止法の実効性確保に関する研究――紛争解決制度の検討」課題番号 15K12971）を得て，全国の労働局を通じてアンケートを配布し，利用者のヒアリング調査を実施することができた。今回の特集は，この調査の成果を中間的にとりまとめたものであり，効果的な差別禁止規定の実現の在り方を模索し，今後の雇用差別法制全般の立法課題を深めるための一作業として位置づけたい。

4　イギリス平等法における複合差別禁止規定

Ⅰ　はじめに

世界各国で，さまざまな形で明文化されている差別禁止の法制度をめぐって，「複合差別（multiple discrimination）」が熱い議論になっている。その動向について，とくにイギリスの事例を紹介しようというのが本稿の課題である。

それというのも，各国で法によって禁止される差別事由は，古典的な性別や人種などから，障害，年齢，性的指向などへと徐々に拡大してきており，そうなると，複数の差別事由によって差別される人々の存在に必然的に注目が集まることになる。白人女性と黒人女性は同じように性差別の被害者であるとしても，黒人女性のほうが人種差別と性差別の重複によって，より大きな被害を受ける存在であった。しかし法的には，人種差別と性差別は別類型の差別であって，それらが重複しているからといって格別な救済が用意されてきたわけではない。裁判になれば，黒人女性は，性差別か人種差別か，いずれかの事由を選択して提訴するしかないのであり，それは当然と考えられてきた。しかし近年，この「当然」は差別禁止法の盲点であったとして，放置せずになんらかの対応を迫ろうという取組みが，各国において，浮上してきている(1)。

このような二重の差別に対して，イギリスの2010年平等法（Equality Act）は特別な条文をおき，「結合差別（combined discrimination）」という概念を生み出した。いったい「結合差別」とは何か。この概念は一般的な「複合差別」とどのような関係にあり，どのような機能を果たす条文として期待されているのだろうか。

Ⅱ　差別禁止立法の3つのモデル

複合差別問題に取り組む際の前提的な知識として，差別を禁止する規定をもつ各国の憲法や法律には3つの類型があることについて，紹介しておきたい(2)。

(1)　詳しくは以下の論文を参照。Iyiola Solanke, “Putting Race and Gender Together: A New Approach To Intersectionality”, *Modern Law Review* Vol.72 (2009), pp.723-749.

(2)　Sandra Fredman, *Discrimination Law,* 2nd ed. (Oxford University Press, 2011),

第1は，差別事由を限定的にリスト化するものであり，本稿が主としてとりあげるイギリスの差別禁止法制が代表例である。イギリスでは，性別と人種による差別を禁止する立法が最初にできあがり，時代を追うごとに新たな差別禁止立法がモザイク的に制定されていった。これらの立法における差別禁止の対象事由は，個別的であって，それぞれの法規制にも強弱があった。ところが21世紀初頭からの10年間をかけて国をあげて議論が行われた結果，またEUの影響も受けながら[(3)]，これらばらばらだった差別禁止立法が，1つの包括的な立法へと統合されていった。2010年平等法である。この法律は，後に詳しくふれるように，差別事由を限定的に列挙する手法をとっている。

第2の類型は，イギリスとは正反対の極にあるアプローチである。アメリカが代表例であり，憲法上の平等保障という開かれたモデルということができる。すなわちアメリカ連邦憲法修正14条は，州は「その管轄領域においていかなる者に対しても法の平等保護を否定してはならない」と規定する。このような規定の下では，原則としていかなる「分類」「区別」も違法となりうるが，その範囲を調整する権限は司法に委ねられる。司法は，ある差別事由については厳格審査基準を適用し，それ以外の差別事由については合理性審査基準を適用しつつ（二重審査基準），禁止されるべき事由の範囲を調整してきたのである。

そして第3の類型は，カナダ人権憲章や南アフリカ憲法が採用しているアプローチであり，差別事由一覧を明記しつつもそれらは限定的ではなく，「〜などの理由」「〜を含む」「特に〜」「その他の地位」などの表記によって，差別事由の一覧リストを拡大する可能性を残している。非制限的リストと呼ばれるモデルである。これらの法制においては，裁判所が状況変化に応じて，差別禁止事由を「更新」「拡大」することが可能であるとされてきた。解釈によって差別禁止事由を拡大する権限は裁判所に委ねられているのである。

さて，本稿でとりあげるイギリスは，差別事由を限定的に列挙しているために，2010年平等法が対象にしていない差別事由は「結合差別」「複合差別」の

---

pp.112-143.

(3)　EUの2000年「人種，民族的出身平等待遇」(2000/43/EC）および2000年「雇用職業平等待遇一般枠組指令」(2000/78/EC）は，「特に女性がしばしば複合差別の被害にあうことが多いために，差別撤廃と男女平等を促進することをめざさなければならない」という一文を，それぞれ，前文において規定している（「人種，民族的出身平等待遇指令」の前文(14)，雇用職業平等待遇一般枠組指令の前文(3))。

一事由になることはない。あくまでも重複する差別事由は，法に記載されているものに限られるということになる。

Ⅲ　複合差別のさまざまな態様

法において禁止されている複数の差別事由（イギリスではこれを「保護特性 protected characteristics」という）にかかわる差別を一般的に「複合差別」と呼ぶのだが，それにも以下のようにさまざまな態様がある。以下では雇用の分野を想定しつつ，説明を加えておこう。

複合差別の第1の態様として，複数の保護特性をもつ1人の労働者が，個々の特性を根拠に複数回にわたり差別を受ける，という場合がある。たとえば，Mariという黒人女性が，人種を理由に昇進を拒否され，その1カ月後にも，女性であることを理由に配転申請を拒否された，という場合である。この事案は，前者は人種差別として，後者は性差別として解決されることになる。ある論者は，このような場合を「通常の複合差別（ordinary multiple discrimination）」といっている(4)。

複合差別の第2の態様としては，単一の行為が，1人の労働者の2つ以上の保護特性にかかわってなされる場合がある。たとえば，黒人も女性も昇進させたくない使用者が，Mariの昇進を拒否して，代わりに白人男性を昇進させたという場合である。昇進拒否自体は1度だけの行為であるが，それは，直接的な人種差別でもあり，直接的な性差別でもある。これを2つの差別事由が加算されているとして，「付加的差別（additive discrimination）」という(5)。この場合，被差別者からすれば，自分は多重的に差別されているという怒りを強くもつことになるのだが，いずれかの保護事由に基づいて救済が確実になされれば，法的には差別は解決されることになるだろう。通常は，いずれかの事由による差別として立証可能性の高いほうを選択することになる。もちろん2つの差別事由によるそれぞれの差別を立証できれば，そしてその両者に矛盾がなければ，2つの差別として提訴することは可能である。

ただし，多重的に不利益を被っているから複数の事由による差別を主張しさえすればよいかというと，そのことがかえって，1つの事由にもとづく差別を

---

(4)　Tamara Lewis, *Multiple Discrimination—A guide to Law and evidence*（A Central London Law Centre Publication, 2010）, pp.12-14.

(5)　Lewis, above, n.4, pp.15-17.

否定することになりかねないので，注意が必要である。たとえば黒人女性Mariが使用者に妊娠したことを告げた2日後に，仕事の能率が悪いという理由から突然解雇されたという場合を想定しよう。Mariは，常日ごろから使用者は人種差別主義者だということを知っており，この解雇は妊娠を理由とする解雇であると同時に，人種を理由とする解雇でもあると考えた。しかし本件では，人種が理由だというのなら，なぜ使用者は，彼女が妊娠するまで解雇しなかったのか？　疑問が生じる。そこで本件の場合には，人種差別にまで踏み込まなくとも，差別事由としてより強い効果を及ぼした妊娠差別にねらいを定めるやり方がよい，ということになる。

さて，複合差別の第3の態様は，異なる差別事由（保護特性）の「結合」や「交差」によって生じる差別である。第1や第2の態様とは異なり，この第3の態様は，2つ以上の差別事由が交錯して機能する場合である。差別する側には，単一の差別事由による取扱いの場合より，当該労働者に対するステレオタイプ化された態度・思い込み・偏見が歪んだ形で内在化しており，被害は過重的になることが多い。しかもそれだけでなく，しばしば個々の事由による差別が立証されにくいという状況が生まれることもある。このような複合差別を，とくに「交差的な複合差別（intersectional multiple discrimination）」あるいは「交差差別（intersectional discrimination）」という(6)。例としては，黒人女性が昇進において差別されているという事案をあげることができる。

困難が生じるのは，このような事案において，使用者が黒人男性は昇進しているという証拠を示すことができれば，彼女は人種差別を主張することが難しくなる。また，使用者によって白人女性は昇進しているという証拠が示されれば，性差別を主張することも難しいということになってしまうという場合である(7)。

このような理由から，交差的な複合差別については，救済を確実にするために，法文上，とくに禁止規定を設ける必要があるのではないか，と論じられてきた。このような議論を経て，イギリス2010年平等法は，「2つ」の差別事由（＝保護特性）を根拠とする差別を禁止するために14条を設け，これを「結合

(6)　交差差別という用語は複合差別の一定の類型であるが，主に研究論文で使われており，判例上はあまり登場しないという。Lewis, above, n.4, p.18.

(7)　Muriel Robinson, “Multiple discrimination: is there a need for s.14 Equality Act 2010?”, *Equal Opportunities Review* No.235 (2013), p.14; Lewis, above, n.4, pp.18-22.

差別」と名づけるに至った。すなわち，2010年平等法14条は，交差差別のうちの「2つ」の保護特性を理由とする差別を禁止する「結合差別」禁止規定を設けたのであり，その場合，禁止対象となっている差別類型は，後述するように，直接差別のみである。

Ⅳ　Bahl事件判決

1　事実の概要

2010年平等法が結合差別禁止規定を導入する契機となった事例は，Bahl事件判決であった。アジア系の黒人であるMs. Kamlesh Bahlは，ケニヤに生まれ，幼時からイギリスで教育を受けてきた弁護士である。彼女は1993年から98年まで機会均等委員会（Equal Opportunities Commission：以下EOCとする）の議長を務めたのち，98年には弁護士会の副会長に選出された(8)。ところがその直後に，彼女は弁護士会の職員や管理職らから疎まれるようになり(9)，「Bahlによる職員の取扱いはハラスメントである」という苦情が出るようになった。これらを契機に，Bahlと弁護士会会長Mr. Robert Sayerおよび事務局長Ms. Jane Bettsとの関係は悪化した。99年10月から12月にかけて複数回，職員らから，弁護士会内部の苦情調査機関に，Bahlの態度に関する苦情申立がなされ，2000年3月，同調査機関は「Bahlによるスタッフの取扱いは，ときに屈辱的であり，明らかに敵対的で攻撃的であった」とする報告書をまとめた。これを受けて，同月16日，弁護士会理事会はBahlを譴責処分とし，彼女は21日に副会長を辞職し，弁護士会を脱退した。この間の経緯について，Bahl

(8)　1995年11月に，ブリティッシュ・カウンシル主催「社会と女性」と題するシンポジウムが東京で開かれたとき，イギリスから招聘されたシンポジストの一人が，当時のEOC議長のカムレッシュ・バールさんだった。ブリティッシュ・カウンシルで日英文化交流企画を担当していたモリス・ジェンキンス氏から依頼を受けたため，私もほぼ1週間の間，さまざまなシンポジウム・研究会・交流会で，バールさんとご一緒した。知性とユーモアにあふれ，すらりと伸びた手足に薄いブルーのスーツを着た彼女は，やさしい笑顔を絶やさない魅力的な人だった。その後，2〜3年は手紙のやりとりがあったが，1999年に私がロンドンに短期留学した頃，彼女とは連絡がとれなくなり，マンチェスターのEOC本部を訪ねたところ，すでに議長職から離れていたことを知った。後年，私は，複合差別をめぐるイギリスCA（控訴院）判決の中に，原告としての彼女の名前を見つけることになった。

(9)　判決文にはでてこないが，いくつかの評釈からは，彼女が職員らから疎まれた理由は，Bahlによる弁護士会内部改革の意図が守旧派から歓迎されなかったところにあったのではないかと，推測される。

は，インド系アジア人である自分に対する人種と性別の複合差別があったとして，Sayer，Bettsを含む数人の弁護士会管理職と弁護士会を相手に，雇用審判所（Employment Tribunal：以下ETとする）に訴えを提起した。

2　ETの判断

ETは，2001年7月5日，Bahlからの訴えを部分的に認める判断を下した。いくつかの訴えは否認されたが，これらについては省略する。ETによって差別的であったと認められたのは，Ms. Bettsによる5点の言動（たとえば，Bahlについて感情的な言葉や露骨な比喩を使用したこと，Bahlの防波堤になってくれる上司をナチスからベルゼンを解放したアメリカ軍隊になぞらえたりしたこと等）とMr. Sayerによる3点の言動（たとえば，苦情申立について事前準備のためのインフォーマルな情報提供を怠ったこと等）であった。彼らの行為については，弁護士会に代理責任があると判示された。

ETは，複合差別問題について，以下のように判断した。

「我々は，結論に至る際に，申立人の人種と性とを区別しない。その理由は簡単である。本件申立は，Kamlesh Bahlが黒人女性であるという理由からどのように扱われたかという事実をベースに進められた。Bahlは，弁護士会における初の，白人でも男性でもない公職者であった。彼女の取扱いを，白人女性の公職者や黒人男性の公職者と比較する証拠には，意味はない。我々は，推測しうるだけである。我々は，いかなる点についても，SayerとBettsの心の内を知るものではない。我々の目的としては，適宜，それぞれの場合に，彼らは白人や男性については不利益な取扱はしなかったはずだという事実を見いだすことで十分である。もし我々が，救済について考慮する目的のためにこのアプローチを精査する段階に至ったときには，その折に，両当事者がこの問題について主張しうるだろう」。

3　上訴審の判断

このようなETの結論に対して，弁護士会，Betts，Sayerは雇用上訴審判所（Employment Appeal Tribunal：以下EATとする）に上訴し，Bahlは敗訴部分について交差上訴した。EATは，2003年7月31日に，上訴を認める一方，交差上訴を否定する判断を下した(10)。EATは，ETは人種と性の区別を怠り，いずれの理由について差別が発生したのかについて合理的な証拠を示さず，ま

(10)　The Law Society and others v. Bahl [2003] IRLR 640, EAT.

たBettsとSayerがそれぞれに違法な差別をしたという証拠も示さなかったとして，ETの決定を全面的に覆す判断を示した。これに対して，Bahlは控訴院(Court of Appeal：以下CAとする）に上訴した。

CAは，2004年6月30日に，BahlがBettsやSayerから不利益を被ったという状況があったことは確かだが，それらが人種もしくは性別を理由とする不利益な取扱いであるといういかなる証拠もなく，差別は認められず，弁護士会にはいかなる責任もない，という判断を下した(11)。CAによれば，差別を否定したEATの結論は正しく，上訴は棄却されるべきである，ということであった。

CAは，複合差別に関する前述したETの判断部分について，以下のように判示している。

「(Bahlの代理人はETは誤りを犯していないと主張するが）このことは疑問である。ETは，Bahlに対する取扱いを白人女性の公職者や黒人男性の公職者と比較する証拠には意味がない，と述べたが，ETは，彼女の取扱いと適切な比較対象者の取扱いの両方を比較する証拠を見いだすべきであった。人種や性を理由とする差別を発見するには，ETは，主観的な人種や性に対する考慮が，差別する者の内面に存在することを発見しなければならない。これについては争いはない。にもかかわらず，本件では，ETは，それぞれの時点において，SayerとBettsの内心に何があったのかは知らない，と述べている。ETは，救済の段階ではそれを精査する必要が生じるかもしれないというが，もしETが正しく性と人種の差別を見いだしたのであれば，その必要性がなぜそれほど遅い段階で生じるのだろうか？

ETが明らかに省略したことは，どのような証拠が人種差別や性差別の発見を示すものなのかを確認することであった。もし，それぞれ差別を形づくる証拠がまったく同じものであるとすれば，驚くべきことである。たとえば，ある女性が他の女性に対する性差別について有責であることを見いだすのは非常にまれなことなので，Ms BettsがDr.Bahlを差別したと推測させる証拠を示すことが，ETには期待されるだろう。我々は，被申立人が主張するそれぞれの差別のタイプに関する基本的な事実を発見することがETにとっては必要であった，と判断する。そして，ETが，なぜ，立証責任を負うBahlに有利になるような推測をしたのかについて，ETは説明する必要がある。EATが正しく述べているように，ETはそれを怠ることによって，法の解釈を誤ったのである」。

本件でETが差別を認める判断を下したのは，Bahlが弁護士会において，白人でも男性でもない初の副会長であったという事実，すなわち「黒人女性」

(11)　Bahl v. The Law Society [2004] IRLR 799, CA.

であるという事実を重視したからである。ETは，彼女に対する取扱いを白人女性や黒人男性のそれと個々に比較するのではなく，もし彼女が白人か男性であったとすればこれほどまでに不利益な対応を受けることはなかったはずだという理由から，差別の存在を認めたのである。

これに対して，上訴審であるEATとCAは，ETの結論を覆し，本件では，従来のように，直接的な人種差別もしくは性差別というそれぞれの差別を立証するために，証拠となる事実を見いだす必要があったはずだ，とした。この上訴審の判断によれば，Bahlは，黒人男性よりも不利益を被ったとして性差別を主張するか，白人女性よりも不利益を被ったとして人種差別を主張するかを選択しなければならなかったということである。ところが，もし使用者が，これら２つの保護事由による差別の推論を覆す証拠を提出すれば，その訴えは退けられなければならない。Bahlによる差別の主張は，結局，上訴審ではすべて否定される結果となった。

Ⅴ　2010年平等法と結合差別

1　2010年平等法の制定

イギリスは，1970年代から数多くの差別禁止法をつぎつぎに立法化し，今世紀初頭には，以下のような複数の法律を併存させていた。1970年同一賃金法（Equal Pay Act），1975年性差別禁止法（Sex Discrimination Act：以下SDAとする），1976年人種関係法（Race Relation Act：以下RRAとする），1995年障害差別禁止法（Disability Discrimination Act），2003年雇用平等（宗教・信条）規則（Employment Equality（Religion or Belief）Regulations），2003年雇用平等（性的指向）規則（Employment Equality（Sexual Orientation）Regulations），2006年雇用平等（年齢）規則（Employment Equality（Age）Regulations）である。これらを管轄する委員会も，EOC，人種平等委員会（Commission for Racial Equality：以下CREとする），障害者権利委員会（Disability Rights Commission：以下DRCとする）が併存していた。

ところが，これらの差別禁止立法は，それぞれに複雑な内容の諸規定をもつために，差別により被害を被った国民が法の下で救済手続にアクセスすることは，かなり難しくなっていた。国も，複数の機関を設けることによる費用負担の肥大化という悪影響を被っていた。これらを反省して，より効果的な差別解消方策を模索するために，イギリスは国をあげて，長期にわたる検討を繰り返した結果，2つの包括的な立法が制定された。それらが，2006年平等法と2010年平等法であった。

2006年平等法は，差別救済のための従来の3つの委員会（EOC，CRE，DRC）を廃止・統合して，単一の委員会である平等人権委員会（Equality and Human Rights Commission：以下EHRCとする）を新設した。

一方，2010年平等法は，複雑に入り組んでいた差別禁止の諸立法を単一の包括的な法律へと統合した。同法は，2010年4月8日に成立し，同年10月1日から施行されている(12)。この法律は，全16編，全218条，28の付則から構成される差別禁止法であって，適用対象分野は幅広く，サービスの提供，不動産，労働，教育，団体などが関わる差別について，包括的に規定している。

この法律は，禁止される差別事由を前述の通り「保護特性」とよぶが，それらは，年齢，障害，性別再指定（gender reassignment）(13)，婚姻と民事パートナーシップ(14)，妊娠・出産，人種，宗教または信条，性別，性的指向という9種類である。また，禁止される差別行為の類型としては，直接差別（13条），間接差別（19条）(15)，障害に起因する差別（15条）(16)，障害に対する調整義務の

(12) この立法について，詳しくは，浅倉むつ子「イギリス2010年平等法における賃金の性平等原則」『西谷敏先生古稀記念論集　労働法と現代法の理論(下)』（日本評論社，2013年）283頁以下，同「連載　雇用とジェンダー(4)イギリス2010年平等法」生活経済研究209号（2014年）36頁以下，同「包括的差別禁止立法の意義――イギリス2010年平等法が示唆すること」『毛塚勝利先生古稀記念論集　労働法理論変革への模索』（信山社，2015年）581頁以下，などを参照のこと。

(13) 一般的には「性転換」とか「性別変更」といわれることが多いが，イギリスでは，必ずしも医学的管理下にあることを要求されていない。それゆえ，女性として生まれた人が医学上の処置を受けずに男性として生きる決定をした場合でも，この法の下では保護特性をもつ者に該当することになる。したがってここでは自らの意思による「性別再指定」という表現を使っておく。

(14) イギリスでは2004年に民事パートナーシップ法が成立し，同性カップルはその法の下にある登録制度によって，婚姻に相当する内容の権利が保障される。

(15) 2010年平等法における「間接差別」は，一定の保護特性を持つ者にも持たない者にも，「規定（provision），基準（criterion），慣行（practice）――以下PCPとする」が共通に適用されるが，その結果，保護特性をもつ者には特定の不利益がもたらされる場合に，それらPCPが正当な目的を達成する比例的手段であることを証明できない場合に，成立する。

(16) 障害の結果として生じる何か（something）を理由として，AがBを不利に扱う場合をいう。障害そのものではなく，障害に起因する，あるいは障害の結果である「何か」――たとえば欠勤すること――を理由とする不利な取扱いを禁止する規定である。

不履行（20条）[17]，ハラスメント（26条），報復（27条）[18]がある。

2　2010年平等法14条の意味

2010年平等法は，複合的な交差差別のうち２つの保護特性が結合する差別を禁止する規定として，「結合差別」禁止規定をおく（14条）。この14条が成立するまでには，さまざまな議論があった。単一の平等法を制定するにあたって，2007年に公表された政府からの協議文書 the Discrimination Law Review は，各方面に対して，複合差別に関する意見や情報を寄せるように，以下の要請を行った[19]。

> 「(para.7.31) 単一の差別禁止立法は，多くの異なる特質を根拠とする不当な取扱いからすべての人々を保護するものである。人々は複数の保護されるグループに所属している。差別を受けた際に，１つ以上の特徴がそこに含まれるか否かをときほぐすことは難しい。彼らは複合差別を経験している。
> (para.7.32) このことは我々が EHRC を創設した理由でもある。同委員会は異なる類型の差別に効果的にアプローチして，複合差別を受けている人々に単一の源からくる経験とアドバイスを与えるであろう。
> (para.7.33) 何人かの学者は，現在の立法が，複合差別を受けている人々を救済するには不十分だと批判している。１つの回答は，完全に統合された複合的な申立が許容されるべきだというものである。しかしこれは，法を複雑化し，企業や公的部門に付加的な負担を与えるかもしれない。
> (para.7.34) われわれは，実際に，人々が１つ以上の保護事由をもつがゆえに提訴できなかったという証拠や情報を，歓迎する」。

この要請に応じて，各方面から100を超える意見や情報が寄せられた。それら回答結果を勘案して，政府は，法案を策定して[20]，再度，各方面への説明を

(17)　調整義務とは，障害者に対して，実質的な不利益を避けるためにとられるべき合理的な措置であって，たとえば，使用者が，就業に関する規定を変更すること，施設等の物理的形状を改変すること，補助的な援助を提供することなどを意味する。

(18)　本法に基づいて申立を行い，証拠や情報を提供し，法違反を主張することを理由として不利益を与え，報復することである。

(19)　Department of Communities and Local Government, *Discrimination Law Review : A Framework for Fairness : Proposals for a Single Equality Bill for Great Britain* (London, DCLG, 2007), pp.122-123.

(20)　The Equality Bill. Available at http://www.equalities.gov.uk/PDF/FrameworkforaFairerfuture.pdf.

重ねるなどしつつ[21]，ようやく同法14条が制定されたのである。とりわけ経済界からは企業に過剰な負担をかけるという反対論が強かっただけに，研究者からは，きわめて限定的な形であるにせよ，本条が設けられたのは，政府部内の経済・産業担当に対する平等担当の勝利である，と評価された[22]。

2010年平等法14条は，以下のように規定している。

「14条　結合差別：二重の保護特性

1項　ある者(A)が他の者(B)を，2つの保護特性の結合（combination）を理由として，当該保護特性のいずれをも共有しない者を取扱うまたは取扱うであろうよりも不利益に取扱う場合，AはBを差別するものとする。

2項　当該保護特性とは，(a)年齢，(b)障害，(c)性別再指定，(d)人種，(e)宗教または信条，(f)性別，(g)性的指向をいう。

3項　第1項によって本法違反を認定するにあたり，Bは，結合関係にある当該保護特性のそれぞれを（別個に）とりあげて，AがBを直接に差別したということを証明する必要はない。

4項　ただし，本法の他の規定もしくは本法以外の法令に基づいて，AによるBの取扱いが，結合している特性の1つまたは2つを理由とする直接差別にはあたらないことをAが証明しうる場合には，Bは本法違反を主張することはできない。

5項　障害を理由とする直接差別の訴えがなされ，それが116条（特別教育の必要性）に該当するであろう状況においては，第1項は，障害を含む保護特性の結合には適用されない。

6項　国王が任命する大臣は，命令により，本条を以下のように修正しうる。

(a)　第1項によってBが本条違反の立証を行うことができるもしくはできない状況について，さらなる規定を定めること。

(b)　第1項が適用されない他の状況について特定すること。

7項　直接差別とは，本法13条を根拠とする本法違反をいうものとする。」

結合差別の場合も，単一の事由による直接差別と同じく，「不利益」な取扱いがあったことや，不利益が事由の結合によって発生したことの立証は必要である。ただ，14条の最大の意義は，結合差別を経験する者は，2つの差別事由（保護特性）のそれぞれについて差別があったことを立証する必要はない，と規定して，救済すべき射程を拡大したところにある（14条3項）。もっとも，

(21)　Government Equalities Office, *Equality Bill : Assessing the impact of a multiple discrimination provision : A discussion document* (April 2009).

(22)　Bob Hepple, *Equality, The New Framework* (Hart Publishing, 2011), pp.61–62.

結合の特性の１つについて法が例外をおいている場合には，結合差別の主張は成功しないことになる（14条4項)。たとえば，DVからのシェルターにおける就労を拒否された男性が，その拒否は障害を理由とする差別だと主張した場合，もしそのポストが女性であることを必要不可欠の条件としていることが法によって要請されているのであれば，結合差別の訴えは成功しないであろう。実際には障害差別はなく，性差別は法によって違法とはならないからである[(23)]。

ところで，政府平等局をはじめとする関係省庁は，2010年8月に，2010年平等法の「注釈」を公表した[(24)]。ちなみにこの「注釈」では，14条に関して，従来の個別立法では申立に成功しなかったものの，新たな結合差別禁止規定によって救済されることになる２つの事案が示されている。

第１は，使用者が黒人女性は顧客サービスを十分に履行できないと考えたために，ある黒人女性が昇進できなかった，という事案である。類似の資格と経験をもつ白人女性は昇進していること，また，同様の黒人男性が昇進していることを使用者が証拠として示すことができるとしても，黒人女性は，自分が黒人女性であるために人種と性別の結合差別を受けたという申立てをすることが可能になる[(25)]。

第２は，バスの運転手が，イスラム教徒の男性はテロリストかもしれないと考えたために，彼のバス乗車を拒絶したという事例である。その男性は，宗教上の信条もしくは性別という個別の理由に基づいて差別を主張できないかもしれないが，性別と宗教の結合した差別であると主張することによって，申立に成功することができるであろう[(26)]。

3　2010年平等法14条の限界

2010年平等法14条の意義については十分に評価しうるものの，この条文は，現に存在している数多くの複合差別全般を効果的に禁止しうるような規定にはならなかった。成立過程における議論の結果，同条にはいくつかの制約が加え

(23)　この例については，Government Equalities Office, above. n.21, p.15.

(24)　Equality Act 2010 Explanatory Notes, August 2010. この「注釈」は国会の承認を得た文章ではなく，包括的な解釈を提供するものでもないが，本法の意味を理解する助けとなる。以下においては，E.N. として引用する。

(25)　E.N., para.68.

(26)　Ibid.

られたためである。では14条がもつ限界とはいったい何だろうか。

第1に，14条は，直接差別のみを取り扱っている。本来，複合差別は，さまざまに禁止される差別類型すべてにわたって主張しうるべきという意見もあったが，本法は，最終的には直接差別の結合のみを法定した（14条3項，7項）。間接差別やハラスメントについては，本条の下で結合差別として訴えることはできない。その理由としては，企業に過剰な責務を課すことがないようにするためであり，加えて，間接差別をも含むべきだという強い意見もなかったと，政府は説明している(27)。

第2に，14条は，数多い保護特性が関係するような複合的交差差別のうち「2つの保護特性の結合」を理由とする場合のみを扱うにすぎない（14条1項）。政府からは，その理由として，審判所等に持ち込まれる事案の複雑化を回避するためである，と説明された(28)。たしかに2つ以上の事由を取り扱うことは，解釈上，立証上の問題を複雑化するかもしれないが，それにしても2つとは限定的にすぎるのではないかという疑問もある。しかし政府の調査によれば，実際に2008年4月から12月の間に，政府部門に助言を求めて持ち込まれた差別に関する相談事例1万3000件のうち，2つの保護特性に関わるものは1,072件，3つ以上の保護特性に関わる事案は119件だったという(29)。したがって，2つという制限を課すことが被差別者にとって大きな不都合をもたらすことはないだろうと，政府は説明している。

第3に，結合差別事由からは，2010年平等法が定める9つの保護特性のうち，「妊娠・出産」と「婚姻・民事パートナーシップ」が除外されている（14条2項）。この理由について，政府は，①妊娠・出産は，比較対象者を不要とする差別類型であるから，比較対象者を必要とする他の差別類型と結合して判断することは難しいこと，②婚姻・民事パートナーシップの事案の多くは，性別や性的指向をめぐる単一の事由による申立によってほぼ適切に解決されている，と説明した(30)。

以上のような3点にわたる限界については，差別法の研究者たちから，この

(27)　Government Equalities Office, above, n.21, p.15.
(28)　Ibid. p.16.
(29)　Ibid.
(30)　Ibid. p.14.

条文は制限的にすぎるという批判がなお出されている[31]。一方で，14条に対していっそう強力に批判を加えたのは，経済界であった。この条文は企業等に不当な負担を課すものだという経済界からの根強い批判によって，2012年5月に，当時の政権（2010年に政権交代した保守党と自由民主党の連立政権）は，当面，結合差別禁止規定の発効を先延ばしにするというステートメントを公表した。今日に至るまで，本条はまだ施行されていない。

Ⅵ　MoD事件判決

2010年平等法が結合差別の対象を直接差別に限定したことについて，研究者から批判があることについては，前述した。しかし，実は，2010年平等法施行直前の2009年10月に，人種と性別のそれぞれの間接差別の結合について違法性ありと判断したEAT判決が登場した。EATは，この判決において，2010年平等法14条ではなく，同法に統合される前の性差別に関するSDAおよび人種差別に関するRRAのそれぞれの間接差別禁止規定に依拠しつつ，独自に結合差別の違法性を判示したのである。この判決を紹介しておこう[32]。

1　事実の概要

申立人（Ms DeBique）は，イギリス軍隊の兵士である外国人女性（国籍は，英連邦加盟国のSt Vincent）で，幼い娘を育てている一人親であった。彼女は2001年にイギリス防衛省（Ministry of Defence：以下MoDとする）に雇用され，2005年3月からはロンドンで勤務していたが，同年8月に母国で出産し，娘を母国の親族に預けながら，イギリスでの職務に復帰した。そして翌2006年9月には，娘をイギリスに連れ帰って，単独で養育し始めた。しかし，週末における職務命令などが遂行できず，また訓練への不参加なども重なったために，MoDから懲戒処分，警告，数度にわたる不利な異動の提案などがなされるようになり，DeBiqueは鬱病を罹患して，2008年4月には退職せざるをえなくなった。

DeBiqueは，MoDが育児中の一人親に貸与する2部屋続きの家族寮（Service Families Accommodation）に住んでおり，その施設には育児支援にあたる親族

(31)　Fredman, above. n.2, p.143; Hepple, above. n.22, p.62.
(32)　Ministry of Defence v. DeBique [2010] IRLR 471, EAT.

の同居が想定されていた。ところがDeBiqueが母国から呼び寄せたい育児支援の親族は外国籍であり，居住権を有しない者の入国管理・滞在に関する規則によって6カ月以内の滞在しか許可されなかったために，実際には呼び寄せは不可能であった。

DeBiqueは，このような経緯において，自らが間接性差別（SDA1条2項(b)違反）と間接人種差別（RRA1条1A項違反）の結合差別を受けたとして，2007年2月にETに提訴するに至った。

ところでDeBiqueが違法性の根拠とした「間接性差別」禁止規定（SDA1条2項(b)）は，ほぼ以下のような規定である。

「ある者が，女性にも男性にも等しく規定（provision），基準（criterion），慣行（practice）（以下，PCPとする）を適用するとき，以下の場合には，差別となるものとする。①当該PCPが，男性よりも女性に特定の不利益を被らせる場合，②当該PCPが当該女性にその特定の不利益を被らせる場合，③当該PCPに関して，その者が正当な目的を達成するための比例的な手段であることを証明できない場合」。

同じように「間接人種差別」禁止規定（RRA1条1A項）も，以下のように，同様の規定をおく。

「ある者が，当該他者とは異なる人種，民族，国籍の人々にも等しくPCPを適用するとき，以下の場合には，差別となるものとする。①当該PCPが，当該他者と同一の人種，民族，国籍の人々に特定の不利益を被らせる場合，②当該PCPが当該他者にその特定の不利益を被らせる場合，③当該PCPに関して，その者が正当な目的を達成するための比例的な手段であることを証明できない場合」。

以上のように，間接差別事案では，特定の保護特性を有する者にも有しない者にも，共通に適用されるPCPが問題になる。本件では，申立人DeBiqueが間接性差別と間接人種差別を主張するにあたって，いかなるPCPが問題になったのだろうか。申立人が問題としたのは，2つのPCPであり，その1つは「24／7PCP」，もう1つは「移民PCP」であった。

「24／7PCP」とは，MoDによって軍隊の兵士たちに課せられた「1日24時間週7日間の職務対応義務」という就労条件である。軍隊における24時間対応の職務専念義務といってもよい。このPCPは男女いずれにも平等に適用されるが，申立人は，女性のほうが一人親になる可能性が高いために，この

PCPは女性に対して間接的な不利益効果があると主張した。

「移民PCP」とは，イギリスに居住権を有しない者の入国管理・滞在に関する規則を根拠として，旅行者は6カ月以内の滞在しか許可しないという条件のことである。申立人は，当該PCPは，一人親の育児支援のための親族であっても6カ月以上の滞在を不許可とするものであるために，英国籍の者の親族にも外国籍の者の親族にも共通に適用される条件ではあるが，外国籍の兵士の親族は圧倒的にこのPCPの適用を受ける場合が多いため，とくに外国籍の兵士に間接的な不利益効果をもたらす，と主張した。

2　ETの判断

ETは，申立人DeBiqueが24／7PCPによって間接性差別を受けたと認めつつも，同PCPはイギリス兵士の義務として正当性があり，違法ではない，とした。しかしさらにETはこの判断のみにとどまらず，申立人が性差別と人種差別の結合効果によって差別を受けたと認定して，結論部分において，以下のように判断した。

> 「当雇用審判所は，それゆえ，MoDは，第1に，申立人に適用された「24／7PCP」と「移民PCP」の結合した効果によって，SDA1条2項(b)……の下で申立人を差別し，また，第2に，移民PCPを適用することによって，かつ，2つのPCPの結合した効果によって，RRA1条(1A)項……の下で申立人を差別した，と判断する」。

3　EATの判断

MoDは上訴し，これを受けてEATは，上訴理由を1つずつ検討したうえで，すべてにおいてETの判断は妥当なものであったと認める判決を下した。EATの判示の重要部分は，以下の通りである。

> 「MoD（被申立人・上訴人）は，ETには申立人に適用された2つの別個のPCPを混同した点に誤りがあった，と主張する。すなわち，性別と人種という分離した別個の理由に基づく間接差別という2つのPCPの結合効果を考慮することは誤りであった，と主張する。一方か他方のいずれかが，あるいは双方が独立に，間接差別なのかそうでないのかといういずれかしかないのだ，という（para.162）。MoDは，ひとたび本件原審が，24／7PCPを正当なものでありSDAの規定の下で違法ではないとした場合には，本件原審が，RRAの下で検討される移民PCPとの結合においてそれを更に検討するなどということは許されない，という。もし

このようなアプローチが許されるなら，等しい事情の下で，英国籍の一人親女性兵士は性を理由に差別されないのに，St Vincent 国籍の一人親女性兵士は性を理由に差別されるという「不合理な結論」となってしまう。本件では，間接性差別があったのかどうかという問いが，申立人の国籍に関するものに転じてしまった，というのである（para.163）」。

「しかしながら，この MoD の主張は，申立人と等しい状況にある女性および申立人自身が被った特定の不利益に関する原因の認識に誤りがあると，我々は考える。なぜなら，英国籍の一人親女性兵士であれば，被申立人と「等しい事情」に置かれることはありえないからである（para.164）。一般的に，差別の性質（態様）は，常に明確に個々のカテゴリーに区分しうるようなものではない。いくつかの差別の訴えは，禁止された事由の1つのみならずそれ以外の理由に関連する問題を生じさせるにもかかわらず，それらを単一の差別類型によって生じたものとみる試みは，当事者の真の不利益を十分に理解し評価することを否定する結果をもたらす。差別は，しばしば複数の様相を呈するものである。つまり，本件の申立人は以下のように考えた。自らが被った特定の不利益は，彼女が「24／7」という責務を負う子をもつ兵士であることと，彼女が母国から育児支援者として親族を呼び寄せることが認められない St Vincent 国籍の女性であったことの双方の理由から生じたものだ，ということである。本件原審は，この二重の不利益が，彼女のおかれた現実を反映していると認識したのである（para.165）」。

「SDA5 条3項(a)は，1条1項（直接差別）あるいは2項（間接差別）の下で異なる性別の人々を比較する場合には，ある事案の関連する状況が，他方と同一であるかあるいは本質的に異ならないような状況でなければならないことを要請している（para.166）。これを本件についていえば，この……比較という目的に照らし，比較対象群における関連する状況にある人々とは，育児支援の可能性をもつ親族が外国籍であるような英国軍の男性・女性の兵士である。この比較対象群においては，女性兵士らが男性兵士に比して，育児支援を必要とする一人親になりがちであるために，彼女たちは特定の不利益を被っていた。SDA1 条2項(b)(1)における比較のために，本件原審が認定したこの比較対象群については，本件上訴審においても異論がない（para.167）。このことは，間接性差別の訴えを検討する際に，24／7PCP と移民 PCP との結合効果を参照するなかで，当 EAT が意図すべきだであると理解していることである（para.168）。」

「また RRA も，同様に，1条1A 項における特定人種集団に属する人とそうでない人との比較においては，関連する状況が同一か本質的に異ならない状況でなくてはならないとしている。この要件により，比較対象者は，一人親であるか一人親になるであろう St Vincent 出身の兵士と英国出身の兵士だということになる。この比較対象群においては，St Vincent 国籍の兵士は，彼らの親族つまり潜在的な育児支援者が6カ月を超えて英国に滞在できない外国籍の人々であることを理由として，特定の不利益を被っていたのである（para.169）。このような結論は，一人親のSt Vincent国籍の女性兵士であることから生じた特定の不利益を正確に反映していると我々は考える。したがって，申立人がこれらのPCPの結合効果により，このような不利益を被ったとする本件原審の結論には異論はない（para. 170)」。

4 評　価

本件MoD判決は，性別と国籍という単独の事由による間接差別を認定することは難しいが，それぞれの差別事由にかかわる間接差別的効果をもたらしている2つのPCPの結合的な効果に着目して，間接差別を認定した初の控訴審判決である。

単純に，個々の差別事由を根拠として間接差別の成否を検討すると，本件はかなり差別の認定が難しい事案であったのではないだろうか。外国籍の一人親女性兵士が被っている不利益が「性差別」だというためには，「24／7PCP」という24時間対応の職務専念義務が及ぼす性差別的な効果を主張しなければならない。しかし英国籍の一人親女性兵士には育児支援者との同居が保障されているために，24／7PCPが必ずしも彼女たちに差別的効果をもたらすとは限らない。しかも兵士にとって「24／7PCP」はかなり正当性のある就労条件であるということになり，間接差別の正当性を否定することは難しいかもしれない。

一方，申立人が被っている不利益が「国籍差別」であるというためには，「移民PCP」が及ぼす人種差別的効果を主張しなければならない。しかし外国籍の兵士が男女にかぎらず移民PCPによって差別的な効果を受けるという主張は，それだけでは説得力がない。この移民PCPによって不利益を被るのは，とりわけ育児支援者との同居が必要不可欠な外国籍の一人親（すなわち多くは女性）に限られるからである。

以上のように，性別と国籍という単独の事由をとりあげて，しかも間接差別該当性を審査する方法はきわめて複雑となり，ほとんど救済可能性がなくなるといってもよい。かつて直接差別が争われたBahl事件でも，ETは複合差別を認定したものの，EATとCAは，従来の考え方，すなわち，2つの保護事由による直接差別を個々に立証すべきだという判断に終始していたのである。

これに対して，MoD事件のETおよびEAT判決は，差別がしばしば複数の差別が重複する様相を呈することを正面から認めて，申立人の不利益は，「外国籍」の「女性」兵士であることから生じる結合効果がもたらす不利益であるとして，現実的な判断を下した。しかも，間接差別禁止規定についての複合差別を審査する手法は，複雑な判断が必要ではないかと想定されていた差別の立証のあり方を簡潔に示した点で，実務上，参考にされるに違いない。

Ⅶ　おわりに

日本は，1985年に批准した国連の女性差別撤廃条約に基づいて，4年に1度，国家報告を女性差別撤廃委員会（CEDAW）に提出してきた。これまで提出した報告は第1次から第8次におよび，これら報告に対するCEDAWによる審査は，5回にわたって行われてきた。

日本の第6次報告に対する審査後に出された2009年8月7日のCEDAWによる「総括所見」は，マイノリティ女性が性別や民族的出自に基づく複合差別に苦しんでいるにもかかわらず，こうした状況について情報や統計データが不十分であることを遺憾に思うと述べ（para.51），マイノリティ女性に対する差別撤廃の有効な措置を講じるように，日本政府に要請した（para.52）。さらに，2016年2月16日には，日本に対する第5回目の審査がなされ，同年3月7日には日本に対する「総括所見」が公表された(33)。

総括所見は，日本に「条約1条に則った……直接・間接の差別を網羅する，女性に対する差別の包括的な定義がないことを……懸念する」（para.10）と述べ，政府に対して「条約1条に則った女性に対する差別の包括的な定義を早急に採り入れる」よう求めている（para.11）。また，「さまざまなマイノリティ・グループに属する女性に対する複合的・交差的形態の差別を禁止する包括的な差別禁止法を制定する」こと（para.13(c)）を要請している。

CEDAWは，マイノリティ女性に対する政策のうち，以下の2点の要請部分をとくにフォローアップ項目に指定した。すなわち第1に，「アイヌ，部落，在日コリアン女性，移住女性をはじめとする民族的およびその他のマイノリティ女性対する攻撃を含む，人種的優位性や憎悪を主張する性差別的発言や宣

(33)　Concluding observations on the combined seventh and eighth periodic reports of Japan, CEDAW/C/JPN/CO/7-8. 日本語訳は，過去の総括所見も含めて（内閣府は「最終見解」と訳している）内閣府のHPからみることができる。NGOによる日本語訳は，以下のものを参照のこと。日本女性差別撤廃条約NGOネットワーク『女性差別撤廃条約第7・8次日本政府報告審議とJNNCの活動記録　国連と日本の女性たち』（2016年）139頁以下。

伝を禁止し，処罰する法律を制定すること（para.21(d))」，第２に，「独立した専門機関を通じて，差別的なジェンダー・ステレオタイプおよび，アイヌ，部落，在日コリアン女性および移住女性への偏見を根絶するためにとられた措置のインパクトの監視と評価を定期的に行うこと」（para.21(e)）である。これらフォローアップ項目については，日本政府は，２年以内に，再度，報告書を提出して，CEDAW による審査を受けることになるのである。

強調しておきたいのは，CEDAW の一般勧告 28 号（2010 年）が，複合差別に伴う国家の責務について，以下のように述べていることである。「複合とは，（条約）２条に規定された締約国が負うべき一般的義務の範囲を理解するための基本概念である。性別やジェンダーに基づく女性差別は，人種，民族，宗教や信仰，健康状態，身分，年齢，階層，カースト制度および性的指向や性自認など，女性に影響を与える他の要素と密接に関係している。性別やジェンダーに基づく差別は，このようなグループに属する女性に男性とは異なる程度もしくは方法で影響を及ぼす可能性がある。締約国は，かかる複合差別および該当する女性に対する複合的なマイナス影響を法的に認識し，禁止しなければならない。締約国はまた，そのような差別の発生を防止するため，必要に応じて条約４条１項ならびに一般勧告 25 号に基づく暫定的特別措置を含め，政策や計画を採用ならびに推進しなければならない（para.18)」。

日本にはさまざまなマイノリティ女性がおり，彼女たちにより組織されている NGO がある。その精力的な活動によって，複合差別を受けている人々への重点的な政策の必要性は，徐々に国内でも意識されるようになってきた。たとえば 2010 年 12 月の内閣府「第３次男女共同参画基本計画」は，高齢であること，障害をもつこと，外国人であること，アイヌであること，同和問題等に加えて，女性であることによる複合的に困難な状況におかれている人々に留意する，と述べた。障がい者制度改革推進会議の「障害者制度改革の推進のための第二次意見（案）」（2010 年 12 月 17 日）は，「障害のある女性」という項目を設け，「障害のある女性が複合的な差別を受けていることを施策上の重要課題に位置づけ，……必要な措置を講ずること」と言及した。

しかしながら，マイノリティ女性に対する複合的な不利益な影響を認識して，それらを禁止する法的措置は，日本ではまったく行われていない。複合差別の発生を防止するための暫定的特別措置を含む政策や計画も，まだ明確には策定されていない。それらの政策的な根拠となる統計調査すら，なお手つかずの状況である。それだけに，CEDAW の総括所見のフォローアップ項目にもとづいて報告書をとりまとめるまでの２年間に日本政府がなすべきことは，きわめて大きいというべきだろう。

5　障害を理由とする雇用差別の禁止

Ⅰ　はじめに

「日本障害法学会」が2016年12月10日に発足した。学会の創立はいつの時代でも，新しい知的交流の場をつくり出し，既存の学問に改革的挑戦をする試みであり，これを機に障害をめぐる法学研究が発展することを，おおいに歓迎したい。ただそれは同時に，私たち会員自身が「『障害法学』とは何か」「『学』たり得るに十分なのか」という問いを常に反芻しつつ，忌憚なき批判にさらされることも意味する。このような批判にも，今後，障害法学会としては真摯に向き合っていきたいものである。

当然ながら，それぞれの分野ごとに新学会創立の意義は異なり，同じ軌跡をたどるものは1つもないと思われる。しかし，私自身の数少ない経験に照らし(1)，また本学会の設立の経緯に鑑みれば，障害法学会には，障害を対象とする個々の法学分野の研究には十分とはいえなかった「学際性」や，当事者との「協働性」，そして，社会に成果を還元する「開かれた学」という役割が期待されているのではないだろうか。それだけに，障害法学会の今後の発展を心から祈念するものである。

本稿は，創立時に機会をいただいた学会報告の内容に，若干の加筆をしたものである。労働法上の性差別研究やジェンダー法研究で得た私自身の知見をベースに，障害を理由とする雇用差別禁止の法的課題を検討する。

Ⅱ　雇用差別禁止法制の全般的現状

1　禁止されるべき差別事由の3類型

障害を理由とする差別を検討する前に，まず，日本における雇用差別禁止法制の全般的状況を整理しておこう。そもそも禁止されるべき差別事由には，3つの類型が存在する。第1は，自らは選択しえない人的属性であり，これらは，

(1)　私の主要な研究分野は労働法であるが，2003年12月のジェンダー法学会の創立に関与したという経験がある。

人種，性別，民族，皮膚の色，出身国，性別，年齢，障害，性的指向などを含む。第2は，選択の自由の保障という観点から差別が禁止される人的属性である。すなわち自ら選択するものではあるが，その際に本人の自由が保障されるべきもの，たとえば，宗教，信条，婚姻上の地位などがこれにあたる。これらを選択した結果により雇用上の不利益を受けることは，当該自由の侵害となるために許されるべきではない。第3は，雇用分野特有の労働契約的属性であり，主として非正規労働者に対する均等待遇として主張されているものである。すなわち，短時間，有期，派遣という雇用形態上の属性によって，正規労働者と差別されてはならないというときに根拠となる差別禁止事由である。

上記の第1と第2は「社会的差別」として人権的色彩を帯びているため，禁止されるべき事由と認められやすいが，それも時代によって，あるいは各国ごとに，禁止対象になるか否かは異なっている。なかでも，障害，年齢，性的指向などは，比較的最近になって，差別禁止事由と位置づけられるようになった。一方，第3のもの（「労働契約的属性」）は，契約自由原則との関係でどこまで禁止されるべきなのか，政策的是非の議論を通過しなければならないという特色がある。

2　現行法の状況

日本の現行法について概観しておこう(2)。

第1と第2の「社会的差別」の禁止に関しては，戦後直後から徐々に法的整備がすすみ，近年では，以下に示すように，年齢や障害についても相当程度，法整備が行われてきている。1947年に制定された労働基準法3条は，国籍，信条，社会的身分の差別を禁止し，4条で性別を理由とする賃金差別を禁止し，1985年には，男女雇用機会均等法が，募集・採用を含むあらゆる雇用ステージでの性差別を規制するに至っている。新たな社会的差別事由である年齢については，1994年に高年齢者雇用安定法が定年制に規制を加え，2007年に雇用対策法が採用時の年齢に関する均等待遇を義務化した。今日では，高年齢者雇用安定法8条が60歳を下回る定年年齢を禁止し，9条が65歳までの雇用確保措置を定め，さらに，雇用対策法10条が，募集・採用時の機会均等を保障す

---

(2)　この部分については，浅倉むつ子「包括的差別禁止立法の検討課題――雇用分野に限定して――」浅倉むつ子＝西原博史編著『平等権と社会的排除――人権と差別禁止法理の過去・現在・未来――』（成文堂，2017年）3～17頁を参照。

る規定を設けている。一方，障害については，後に詳しくふれるように，障害者基本法，障害者差別解消法，障害者雇用促進法が，差別禁止法制を作り上げている。

第３の契約的属性による差別禁止については，ようやく2007年改正の短時間労働者法（いわゆるパートタイム労働法）が，正社員と同視すべきパートタイム労働者の差別的取扱いを禁止した（2007年改正法８条。2014年改正法では９条。いわゆる「均等待遇原則」(3)）。2012年改正の労働契約法は，有期契約労働者と無期契約労働者の労働条件に相違がある場合，その相違は「不合理と認められるものであってはならない」（同法20条）という規定を設け（いわゆる「均衡待遇原則」(4)），これに合わせてパートタイム労働法も，2014年改正で同様の規定を設けた（同法８条）。派遣労働に関しては，派遣元事業主が派遣労働者の賃金を決定する際に，同種の業務に従事する派遣先労働者の賃金水準との均衡や一般の労働者の賃金水準を勘案する配慮義務（労働者派遣法30条の３第１項）や，教育訓練や福利厚生など必要な措置を講じる配慮義務（同第２項）を負うと定め，派遣先事業主は，派遣労働者に対して，業務遂行に必要な能力を付与する教育訓練や福利厚生施設利用を認める（40条２項，３項）との規定をおくものの，パート労働法や労働契約法にある「均衡待遇原則」はない(5)。

Ⅲ　障害をめぐる差別禁止法制と雇用

障害をめぐっては，障害者権利条約の批准をめざして法整備が始まり(6)，一

---

(3)　均等待遇原則とは，職務内容等が同一の労働者に対しては同一の待遇を行うべきとする原則であり，現行法ではパートタイム労働法９条がこれにあたる。

(4)　均衡待遇原則とは，職務内容等その他の考慮要素に照らしてそれらが異なる労働者に対しても，合理的な理由のない処遇を禁止する原則である。これは，合理的理由があれば異なる処遇も許容する原則であるところが均等待遇原則とは異なる。現行法では，労働契約法20条，パートタイム労働法８条がこれにあたる。

(5)　2017年３月28日，内閣府の働き方実行会議は「働き方改革実行計画」を公表し，同年６月16日には，労働政策審議会が厚生労働大臣に「同一労働同一賃金に関する法整備について（建議）」を出した。「建議」は，労働契約法，パートタイム労働法，労働者派遣法の改正を提言し，有期契約労働者に関する均等待遇規定の整備，派遣労働者に対する均等待遇・均衡待遇規定の整備，さらに，パートタイム労働者も含む非正規労働者の均衡待遇規定の明確化を図るという方向性を打ち出した。均衡待遇規定の合理性を測定する考慮要素に何を盛りこむのか，どのような明確化を図るのか，なお不明なことが多く，議論はこれからである。

(6)　日本政府は2007年９月に障害者権利条約に署名し，その後，一連の国内法改正を

連の法改正が行われた。現行法制度の概要を，まずみておきたい。

1　障害者基本法（2011年改正）

2011年に改正された障害者基本法は，4条1項で，差別禁止規定を設け，「何人も，障害者に対して，障害を理由として，差別することその他の権利利益を侵害する行為をしてはならない」と規定する。また，社会的障壁の除去の実施という合理的配慮について，4条2項で，「社会的障壁の除去は，それを必要としている障害者が現に存し，かつ，その実施に伴う負担が過重でないときは，それを怠ることによって前項の規定に違反することとならないよう，その実施について必要かつ合理的な配慮がされなければならない」と規定している。

2　障害者差別解消法（2013年制定）

障害者基本法を受けて，2013年制定の障害者差別解消法は，「障害を理由として障害者でない者と不当な差別的取扱いをすることにより，障害者の権利利益を侵害してはならない」と，行政機関および事業者に対して，差別を禁止する（7条1項，8条1項）と同時に，「社会的障壁の除去の実施について」「必要かつ合理的な配慮」を定めるに至った（行政機関については7条2項，事業者については8条2項）。内閣府によれば，この法の下での「合理的配慮の不提供」は「障害を理由とする差別」にあたると解釈されている(7)。もっとも，合理的配慮について，行政機関は「～しなければならない」と定める義務規定（7条2項）である一方，民間事業者は「～するように務めなければならない」とする努力義務規定（8条2項）である。

さらに，民間事業者の取組の促進のため，担当大臣による報告徴収，助言，指導，勧告（12条）があり，報告徴収に応じないことや虚偽報告については20万円以下の過料（26条）という公法的効力が担保されている。

本法は，行政機関・事業者が「事業主としての立場で」行う差別については，

経て，2014年1月20日に，国連事務総長に批准書を寄託した。日本は140番目の同条約の締約国である。

(7)　内閣府障害者施策担当『障害を理由とする差別の解消の推進に関する法律Q&A』（2013年6月）（内閣府ホームページによる）の「問10-6」を参照。この『Q&A』は「国会審議における答弁を集約し，内閣府としての現時点における考え方をまとめたもの」とある。

障害者雇用促進法による旨を定めている（13条）ため，雇用に関しては特別法である障害者雇用促進法の規定によるところとなる。

3　障害者雇用促進法（2013年改正）

雇用に関する特別法である2013年改正の障害者雇用促進法は，禁止される差別行為について，事業主は①募集・採用において「均等な機会を与え」なければならない（34条），②「賃金の決定，教育訓練の実施，福利厚生施設の利用その他の待遇について，……障害者であることを理由として，障害者でない者と不当な差別的取扱いをしてはならない」（35条），と規定する。

合理的配慮の提供については，事業主は，①募集・採用について，障害者と非障害者の機会均等の支障となっている事情を改善するため，「障害者からの申出により当該障害者の障害の特性に配慮した必要な措置を講じなければならない」（36条の2），また，②非障害者の均等待遇の確保および能力発揮の支障となっている事情を改善するため，雇用する障害労働者の「障害の特性に配慮した職務の円滑な遂行に必要な施設の整備，援助を行う者の配慮，その他の必要な措置」を講じなければならない（36条の3）と規定している。しかしこの法は，先に述べた障害者差別解消法に関する内閣府の解釈とは異なり，「合理的配慮の不提供」を「障害を理由とする差別」と構成していないと解釈されている(8)。

差別禁止等の実効性の確保のための仕組みとしては，苦情の自主的解決の努力義務を定め（74条の4），また，労働局長による紛争解決援助として，当事者への助言，指導，勧告（74条の6第1項），援助を理由とする不利益取扱い禁止（74条の6第2項）を定める。さらに，紛争調整委員会による調停制度を設けており（74条の7），この調停に関しては，男女雇用機会均等法の規定が準用されると定めている（74条の8）。この法律が，差別禁止法として先行した均等法をモデルとしていることは間違いないといえるだろう。

---

(8)　永野仁美＝長谷川珠子＝富永晃一編『詳説　障害者雇用促進法』（弘文堂，2016年）213頁（富永執筆部分），労働政策審議会障害者雇用分科会「今後の障害者雇用施策の充実強化について」（平成25年3月14日）2頁を参照。条文構成からみても，本法では「障害者に対する差別の禁止」の見出しの下に34条，35条が規定され，「障害者と障害者でない者との均等な機会の確保等を図るための措置」の見出しの下に，36条の2ないし36条の4が規定されている。

Ⅳ　障害者雇用促進法の意義と課題

障害者雇用促進法における差別禁止規定の意義を分析して，残されている課題について指摘しておくことにする。

1　障害者雇用をめぐる2つのアプローチ

障害者雇用をめぐる法政策について，世界の動向は「雇用義務アプローチ」から「差別禁止アプローチ」へ変化しているといわれ，これについては先行研究が比較法的な手法を用いて説明している(9)。「差別禁止アプローチ」を採用した際に「雇用義務アプローチ」を廃止した国の代表例はイギリスであり，両者を併用することにした国の代表例は，フランスやドイツである。日本は，後者のアプローチ，すなわち併用型のアプローチを採用したものである。

後者のアプローチをとった場合，障害者を特別に取り扱う「雇用義務」制度は，差別の例外としてのポジティブ・アクション（積極的差別是正措置）として位置づけることによってはじめて許容されることになるであろう。その意味では，従来型の障害者の割当制度である雇用義務の再定義が必要であったはずだと考える。この点については，後ほど問題提起をしたい。

2　禁止される差別概念──「直接差別」のみの禁止という特色

禁止される差別概念について，先進国の障害関連法では，かなり多様な類型の差別概念が採用されている。たとえば「障害を有するアメリカ人法（ADA）」では，直接差別，間接差別，合理的配慮の不履行を差別として禁止し，イギリスの「2010年平等法」では，直接差別，間接差別，起因差別(10)，合理的配慮の

(9)　たとえば，長谷川珠子「日本における障害を理由とする雇用差別禁止法制定の可能性──障害をもつアメリカ人法（ADA）からの示唆」日本労働研究雑誌571号（2008年）68頁以下参照。

(10)　起因差別（discrimination arising from disability）は，個人Aが，個人Bの障害に起因する何らかの事柄を理由に，AがBを不利に取扱い，かつ，この取扱いが適法な目的達成にかなう均衡のとれた方法であることをAが証明できない場合をいう（イギリス2010年平等法15条1項）。ただしこれは，Bが障害を有することをAが知らなかった場合や，知っていることが合理的に予測できないことをAが証明する場合には成立しない（同法15条2項）。間接差別との相違はこの点にある。イギリスが間接差別と起因差別を禁止する規定をおいた経緯については，浅倉むつ子「障害差別禁止をめぐる立法課題──雇用分野を中心に」広渡清吾＝浅倉むつ子＝今村与一編『日本社会と市民法学

不履行を差別として禁止する規定をおいている。しかも直接差別という概念において，アメリカやイギリスでは，親族等の関係者や障害があるという認識（誤認）によって差別した場合も含まれるとされており[(11)]，直接差別禁止規定の適用範囲が日本よりも広いといえそうである。もっとも，日本でも不法行為としてかかる差別が排除されないわけではないので，差別概念の適用対象の狭さが救済を否定するといってしまうのは言い過ぎかもしれない。

障害者差別解消法制定時に差別概念について検討した内閣府「障害者政策委員会差別禁止部会」は，その「報告書」[(12)]において，イギリスの2010年平等法における差別概念の4類型を検討した結果，差別概念を包括的にまとめて，「不均等待遇」と「合理的配慮の不提供」という二つの差別禁止規定を制定するように提案した。同報告書がいう「不均等待遇」とは，直接差別，間接差別，起因差別を含む概念であった。

一方，具体化された法規定である改正障害者雇用促進法35条は，「障害者であることを理由と」する差別を禁止する。差別禁止指針[(13)]では，これは直接差別をいい，この直接差別は「車いす，補助犬その他の支援器具等の利用，介助者の付き添い等の社会的不利を補う手段の利用等を理由とする不当な不利益取扱いを含む。」としている（同指針第2）。立法過程では，「①どのようなものが間接差別に該当するのか明確ではないこと，②直接差別に当たらない事案についても合理的配慮の提供で対応が図られると考える」から，現段階では間接差別の禁止規定を設けることは困難である，と説明された[(14)]。ただ，国会の審

──清水誠先生追悼論集──』（日本評論社，2013年）589頁以下，において述べた。

(11)　誤認（認識）差別（perceptive discrimination）については，山田省三「イギリス雇用法における関連差別および誤認差別」季刊労働法250号（2015年）128頁以下，同「イギリス雇用関係における差別概念」法学新報121巻7＝8号（2014年）433頁以下参照。

(12)　内閣府の「障がい者制度改革推進会議」（後に「障害者政策委員会」）の「差別禁止部会」は，2010年11月に検討を開始して以来，25回の会合を重ね，2012年9月14日に「『障害を理由とする差別の禁止に関する法制』についての差別禁止部会の意見」をとりまとめ公表した。同部会には私もメンバーの一員として参加した。

(13)　障害者に対する差別の禁止に関する規定に定める事項に関し，事業主が適切に対処するための指針（2015(平成27)年厚生労働省告示117号）。

(14)　平成25年5月30日第183回国会（参議院）厚生労働委員会における田村憲久厚生労働大臣の答弁。労働政策審議会障害者雇用分科会の2013年3月14日「今後の障害者雇用施策の充実強化について（意見書）」は，「なお，間接差別については，①どのようなものが間接差別に該当するのか明確ではないこと，②直接差別に当たらない事案につ

議では，将来的には，「間接差別の禁止規定を設ける必要性について検討を行う必要がある」とも述べられたところである。

検討しておくべきことは，法文上，間接差別禁止規定が設けられていないことの意味を明らかにして，間接差別禁止規定を改めて設ける必要性の有無を精査することである。具体的な検討素材は，いくつか存在する。たとえば，①就業規則の「マイカー通勤禁止規定」により，障害者が職場復帰できないという事例は「差別禁止部会意見」に出されていた。また「指針の在り方研究会」でも，②「事務員の採用にあたって，運転免許証の所持を条件とすること」，③「業務遂行上不可欠なものとは認められない基準が設定された場合」などが，間接差別の事例として議論された(15)。

たしかに上記の①から③の事案に関しては，障害者が事業主に合理的配慮を申し出てかかる条件を緩和するよう配慮を求めることは，個別の対応において可能であると思われる。しかし，合理的配慮の履行による解決は，当該基準や規定それ自体の変更・改変にはつながらない。当該基準自体は維持しつつ，個々の障害者に対する個別的対応によって配慮を提供するということが，合理的配慮であるとすれば，それは間接差別とは異なる解決なのではないだろうか。それに対して，間接差別が禁止され，かかる基準や規定が間接差別に該当すると認められれば，当該基準や規定自体が「無効化」することになるのであるから，間接差別禁止規定は，合理的配慮の義務づけ規定とは異なる意義を有するものではないかと考える。

一方，間接差別禁止規定がなくとも，不法行為法理によって対応できるのではないかという意見もありうるかもしれない。もっともこれまでの司法判断では，間接差別が不法行為を成立させるという判断はきわめてまれであり，不法行為とされるためには，「故意・過失」の立証が求められる。通常人の注意があれば避けられたはずなのに避けることができなかった，という立証が必要となるはずであるから，間接差別について不法行為責任を問うのはなかなかに難

いても合理的配慮の提供で対応が図られると考えることから，現段階では間接差別の禁止規定を設けることは困難である。将来的には，具体的な相談事例や裁判例の集積等を行った上で，間接差別の禁止規定を設ける必要性について検討を行う必要がある」と述べている。

(15)　2013年12月4日の第5回「改正障害者雇用促進法に基づく差別禁止・合理的配慮の提供の指針の在り方に関する研究会」における田中伸明委員の発言による。

しいのではないかとも考える。それだけに，「不法行為に関する民法規定とは別に独自の要件を法に規定することが望ましい」という意見があるのである(16)。司法救済の根拠となりうる間接差別禁止規定を設ける意味は十分にありうるだろう。

もし間接差別禁止規定が設けられれば，現在係争中の吹田市職員欠格条項事件の事案では，市職員になるための要件である「欠格条項」は，間接差別に該当する可能性があるのではないだろうか(17)。

3　差別と合理的配慮義務不履行の関係性

ドイツを除く国々では，「合理的配慮の不提供は差別にあたる」との規定を設けているところが多い。これに対して，既述のように，障害者雇用促進法は，使用者に合理的配慮提供義務が課せられているものの，「合理的配慮の不提供」を「障害を理由とする差別」とは構成していない。その理由として，厚労省の研究会は，「合理的配慮（過度の負担となる場合を除く。）の不提供を差別として禁止することと合理的配慮の提供を義務づけることはその効果は同じであると考えられることから，端的に事業主への合理的配慮の提供義務とすることで足りると考えられる」と説明している(18)。

しかしこの解釈には問題がある。たしかに，現行法の構造（「差別の禁止」という見出しの下に34条，35条を位置づけ，「均等な機会の確保等を図る措置」という見出しの下に36条の2と36条の3を位置づけ，差別禁止と合理的配慮を異なる趣旨の条文として構成していること）を形式的に解釈すると，合理的配慮の不提供はただちに「差別」とはならず，それが「直接差別」と認定されてはじめて差別となる，と理解することも可能である。そうであれば，ある行為は，合理

(16)　中川純「障害者差別禁止法の法的性質と現実的機能──救済と実効性確保の観点から──」日本労働法学会誌118号（2011年）58頁，63頁。

(17)　知的障害を有する原告が，被告市の職員として6年間にわたって就労してきたにもかかわらず，父親の死亡に伴って保佐審判を受けたところ，地方公務員法16条1号，28条4項の欠格条項（成年被後見人又は被保佐人は職員になれない，かつ，職員としての地位を失う旨の規定）に当たるとして，契約更新がなされずその地位を喪失したという事案。原告は，被保佐人になったことによって更新拒否されたことから，いったん被保佐人という立場を放棄し（保佐審判取消），被補助人に切り替えたため（補助審判確定），いったんは復職したが，その半年後に，再度，任用更新を拒否されたものである。

(18)　労働政策審議会障害者雇用分科会「今後の障害者雇用施策の充実強化について（意見書）」（2013年3月14日）2頁。

的配慮の提供義務に違反することにはなっても，ただちには差別とはいえないという場合が生じることになるであろう。

もし諸外国のように，合理的配慮の不提供は差別にあたると規定がなされ，そのうえで差別禁止規定違反に対して私法上の効果を認める立法があるなら，法違反の効果は明らかであろう。しかし，日本ではそのような規定がないために，合理的配慮の不提供がどのような法的効果をもたらすのかは不分明である。しかし，障害者権利条約は，「障害に基づく差別には，あらゆる形態の差別（合理的配慮の否定を含む。）を含む」と規定し（条約２条），障害者基本法も，社会的障壁の除去を「怠ることによって前項の規定に違反することにならないよう，その実施について必要かつ合理的な配慮がされなければならない」と定めて（同法４条２項），合理的配慮の懈怠が差別になるという関係を明示している。障害者雇用促進法は，障害者基本法の理念にのっとって定められた障害者差別解消法の特別法であるから，合理的配慮の不提供は禁止される差別的取扱いに含まれると解釈されるべきであろう。

もっとも，差別的取扱という34条，35条違反の行為ならびに合理的配慮義務違反という36条の2，36条の3に違反する行為が，いかなる法的効果をもつものであるかについては，さらなる検討が必要である。

4　差別禁止規定違反に対する法的効果について

これまでに述べたこととも関連することだが，じつは，差別禁止規定に反する場合の法的効果について，どう理解すべきなのかは明確ではない。この点が，雇用促進法の差別禁止規定の大きな問題点である。

(1)　私法的効力

障害者雇用促進法は，事業主に対して，差別禁止，合理的配慮義務を規定してはいるが，一方，障害のある人にそれに対応した権利を明確に定める条文はない。均等法も同様であって，たしかに，民事的効力について明示的に規定する条文はない。

この点，紛争解決の実をあげるためには民事的な実効性のある条文を備える必要があるということについては，繰り返し指摘されてきた。雇用上の差別が争われる場面は，賃金差別を含めてきわめて多様であるため，少なくとも労基法13条のような規定を設けて，差別的な労働契約内容を無効化して，その内容を差別されなかった場合に書き換えるような補充的効力を付与すべきであろう。このような条文を設けてはじめて，たとえば昇格などの差別についても，差別がなかったとすれば得られたはずの格付けや職位が，司法救済を通じて確保されることになる。

ところが現在では，均等法と同様に，障害者雇用促進法においても，差別禁止規定に反する場合や，合理的配慮義務の不履行に該当する場合の私法的効力について，具体的な記載はない。それだけに，裁判においては，公序良俗違反（民法90条）や不法行為（民法709条）など民法の一般条項を通じて，法違反が争われることになると思われる。しかしこれは，差別に対する本法の間接的な効果にすぎない。いったい法的な争いが提起された場合にはどうなるのだろうか。

私法的効力に関して気になっている事例をあげて，検討してみたい。たとえば合理的配慮義務に「契約上の職務の変更」が入るのかどうか，についてである。事案としては，障害によってこれまで従事してきた業務に旧来どおりには従事できないということになった場合，合理的配慮義務のなかに「より軽減された職務への転換」が入るのか否かということである。

「合理的配慮指針」(19)は，業務の転換や配転についてふれていない。しかし，これまで出された判決では，いくつか業務の転換や配転についての事案が存在している。合理的配慮義務が規定される以前の法的根拠は，合理的配慮を行わないことは法の下の平等に基づく「公序良俗」違反や「信義則」違反であるとされてきた。たとえば，有名な事件で，バセドウ病に罹患した工事現場監督業務従事者について，事務作業という現実的可能性がある業務が他にあったかどうかを検討すべき，とした判決・片山組事件・最高裁1小判1998年4月9日（労判736号15頁）がある。また，新幹線車両点検業務に従事していた原告が復職するにあたって，職務内容の変更状況や原告の身体の状況などを考慮して，「原告が就労可能であったと主張する各業務のうち，少なくとも大二両における工具室での業務は可能であった」として，原告の主張を認めた判決・東海旅客鉄道事件・大阪地判1999年10月4日（労判771号25頁）もある。さらに，勤務配慮がなされない場合には，そのままでは就労義務がないことを確認する請求を認容した判決もある。すなわち，排尿・排便障害をもつバス運転手に対

(19)　雇用の分野における障害者と障害者でない者との均等な機会若しくは待遇の確保又は障害者である労働者の有する能力の有効な発揮の支障となっている事情を改善するために事業主が講ずべき措置に関する指針（2015(平成27)年厚生労働省告示116号)。

する勤務時間帯設定に関する配慮を廃止した被告会社に対して，「合理的理由なくかかる配慮を行わないことは，公序良俗ないし信義則に反する場合がありうる」として，本件では配慮を行う必要性が強く，勤務配慮が会社にとって過度の負担になっていないことから，勤務配慮がなされた内容以外で勤務する義務のない地位にあることの確認を認めた判決・阪神バス事件・神戸地裁尼崎支決 2012 年 4 月 9 日（労判 1054 号 38 頁）である。

以上のような判例に照らしてみれば，勤務変更が過度の負担でないかぎりは，労働者が就労可能な業務に配置転換することもまた，合理的配慮義務に含まれるというべきではないかと考える。したがって合理的配慮の不履行について，使用者は，当該義務違反として損害賠償の責を免れないものである。

また，合理的配慮とは異なるが，学校法人須磨学園事件・神戸地判 2016 年 5 月 26 日（労働判例 1142 号 22 頁）について，検討しておきたい。視覚障害の日本史教師に対して，業務上の必要性はないのに，図書館での教材研究命令が出されたという事案である。判決は，当然ながら，教材研究命令は権利濫用で無効としたが，一方で，原告が従事してきた日本史教師としての地位確認請求を否定している。なぜなら，原告には日本史の授業担当という職務限定があったとはいえないからだ，というのである。実際，原告の職場復帰は実現していないという情報がある。

この判決については，妥当な判断部分も認められるものの，結果として原告がなお職場復帰できていないことについては奇異な印象を否めない。判旨は，原告による日本史教師としての地位確認請求について，「就労請求権という観点から論じ」るのは誤りであり，むしろ問題は「労働契約において職務を限定する合意があったか否か」だとする。そのうえで，原告と被告法人の間に「日本史の授業を担当することに職務を限定する合意の存在は認められないから，そのような権利を有する地位にあることの確認の請求は，……理由がない」とした。しかし教材研究の業務命令は無効であるから，本件では，これまで従事していた職務（日本史教師）に戻るべきは当然であろう。にもかかわらず，就労請求権の主張が誤りであり，労働契約上の職務限定がなかったという判断のみで，職場復帰できない事実を放置してしまうような判決の結論には，釈然としないものを感じる。

本件では，労働者が債務の本旨にしたがった労務提供を申し出ているのに，使用者が受領拒否しているのであるから，当然，労働者による反対給付請求権があり，賃金は従前と同様に支払われなければならない（民法536条2項)。同時に，現実に日本史教師として就労できないとすれば，就労拒絶という債務不履行の問題にもなるであろう。そのことにより発生する損害は，就労拒絶による精神的損害や，さらには教師としての職務能力の低下に関する損害もあわせて，算定されなければならないであろう(20)。もしこのような理論構成をするのなら，賃金の支払いプラス債務不履行による損害賠償責任が同時に発生することになるであろうから，これらは使用者に対する抑制的な効果となるはずである。

(2)　公法的効力

一方，差別禁止規定違反の公法的効力についても，問題がないわけではない。日本の差別禁止立法は，その実効性確保に関しては1985年の「均等法」をモデルにしている。すなわち，法違反に対しては，行政指導，相談，勧告，企業名公表で対応するというものである。しかしながら，均等法に基づく行政上の対応として，これまで非常にまれにしか文書勧告は出されてきていない。その結果，均等法違反として行われた「企業名公表」はこれまで，たった1件のみである(21)。

障害者雇用促進法についてみると，まず，都道府県労働局長による必要な助言，指導，勧告の規定があり（74条の6第1項)，都道府県労働局長が紛争解決調整委員会に調停を行わせることができる（74条の7第1項）という規定がある。そして，調停に関しては，均等法の規定が準用される（74条の8)。

ちなみに準用される均等法の規定によれば，調停では紛争調整委員会が調停案を作成し，関係当事者にその受諾を勧告できる（均等法22条)。しかし，当事者が調停案の受諾勧告に従わない場合は，調停は打ち切りとなり（均等法23条1項)，当事者を拘束する力はない。最終的には司法手続きに委ねられることになるのである。しかも，均等法には存在する「企業名公表制度」は，障害者雇用促進法においては，雇用率に関する報告義務の懈怠に対する制裁として

(20)　労働契約は使用者の労働受領義務を認めるべき必要がとりわけ高い契約であることから（生き甲斐，名誉感情，自己のキャリア形成)，反対給付の履行のみではなく，就労拒絶を債務不履行と構成すべきという主張が参照されなければならない。土田道夫『労働契約法（第2版)』（有斐閣，2016年）143頁。

(21)　均等法違反で企業名が公表された事例は，2015年9月4日に医療法人医心会牛久皮膚科医院が妊娠を理由とする解雇を撤回しなかったとして公表された事例のみである（2015年9月4日厚生労働省プレスリリース)。

あるだけで（雇用促進法47条），差別禁止規定違反については用意されていない。

このような実効性確保システムで，果たして，今後生じるであろう差別禁止規定違反や「合理的配慮の不提供」に適切に対応できるのだろうか？「適切な合理的配慮が講じられることが約束されてはじめて紛争が解決される。現状でこれに対応できるかは不明」という主張も，もっともではないだろうか(22)。

V　障害差別における残された問題

最後に，障害差別について，今後とも検討が必要な課題をいくつか指摘しておきたい。

1　雇用率制度

まず障害者雇用率制度についてである。冒頭に述べたように，日本は「差別禁止アプローチ」を採用した際，それまでの「雇用義務アプローチ」も廃止せずに維持するという選択をした。両者を併存させるためには，障害を理由とする差別禁止が障害者の特別な優遇とは矛盾しない，という説明が必要になる。障害者雇用率を使用者に遵守させる制度は，差別禁止の例外である「積極的差別是正措置」すなわちポジティブ・アクションとして位置づけられねばならない。

たしかに，障害者雇用促進法が禁止するのは「不当な」差別であるから，障害者を有利に扱うことは差別ではないと解釈できる。したがって，雇用率制度を障害者のみに実施される「積極的差別是正措置」として位置づけることができれば，差別禁止と雇用率制度は矛盾するものではないと言えるであろう。ただそのためには，あくまでも現行の雇用率制度が，ポジティブ・アクションという障害者にとって優遇となる差別是正措置という評価に堪えうるものである必要がある。

もし，障害者の「専用採用コース」が正社員としての募集ではなく，契約社員や嘱託社員のみとしての募集を行った場合には，どう評価されるだろうか。これが障害者雇用率を充足するための障害者枠募集であり，非正社員としての募集に限定されているとしたら，果たしてこの障害者の異別取扱いは「積極的差別是正措置」の名に値いするといえるのだろうか。疑問である。現に，採用

(22)　中川・前掲注(16)61頁。

時に障害者枠に一律に付与された試用期間（6カ月）が，障害の多様性を考慮しない差別として不法行為に該当するのではないかとして提訴された事案もある(23)。これをそのまま容認することは法の趣旨に照らして許されないのではないか。

障害者法定雇用率の算定が適切に行われているかどうか，という論点もある。従来からも指摘されているが，「福祉的雇用」に就労している障害者は，雇用率算定における「常用雇用障害者数」にカウントされていないという点や，失業障害者数がハローワークに求職登録している障害者数にすぎないことなど，問題はきわめて多い(24)。

さらにいえば，重度障害者のダブルカウント制度の合理性も問われる(25)。とくに，重度か否かは障害等級によって決まるため，職務上の能力に応じた障害の軽重になっていないという問題点が大きいのではないだろうか。

2　特例子会社

特例子会社制度(26)が，現状においては，会社にとっても障害者にとっても多大なメリットを及ぼしていることについては，私も十分に理解しているつもりである。しかし一方で，大企業の多くが，自ら障害者を雇用する義務を免れ，その結果，合理的配慮の不提供という事実を自社内においては放任する，ということをもたらしてしまう可能性がある。それを考慮にいれると，特例子会社制度をこのまま放置しておいてよいのかどうか，疑問である。

障害者がアンケートなどで回答している「特例子会社は障害者に理解があ

---

(23)　日本曹達事件・東京地裁2006年4月25日判決・労働判例924号112頁。

(24)　峰島厚＝岡本裕子「障害者雇用の推進方策のあり方」立命館産業社会論集48巻1号（2012年）参照。

(25)　障害者雇用促進法43条4項，同法施行令5条。ダブルカウント制度については，重度障害者の雇用促進に一定の役割を果たしてきたと評価される反面，障害者の側からみると，重度の1人が2人分の雇用枠とみなされるために比率を引き下げているのと同じであって不合理を感じる，という証言がある。2008年11月7日厚生労働省「労働・雇用分野における障害者権利条約への対応に関する研究会第6回議事録」における藤井克徳氏（日本障害者協議会常務理事）の発言より。

(26)　障害者雇用促進法44条。事業主が障害者雇用に特別な配慮をした子会社を設立し，一定の要件を満たす場合，子会社に雇用されている労働者を親会社に雇用されているものとみなして雇用率に算定するもの。2016年6月末現在，448社が特例子会社として認定されている。『平成28年度障害者雇用状況の集計結果』。

る」という評価は，実は「一般企業では障害者に対する理解が得られない」ことの裏返しにすぎない。特例子会社の増大とそこで働く障害者の増加は，逆にいえば，一般企業における障害者処遇の貧困性を浮き彫りにしているのではないだろうか。このことは，障害者のための合理的配慮の拡大を阻害することにならないのだろうかという疑問につながるのである。

3 最低賃金制度の特例

最低賃金制度の減額特例（最低賃金法7条1号）は，法制度上の差別的規定になっているのではないか，検討の余地がある。最低賃金法施行規則5条は，最低賃金の減額率は，当該障害者の「職務の内容，職務の成果，労働能力，経験等を勘案して定める」としており，厚生労働省のホームページにある「最低賃金の減額の特例許可申請について」とする文書によれば，減額対象者（障害者）と同一または類似の業務に従事している，最低賃金額と同程度以上の額の賃金が払われている者の中から，「最低位の能力」を有する者を選択して，両者の労働能率を把握して比較し，減額できる率の上限となる数値を算出する，とされている。たとえば，比較対象一般労働者の労働能率を100とした場合に，減額対象障害者の労働能率が70であるときには，減額上限が30％になる，と説明されているのである。

このような「労働能率の程度に応じた賃金を」という主張は，一見，合理的な賃金支払い原則であるかのようにみえる。しかし，労働能率の評価測定に関する明確なルールはない。実際には，使用者による「減額申請」が，障害者の労働能率の計測に即して正しくなされているかどうかのモニタリングは行われていないようである。いわば，労働能率の計測は，使用者の裁量の範囲内の「申請」に委ねられているかにみえる。

なぜなら，毎年度の申請件数と許可件数の数値がほぼ同じだからである。ちなみに，2015年の「最低賃金減額特例許可」に関する申請件数と許可件数をみると，精神障害に関する申請521件に対して許可は509件，知的障害に関する申請4,371件に対して許可は4,324件，身体障害者に関する申請308件に対して許可は303件である(27)。これでは，申請すればほぼ自動的に許可されているとしかいいようがない。いったい障害者に対する最賃法の減額は，合理性を

(27) 厚生労働省『平成27年労働基準監督年報』50頁。

もって行われているといえるのだろうか。

4 通勤支援

最後に，通勤支援の問題をとりあげておきたい。障害者雇用促進法に基づく「指針」には，合理的配慮の提供に「通勤支援」は含まれていない。たしかに合理的配慮に通勤支援を含ませるのは問題が多いであろう。それは，事業主の大幅な負担になりかねないからである。

では，通勤支援が福祉的支援として国や地方自治体によって行われているのだろうか。じつはこの回答も否定的であり，通勤支援は制度の谷間に陥っている。

法的にみれば，障害者総合支援法の「同行援護」(同法5条4項),「行動援護」(5条5項）は，経済活動に係る外出や通年かつ長期にわたる外出の移動支援を対象外としている。また，同法の地域生活支援事業である「移動支援」(77条1項8号）については，市町村が独自に決めることになっているが，市町村は「同行援護」にならう，としているので，結局，全国の自治体の7割以上が，通勤・通学目的の移動支援を認めていない。

障害者の実態をみれば，じつは通勤時の移動支援さえあれば働くことができるという人が多いにもかかわらず，この手立てがないために通勤できず，したがって就労できないという人が数多く存在するといわねばならない。障害者に職業訓練や職業紹介を行っても，自力で通勤できる人しか働くことができないというのが，現実の支援システムなのである。

この問題は，労働問題なのか福祉問題なのかという縦割り行政に引きずられず，この障害法学会にとって解決するにふさわしい課題，というべきではないだろうか。

＊本文で引用したもの以外の参考文献を以下に示しておく。
浅倉むつ子（2014）「改正障害者雇用促進法に基づく差別禁止」部落解放研究201号
池原毅和（2013）「合理的配慮義務と差別禁止法理」労働法律旬報1794号
伊藤修毅（2012）「障害者雇用における特例子会社制度の現代的課題」立命館産業社会論集47巻4号
川島聡（2012）「英国平等法における障害差別禁止と日本への示唆」大原社会問題研究所雑誌641号

川島聡＝飯野由利子＝西倉美季＝星加良司（2016）『合理的配慮』（有斐閣）
小西啓文（2009）「日本における障害者雇用にかかる裁判例の検討」季刊労働法225号
小西啓文（2011）「ドイツ障害者雇用政策における合理的配慮の展開」季刊労働法235号
小西啓文（2015）「障害者雇用法制における差別禁止アプローチのインパクト」日本社会保障法学会誌30号
障害者差別解消法解説編集委員会編（2014）『概説　障害者差別解消法』（法律文化社）
富永晃一（2014）「改正障害者雇用促進法の障害者差別禁止と合理的配慮提供義務」論究ジュリスト8号
中川純（2013）「障害者雇用促進法の差別禁止条項における『障害者』の概念」季刊労働法243号
永野仁美（2013）『障害者の雇用と所得保障』（信山社）
永野仁美（2014）「障害者政策の動向と課題」日本労働研究雑誌646号
野村茂樹＝池原毅和編（2016）『Q＆A　障害者差別解消法』（生活書院）
長谷川聡（2009）「イギリス障害者差別禁止法の差別概念の特徴」季刊労働法225号
長谷川聡（2013）「障害を理由とする雇用差別禁止の実効性」季刊労働法243号
長谷川珠子（2011）「障害者差別禁止法における差別概念――合理的配慮の位置付け――」日本労働法学会誌118号
長谷川珠子（2013）「障害者雇用促進法における『障害者差別』と『合理的配慮』」季刊労働法243号
長谷川珠子（2014）「日本における『合理的配慮』の位置づけ」日本労働研究雑誌646号
畑井清隆（2008）「障害を持つアメリカ人法の差別禁止法としての特徴」日本労働研究雑誌578号
畑井清隆（2011）「障害者差別禁止法における差別禁止事由および保護対象者」日本労働法学会誌118号
福祉的就労分野における労働法適用に関する研究会（2009）『福祉的就労分野における労働法適用に関する研究会報告書』（(財)日本障害者リハビリテーション協会）

6　女性差別と障害差別の交差性を考える

Ⅰ　はじめに

長い間，障害をめぐる法と政策は，障害者を，社会福祉や医療保健分野の保護や恩恵の対象とみてきた。1980年代から，国連は，障害者を権利主体とみなす人権条約の策定を試みたが，失敗に終わってきた経緯がある。国際人権法も，障害者を保護や更生の客体としてみなす障害者観にとらわれていたことは否めない。

しかし，21世紀のはじまりとともに障害者権利条約の作成手続が進み，2006年12月13日，第61回国連総会は，「障害者の権利に関する条約（Convention on the Rights of Persons with Disabilities：以下，障害者権利条約とする）」を採択した。同条約は，2008年5月3日に発効した。人権条約としては遅い出発であった。

内閣府で障害者制度改革担当室長を務めた東俊裕弁護士は，「これまで多くの人権条約が成立しているなかで，障害者の権利条約はこの条約における権利主体のマイノリティー性のゆえに，21世紀に入ってやっと産声をあげた。この人権条約成立の後発性，あるいは成立にいたる長い道のりは，人類社会が障害のある人の人権を覚知するに至るまでに幾多の困難があったという証拠でもあろう」との感慨を述べている(1)。

「後発性」の功用もあって，障害者権利条約は，他の人権条約にはない新たな視点を提示している。なかでも，本稿は，同条約6条に注目したい。6条は「障害のある女性」（以下，障害女性とする）(2)に関する特別規定であり，障害と性別という複合差別を受けている障害女性の権利保障条項である。

日本は2007年9月28日に障害者権利条約に署名し，国内法整備に取り組んだ。2009年，内閣に「障がい者制度改革推進本部」が設置され，同本部の下に障害当事者が過半数を占める「障がい者制度改革推進会議」がスタートし

---

(1)　東俊裕「障害に基づく差別の禁止」長瀬修・東俊裕・川島聡編『障害者の権利条約と日本：概要と展望（増補改訂版）』（生活書院，2012年）37頁。

(2)　本稿は，「障害女性」を，成人女性と少女を含む用語として使うことにする。

た[(3)]。この体制下で，障害者基本法が2011年に改正され，2013年に障害者差別解消法が制定された。雇用分野に関しては，2013年に障害者雇用促進法の改正があった。これら3法の差別禁止規定の法整備を経て，日本は障害者権利条約を2014年に批准した。

しかし，障害者権利条約6条に該当する国内法の条文はない。このことは日本の障害法政策にどのような影響を及ぼしているのだろうか。もし障害女性に係る特別規定が国内法に規定された場合には，日本の障害者政策は変わるのだろうか。このテーマは以前から私の関心事ではあったが，これまで本格的に取り組むことはできなかった[(4)]。

本稿では，障害者権利条約が複合差別の存在を認識するに至った歴史的背景として，フェミニズム理論や障害学の展開を振り返りながら，この条約が締約国に何を求めているのかを明らかにしたいと考える。なお，障害者権利条約には，6条のみならず，障害児に関する7条があり，同条約前文は，人種，皮膚の色から年齢その他の「複合的（multiple）または加重的な（aggravated）形態の差別」を受けている障害者にも注目している（前文(p)）[(5)]。本来なら性別以外の複合的または加重的な形態の障害差別もとりあげるべきだが，本稿では障害女性に焦点をしぼることにしたい。

Ⅱ　国際人権文書にみる障害女性の位置づけ

1　フェミニズム理論の展開と差別の交差性の告発

女性差別を根絶する法と政策の背景には，フェミニズムの運動と理論の展開があった。それらは，時代とともにダイナミックな展開をとげた。女性の参政権の確立を求めた第一波フェミニズム，性別役割分担の見直しや性と生殖における女性の自己決定権などを主に主張した第二波フェミニズムを経て，1980

(3)　藤井克徳は，当事者参加という観点から，障がい者制度改革推進会議の設置を「日本の障害分野史における最大級の快挙の一つ」と述べる。藤井克徳「推進会議」長瀬他・前掲注(1)225頁。

(4)　イギリス法における複合差別概念については，浅倉むつ子「イギリス平等法における複合差別禁止規定について」ジェンダー法研究3号（2016年）33-55頁。

(5)　障害者権利条約の前文(p)は，「人種，皮膚の色，性，言語，宗教，政治的意見その他の意見，国民的な（national），種族的な（ethnic），先住民族としての（indigenous）若しくは社会的な出身，財産，出生，年齢又は他の地位に基づく複合的又は加重的な形態の差別を受けている障害者が直面する困難な状況を憂慮」する，と述べる。

年代以降は，二項対立的概念の枠組みを超え多様性の尊重を求める第三波フェミニズムが展開された。現在では，第四波フェミニズムの潮流に焦点をあてる研究も増えている[(6)]。

本稿の関心である差別の交差性もしくは複合性に焦点があたるのは，第三波フェミニズム以降である。第三波フェミニズムは，第二波フェミニズムがめざした性差別や抑圧からの女性解放とは，「西洋の白人中産階級の高学歴・健常・異性愛女性」の利害を代弁するものであると批判しつつ，ブラック・フェミニズムやポストコロニアル・フェミニズムを生み出してきた[(7)]。第三波以降のフェミニズムは，単一の「女性の立場」や「女性の経験」を主張するだけではなく，実際に存在している多様な「女性」，すなわち，セクシュアリティ，エスニシティ，人種，年齢，障害の有無などを異にするさまざまな女性の声をもとに，思索と分析を深めてきたのである。開発途上国の女性たちも連帯の輪に加わったこれらの動きは，「グローバル・フェミニズム」と名づけられた。

人種差別と性差別が交差していることを問題として提起したのは，批判的人種理論の提唱者であるキンバリー・クレンショーである。クレンショーは，「交差的差別」（intersectional discrimination）概念を理論化した論文で，黒人女性を分析の中心におく意義について，以下のように述べている。

> 「単一軸の枠組みで差別を把握することは，差別の対象を（被差別）集団の中の特権的なメンバーの経験に限定してしまう。そのことは，人種差別と性差別を概念化し，識別し，是正するにあたって，黒人女性という存在を消し去ってしまうのである。なぜなら，人種差別の場合には，男性という特権を持つ黒人の観点から差別が語られる傾向があり，性差別の場合には，白人という特権を持つ女性に焦点が当てられるからだ。このように集団の中の特権的なメンバーに焦点を当てることは，複合的な重荷を背負っている人々を軽視し，単一の差別がもたらしているものとしては理解されない訴えを不明瞭なものにする。」[(8)]

(6)　井口裕紀子「ハッシュタグで繋がるフェミニズム：第四波フェミニズムにおけるソーシャルメディアとインターセクショナリティ」同志社アメリカ研究55号（2019年）57-74頁，荒木生「フェミニズムの新しい潮流：『第4波フェミニズム』」常民文化42号（2019年）43-55頁。

(7)　荻野美穂「ジェンダー・スタディーズのインパクト」木村涼子・伊田久美子・熊安貴美江編著『よくわかるジェンダー・スタディーズ』（ミネルヴァ書房，2013年）13頁。

(8)　K. Crenshaw, “Demarginalizing the Intersection of Race and Sex: A Black Feminist Critique of Antidiscrimination Doctrine, Feminist Theory and Antiracist Politics”, (1989) *University of Chicago Legal Forum* 139-167, at 140.

クレンショーは，この論文で，黒人女性が経験する不利益は白人女性や黒人男性が経験する不利益とは同じでないことの例証として，アメリカの1976年DeGraffenreid連邦地裁判決(9)をとりあげた。この事件では，採用時期が遅かったために，先任権ルール（採用時期の遅い者から人員整理の対象になるというルール）によって剰員整理解雇された5人の黒人女性が，本件解雇は人種と性の二重差別であり，公民権法第7編に違反する，と主張した。連邦地裁は，黒人女性であることを，禁止される差別対象の独立のカテゴリーと認めることは，黒人女性に卓越した救済を与えて黒人男性より幅広い原告適格を付与することになるから，到底，認められないとして，以下のように述べた。

「公民権法第7編の立法史からみても，この法が，黒人男性よりも強い立ち位置にある黒人女性という新たな区分を創設しているとは判断できない。保護されるグループの順列組み合わせによって対象範囲を拡大することは，明らかに，パンドラの箱を開けてしまうことになる。」(10)

本件の事案はそもそも，連邦の人種差別禁止立法以前から黒人男性は当該企業に雇用されていたのに，黒人女性はようやく立法を待って採用されたという差別的事実を背景にしていた。その結果，黒人女性は，先任権という一見中立的なルールの機械的適用によって，大きな不利益を被ったのである。にもかかわらず，黒人女性への差別的取扱いは，黒人男性も白人女性も解雇されていないことを理由に，人種差別でも性差別でもないとされた。クレンショーは，この判決が内包する差別禁止法理の矛盾を鋭く提起したのである(11)。

2　国際人権文書にみるマイノリティ女性への関心

国際人権法は，このようなフェミニズム理論の展開を受けて，徐々に，差別

(9)　DeGraffenreid v General Motors Assembly DIV., etc., 413 F. Supp. 142 (1976).

(10)　*Id.* at 145.

(11)　クレンショーは1991年の論文では，レイプや暴力の事例に焦点をあてて，黒人女性がフェミニズムからも反人種主義からも代弁されない交差的な位置にあることを告発した。K. Crenshaw, “Mapping the Margins: Intersectionality, Identity Politics, and Violence against Women of Color”, (1991) *Stanford Law Review* 1241-1299. この論文は，1991年10月，連邦最高裁の裁判官候補であったクラレンス・トーマス氏がアニタ・ヒル教授から過去のセクシュアル・ハラスメントについて告発された事件を契機として書かれており，興味深い。これは黒人男性から黒人女性へのハラスメント事件であり，クレンショーは，ヒル教授はまさに，多くの人々が「見えないもの」として扱ってきた交差差別を主張せざるをえない存在だった，と述べる。

の交差性に理解を示すようになった。グローバル・フェミニズム運動は，1985年の「国連女性の十年」最終年にナイロビで開催された第3回世界女性会議とNGOフォーラムに，大きな影響を及ぼした。第3回世界女性会議の成果文書「ナイロビ将来戦略」には，初めて「わずかながらもマイノリティ女性に関する記述」が現れた(12)。同文書は，「Ⅳ　特殊な状況の女性」において，多様な状況にある女性に言及し(13)，特別な関心を示すことを国際社会に求めたのである（para.41)。ただしこの段階ではまだ，ジェンダー差別にその他の差別を加えた「複合差別」状況について特別な分析が行われたわけではない。

ナイロビ将来戦略以降は，マイノリティ女性たちが，独自の活動の展開によって積極的に権利を主張し始めた。1995年の北京会議で採択された「北京宣言」(para.32）および「北京行動綱領」(paras.46,225）は，女性が人種，年齢，言語，民族，文化，宗教，障害，先住民族であるために，完全な平等や地位向上を阻む障壁に直面しているという認識を示し，独り親，難民，移民，重病や感染性疾患，暴力によって，特別に影響を被っている女性たちに言及した。

一方，95年に北京に集った先住民族の女性たちは，北京行動綱領案は，「ジェンダー差別，ジェンダーの平等を過度に強調しており，その結果，先住民族が直面する問題の政治性を閑却している」という批判を強めて，独自に北京先住民族女性宣言を発表した(14)。これは，欧米中心のフェミニズムは，民族や人種など，ジェンダー以外の諸要素を「加えてかきまぜる」に留まっているという，途上国の女性たちからの鮮烈な批判でもあった。

---

(12)　元百合子「複合差別とは――ナイロビ女性会議から女性差別撤廃委員会日本審査までの軌跡」IMADR-JCマイノリティ女性に対する複合差別プロジェクトチーム編『マイノリティ女性の視点を政策に！社会に！』(反差別国際運動日本委員会，2003年）15頁。

(13)　干ばつに見舞われた地域の女性（para.283)，都市の貧困女性（paras.284-5)，高齢女性（para.286)，若年女性（para.287)，虐待されている女性（para.288)，極貧女性（para.289)，人身売買と強制売買の犠牲者である女性（paras.290-1)，伝統的な生活手段を奪われた女性（para.292-3)，単身で生計を支える女性（para.294-5)，障害女性（para.296)，受刑中の女性（para.297)，難民女性（para.298-9)，移民女性（para.300-1)，少数民族女性（para.302）などである。

(14)　藤岡美恵子「グローバル化と複合差別」IMADR-JCマイノリティ女性に対する複合差別プロジェクトチーム・前掲注(12)254頁。

3　女性差別撤廃条約と障害女性

(1)　女性差別撤廃条約

「女性に対するあらゆる形態の差別の撤廃に関する条約（Convention on the Elimination of All Forms of Discrimination against Women：公式訳は「女子」だが，以下，翻訳，引用で必要な場合を除いて，女性差別撤廃条約とする)」は，1979年12月18日，第34回国連総会で採択された。国連女性の10年の最中に生まれたこの条約は，あらゆる形態の女性差別撤廃を包括的に規定しているが，採択当時は，まだ北京行動綱領の影すらみえない時期であった。

条約前文には，「アパルトヘイト，あらゆる形態の人種主義，人種差別，植民地主義，新植民地主義，侵略，外国による占領および支配並びに内政干渉の根絶が男女の権利の完全な享有に不可欠であることを強調し」とのくだりがある。しかし，当時の国際社会の実情からみても，これが複合差別という視点を反映したものであるとは考えにくい[(15)]。女性差別撤廃条約制定時には，まだ，女性という集団内の多様性に注目する複合差別の認識は成熟していなかった。

(2)　女性差別撤廃委員会による複合差別へのアプローチ

複合差別概念は，その後，「マイノリティ女性たちが，自己の状況を分析し，告発し，その改善を求める上で活用した有用なツール」になった[(16)]。女性差別撤廃条約自体は複合差別や交差差別にふれていないが，女性差別撤廃委員会（Committee on the Elimination of Discrimination against Women）は，1991年の一般勧告18号で，締約国の定期報告に女性障害者に関する情報を盛り込むよう求めた[(17)]。2010年の一般勧告28号はまた，初めて「交差性」に詳しく言及した[(18)]。

> 「交差性（intersectionality）とは，条約2条に規定された締約国が負うべき一般的義務の範囲を理解する基本概念である。性別とジェンダーに基づく女性差別は，人種，民族，宗教もしくは信仰，健康，身分，年齢，階層，カースト，性的指向，

---

(15)　元百合子「マイノリティ女性に対する複合差別と国際人権条約」ジェンダー法研究3号（2016年）5頁。

(16)　元・前掲注(15)3頁。

(17)　女子差別撤廃委員会「一般勧告18号　女性障害者」（内閣府仮訳）https://www.gender.go.jp/international/int_kaigi/int_teppai/pdf/kankoku1-25.pdf

(18)　女子差別撤廃委員会「一般勧告28号　女子差別撤廃条約第2条に基づく締約国の主要義務」（内閣府仮訳）https://www.gender.go.jp/international/int_kaigi/int_teppai/pdf/kankoku28.pdf

性自認などの女性に影響を与える他の要素と密接に関係している。性別とジェンダーに基づく差別は，これらのグループに属する女性に，男性とは異なる程度や方法で影響を及ぼす可能性がある。締約国は，このような交差する（intersecting）形態の差別および該当する女性への複雑化した（compounded）マイナスの影響を法的に認識し，禁止しなければならない。締約国はまた，そのような差別の発生を防止するために，必要に応じて条約第4条1項ならびに一般勧告第25号に基づく暫定的特別措置を含め，政策や計画を採用し，推進しなければならない」（para.18）。

女性差別撤廃委員会は，以後，差別の「交差性」を重視する観点から，各国政府に，女性一般に対する差別事案と同時に，交差差別を受けやすい女性に対象をしぼって報告するよう求めている。日本に対しても，定期的な国家報告で，女性差別撤廃条約のすべての条文にわたり，マイノリティ女性に対する差別禁止および平等取扱等について報告するよう求めている。近年，同条約の日本審査では，2002年に結成された女性差別撤廃条約NGOネットワーク（JNNC）がパラレルレポートを作成し，女性差別撤廃委員会に提出し，ロビイング活動を行っている[19]。障害女性の問題については，JNNCに参加するDPI女性障害者ネットワークを中心に，ロビイング活動が行われてきた[20]。

4　障害学の展開とフェミニズム理論

一方，障害差別を根絶する法と政策の背景には，障害者運動と障害学の展開があった。医療や社会福祉は，個人のインペアメント（損傷）としての障害に着目してきたが，障害学は，「社会が障害者に対して設けている障壁」に目を向け，環境，社会的排除，差別へと視点を移し，「障害者がもつ独自の価値・文化を探る視点を確立」してきた[21]。

イギリスでは1970年代から，障害学が発展した。その中心を担ったマイケ

(19)　日本女性差別撤廃条約NGOネットワーク『女性差別撤廃条約第6次レポート審議とJNNCの活動記録　国連と日本の女性たち』（2009年），同『女性差別撤廃条約第7・8次日本政府報告審議とJNNCの活動記録　国連と日本の女性たち』（2016年）。

(20)　ジェンダー法研究3号（2016年）に掲載された以下の論文を参照のこと。河口尚子「CEDAWにおける日本審査と障害女性の複合差別」，臼井久美子「日本の法制度と障害女性の複合差別」，佐々木貞子＝米津知子「日本の障害女性の複合差別の実態」，吉田仁美「障害者ジェンダー統計」。

(21)　長瀬修「障害学に向けて」石川准・長瀬修編著『障害学への招待』（明石書店，1999年）12頁。

ル・オリバー（Michael Oliver）は，ディスアビリティの問題は自分の身体にあるのではなく，障害者を排除する社会にある，と述べた。長瀬は，オリバーの目は自らを排除する社会組織に向いたのであり，「従来の個人モデル，医学モデルから脱却し，ここに社会モデルが成立した」と述べる(22)。社会モデルは，インペアメントをもつ者が受ける不利益の原因を，社会的障壁を生み出す社会のありように求め，障害者個人に還元してきた「医学モデル」を徹底的に批判した。

一方，フェミニズムの立場からは，これに異議が示されてきた。フェミニズムもインペアメントの否定的側面を無視するものではないが，社会モデルは，ディスアビリティだけではなく，インペアメントも射程に含めるべき，という異議である。障害女性は，すでに女性として障害の有無にかかわらず社会的障壁を経験しており，彼女たちが関心を寄せるのは，女性であることと障害者であることによる不利の相乗効果だからである。杉野は，1990年代初頭のイギリスにおけるフェミニズムによる社会モデル批判を，「男性障害者を中心として発展してきたイギリス障害当事者運動と障害学において，はじめて女性障害者たちが運動の『主役』として名乗りを上げた歴史的事件」だと位置づけ，その批判は，「女性障害者という立場から社会モデルに新しい視角を提供し，社会モデルの理論的発展に寄与した」建設的批判であった，と述べている(23)。

障害学とフェミニズムは，ともに社会的マイノリティによる権利主張の理論として，相互に刺激しあいながらも，相克も生み出してきた。障害と性という差別の交差性を認識することは，マイノリティの権利擁護理論がかかえるこれらの相克にも目を向けて，その解決策をさぐることでもある。

5　障害者権利条約にみる交差差別と複合差別概念

(1)　障害女性の権利に対するツイン・トラック・アプローチ

障害学の展開は，国際人権の世界にも大きな影響をもたらした。国連は，1975年に障害者権利宣言を採択して，障害者政策に人権の視点を強く反映させるようになった。1981年の国際障害者年における一連の国連総会決議は，障害者の主体性を重視し，完全参加のみならず平等をテーマに加え，障害を個

(22)　長瀬・前掲注(21)17頁。
(23)　杉野昭博『障害学　理論形成と射程』（東京大学出版会，2007年）128頁。

人と環境との関係としてとらえる「社会モデル」を含むようになった(24)。1993年には，障害者の機会均等化に関する基準規則（障害者機会均等規則）が採択された。

国連が2006年に採択した障害者権利条約は，障害分野の人権法の中核文書であり，８番目の主要人権条約である(25)。2022年３月現在，同条約の締約国は185カ国，選択議定書の締約国は101カ国である。日本は障害者権利条約を批准しているが，同選択議定書は批准していない(26)。

障害者権利条約は，前文で「複合的または加重的な形態の差別」に言及しつつ，６条に「障害女性」に関する規定をおく。同条は人権条約に登場した複合差別に関する最初の明文規定である。

> 「６条１項　締約国は，障害女性と少女が複合差別を受けていることを認識し，また，これに関しては，障害女性と少女がすべての人権および基本的自由を完全かつ平等に享有することを確保するための措置をとる。
>
> 同条２項　締約国は，この条約に定める人権及び基本的自由の行使及び享有を女性に保障することを目的として，女性の完全な発展，地位の向上およびエンパワメントを確保するためのすべての適切な措置をとる。」

小林昌之は，複合差別に関する貴重な先行研究において，同条約の制定過程での論点を，以下のように紹介している(27)。それは，障害女性のための特別な規定を設けるか，あるいはすべての条文にわたってジェンダー視点を組み入れるか（これをジェンダー主流化という）の議論であった。最終的に条約は，ツイン・トラック・アプローチ（二本立てアプローチともいう）を採用した。すなわち，もっぱら障害女性に言及する個別条文（６条）を設けるとともに，複数の条文において障害女性や性別に言及することによってジェンダー主流化を求め

---

(24)　川島聡「国連と障害法」菊池馨実・中川純・川島聡編著『障害法』（成文堂，2015年）57-58頁。

(25)　現在，国連の主要人権条約は９つある。他の８条約とは，1965年の人種差別撤廃条約，1966年の国際人権（自由権）規約ならびに国際人権（社会権）規約，1979年の女性差別撤廃条約，1984年の拷問等禁止条約，1989年の子どもの権利条約，1990年の移住労働者権利条約，2006年の強制失踪条約である。

(26)　日本政府が国際人権条約自体を批准しながらも選択議定書を批准しないことには数多くの批判があり，政府による説明は説得的ではない。浅倉むつ子「個人通報制度が変えるこの国の人権状況　女性差別撤廃条約と司法判断」世界947号（2021年）182-183頁。

(27)　小林昌之編『アジア諸国の女性障害者と複合差別――人権確立の観点から』（アジア経済研究所，2017年）９頁。

たのである。しかし「初期の草案と比較すると，採択された条文は，……セクシャリティの扱いは不明瞭で消極的となり，ジェンダーの視点を組み入れることにコンセンサスが得られなかった条文も」あり，批判も残されている。

(2)　障害者権利委員会の一般意見にみる複合差別・交差差別概念

障害者権利委員会は，2016年と2018年の一般意見において，具体的かつ詳細に，複合差別・交差差別の概念について言及した(28)。一般意見第3号は，「複合差別」とは，「人が，二つないしそれ以上の理由に基づく差別を経験し，その結果，複雑化し（compounded），加重された（aggravated）差別が引き起こされる状態をさす」という（para.4(c)）。一般意見第6号もほぼ同じく，「複合差別」とは，「人が，二つないしそれ以上の理由に基づく差別を経験する可能性がある状態で，差別が複雑化し加重されている，という意味である」とする（para.19）。

一方，「交差差別（intersectional discrimination）」については，一般意見第3号が，「複数の理由が同時に相互に作用し，それぞれを解きほぐすことができない状態をさす」と説明する（para.4(c)）。一般意見第6号は，「交差差別は，障害のある人や障害と関係のある人が，皮膚の色，性，言語，宗教，民族，ジェンダーその他の地位に加えて，障害に基づく何らかの形態の差別に苦しむときに発生する」が，それは「複数の差別の理由が，同時に相互に作用し，それぞれを解きほぐすことができず，その者が独特な類型の不利益と差別にさらされている状態」である，と述べる（para.19）。

これらの表現を並べたとしても，「複合差別」と「交差差別」の異同が明らかだというわけではないが，いずれにせよ，複数の理由に基づいて不利益や差別が発生しており，その状態が複雑化し加重されているという共通点がみえる。交差差別においては，差別理由が同時的で相互に作用し，解きほぐすことができず，独特の差別をもたらしている状態であることが，強調されている。

池原毅和は，障害者権利委員会の一般意見が示す「複合差別」と「交差差別」を，概念上，区別する。すなわち，複数の差別事由が重畳するとき，①それぞれの差別事由を別個に分析できる場合と，②複数の差別事由が融合してい

(28)　障害者権利委員会「一般意見第3号　障害のある女性と少女」(2016年)（UN Doc. CRPD/C/GC/3)，障害者権利委員会「一般意見第6号　平等と無差別」(2018年)（UN Doc. CRPD/C/GC/6)。

る場合があり，「交差差別は特に後者の差別を指す概念である」と述べる(29)。私も池原に倣って，複数の差別事由から加重された差別が発生している複合差別において，差別事由が個々に分析できない融合状態がもたらされている場合を，交差差別として概念化しておく(30)。

ただし，複合差別と交差差別を区別することは，それほど重要ではない。求められているのは，人種，性別，障害などさまざまな差別禁止事由ごとに実態をとらえるだけではなく，複数の差別事由が交差するもっとも困難な立場にある人々の被害を可視化して是正する仕組みの構築である。池原は，人権条約は「単一差別禁止事由アプローチ」から「反従属化モデル」へと発展した，という(31)。差別は，差別する側の「個人の問題」ではなく，「歴史的社会的に形成されてきた社会集団間の抑圧や従属化という社会構造に基づいて生じ」る問題だという認識である。この過程で，複合差別・交差差別概念が生まれたことに注目すべきであろう。

Ⅲ　日本の法規定と障害女性の権利

1　条約批准に伴う法制度改正

国内法に目を転じてみよう。条約批准をめざした法整備過程では，差別禁止規定をどのように具体化するかが，議論の焦点だった。2011 年改正の障害者基本法は，4 条 1 項で差別禁止規定を設け，同条 2 項に，合理的配慮の規定をおいた。2013 年制定の障害者差別解消法は，行政機関および事業者に対して，障害を理由とする不当な差別的取扱いを禁止し（同法 7 条 1 項，8 条 1 項），同時に，合理的配慮を定める規定を設けた（同法 7 条 2 項，8 条 2 項）。合理的配慮については，行政機関は「〜しなければならない」という義務規定（7 条 2 項），民間事業者は「〜するように努めなければならない」とする努力義務規定（8 条 2 項）だった。同法は，行政機関・事業者が「事業主としての立場で」行う差別については障害者雇用促進法による旨を定めているため（13 条），

(29)　池原毅和『日本の障害者差別禁止法制──条約から条例まで』（信山社，2020 年）49 頁。

(30)　一般意見第 6 号は，交差差別の典型例として，健康関連情報が障害者にとってアクセシブルでないために，盲目女性が自ら妊娠や出産をコントロールできない状況にある事例を示している（para.19）。たしかにこれはジェンダーと障害の交差に基づいて，当該女性の権利が制限されている状況であり，交差差別の典型例である。

(31)　池原・前掲注(29)49-53 頁。

雇用分野に関しては，特別法である障害者雇用促進法の規定による。

2013年改正の障害者雇用促進法は，事業主は，障害者と障害者でない者に，①募集・採用において「均等な機会を与え」なければならず（34条），②賃金その他の処遇において「障害者であることを理由として，……不当な差別的取扱いをしてはならない」（35条）と規定した。合理的配慮については，①募集・採用において（36条の2），また，②契約締結後において（36条の3），それぞれ必要な措置を講じなければならないとした。ただし同法は，「合理的配慮の不提供」を「障害を理由とする差別」として構成してはいない。

条約批准に伴う以上の国内法改正については，間接差別禁止規定がなく，合理的配慮の不履行が差別概念に含まれておらず，差別禁止規定違反の法的効果が明確でないこと等について，別稿で批判したため，ここでは繰り返さない(32)。ここで指摘すべきは，障害女性に関する特別規定を設ける法改正がなかったことである。障がい者制度改革推進会議の差別禁止部会は，2010年11月に制度改正の議論を始め，計25回の会合を重ね，2012年9月14日に意見を公表した(33)。この意見には，「国等の責務」の「特に留意を要する領域」として，以下のくだりが書き込まれていた。

>「……男女共同参画の分野では，『障害のある女性』が取り上げられるようにはなったが，障害者に関わる統計には，現在も，男女別統計がほとんど示されておらず，差別防止の観点を踏まえた具体的な施策やモニタリングは不足しているといわれている。同時に，これまでの障害者施策には，差別や不利益を受けるリスクの高い女性がおかれている実態を問題にする視点が欠落していた。このため，国は，障害女性の複合的な困難が解消されるよう，障害女性のおかれた状況の実態調査をはじめとして，基本的な責務として求められる各施策の全てに障害女性の複合的な困難を取り除くための適切な措置を取り入れることが求められる。」(34)

障害者基本法には，一部，「性別」が明記されたが(35)，これらがジェンダー

---

(32)　浅倉むつ子「障害差別禁止をめぐる立法課題」広渡清吾・浅倉むつ子・今村与一編『日本社会と市民法学──清水誠先生追悼論集』（日本評論社，2013年）589-613頁，浅倉「改正障害者雇用促進法に基づく差別禁止」部落解放研究201号（2014年）89-110頁，浅倉「障害を理由とする雇用差別禁止の法的課題」障害法1号（2017年）33-49頁。

(33)　私自身も，この差別禁止部会の一メンバーとして，意見のとりまとめに参加した。

(34)　障害者政策委員会差別禁止部会『「障害を理由とする差別の禁止に関する法制」についての差別禁止部会の意見』（平成24年9月14日）11-12頁。

(35)　施策の基本方針に関する10条1項，医療・介護等に関する14条3項，防災および防犯に関する26条において，施策は「障害者の性別，年齢，障害の状態および生活

の主流化をめざす条文であるという位置づけはほとんどなかった。複合・交差差別や障害女性に関する特別な条文もない。

障害者差別解消法（2016年施行）も，7条2項，8条2項において障害者の「性別，年齢及び障害の状態に応じ」た合理的配慮を定めるものの，複合・交差差別に特にふれる条文はない。障害者雇用促進法では「性別」という用語すら使われることはなく，障害女性の存在は不可視化されている。日本の法律は，障害女性に関するツイン・トラック・アプローチも，ジェンダー主流化も明確に採用しているとはいえない。

一方，障害者差別解消法に関する国会答弁を集約して内閣府がまとめた「Q＆A集」には，「障害者の性別，年齢及び障害の状態に応じて」との記載は，権利条約6条や7条の規定を踏まえたものか，との問があった（問10-8)。回答はこれを肯定して，「今後，基本方針，対応要領，対応指針を作成していくに当たり，女性や子どもに対する配慮を図っていきたい」と述べるものの，省庁向けの「対応要領」も民間事業者向けの「対応指針」も，特別な配慮を盛り込んではいない。

障害者差別解消法制定時の参議院内閣委員会は，附帯決議において，政府が講ずべき措置のなかに，権利「条約の趣旨に沿うよう，障害女性や障害児に対する複合的な差別の現状を認識し，障害女性や障害児の人権の擁護を図ること」を盛り込んだ(36)。

2　2021年の障害者差別解消法の改正

2013年の障害者差別解消法は，その附則7条に，施行後3年を経過した場合の見直し規定をおいた。2016年4月に施行された同法は，2019年4月に丸3年を迎えたため，内閣府・障害者政策委員会は，第42回委員会（2019年2月22日）から同法の見直しをめぐる議論を開始した。

第52回委員会（2020年6月22日）がとりまとめた『意見』は，個別の論点として，①差別の定義・概念，②事業者による合理的配慮の提供，③相談・紛争解決の体制整備，④障害者差別解消支援地域協議会をあげ，それぞれについ

の実態に応じて」策定・実施され・講じられると規定されている。

(36)　2013年6月18日参議院内閣委員会「障害を理由とする差別の解消の推進に関する法律案に対する附帯決議」。

て「見直しの方向性」を示した[(37)]。上記①が，本稿のテーマと関わる項目である。

とりまとめの過程で，第48回政策委員会（2019年12月12日）では，DPI女性障害者ネットワークから，複合差別に関する規定を障害者差別解消法に盛り込み，その文言は同法7条，8条それぞれに項をひとつ追加して，「国および地方公共団体は，障害のある女性が障害及び性別による複合的な差別を受けていることを認識し，その実態を把握し，差別解消に向けた適切な措置をとらなければならない」とすべき，との意見が出された。同ネットワークの藤原久美子代表は，障害女性に関する規定を設ける理由として，①現行法には「性別」という記述があっても，基本方針・基本計画で障害女性への言及はほとんどなされていない，②現に障害女性差別の実態がある[(38)]，③数少ない性別データによっても，障害女性への格差や被害状況は明らかである[(39)]，④国連の人権委員会（女性差別撤廃委員会および障害者権利委員会）からも，障害女性に関する条文が求められていることを，強調した。

委員会では賛成意見も多く，委員長も「女性障害者についての規定を新たにどのように入れることができるのかは，非常に難しい問題」だが，「最初から……消極的にならずに，精いっぱい考え」たいとコメントした。しかし最終的には，「障害のある女性や子供等への差別に関しては，基本方針等において，……更に実態把握に努めるとともに，相談事例を踏まえて適切な措置を講じるべき旨を記載することについて検討すべきである。あわせて，障害のある女性や子供等の複合的困難に配慮したきめ細かい支援が行われるために，障害者基本法や障害者基本計画の見直しも含め更なる検討が必要である」と書き込まれるにとどまり[(40)]，法改正の提案は明記されなかった[(41)]。

---

(37)　第52回障害者政策委員会『資料1-1　障害者差別解消法の施行3年後見直しに関する意見』。

(38)　第48回障害者政策委員会では，障害女性に対する複合差別として，①収入等の男女差・役割の固定・二重の差別，②子どもをもつこと・育てることについての差別，③性的被害経験，④入浴排泄で異性介助が強要されていること，などの例が示された（資料1-2）。

(39)　単身世帯の年間収入は，障害男性181.39万円に対して，障害女性92万円であること，配偶者暴力支援センターの相談件数は，障害女性（8354件）が障害男性（91件）より圧倒的に多いことなど。

(40)　前掲注(37)。

(41)　第50回政策委員会（2020年2月21日）には，8名の委員が連名で，国や地方公

障害者差別解消法は，2021年5月，第204回国会で，民間事業者の合理的配慮の提供が「努力義務」から「法的義務」になる（障害者差別解消法8条2項）ことを含む改正が行われた。しかし，障害女性に関する規定が新設されることはなかった。

同年4月16日の衆議院内閣委員会は，法改正案の附帯決議に，「複合的な差別を含め，……次期障害者基本計画の策定を通じて把握した課題について，障害者基本法の見直しを含めて必要な対応を検討すること」，「障害のある女性や性的少数者等への複合的な差別の解消について，基本方針，対応要領及び対応指針に明記することを検討すること，また，地方公共団体と連携して，複合的な差別に関する情報の収集，分析を行うこと」を盛り込んだ。同年5月27日の参議院内閣府委員会でも，ほぼ同様の附帯決議が採択され，ここには障害者基本法のみならず，障害者虐待防止法の見直しが検討対象に加えられた。

Ⅳ　障害者権利条約は国内で遵守されているか

1　障害者権利委員会への日本政府報告

2014年2月19日，障害者権利条約は日本について効力を発した。締約国は，条約が自国について効力を生じてから2年以内に，最初の報告を国連事務総長に提出する（同条約35条1項）。日本政府は，初回の報告を2016年6月に国連に提出した(42)。

同報告は，条約6条について，障害者基本法10条は，障害者の性別等に応じて障害者政策が策定・実施されねばならないと規定しており，第3次障害者基本計画，障害者差別解消法に基づく基本方針，第4次男女共同参画基本計画が，障害に加えて女性であることで複合的に困難な状況におかれている場合に配慮が必要と明記している，と記載した（para.39）。また，売春防止法等に基づき都道府県に設置された婦人相談所が，暴力被害を受けている女性等からの相談や一時保護を実施しており，2014年度の婦人保護施設の入所者の4割が

共団体は，女性や障害児等が複合的な差別を受けていることを認識し，適切な措置をとらなければならない旨の記載を法に設けるべきである，という「意見」を出した。『資料3　障害者差別解消法の施行3年後見直しに関する意見（案）（見え消し版）修正意見反映版に関する意見』。

(42) 『障害者の権利に関する条約 第1回日本政府報告（日本語仮訳）』https://www.mofa.go.jp/mofaj/files/000171085.pdf（2022年4月6日閲覧）。

何らかの障害を抱えている者であったと指摘した（para.40）。さらに，障害者政策委員会が第3次障害者基本計画について公表した文書を，別添資料として掲載した[(43)]。

障害者権利委員会は，2019年9月の第12回会期前作業部会で，日本政府報告に関する「事前質問事項」をとりまとめ，同年10月29日に公表した[(44)]。同委員会は，障害女性に対する差別（直接差別，間接差別，複合差別と交差差別）が禁止されているか（para.3），障害女性の権利実現のための特別な立法措置，政策，行政措置の有無，完全な能力開発と向上，自律的な力の育成措置（para.5）などについて，情報提供を求めた。また，とくに障害女性への暴力発生を確認し，予防し，起訴する措置についても情報提供を求めた（para.16）。

これに対する日本政府回答は，第55回障害者政策委員会に示されたが[(45)]，先の政府報告を上回る内容を含むものとは評価できない。障害者政策委員会でも，「性別データが不足していないか」，「質問に対して直接的な回答になっていない」，「対話になっていない」，「問と答えがあっていない」などの意見が多く出されたため，政府回答とは別に同委員会が，独自に国連の障害者権利委員会に意見を提出することになった。

障害者政策委員会は，その後，第60回（2021年12月13日）から63回（2022年3月24日）までの間に，「障害者の権利に関する条約の実施状況に係る障害者政策委員会の見解（案）」について意見交換を行い，第64回（2022年4月26日）において「最終案」が確定した。

2　権利条約の締約国の義務

⑴　障害者権利委員会の一般意見第3号

障害者権利委員会は，先にふれた一般意見第3号で，条約6条の意義，規範的内容，締約国の義務，他の条文との関係，各国における実施等に関する詳細な方向性を示した[(46)]。障害女性をめぐる記述のうち重要な部分を以下に紹介する。

---

(43)　『障害者政策委員会　議論の整理～第3次障害者基本計画の実施状況を踏まえた課題～』https://www.mofa.go.jp/mofaj/files/000171084.pdf（2022年4月5日閲覧）。

(44)　障害者権利委員会『初回の日本政府報告に関する質問事項』（CRPD/C/JPN/Q/1）。

(45)　第55回障害者政策委員会（2021年6月28日）『資料3　初回の日本政府報告に関する質問事項への回答』。

(46)　前掲注(28)。

第1に，条約6条は障害女性への差別を禁止する無差別アプローチのみならず，障害女性の能力向上とエンパワメントを図ることをめざす（para.7）。

第2に，障害女性に対する差別としては，①直接差別，②間接差別，③関係者差別（discrimination by association），④合理的配慮の否定，⑤構造的もしくは制度的差別（structural, or systemic, discrimination）のすべてが禁止されなければならない（para.17）。障害者権利条約2条は，これらの差別形態を具体的に定めていないが，同条約の制定過程では(47)，特別（アドホック）委員会の当初の「議長草案」（2005年10月）が，間接差別を含め上記の個々の差別形態を規定していた。だが，個別の形態を規定すると，かえって差別禁止の範囲を狭める危険性があるとの懸念から，最終的に「あらゆる形態の差別を含む」という現在の定義になったものである(48)。一般意見第3号はそれをふまえて，差別の個々の形態は条約の定義に含まれているとする。

第3に，締約国には，障害女性の権利を尊重し，保護し，履行する義務がある（para.24-27）。とくに，女性・子ども・障害者一般に関わる行動計画や戦略を立て，同時に，障害女性に的をしぼった行動計画や戦略を立てるツイン・トラック・アプローチの採用が不可欠である（para.27）。

第4に，締約国は，国内において，①複合差別と闘うための措置，ならびに，②障害女性の能力開発のための措置，をとることが求められる。一般意見第3号は，これらに含まれる措置の詳細を定めている。

⑵　CRPD指標

欧州連合（EU）と国連人権高等弁務官事務所（OHCHR）の共同プロジェクトは，障害者権利条約の人権指標（以下，CRPD指標とする）を開発している(49)。このCRPD指標は，条約の締約国の報告書審査や，国の条約遵守状況を監視するNGOによって利用され，権利条約の条文ごとに，「構造指標（structural indicators)」，「プロセス指標（process indicators)」，「成果指標（outcome

(47)　2004年から「特別（アドホック）委員会」の下で本格的な条約交渉が開始され，作業部会草案をたたき台とした政府間交渉の後，ドン・マッケイ議長による「議長草案」が，2005年10月に公表された。その後に採択された修正議長草案に微修正が加えられて，2006年12月に条約本体と選択議定書が採択された。川島・前掲注(24)60-61頁。

(48)　川島聡・東俊裕「障害者の権利条約の成立」長瀬他・前掲注(1)23頁。

(49)　佐藤久夫「事前質問に対する政府回答案についての評価」すべての人の社会496号（2021年）4-5頁。日本障害者協議会（JD）のホームページに，この指標の仮訳（佐藤久夫，佐野竜平訳）が掲載されている。

indicators)」が示されている(50)。

条約6条に関する「障害女性の指標例」には，障害女性の非差別と平等を測定する指標や，障害女性の完全な発達・地位向上・エンパワメントを測定する指標が含まれている。その「構造指標」の4つの例示（para.6.1〜6.4）には，男女平等計画，政策，法律が，障害女性を包括していること，障害女性に対するツイン・トラック・アプローチが採用されていること，障害女性の地位向上とエンパワメントのための具体的施策が存在することが含まれている。

「プロセス指標」の9つの例示（para.6.5〜6.13）は詳細であり，女性や障害者を対象とした法律，国家の行動計画，戦略が，障害女性に言及する割合，すべての分野のなかで障害女性に配分されている公的資金割合，障害女性差別の訴えとして受理された件数のうち調査・裁定があった割合，申立人に有利な判断があった割合，政府や差別の責任を負う者が裁定結果に従った割合などが制度別に集計されていることなどが，示されている。

「成果指標」にも8つの例示があり（para.6.14〜6.21），障害者団体，女性団体における障害女性の割合，過去12カ月間に身体的・心理的・性的暴力を受けた人の割合，性と生殖に関して，情報を得た上で自ら意思決定している女性の割合などが，示されている。

3　性と生殖に関する権利について

権利条約は，日本国内で，障害女性に対する複合差別に関して，遵守されているのだろうか。本稿はこの問題に応えるべきであるが，残念ながらすでに紙幅が尽きてしまった。暴力の問題と性と生殖の権利が，二大重点課題であることは間違いない。

日本では，女性差別撤廃条約については，第1回から第9回までの政府報告が国連に提出され(51)，女性差別撤廃委員会による審査はこれまでに5回行われてきた。障害者権利条約については，すでに述べたとおり，第1回の政府報告が国連に提出されているが，障害者権利委員会による第1回の審査が2022年

(50)　構造指標は，人権を実施するために締約国が採用する法律や政策を評価するもの，プロセス指標は，予算，職員研修，障害者団体の参加，事業のモニタリングなど，政策や措置の実現努力を評価するもの，成果指標は，障害者の人権状況の達成度を評価するものである。

(51)　第1回報告から第9回報告は，すべて内閣府のHPに翻訳が掲載されている。https://www.gender.go.jp/international/int_kaigi/int_teppai/index.html

8月に行われた（この点につき文末の「付記」を参照いただきたい）。障害女性の権利問題は，これら2つの条約にまたがる課題である。国連の人権委員会は，障害女性の問題についても連携・協力しつつ対応しており，両者の姿勢に矛盾はないはずである。とはいえ，ときに委員会相互のアプローチに矛盾はないのかと疑問が出されることもある。その一例に，性と生殖に関する権利の問題がある。そこで，ごく簡単ではあるが，最後にこの問題をとりあげておきたい。

性と生殖に関する権利とは，すべての個人とカップルが自分たちの子どもの数，出産間隔，出産するときを責任をもって自由に決定できること，そのための情報と手段を得ることができるという基本的権利のことである（「北京行動綱領」para.94, 95）。安全で合法的な妊娠中絶への女性の権利は，性と生殖に関する権利の中核をなす。ところが日本では，この権利の保障水準は国際基準から乖離している。女性の身体の自由としての生殖の権利は，いまだに十分に認知されているとはいえない状況である。非障害女性よりいっそう脆弱な立場にある障害女性の性と生殖の権利が否定されてきたのは，その帰結でもある。

日本政府は，女性差別撤廃条約に関する第7回及び第8回報告（2014年）で，以下のように述べた。「刑法において，堕胎は犯罪行為とされているが，これは，胎児の生命・身体の安全を主たる保護法益とするものであり，この法益を保護する観点から，刑法第212条を含めた堕胎の罪を廃止することは適当ではないと考えている。なお，母体保護法において母性の生命健康を保護するとの観点から，一定の要件の下での人工妊娠中絶が認められており，その場合には，堕胎の罪として処罰されない（para.359の注）」[52]。

これに対して，女性差別撤廃委員会は，2015年7月，日本政府に，「中絶が法的に及び実際に認められる条件についての詳細情報を提供し，また，強姦や近親姦，胎児の形成異常の場合には中絶を合法化することを想定する措置を示」すことを要望した[53]。2016年には，同委員会による第5回目の日本審査が行われ，その結果，出された総括所見（内閣府は最終見解とする）は，以下の勧告を含むものであった。

「para.39(a)　刑法および母体保護法を改正し，妊婦の生命及び／又は健康にとって危険な場合だけでなく，……強姦，近親姦および胎児の深刻な機能障

(52)　前掲注(51)。

(53)　「女性差別撤廃委員会　日本の第7・8次報告書に関する課題リスト para.15」(2015年7月30日）国際女性29号（2015年）58頁参照。内閣府の訳はここでは採用しない。

害も含む全ての場合において人工妊娠中絶の合法化を確保するとともに，他の全ての場合の人工妊娠中絶を処罰の対象から外すこと

para.39(b)　人工妊娠中絶が胎児の深刻な機能障害を理由とする場合は，妊婦から自由意思と情報に基づいた同意を確実に得ること」[(54)]。

2020年3月，女性差別撤廃委員会から日本政府に出された「第9次報告に向けた事前質問事項」では，前回の総括所見の勧告（para 39(a)(b)）にそって日本が意図している措置についての情報が求められた[(55)]。これに対して日本政府が2021年9月に提出した第9回報告[(56)]は，母体保護法は配偶者の同意を要件とするが，本人の同意のみで人工妊娠中絶が可能である場合もあること（para.51），母体保護法が「指定医師」を通じて人工妊娠中絶を保障していること（para.52），第5次男女共同参画基本計画が予期せぬ人工妊娠中絶に対する相談援助を強めていること（paras.53）などを説明する。

以上の経緯をまとめておこう。日本政府は，女性差別撤廃条約に関する2014年報告（第7回及び第8回報告）では堕胎罪の廃止が不適切であると明言していたが，2021年報告（第9回報告）は，刑法の規定を擁護してはいない。しかし同時に，質問されている法改正にもまったくふれていない。障害者権利条約に関する第1回報告は，人工妊娠中絶にはほとんどふれていない。障害者権利委員会から出された事前質問項目では，障害者への強制不妊を廃止するための措置について情報が求められたが，同委員会は，性と生殖の権利としての人工妊娠中絶を質問項目としてとりあげていない。

そのような状況のなかで，女性差別撤廃委員会の2016年の総括所見[(57)]に対して疑問が提起されている。すなわち，同委員会からの「胎児の深刻な機能障害も含む全ての場合に……人工妊娠中絶の合法化を確保する」という勧告は，優生思想の根絶・障害差別撤廃という方向性と矛盾していないか，という疑問である。

---

(54)　『女子差別撤廃委員会　日本の第7回及び第8回合同定期報告に関する最終見解（仮訳）』（2016年3月7日）https://www.gender.go.jp/international/int_kaigi/int_teppai/pdf/CO7-8_j.pdf

(55)　「女性差別撤廃委員会　第9回日本定期報告への事前質問事項」（2020年3月9日）国際女性34号（2020年）75頁。

(56)　『日本政府　女子差別撤廃条約実施状況第9回報告（女子差別撤廃委員会からの事前質問票への回答）』（2021年9月）国際女性35号（2021年）45-66頁。

(57)　前掲注(54)。

この問題について，私は以下のように考える。障害をもつ胎児の生命を軽視することは優生思想そのものであって，けっして許されるべきではなく，全力をあげて社会から追放すべき考え方である。さらに人工妊娠中絶自体，胎児と女性の双方にとってきわめて不幸なことであり，可能なかぎり避けられるべきである。とはいえ，妊娠した女性が自己の意思で中絶するという行為自体を，刑罰をもって禁止することは，許されることではない。「胎児の生命」は障害の有無にかかわらず尊重されるべきであるとしても，最終的に産むか否かの決定は，妊娠している女性自身がいっさいの事情を考慮して真摯に吟味して決断する倫理的判断に委ねるしかないのではないか。国家はそれに刑罰をもって介入すべきではない。人工妊娠中絶を可能なかぎり避けるという目的を達成するためにも，女性を処罰する手段は誤りであり，実態を潜在化させる危険性がはるかに高いはずである。

以上の観点からいえば，日本の現行法は，きわめて大きな問題をかかえている。刑法212条は自己堕胎罪を規定しており，妊娠中絶をする女性を処罰の対象にする一方，母体保護法14条は，一定の要件を満たす場合の人工妊娠中絶を認めて，その行為の違法性を阻却している。しかし，いかに抗弁しようとも，自己堕胎罪という中絶の犯罪化は，女性差別にほかならない。したがって日本の現行の法制度は，女性差別を容認しながら，生殖の自己決定を国家が許容する範囲に限定しているにすぎないのである。これでは性と生殖の権利が保障されているとはいえない(58)。

女性差別撤廃委員会による2016年の総括所見における勧告（胎児の深刻な機能障害も含む全ての場合に人工妊娠中絶の合法化を確保する）は，胎児条項を設けるべきという優生思想の容認として受け止めるべきではない。たとえ胎児の生命の保護・尊重を考慮したとしても，妊娠を中断するか否かは最終的に女性自身の決断によらざるをえないことを端的に示す一例にすぎない，と解すべきである。現行の日本の法制度を変えて，堕胎罪を廃止する法政策をとったとしても，なお，胎児の深刻な機能障害を理由とする中絶については，優生思想の影響を完全に排斥することは容易ではないであろう。それゆえ，同総括所見para.39(b)は，「妊婦から自由意思と情報に基づいた同意を確実に得る」べき

---

(58)　第208回国会参議院法務委員会（2022年3月16日）における山添拓議員（日本共産党）の質問は，この問題の本質を浮彫りにしている。

とするのである。

性と生殖の権利をもっとも侵害されやすい立場にあるのは，障害女性である[59]。障害女性が，女性として剥奪されてはならない「リプロダクティブ権」には，産む権利と同時に産まない権利も含まれるはずである。締約国にはこの権利を真に保障する法制度を実現する義務がある。

V　おわりに

障害者権利条約6条は，障害女性に関する特別な条文を設けることによって，複数の差別事由が交差するもっとも困難な立場にある人々が被る複合差別の実態を焦点化し，その防止と是正を最優先にする仕組みの構築を求めている。日本でも，法に障害女性の権利を定める条文を設けることによって，複合差別に具体的に対処する政策が求められている。

立法化の一例としては，韓国の「障害者差別禁止及び権利救済等に関する法律」がある。同法では，障害女性および障害児童等に関する章（第3章）を設け，障害女性に対する差別禁止（33条）ならびに，障害女性に対する差別禁止のための国家及び地方自治団体の義務（34条）について，特別な定めをおいている[60]。もっとも，韓国においても女性問題における女性障害者の主流化は遅れており，差別禁止法制における女性条項が十分に機能しているとはいえない状況だといわれている。しかし，かかる条文がまったくない日本では，障害女性がかかえる問題はほぼ不可視化されている。せめて，障害者差別解消法に，韓国のような障害女性条項を設けたうえで，障害者政策においても，女性政策

(59)　旧優生保護法の下で，不妊手術を強制された女性の訴えに対して，仙台地裁は2019年に初めて「リプロダクティブ権」を奪うことは許されず，旧優生保護法は憲法13条違反である，という判断を下した（2019年5月28日仙台地裁判決・判例時報2414号3頁）。判旨は，子を産み育てるかどうかを意思決定する権利をリプロダクティブ権として，人格権の一内容として尊重すべきとしたが，優生手術の実施から20年以上（除斥期間）が経過したことを理由に，結論としては原告の損害賠償請求を認めなかった。一連の優生保護法被害者による国家賠償裁判では，その後，大阪高裁（2022年2月22日判決）と東京高裁（2022年3月11日）が，除斥期間の適用を制限して国の責任を認める判断をした。現在，国は最高裁に上告している。

(60)　内閣府・障がい者制度改革推進会議第4回差別禁止部会（2011年5月13日）「資料2　崔栄繁『韓国の障害者差別禁止法制：障害者差別禁止及び権利救済等に関する法律（崔栄繁仮訳）』，崔栄繁「韓国の女性障害者――実態と法制度――」小林・前掲注(27)47-74頁。

においても，障害女性が直面している複合差別状況を可視化し，主流化する，というツイン・トラック・アプローチに取り組むべきであろう。

付記）本稿は2022年３月末日に脱稿したが，その後，第27会期障害者権利委員会が，2022年８月22日と23日に，日本に対する第１回審査を実施した。９月９日には総括所見が公表された（CRPD/C/JAN/CO/1)。この総括所見の内容に関する分析は，後日，別稿にて行うことにしたい。

第2章　均等法をめぐる攻防

7　均等法の立法史

I　はじめに

本稿は，雇用における男女平等を標榜する男女雇用機会均等法（以下，均等法とする）の制定と改正をめぐる議論の変遷を辿ることにより，日本の雇用平等政策が抱える課題の一端を明らかにするものである。女性労働政策は，①男女平等を実現・推進する政策，②母性保護および女性労働者の健康と安全を確保する政策，③就労と生活の調和を図る政策，から構成され，それらを具体化する立法も徐々に豊富化しつつある。本稿は，①の中心部分を占める均等法を対象とするが，必要なかぎりで，関連施策を具体化する周辺の諸立法にも言及する。

II　前　　史

1　先行した裁判

均等法が制定される以前，男女間の雇用平等に関わる法令としては，憲法14条1項を別にすれば，民法の一般条項（1条の2[(1)]，90条など）と労働基準法（以下，労基法とする）4条しか存在しなかった。はじめて雇用における性差別が裁判で争われたのは，結婚退職制に関する住友セメント事件・東京地裁判決（1966年12月20日判例時報467号26頁）[(2)]であった。引き続き数多くの訴訟が提起されたが，これらは，当該差別行為が法律行為であれば公序良俗違反（民法90条）として，事実行為であれば不法行為（民法709条）として，処理されてきた[(3)]。

(1)　2004年改正後の現2条。

(2)　結婚退職制は，性別を理由とする差別をなし，かつ婚姻の自由を制限するものであって，民法90条の公序良俗に違反し無効，とした。

(3)　初の最高裁判決は，日産自動車事件（最高判1981年3月24日労働判例320号23

2　国際的動向

均等法制定の背景には，男女平等政策の国際的展開がある。国際連合は，1975年を国際婦人年と定め，1976年から85年を国連婦人の10年とし，その中間の1979年に女子差別撤廃条約を採択した（発効は1981年9月）。この条約が均等法制定の決定打となった。日本は1980年に同条約に署名し，署名から5年以内の批准をめざして国内法の整備を行う必要があったからである。

一方，ILO（国際労働機関）は，1951年に第100号条約（男女同一価値労働同一賃金条約）を制定した。日本は同条約を1967年に批准したが，その折には法改正はなかった。条約勧告適用専門家委員会からは，日本の男女の賃金格差は大きいとして，男女の労働の「価値」を測定する手段が保障されていないことが問題であると，繰り返し，指摘されてきた[(4)]。

1958年にILOは第111号条約（職業上の差別撤廃条約）を制定したが，日本はこの基本条約をまだ批准していない。批准できない理由は明確にはされていないが，募集・採用という段階での性別以外の事由による差別が，国内法では明文によって禁止されていないということが一つの理由と考えられる。さらに，1981年にILOは第156号条約（家族的責任条約）を制定したが，均等法以前には，日本はこの条約を批准する方針を明確にしてはいなかった[(5)]。

3　男女別雇用管理の実態

均等法制定直前の雇用管理について，男女別にその実態をみておこう[(6)]。当

頁）であり，男子55歳・女子50歳の定年制は，女子労働者の定年年齢について合理的理由もなく差別するものであり，公序良俗に違反して無効とした高裁判決を維持して，上告棄却とした。賃金に関しては，秋田相互銀行事件（秋田地判1975年4月10日労民集26巻2号388頁）が，男女別に本人給表を適用することは労基法4条に違反するとした。岩手銀行事件（盛岡地判1985年3月28日労働判例450号62頁，仙台高判1992年1月10日労働判例605号98頁）は，家族手当の支給対象者である「扶養家族を有する世帯主たる行員」を「夫たる行員とする」のは，女子であることのみを理由として妻たる行員を著しく不利に取り扱うもので労基法4条に違反し無効，とした。

(4)　浅倉むつ子『労働法とジェンダー』（2004年，勁草書房）69頁以下，森ます美『日本の性差別賃金――同一価値労働同一賃金の可能性』（2005年，有斐閣）33～34頁，森ます美＝浅倉むつ子編著『同一価値労働同一賃金原則の実施システム』（2010年，有斐閣）ⅰ～ⅲ頁参照。

(5)　日本は156号条約を1995年に批准し，その際に育児休業法を改正して，育児介護休業法とした。

(6)　労働省『女子労働者の雇用管理に関する調査』1984年。

時，大卒者を公募した企業のうち64.7%は男子のみを募集しており，大卒女子の雇用機会は限定されていた。男女とも採用した企業においても，採用条件が男女別という企業は51.3%あり，うち，職種の相違が6〜7割，資格・専攻技術等の条件の相違が2割であった。大卒女子については自宅通勤が条件とする企業も2割あった。女子には昇進の機会はないという企業は43.7%，管理職を対象とした教育訓練については，7割の企業が女子には実施していないと回答しており，雇用における男女差別は歴然としていた。

1985年の男女の賃金格差は，「賃金構造基本統計調査」では男性100対女性56.06(7)，「毎月勤労統計調査」では100対51.01であった(8)。当時の欧米ジャーナリズムは，日本の経済成長の秘訣として終身雇用制度や年功序列的賃金制度に注目する一方，日本における女性差別的慣行にふれつつ日本の女性労働者の地位を改善する必要がある，と指摘する記事が目立っていた(9)。

Ⅲ 均等法の制定過程

1 野党各党の法案

国際的な男女差別撤廃の機運の高揚を受けて，日本でも男女平等への関心が高まり，政府は，1977年に「国内行動計画」を，1981年には「婦人に関する施策の推進のための『国内行動計画』後期重点目標」を制定し，その達成に向けて関係省庁が施策を推進し始めていた。一方では，男女差別をめぐる訴訟が提起されることにより，差別を禁止する法制度の欠缺が顕在化した。

このような情勢のなか，1979年以降，野党と日弁連は，雇用平等法案ないし法案要綱を次々に公表してきた(10)。これらは，運動の中から生まれた要求と欧米諸国の雇用平等法をモデルとする理想的な立法構想の提示であった。公表時期の早いものから列挙すると，社会党案（「雇用における男女の平等取扱いの促進に関する法律（案）」），共産党案（「雇用における男女平等の機会，権利の保障に関する法律（案）」，民社党案（「男女雇用平等法（仮称）要綱」），公明党案（「男女雇用平等法（案）要綱」），日弁連案（「男女雇用平等法要綱試案」）となる。

---

(7) 浅倉むつ子『均等法の新世界――二重基準から共通基準へ』（有斐閣，1999年）8頁。
(8) 「毎月勤労統計調査」のほうが小規模事業所を多く対象にしているため。
(9) 赤松良子『詳説 男女雇用機会均等法及び改正労働基準法』（日本労働協会，1985年）104頁以下。
(10) 赤松・前掲注(9)217〜220頁。

これらの法案に共通する特色は，第1に，いずれも，使用者のみならず職業紹介機関，職業訓練機関が行う差別行為を規制の対象とし，職場では，募集，採用から定年・解雇まですべての類型にわたる差別行為を禁止するものであった。ただし労働組合を規制対象から除外していた点は，欧米諸国のそれとは異なっていた。

第2に，いずれも法案自体あるいは法案に基づき作成されるガイドラインの中に「母性保護は差別とみなさない」旨を盛りこむ方針をとり，その母性保護に女性労働者に対する保護規定全般を含むものであった。1978年には，労働省が設けた学識経験者からなる労働基準法研究会第二小委員会が「研究会報告(女子関係)」を公表し，女子保護規定の全般的見直しを提言していたが(11)，野党法案はこれと明確に対立する見解をとっていた。

第3に，野党案はそれぞれ，差別に関する行政的な救済手続の創設を提案していた。社会党案は，三者構成の行政委員会という救済制度，日弁連案は，委員会の専門職員による職権的調査手続を前置する制度，共産党案・公明党案は，委員会とは独立の行政機関の権限行使を前置する制度を，それぞれ念頭におくものであった。それらの趣旨はいずれも，民事訴訟による救済手続に付随する限界性を克服するために，できるだけ簡易，低廉，迅速な救済方法を考案しようというものであった。

第4に，野党案は差別の是正・救済の実効性確保に主眼をおくものであった。共産党案・公明党案・日弁連案は，差別を行った使用者に直罰を科し，社会党案・民社党案は，行政機関により確定された救済・是正命令違反に罰則を科するものであった。また，共産党案・日弁連案は，差別を行った使用者名の公表，あるいは公的な融資その他取引停止などの勧告という制裁規定をおくものであった。

2　労使の攻防──婦人少年問題審議会「建議」の三論併記

差別是正のための立法の必要性を提起するより前に，労働省は，女子労働者保護規定について明確な見直しの方針を提示した。1976年10月の婦人少年審議会の「建議」は，「科学的根拠が認められず，男女平等の支障となるような

(11)　労働基準法研究会第二小委員会「労働基準法研究会報告（女子関係）」(1978年11月20日）季刊労働法111号（1979年）83頁以下。

特別措置は終局的には解消すべきである」というものであった。

女子保護規定の見直しをめぐって議論を進めていた労働基準法研究会第二小委員会は，前述のように1978年11月20日に女子関係の報告書を公表したが[12]，ここに，「就業の分野」における「男女の機会均等と待遇の平等」を確保するためには「新しい立法」を作り，「明文をもって男女差別を禁止し」，司法上の救済だけでなく，迅速かつ妥当な解決を図りうる行政上の救済が必要である」という文言が登場した。男女差別を禁止する「新たな立法」の必要性にふれた初めての公的文書といってよい。

しかしこの報告書は，「男女平等を法制化するためには，合理的理由のない保護は解消し，母性機能等男女の生理的諸機能の差等から規制が最小限必要とされるものに限るべきであ」ると述べて，女子特別保護規定の見直し，改訂を論じていた。そのため，同報告書に対しては，とくに労働側から多くの批判が集中し，男女差別禁止立法の必要性について述べた部分はほとんど注目されることはなかった。

婦人少年問題審議会は，1979年12月に，「男女平等の具体的な姿及びその実現の方策」についてあるべき法制度を調査研究するために，「男女平等問題専門家会議」[13]を設置した。同専門家会議は2年余にわたる審議の結果，1982年5月8日，「雇用における男女平等の判断基準の考え方について」とする報告書を労働大臣に提出した。同報告書は，雇用における男女平等の実現とは，機会の均等を確保し，個々人の意欲と能力に応じた平等待遇を実現することであり，結果の平等とは異なるものである，と述べ，また，女性の妊娠出産機能を考慮に入れた実質的平等をめざすことが必要である，としていた。

専門家会議の報告書を受けて，婦人少年問題審議会・婦人労働部会は審議を再開し，1983年12月21日にはその「審議内容」を公表した。しかし労使の対立は根深く，1984年2月20日に公益委員による「たたき台」の提案が出された[14]。ここでは，①雇用平等を確保する法制は，募集・採用から定年・退

(12)　労働基準法研究会第二小委員会・前掲注(11)。

(13)　この専門家会議の15名の構成員のうち，労働組合から参加したのは，多田とよ子（ゼンセン同盟・常任執行委員），塩本（高島）順子（同盟・青年婦人対策部副部長），松本惟子（電機労連・婦人対策部長），山野和子（日本労働組合総評議会・常任幹事）であった。

(14)　「婦人少年問題審議会婦人労働部会の審議のためのたたき台」(1984年2月20日)。

職・解雇まで雇用の全ステージを対象とすべきである。②募集・採用は事業主の努力義務とする。③配置，昇進・昇格，教育訓練，福利厚生，定年・退職・解雇については，合理性のない差別を禁止する。④女子の保護規定については，時間外労働・休日労働は，工業的業種・職種に従事する者（管理職・専門職を除く）には現行規制を若干緩和して存続し，その他の者には廃止する。深夜業は，工業的業種・職種に従事する者（管理職・専門職を除く）については現行規制を存続し，その他の者については廃止する，とされた。

この公益委員「たたき台」をベースにして，同年3月26日に，婦人少年問題審議会は「建議」を提出したが，その内容は，法制整備の具体的内容について，公益側，労働側，使用者側の意見が分かれ，三論併記あるいは少数意見が付記されるという異例のものであった。三論併記の建議を受けて，労働省がどのような法案をつくるのか，注目されていた。

3　法形式をめぐる内情

労働省は，審議会の建議を受けて，法律案要綱（案）をまとめて，1984年4月19日に婦人少年問題審議会に，4月20日に中央労働基準審議会および中央職業安定審議会に，さらに，4月25日に中央職業訓練審議会に，それぞれ法律案要綱の関係部分を諮問した。労使の攻防は，この法案要綱をめぐって山場を迎えた(15)。

諮問する要綱の全文について，婦人少年問題審議会の労働側委員が入手したのは，同審議会が行われる予定の2日前，すなわち4月17日だったが，それは予想もしていなかった「勤労婦人福祉法の改正」という形式を採用するものであった。同審議会の委員であった山野和子は，この形式に「あっと驚き，息をのんで言葉も出ませんでした」と語っている(16)。独立の立法形式を疑わなかった労働側委員は，これを「背信行為だ」と憤り，最後まで審議拒否をする

(15)　以下の記述は，山野和子「講演　均等法制定の経過とこれからの課題」（日本労働組合総連合会女性局『均等法・育児休業法施行記念集会（その2）報告書』1995年，連合）10-28頁，を参照した。

(16)　山野・前掲注(15)。「審議会では，新しい法律をつくるということでずっと議論してきたにもかかわらず，それはなんと勤労婦人福祉法の改正案であったわけです。審議会の経過をまったく無視して枠組みの違う勤労婦人福祉法の改正では，とてもでないけれども納得できない，背信行為ではないですか。しかも内容をみますと，……私たちの主張もまったく配慮されていません。」

かどうか迷いに迷ったとのことだが，結果的に，女子差別撤廃条約の批准は「日本の女性にとっては婦人参政権獲得に匹敵する，第二の夜明けといえる価値あるものだ」と考え，苦悩の決断の末に審議の土俵に乗った，と山野は回想している[17]。なぜ勤労婦人福祉法の改正案になったのか，「このことはいまだに霧のなかです」とも山野は述べている[18]。

なぜ，均等法は，勤労婦人福祉法の改正法になったのか。立法者としては，「このような形式をとったのは，①改正前の勤労婦人福祉法は，勤労婦人の福祉の増進を図るための基本法の性格を有しているものであり，……雇用の分野における男女の均等な機会及び待遇の確保の必要性が既にその中に理念として盛りこまれていたこと，②わが国において実質的に均等な機会及び待遇を確保するためには，……事業主に対する規制措置のみならず，……女子労働者に対する……各種の施策を盛り込む総合的な立法とすることがより効果的であると考えられる」からと，説明していた[19]。しかしこの理由は，新法の制定が不可能という説明にはなっていない。したがって山野が述べたように，その理由は未だ「霧のなか」であった。

後に，均等法当時の婦人少年局長であった赤松良子が2003年に著した書物において，この件が明らかになった[20]。赤松は，概要，以下のように述べる。当初考えていたのは，男女雇用平等法の制定と女子のみの保護規定を撤廃するための労働基準法改正の２つを同時に提案することだったが，そうなれば新法制定の法案と既存の法改正の法案という２本の法案にせざるをえない。その場合に，万が一にも一方だけが抜け駆け的に採択されてしまうと労使いずれかの主張のみが実現することになって「後に禍根を残す」ことになるとの不安があった。したがって，国会対策上，これまでにも存在した「勤労婦人福祉法」の一部改正と労基法改正を１本の法案として提出することにしたと，当時のこ

---

(17)　もし労働側があくまでも審議拒否をして，4月19日の婦少審が開かれずに正式諮問ができなければ，他の関連審議会も開くわけにゆかず，その結果，すべての日程が狂い，法案提出が不可能になり，翌年に予定された条約の批准も難しくなる状況であった。これは労働側委員も労働省も十分に承知していたことである。この折の攻防は，のちにNHKの番組『プロジェクトX　挑戦者たち』が2000年12月に，「女たちの10年戦争」として「『男女雇用機会均等法』誕生」を放映し，話題になった。

(18)　山野・前掲注(15)。

(19)　赤松・前掲注(9)237頁。

(20)　赤松良子『均等法をつくる』(勁草書房，2003年) 118頁。

とを説明したのである。赤松は，たしかに勤労婦人福祉法には福祉の増進という独自の法理念があって，これと差別撤廃とは，木と竹をついだようなことになりはしないかという思いは残ったと，述べている[21]。

ちなみにこの諮問された法律案要綱は，公益委員による「たたき台」に比較して，立法形式以外にも，以下の点において相違があった。①募集，採用に加えて，配置，昇進も努力規定としていること，②紛争については，関係当事者から申請があり「他方の同意を得たとき」に調停を行わせること，③工業的業種における女子の時間外労働の制限を，2週について12時間，1年について150時間とすること，である。

労働側は，この法律案要綱に「同意はしない」とした。婦人少年問題審議会「答申」は，「今日の段階においては，やむを得ないという意見が多かったが，婦人差別撤廃条約の目指す方向に照らせば，なお多くの部分において不十分な点があることは否定しがたい。したがって，本関係法律の施行後適当な期間内に，施行状況を本審議会に報告し，その審議結果に基づき，必要がある場合には法改正を含む所要の措置を講ずべきであると考える」としたうえで，労働側委員の意見と経営側委員の意見をそれぞれ別紙に付すという形とした[22]。1984年5月9日には4審議会から答申が出され，5月14日に第101回特別国会へ法案が提出された。

4　国会における審議

提出された法律案は，「雇用の分野における男女の均等な機会及び待遇の確保を推進するための労働省関係法律の整備等に関する法律案」であり，審議会に諮問された法律案要綱を，以下の点に関して修正したものであった。すなわち，時間外労働の制限について，①工業的業種については，諮問では2週12時間であったのを，週6時間とし，②非工業的業種については，諮問では，時

(21)　赤松・前掲注(20)。

(22)　1984年5月9日婦審発8号「『雇用の分野における男女の均等な機会及び待遇の確保を促進するための関係法律案（仮称）要綱』について（答申）」。この答申の「別紙1」にあたる労働側委員の意見は，真っ先に「1立法形式について　(1)機会の均等及び待遇の平等を確保するための法律は，新しい立法措置を前提として審議をしてきた審議会の討議経過からしても単独立法とすべきであり，働く婦人の福祉促進を目的とする勤労婦人福祉法の枠組のなかへ基本的に性格の異なる男女平等を確保する措置を持ち込むべきではない」と述べている。

間外労働，休日労働の制限を廃止して労使協定で延長できる時間外労働の上限を指針で定めるとしていた（男性と同じ）のを，時間外労働の制限を一定範囲内で省令をもって定めることとした。これらは，審議会での審議拒否を回避してくれた労働側に対する労働省の「譲歩」であった，と言われている(23)。

政府案は，1984年6月26日の参議院本会議における労働大臣による趣旨説明を経て，同日，衆議院社会労働委員会に付託され，4回にわたる実質的な質疑を経て7月27日に本会議で可決された。7月10日の社会労働委員会には，社会党，公明党，民社党，社民連の野党4党が共同で「男女雇用平等法案」を，対案として提出した。共産党は，委員会審議の最終段階で政府案に対する修正案を提出した。参議院では，本会議での趣旨説明を経て社会労働委員会に付託されたが，8月8日に会期末となったために，継続審議ということでこの年は幕が下りた。

1985年の第102回国会では，4月11日に参議院の社会労働委員会で審議が始まり，4月25日には，本法案に対して，自民党・自由国民会議から，また，共産党から，それぞれに修正案が提出された。前者は，野党側の意向をくんで出された修正案であったために，同日に賛成多数で採択された。修正内容は2か所であった。第1は，第1条の目的部分に，男女の均等な機会及び待遇の確保は憲法の理念にのっとることを明文化したことであり，第2は，附則に「政府は，必要があると認めるときは，法律の規定に検討を加え，必要な措置を講ずる」という見直し規定を入れたことである。これら修正された法案は，5月10日の参議院本会議で可決され，いったん衆議院に戻されたのち，1985年5月17日の衆議院本会議で可決された。

5　施行に向けて

均等法および改正労基法は，1986年4月1日から施行されることとなったが，その前に，法律に基づく省令及び指針を策定する必要があった。

第1は，差別的取扱として禁止される教育訓練と福利厚生の措置の範囲に関

(23)　赤松は，「法形式と法案の名称。これは……委員の方たちにきちんと話をしておくべきであった」のに，事前にそれをしなかったという「不手際があったのだから，譲歩はしなければならない」。そのために「労働側が最も気にしていた労基法の改正の部分について」変更できるところを考えた，という。赤松・前掲注(20)126頁，129頁。

して具体的に規定する省令・「均等法施行規則」(24)であり，第2は，均等法において努力義務となった募集，採用，配置，昇進について事業主が講ずるように努めるべき措置を具体的に明らかにする「指針」(25)，第3は，改正労基法の施行に関して，非工業的事業における時間外労働・休日労働の上限，時間外労働等の規制が解除される指揮命令者及び専門的業務従事者の範囲，深夜業禁止の例外となる業務，妊産婦等にかかる危険有害業務の就業制限の範囲等についての省令，すなわち「女子労働基準規則」(26)であった。

1985年10月31日に労働省の「指針案」が公表された。ここには「募集・採用区分ごとに，女子であることを理由として募集又は採用の対象から女子を排除しない」よう事業主は務めるべきであるとの記載があった。この「募集・採用区分」は，1997年均等法改正時に「雇用管理区分」と改称され，募集・採用以外の場面にまで拡張して規定されることになった。「雇用管理区分」はその後，性差別をめぐる訴訟における均等法の限界性という大きな問題を投げかけることになったが，均等法制定時には，公表された指針案はとくに修正されることなく，そのまま「指針」として告示された(27)。

1985年10月から11月にかけて，これらは，婦人少年問題審議会，中央労働基準審議会，中央職業安定審議会，中央職業能力開発審議会に諮問され，各審議会は12月27日に，労働大臣あてに，個別の項目については意見を示しつつ，全般については「現段階においてはやむを得ない」と答申した。労働省はこれら答申を受けて，1986年1月27日に，上記2つの規則を公布し，指針を告示した。

労働省はさらに，同年3月20日付で，各都道府県婦人少年室長と各都道府県知事宛に「均等法の施行について」という解釈通達(28)，および各都道府県労働基準局長宛に「労働基準法の施行について」という解釈通達(29)を出した。

(24)　昭和61年1月27日労働省令2号。

(25)　昭和61年1月27日労働省告示4号。

(26)　昭和61年1月27日労働省令3号。

(27)　均等法が「募集・採用区分」ごとの男女比較という手法をとったことについて，審議会で異論が出たか否かは定かではない。しかし，当時の労働側委員の山野和子氏は，この「区分」が入ったことにビックリ仰天させられ，「女性の中にパートが増える」という危機感を訴えていたという。中野麻美「兼松男女差別賃金との格闘」季刊労働者の権利323号（2017年10月号）77頁。

(28)　昭和61年3月20日婦発68号・職発112号・能発54号。

(29)　昭和61年3月20日基発151号・婦発69号。

これによって，行政当局としての法解釈の方針が示された[30]。

Ⅳ 「福祉法」としての1985年均等法

1　1985年法の構成と特色

(1)　構　　成

成立した均等法は，第1章（総則），第2章（男女の均等な機会および待遇の確保の促進），第3章（女子労働者の就業援助措置），第4章（雑則）からなる本則35条の法律であった。

第1章「総則」は，目的（1条），基本的理念（2条）等について定めをおく。

第2章第1節「事業主の講ずる措置等」は，事業主に，①募集・採用（7条），②配置・昇進（8条）に関して男女均等な取扱いの努力義務を課し，これらの事項については労働大臣が指針を定める（12条）と規定する。また，省令で定める③教育訓練（9条），④福利厚生（10条），⑤定年・退職・解雇（11条）については，差別的取扱いを禁止する。

事業主は，8条から11条の事項について女子労働者からの苦情申出を受けたときには，自主的な紛争解決の努力義務を負う（13条）。都道府県婦人少年室長は，当事者から紛争解決の援助を求められた場合に必要な助言，指導，勧告を行い（14条），「必要があると認めるとき」は，都道府県ごとに新設される機会均等調停委員会に調停を行わせるものとする（15条）。この15条は，「婦人少年室長が必要と認めるとき」に，「(関係当事者の一方から調停の申請があった場合にあっては，他の関係当事者が調停を行うことを同意したときに限る)」という限定を付した。第2章第2節「機会均等調停委員会」は，同委員会の設置，組織，手続き等を規定する。

第3章は，妊娠・出産・育児等を理由に退職した女子の再就職に関する国の援助（24条），当該女子の再雇用に関する事業主の努力義務（25条），妊娠中および出産後の女子の健康管理に関する事業主の配慮措置（26条），女子労働者の育児休業その他の便宜供与に関する事業主の努力義務（28条）等について規定する。

(30)　浅倉むつ子「『均等法施行について』のポイントはどこか」・中野麻美「『改正労基法の施行について』のポイントはどこか」労働法律旬報1142号（1986年）4頁以下。

⑵　内容上の特色と問題点

1985年均等法の最大の特色は，1972年制定の勤労婦人福祉法の一部改正法だったことである。名称は「雇用における男女の均等な機会及び待遇の確保等女子労働者の福祉の増進に関する法律」であり，「男女の均等な機会と待遇」の確保は，「女子労働者の福祉増進」という目的にとっての手段的な位置を占めた。女性労働者の福祉にとって，男女の均等な機会と待遇の確保は重要な柱という位置づけであり，目的規定の1条，基本的理念を定める2条にもそのことが示され，施策の基本となるべき方針は「女子労働者福祉対策基本方針」として規定された（6条)。

このことがもつ実質的な意味は，「均等な機会と待遇」の公定解釈により理解することができる。「均等法の施行について」とする解釈通達[31]は，「均等法は，……男女の均等な機会と待遇の確保のため一定の措置をとることを事業主に義務づけ，もって女子労働者の地位の向上を図ることを目的として制定されたものであ」るから，「男子が女子と均等な取扱いを受けていない状態については直接触れるところではなく，女子のみの募集，女子のみに対する追加的訓練等女子により多くの機会が与えられていることや女子が有利に取り扱われていることは均等法の関与するところではない」とした。この解釈によれば，女子の「福祉」に反しないかぎり，男女異なる取扱いは均等法に反しないが，女子を排除したり女子の機会を制限すれば，それらは「福祉」に反し，違法になるという。たとえば，「正社員は男性に限る」とすれば均等法に反する取扱いとなるが，「正社員は男女，パートは女子」，「一般職は女性に限る」などの募集・採用方針は，均等法（の努力規定）違反ではないとされた。

このように均等法はあくまでも女性のための福祉法であり，規制するのも女性差別のみという片面的な立法であった[32]。福祉法といえどもこの片面性は，実態としては女性を有利に扱うような福祉的機能を果たすものではなく，むしろ，低賃金・不安定な労働条件の非正規職への女性の就労機会を増やすという結果を招くことになった。

均等法はまた，募集，採用，配置，昇進に関する均等を事業主の「努力規定」とし，他方，一定の教育訓練，福利厚生，定年・退職・解雇についての差

---

(31)　前掲注(28)。

(32)　一方で，労基法4条は当初から，男性に対する賃金差別をも禁止するものと理解されていた。昭和22年9月13日発基17号。

別禁止を事業主の「義務規定」としたため，法解釈上の混乱を招いた。事項によって規制方法を分けた現実的な理由は，①法の内容は現状から遊離したものであってはならないという婦少審の建議をふまえ，女子労働者の就業実態，職業意識，わが国の雇用慣行，女子の就業に関する社会意識等の社会・経済の現状を勘案したこと，②その場合，終身雇用慣行を前提とする日本の企業の雇用管理においては，勤続年数が重要な要素として考慮されており，平均的な男女差を無視できないこと，③これをふまえれば，募集，採用，配置，昇進のように，とくに将来にわたる勤続年数を念頭において雇用管理が行われている分野については，当面，努力規定とすることが適当である，と説明された(33)。

⑶　調停制度の機能不全

均等法は紛争解決のための制度として，調停委員会を設けたが，調停が開始するためには，①当該の紛争が調停対象事項であり，②他の関係当事者（企業）の同意があること，③婦人少年室長が紛争解決のために必要があると認めること，という要件が満たされねばならなかった。とくに②は問題であり，調停が機能しないと批判されていた。

均等法が施行された1986年から，第一次改正均等法が1999年に施行されるまでの13年間に，調停申請は14社106名の女性労働者からなされたが(34)，事業主が同意して調停開始となったのは住友金属事件のわずか1件だけであった。しかも，これに対する大阪機会均等調停委員会の調停案は，受諾されずに終了した。均等法の調停制度は，その第1ステージで，男女差別の紛争を1件も解決できなかったのである。企業の同意を得られないために調停不開始となったのは2件であり，それ以外は，婦人少年室長の「調停対象事項にあたらない」という判断によって，調停不開始となった(35)。当時の均等則は，婦人少年室長が調停対象事項であると判断するには，当該紛争が「均等法指針に定められた事項」であることを必要要件としていた（旧均等則3条）(36)。室長が行政解釈に基づいて「これは均等法違反ではない」と判断すれば，調停が開始しないことは問題であり，これについては労働省も当時から，婦人少年室長の裁量権の大

---

(33)　赤松・前掲注(9)262～270頁。

(34)　林弘子「均等法概説」『別冊法学セミナー基本法コンメンタール（第4版）』（日本評論社，1999年）372頁，浅倉・前掲注(7)82頁以下も参照。

(35)　これらは5件あった。浅倉・前掲注(7)84頁。

(36)　昭和61年1月27日労働省令2号。

きさを問題と考えていたようである(37)。実際，均等法指針が「募集・採用区分」ごとの男女比較を要請していたために，一般職の既婚女性に対する昇格の不利益処遇が均等法8条に違反するとして調停を申請した住友生命事件では，一般職に比較すべき男性がいないために差別が存するかどうか判断できないとして，1992年11月9日に大阪婦人少年室長は，調停不開始決定をした(38)。

2　労基法改正

第102回国会で改正された労働基準法は，第六章「女子及び年少者」において女性と年少者保護をひとまとめにする従来の規定のあり方を改め，六章を「年少者」，六章の二を「女子」へと分離した。

母性保護を除く一般女子保護規定については，以下のように若干の規制緩和が行われた。①時間外・休日労働については，(ア)管理職・専門職で命令で定める者については特別規制を廃止し，男子と同一の規制とした（64条の2第4項）。(イ)工業的事業に従事する女子については，1日2時間以下という規制を廃止して，1週6時間，1年150時間とした（同条第1項）。(ウ)非工業的事業の従事者については，命令により弾力化を図ることにした（同条第2項）(39)。②深夜業の禁止については，以下の者を新たに適用除外とした（64条の3）。(ア)指揮命令職，専門技術職のうち命令で定める者，(イ)食料品製造加工業務で労働時間が短い者，(ウ)本人の申出により使用者が行政官庁の承認を受けた者。

一方，母性保護については，多胎妊娠の場合の産前休業を10週間に，産後休業を8週間に，それぞれ拡充する改正が行われた。

3　1986年施行後に生じたこと

(1)　私法上の効力をめぐる懸念

1985年制定の均等法が「努力規定」と「義務規定」を併せ持つ法律となっ

(37)　あまりにも大きい婦人少年室長の調停開始に関する裁量を，今後は制約的に行使すべきだとする内部通達が労働省から出ていたことについて，浅倉・前掲注(7)85頁，大脇雅子＝渡寛基「均等法改正法案は弾劾されるべきか」賃金と社会保障1199号（1997年）34頁。

(38)　浅倉・前掲注(7)48頁，宮地光子『平等への女たちの挑戦』（明石書店，1996年）61頁，127頁。

(39)　命令（女子労働基準規則）で定めるものとしては，時間外労働の規制の単位（4週間以内の週）と時間外労働の時間数（1週間当たり6時間以上12時間以下の範囲内で定めた時間）とした。

たことによって，法的効力をめぐる解釈上の問題をめぐって論争が生じた。努力規定と義務規定の法的効果の異同について，立法者は以下のように説明した。すなわち，公法上の効果に関しては，義務規定違反の場合および努力規定の「趣旨を満たしていない場合」に「労働大臣又は婦人少年室長が助言，指導又は勧告を行うことができ，これによりその是正を求めることにな」る。さらに私法上の効果に関しては，義務規定違反は違法となり，損害賠償請求権が発生し，またこれに反する法律行為は無効となるが，一方，努力規定については，直接これを根拠として損害賠償請求権が生ずることはない，というものである(40)。

この見解によれば，同じく性差別と評価される事業主の行為に，私法上の効果を異にする2つの行為類型が存在することを法が認めたことになる。問題はこの規定ぶりの違いが，反公序性の強弱の評価をもたらすことになりはしないかという懸念であった。募集，採用，配置，昇進の均等を事業主の「努力規定」にしたことによって，これらの行為については差別があったとしても公序違反性が弱いという解釈可能性が生まれないのだろうか。

この懸念に関しては，立法者は，「もっとも，この努力規定は，公序良俗等の一般的法理を積極的に排除するという趣旨で設けるものではありませんから，努力規定が設けられた分野における男女異なる取扱いの中に公序良俗に反する不当な取扱いがある場合には，法律行為は民法九〇条により無効となり，事実行為についても不法行為として損害賠償請求の対象となることが考えられます」と述べていた(41)。これによれば，たしかに努力規定の対象分野である行為に関しても，公序違反の訴えが可能とされるはずであった。

ただ，これらは法的な根拠に裏打ちされた説明ではなく，規制方法を分けることになった現実的理由の説明にすぎないものであった。私は1991年の著書において，「均等法は全体として，私法上の効果を直接的に左右する法ではなく，行政指導法規としての性格を有する立法にすぎない」と主張した(42)。この解釈は，私法上の効果を異にする2類型の差別を肯定する均等法の規定方法を批判しつつ，同法が努力規定を禁止規定に統一してすべての条文に私法上の効力を付与する法改正が行われるまでの暫定的解釈として提起したものであった。

---

(40)　赤松・前掲注(9)243〜244頁。
(41)　赤松・前掲注(9)244頁。
(42)　浅倉むつ子『男女雇用平等法論――イギリスと日本』（ドメス出版，1991年）264頁。

均等法の努力規定が解消すれば，このような解釈は不要になると考えていた。

⑵　裁判における努力規定の解釈

均等法施行以降，実際の法的紛争において，上述の懸念は現実化した。日本鉄鋼連盟事件・東京地裁判決（1986年12月4日労働判例486号28頁）は，男子を将来の幹部職要員として処遇し，女子には異なる処遇を行うといういわゆる「男女別コース制」について，合理的な理由はなく法の下の平等に反するが，均等法においても募集，採用の機会均等は努力義務に止まっていること，また，原告らが採用された当時の社会情勢を考慮すると，それらは公序に反するとまではいえない，と判示したのである。判旨は，男女別コース制の公序違反性を否定するに際して，募集，採用の均等な機会が法律上使用者の努力義務にとどまったことを理由の1つとした。

このような均等法の努力規定の「背理的」解釈は，1997年改正均等法の施行以降も継続することになった（Ⅴの5を参照)。

⑶　雇用管理への具体的影響

1986年の施行を契機に，従来，男女別に異なる雇用管理を行っていた少なからぬ企業は，いわゆる「コース別雇用管理」を導入した。労働者の職種，資格等に基づき複数のコースを設定し，コースごとに異なる配置・昇進・教育訓練等の雇用管理を行うシステムである。労働省「平成4年度女子雇用管理基本調査」によれば，コース別雇用管理を「導入している企業」は3.8%とそれほど多くはないが，企業規模が大きいほど導入割合は高く，5000人以上の大企業では49.3%が導入していると回答した。導入時期は1986年以降というものが57.5%を占めた(43)。

労働省は，コース別雇用管理の導入状況を把握したうえで，1991年10月8日には「コース別雇用管理の望ましいあり方」を公表して啓発指導を行うことにした。この文書は，コースの定義と運用方法を明確にし，男女差別的な採用・選考を排除し，コース間の転換を柔軟に設定するように求めるものであった。

とはいえ，この時期の均等法は，福祉法的性格からくる片面的規定の法であり，「パートは女子」，「一般職コースは女性に限る」という類の募集・採用を

---

(43)　労働省婦人局『平成4年度・女子雇用管理基本調査結果報告書』5〜6頁。ただし渡辺峻『コース別雇用管理と女性労働（増補改訂版)』(中央経済社，2001年）21〜22頁による。

許容するものであった（本稿Ⅳの1⑵参照）。それゆえ「一般職コースは女性，総合職コースは男女」という雇用管理構造ができあがり，「そこに間接差別が展開された」のである[(44)]。

Ⅴ　均等法の展開過程（その１）――1997年第1回目の法改正

1　均等法施行後の社会・経済的背景

1986年に均等法が施行された後，男女間の格差は縮小したのだろうか。実はこの頃から，雇用・就労形態の多様化が目にみえて進行した。日経連が1995年5月に公表した「新時代の『日本的経営』――挑戦すべき方向と具体策」は，多様な雇用形態を念頭におく新しい雇用システムを提唱し，従業員を①長期蓄積能力活用型グループ，②高度専門能力活用型グループ，③雇用柔軟型グループの3類型に区分けするという経営戦略を示したが，これは，均等法施行と同時進行することになったコース別雇用管理制度の増加傾向と呼応するものであった。

均等法で禁止された女性差別を「コース別雇用管理」に組み替えた大企業では，男女間の職域分離は解消するどころか，かえって増大した。すなわち男女の職域分離は，「コース」ごとの雇用管理として「合法化」されたのである。他方で非正規労働者も増大し，女性が多数を占めてきた職域では総アルバイト化が進行した。

男女格差の代表である賃金をみてみよう。1995年の数字は，「賃金構造基本統計調査」では男性100対女性60.20，「毎月勤労統計調査」では男性100対女性50.79である。10年前と比較して，前者は4.14%，後者はわずか0.78%しか縮小していないことがわかった。均等法の効果はきわめて限定的であり，これに対して，国の内外から厳しい批判がなげかけられた。

国内では，1996年12月，総務庁行政監察局は，均等法の施行状況について，努力義務をより実効性あるものとする方向で見直すように「勧告」を行った[(45)]。国外からの声としては，ILO条約勧告適用専門家委員会によるILO第100号条約に関する「所見」がある。同委員会は，1994年に男女賃金格差を縮小する努力を日本政府に要請する「所見」を公表したが，これに対して日本政

(44)　渡辺・前掲注(43)47頁。
(45)　総務庁行政監察局『女性労働に関する行政監察結果』(1996年12月)。

府は，均等法の指針が同年に改正されたこと(46)や，女性の勤続年数をのばすために家庭生活と職業生活の両立対策を講じている等を報告した。しかし同委員会は，1997年にも「所見」を公表して，コース別雇用で総合職に男女両方を雇用している企業比率が低下していると指摘して，均等法がめざす方向とは合致していないことを憂慮する，と述べた(47)。

2　1997年改正に至る経緯

1994年に行われた均等法指針改正と同時に，女子労働基準規則の一部改正があった(48)。この一般女性保護規定の緩和に伴う規則改正については，1993年6月に労働時間法制をめぐる労基法の大改正が行われたこと（1994年から週40時間制を実施するための法改正）や，1991年に制定された育児介護休業法が翌92年4月から施行されて，勤務時間の短縮措置等が育児中の男女労働者に保障されるようになり，労働と家族生活両立のための条件整備が男女を問わず改善されたことの影響が大きかったと思われる。

一方で，なお残されていた問題も大きく，均等法や労基法の再度の改正が予定されていた。均等法改正の理論的な検討課題の1つは，同法の片面的効力の見直しであり，この点については1995年10月25日に，労働省の研究会「男女雇用機会均等問題研究会」が婦人少年審議会婦人部会に「報告書」を提出した。同報告書は，85年均等法で批判対象となっていた「女子のみ」または「女

---

(46)　施行7年が経過した1993年4月から，均等法の指針の改正が議論された。それまで均等法指針では，「募集・採用区分」ごとに「女子を排除しない」と規定していたが，これについて，排除とはまったく機会を与えないことであり，採用人数をわずかでも割り当てておけば問題なし，と解釈されていた。これに対して1994年1月，婦人少年問題審議会は必要な対策を講じるように中間報告を行い，その結果，女性についての募集・採用人数の限度を設けないこと，採用試験の実施について女性に不利な取扱いをしないことなどを記載する指針改正が行われた。この改正は1994年4月に施行された。浅倉むつ子「均等法『指針』および女子労働基準規則一部改正の評価」労働法律旬報1334号（1999年）6頁～11頁。

(47)　浅倉・前掲注(7)17～18頁。

(48)　①非工業的業種における女子の時間外労働の制限時間を4週36時間とすること，②時間外労働・深夜業規制の適用除外である「専門業務従事者」に，弁理士，社会保険労務士を追加すること，③深夜業禁止の例外とすることが認められる業務に，飛行場の旅客取扱業務，航空機運航管理業務や消防の業務を加えること，④臨時的に坑内労働が認められる業務として，高度な知識を必要とする自然科学研究業務を追加すること，が内容であった。

子優遇」措置について，理論的な考え方を整理した(49)。ここにおいて，「パート・女性のみ」「一般職・事務職／女性のみ」という募集・採用や，「秘書」「接客業務」への女性のみの配置は解消されるべき，という考え方が示された(50)。

同報告書を受けて，1995年10月から婦少審が検討を開始し，翌96年7月16日には「中間的取りまとめ」を公表(51)，さらに同年12月17日に「雇用の分野における男女の均等な機会及び待遇の確保のための法的整備について」と題する「建議」を労働大臣に提出した。労働省はこの「建議」にそって「法案要綱」を作成し，翌97年1月14日に関係審議会に諮問し，「おおむね妥当」という答申を得た。

均等法改正を含む19の法律の改正を一括して含む「雇用の分野における男女の均等な機会及び待遇の確保等のための労働省関係法律の整備に関する法律案」は，1997年2月7日の閣議決定を経て，同日，第140回通常国会に提出された。法律案は，5月6日に国会に提出され，修正されることなく6月11日に参議院本会議で可決成立し，1997年6月18日に公布された。この法案の中心は均等法改正であるが，あわせて女性労働者の時間外・休日労働，深夜業の規制の廃止等労働基準法改正ならびに育児・介護休業法改正等も目的とするものであった。法案をめぐる議論は，もっぱら女性保護規定廃止に伴う弊害とその防止策に焦点があてられ，両議院の労働委員会では多くの附帯決議がなされた(52)。

成立した法律は，1997年10月1日に平成9年法律第92号として公布され，

---

(49)　報告書は，解消されるべき措置として，①補助的定型的業務や雇用が不安定な職種等に女性を固定化する効果をもたらす措置，②女性の特性・感性等個々の女性の能力・適性に着目せず，女性に対する先入観に基づいて行われる措置，③家庭責任は女性が負っているものであることを前提とした措置をあげた。

(50)　報告書の詳細は，浅倉・前掲注(7)24頁以下参照。

(51)　「中間とりまとめ」では，女子保護規定について「その解消を目指し，今後議論していくことになった」と，労使の基本的意見が一致したものの，解消の方策については，労働者委員が「新たに男女共通の規制を設けることが必要」としたのに対して，使用者委員は「時間外・休日労働の水準の問題については他の審議会の場で労働時間法制全体の中で議論すべきもの」としており，合意に至らなかった。

(52)　附帯決議には，①性差別禁止法をめざし，間接性差別の内容を引き続き検討すること，②中央基準審議会における時間外・休日労働の在り方の検討では，時間外労働協定の適正化指針の実効性を高める方策等の検討を行うことなど，重要な内容が含まれていた。浅倉・前掲注(7)31頁参照。

3段階に分けて施行されることになった。97年10月1日には，「婦人」を「女性」に置き換える用語の整理についての改正，翌98年4月1日には母性保護の充実にかかる規定，最後に99年4月1日から，女性差別禁止や一般女性保護規定の改訂・解消などの法改正の重要事項の規定が，それぞれ施行された。

3　1997年改正均等法

97年法改正によって，均等法は第2ステージに入った。ここで行われた改正の内容を整理しておこう。

第1に，法律に使用されてきた「女子」「婦人」という文言が「女性」に統一された。「男子」は「男性」に統一され，都道府県婦人少年室は，都道府県女性少年室と改称された。

第2に，法の名称は，「雇用の分野における男女の均等な機会及び待遇の確保等に関する法律」と改正された。85年法に存在した「女子労働者の福祉の増進」という表現は削除され，「目的」「基本的理念」からも女性の「福祉の増進」が消去され，福祉法としての性格が払拭された。基本的な法的性格が変わったことにより，公定解釈である解釈通達は，「女性のみを対象とした措置や女性を有利に取り扱う措置についても，女性の職域の固定化や男女の仕事を分離することにつながり，女性に対する差別的効果を有するという見地から」，原則として許されない，と変更された(53)。とはいえ一方で，97年改正均等法は，基本的理念，差別禁止について，「女性労働者が……差別されることなく」（2条1項），「女性であることを理由として」差別してはならない（6条ないし8条）等の表現を維持しており，あくまでも女性差別のみを禁止する立法としての性格を維持し，男性に対する差別については放任した。その意味で，片面的性格は継承された。この点については批判的な評価をせざるをえない(54)。男性に対する差別を禁止する法となるには，2006年の改正を待たねばならなかった。

第3に，募集・採用，配置・昇進に関する努力義務規定はいずれも，差別禁止規定へと強化された（5条・6条）。均等法の努力義務規定が差別禁止規定となったことにより，裁判にはかなりの影響があった。これについては後述する。対象事項については大きな変化はないが，教育訓練に関して，労働省令による

(53)　平成10年6月11日女発168号第2の1(7)。
(54)　浅倉・前掲注(7)35頁以下。

限定（均等則旧1条）がなくなり，禁止の対象となる範囲が拡大された（6条）。

第4に，85年法では，指針において「募集・採用区分」ごとの男女比較が要請されていた。97年改正法に基づく新しい指針は，募集・採用，配置・昇進・教育訓練について，男女は1つの「雇用管理区分」ごとに比較されると規定した。この限りでは，改正均等法が女性差別の違法性評価をかえって狭めたかのようにとらえられかねない。そこで解釈通達は，この「区分」は雇用管理の実態に即して，客観的・合理的に職務内容，処遇が異なっていることが必要であるとして，単なる形式的な区分であってはならないと述べた(55)。

第5に，実効性確保に関わる法改正があった。1つは，調停委員会の開始要件が緩和されて，事業主の同意が不要となり，一方当事者からの申立によって調停が開始されることになった（13条1項）。2つには，労働大臣が勧告を出しても従わない企業に対しては，企業名が公表されることになった（26条）。これまで行政指導に従わない場合に関してはいかなる制裁もなかったことに比べると，大きな改正といってよい。ただし，企業名公表がなされるためには，まず大臣が勧告を実際に出さねばならないが，改正前の均等法が施行された4年間に，文書による勧告はわずか1件しか出なかった。したがって企業名公表の実効性については当初から疑問が出されており，この懸念は残念ながら当たっている。2018年現在までに均等法違反で企業名が公表された事例は，たった1件しかない(56)。

第6に，事業主に対する「職場における性的な言動に起因する雇用管理上の配慮」義務規定が設けられ（21条），労働大臣による指針が策定された(57)。セクシュアル・ハラスメントの民事訴訟が急増したことを受けて，事業主の配慮義務を定めた規定だが，本条は，従業員各人に直接，セクシュアル・ハラスメントを禁止する規定ではなく，被害者に対抗的な権利を付与する規定でもない。あくまでも名宛人を事業主とする規定にすぎない(58)。本条は均等法第3章

(55)　平成10年6月11日女発168号第2の7(2)。

(56)　2015年9月4日に医療法人医心会牛久皮膚科医院が妊娠を理由とする解雇を撤回しなかったとして公表された事例のみである。

(57)「事業主が職場における性的な言動に起因する問題に関して雇用管理上講ずべき措置についての指針」（セクシュアル・ハラスメント指針）平成10年3月13日労働省告示20号。

(58)　均等法がセクシュアル・ハラスメントについて，禁止規定ではなく事業主の措置義務規定をおいていることの問題性については，以下を参照のこと。菅野淑子「不利益取

(「女性労働者の就業に関して配慮すべき措置」）に位置づけられ，性差別禁止という性格づけがなされていないことも特色である。

第7に，均等な機会と待遇の支障となっている事情の改善のための措置（ポジティブ・アクション）を講じる企業に対して国が援助できるとの規定が設けられ（20条），9条は，男女の均等な機会および待遇の確保の「支障となっている事情を改善する」措置をとることを妨げない，と規定した。ポジティブ・アクションはあくまでも事業主の任意に委ねられた措置であり，当該措置は差別とみなされない，という構造が法に明記されたのである。

第8に，改正前，事業主による女性労働者の妊娠中および出産後の健康管理のための各種措置の確保は努力規定であったが，97年改正によって義務規定となった（22条，23条)。

4　一般女性保護規定の廃止に伴う法改正

⑴　1997年の法改正

1997年均等法改正に伴う労基法改正により，一般女性保護規定については，時間外・休日労働の制限（64条の2），深夜業に関する制限（64条の3）が廃止された。そこで改正均等法は，女性を深夜業に従事させる場合の「指針」を策定し，女性労働者の通勤や業務遂行時の安全確保措置について規定をおいた（均等則17条，「就業環境指針」[59])。労基法の母性保護規定に関しては，多胎妊娠の産前休暇が10週間から14週間に延長された（65条1項)。

一方，一般女性保護規定の廃止を受けて，97年に育児介護休業法改正が行われ，家族的責任をもつ男女労働者の深夜業免除請求権が規定された（同法16条の2，16条の3）。翌98年3月には「指針」が公布された[60]。

⑵　1998年労基法改正

1997年の均等法改正「整備法」に伴う附帯決議には，①時間外・休日労働のあり方の検討では時間外労働協定の適正化指針の実効性を高める方策等の検討を行うこと，②女性保護規定解消によって女性労働者が被る急激な変化を緩

扱いとハラスメントをめぐる紛争解決」季刊労働法260号（2018年）30頁以下。

(59)　「深夜業に従事する女性労働者の就業環境等の整備に関する指針」1998年3月13日労働省告示21号。

(60)　平成10年労働省告示23号。相澤美智子「育児介護責任と時間外・深夜労働」労働法律旬報1439＝40号（1998年）27頁以下。

和する措置を検討すること，③女性が新たに深夜業をするときには負担を軽減する環境整備を行うこと，④深夜業が家庭生活に及ぼす影響について調査をすること，などの項目が含まれていた[(61)]。

これらを受けて1998年9月，第143回国会における労基法改正時に，いくつかの制度的手当が行われた。

第1に，男女共通規制をめざして，労使協定で延長しうる労働時間の上限基準の設定に関する根拠規定をおくことになった[(62)]。新設された36条2項は，労働大臣は，労使協定で定められる「労働時間の延長の限度その他の必要な事項」について「基準を定めることができる」と規定し，同3項は，労使協定の当事者が「協定の内容が前項の基準に適合したものとなるようにしなければならない」と規定した。続く4項では，2項の上限基準に関して行政官庁は「必要な助言及び指導を行うことができる」とされた。改正前の目安時間と同じく，この上限基準は1週15時間，2週27時間，4週43時間，1カ月45時間，2カ月81時間，3カ月120時間，1年360時間となった。

第2に，いわゆる激変緩和措置が設けられた。時間外労働に関しては，改正労基法附則133条が，従来の女性保護規定の適用対象であった「女性労働者」のうち，「子の養育又は家族の介護を行う労働者」で時間外労働の短縮を使用者に申し出た者（特定労働者）について，労働大臣は「命令で定める期間」，上限基準を一般よりも「短いものとして定めるものとする」と規定した。この上限基準は，衆議院の修正によって，1年間について150時間を超えないものとしなければならないとされ，労働省告示（平成10年労告155号）は，改正前の法定限度と同じ上限基準を定めることになった。もっともこの基準は時間外労働の上限であって，休日労働制限は含まない。ただし労基法附則は，3年間の激変緩和措置が終了するまでの間に，家族的責任をもつ男女労働者が時間外労働の免除を請求できる制度について検討を加えるとし（附則11条2項），これは「ポスト激変緩和措置」と呼ばれた。後にこれは，育児・介護支援のための男女共通の時間外労働制限措置として，2001年改正育児介護休業法の中に規定されることになった。

---

(61)　浅倉・前掲注(7)31頁。

(62)　1983年以来，労働省はいわゆる目安時間指針を出して，労使による時間外労働協定が目安時間の上限を超えないように行政指導してきたが，この改正において，目安時間に相当する「上限基準」を労働大臣が策定するための法的根拠規定が新設された。

第3に，衆議院の修正によって，国は深夜労働に従事する（男女）労働者の就業条件の整備に向けた関係者の自主的努力を促進する，という規定が設けられた（改正労基法附則12条）。

5　97年改正法の施行と裁判への影響

97年改正法の施行は，3段階に分けて行われた。第1に，1997年10月1日には，諸法の「女子」を「女性」に置き換える改正部分が施行され，全国の婦人少年室は「女性少年室」になった。第2に，1998年4月1日に，労基法の母性保護に関する改正部分ならびに均等法の母性健康管理措置規定の改正部分が施行された。第3に，1999年4月1日に，その他の法改正部分が施行された。

とりわけ努力義務規定が禁止規定に強化された均等法改正が1999年4月から施行されたことは，裁判にも影響を及ぼすことになった。85年均等法の施行を機に，多くの大企業が従前の男女別雇用管理をコース別雇用管理に変更したことは既述したところであるが，中には，全社採用の男性従業員を「総合職」に，事業所採用の女性従業員を「一般職」へと機械的に振り分ける雇用管理を行った企業もみられた。これは「男女別コース制」というべき雇用管理であり，このような企業の対応をめぐって裁判ラッシュが続いた。

2000年以降に蓄積されていった判例では，まず住友電気工業事件・大阪地裁判決（1999年7月31日労働判例792号48頁）が，男女別採用と男女別労務管理は性別による差別を禁じた憲法14条の趣旨に反するが，原告らが採用された当時には性別役割分業意識が強かったため，公序良俗違反とはいえないとして，差額賃金請求及び慰謝料請求を棄却した。「時代制約説」を採用したこの判旨は，1985年均等法が募集・採用・配置・昇進を努力義務の対象に留めていたことに1つの論拠をおいたものであった(63)。時代制約説は，後の住友化学事件・大阪地裁判決（2001年3月28日労働判例807号10頁），野村證券事件・東京地裁判決（2002年2月20日労働判例822号13頁）においても採用されたが，野村證券事件判決は，1997年改正均等法が施行された1999年以降，男女別コースを維持して女性を一般職掌のみに位置づける雇用管理は均等法6条違反であり，公序に反して違法である，と判示するに至った。岡谷鋼機事件・名古

---

(63)　住友電工事件は大阪高裁から2003年12月24日に「和解勧告」が出された。女性差別撤廃条約の批准などによる成果は，すべての女性が享受する権利があり，会社は原告2名を昇格させ，和解金を支払うべきとされた。

屋地裁判決（2004年12月22日労働判例888号28頁）も同様である。

Ⅵ　均等法の展開過程（その2）——2006年第2回目の法改正

1　改正に至る経緯

1997年法改正時に衆参両院で附帯決議が採択されたことは前述したが，この中には，男女双方に対する差別を禁止する法の実現をめざすこと，間接差別について何が差別的取扱いであるかを引き続き検討すること，必要な時期に法規定を見直すことなどが含まれていた(64)。2003年には国連女性差別撤廃委員会から，第4回・第5回日本政府報告に対する審査が行われ，同年8月9日に出された総括所見は，①間接差別を含む女性差別の定義の導入，②男女賃金格差や政府のガイドラインに示されている間接差別の慣行と影響の認識不足，③パート労働者や派遣労働者の女性比率の高さと低賃金を指摘して，④暫定的特別措置を用いること等について，日本政府に要請した(65)。

厚労省は，2002年11月から学識経験者を参集し，「男女雇用機会均等政策研究会」を開催して，①男女双方に対する差別の禁止，②妊娠・出産等を理由とした不利益取扱い，③間接差別の禁止，④ポジティブ・アクションの効果的推進方策の4つの事項について検討を進めた。同研究会は，2004年6月22日に「報告書」をとりまとめ，公的な文書としては始めて，間接差別を定義し(66)，各国の立法上の規定を比較したうえで，日本で「間接差別として考えられる典型的な事例についてイメージを示す」として7つの例を掲げた(67)。

同研究会報告を受けて，2004年9月から労働政策審議会雇用均等分科会での検討が開始され，2005年12月27日，「今後の男女雇用機会均等対策について」と題する報告が全会一致でまとまった。この内容は，労働政策審議会から厚生労働大臣に「建議」として提出された。なお，間接差別については，労働

(64)　浅倉・前掲注(7)31頁。

(65)　浅倉むつ子「間接性差別禁止の立法化は実現するのか」国際女性18号（2004年）60頁以下。

(66)　同報告書は，「間接差別とは，外見上は性中立的な規定，基準，慣行等……が，他の性の構成員と比較して，一方の性の構成員に相当程度の不利益を与え，しかもその基準等が職務と関連性がない等合理性・正当性が認められないものを指す」とした。

(67)　これら7つの例とは，①募集，採用時の身長・体重・体力要件，②総合職の募集・採用時の全国転勤要件，③募集・採用時の学歴・学部要件，④昇進における転勤経験要件，⑤福利厚生適用や家族手当支給における世帯主要件，⑥正社員の有利な処遇，⑦福利厚生適用や家族手当支給からのパート労働者の除外，である。

者委員が間接差別基準は限定列挙ではなく例示列挙にすべきとし，使用者委員は間接差別概念の導入自体に懸念があるとして，それぞれの意見を付していた。

この建議を受けて，厚生労働省は「雇用の分野における男女の均等な機会及び待遇の確保等に関する法律及び労働基準法の一部を改正する法律案要綱」を作成し，労働政策審議会に諮問した。同審議会は雇用均等分科会から「おおむね妥当」とする報告を得て，2006年2月26日に大臣に答申を行い，同年3月10日，これが均等法改正法案となって第164回国会に提出された。同法案は，2006年4月28日に参議院，6月15日に衆議院において，それぞれ可決され，成立した。

2　2006年改正均等法

2006年法改正によって，均等法は第三ステージに入った。ここで行われた改正内容は，以下の通りであった。

第1に，均等法は，従来の「女性」差別の禁止から，男女を問わない「性別」を理由とする差別の禁止を定める法律へと改正された。第2ステージの均等法は女性優遇も許されないという解釈をとったが，法の対象はあくまで女性労働者に限られていた。しかし第3ステージでは，男性労働者も法の対象に取り込まれ，従来の片面的性格は一掃され，国際標準の「性差別禁止法」へと改正されたのである。これを受けて法の基本的理念においても，従前の「女性労働者が性別により差別されることなく」という文言から，「女性」という言葉が削除された（均等法2条1項）。

第2に，差別となる対象範囲が，若干ではあるが拡大された。すなわち従来の募集・採用，配置・昇進，教育訓練，福利厚生，定年・退職・解雇に加えて，降格（6条1号），職種および雇用形態の変更（同条3号），退職勧奨，労働契約の更新（同条4号）に関する差別が禁止されることになった。また，配置の定義に業務の配分や権限の付与が含まれることが明記された（6条1号）。

第3に，間接差別禁止規定が，「性別以外の事由を要件とする措置」という見出しの下に，新たに導入された（7条）。同条は，「事業主は，……労働者の性別以外の事由を要件とするもののうち，……実質的に性別を理由とする差別となるおそれがある措置として厚生労働省令で定めるものについては，……合理的な理由がある場合でなければ，これを講じてはならない」と規定する。「厚生労働省令」である均等法施行規則2条は，①募集・採用に関して労働者の身長・体重・体力を要件とするもの，②労働者の募集・採用に関する措置（コース別雇用管理を行う場合の総合職コースに限る）で，住居の移転を伴う配転に応じることができることを要件とするもの，③労働者の昇進に関して，異なる事業所に配置された経験を要件とするもの，と規定された。これらは前述の「男女雇用機会均等政策研究会」が例示した7例中の3例を限定列挙するものであった。間接差別に該当する事由を限定する立法は，世界に類をみないものである。日本で間接差別を違法とした裁判例としては，被災者自立支援金請求事件・大阪高裁判決（2002年7月3日判例時報1801号38頁）があるが[(68)]，労働事件では，現在までに間接差別を違法と判示した裁判はない[(69)]。

第4に，「性別」による差別禁止規定とは別に，女性労働者の妊娠・出産等に関する不利益取扱い禁止規定が設けられた（9条3項）。1985年均等法は妊娠・出産・出産休暇の取得を理由とする解雇のみを禁じていたところ，2001年の改正育児・介護休業法が，育児休業等の申出や取得を理由とする解雇以外の不利益取扱いも禁止する規定を設けたことを受けて，均等法もまた解雇以外の不利益取扱いを禁止すべきとなったためである。また，妊娠中および産後1年以内に女性労働者が解雇された場合，その解雇は無効となり，事業主が妊娠・出産等を理由とする解雇でないことを証明した場合のみ例外となる旨が規定され（9条4項），妊娠・出産を理由とする解雇の立証責任の転換が明文化された。

第5に，セクシュアル・ハラスメントについては，事業主の義務が「配慮」から「措置」へと強化され，予防と事後の迅速・適切な対応について具体的な

(68)　被災者自立支援金を受給できるのは，阪神淡路大震災から3年たった基準日に「被災している世帯主」とした財団の「支給基準」は差別だと提訴した本件において，大阪高裁は，通常，結婚した夫婦では男性が世帯主になることが圧倒的に多いため，A夫婦（被災者男性と非被災者女性が結婚）とB夫婦（被災者女性と非被災者男性が結婚）を比較した場合，A夫婦は支援金を得られるが，B夫婦は得られないという結果が生まれ，これは，世帯間差別および男女間差別をもたらし，かつ，この差別には合理的理由はないため，支給基準は無効であると判示した。

(69)　もっとも，均等法改正以前の三陽物産事件・東京地裁判決（1994年6月16日労働判例651号15頁）は，本人給支給にかかる世帯主・非世帯主基準は，その適用の結果生じる効果が女性に一方的に著しい不利益となることを容認して策定されたものと推認できるとして，労基法4条違反と判示した。これは，使用者による性差別的意図の存否により結論を導いた判決であり，事案としては間接差別に該当するものの，差別的意図の存否を問わない性差別としての間接差別を裁判所が認めたとまではいえない。

対策を実施することが義務づけられた（11条1項）。また，女性のみならず男性労働者も対象となるように，「女性労働者」という言葉が「労働者」に改められた（同条）。

第6に，実効性確保手続きに関して，均等法における従来の機会均等調停委員会は，2001年「個別労働関係紛争解決促進法」制定により，同法に基づく紛争調整委員会の委員のうちから指名された調停委員からなる機会均等調停会議へと改組された。調停の対象には，婚姻・妊娠・出産等を理由とする不利益取扱いと，セクシュアル・ハラスメントが含まれることになった。また，新たな制裁措置として，厚生労働大臣による報告徴収につき（29条），報告せず，または虚偽の報告をした者には過料が課せられることになった（33条）。

第7に，均等法改正と併せて行われた労基法改正によって，女性の坑内労働の規制が緩和され，原則として女性にも坑内労働が許容され，例外として妊産婦の業務や作業員の業務のみが禁止されるようになった（労基法64条の2）。

3　附帯決議等

衆参両院の厚生労働委員会での採決にあたっては附帯決議がなされた。とりわけ「間接差別は厚生労働省令で規定するもの以外にも存在しうるものであるから，厚生労働省令の決定後においても機動的に対象事項の追加，見直しを図ること」と記載されたことに注目したい[(70)]。たとえば，「賃金や福利厚生の利用に関する世帯主基準」，「福利厚生の利用や家族手当の支払いからパート労働者を除外すること（これらの権利に関してフルタイム勤務を要求すること）」は，裁判では間接差別として争点になりうるであろう。

改正法の公布後，均等法施行規則，女性労働基準規則の改正，女性差別指針，セクハラ指針に代わる新たな指針の策定が行われ，2006年10月11日に公布，告示がなされた。

---

(70)　浅倉むつ子『雇用差別禁止法制の展望』（有斐閣，2016年）71頁。その後，平成18年10月11日雇児発1011002号通知は，「施行規則2条に定める措置……以外の措置が……，司法判断において，民法等の適用に当たり間接差別法理に照らして違法と判断されることはあり得る」として，附帯決議の趣旨を補強した。

Ⅶ 均等法の現在

1 その後の改正動向

(1) 2013年の指針・省令の改正

その後，均等法の見直しは2013年に行われた。しかし同年9月27日付けで出された労働政策審議会雇用条件分科会報告（「今後の男女雇用機会均等対策について」）は，法改正は行わず，指針や省令の見直しと均等法の周知に向けた提案にとどめる，というものであった。

これを受けて改正された施行規則や指針は，2014年7月1日より実施された。改正内容は，以下の通りである。①間接差別となりうる措置の範囲の見直しがなされ，省令に定める3つの措置のうち，コース別雇用管理における「総合職」の募集または採用に係る転勤要件について，「総合職」という限定が削除され，労働者全般へと拡大された（均等則2条2号の改正)。②性別を理由とする差別に該当するものとして，結婚していることを理由に職種の変更や定年の定めについて男女で異なる取扱いをしている事例が追加された(71)。③セクシュアル・ハラスメントの予防・事後対応について，職場におけるセクシュアル・ハラスメントには同性に対するものも含まれること，セクシュアル・ハラスメントの発生の原因や背景には性別役割分担意識に基づく言動もあることが明記され，また，被害者に対する事後対応の措置の例として，被害者のメンタルヘルス不調への相談対応を追加する，などの改正が行われた(72)。④コース別雇用管理について，従来は通達であったものが指針という形になり(73)，コースの新設・変更または廃止にあたって事業主が法に抵触することになる例が具体的に示された。

(2) 2016年の法改正

2013年頃から，女性の妊娠・出産・育児をめぐる権利行使に対する不利益処遇が社会的な問題になり，日本労働組合総連合会（連合）によるマタニティ・ハラスメントをめぐる意識調査（2013年，2014年)(74)や，労働政策研

---

(71) 平成18年厚生労働省告示614号第2の8(2)ロ①の改正。

(72) 平成18年厚生労働省告示615号の改正。

(73) 平成25年厚生労働省告示384号。

(74) この2013年調査の結果については，連合のウェブサイトが，2014年の同様の調査の中で公開している。https://www.jtuc-rengo.or.jp/soudan/soudan_report/data/2014

究・研修機構による実態調査（2016年）[75]が実施された。司法の分野では，広島中央保健生活協同組合事件・最高裁判決（2014年10月23日労働判例1100号5頁）が，出産に伴う軽易業務転換を申し出た女性に対する降格は，原則として均等法9条3項違反にあたると結論づけ[76]，2015年1月23日には，均等法と育児介護休業法の解釈通達の一部改正が行われた。

しかし均等法9条3項や育児介護休業法10条はあくまで，妊娠・出産・育児等に関わる事業主の不利益取扱いを違法とする規定であるため，上司・同僚による就業環境を害するハラスメント行為に関する事業主の責務について，さらなる法規制が求められた。その結果，2016年3月29日，均等法・育介法・派遣法などの改正をワンパッケージとする「雇用保険法等の一部を改正する法律案」が可決され，マタニティ・ハラスメント関連の条文が新設された。すなわち，従前からあった妊娠・出産・育児等に関わる不利益待遇を禁止する均等法9条3項（事業主による妊娠・出産等を理由とする不利益取扱の禁止），育介法10条（事業主による育児休業・介護休業等を理由とする不利益取扱いの禁止）に加えて，均等法11条の2ならびに育介法25条が新設され，2017年1月1日から施行されたのである。

整理すれば，現在，ハラスメントに関しては，以下のように3つの条文が存在する。①セクシュアル・ハラスメントに関する事業主の措置義務（均等法11条），② 2016年改正により新設された均等法11条の2（上司・同僚からの妊娠・出産等に関する言動により妊娠・出産等をした女性労働者の就業環境悪化防止に関する事業主の措置義務），③同じく2016年改正で新設された育介法25条（上司・同僚からの育児・介護休業等に関する言動により育児・介護休業者等の就業環境悪化防止に関する事業主の措置）である。

2　女性活躍推進法の制定

2015年8月28日，第189回通常国会において，「女性の職業生活における

0610-20140611.pdf

村上陽子「連合『マタニティ・ハラスメント（マタハラ）に関する意識調査』について」労働法律旬報1835号（2015年）36頁以下。

(75)　労働政策研究・研修機構『妊娠等を理由とする不利益取扱い及びセクシュアルハラスメントに関する実態調査』（2016年）。

(76)　その後，同事件差戻審・広島高裁判決（2015年11月17日労働判例1127号5頁）も，当該降格処分を無効と判断した。

活躍の推進に関する法律」が全会一致で可決成立した[(77)]。本法は10年間の時限立法であり，2016年4月1日から施行されている。

本法は，常時雇用する労働者が300人を超える民間事業主に対して「一般事業主行動計画」を，国・地方公共団体には「特定事業主行動計画」の策定義務を課すものである。一般事業主は，女性の活躍状況の把握と改善すべき事情の分析を行い，女性活躍推進のための取組みについて，①計画期間，②達成しようとする目標，③取組みの内容，④実施時期を定める「行動計画」を策定し，それを厚生労働大臣に届出て，労働者に周知し，公表しなければならない。

行動計画に基づく取組の実施状況が優良な企業は，認定制度により「えるぼしマーク」を付与され，さらに，公共調達における優遇が与えられる。

同法は，さまざまに課題を抱えてはいるものの[(78)]，法体系上の位置づけとしては，男女格差を是正するためのポジティブ・アクション義務づけ法といってよいであろう。

Ⅷ　お わ り に

均等法の制定・改正過程を辿る作業を通じて，この30数年の間に，均等法が，徐々に国際標準の差別禁止法へ接近しつつあることが明確になった。

均等法は，制定当初は「福祉法」としての性格づけから，募集，採用，配置，昇進の均等を事業主の「努力」規定とし，男性とは異なる女性の取扱いを許容する片面的効力の立法として，批判の対象であった。しかし現在では，男女両性を対象とする性差別禁止立法という位置づけとなっている。

構造的な差別に対する対抗手段としては，間接性差別禁止規定を備える法改正が行われた。さらに，事実上の男女格差を縮小するために，事業主はポジティブ・アクションを講じるにあたり国の援助を受けることができるだけでなく（均等法14条），一定の範囲の事業主にポジティブ・アクションを義務づける立法（女性活躍推進法）もできた。

---

(77)　詳細については，浅倉・前掲注(70)589頁以下参照。

(78)　法の課題について，私見では，①状況把握・分析項目として掲げられている項目を，任意項目から必須項目化すること，②行動計画策定に関して，労働者側が関与する定めをおくこと，③行動計画の内容や実施状況に関しては，行政によるモニタリングが必要であると考えている。浅倉・前掲注(70)597頁。

均等法の2016年度の施行状況についてみると[79]，全国の雇用環境・均等部（室）への相談件数は21,050件，均等法29条に基づく是正指導は9,773件，17条に基づく紛争解決援助の申立受理件数は294件で，うち援助終了事案の約7割が解決をみている。同法18条に基づく調停申請受理件数は71件であり，調停を開始した66件，調停案の受諾勧告を行った42件の37件が，調停案を双方受諾して解決に至っている。行政が関与する紛争解決手法は，均等法においては，それなりの実績をあげているとみることも可能であろう。

しかし国際比較でみると，日本の雇用におけるジェンダー格差はなお深刻な実態にある。世界経済フォーラムによるジェンダー・ギャップ指数（GGI）ランキングは，2017年には114位にまで落ち込んだ[80]。フルタイムの男女間賃金格差は，均等法制定当時よりは17.34ポイントも縮小したとはいえ，なお2017年段階で100対73.4であり[81]，国際比較でみるとOECD諸国の中でも常に，韓国に次いで低い水準にある[82]。

このような雇用におけるジェンダー格差の第1の要因は，日本社会に根強い性別役割分業の慣行であり，これを変えるには，労働のみならず，教育や文化をめぐる幅広い取組みが必要である。一方，第2の要因としては，企業社会における制度や慣行をあげなければならない。私はこれを，日本企業における「構造的な性差別」として理解する必要がある，と考えている。

均等法施行後30年を経過しても，企業では，長時間労働や広域の人事異動可能性を前提とする，正社員の働き方をモデルとした人事管理が主流である。この人事管理では，性中立的ではあるが運用基準がきわめて曖昧な職能資格給制度に基づき，査定評価がなされている。査定で評価されるのは，現実に労働者が従事する「職務の内容」ではなく，労働者の潜在的な能力であり，判断は上司の裁量に委ねられている。これらの基準を通じて行われる女性に対する低査定は，暗黙のうちに男性管理職のジェンダー観を反映せざるをえない。

このような「構造的な性差別」が裁判で争われたケースの一つが，中国電力

(79)　厚生労働省『平成28年度　都道府県労働局雇用環境・均等部（室）での法施行状況』。

(80)　日本の順位は，2016年は144カ国中111位，2017年には144カ国中114位になった。

(81)　2017年「賃金構造基本統計調査」による。

(82)　『データブック国際労働比較』（労働政策研究・研修機構，2017年）181頁。

事件であった[83]。原告が人事考課で低査定を受けた項目は，数値化されない協力関係向上力や協調性であり，評価基準があいまいで評価者が裁量を有しているかぎり，その性差別性を立証することは，男女差があるという統計的な証拠を提出する以外には，極端に難しい[84]。

間接性差別の法理は，このような「構造的な性差別」に対抗する手法として，国際標準の性差別禁止法に広く導入されてきた[85]。現在では曲がりなりにも均等法7条に規定されており，国会の議論においても，この条文は省令が規定する類型以外の雇用管理にも活用可能であると合意がなされている。日本企業に根付いている「構造的な性差別」を是正させるためには，均等法7条をいっそう活用することが重要といえよう。

そのためにも，今後は，均等法7条に「間接性差別禁止規定」と見出しをつけ，よりわかりやすい規定に改正すべきである[86]。また，省令は限定列挙ではなく，例示列挙とし，2004年6月の「厚生労働省男女雇用機会均等政策研究会報告書」が示した4事例を追加すべきであろう[87]。

---

(83)　広島地判2011年3月17日労働経済判例速報2188号14頁，広島高裁2013年7月18日労働経済判例速報2188号3頁。地裁・高裁ともに原告の請求棄却。最高裁は上告不受理。山口一男・宮地光子・中野麻美・浅倉むつ子「(シンポジウム) 日本の男女間賃金格差を縮小するために」労働法律旬報1829号（2014年）6頁以下，相澤美智子「中国電力事件広島高裁判決に関する意見書」労働法律旬報1831＝1832合併号（2015年）81頁以下。

(84)　本件でも，統計学の専門家（シカゴ大学・山口一男教授）からは，以下の趣旨の「意見書」が提出された。すなわち，会社が提出した平成13年の賃金データでは，同期同学歴の男性83人，女性35人の計118人のうち，賃金の高い方から最初の54人はすべて男性で，55番目が女性であり，56番目から75番目まではまた男性，76番目が女性だったのだが，「もし男女が平等に扱われていたら，このような賃金格差が生まれた確率は……1兆回に1回も起こらない」はずだ，というものであった。しかしこの「意見書」も最高裁の判断を左右することはなかった。

(85)　黒岩容子「間接性差別禁止法理の形成と『平等』・『差別』概念の発展」浅倉むつ子＝西原博史編著『平等権と社会的排除――人権と差別禁止法理の過去・現在・未来――』（成文堂，2017年）41頁以下。

(86)　均等法5条と6条には「性別を理由とする差別の禁止」という見出しがついているが，間接差別を禁止しているはずの7条の見出しは「性別以外の事由を要件とする措置」である。また7条の内容も「……講じてはならない」となっていて，事業主に対する「禁止」規定とは異なる定め方である。

(87)　すなわち，①募集・採用時の職務遂行と無関係な学歴・学部要件，②福利厚生や家族手当支給に関する世帯主要件，③パート労働者の不利益処遇，④福利厚生や家族手当支給に関するパート労働者除外要件，である。前掲注(67)参照。例示事項の中には，「一般職」（女性が圧倒的に多い）に対する各種の不利益処遇も加えるべきだろう。

8　労働組合運動と女性の要求

I　はじめに──「二つの敵対者」

1956年に弘文堂から出版された『講座　労働問題と労働法』の第6巻は，大河内一男と磯田進の編による「婦人労働」であった。この本には，戦後の学界をリードした研究者たちの論文とともに，労働組合婦人部の女性たちによる3回の座談会がとりまとめられている（大河内＝磯田 1956：257-292）。

座談会に出席した女性たちは，比較的恵まれた条件下で働く大企業の労働者だったが，女性であるために直面する問題は多く，複雑だ，と語っている。女性に偏っている家事負担（性別役割分業）や出産は，現在でもなお，働く女性に立ちはだかる障壁である。しかし，ここで問題を「複雑」にしていると語られたのは，女性問題に対する組合員の意識だった。「他の問題についてならば，一応立派な進歩的意見をのべたてるような男子組合員も，こと既婚婦人の問題になると，おどろく程の冷淡さをあらわしてくる」，これらは「先にみた経営者の婦人労働者に対する態度と全く符合している」，女性は「二重の苦労」（対組合と対経営者）に直面している，という指摘もなされている。

編者である大河内と磯田は，「『婦人労働』の正しい解決」こそが，日本の労働運動が「ほんとうに近代的な社会運動・階級運動としての実体を身につけうるかどうかの，試金石にもなる」と位置づけつつ（大河内＝磯田 1956：5），以下のように，この座談会を総括している。「組合活動の中での婦人は二つの敵対者をもっている。一つは……婦人の待遇や地位に理解を欠いている雇主である。だが多くの場合，婦人組合員は男子組合員への敵対者でもあり，とりわけ男性の組合役員に対する敵対者である」。「婦人に対する特殊な保護規定の完全実施や，婦人の地位や男子との平等化の問題にかんするかぎり，婦人は男子組合員または役員をその敵対者と考えなければならなくなる」。とくに労働組合の組織が大きく固まってくれば，それは一つの支配機構・権力機構としての実態をもつようになるのであり，だからこそ「婦人の労働運動にとっての第一の関門は組合自身の内部にひそんでいる」（大河内＝磯田 1956：299）。

この座談会から60年余が経過した今日，ここで指摘されたことは解決したのだろうか。労働市場における女性労働者の数は，当時とは比較にならないほど増大し，共働き世帯は片働き世帯を上回り，法制度の改革も進んだ。今や，労働組合が女性や非正規労働者の問題に無関心であっては，自らの存在自体が危ぶまれかねない状況である。それゆえ，女性労働者に「敵対的」労働組合運動という理解はすでに過去のものであって，労働組合の男女平等参画は重要課題として認識されているはずである。

しかしながら，なぜ，日本では雇用における男女平等がこれほどまでに遅れているのか。なぜ，日本の男女賃金格差はこれほどまでに大きいのか。なぜ，日本のジェンダー・ギャップ指数は世界の114位という低水準なのか。連合の構成組織である単組の執行部の女性比率は，なぜ，これほどまでに低いのだろうか。これらの問題に対して，労働組合はいったい何をしてきたのだろうか。このような疑問に私たちは目をつぶるわけにはいかない。

これらの問いに答えるため，いま一度，私たちは，労働運動の現場で闘い続けてきた女性たちの語りに耳を傾ける必要があるのではないだろうか。そこから前述の問に関する示唆が得られるなら，また，そこから労働組合運動の低迷を打破する教訓が得られるのなら，私たちはようやく，労働組合運動と女性労働者が「敵対的」関係を乗り越えて，よりよい社会を創造する「共存的」関係となる道筋をつかみとることができるのだろう。

男女平等を推進する労働運動は，1975年の国際婦人年や1979年の女性差別撤廃条約の採択など国際的な動向から大きな影響をうけつつ，1970年代後半から80年代にかけて，かつてない展開をみせた。そこで，私たちの聞き書きも，当時の男女雇用平等法に向けた取り組みから均等法の制定に至るまでの期間に盛り上がりをみせた女性労働運動の経験に焦点をあてた。とはいえ，テーマや時代がそこだけに限定されているわけではなく，各人の語りはより広い内容に及んでいる。

Ⅱ　男女差別に気づく

1970年代以降に，日本において男女雇用平等法に向けた取り組みが展開したのは，国際的な機運による後押しもあったが，同時に，男女間の大きな格差は許されない男女差別だという確信が，女性たちの間に生まれたからである。そもそも男女平等要求は，母性保護とは異なり，男性組合員から賛同を得られにくい要求であった。

（高木）「……いわゆる母性保護の拡充要求には男性役員も共に交渉をしてくれました。しかし，賃金や昇格など男性と利害がぶつかる女性の『平等要求』には非協力的というか，陰に陽に婦人部活動の壁になることを感じるようになりました。『男と女の間には深くて暗い溝がある』という歌詞が思い出され，すごく苦しかった！のです」（6章・高木参照）※。

※ここに明記されている「6章」とは，本稿の初出論文が掲載されている本（浅倉他編著『労働運動を切り開く──女性たちによる闘いの軌跡』旬報社，2018年10月）における章のことを示す。以下，同じ。

男女差別への気づきを生む契機となった判決が，1975年の秋田相互銀行事件判決（1975年4月10日秋田地裁）だった。地方銀行の男女別の賃金体系は労働基準法（以下，労基法）4条違反であると判断した同判決は，全国の女性労働組合員に大きな希望を与えた。

この判決から勇気を得た闘いとして，多田は，福井県の酒伊織物労組の賃金配分交渉について語っている（2章・多田参照）。これは会社との賃上げ交渉をめぐる闘いのなかで獲得された賃上げの配分を，常に男性優先としてきた労働組合の慣行に対して，女性執行委員が異議申し立てをして，配分率を男女同率にさせたできごとだった（多田 2004：98）。執行委員10人中ただ1人だった女性が，3つの工場の女性組合員788名全員から署名を集め，それをもとに執行委員会に要求をつきつけ，同委員会は，議論の末にこれを受け入れる決定をしたのである。この男女同率の賃上げ配分の実例は，女性たちに「そういう解決の方法があったんだ」と思わせ，組合活動に希望が生まれたという。

（多田）「要求は全面的に認められ，男女同率の配分案が決定されました。土屋さんは交渉に失敗すれば組合役員もやめ，会社も辞める覚悟でした。歴史にとどめておきたい運動です」（2章・多田参照）。

この当時から，徐々に男女賃金格差問題に取り組む労働組合も増えてきた。興味深いのは，男女の賃金格差は，企業内部にかぎらず，労働組合の専従役員の間にも存在したことである。

（長谷川）「本部に行ったばかりのころ，他の中央執行委員との間で大きな賃金格差がありました。思い切って中執会議で『本部に来いって言われて来ましたが，職場にいる時よりも賃金が低い，なぜですか。暮らしていけません』と発言しました。会議はザワつきましたが，青年部，婦人部の専従役員は……役員手当が他の担当中執とは違うことがわかったのです。言わなければそのままでした。その

後中央執行委員の賃金は改正されました。」（4章・長谷川参照）

さまざまな経験が女性たちによる「雇用平等」を求める立法運動に収れんしていったことがわかる。

（高島）「1977年の年次全国大会で，……「初任給の男女格差撤廃」「教育訓練の差別撤廃」「定年退職の差別撤廃」を柱とする基本方針……が決議されます。うれしかったです。抽象的なスローガンですが，同盟が活動方針として（これらを）決めたことによって，……女性が声を上げて活動しやすくなるからです。」（2章・高島参照）

Ⅲ　雇用平等法を求めて――女性たちの連帯と共闘の経験

国際的な機運にも後押しされて，1975年以降，雇用平等法を要求する運動は，盛り上がりをみせた。この運動は，民間の女性団体と労働組合婦人部という，政治的立場も価値観も異なる人々が一堂に会し，男女平等の実現という一つの目標に向かって行動する，かつてない幅広い共闘の経験を生んだ。

国際婦人年は1972年に国連総会で決定された，女性の地位向上キャンペーンである。1975年には世界会議が開催されることになり，日本でも国際婦人年日本大会を開くことになった。41の女性団体全国組織[(1)]が「国際婦人年連絡会」を発足させ，ここに労組婦人部も結集した。一方，当時参議院議員だった市川房枝と田中寿美子は，「国際婦人年日本大会」を政府主導ではなく民間女性の力で開催することをめざして，より幅広い女性たちに呼びかけを行なった[(2)]。その結果，1975年1月に，従来の女性団体の枠に収まらないユニークな組織として「国際婦人年をきっかけとして行動を起こす女たちの会」が結成された。国際婦人年日本大会の開催は，既存の女性団体と，このために作られた「行動を起こす女たちの会」によって取り組まれ（5章・高木参照），労働組合の女性たちも，ここに思い思いの立場で参加していった[(3)]。

1975年11月22日の「国際婦人年日本大会」（実行委員長は市川房枝）は，のちに日本の女性がうちたてた金字塔といわれる文書，「国際婦人年日本大会決

---

(1)　当初の41団体は，1980年に48団体へ，1989年には51団体に発展した（国際婦人年日本大会の決議を実現するための連絡会 1989：6）。

(2)　市川は女性団体のリーダーたちに，田中は女性の評論家，学者，労働省婦人少年局の後輩や組合の活動家に呼びかけた（行動する会記録集編集委員会 1999：14）。

(3)　坂本も，国際婦人年，メキシコ大会，国連婦人の10年，女性差別撤廃条約の採択，コペンハーゲン，ナイロビなどから大きな影響を受けた，という（4章・坂本参照）。

議」[4]を採択した。5年後の1980年11月22日には「国連婦人の10年中間年日本大会」が，48団体の参加の下に行われ（実行委員長は市川），運動はさらに広がった。労働分野から問題提起をした山野和子は，進めるべき重点課題として「雇用における男女平等の確保と差別の是正」をあげ，労基法3条に「性別」を入れると同時に，「募集から採用，雇用全般における差別の禁止と差別からの救済を行うことを目的とした雇用平等法を制定して，男女平等を推進」することを強調した（国際婦人年日本大会の決議を実現するための連絡会1989：116）。

男女雇用平等法制定要求は，国際婦人年連絡会の中心的な課題であり，労働運動の枠組みを超えた女性たちにより，支えられていた。当時，雇用における男女差別訴訟が次々に提起されて，性差別を禁止する法制度の不存在が問題として意識されたからである。野党と日弁連は，独自の雇用平等法案や法案要綱を次々に公表した。

議員として雇用平等法案策定の中心にいたのは，田中寿美子だった。田中は，1977年に，長い間の懸案であった社会党「雇用における男女の平等取扱いの促進に関する法律（案）」を発表した（田中1977：38，46）。同法案は，田中による労働問題への深い国際的知見を反映し，後に続く各政党法案のモデルとなった[5]。

雇用平等法をめぐっては，「行動を起こす女たちの会」のメンバーを中心に，「私たちの男女雇用平等法をつくる会」（「つくる会」）が1979年1月に結成された。「つくる会」は，野党議員らと協力しながら，均等法をめぐる政府動向に対応して，女性たちによる勉強会，討論集会，ハンスト[6]，議会への要請，労

(4)　決議の中には，政府・自治体への要求として，①労働条件の男女平等のため労基法を改正すること，② ILO89号条約，111号条約などの批准，③母性保障の施策の充実があり，政党や労働組合への要求として，「労働組合は，その一員である婦人労働者に対する雇用，賃金における差別をなくすための活動を強化すること。また，組合の各級機関に婦人の役員を増やすこと」が掲げられていた。

(5)　社会党に引き続いて，各党からも独自の法案もしくは法案要綱が公表された。共産党「雇用における男女平等の機会，権利の保障に関する法律（案）」，民社党「男女雇用平等法（仮称）要綱」，公明党「男女雇用平等法（案）要綱」，日弁連「男女雇用平等法要綱試案」。

(6)　1984年2月の婦人少年問題審議会の公益委員が発表した均等法の「たたき台試案」に怒りをこめて，女性たちによって，同年3月17日，労働省前で72時間のハンストが行われたことは語り継がれている（6章・高木参照）。

働省への抗議活動，マスコミへの働きかけなど，次々に活発な活動を繰り広げた。労組の女性たちは，労働組合としての活動も行いつつ，これら「みんなが平場」の組織のなかの運動からも，数多くの実践を学び取っていったのである(7)。

国際婦人年を契機とする女性たちによる共闘の経験は，労働組合の女性に大きな活力をもたらした。聞き取りの過程で，この運動に関与した女性たちは口々に，この運動が，総評／同盟／中立労連／新産別という労働運動の路線を超えたものであったこと，女性団体との交流・連携という市民社会／労働界の壁も超えた連帯であったこと，その結果，労組の活動とは異なり一人ひとりの女性が自由に参加し意見を述べるという全く違う景色を体験できたことなどの喜びを語っている。このような「かつてない経験」が労働組合の女性たちに及ぼした影響は，おそらく労働運動という枠にとどまっているかぎりは経験できなかったものであった。

同盟にいた高島は，男性たちの「労戦統一」議論より一歩先に，組織の枠を超えた女性の労働組合運動の緩やかなネットワークがあったことを評価しつつ，以下のように語っている。

(高島)「絶対，分裂しない。決意しました。総評の山野さんと密に連絡を取り，最後まで一緒にやりました。」(2章・高島参照)。

Ⅳ　雇用平等法と均等法の落差

1　求めていた雇用平等法とは違った法律

国際婦人年日本大会を率いてきた市川房枝は1981年2月に逝去したが，市川の念願であった女性差別撤廃条約の批准は，1985年6月25日に実現した。同年11月22日の「国連婦人の10年日本大会」で基調講演をした鍛冶千鶴子(世話人)は，均等法については「不満を残した条件整備と言えますが，それにもかかわらず私たちは，差別撤廃と男女平等実現のための，条約という国際的基準を持つことができたことを，十年にわたる努力の成果として確認し，喜び合いたいと思います」と述べた(国際婦人年日本大会の決議を実現するための連絡会1989：140)。

(7)　私たちの男女雇用平等法をつくる会の活動については，さまざまな資料がある(行動する会記録集編集委員会1999，中島1984)。

一方，雇用平等法要求運動の先頭に立ってきた山野は，「条約を批准するための条件整備の焦点であった男女雇用平等の法制は，私たちの求める法律とはまったく違った『男女雇用機会均等法』」だったとして，運動がめざした雇用平等法と成立した男女雇用機会均等法との落差を批判した。この段階で早くも，均等法の改正や，男女平等を促進するために労働者全体の労働条件を改善する必要性，とくに「労働時間の短縮（とりわけ1日の労働時間の短縮），時間外労働の規制」が不可欠であることが指摘された（国際婦人年日本大会の決議を実現するための連絡会 1989：152）。

労働運動の枠組を超えて市民運動やNGOと連携し，主要な役割を果たしたきた労働組合の女性たちが一貫して追い求めてきた法制は，「平等法」としてではなく，1985年5月17日に，勤労婦人福祉法の改正である男女雇用機会均等法として，可決・成立した。

2　均等法制定過程における攻防

均等法の制定過程における公労使の攻防を，簡単に整理しておこう。1960年代後半から，国際競争力を強化するために労基法の女性就業制限（一般女性保護規定）を緩和すべきという要望が，経営者団体から出され始めた。そのような論調の集約が，1970年10月の東京商工会議所「労働基準法に関する意見」であった。

労働組合が経営者団体からの女性保護規定の廃止提案に警戒を強めていたなか，1978年11月20日に労働基準法研究会第二小委員会が公表した「報告書」は，男女差別を禁止する新たな立法の必要性にふれる一方，「合理的理由のない保護は解消し，……男女の生理的機能の差等から規制が最小限必要とされるもの」に限定する考え方を示し，一般女性保護規定の見直しを提言した。労働側からはこれに批判が集中した[8]。婦人少年問題審議会は「男女平等の具体的な姿とその実現の方策」を調査研究するために，大学教授，弁護士，労働組合役員，企業や使用者団体の労務担当責任者等をメンバーとする「男女平等問題

---

(8)　聞き取りにおいて，坂本は，「労基研報告が出た直後，山野さんから連絡があり，二人で労働省に向かいました。当時の労働省婦人局長は森山真弓さん。労働現場の実態が度外視されている，……と大抗議をして，総評の考え方を明らかにしてきました」と述べている。（4章・坂本参照）。

専門家会議」を設置した[9]。同会議は1982年5月8日，「雇用における男女平等の判断基準の考え方について」とする報告書を労働大臣に提出し，男女平等のためには女性の妊娠出産機能を考慮に入れた実質的平等が必要，とした[10]。このとき労働側委員は公益委員の田辺照子と連名で「『雇用における男女平等の判断基準の考え方』に対する見解」をまとめて提出した（2章・松本参照）。

ところが婦人少年問題審議会の公益委員による「たたき台」（1984年2月20日）は，募集・採用を事業主の努力義務とし，一般女性保護規定の部分的緩和を含む提案であった。したがって労働側の反発はなお強く，同年3月16日の審議会の「建議」は三論併記という異例のものとなった（労働側委員の見解については，巻末「資料」を参照）。

労働省はこの「建議」を受けて，法律案要綱（案）をとりまとめ，1984年4月19日から25日にかけて，関係する労働関係の諸審議会に諮問を行った。労使の攻防はこの法律案要綱（案）をめぐって山場を迎えた。最大の問題は，同要綱案が独立の立法形式ではなく，勤労婦人福祉法の改正という形式をとったことであり，労働側委員はこれを「背信行為だ」と憤った。労働側委員は最後まで審議拒否をするか否か，迷ったあげく，苦悩の決断の末，審議の土俵に乗った，と山野は以下のように回想している。

> （山野）「審議会では，新しい法律をつくるということでずっと議論してきたにもかかわらず，それはなんと，勤労婦人福祉法の改正案であったわけです。」これは背信行為だとして，審議拒否を決めました。ただこのまま審議を拒否すれば，法律はできず，「女性差別撤廃条約が批准できないということ」でした。「私は，女性差別撤廃条約の批准は，日本の女性にとっては婦人参政権獲得に匹敵する，第二の夜明けといえる価値のあるものだと思っています」。だからこそ「苦悩の決断をした」のです。（2章・山野参照）。

1984年5月9日の婦人少年問題審議会「答申」は，労働側委員の意見と経営側委員の意見をそれぞれ別紙に付す形にしたうえで，「必要がある場合には法改正を含む所要の措置を講ずべき」とした。その後，国会に提出された法律

---

(9)　この専門家会議の15名の構成員のうち，労働組合から参加したのは，多田とよ子（ゼンセン同盟・常任執行委員），塩本（高島）順子（同盟・青年婦人対策部副部長），松本惟子（電機労連・婦人対策部長），山野和子（総評・常任幹事）であった。

(10)　この報告書が「結果の平等を志向するものではない」と述べたことに，当時，大阪総評は危機感をもち，「求めるべきは結果の平等である」と反論したという（4章・伍賀参照）。

案は，審議会で審議拒否を回避してくれた労働側に対する若干の譲歩を含みつつ[11]，いったん継続審議となったものの，1985年の第102国会において可決・成立した。

3　持てる力は出し切った

女性たちが理想として掲げていた「雇用平等法」制定要求は，労使の妥協の産物として成立した均等法によって後退を余儀なくされ，女性労働運動は挫折を経験した。とはいえ，大きな闘いをやりとげた後，山野は，「議論をはじめてから足かけ9年を要した取り組みは苦難の連続……でしたが，……もてる力は出し切った，その結果生まれたのが均等法だった」と述べている（2章・山野参照)。

制定された1985年均等法は，女性たちが求めた「雇用平等法」とどこが異なっていたのか。改めて整理すれば，①「福祉法」的性格のゆえに，女性の特別扱いが規制対象から外れ，その結果，低賃金・不安定な非正規職への女性の就労機会拡大も違法ではないと解釈されていたこと，②募集，採用，配置，昇進に関する均等が事業主の「努力義務」とされたこと，③調停制度の開始に他方当事者の合意が必要とされたこと，であった。

同時に，女性たちが直面した一層の難問は，均等法と抱き合わせで提起された女性保護規定の改訂提案にどのように対応すべきか，という問題であった。

V　一般女性保護規定廃止をめぐる苦悩

1947年制定の労基法は，女性労働者について，①時間外・休日労働の制限，深夜業の禁止などに関する「一般女性保護規定」と，②産前産後休業の保障，妊娠中の軽易業務転換などの「母性保護規定」をおいた。これらの規定は，成人男性労働者に比して女性労働者が体力において劣り，かつ，家事・育児負担を多く負い，母性機能を有していることに配慮しておかれたものであった。

1978年の労働基準法研究会第二小委員会「報告」を契機に，労使の間では「保護と平等」をめぐる激しい論争がおきた。大阪の女性たちは，労働と暮ら

(11)　この譲歩部分とは，時間外労働の制限について，工業的業種は，諮問において2週12時間であったのを週6時間とし，非工業的業種は，諮問では制限の廃止とあったのを，一定範囲で省令をもって時間外労働の制限を定めることとした点であった（赤松2003：126，129)。

しの実態からの反証として，「女性も長時間労働で，未組織の正社員では妊婦の作業軽減ですら7割近くが対応してもらっておらず，家事育児負担の大きい既婚者では8時間以上眠れる人は7%という実態」を明らかにし，「現場を見る時間がなかった」と述べた専門家の姿勢を批判した（4章・伍賀参照）。

国際社会の動向を考慮すると，理論的には，以下のように「一般女性保護」規定と「母性保護」規定は区別して理解されるべきであろう。①女性が心身ともに劣るという偏見に基づく保護の根拠は否定されるべきであり，②女性特有の妊娠・出産機能に基づく保護は，母性保護として手厚く充実させるべきだが，「母性」を強調しすぎて母親としての役割を固定化すべきではなく，③女性にとって危険有害な業務は男性にとっても危険で有害であり，④家族的責任は男女が平等に担うことを前提として，法システムは構築されるべきである（浅倉1999：127)。このような理解に基づくかぎり，選択されるべき立法政策は，一方で強い実効性をもつ男女雇用平等法を制定し，他方で，従来の「一般女性保護規定を男性にも拡張する」こと，すなわち男女共通規制を実現すること，であった。

しかし残念ながら現実の立法政策は，理論的な道筋をそのままたどることはなかった。当時は，労使双方の合意をとりつけるために，「平等」と「保護」のそれぞれを犠牲にして「妥協」をはかるしかなかった。1985年の均等法制定と同時になされた労基法改正時には，原則として一般女性保護規定はなお維持されたが，例外的に，部分的規制緩和が行われた。緩和された主要な内容は，①非工業的業種の事業に従事する女性について，従来の時間外労働の規制を緩和し（労基法64条の2），②一定の管理職・専門職，品質が変化しやすい食料品加工業務，本人の申出と行政官庁の承認による一定の事業に従事する女性について，新たに深夜業を解禁する（労基法64条の3）というものであった。

この経緯のなかで，組合の女性リーダーたちは，それぞれの現場でまことに厳しく苦しい判断をせざるをえなかった。当時の苦しい判断についての率直な語りには胸をうたれるものがある。しかし，語られたのは「苦しかった」という感想だけではない。それぞれが，次の一歩へと踏み出すための反省と展望にふれていることを見逃すべきではない。

女性への深夜業解禁をめぐる攻防については，渦中にいた長谷川の「聞き書き」に詳しい。1985年改正の労基法64条の3は，基本的には深夜業禁止規定自体を維持したものの，新たに適用除外対象となる各種の業務が追加された

(同条1項第3号から第5号)。1986年には「女子労働基準規則」が改正され[12]，例外の対象となる具体的業務が詳細に規定された。3年後をめどに措置するとされた業務については，1989年4月1日の女子労働基準規則改正によって，64条の3第1項第2号の対象業務に，従来からの例外業務（航空機の客室乗務員，寄宿舎の管理人，映画撮影業務，放送番組制作の業務，警察業務）に加えて，新たに，旅行業法の添乗員業務と郵政事務Bが規定された。

当時，全逓中央執行委員だった長谷川は，郵政職場の門戸解放と深夜業規制廃止をめぐる攻防を語っている。郵政外務員（郵政(乙)）はかつては男性のみの職だったが1981年にようやく女性にも門戸が開放された。しかし郵便の区分・運搬業務である郵政事務Bは深夜業があるためにあい変わらず男子限定だった[13]。ところが，この郵政事務Bについて，女性たちにも採用枠を広げると同時に深夜業が解禁されることになったのである。

（長谷川）当初，婦少審で「郵政Bもふくめた3業種が深夜業務禁止解除の対象職種として議論されているとは知りませんでした。……そもそも婦人部は郵政Bの門戸開放と深夜業務禁止解除とがセットになるような議題は上がっていなかったのです」。その後，運動で巻き返しをはかって，1985年に「郵政Bの解禁と女性の深夜労働禁止規定解除はいったん見送られ，3年後に先送りされることになりました」。「1988年，均等法の見直しがおこなわれ，……郵便の区分・運搬作業の深夜労働禁止規定は解除。それに伴い……採用差別は解消されることになりました」。しかし，深夜業解禁後に「男性による女性職員へのハラスメントが起きたのです」。これを契機に「女性の深夜勤務は複数勤務にする，駐車場に照明を取り付ける等の改善を勝ち取りました」。「女性は過渡期の苦しみを経験しました」が，徐々に「女性職員が戦力になっていきました。女性の職域は広がり，……定着していきました」。（4章・長谷川参照）。

Ⅵ　「男女共通規制」という方針――男女ともに人間らしい労働と生活を

1　一般女性保護規定の廃止と激変緩和措置

1989年には，日本労働組合総連合会（連合）が結成された。女性リーダーの

(12)　昭和61年1月27日労働省令第3号。

(13)　国家公務員採用Ⅲ種試験の試験区分のひとつとして，人事院規則8-18は「郵政事務B」の職務を定めていたが，これは「郵便物の区分，運搬等の業務」であり深夜業従事を必須としていたため，「男子」限定の職務であった。1989年の人事院規則改正によって，「男子」限定の規定は削除された。

多くは，連合の組織下で，均等法施行後の雇用平等要求運動にかかわってきた。一般女性保護規定の改廃をめぐる問題は，1997年と98年に再度の山場を迎えることになった。というのも，1985年均等法制定時には部分的改正にとどまった労基法の一般女性保護規定が，97年の均等法改正時には，時間外・休日労働の制限（労基法64条の2）および深夜業に関する制限（同法64条の3）のいずれも廃止されることになっていたからである。

一般女性保護規定の廃止を目前にして，女性たちからは，「男女共通規制」を設けることによって従来の女性保護基準を男性の労働条件にまで拡大すべきだという声があがった。しかし，「女性保護撤廃＝男女共通規制の実現」という要求が労働組合運動全体の現実的な課題と理解されるには，かなり高いハードルがあった。当時の組合員の意識はまだそこに到達していなかったからである。

1995年の調査によれば，労基法における女性の時間外労働等の規制について，「従来の規制を現行通り存続する」は，女性の17.6％，男性の19.1％の賛成にとどまっていた。一般女性保護規定の廃止については，当時，すでにある程度の合意が生まれていたことがわかる。一方，「男性の時間外規制を女性なみに」という「男女共通規制」については，女性の32.7％が賛成だったが，男性の賛成はその約半分の17.2％にすぎなかった（連合1995：34)。自分たちの労働時間を女性水準にまで短縮しようという男性労働者の意識は，きわめて希薄であった。

そのような状況下で，一般女性保護規定の廃止時期が到来した。当時，審議会のメンバーだった熊崎は，以下のように苦しい胸のうちを語っている。

> (熊崎)「(女性保護規定の）撤廃には男女双方から強い反対意見がありました。一方，……（育児や介護の法制度化など）女性が働く条件整備は前進しました。連合加盟の産別の中には女性の職域拡大の趣旨からすでに女子保護規定撤廃を主張していたところもありました。連合の組織機関として，男女共通の法的規制の強化……を前提に，労基法の時間外・深夜業等の保護撤廃を決定しました。苦しい決断でした。……出身労組のゼンセン同盟から厳しい意見が出されました。……『保護撤廃は賛成しかねる』。……ここに来るまでの間に，ゼンセン同盟に対しもっと丁寧に説明すべきだったと今も反省しています」。(4章・熊崎参照)。

1997年改正均等法においては，女性を深夜業に従事させる場合の「指針」が策定され，女性労働者の通勤や業務遂行時の安全確保措置について規定がなされた（均等則17条，「就業環境指針」）[14]。また，1997年に育児介護休業法も改正され，家族的責任をもつ男女労働者の深夜業免除請求権が規定された（同法16条の2，16条の3）。さらに，翌1998年9月に行われた労基法見直しにおいて，一般女性保護規定の廃止をカバーするために，2つの法改正が行われた。第1に，労使協定で延長しうる労働時間の上限基準を設定する根拠規定がおかれた。すなわち1983年以来，労働省はいわゆる時間外労働の目安時間指針を出して行政指導をしてきたが，この改正ではじめて，目安時間に相当する「上限基準」を労働大臣が策定する根拠規定が設けられたのであった（36条の2）。第2に，いわゆる激変緩和措置が設けられた。改正労基法附則133条が，育児介護による時間外労働の免除を申し出た「女性労働者」については，一般より短い上限基準をおくと規定したのである。

2 「男女共通規制」方針の登場

しかしこの段階での激変緩和措置は女性に限定されており，男性労働者の時間外労働の免除請求を認めるものではなかった。そこで，「ポスト激変緩和」として，育児介護をする男女について年間の時間外労働を150時間以内とする，上限規制の実現をめぐって，議論が生じた。当時，山野は次のように主張した。

> （山野）「運動の視点について申し上げます。キーワードは男女の問題にするということです。つまり，男性も女性も，ともに仕事と家庭責任を両立させるということを基本にして，男性の働き方，役割を見直すことが大切だと思います。……この際，言いにくいことをはっきりいわせてもらいますけれども，時間外労働についてみますと，女性は……4週について36時間です。男性は労働省の目安時間で4週43時間なんです。……7時間しか違いがない……だから，……男女の問題として取り組んでいけば，一致点はつくれると思います。……この際，原則的にも女子労働基準規則の規制を外すことを決断すべきではないかと……その時期にきているのではないかと思います。」（2章・山野参照）。

この段階に至って，連合本部はついに，「男女共通規制」に向かって大きく舵を切るという決断をした。当時の連合の運動方針を整理しておこう。1995年秋以降，連合中央執行委員会の下に，専門委員会として女性委員会が設置され（委員長：原五月副会長），その中に「男女雇用平等小委員会」と「女性政策

(14) 「深夜業に従事する女性労働者の就業環境等の整備に関する指針」1998年3月13日労働省告示第21号。

小委員会」が設けられた。その検討を経て1996年6月4日には，第22回連合中央委員会で，「男女雇用機会均等法改正要求案と今後の取り組みについて」が賛成多数で決定された。連合は，労働時間につき「男女共通の法的規制」を加える選択肢をとり，将来的には年間150時間規制を男性にも適用するが，当面はこれを目標としておき，スタートは目安制度年間360時間に法的根拠を与える，という方針を採用したのである（連合・女性局1998：32–34，連合・時短センター1996：54）。

これは連合にとって苦渋の決断だったと，吉宮聡悟（当時の連合時短センター局長）は以下のように語っている。

（吉宮）「中執提案を採決で決定したのは，連合結成以来はじめてのことだったと思います。電機・自動車を中心として（女性保護規制を）解禁すべきだという意見がある。一方，『女子保護規定を解消して男女共通のルールを作るといっても，実態は女性のほうが家庭責任を負っているのだから，結局女性を退職に追い込むことになる，女性が働き続けられなくなる』という実態論からの意見が根強くあったなかでの連合としての苦渋の判断だったのです」（連合・総合労働局時短センター1999：106）。

たしかに苦渋の決断という側面もあったが，同時に，この方針は，共闘を可能とする「男女共通規制」に男女労働者がともに到達した歴史的な決断だったといえるのではないだろうか(15)。これは男性労働者の時間短縮意識を変えるだけではない。従来は時間外労働協定の内容に無関心だった女性労働者もまた，男女共通規制という枠組みによって，労使協定の締結に関心をもたざるをえなくなったのである(16)。労働組合による労働時間短縮をめぐる議論は，ここから本格的に始まるはずであった(17)。

---

(15)　浅倉は，連合「男女雇用平等法を実現するフォーラム」（1996年10月25日設立総会）の活動を振り返って「96年6月4日に決定されたこの連合要求は，日本の労働組合の考え方を基本的に変えたという歴史的な文書だったと思う」との感想を述べたことがある（連合・総合労働局時短センター1999：109）。「男女雇用平等法を実現するフォーラム」は，浅倉が代表世話人，赤松良子，佐藤洋子，中島通子が世話人となり，事務局は，熊崎清子（副事務局長），高島順子（女性局長），吉宮総悟（時短センター局長）が引き受けていた。

(16)　連合・総合労働局時短センター1999：111（片岡千鶴子による発言）。

(17)　一方，深夜業の議論は不十分だった。女性たちは男女共通のルールができれば深夜業禁止は全面解消でよいと考えたが，男性にはその意見は少なく，あくまでも男性にとっては「女性は保護の対象」だった。この問題は現在もなお十分な取り組みに至って

しかし男女共通規制をめぐる動きは，これ以降，ほとんど進展していない。労働組合による労働時間短縮への取り組みはたしかになされてきたはずだが，それが法制度の改正に反映することはなく，労働政策審議会は，もっぱら経営側が主導権を握る規制緩和論議に終始してきた。

一方，1985年の均等法が，雇用平等法としてはきわめて脆弱なものであったことから，女性たちは裁判や立法闘争など，法改正の運動に取り組み始めた。均等法にもとづく初の訴訟提起は，沖縄バス35歳定年制をめぐる事案だった。バスガイドの35歳定年制は「職種別定年制」であって女性差別ではないと会社側は主張して制度を改正しようとしなかった。これに対して，果敢に訴訟を提起して，多くの女性たちからの支援を得ながら和解を勝ち取った経緯の中で，城間は語っている。

(城間)「仮処分の審尋が平行線をたどっていた1988年5月，沖縄のガイドの女性たちが裁判支援に向けて企業を越えた交流の場を立ち上げました。会の名前はゆんたく会。『ゆんたく』とは沖縄の言葉で『おしゃべりをする』ことです。……沖縄の女性は労働組合，市民運動の別なく，女性の問題となるとつながります。沖縄は革新統一でやってきたという歴史的な背景もあるかもしれませんが，女性は総評，同盟，社会党系，共産党系という組織の違いがあっても，地域でつながっている。バスガイドの仲間，市民運動の女性ネット，私鉄総連青婦協，日本婦人会議……。いつの間にか私の周りには労働運動と市民運動とが一体となった女性の支援が広がっていたのです」。(6章，城間参照)。

女性たちは，賃金をめぐる裁判闘争にも果敢に取り組み，めざましい成果をあげた。全石油昭和シェル労働組合委員長の柚木は，職能資格制度の格付けをめぐって野崎光枝が起こした賃金差別訴訟を全面的に支援して裁判所から男女差別の認定を勝ち取り，さらに，自分を含む労働組合の女性12人で格付けの男女差別を争う訴訟を提起し，勝訴した。

(柚木)「会社の昇格管理のありかたを記す社内資料『職能資格滞留年数』表の存在，野崎さんの一審判決，さらに現職による裁判提訴。会社はアリバイ作りとはいえ，女性の処遇を変えてきました。2003年に1人，04年に1人，05年には5人の女性をF1……に昇格させました。……裁判に提出された会社の準備書面には『F1の女性労働者が7名出現』という書きぶり。まるで珍しい生き物かのように『出現だって』『本当，やりたくなかったんだ』と大笑いしました。」(6章・柚木

いない。

参照)。

また，均等法を変える運動としては，1996年の「変えよう均等法ネットワーク」の発足，2000年の「均等待遇2000年キャンペーン」の展開があり，さらに海外にもその舞台は広がっていった（6章，柚木参照)。均等法制定によって女性たちの運動は終わったわけではなく，幅広い共闘はさらに広がりをみせたといってよい。

均等法は，その後，1997年の改正[(18)]，2006年の改正[(19)]，さらに2013年の指針・省令の改正[(20)]，2016年の改正[(21)]を経て，まだ課題はあるものの，現在は曲がりなりにも性差別禁止立法としての内実を備える法律になった。ただし，女性保護規定廃止をめぐって労働組合が求めた男女共通規制は，なお実現のきざしをみせていない。

Ⅶ　私たちの手に「生活」を取り戻そう

1　「働き方改革法」――労働時間短縮政策の貧困

2018年1月に召集された第196回通常国会では「働き方改革法案」[(22)]をめぐる攻防があった。労基法など計8本の法律を一括で改正するこの法案の柱の一つは「長時間労働の是正」だったが，ここには，時間外労働の上限規制という「規制強化」部分とともに，高度プロフェッショナル制度という前代未聞の「規制緩和」が含まれており，最後まで議論は紛糾した。労働時間のデータに大量の異常値が含まれていたことなどが発覚したものの，十分な審議は尽くされないまま，同法案は，2018年6月29日に参議院本会議で可決成立した。

同法によって，労働時間に関しては，①時間外労働の労使協定の限度時間を

---

(18)　1997年均等法改正で，①「婦人」が「女性」に統一され，②法の名称から「福祉の増進」という表現が削除され，③努力義務規定は禁止規定となり，④事業主の同意なしに調停委員会が開始し，企業名公表制度が設けられることになり，⑤セクシュアル・ハラスメントの配慮義務，⑥ポジティブ・アクション規定が新設された。

(19)　2006年均等法改正で，①男性も含む「性」差別が禁止されるようになり，②間接差別禁止規定が新設され，③セクシュアル・ハラスメントは措置義務となった。

(20)　施行規則の改正によって禁止される間接差別の範囲が若干拡大し，指針の改正によって同性間のセクシュアル・ハラスメントも予防・事後対応の対象になった。

(21)　2016年には，均等法11条の2により，妊娠・出産にかかるハラスメントの防止について，事業主の措置義務が設けられた。

(22)　「働き方改革を推進するための関係法律の整備に関する法律案」。

法律に明記する，②「通常予見される」時間外労働の限度時間は，月45時間および年360時間とする，③「通常予見することのできない業務量の大幅な増加」に伴う必要がある場合（特例）の限度時間は，年間720時間，1月100時間未満，複数月平均で1月80時間未満とする労基法改正が行われた（36条3項～6項）。一方，高度の専門知識等を必要とし，時間と成果との関連性が高くない業務である「高度プロフェッショナル」労働者は，労働時間関連規定から適用除外されることになった（同法41条の2）。

上記の「特例」の場合には，過労死認定基準が時間外労働の上限規制であり，きわめて低水準である。これでは現実的な時間短縮効果がないばかりか，長時間労働をかえって助長するのではないかと懸念された（浅倉2018：8-9）。法案はほとんど修正されずに国会を通過したものの，参議院厚生労働委員会では47項目の附帯決議がなされた(23)。

今，労働組合に求められるのは，労働時間短縮の取り組みへの本気度であろう。法規制による労働時間短縮に期待できないのであれば，労働組合主導で真の労働時間短縮を実現してゆくしかない。長時間労働がなぜ批判されなければならないのか，その理論的な根拠についても，組合内部で納得度を高めなければならない。

そもそも労働時間の法規制の根拠としては，①働く人の健康と生命を保持するため，②ワーク・ライフ・バランスのため，③仕事の分かち合い（＝ワークシェアリング），つまり他人の雇用を奪わないため，という3点が考えられる。「働き方改革法」が貧困な時間規制にとどまったのは，①のみを見ていたからであろう。生命・健康の保持を考えれば，過労死基準を時間外労働の上限に設定することにも意味があるかもしれない。しかし，それだけでよいのだろうか。根本的な疑問がある。

2　生活時間アプローチ

注目したいのは，労働時間短縮への「生活時間アプローチ」である。2015年にスタートした「かえせ☆生活時間プロジェクト」(24)は，「生活時間」確保

(23)　参議院厚生労働委員会「働き方改革を推進するための関係法律の整備に関する法律案に対する附帯決議」（2018年6月28日）。

(24)　「かえせ☆生活時間プロジェクト」は，2015年に，数人の労働法研究者と弁護士が呼びかけ人となってスタートした集まりだが，これまでにいくつかのシンポジウムなど

の観点から，労働時間のあるべき姿を考えようと呼びかけてきた。「労働時間」短縮を「生活時間アプローチ」によって捉え直すことは，職場の時短意識の希薄性に警鐘を鳴らす。実際，日本のような性別役割分業社会では，労働組合は男性中心になりがちで，その関心事は時間短縮よりも賃上げに向かいやすい構造にある。そのような社会では，労働者も「生活時間」を奪われていることにあまり痛痒を感じず，時短への取り組みが期待できない状況となりかねない。

これに対して「生活時間アプローチ」は，時間短縮が「生命・健康」にとってのみならず，日々の「生活」にとって不可欠だという発想を強める。1日の時間から職場に奪われている時間を差し引けば，残りの生活時間の確保こそが重要だということを気づかせるからである。家族生活・社会生活・文化生活を大切にする「生活者目線」をもってはじめて，労働者も，長時間労働によって貧困化している「生活」を取り戻せるのではないだろうか。

「生活時間」アプローチによる労働時間短縮問題の基本コンセプトは，以下のようにまとめられる。第1は生活時間の「公共的性格」である。生活時間において人々が行う諸活動（個人としての自己啓発や家事・育児などのケア活動，地域活動）は，社会を基本において支える公共的な性格をもつ。したがって生活時間の確保は，職場のみの問題ではなく，家族や地域住民などすべての人々を巻き込んだテーマとなる。

生活時間アプローチの第2のコンセプトは，時間外労働の時間清算原則である。労基法は，時間外労働に割増賃金を支払う「金銭的な清算」を前提とするが，生活時間アプローチでは，奪われた時間は，本来，「時間」自体によって清算されるべきとする。この考え方は，使用者にも労働者にもドラスティックな発想転換を迫る。使用者は，一定期間内に休日・休暇で清算できない時間外労働を命ずることを禁止され，労働者も，長時間労働の負の側面を認識せざるをえなくなる。長時間労働は，生活時間に行われるケア活動や地域活動を他人任せにし，他人の雇用機会を奪うことだという認識である。

生活時間アプローチの第3のコンセプトは「労働時間のモニタリング」である。時間短縮が労働者だけの問題ではない以上，労働時間の短縮を行政まかせ

を通じて「生活時間アプローチ」の普及につとめてきた（毛塚 2018，浅倉 2017，シンポジウム 2017）。

にせず，幅広い市民の目線でモニタリング活動に取り組む必要がある。制度としては，女性団体，労使団体，学校・福祉関係者などが関与する地域ごとの「モニタリング委員会」を作り，一定規模以上の事業場の労働時間実態のモニタリングを提案する。

3　男女共通規制と生活時間アプローチ

では，女性たちが長らく求め続けてきた「男女共通規制」と生活時間アプローチは，どう関係するのだろうか。

生活時間アプローチは，毎日の生活が1日単位であることから，当然ながら，1日の労働時間規制を基本とする。弾力的な労働時間制度をとる場合であっても，時間外労働を行う場合でも，1日の最長労働時間規制こそが重要である。そして，この発想こそ，1997年に一般女性保護規定廃止によって失われた1日2時間の時間外労働の上限規制を，男女共通規制として取り戻そうという要求と同じといえるだろう。

> （松本）均等法の成立後に，労働側は「男女が共通の基盤に立つことが必要であるという見解をもって……深夜勤務の禁止や時間外労働の規制を解消し」ました。しかし，一連の議論では，「『一日単位の生活時間の確保』を求める女性の経験の意味や，生活時間の観点から男女共通の労働時間の課題をとらえる意味が全く理解されていなかった」。安川電機の闘いを振り返ると，「一日の労働時間を長くして土日を休みにする提案」について「男性は土日連休大歓迎，ゴルフや麻雀ができると賛成しましたが，女性は反対しました。『一日の労働時間が長くなれば，買いものや保育所の送り迎えの時間が確保できない。人間の生活時間はまとめ取りできない』。……既存の男性型労働時間にあわせれば，人としての暮らしの再生産は置き去りになる。……労働時間規制を手放したことが現在の男女ともの長時間労働の要因になっているのではないかと思います」（2章・松本参照）。

もし労働組合が1日単位の労働時間規制を求めて運動をするのであれば，これは間違いなく，生活者の立場にたつ時間短縮運動として評価しうるだろう。そのことは，労働組合が，企業内部から，家庭を含む地域へと，活動の場を広げることでもある。労働運動が自らの手に「生活」を取り戻すという発想は，労働組合の「男性中心主義」も変えることになるだろう。地域に開かれた労働組合には，女性も若者も，組合員の家族も，必ずや大きな期待を寄せるに違いない。

(伍賀)「組合員が調査の意義を共有し，調査を通して組合員だけでなく，広くその地域の人々の労働権，市民の権利を代弁することができる。私たちは調査を現場からの告発・提言であると重視してきました」。専従の女性オルグは，「運動を企画し，各労組の人材を発掘し，横のネットワークや地域の市民団体との連携をつくり上げ」てきました。「それが今こそ求められている気がします。労働組合は誰を代弁しているのか。これからも問い続けたい」。(4章・伍賀参照)

Ⅷ おわりに──労働運動の未来を描く夢

1 男性も女性も，正規も非正規も

労働組合運動の長期的衰退傾向が指摘されて久しいが[25]，女性組合員数は緩やかな増加傾向を示し[26]，パートタイム労働者である組合員数は急速に拡大している[27]。

1988年になのはなユニオンの事務局長に就任した鴨桃代は，一貫して，非正規労働者の実態把握と差別解消運動に取り組んできた。非正規と正規労働者の要求には差異があり，非正規は，職務（job）を性中立的な基準に基づき評価し賃金を決定することで，差別の解消を要求する。一方，正規労働者の場合は，職務が流動的であるため，ペイ・エクイティの実施は難しいといわれていた。両者の要求は折り合わないとされてきた。

しかし連合が2001年に「21世紀連合ビジョン」を発表し，パートの時給引き上げ方針を出したことに，鴨は注目した。外からの批判だけではなく，連合に加盟して非正規労働者の実態と思いを代弁したいと考えた鴨は，2002年に全国ユニオンの会長に就任し，2005年には，連合の会長選に立候補した。

(鴨)「(選挙には）負けましたが，連合の中で組織拡大のためではなく非正規労働者のために均等待遇を実現しなくてはならないという認識が広がるきっかけにはなったと思います。……私は連合会長選のスピーチでこう言いました。『私には夢があります。正社員やパート・派遣，雇用形態にかかわらず，あらゆる働き方の労働者が生き生きと，安心して働きたいと連合に集まってくるのです。男性も

(25) 2017年6月現在の労働組合数は24,465組合，労働組合員数は998万1千人であり，前年に比べて労働組合数は217組合（0.9%）の減，労働組合員数は4万1千人（0.4%）の増だが，推定組織率は17.1%で，前年より0.2%低下している（厚生労働省2017）。

(26) 2017年の女性労働組合員数は326万8千人，前年に比べて7万6千人（2.4%）の増，推定組織率は前年と同じで12.5%である（厚生労働省2017）。

(27) 2017年のパート労働者の労働組合員数は120万8千人で，前年より7万7千人（6.8%）の増，推定組織率は7.9%で前年より0.4%上昇している（厚生労働省2017）。

女性も自分の生活と調和を図る，働き方を選択したいと連合に集まってくるのです。働く仲間と一緒に力を合わせて均等待遇を実現させていく，そういうふうに私は夢を持っております』」。(6章・鴨参照)。

連合は，2007年10月に非正規労働センターを発足させ，この10年の間に，各種の非正規労働者の処遇改善のための活動に取り組んできた(28)。連合の構成組織の中では，UAゼンセン，JP労組，全労金が，主として非正規労働者の組織化という課題に取り組んできている。ただし，この問題に積極的に取り組んでいる組合は，連合の構成組織全体の一部にすぎない(29)。

非正規労働者の圧倒的多数は女性である。「女性労働者はこれまで企業内だけの存在であったわけではなく，企業という組織やユニットから排除を受けつつも，共有する社会的課題の解決を掲げて企業とは別の場でも運動を続け，つながりを拡げようとしてきた」(山田2011：279)。女性労働者と労働組合の関係を「貧困なる関係」という山田和代は，男性を標準とした雇用制度の下では，性差別的処遇格差が避けられず，企業別組合はジェンダー化した組織となり，企業別組合中心の運動展開はどうしても女性差別に対する取組みが手薄となる，と批判し（同：255)，その「貧困なる関係」を解消する転換の軸は，企業外のグループと接点を結びながら，これまで労働者を隔ててきた壁を壊し，変革のための扉を開けることであると言う（同：279)。そのための苦闘の数々を，私たちが本書で聞き取りをした女性たちの実践に見出すことができる。

2　よりよい社会を創造する「共存関係」をめざして

連合が第一次男女平等参画推進計画を策定したのは1991年であり，どこよりも先んじて女性参画促進を宣言し，取り組みをスタートさせた。第二次計画は2000年，第三次計画は2006年，そして，2013年には第四次計画を策定し

---

(28)　非正規労働者のための具体的な取組としては，①連合「なんでも労働相談ダイヤル」，②「職場から始めよう運動」，③「取組み事例集」の策定，④労働教育・ワークルール教育などがある。これらは非正規労働者の処遇格差の是正に直結するものではないが，個々の労働者の孤立を防ぎ，集団的な発言へつなげていくうえで欠かせないという位置づけである（佐藤厚・連合総合生活研究所2017：216-217)。

(29)　中村によれば，1980年代に7割の労働組合が非正規の組織化の意向がないと述べていたとのことだが，その理由としては，①非正社員の間に組合を結成するニーズが弱い，②正社員の組合の負担が大きくなる，③組合に加入するメリットをアピールできない，④非正社員の中に組合活動の担い手がいない，を挙げていた（中村他1988：145)。

ている（5章・井上執筆部分参照）。

この間，連合における女性参画の取り組みは着実に広がり，女性組合員比率は緩やかに上昇してきた（2017年：36.2%）。連合本部の女性役員比率も，2017年には56名中19名（33.9%）に増えた。構成組織や地方連合会における女性執行委員の比率は，少しずつ増えてはきたが，なお女性組合員比率を大きく下回っている（構成組織13.2%，地方連合会9.3%）（連合・男女平等局2017：8, 43）。

連合の第四次男女平等参画推進計画は，①働きがいのある人間らしい仕事（ディーセント・ワーク）の実現と女性の活躍の促進，②仕事と生活の調和，③多様な仲間の結集と労働運動の活性化という3つの目標を掲げ，その達成度をはかる数値目標を設定した。また，連合本部役員，大会代議員，傍聴の女性比率を高めるために，クオータ制の導入とポジティブ・アクションの強化を打ち出している。労働組合の活動のなかに女性の視点を導入するには，政策決定の場における女性比率の向上は不可欠である。

連合の構成組織のうち，女性執行委員の複数選出組織，女性専従選出組織では，労働組合における男女平等参画について多くの取り組みが実施されており，また，雇用管理上の男女差別解消への取り組み項目も多く，比率も高いことがうかがわれる（連合・男女平等局2017：34, 35）。上記の3つの目標は，女性の視点から生み出されたものであるが，同時に，すべての労働者に幸せをもたらす目標でもあり，労働組合は自信をもってその実現に取り組むべきである。

2017年に，地方連合会で初となる女性会長2人が誕生した。連合奈良の西田一美は奈良県の村役場の村職の組合員（自治労），連合宮崎の中川育江は旭化成の労働組合の専従書記の出身である。2人とも，職場の仲間と連帯した闘いの経験が，自分たちの力の源だと述べている。また，地方連合会の女性委員会は，単組の組合役員や組合員が連合に出会う第1ステージであり，人材育成にも重要な役割を果たしてきた。

（長谷川）「労働組合と女性との関係にも変化の兆しはあります。……2000年代後半から松屋労働組合委員長の山口洋子さん，京王百貨店労働組合委員長の横山陽子さん，NHK労連議長の岡本直美さんらが出てきました。現連合副会長の芳野友子さんはJUKI労組組合委員長，総合労働局長の冨田珠代さんは日産自動車労働組合書記長，総合男女・雇用平等局総合局長の井上久美枝さんは政労連（政府関係法人労働組合連合）書記長の経験者です。その経験が次へとどう引き継がれるのか今から楽しみです」。(4章・長谷川参照)。

このような流れをみると，労働組合と女性の関係は，冒頭に示された「敵対」関係を乗り越えて，いまやよりよい社会を作るという一つの目的に向かう「共存」関係を築きつつある。労働運動の未来は，まさに組合内部の男女平等参画にかかっているのかもしれない。

【引用文献】

赤松良子（2003）『均等法をつくる』勁草書房
浅倉むつ子（1999）『均等法の新世界』有斐閣
浅倉むつ子（2017）「『かえせ☆生活時間プロジェクト』がめざすもの」女も男も129号
浅倉むつ子（2018）「安倍政権の労働法制『改革』を批判する」法と民主主義526号
大河内一男＝磯田進編（1956）『講座労働問題と労働法　第6巻　婦人労働』弘文堂
毛塚勝利（2018）「労基法労働時間法制からの脱却を」日本労働研究雑誌690号
行動する会記録集編集委員会編（1999）『行動する女たちが拓いた道――メキシコからニューヨークへ』未来社
厚生労働省「労働組合基礎調査」(2017)
国際婦人年日本大会の決議を実現するための連絡会編（1989）『連帯と行動――国際婦人年連絡会の記録』財団法人市川房枝記念会出版部
佐藤厚・連合総合生活開発研究所編（2017）『仕事と暮らし10年の変化　連合総研・勤労短観でみる2007〜2016年』
シンポジウム「取り戻そう生活時間」(2017) 労働法律旬報1893号
多田とよ子（2004）『明日につなぐ仲間たちへの伝言』ドメス出版
田中寿美子（1977）「社会党の『男女雇用平等法案』について」婦人問題懇話会会報26号（田中寿美子さんの足跡をたどる会『田中寿美子の足跡――20世紀を駆け抜けたフェミニスト』I（アイ）女性会議，2015年，189頁以下に再録）
中島通子（1984）『私たちの男女雇用平等法――働く女が未来を拓く』亜紀書房
中村圭介＝佐藤博樹＝神谷拓平（1988）『労働組合は本当に役に立っているのか』総合労働研究所
山田和代（2011）「ジェンダー雇用平等と労働運動」藤原千沙・山田和代編『労働再審3巻　女性と労働』大月書店
連合（1995）『10年目を迎えた均等法調査報告』
連合・時短センター編（1996）『めざせ1800時間　1800時間到達確認調査最終報告』

連合・女性局編（1998）『つくろう！男女雇用平等法』
連合・総合労働局時短センター編（1999）『連合要求実現「応援団」活動まとめ（1997-1999）』
連合・男女平等局（2017）『構成組織，地方連合会における女性の労働組合への参画に関する調査報告書』

第3章　男女賃金差別の是正・解消

9　ジェンダー視点からみた同一価値労働同一賃金原則の課題

Ⅰ　はじめに

安倍晋三政権が「一億総活躍国民会議」で同一労働同一賃金を議論しはじめている。あまりにも劣悪な日本の非正規労働者の賃金・労働条件について，均等待遇をめざして，賃金格差をはじめとする労働条件格差を是正しようという方向性であれば，それは悪くないし，むしろ遅すぎたきらいがある。大いに論じて欲しい。

しかし気になるのは，非正規労働問題の根底にあるジェンダー問題にまったくふれることなく，同一労働同一賃金原則を語り，さらに，同一「価値」労働にまったくふれることなく，同一労働のみを語るという，現在の議論のされ方である。同一価値労働同一賃金問題の出発点は，ジェンダー格差賃金の是正であり，女性の低賃金の根本的要因に迫ることなくして日本の非正規労働差別撤廃はありえないのではないだろうか。そこで本稿では，賃金に関する性差別と非正規差別の両方の課題を視野に入れながら，現状の問題点を明らかにして，日本で同一価値労働同一賃金原則を実現するための方策を検討することにしたい。

Ⅱ　国際基準としての男女「同一価値労働同一賃金」原則

「同一価値労働同一賃金」はいうまでもなく，男女間の賃金差別を是正する概念として使われ始めた。古くはILO憲章（1919年）に，「同一価値の労働に対する同一報酬の原則の承認」という言葉が用いられ，その内容は，1951年に採択されたILO100号条約に反映された。

同一価値労働同一賃金の意味については，100号条約の制定過程で，事務局から3つの解釈が示された。それらは，①比較可能な仕事に従事する男女の業績に基づく報酬，②生産原価，あるいは使用者にとっての全般的な価値の評価に基づく報酬，③男女の区別なく職務内容に基づく賃金率，であった。事務局が支持したのは③であり，総会の審議では②と③が対立したが，最終的に圧倒的多数の国が賛成した解釈は③であった（木村愛子　2011　55〜66頁）。すなわち100号条約は，職務を行っている個人の属人的な業績評価（①）ではなく，使用者にどれほどの利益をもたらすか（②）という基準でもなく，あくまでも③のように，職務それ自体の内容の価値評価に基づく報酬を意味するものである。

ただし，世界的な規模でみても，同一価値労働同一賃金原則が内包する男女の労働の「価値」の比較について意識的な取り組みが始まったのは，かなり後のことであって，おそらく1970年代から80年代にかけてのペイ・エクイティ運動以降のことだったのではないだろうか。この時代になってようやく，性別職務分離の下では男女が同一労働につくのは難しいことから，同一賃金の対象は，異なる労働・職種・職務の男女間にも拡大されなければならないという認識が広がったと思われる。とはいえ，同一価値労働同一賃金原則において，男女の労働の価値比較の実施が不可欠であることを本当に理解している国は，それほど多くなかった。1988年の第7会期・女性差別撤廃委員会（CEDAW）では，日本を含む数カ国の政府報告の審査が行われたが，そのとき私は，アルゼンチンに対する審査を傍聴していた。その場で，アルゼンチン政府代表は，自国では公共部門で職務評価を実施しているので，すでに男女同一価値労働同一賃金原則は実現されていると回答した。しかし，スウェーデンのS. B.ワトシュタイン委員は，この原則について懇切丁寧に説明を行い，アルゼンチンは「りんごとオレンジ」という異なった種類のもの同士を比較しなければならず，そのためには性による偏向のない客観的職務評価が必要であること，そのためには職務を評価するための要素を設定する必要があること，当時，わずかな国だけが（たとえばカナダ）この原則を実現しているにすぎないことなどを指摘していた（浅倉むつ子　1991　127頁）。

一方，1967年には，日本もILO100号条約を批准した。しかし，日本が同条約批准時に，法的整備や職務評価に取り組んだ形跡はない。同条約の批准は，法改正も賃金制度の見直しも伴わずに行われた。当時，日本経済者団体連盟（日経連）は，労働組合が推進していた生活給への対抗措置として，職務給の導入を前面に打ち出しており，労働行政にも職務給導入論が登場し始めていた（濱口桂一郎　2015　93頁以下）。ILO100号条約の批准をめぐる1967年7月11

日の参議院外務委員会の議事録では，当時の渡辺健二労働省賃金部長は，日本でも，従来の属人的要素による賃金決定から，仕事の性質，労働者の能力によって賃金を決めるという傾向がでてきており，民間企業でも職務評価や職務分析を実施していく方向が好ましい，と答弁した。ところが，その後，このような職務給へのシフトは起こらず，むしろ「ヒトに着目する職能給への思想転換」が起きた。この動向をリードしたのもまた，職務給を推進していたはずの日経連であったと，濱口は紹介している（濱口桂一郎　2015　116頁）。

同条約批准後には，ILO条約勧告適用専門家委員会から，毎年のように，日本では100号条約の履行が不十分であり，男女間の賃金格差を是正するように，との意見がでるようになった。とりわけ2008年の「意見」は，同一価値労働同一賃金原則は男女が行う職務または労働を，技能，努力，責任，労働条件といった客観的要素にもとづいて比較することを必ず伴うものであり，日本政府は「法改正の措置をとる」べきである，という厳しい内容となった（森ます美＝浅倉むつ子　2010　ii頁）。

最新の2014年の「意見」（ILO第104会期）において，条約勧告適用専門家委員会は，①公共部門の正規／非正規労働者の賃金格差情報，②2013年12月24日の均等法施行規則2条2号改正による間接差別禁止規定の対象範囲の拡大が，男女賃金格差の縮小に及ぼした影響，間接差別の有効な防止措置，社会保障給付に関する間接差別禁止のための検討の有無などの情報，③民間と公共部門の両方で客観的職務評価を推進・開発する措置に関する情報，④労働基準法4条違反事案の内容に関する情報等を提供するように，日本政府に要請した。これに対して，日本労働組合総連合会（連合）は，2016年7月29日にILOに意見を提出し，フジスター事件判決（東京地裁2014年7月18日判決・労働経済判例速報2227号9頁）では，原告が提出した客観的職務評価は裁判所を説得する証拠として認められず，企業の裁量が男女平等権を上回るかのような判決がでたこと，日本には職務評価が定着していないこと，2015年度の労基法4条違反の件数はたった3件であることなどの情報を提供した[(1)]。

ILO憲章24条に基づく100号条約違反申立に対する理事会意見も，労働基準法はILO100号条約の原理を完全には反映していないと指摘し，日本政府は

(1)　日本労働組合総連合会「2016年日本政府年次報告『同一価値労働についての男女労働者に対する同一報酬に関する条約（第100号）』（2013年6月1日～2016年5月31日）に対する日本労働組合総連合会の意見」（2016年7月29日）。

同一価値労働か否かを決定するために職務の相対的評価がどのように判断されているかについて情報提供をしていない，という結論を示した（浅倉むつ子 2012　7頁）。

以上の事情から読み取れることは，国際基準としての同一価値労働同一賃金原則の下では，労基法4条や均等法の規定はまったく不十分であり，法改正が必要であること，現行法の解釈・運用においては，職務・職種・雇用管理区分を超える広い範囲で，男女の労働の価値の比較がなされなければならないこと，ILO100号条約それ自体は職務評価のための特定の技法を定めているわけではないが，各国政府は，職務の相対的価値判断についての情報を，条約に基づいて提供しなければならない，ということである。

Ⅲ　男女賃金差別裁判の40年

1　明白な制度的差別事案

ILO100号条約が問題とする男女間の賃金格差は，日本では，法的にどのように扱われてきたのだろうか。男女賃金差別をめぐる裁判の40年の歴史を簡単に振り返っておこう。

1947年には，女性であることを理由とする賃金差別を禁止する労基法4条が制定されたものの，当分の間は，これを争う裁判が提起されることはなかった。裁判所がはじめて賃金（基本給）の男女差別を労基法4条違反と判断したのは，1975年のことであった（秋田相互銀行事件・秋田地裁1975年4月10日判決・労民集26巻2号388頁）。また，家族手当支給基準を性差別とする判決がでたのは，1985年であった（岩手銀行事件・盛岡地裁1985年3月28日判決・労民集36巻2号173頁）。解雇や定年制をめぐる裁判はもっと早い段階で出されていたが（たとえば結婚退職制を違法とした住友セメント事件・東京地裁1966年12月20日判決・労民集17巻6号1407頁），賃金差別問題は，立証がより複雑で，しかも原告は職場で就労しながらの裁判となるため，提訴するのは難しいかもしれない。しかし裁判所は，男女別の賃金制度が存在する場合には明白な男女差別であり，労基法4条違反となり違法，という結論を出した。

2　職務の価値評価が問題となる事案

これに対して，被告である企業側は，男女の賃金格差は，実際には男女間の「職種や業務の違い」に起因する，と主張するようになった。男女別賃金表という明らかな差別的証拠が存在しない場合には，企業による主張を覆すことは難しいかもしれないと想定された。しかしこのような主張に対して，裁判所は，賃金表そのものが存在しない事案においても，事務職の原告女性と，原告とほぼ同年齢の同期入社の監督職の男性とを比較して，①就業規則で両職務は同じ事務職員に含まれていること，②女性社員は本人の意欲，能力に関わりなく監督になることができる状況にはなかったこと，③２つの職務の価値に格別の差はないという事実から，当該賃金格差は女性であることを理由とする差別である，と判断するに至った（京ガス事件・京都地裁 2001 年 9 月 20 日判決・労働判例 813 号 87 頁)。上記③の「職務の価値」の比較としては，男女労働者が行っている各職務の遂行の困難さについて，その知識・技能・責任，精神的な負担と疲労度を主な項目として検討して，証拠を総合して判断することで足りる，としたのである。この判決によって，男女間の「労働の質と量」の同一価値性を原告が立証できる場合には，賃金格差の救済可能性が示されたといえよう。

ところが，最近では，賃金決定における企業の裁量性を重視して，基本給・職務給・賞与の男女格差は職種の差異によるものであるとして，原告の請求を棄却する結論を示した判決がみられる（前掲・フジスター事件・東京地裁 2014 年 7 月 18 日判決)。この訴訟では，デザイナーである原告女性は，男性営業職と自分の職務との同一価値労働性を証明する専門家の意見を提出したが，裁判所は，原告が提出した職務評価を一応合理性ありとしながらも，企業の賃金決定の裁量をより重視したのである。このような判決の傾向が主流を形成するとなれば，一律の男女別賃金制度でも存在しないかぎり，賃金の性差別性が認定されることは非常に難しくなるであろう。

3　男女別コース事案

賃金差別問題を新たな形で登場させたのは，コース別雇用の存在であった。1986 年に男女雇用機会均等法が施行されて以降，男女別の募集・採用は少なくとも同法の努力義務規定違反となり，その結果，いかなるコースも男女労働者が選択しうる職掌でなければならないという建前になった。ところが，この時点以前から雇用されていた男女労働者の賃金は，明白な採用時差別の結果，すでに著しい格差が生じていた。そこで各企業は，均等法施行を契機にして，男性労働者を総合職に，女性労働者を一般職に振り分けて，既存の賃金格差を維持したのである。コース別雇用における賃金差別事案の多くは，このような

「男女別コース制度」が問題となっていた。

この男女別コース制の賃金格差をめぐっては，職務内容や困難度が同質で，職務の引き継ぎが相互に繰り返されている男女の賃金に「相当な」格差がある場合は，合理的な理由がない限りは性差別が推認される，とする高裁判決が出されたことによって，理論的には一段落したように思われた（兼松事件・東京高裁2008年1月31日判決・労働判例959号85頁）。しかし最近，コース別制度は実態として男女別であったと認めながらも，一般職女性が被った損害としては「年齢給」部分のみを認め，「職能給」部分を認めない，という新たな判断が示された。したがって問題はなお残されているというべきである（東和工業事件・金沢地裁2015年3月26日判決・労働判例ジャーナル40号16頁，名古屋高裁金沢支部2016年4月27日判決・労働判例ジャーナル52号27頁）。これは，救済のあり方について，明白な規定に欠けている現行法の限界性とも考えられる。

4　職能資格給における査定差別

職能資格給制度における査定差別をめぐる問題も，難問である。査定をめぐっては，差別的評価・運用の決定的な証拠がないかぎり，統計的な男女格差が著しい場合でも，性差別という主張が認められることは，めったにない。代表例が中国電力事件である（広島高裁2013年7月18日判決・労働経済判例速報2088号3頁参照）。日本の大企業が共通して採用する職能資格給では，女性に対する低査定がなされやすい。それは，客観的に計測することが不可能なあいまいな基準が使われているからである。かかる基準の下では，査定を行う上司の内面的な性差別意識が反映されやすい。とはいえ，その差別の立証は不可能に近い。このような男女賃金差別訴訟では，賃金支給に関する明確で公正な基準を示していない賃金制度そのものが，問われなければならない。

5　解決されるべき課題

以上のような判例動向に照らして，現時点で考えつく男女賃金格差をめぐる問題点について，整理しておこう。基本給の支給基準として，当該労働者の雇用が地域限定か無限定か，世帯主か非世帯主かなどを問い，それらに応じて格差を設けることは，多くの場合，賃金など処遇に関する間接性差別をもたらす。コース別雇用の見直しが必要であり，これらの条件を付すことによる賃金格差は解消すべきである。

制度としては，あくまでも労働者が従事している「仕事」や「職務」を基準とする賃金制度の普及こそが望ましい。裁判においては，フジスター事件のように，原告が合理性のある職務評価の実施結果を証拠として提出しても，裁判所がそれを採用しない場合もあるという事実に照らして，同一価値労働同一賃金原則を裁判規範としうるような仕組みが必要である。また，立証責任を原告に過重に負担させない仕組みや，賃金差別の救済については，不法行為としての損害賠償のみならず，労働契約上の賃金請求権として正面から認める仕組みが望ましい。男女賃金差別禁止規定をめぐる抜本的法改正が必要といえよう。

Ⅳ　非正規労働者差別裁判の20年

1　パート労働法旧8条

男女賃金差別にくらべて，非正規労働者の賃金差別をめぐる裁判の歴史はまだ新しい。初めて臨時社員に対する低賃金が違法と判断されたのは，1996年であった（丸子警報器事件・長野地裁上田支部1996年3月15日判決・労働判例690号32頁）。その後，2007年に改正されたパート労働法8条（2014年にも法改正があったため，当時の条文をこれ以降は旧8条とする）において，「正社員と同視すべきパート労働者」の差別禁止が規定された。しかしその対象となる労働者とは，①職務の内容，①職務内容と配置の変更の範囲（人材活用の仕組みと運用），③契約期間が，通常の労働者と同じパート労働者に限定されたため，非常に狭い範囲の対象者のみが権利主張しうるだけであった（パート労働者の1～4％といわれた）。

とはいえ，この旧8条に依拠して提訴された裁判例も，いくつか登場している。京都市女性協会事件（大阪高裁2009年7月16日判決・労働判例1001号77頁）では，裁判所は，嘱託職員と同じ仕事をしている一般職員は見当たらず，同条違法ではないとして，原告の請求を棄却した。一方，ニヤクコーポレーション事件（大分地裁2013年12月10日判決・労働判例1090号44頁）では，裁判所は，貨物自動車運転手である正社員と準社員に転勤や職務内容の差はなく，賞与，退職金の差は違法，という結論に達した。

2　労働契約法20条

有期契約に関しては，2012年に改正された労働契約法20条が，有期契約労働者と無期契約労働者の労働条件が相違する場合，その相違は「不合理と認められるものであってはならない」と規定した。不合理性の判断は，両者の①職務の内容，②職務内容と配置の変更の範囲（人材活用の仕組みと運用），③その他の事情を考慮して，個々の労働条件ごとに判断されることになる（考慮要素3項目）。この条文の下でも，すでに2件の裁判につき，高裁判決がだされている。

長澤運輸事件では，定年まで勤務した後に有期契約で再雇用されたトラック運転手が，賃金や賞与にかかる労働条件に相違が設けられて正社員のそれよりも低くなったことについて，労働契約法20条に違反するとして，正社員に関する労働条件の規定が適用される地位にあることの確認を求めて，訴訟を提起した。一審判決（東京地裁2016年5月13日判決・労働判例1135号11頁）は，本件は，労働契約法20条における不合理性判断の上記①②が同一である場合に該当するが，それにもかかわらず労働者にとって重要な労働条件である賃金の額について，有期労働者と無期労働者の間に相違を設けることは，その相違の程度にかかわらず，これを正当と解すべき特段の事情がない限り，不合理であるとして，労働契約法20条違反とする結論を導いた。判旨は，労働契約法20条の解釈においては①②が重要であるとして，①②が同一である本件の事案であれば，③（「その他の事情」という考慮要素）によって相違の不合理性が否定される余地は，特段の事情がないかぎりはありえないと，かなり限定的に解釈したのである。

しかし第二審（東京高裁2016年11月2日判決・労働判例1144号16頁）は，定年前後の業務内容に変わりはなくとも，定年後の再雇用において賃下げすることは社会的に容認されており，労働契約法20条違反とはいえないと判断することによって，地裁判決を取消し，請求を棄却したと報道されている。高裁判決をまだ入手していないために詳しい論評はできないが，報道によれば，定年到達後の再雇用による賃金減額は広く行われており，社会的に容認されているという事実が，③の「その他の事情」として考慮されたようだ。事実認定としても，地裁では賃金格差は3割程度であるとされたが，高裁では2割前後の格差しか認定されなかった模様である。

もう一つの裁判であるハマキョウレックス事件では，配車ドライバーである有期契約労働者が，無期労働者との間にある，無事故手当や作業手当等の支給の差異は不合理であると主張した。一審判決（大津地裁彦根支部2015年5月29日判決・労働判例1135頁59頁）は，労働契約法20条における不合理性判断において，本件の有期労働者と無期労働者の上記①は同一，上記②には相違が存在するとしながらも，個々の労働条件ごとに慎重な判断が必要として，通勤手当を除く労働契約条件の相違は不合理ではない，とした。二審の大阪高裁（2016年7月26日判決・労働判例1143号5頁）は，さらに，地裁と同じ事実認定をしながらも，通勤手当に加えて，無事故手当，作業手当，給食手当の不支給もまた，不合理であると判示した。ただし有期労働者と無期労働者には人材活用の仕組みに違いがあるため，住宅手当と皆勤手当の相違は不合理ではない，と結論づけた。

現在，長澤運輸事件もハマキョウレックス事件も，最高裁に係属している。

3　パート労働法8条

2014年には，パート労働法の改正があり，同法の8条は労働契約法20条とほぼ同じ内容になった。以上のような法改正や裁判例の動向により，短時間労働者や有期契約労働者に対して，正社員との間に労働条件や処遇格差を設けることは，合理性の審査を通過しなければ違法であるという考え方が，ようやく社会一般にも広がっている。この20年の変化は大きい，というべきだろう。

とはいえ，短時間労働者や有期労働者に対する低処遇が争われてこれまでに勝訴しえた事案はほとんど，職務がまったく同一の（組立作業や運転手）有期／無期の労働者による訴えであり，職務の「同一価値」性を改めて評価する必要のない事案であった。非正規労働者の低処遇問題を解決するには，比較対象をもっと拡げていく必要がある。

V　安倍政権による「同一労働同一賃金」スローガン

安倍政権は，2016年初頭から，多様な働き方改革の一環で，正規／非正規の労働条件格差を縮小するためとして，同一労働同一賃金の実現を積極的に打ち出している。同年1月22日の安倍首相による施政方針演説は，同一労働同一賃金の実現をうたい，6月2日の閣議決定（「ニッポン一億総活躍プラン」）は，「我が国の雇用慣行には十分留意しつつ，躊躇なく法改正を準備する」として，労働契約法，パート労働法，労働者派遣法の一括改正等を検討する，と述べた。

このスローガンを具体化するための専門家による検討も始まり，2016年3月23日には「同一労働同一賃金の実現に向けた検討会」がスタートした。この検討会の議論をリードしている水町勇一郎東京大学教授は，第3回検討会で，基本的な考え方を示している[(2)]。それによれば，第１に，同一労働同一賃金とは，職務内容が同一または同等の労働者に対し同一の賃金を支払うべきという考え方であること，これは職務内容が同一であるにもかかわらず賃金を低いものとすることは，合理的な理由がない限り許されない，と解釈できる，としている。

第２に，法律上は，「同一労働同一賃金」を規定するのではなく，「合理的理由のない処遇格差（不利益取扱い）の禁止」という形で条文を作ることを提案している。同一労働同一賃金は，「合理的理由のない処遇格差禁止」原則のなかの賃金に関するルールである，という。

第３に，職務内容が同じであれば常に同じ賃金が払われるというものではなく，「合理的理由」があれば賃金格差が許容される，とする。ただし，職務内容に関連しない給付については基本的に同一の給付でなければならないが（均等ルール），職務内容に関連する基本給や職務手当などの給付は，職務内容の違いに応じてバランスのとれた給付が求められる（均衡ルール）。

第４に，合理的理由の判断内容の例として，給付の性格を７つ例示している。それらは，①職務内容と関連性の高い給付（基本給等），②勤続期間と関連した給付（退職金，昇給等），③会社への貢献として支給される給付（賞与等），④生活保障的給付（家族手当等），⑤同じ会社で就労する者として必要な給付（通勤手当，社内食堂等），⑥労働時間の長さや配置に関連する給付（時間外労働手当等），⑦雇用保障（優先的に人員整理の対象とすることの可否），であり，それぞれに合理性の根拠たりうるのかを問い，根拠たりうるとしても給付とのバランスが必要，という考え方を示している。

水町が主張する「合理的理由のない処遇格差禁止」原則の実現には賛成したい。格差があるときには，使用者に合理的理由を積極的に立証する責任があるという原則として理解できよう。このことは，現行の労働契約法20条やパート労働法８条の「不合理と認められるものであってはならない」という条文よりも更に進んで，「合理的な理由がある場合に限って労働条件の差異を認める」という考え方といえる。すなわち「合理的な理由はないが不合理とはいえない」というようなグレーゾーンを許容しない考え方である。

---

(2)　厚生労働省「同一労働同一賃金の実現に向けた検討会」第３回（2016年４月22日）における「資料二（水町勇一郎）　同一労働同一賃金の推進について」，「資料２−２（水町）　補足【Ｑ＆Ａ】と【参考文献】」。

ただし，水町説とは異なり，私は，「処遇格差禁止」を賃金において具体化する「同一価値労働同一賃金原則」を立法上に明記すべきであると考える。そうしないと，日本では，「人材活用の仕組みと運用」の差異が強調されて，職務の価値とは無関係な基準によって賃金格差が合理化されてしまうからである。

また，「均衡ルール」の提唱にも賛成であるが，これを活かすためには，「職務の価値」に応じた賃金格差であるかどうかをきちんと検証しうる制度的保障が必要であろう。水町説では，諸手当・給付の性格の議論が重視されるあまり，正規／非正規の基本給の格差問題が軽視されていないだろうか。気になるところである。

水町は，同一労働同一賃金原則のなかに，同一価値労働も視野にいれており(3)，これは非常に重要である。ただ残念ながら，この考え方が，安倍政権がめざす「同一労働同一賃金」の実現政策のなかで明確に採用されるか否かは定かではなく，現在のところは，ほとんど他の議論の中に埋没しているようにしかみえない。

Ⅵ　日本で「同一価値労働同一賃金」を実施するために

安倍政権における現在の議論は，非正規労働者の処遇格差を縮小するための「同一労働同一賃金」原則の具体化に特化されている。しかし，国際基準を念頭におくとすれば，性別と雇用形態を視野に入れた「同一価値労働同一賃金」原則の実現をめざすべきである。ここでは，そのための法制度上の課題について，提案しておきたい。

まず，明確に，性別と雇用形態による労働条件・処遇の「差別禁止規定」をおく必要がある。賃金については，「同一労働・同一価値労働であれば，男女にも正規／非正規労働者にも同一賃金を支払うべき」という原則を定めるべき

(3)　「補足【Q＆A】」（前掲注(2)）におけるQ4とA4。水町は，以下のように述べる。「同一労働同一賃金」ルールでは，比較対象者間で職務分離がなされていると，職務の同一性に欠けるためにこのルールが及ばなくなる。これを克服するために考案されたのが「同一価値労働同一賃金」ルールである。このルールは，社会的差別禁止法のなかで採用されることが多いので，EU諸国でも雇用形態の違いによる処遇格差問題において採用されることは少ない。しかし，日本では非正規処遇格差が大きく，職務分離や雇用管理区分が壁となっているので，基本給等をめぐる「均衡」ルールの解釈・運用のなかに職務評価手法を盛りこんでいくことが考えられる。この点も，「合理的理由のない処遇格差の禁止」のなかに含めて考えることができる。

である。そして，同じ企業に働く男女間・正規／非正規労働者間に賃金格差がある場合には，差別が推定され，その場合には，合理的理由があることを使用者が立証しなければならない。

具体的には，男女間の賃金については，労基法4条で賃金の性差別を禁止し（従来の労基法4条），4条2項に「同一労働・同一価値労働の男女には同一賃金を支払う。支払われていない場合には，性差別が推定される」という規定をおいてはどうだろうか。性差別の推定を覆すためには，使用者が賃金差の「合理的理由」を立証しなければならないことになる。

同じ企業に働く正規／非正規の賃金について，将来的には労働契約法において，経過的にはパート労働法や派遣法において，雇用形態による差別禁止規定を明文化すべきではないだろうか。短時間労働者，有期労働者，派遣労働者に対する通常労働者との「差別禁止」原則である。「短時間であること，有期であること，派遣であることを理由として，賃金その他労働条件について差別してはならない」とし，なかでも賃金については，とくに「使用者は，原則として，通常の労働者と短時間労働者・有期労働者・派遣労働者の賃金について，同一価値労働同一賃金原則を遵守しなければならない。ただし職務内容が異なるなど合理的理由がある場合はこの限りではない」とする規定をおく。派遣については，短時間・有期労働者とは異なり，同一使用者と契約を締結している派遣労働者相互間の差別禁止規定ではなく，「派遣先事業場における通常労働者」との比較における差別禁止規定としなければならない。

このような法規定を具体的に運用していくためには，労使が参加しうる職務評価の実践が先行していくことが望ましい。賃金格差の合理性・非合理性については，たしかに給付の性質によって異なること自体は，否定できない（水町勇一郎　2016　64頁）。しかしもっとも重要な給付部分である「基本給」等については，職務の「同一価値」性の如何を問題にせざるをえないであろう。したがって，職場において性中立的な職務分析，職務評価を実施することが，もっとも公正な取り扱いにつながることになる。そのためには，国際的に推奨されている職務評価，すなわち「得点要素法」の職務評価実践に率先して取り組まなければならない。「知識・技能」，「負担」，「責任」，「労働環境」の4大ファクターに基づく職務の価値比較をする手法である（森ます美　2016　73頁）。

じつは，日本では職務給は普及していないから，同一価値労働同一賃金原則の実現は無理という主張は，なお根強く存在している。たしかに同一価値労働同一賃金原則は，「職務」を中心とした賃金の尺度である。では，同一価値労働同一賃金原則は，職務給を採用するごく限られた国や企業においてしか採用しえない原則なのだろうか。そうはいえないはずである。同原則は，実際には企業がどのような賃金支払形態を採用していようとも，職務の価値に応じた支払を求めることが労働者には最終的に保障されるべきだ，ということなのではないだろうか。それだけに，最終的に担保されるべき原則として，これを規定する立法が必要である。そうすることによってはじめて，国民の権利確保手段である裁判において，この原則が保障される。そのためのシステムの構築については，いくつかの工夫も必要であろう。すでに別稿で述べたことであるが（浅倉むつ子　2010　301頁），ここでもう一度繰り返しておきたい。

第1に，賃金にかかる紛争解決手続において，職務評価に関する独立専門家が，申立人と比較対象者との労働の価値比較をするシステムを導入することを提案したい。これまで私は，この提言を具体化するには国家予算の面で厳しい壁があるかもしれないと考えていた。しかし最近，厚生労働省は，同一労働同一賃金の実現に向けて専門の支援センターを，すべての都道府県に設置するという構想を明らかにした。このセンターには，外部に委託してコンサルタントを配置し，同一労働同一賃金の導入を検討する企業に就業規則の作成などをアドバイスするとのことである。2017年度予算案の概算要求にはこのために11億を盛りこむ方針だという(4)。それならば，ぜひとも，私が提案する職務評価の専門家との連携も考慮して欲しいものである。あるべき職務評価については，厚生労働省も「要素別点数法による職務評価の実施ガイドライン」を提示している。これ自体は問題をはらむものであり，修正する必要があるが(5)，日本の職場にこのような職務評価を普及させる方向性については間違っていないと考えている。

第2に，企業内部の男女間・正規／非正規間の賃金格差を明らかにし，その格差を縮小するためのさまざまな取組みを実施させ，それをモニタリングするという提案である。これに類似のシステムは，すでに「女性活躍推進法」の下

(4)　2016年8月27日のNHK報道による。

(5)　職務評価項目が「知識・技能」と「責任」の2つのファクターのみであり，非正規労働者にとって不利なものとなっていること，職務評価によって同等労働とされたパート労働者の賃金是正の際に「活用係数」を設定し，比較対象となる正社員の賃金をはじめから80%に減額することについては，早急な修正が必要である（森　2016年　82頁）。

でできあがっている（黒岩容子　2016　83頁，浅倉むつ子　2015　19頁）。法の下で策定すべき行動計画の必須項目として，性別賃金格差や正規／非正規賃金格差を盛りこみ，格差が一定以上の企業に対しては，格差是正のための方策の実施を義務づけ，それをモニタリングするというシステムの提案は無理ではないはずだ。

【参考文献】

浅倉むつ子　1991年『男女雇用平等法論』ドメス出版
浅倉むつ子　2010年「日本の賃金差別禁止法制と紛争解決システムへの改正提案」（森ます美＝浅倉むつ子編著 2010）301頁以下
浅倉むつ子　2012年「ILO100号条約の不遵守と労基法4条の解釈・運用」『労働法律旬報』1773号7頁以下
浅倉むつ子　2015年「『女性活躍推進法』とポジティブ・アクション」『ジェンダー法研究』2号19頁
木村愛子　2011年『賃金衡平法制論』日本評論社
黒岩容子　2016年「女性活躍推進法の意義および課題」『季刊労働法』253号83頁
濱口桂一郎　2015年『働く女子の運命』文芸春秋
森ます美　2016年「有期契約労働者の待遇格差是正と職務評価」『日本労働法学会誌』128号
森ます美＝浅倉むつ子　2010年『同一価値労働同一賃金原則の実施システム――公平な賃金の実現に向けて』有斐閣
水町勇一郎　2016年「労働条件（待遇）格差の『不合理性（合理性）』の内容と課題」『日本労働法学会誌』128号

［追記］「同一労働同一賃金の実現に向けた検討会」は，2016年12月16日に「中間報告」をとりまとめ，同年9月に設置された「働き方改革実現会議」は，12月20日に「同一労働同一賃金ガイドライン案」を公表した。本稿では，校正段階でこれらの情報に接したため，同ガイドライン案の内容分析に立ち入ることはできなかったが，詳しくは次の論考を参照していただきたい。浅倉むつ子「『働き方改革』は待遇格差を是正できるか」『世界』2017年3月号，29頁以下。

10　同一価値労働同一賃金を実現する法制度の提案
──賃金格差是正のプロアクティブモデルをめざして

I　はじめに

本章は，同一価値労働同一賃金原則を日本に定着させるための法制度の可能性について，検討を加え，提案する。同一価値労働同一賃金原則は，異なる職種・職務であっても労働の価値が同一または同等であれば，その労働に従事する労働者に同一の賃金を支払うことを求める原則である。この原則に関する立法政策を提案する前提として，私たちの共同研究がふまえるべきとしたのは，以下の3点である。

第1に，同原則が対象とするのは，男女労働者であり，また，正規・非正規労働者である。すなわち同一価値労働同一賃金原則は，労働者に「性の違いにかかわらず」また「雇用形態の違いにかかわらず」同一の賃金を支払うことを求める原則として理解すべきであり，法目的として，男女間の同一価値労働同一賃金の実現と同時に，正規・非正規労働者間の同一価値労働同一賃金の実現をめざす。

第2に，同一価値労働同一賃金原則において基準となるのは，「労働」およびその現象としての「職務」である。同一価値労働というためには，職務が異なる場合，その職務の価値を比較する必要があり，その手段は職務評価である。同一価値労働同一賃金が男女間と正規・非正規間において保障されることによって，女性労働者と非正規労働者の労働の価値が再評価される。そのためにも，性と雇用形態に中立な職務分析・職務評価システムを，紛争解決手法のなかに組み込む必要がある。

第3に，本書〔※〕第II部で研究しているカナダのペイ・エクイティ法に照らして，同一価値労働同一賃金原則を実現するために重要なのは，当事者による個別救済申立にとどまらず，事業主に作為を促して賃金格差の是正を集団的に実現するプロアクティブモデルの提案である。

以上の前提をふまえ，本章では，男女間，正規・非正規間の賃金平等を規定する現行の法規定とそれらの履行確保の手法について整理し，課題を明らかにする。つぎに，カナダのプロアクティブなペイ・エクイティ法制が，同一価値労働同一賃金原則の実現にどのような機能を果たしているのかを分析する。そして最後に，日本における立法政策上の提案を行うことにしたい。

〔※〕ここで「本書」あるいは後に「第○章」と出てくるのは，本稿の初出論文が収録されている本（森ます美・浅倉むつ子編著『同一価値労働同一賃金の実現──公平な賃金制度とプロアクティブモデルをめざして』2022年2月，勁草書房）およびその中の各章を示す。以下同じ。

Ⅱ　日本の現行法──男女間および正規・非正規間の賃金平等規定

1　実体法とその履行確保手段

労働者が，客観的な正当理由がないかぎり，性別や雇用形態による差別待遇を受けないことは，公正な待遇の確保という重要な法的権利であり，「待遇」には，当然ながら賃金も含まれる。同一価値労働同一賃金原則の保障は，公正な待遇保障の一環であり，これらを定めるのは，労働法の実体法規定である。

それら法規定が実際に効果を発揮するには，履行確保の手段が整備されていなければならない。労働法の履行確保は，①公的権限の行使による公法的手法，②私人間の紛争解決による私法的手法，③自発的な法遵守を促進する手法，という3つのタイプとして整理できる（山川 2014，176）。

第1の公法的手法は，国と使用者等との関係において禁止・命令規範を法律で設定する。違反に対しては，刑事罰により規範内容の実現を図るもの，行政処分や是正勧告を行うもの等がある。第2の私法的手法は，労使間の権利義務を裁判規範として設定し，主として民事裁判でそれを実現する。第1と第2の手法は排他的ではなく，刑事罰を科す法も裁判規範として機能する。

第3の自発的な法遵守を促進する手法は，権力的な措置を伴わないため，強制力は弱い。しかし，使用者による自発的作為を誘導するために，インセンティブ付与などのさまざまな工夫がなされる。

以下では，男女間および正規・非正規間の賃金平等に関して，実体法の内容と履行確保の手法について，現行の法状況を整理しておく。

2　男女間の賃金平等規定

(1)　労基法4条

a)　規定内容

男女間の賃金については，労働基準法（以下，労基法とする）4条が，「……

女性であることを理由として，賃金について，男性と差別的取扱いをしてはならない」とする。これは同一（価値）労働同一賃金原則を明文では規定しておらず，賃金に関する性差別を禁止する条文にすぎない。

本条をめぐる紛争は多く，裁判では，男女が「同一労働」「同一価値労働」に従事しながら異なる賃金を支払われていれば，性差別を推定させる事実と認められる可能性はある[(1)]。同一価値労働同一賃金原則は，性差別の立証上の意味をもつ原則として機能しているといえる。しかし，近時，裁判所の大勢は，男女間の労働の異同に焦点をあてた場合でも，賃金決定における企業の裁量性を重視して，職務の違いは経営上の判断によるものとし，基本給・職務給・賞与の男女格差の合理性を認める傾向にある[(2)]。裁判所が，男女の労働の同一価値性を証明する専門家の意見を証拠として採用せず，企業による人事評価の裁量性を重視するのであれば，明白な男女別賃金制度でも存在しないかぎり，賃金格差が労基法 4 条違反とされるのはきわめて困難である。

b)　履 行 確 保

労基法は，労働条件の最低基準に私法的効力を与え，同時に，行政監督を通じて最低基準を遵守させ，その違反に刑事罰を科す。私法的手法と公法的手法の混合型である。

公法的手法としては，労働基準監督官が行政指導を行い，明らかな法違反には是正勧告をする。悪質と判断する場合には[(3)]，刑罰を科すために送検する（司法処分）。刑罰はもっとも強力な履行確保手法だが，労基法違反の送検は多くはない[(4)]。件数が少なくても監督指導の効果が高ければ問題はないが，かなり明瞭な法違反でも未解決割合が多いとの指摘がある（北岡 2011，43）。しかも監督官には未払賃金を徴収する権限はなく，労働者自身が民事訴訟を提起す

---

(1)　たとえば男女の「労働の質と量」の同一性を原告が立証し，使用者の有効な反論がなかった事案では，これが性を理由とする差別であり違法，と判断された（京ガス事件・京都地裁 2001 年 9 月 20 日判決・労働判例 813 号 87 頁）。

(2)　一例として，フジスター事件・東京地裁 2014 年 7 月 18 日判決・労働経済判例速報 2227 号 9 頁。

(3)　たとえば事業主が勧告に従わない場合や虚偽報告を行う場合など。

(4)　東京局では年間 100 件前後で，最近は減少傾向にある（北岡 2011，41）。「重大・悪質な事案については，捜査への移行によって刑事責任の追及を図ることとなるが，……是正されない場合のすべてを『事件化』できる体制とはほど遠い状況」という（池山 2021，27）。

るしかない[5]。これらのことを考えると，刑罰の予防的・威嚇的効果は重要だが，現状では，監督強化の取組みや監督官の定員増がないかぎり，罰則だけで労働基準の遵守を図るのは難しい。

私法的手法については，差別されている本人が是正・救済申立てを行うことが大きな壁になっている。弁護士に依頼し，証拠を集め，出廷するなど本人負担は大きく，訴訟期間も地裁段階でなお1年を超える。企業側には法務部等の部署があるが，労働者は就労しつつ自力でこれらを行わねばならず，勝訴の可能性も高くはない。救済上の限界もあり，賃金格差が差別として違法とされても，使用者の人事権行使がないかぎり，昇格請求（昇格した地位確認請求）は認められにくい。救済はせいぜい損害賠償に留まり，たとえ勝訴してもその効果は原告本人に及ぶのみで，職場内の賃金差別構造は是正されない（浅倉 2004, 82-97）。

一方，労働審判[6]によって，労働者に負担の少ない紛争解決が進んでいる[7]。ただし事実が複雑で時間を要する場合には，審判委員会は事件を終了させることができる（24条終了と呼ばれる）。そのうえ，弁護士を依頼するのが一般的である労働審判は，労働者にとってそう容易く利用できるものではない。今後，高度な法的判断が必要な事案でも，判断視角が確立され，比較的簡明に解決方針が決まる事例もあるため，「労働審判手続の門戸を広くし，複雑困難事案の解決に果敢に取り組む意気込みを持つ必要がある」という意見には賛成したい（淺野 2021, 55）。

⑵　女性活躍推進法

a）規定内容

女性活躍推進法（2015年制定，2019年改正，以下，女活法とする）は，賃金平等をめざす法ではないが，女性活躍に関する状況把握の任意項目として，男女賃金格差を掲げている[8]。民間事業主の義務は，以下の3つである。

---

(5)　監督官の司法処分により徴収された罰金は，国庫に収納されるにすぎない。

(6)　労働審判委員会により3回以内の期日で調停が行われ，調停不成立の場合は審判が下され，審判に異議が申し立てられると自動的に訴訟に移行する制度である。

(7)　労働審判制度発足後15年の間に，4000件近い事案の大部分が3回以内の期日で概ね3カ月以内に処理され，解決率も8割程度になっていることから，「『成功』と評価できる」との見方がある（淺野 2021, 54）。

(8)　女活法については以下を参照。浅倉（2015），黒岩（2016），神尾（2020）。

第1に，常時雇用する労働者が101人以上の事業主（一般事業主）[9]は，女性活躍推進に関する「状況把握・分析義務」を負う（女活法8条3項）。状況把握項目は，必須とされる4つの基礎項目（①採用者に占める女性比率，②勤続年数の男女差，③労働時間の状況，④管理職に占める女性比率）と任意の20項目であり（省令2条），それらは「職業機会の提供（以下，「機会の提供」とする）」と「職業生活と家庭生活との両立の環境整備（以下，「両立環境整備」とする）」に分類される（省令2条の2）（図表10-1参照）[10]。省令2条24号は，取組の結果を図る指標として，男女の賃金の差異を雇用管理区分ごとに把握するよう事業主に求めている（任意規定）。

図表10-1　女性活躍推進法指針　別紙1（指針第2部第2の2（2）関係）

（区）＝雇用管理区分ごとに把握（典型例：一般職／総合職／パート）
（派）＝派遣先事業主においては派遣労働者も含めて把握
（○号）＝省令2条の各号を示す

女性活躍に向けた課題	第一欄	第二欄
採用	採用した労働者に占める女性労働者の割合（区）（1号）	◆男女別の採用における競争倍率（労働者の募集に対する募集者の数を採用者の数で除した数）（区）（5号） ◆労働者に占める女性労働者の割合（区）（派）（6号）
配置・育成・教育訓練		◆男女別の配置の状況（区）（7号） ◆男女別の将来の育成を目的とした教育訓練の受講の状況（区）（8号） ◆管理職や男女の労働者の配置・育成・評価・昇進・性別役割分担意識その他の職場風土に関する意識（区） （派：性別役割分担意識など職場風土等に関する意識）（9号）
継続就業・働き方改革	男女の平均継続勤務年数の差異（区）（2号）	◆10事業年度前及びその前後の事業年度に採用された労働者の男女別の継続雇用割合（区）（10号） ◆男女別の育児休業取得率及び平均取得期間（区）（11号） ◆男女別の職業生活と家庭生活との両立を支援するための制度（育児休業を除く）の利

(9)　2021年4月1日以前は301人以上。それ以降は101人以上である。
(10)　図表10-1記載の省令2条各号のうち，「機会の提供」に該当するのは1号，4号〜9号，16号〜24号であり，「両立環境整備」に該当するのは2号，3号，10号〜15号である。

		用実績（区）（12号） ◆男女別のフレックスタイム制，在宅勤務，テレワーク等の柔軟な働き方に資する制度の利用実績（13号）
	労働者の各月ごとの平均残業時間数等の労働時間の状況（3号）	◆労働者の各月ごとの平均残業時間数等の労働時間の状況（区）（派）（14号） ◆管理職の各月ごとの労働時間等の勤務状況 ◆有給休暇取得率（区）（15号）
評価・登用	管理職に占める女性労働者の割合（4号）	◆各職階の労働者に占める女性労働者の割合及び役員に占める女性の割合（16号） ◆男女別の１つ上位の職階へ昇進した労働者の割合（17号） ◆男女の人事評価の結果における差異（区）（18号）
職場風土・性別役割分担意識		◆セクシュアルハラスメント等に関する各種相談窓口への相談状況（区）（派）（19号）
再チャレンジ （多様なキャリアコース）		◆男女別の職種又は雇用形態の転換の実績（区）（派：雇入れの実績）（20号） ◆男女別の再雇用又は中途採用の実績（区）（21号） ◆男女別の職種若しくは雇用形態の転換者，再雇用者又は中途採用者を管理職へ登用した実績（22号） ◆非正社員の男女別のキャリアアップに向けた研修の受講の状況（区）（23号）
取組の結果を図るための指標		◆男女の賃金の差異（区）（24号）

出所：女活法指針別紙１に筆者が若干手を加え作成。

第２は，行動計画の「策定・届出・周知・公表義務」である（女活法８条１項，４項，５項）。計画では，計画期間，達成目標，取組の内容，実施時期を定める（同法８条２項）。達成目標は，基礎項目その他の数値を用いて定量的に定められねばならない（同法８条３項）[11]。しかし，行動計画の実施と目標の達成は努力義務であり（同法８条６項），また，労働者数100人以下の一般事業主の義務はすべて，努力義務である（同法８条７項，８項）。

---

(11)　数値目標に関する項目は，「機会の提供」該当項目と「両立環境整備」該当項目の中から，それぞれ１項目以上を選択する。

第3は「情報公表義務」である（女活法20条)。公表すべき項目数は，やはり「機会の提供」該当項目と「両立環境整備」該当項目の中から，それぞれ1項目以上を選択する。

b）履 行 確 保

厚生労働大臣は，一般事業主行動計画を届け出た事業主からの申請に基づき，女性活躍推進の取組状況の優良事業主を認定し（女活法9条)，認定を受けた事業主（認定一般事業主）は，商品等に厚生労働大臣が定める表示を付すことができる（同法10条1項，「えるぼしマーク」)。特例認定一般事業主の認定もある(同法14条1項，「プラチナえるぼしマーク」)[12]。

厚生労働大臣は，101人以上の労働者を雇用する一般事業主，認定一般事業主，特例認定一般事業主を対象に，報告を求め，助言，指導，勧告を行うことができる（女活法30条)。助言，指導，勧告の対象となる場合は，事業主の類型に応じて異なる[13]。

厚生労働大臣は，公表義務に違反し，または，虚偽の公表をした一般事業主，認定一般事業主，特例認定一般事業主が，30条による勧告に従わない場合には，その旨を公表できる（女活法31条)。また，30条に基づく報告をせず，あるいは虚偽の報告をした者は，20万円以下の過料に処される（同法39条)。

(12)　認定一般事業主の申請により，厚生労働大臣は，①一般事業主行動計画の取組を実施し，目標を達成したこと，②男女雇用機会均等推進者（均等法13条の2）ならびに職業家庭両立推進者（育介法29条）を選任していること，③女性活躍推進の取組の実施状況が特に優良なものであること，④その他厚生労働省令で定める基準に適合すること，を要件として，特例認定一般事業主の認定を行う（女活法12条)。特例認定一般事業主は，一般事業主行動計画の策定・届出義務が免除されるが，それに代えて，毎年，少なくとも1回，女性活躍推進の取組実施状況を公表しなければならない（同法13条1項，2項)。

(13)　101人以上の一般事業主については，①行動計画の策定・届出をしない場合，②労働者への周知・公表をしない場合，③情報公表をしない場合，④行動計画の内容が，状況を把握し分析したうえでその結果を勘案して定められたものでない場合であり，認定一般事業主および特例認定一般事業主については，認定基準を満たしていない場合，特例認定一般事業主については，公表をしていない場合，である。通達「女性の職業生活における活躍の推進に関する法律の施行について」（職発1028第2号，雇児発1028第5号）第2の23。

3　正規・非正規間の賃金平等規定

(1)　パート・有期雇用労働法

a）規定内容

同一価値労働同一賃金原則が対象とすべき正規・非正規労働者間の賃金処遇問題については，パート・有期雇用労働法8条が，パート・有期労働者の「基本給，賞与その他の待遇のそれぞれについて」，通常の労働者との間において，「当該待遇の性質及び当該待遇を行う目的に照らして適切と認められるものを考慮して，不合理と認められる相違を設けてはならない」と規定する（不合理な待遇の禁止＝均等・均衡待遇原則）。また同法9条は，通常の労働者と同視すべきパート・有期労働者に対して，「短時間・有期雇用労働者であることを理由として，基本給，賞与その他の待遇のそれぞれについて，差別的取扱いをしてはならない」と規定する（差別的取扱いの禁止＝均等待遇原則）。同法10条は，9条の対象である「通常の労働者と同視すべきパート・有期労働者」以外のパート・有期労働者について，事業主は，通常の労働者との均衡を考慮して賃金を決定するように努める，と規定する。

これらの条文の意義と問題点については，本書第7章および第8章1(2)(3)が詳しくふれているが，本章でも，同一価値労働同一賃金原則との関係について，改めて述べる。パート・有期雇用労働法の「指針」[14]は「同一労働同一賃金ガイドライン」と呼ばれているものの，法のどこにも「同一労働同一賃金」，「同一価値労働」への言及はない。これについては，欧州諸国でも，同一労働同一賃金に関しては「不合理な待遇の禁止」と規定されている，という[15]。だが，日本では，この原則を法によって明示的に定めない限り，職務を重視した賃金システムが実態として現実化することは難しい[16]。

---

(14)　平成30年厚生労働省告示430号。同指針は冒頭で「我が国が目指す同一労働同一賃金は」不合理な待遇の禁止および差別的取扱いの解消を目指すもの（第1　目的）としており，法制化推進の中心的役割を担った水町勇一郎も，同法8条・9条を，日本独自の同一労働同一賃金原則の具体化と位置づけている（水町 2019a，170-174）

(15)　欧州諸国でも，賃金以外の労働条件を含む待遇一般を射程にいれて，それぞれの待遇ごとに多様な要素を考慮して「不合理な待遇の禁止」を定めているのであり，日本の法制度も欧州のそれを参考にした，という（水町 2019a，172）。

(16)　欧米も日本も，たしかに，いかなる基本給制度をとるかは企業や労使の選択に委ねられているが，欧州では産業別労働協約等により職務給制度が構築されている。日本にはそのような労働協約は存在しないため，労働や職務を重視した賃金制度を，法制度が率先して推奨する必要性があると考える。

非正規と正規労働者の「基本給」格差の違法性判断はもっとも重要だが，「指針」は，「能力又は経験」「業績又は成果」「勤続年数」に応じた基本給における非正規・正規の同一賃金支給を例示する一方，労働者が従事する「職務の内容に応じて支給される職務給」に言及していない。しかし，国際基準の同一価値労働同一賃金原則に内包されている「職務」に応じた同一賃金原則こそ，重要である。日本では，基本給の決定要素として職務・職種などの仕事内容を積極的に法規定上，明示すべきである。

一方，同法「指針」が，労働者の能力・経験に応じて支給される基本給の場合には，通常の労働者と同一の能力・経験を有する短時間・有期雇用労働者に同一の賃金を支給すること，能力・経験に相違がある場合には，その相違に応じた基本給を支給すべき，としていること（指針第3の1）は，評価すべきである。本法の「不合理な待遇の禁止」には，均等待遇（前提条件が同じ場合の同一取扱い）と均衡待遇（前提条件が違う場合の違いに応じた取扱い）の両方が含まれると理解しうるからである。

なお，問題としては，本法は，通常労働者との比較のうえで「格差を是正する」アプローチを用いており，比較対象者がいない場合の救済が事実上不可能であること，また，法の対象とならない空白領域が残っていることも指摘しておきたい[(17)]。

b）履 行 確 保

パート・有期雇用労働法の「均等・均衡待遇」原則の履行確保は，先行した男女雇用機会均等法（以下，均等法とする）の仕組みにならっている。均等法の公法的手法は，厚生労働大臣による報告徴収・助言・指導・勧告（均等法29条1項）と企業名公表（同法30条）だが，パート・有期雇用労働法も，厚生労働大臣による報告徴収・助言・指導・勧告（パート・有期雇用労働法18条1項）と企業名公表（同法18条2項）を定めている。差別禁止や均等処遇にかかわる公法的手法として「企業名公表」を用いる法律は，次第に増えているが[(18)]，実

---

(17)　たとえば「疑似パート（フルタイムで働くパート）」の問題や，新たに「無期転換された元有期労働者」，さらには「正社員のなかの待遇格差」も存在する。

(18)　障害者雇用促進法は，障害者雇用率未達成の企業に障害者雇入れ計画の作成を命じ（同法46条1項），当該計画の適正な実施を勧告し（同条6項），当該勧告に従わない事業主については企業名を公表することができる（同法47条）とする。一方，同法35条は「不当な差別的取扱い」禁止規定や合理的配慮に係る条文であるが，これらの実効性確保のためには，助言，指導，勧告を定めるのみであって（同法36条の6），勧告違反

際にこれが行われるのはきわめてまれであり[19]，効果は疑わしい。

2018年改正以前のパートタイム労働法は，行政による報告徴収，助言，指導，勧告，公表を規定しながらも，その対象となる条文から「不合理な待遇の禁止規定」（同法8条）を除外していた。法改正後のパート・有期雇用労働法は，「不合理な待遇の禁止規定」（同法8条）も含めて助言・指導・勧告の対象とするが（同法18条1項），解釈が明確でないグレーゾーンは外す，という運用になっている[20]。

パート・有期雇用労働法は，2020年4月1日に施行された。大企業のみに適用された初年度（2020年度）の施行状況をみると，同法の均等・均衡待遇（法8条〜12条）の相談件数は7,532件だった（厚生労働省2021）。

都道府県労働局は，2020年度に，同法について，全国1,778企業を対象に雇用管理の実態把握を行い，このうち何らかのパート・有期雇用労働法違反が確認された企業1,309社（73.6%）に対して，3,752件の是正指導を実施した。均等・均衡待遇関係の条文に関する行政指導件数をみると，8条（42件），9条（0件），10条（130件），11条1項（0件），11条2項（95件），12条（1件）であった。

に対する企業名公表制度を設けていない。年齢に関わる高年齢者雇用安定法9条は，65歳までの高年齢者雇用確保措置を事業主に義務づけており，厚生労働大臣は，同法9条1項違反の事業主に対して，指導，助言，勧告をすることができ（同法10条1項・2項），勧告に従わない場合には企業名を公表することができる（同条3項）とする。育児介護休業法も，この法律の重要な規定に違反した事業主に是正を勧告したにもかかわらず事業主がこれに従わなかった場合には，その旨を公表できるとする（同法56条の2）。

(19)　均等法に関していえば，1997年に制度導入がなされて以来，たった1件のみである（2015年9月）。

(20)「行政による履行確保については，全国的にある程度明確で画一的な決定をしていくことが求められることから，不合理な待遇の禁止規定（8条）については，解釈が明確でないグレーゾーンは報告徴収・助言・指導・勧告の対象としない一方，短時間・有期雇用労働者であることを理由とする不支給など解釈が明確な場合は報告徴収・助言・指導・勧告の対象としていくこととされている」（水町 2019b，372）。「解釈が明確か否か」については，「通達」（平成31年1月30日基発0130第1号）が参考になる。同通達は，「法8条については，職務の内容及び配置の変更の範囲その他の事情の違いではなく，短時間・有期雇用労働者であることを理由とする不支給など，同条に違反することが明確な場合を除き，法第18条第1項に基づく助言，指導及び勧告の対象としないものであること」とする（第3の14(1)ハ）。助言・指導・勧告の対象となる事案は，パートであることを理由として食事手当を支給しないというような「違反が明確な場合」の事案に限るということであろう。

是正指導を受けた企業の9割以上が年度内に是正・改善しているとのことだが，残り1割はどうなっているのか，気になるところである。ちなみに，同法は，企業名公表については従来どおり，8条を除外している（同法18条2項）。結局，事業主の措置義務のように内容が明白な場合以外は，行政による指導・勧告には限界があるのではないだろうか。

私法的手法として，パート・有期雇用労働法には行政ADR（裁判外紛争解決手続）がある。先行した均等法は，差別禁止に関する紛争解決規定を特例として設けており[(21)]，パート・有期雇用労働法もこれにならって，同法自体に紛争解決の規定を設け（同法23条），都道府県労働局長による紛争解決の援助（助言・指導・勧告。同法24条）と紛争調整委員会による調停（同法25条以下）が行われる。

行政ADRは，弁護士依頼の必要はなく，解決までの期間も短い利点があるが，実態として労働者が納得し，真の紛争解決手法として機能しているか否かは，注意深い検討が必要である[(22)]。均等法における行政ADRの件数をみておこう。均等法における差別禁止規定の相談件数はきわめて多いが[(23)]，紛争解決援助の申立受理件数は234件，調停申請受理件数は68件と少ない（厚生労働省 2021）。

一方，2018年改正前のパートタイム労働法の紛争解決援助の実態をみると，均等法よりもさらに著しい機能不全が明らかであった。2017年度から2019年度の3年間で，紛争解決援助申立受理件数は2件のみであり，均衡待遇調停会議による調停申請受理件数はゼロであった。これに対して，新たに施行されたパート・有期雇用労働法では，24条による紛争解決援助申立受理件数（2020年度）は48件だった（図表10-2）。なかでも8条をめぐる紛争が23件と多くなっていることに注目したい。同年度中に援助を終了した42件のうち，16件（38.1%）は，労働局長による助言，指導，勧告により解決したとのことである。同法25条による均衡待遇調停会議による調停受理件数は，2020年度に16件

(21)　均等法は，都道府県労働局長による紛争解決の援助（助言・指導・勧告。均等法17条）と，紛争調整委員会（個別労働紛争解決促進法6条1項）による調停（均等法18条以下）を行う仕組みをもつ。

(22)　個別労働紛争解決促進法に基づく紛争調整委員会によるあっせんの実情については，村田（2021）を参照。

(23)　2020年度の均等法に関する相談は25,109件である（厚生労働省 2021）。

図表10-2　パート・有期雇用労働法24条による紛争解決援助申立受理件数

（2020年度）

6条1項（労働条件の文書交付等）	1（2.1%）
8条（不合理な待遇の禁止）	23（47.9%）
9条（差別的取扱いの禁止）	3（6.3%）
11条1項（職務の内容が同一の場合の教育訓練）	0（0%）
12条（福利厚生施設）	0（0%）
13条（通常の労働者への転換）	1（2.1%）
14条1項（措置の内容の説明）	2（4.2%）
14条2項（待遇の相違等に関する説明）	18（37.5%）
14条3項（説明を求めたことを理由とする不利益取扱いの禁止）	0（0%）
合計	48（100%）

出所：厚生労働省（2021）を参考に作成。

であり，8条関係が9件，9条関係が4件，14条2項関係が3件であった（厚生労働省 2021）。

行政ADRはそもそも判定的機能をもたず，調停制度は紛争当事者の合意をはかる手法である。それだけに，権利としての性格が強い紛争においては合意成立の割合が低いのではないかという懸念がある。これを考慮して，均等法上の機会均等調停会議とパート・有期雇用労働法上の均衡待遇調停会議は，いずれも調停案受諾勧告を行うことができる仕組みをもつ（均等法22条，パート・有期雇用労働法26条）。2020年度に開始された調停をみると，均等法上は62件，パート・有期雇用労働法上は16件であった。均等法上の62件の調停では，調停案受諾勧告を行ったものが24件あり，うち19件が調停案を当事者双方が受諾して解決した。パート・有期雇用労働法上の16件の調停はいずれも，受諾勧告前の和解，打ち切り，翌年への繰り越しという結果となっており，調停案の受諾勧告に至ったものはなかった。行政ADRによる紛争解決制度が当事者の期待にどれほど応えられているのか，今後とも注視していく必要がある。

⑵　職務に応じた待遇確保法

a）　規 定 内 容

2015年に，「労働者の職務に応じた待遇の確保等のための施策の推進に関する法律」（以下，職務に応じた待遇確保法とする）が制定された。同法は，別名，同一労働同一賃金推進法ともいわれる。同法は，派遣労働者の均等・均衡待遇の実現をめざす法改正論議のなかで，それが実現しなかったことへの対案として登場した議員提案立法であり，与野党の激しい駆け引きの後に成立した（水町 2019a，5-7）。同法は，労働者は雇用形態にかかわらずその従事する職務に応じた待遇を受けることができるようにする，という基本理念の下に（同法2条1号），国，事業主，労働者の責務規定をおく（同法3条）。事業主に対しては，国の施策へ協力するように努めるという規定しかないが（同法3条2項），本法の「待遇」には賃金も含まれている。

b）　履 行 確 保

本法は，完全な理念法であり，いかなる履行確保措置も伴わない。

Ⅲ　カナダのペイ・エクイティ法制

1　なぜカナダに注目するのか

前節では，日本の男女間および正規・非正規間の賃金平等規定の概要を，実体法規定と履行確保の両面からみてきた。男女間と正規・非正規間の賃金平等規定が，関連づけられることなく存在しており，いずれにも同一価値労働同一賃金原則を定める明確な法規定はないこと，履行確保に関しては個人申立が中心であり，その解決手法である行政 ADR が必ずしも十分には機能していないことが，明らかになった。

一方，本書第Ⅱ部には，カナダのペイ・エクイティ法制が紹介されている。カナダは，同一価値労働同一賃金を実現するために，事業主に対して賃金格差の是正・縮小を目的とする一定の作為を義務づけるプロアクティブな手法を定めている。カナダの賃金平等法制は，ペイ・エクイティ法以外にも重層的に存在するが，日本の法制度の改正提案には，ペイ・エクイティ法制がおおいに参考になる。以下では，改めてカナダの男女賃金平等法制におけるペイ・エクイティ法の位置づけを確認しておきたい。

2　重層的な男女賃金平等法制

(1)　法制の展開

カナダにおける男女賃金平等法制は，①「同一労働同一賃金（equal pay for equal work）原則」に始まり「実質的な類似労働に対する同一賃金（equal pay for substantially similar work）」原則へと発展した。そして，②「同一価値労働同一賃金（equal pay for work of equal value）」原則の保障に移行し，さらに③

「プロアクティブなペイ・エクイティ（proactive pay equity）」原則へと展開してきた（第4章；木村 2011, 135-137）。

すなわち，同一賃金を保障する基準が，「同一労働」から「同一価値労働」へ展開したこと（①から②③へ），それを実施する手法が，個人による苦情申立方式から使用者の作為義務であるプロアクティブ方式へ展開したこと（①②から③へ）がわかる。

⑵　連邦法と州法

連邦法における男女賃金平等法制のうち，2021年施行のペイ・エクイティ法については，第4章を参照して欲しい。苦情申立法制としては，連邦人権法（1977年）があり，同法を管轄するのは，カナダ人権委員会（Canadian Human Rights Commission）である。同委員会は，苦情を調査してあっせんによる解決を図るが，当事者間で合意に達しない場合は，事件を人権審判所に移送し，同審判所が裁定を下す。不服がある場合には，裁判所に司法審査を求めることができる。

同法は，ごく限られた分野[24]に適用されるにすぎず，ここで扱われる事件数は多くはない（第4章；労働省婦人局 1996, 113；山田 1994, 13）。

一方，州の法制度をみておきたい。州のなかでも特にオンタリオ州に着目すると，男女賃金平等法制としては，オンタリオ州人権法典（1962年），オンタリオ州雇用基準法（1970年，2000年改正），オンタリオ州ペイ・エクイティ法（1987年）が存在する。

人権法典は，雇用に関して，人種，性，年齢その他によって差別されず，平等な取扱いを受ける権利を定め（5条1項），同規定に基づいて，男女賃金差別を訴えることも認められている。

雇用基準法は，苦情申立法制を代表する州法であり，42条1項で男女間の賃金差別を規制している[25]。しかし，この条文は，男女がまったく異なる職務に従事している場合には適用されないため，これを同一価値労働同一賃金原則を定めた立法ということはできない，との見解がある（木村 2011, 166）。同法違反には州労働省が是正命令を出し，罰則を適用する一方，州の独立行政委員

(24)　連邦政府・公社および郵便・銀行・航空・電信電話会社など。

(25)「同一の事業場のなかで実質的に同じ労働に従事している場合で，その労働を行う場合に，実質的に同一の技能，負担，責任が求められ，かつ労働条件が同じである場合」には，男女の賃金に差異をつけてはならない，とする。

会が，労働者からの苦情申立てを受けてあっせんを行い，最終的には裁定を下す。

さらにオンタリオ州では，2018年4月に「賃金透明化法（Pay Transparency Act)」が制定された。同法が施行されれば，一定規模以上の企業は，男女別その他の賃金格差を追跡調査して州政府に報告すると同時に，職場で公表しなければならない。同法は2019年1月から施行予定だったが，2018年6月の選挙で政権が交代したため，同年秋に期限を設けず施行が延期された（労働政策研究・研修機構 2019，77-78)。

3　オンタリオ州のペイ・エクイティ法

(1)　規 定 内 容

オンタリオ州の賃金平等法制の中核をなすのは，ペイ・エクイティ法である（詳しくは第5章参照)。同法は，同一価値労働同一賃金原則を，個別申立を待たずにプロアクティブに実現する法であり，10人以上の労働者を雇用する官民すべての事業主を適用対象とする（同法3条1項)。事業主は，各事業所においてペイ・エクイティに合致する賃金の支払いを確立し，維持する義務を負う（同法7条1項)。

ペイ・エクイティを実施するため，事業主は，①事業所における男性職と女性職を区分し（原則として，構成員の70％以上が男性であれば男性職，60％以上が女性であれば女性職）（同法1条1項)，②「知識・技能」，「負担」，「責任」，「労働環境」の要素を基準とする性中立的な職務評価システムを用いて，男性職と女性職の価値を評価し（同法5条1項)，③同一価値の男性職より低い賃金しか得ていなかった女性職に対しては，同一の職務賃金率にするように賃金制度を調整しなければならない（同法5条の1第1項)。

そのために，事業主はペイ・エクイティプラン（以下，プランとする）を作成して，一定の期限までに賃金調整を行う。プランの作成とそれに従って賃金を調整する期日は，企業規模によって段階的に設定されている（同法10条，13条2項(e))。

プランには，①使用する「性中立比較システム」，②男性職・女性職の価値比較の結果，③両者間に賃金格差がある場合の賃金調整方法，④賃金調整の最初の実施日を，記載しなければならない（同法13条2項)。プランは，職場に掲示され（同法14条4項，15条1項)，使用者はそれを実施しなければならない。

ペイ・エクイティの達成に必要な調整額は，前年1年間の使用者の賃金支払総額の1%である（同法13条4項）。

ペイ・エクイティ法は，賃金格差是正の仕組みに労働組合を関与させている。カナダは労使関係の基本的枠組みとして，団体交渉における排他的交渉代表制をとり，認証労働組合が交渉単位内の被用者を排他的に代表する。それゆえ労働組合は，交渉単位内のすべての被用者を公正かつ差別なしに代表する公正代表義務を負う。

ペイ・エクイティ法は，労働組合が組織されている事業所では，交渉代表が誠実な団体交渉を通じて，交渉単位ごとにプランを作成すると定める（同法14条1項，2項）。交渉代表は，ペイ・エクイティに反する交渉や労働協約締結をしてはならない（同法7条2項）。交渉代表が使用者との間で合意したプランは，委員会によって承認されたプランとみなされる（同法14条5項）。一方，交渉代表が存在しない事業所では，事業主がプランを作成する（同法15条1項）。プランについて，交渉代表と使用者が合意しなかった場合や，事業主が作成したプランに対して労働者が異議申立した場合には，ペイ・エクイティ委員会を通じて解決が図られることになる。

⑵　履 行 確 保

ペイ・エクイティ法を管轄するのはペイ・エクイティ委員会であり，ここには，ペイ・エクイティ事務局と聴聞審判所の二部門がある。同法は，事業主に積極的対応を義務づけているが，事業主が対応しない，あるいは，対応が不十分な場合には，関係当事者による申立てによって実効性が確保される[(26)]。

申立てに対しては，事務局に属する審査官（review officer）[(27)]が調査し，和解成立に向けて努力し（同法23条1項），和解が成立しない場合には，法に基づく権限行使を行うための決定をする。審査官は，法違反には是正命令を出し（同法24条3項）[(28)]，当事者が命令に従わない場合には，聴聞審判所に執行を付

(26)　申立ては，事業主，労働者，労働者グループ，女性職の労働者もしくは労働者グループの交渉代理人からなされる。申立ての具体例としては，女性職のペイ・エクイティが実施されなかった，維持されなかった，ペイ・エクイティプランが事業主によって作成されなかったなど，さまざまなものがある。詳細は第5章2⑷2）参照。

(27)　2017年の事務局のフルタイムのスタッフは25人であり，うち14人が審査官である。(PEC, 2017, p 9).

(28)　審査官はペイ・エクイティ法24条3項により，法違反に対する是正命令を出す権限をもつが，2019年3月4日に行ったペイ・エクイティ委員会のインタビューで，同委員

託して（同法24条5項），同審判所の聴聞を求めることができる。

図表10-3　ペイ・エクイティ法の執行状況について

		2015-16年	16-17年	17-18年	18-19年	19-20年	総計
1	1 是正命令発出件数[1]	50	28	17	11	12	118
	2 賃金調整の総額[2]	680万ドル	540万ドル	330万ドル	220万ドル	120万ドル	1,890万ドル
	3 賃金調整を受け取った労働者	1,899人	1,237人	901人	477人	347人	4,861人
2	新規処理中						
	1 労働者から申立を受けた事案件数	96	63	56	108	98	421
	2 モニタリング件数	150	213	373	41	59	836
	3 審判所からの移送事案[3]	7	5	5	1	3	21
	4 達成不能通知	2	1	1	0	0	4
3	処理済						
	1 労働者から申立を受けた事案件数	89	93	53	86	64	385
	2 モニタリング件数	208	205	249	184	107	953
	3 審判所からの移送事案	4	4	不明	3	2	13
	4 達成不能通知	1	0	不明	2	0	3
4	処理の内訳						
	1 審査官による援助により和解に至った件数	173	151	159	110	67	660
	2 当事者和解ができず審査官が命令を発した件数	56	86	不明	35	59	236
	3 当事者による申立取り下げ件数	24	30	不明	25	14	93
	4 委員会から審判所に付託した件数	22	2	4	1	3	32
	5 審査官の決定に対して異議申立がなされた件数	1	10	1	1	1	14
	備考：EPD[4]	4月20日	4月19日	4月11日		4月4日	

注：[1] 法違反に対して法24条3項に基づき審査官が出した是正命令。
[2] カナダドル。
[3] 審判所が審査官の判断を妥当とした場合，審査官の命令を履行するよう差し戻した件数。
[4] Equal Pay Day（男女平等賃金の日）。男性労働者の賃金と同額の賃金を翌年に女性労働者が得る日のこと。

出所：Pay Equity Commission, Annual Report から作成。

会の担当部長 Gregory Pierre 氏は「審査官は法によって大きな権限を付与されていますが，法遵守のために命令を出すことは非常にまれで，ほとんどありません」と述べていた。

ペイ・エクイティ法の執行上の重要手段として，モニタリングがある。審査官は，事業所をランダムにチェックして，使用者がペイ・エクイティを実施していない場合，使用者がその義務を達成できるよう援助するために，最長2年間程度，モニタリングを行なう。また，対象領域を設定して，大規模なモニタリングを行うこともある(29)。

ペイ・エクイティ法が，実際にどの程度，男女間賃金格差縮小に貢献したのかを把握することは難しいが，同法は，オンタリオ州の10人以上の従業員がいる約11万5000企業に適用されており，500万人以上の労働者をカバーしている。2015年から2020年までの5年間の同法執行状況は，図表10-3の通りである。

図表に示された5年間で，ペイ・エクイティの賃金調整総額は1,890万カナダドル，4,861人の女性職の労働者が調整額を受領した。2019年3月にペイ・エクイティ委員会で実施したインタビューでは，法が賃金格差にどれほど影響したかを推測するには，賃金調整額をみるしかないとのことであった。

審査官は是正命令を発出する強大な権限をもつが，実際にそれが発出される件数は少なく（図表10-3の1-1），可能なかぎり和解で解決するよう労使を援助しているとのことである（図表10-3の4-1）。申立件数（図表10-3の3-1）とモニタリング件数（図表10-3の3-2）が，法執行状況の傾向を示している。ペイ・エクイティが達成されている職場では離職率が低い，働き続けることによりコストも少なく，オンタリオ州全体の経済によい影響を及ぼしている，就職先の希望も多いとのことであった(30)。

Ⅳ　同一価値労働同一賃金を実現する法制度の提案

1　同一価値労働同一賃金原則の明文化

冒頭で述べたように，同一価値労働同一賃金原則を日本に定着させるための立法政策としては，①この原則が，男女間および正規・非正規間において実現され，②同一賃金が支払われるべき基準となるのは，労働者が従事する「労働」および「職務」であり，③個別救済申立てにとどまらず，事業主に賃金格

(29)　第5章3(3)2）参照。また2016年から18年にかけてのモニタリングは以下も参照。（PEC, 2017, p11 ; PEC, 2018, p10）。

(30)　2019年3月4日のペイ・エクイティ委員会の担当部長Gregory Pierre氏へのインタビューによる。

差を是正させるプロアクティブなアプローチが必要である，と考える。以下においては，それらを実現するための立法政策上の提案をしておきたい。

第1に，法規定に，労使関係において同一価値労働同一賃金原則が遵守されなければならないことを明文化することを提案する。労働契約法に明記するのは一案であろう。労働契約法3条1項は，「労働契約は，労働者および使用者が対等の立場における合意に基づいて締結し，又は変更すべきものとする」と規定するが，続けて3条2項で，「使用者は，賃金に関して，合理的な理由がある場合を除いて，同一価値労働同一賃金原則を遵守しなければならない」と規定するものである。

第2に，男女間の賃金平等については，以下の提案をしたい。①労基法4条1項の性差別禁止規定を維持しつつ，②同法4条2項に，同一労働・同一価値労働の男女には同一賃金が支払われねばならない旨の規定をおくこと，③均等法6条の事業主の差別的取扱い禁止事項に，「賃金」を規定すること，である。

これらの法規定により，労基法4条2項は，労働基準監督官による是正勧告を通じて実現され，また，民事裁判において履行が確保される。前述したように，労働審判の可能性も追求されるべきである。均等法違反の賃金紛争（直接差別も間接差別も）は行政ADRにより解決が図られ，同時に，労働審判と民事裁判に委ねられる。とはいえ，訴訟において，女性労働者が男性と「同一価値労働」に従事しつつ異なる賃金の支払いを受けていることの立証はなお困難であり，これをサポートするために，前著において，私たちは，職務評価能力をもつ独立専門家に報告書を依頼できる仕組みを提案した（森・浅倉 2010, 117)。賃金差別に関する特別手続を労働審判法に導入することとあわせて，再度，提案しておきたい。

第3に，正規・非正規間については，現行のパート・有期雇用労働法が新設されたばかりであることから，まずは同法の改正の検討から始めるのが現実的であろう。そこで，①同法8条が定める「不合理と認められる相違を設けてはならない」を，「合理的と認められない相違を設けてはならない」とすること，②続けて，「基本給については，合理的と認められない相違の有無は，客観的で公正な職務評価を用いて判断されねばならない」と書き込むことを提案したい。

その趣旨を説明する。①は立証責任の配分と関係する。現行法が定めるパート・有期労働者と通常の労働者との待遇の相違の「不合理性」については，不合理ではない客観的理由や合理性の存否など抽象的な要件は「規範的要件」とされ，当事者双方が自らに有利な証拠を提出し，裁判所がそれら全体をふまえて判断する方法がとられている。主として，不合理であることを基礎づける事実（評価根拠事実）は労働者側が，また，不合理でないことを基礎づける事実（評価障害事実）は事業主側が主張・立証する（水町 2019a，113，172)。これは最高裁の解釈でもあるが[(31)]，この主張・立証責任を果たすために労働者が人事管理上の待遇について十分な情報を得ることは，非常に難しい。

もっとも，パート・有期雇用労働法14条は，事業主に待遇の相違の内容と理由についての説明義務を課しており（同法14条2項），この条文を活用する方法は労働者の立証責任を軽減する。しかし，さらに労働者側の責任をより軽減する条文として，①の法改正を提案したい。改正後の条文では，賃金の相違が「合理的と認められない」ものではないことの立証責任は，使用者が負うことになる[(32)]。

つぎに，②についてだが，基本給の相違が「合理的と認められない」ものか否かの判断は，あくまでも「職務の内容」を基準とすべきである。そのためにも，法に「客観的で公正な職務評価」を用いることを明記する。その際の職務評価項目は，「知識・技能」「負担」「責任」「労働環境」である。現在，厚労省も，パート・有期雇用労働法の下，基本給に関する「不合理な待遇差」を解消する一つの方法として，職務評価の手法を紹介しているが（『職務評価を用いた基本給の点検・検討マニュアル』），それを国際基準に照らして根本的に改訂したうえで，活用をはかるべきである（同マニュアルの欠点は，第8章が指摘するとおりである）。評価項目を国際基準の4大ファクターとし，「活用係数」を削除した新たな「職務評価マニュアル」は，男女間の賃金平等をめぐる紛争でも活用される。また，労働審判において，独立専門家は，同マニュアルに従って職務評価報告書を作成することになる。

以上に述べた法改正の提案を図表10-4に示しておく。実体法規定の履行確保としては，公法的手法と私法的手法がある。

---

(31)　ハマキョウレックス（差戻審）事件・最高裁二小法廷2018年6月1日判決・労働判例1179号20頁

(32)　この法改正は，2020年11月13日に，立憲民主党・社民派，国民民主党会派，日本共産党が共同で衆議院に提出した「短時間労働者及び有期雇用労働者の雇用管理の改善等に関する法律等の一部を改正する法律案（同一価値労働同一賃金関係)」にも含まれている。

図表10-4　同一価値労働同一賃金原則をめぐる個別救済申立法制度の提案

	法改正の提案	履行確保／公法的手法	履行確保／私法的手法
労働契約の基本原則	労働契約法3条1項：労働契約の対等決定原則 労働契約法3条2項：使用者は，賃金に関して，合理的な理由がある場合を除いて，同一価値労働同一賃金原則を遵守しなければならない。	−	民事裁判
男女間賃金平等	労基法4条1項：性による賃金差別禁止 労基法4条2項：同一価値労働の男女には同一賃金が支払われなければならない。	労働基準監督官による是正勧告・罰則	労働審判（独立専門家制度・職務評価マニュアル） 民事裁判
	均等法6条：差別的取扱い事項に賃金を追加。	行政指導・勧告・企業名公表	行政ADR（調停） 労働審判（独立専門家制度・職務評価マニュアル） 民事裁判
正規・非正規労働者間賃金平等	パート有期雇用労働法8条：合理的と認められない相違を設けてはならない。 パート・有期雇用労働法8条に追加：基本給については，合理的と認められない相違の有無は，客観的で公平な職務評価を用いて判断されねばならない。	行政指導・勧告	行政ADR（調停） 労働審判（独立専門家制度・職務評価マニュアル） 民事裁判

2　賃金格差是正のプロアクティブモデルをめざして

(1)　個別救済申立制度の限界

さて，以上に述べた法改正提案の履行確保の側面に注目すると，履行の私法的手法は，すべて個別救済申立が前提である。前述したように，公法的手法（罰則や企業名公表）のみでは権利実現に限界があるため，紛争に直面した労働者は私法的手法を利用する。しかし行政ADRの調停は極めて数が限られており，有効に機能しているとはいえず，最終的には労働審判と民事裁判を通じた解決に頼らざるを得ない。提案した独立専門家制度や職務評価マニュアルの利用は，紛争解決の補助的な手段であるが，これらはなお，個別救済申立制度自体の限界性を伴う。すなわち，個人が申立をしなければならず，たとえ紛争が解決されたとしても，その効果は本人に及ぶだけで，職場全体の賃金格差構造は解消されないという限界である。

⑵　プロアクティブモデルの特色

個別救済申立制度の限界性を克服する試みは，各国の法制度にもみることができる。たとえばイギリスの機会均等委員会の行為準則に基づく平等賃金レビューの実施も，その一例である（森・浅倉 2010, 206)。ただしイギリスの場合は，同レビューの実施は事業主の任意である。それに対して，オンタリオ州ペイ・エクイティ法は，一定規模以上の事業主への義務づけを伴うプロアクティブ・アプローチを採用している。

そこで，以下においては，プロアクティブな賃金格差是正制度を，日本の法政策において具体的に実現する試みについて，提案したい。

図表 10-4 で提案した個別救済申立制度と，プロアクティブな賃金格差是正制度との「異同」は，以下のように整理できる。

第１に，個別救済申立法制は，男女間および正規・非正規間の賃金差別を是正し，違法な状態を解消することを目的とする。一方，プロアクティブな賃金格差是正制度は，違法とまではいえない男女間および正規・非正規間の賃金格差の是正が目的である。後者は，いわば違法ではないがより望ましい状態をめざす制度として位置づけられよう。

第２に，個別救済申立法制は賃金差別を受けている当事者による法違反の申立てが前提だが，プロアクティブな賃金格差是正制度は，個人申立を待たずに事業主に一定の作為を行わせる。それだけに，労働者個人の負担の軽減が，プロアクティブな制度の存在意義である。制度を活かすには，事業主の作為を実現する仕組みが必要であり，第１に，労働者集団の関与，第２に，作為に伴って付与される事業主へのインセンティブが重要である。

第３に，個別救済申立制度では，その効果は申立人本人のみに及ぶが，プロアクティブな賃金格差是正制度は，対象となる職場全体に効果が及ぶものであり，いわば集団的・構造的な格差是正を実現するという特色がある。

第４に，違法行為の是正をはかる個別救済申立制度は，法規範を強制することから厳格性が必要だが，プロアクティブな制度は，格差是正の必要性を発見したうえで，是正に向けた状況改善プランの作成を使用者に委ねるものであり，そこには一定の柔軟性が必要とされる。

第５に，履行方法として，個別救済申立制度には，罰則から行政 ADR に至るまでのあらゆる履行確保制度が準備されているが，プロアクティブ法制においては，履行の強制は緩やかになる。モデルとなるカナダのペイ・エクイティ法は，同類の仕組みのなかでもっとも強力な履行方法を備える。しかし，違法とはいえない事業主の賃金格差是正に関しては，努力義務の規定にとどまることも考えられ，それゆえ，格差の発見・プラン作成・届出・報告義務の定めをおく場合でも，違反に対しては，指導や勧告にとどまる場合がありうるだろう。

⑶　プロアクティブな賃金格差是正手法の提案

最後に，めざすべき将来の立法構想への一案として，プロアクティブな賃金格差是正法の試案を提示しておきたい。これは無からの構想ではなく，現存する立法を参考にしている。1つは女活法，もう1つは，職務に応じた待遇確保法である。

第1段階は，男女賃金格差について，女活法における事業主の状況把握項目中の，必ず把握すべき基礎項目に「男女の賃金の差異」を入れること，さらに，それを情報公表義務の対象項目にして，公表させることである。これは，オンタリオ州の賃金透明化法に類似した機能への期待を込めた提案である。同じように，職務に応じた待遇確保法において，正規・非正規労働者の「賃金の差異」を事業主が把握するよう義務づけ，公表させる仕組みを盛り込む法改正を提案したい[33]。

第2段階として，これらの法律を抜本的に組み替えた，「（仮称）賃金格差是正推進法」の制定を，以下のように提案する。

第1に，「（仮称）賃金格差是正推進法」において，すべての事業主は，労働契約法で規定される同一価値労働同一賃金原則を実施する義務に基づき，各事業所において，以下の内容についての「状況把握義務」を負う。①職種，資格，雇用形態，就業形態などの指標により区分される雇用管理区分が「女性職」であるか「男性職」であるかの確認[34]，②「女性職」と「男性職」の賃金比較，

⑶3　ただし職務に応じた待遇確保法は，女活法とは異なり，まったくの理念法であるため，このような事業主の義務づけを盛り込むには，法の目的と基本理念の抜本的改訂が必要と思われる。

⑶4　この「雇用管理区分」とは，均等法の性差別禁止指針（平成18年厚労省告示614号）が述べる「職種，資格，雇用形態，就業形態の区分その他の労働者についての区分であり，当該区分に属している労働者について他の区分に属している労働者と異なる雇用管理を行うことを予定して設定しているもの」をいう（均等法指針第2の1）。

③両者に格差が存在する場合には，それを正当化する理由の有無，である。女活法においても，事業主による女性活躍のための状況把握は，雇用管理区分ごとに男女別に実施されており[35]，これが参考になる。

オンタリオ州ペイ・エクイティ法は，女性職は構成員の60%以上が女性であるもの，男性職は構成員の70%以上が男性であるものとし，その他過去の在職状況や当該仕事の分野におけるジェンダー・ステレオタイプも考慮する。日本でも，女性職・男性職の決定には，男女の構成比以外にも，短時間・有期雇用の労働が圧倒的に女性によって担われてきた歴史的事実などが考慮されるべきである。それゆえ「女性職」は「非正規職」も含むことになる。

女性職が存在する場合には，女性職の職務の価値を，男性職の職務の価値と比較しなければならない。その際には，本書第Ⅰ部の家電量販業の職種に関して使用した職務評価システム，すなわち，4つの職務評価ファクター（「知識・技能」「責任」「負担」「労働環境」）の下に，実際の職務の特徴を参考にしたサブファクターを設定し，それぞれにウェイトを振り分けて，職務の価値を点数化する「得点要素法」を使用するものとする。

第2に，事業主は，賃金格差是正義務の一環として，女性職が男性職より低賃金でありその格差に正当性がない場合には，賃金格差調整義務を履行するように求められる。その調整は，男性職の賃金額を引き下げるのではなく，女性職の賃金額を引き上げる形で調整しなければならない。

第3に，格差調整義務を負う事業主のうち，従業員数が一定規模以上の事業主は，「賃金格差調整行動計画」を作成する義務を負う（「行動計画作成義務」）。行動計画には，どのように賃金調整を実施するのかを明記して，最初の賃金調整の実施日，割り当てる調整額は賃金支払い総額のどの程度となるかを記載するものとする。「行動計画」の作成・履行は，企業規模によって一定の期間の猶予を定める。重要なのは，行動計画の作成は事業主の一存ではなく，後述する「労使委員会」を設置して，十分な協議の下に行う必要があることである。一定規模未満の企業には行動計画作成義務はないが，任意に作成することは推奨される。

第4に，事業主は，行動計画にそって賃金格差調整を実施する（「行動計画実

(35)　「女性の職業生活における活躍の推進に関する法律に基づく一般事業主行動計画等に関する省令」（平成27年厚生労働省令162号）2条。

施義務」)。実際に女性職の賃金が引き上げられたか否かを監視・把握することはかなり難しいが,「労使委員会」がモニタリングの役割を果たすよう期待される。

第５に，事業主による賃金格差是正義務をモニタリングするためにも，事業所内における「労使委員会」の存在が不可欠である(36)。労働組合のみならず，従業員側が，集団として，女性や非正規も参加しうるシステムを作ることが鍵となる。労働組合は組織率が低く，必ずしも女性職の賃金や非正規労働者の待遇問題に取り組む組合ばかりではないこと，また，現行法が採用する労使協定方式の従業員代表制についても，同様の懸念がぬぐえないからである。

労使委員会を制度化して，そこに一定数の労働者委員を参加させる仕組みが効果的である。労働組合が組織されている職場では，当然，労働組合も重要な役割として参加するが，組合員以外の委員の参加も必要である。労働者委員として，非正規労働者や女性労働者が一定数以上参加することは不可欠であろう。

「労使委員会」が，事業主の「状況把握義務」,「格差調整義務」,「行動計画作成義務」,「行動計画実施義務」をモニタリングし，それらに積極的に関与する仕組みを作る必要がある。

使用者による各種義務が履行されていないことについて，労使委員会が行政当局に通報する仕組みがあってもよい。使用者が適切に状況把握義務を果たしていないこと，格差調整義務を怠っていること，行動計画作成義務を果たしていないこと，行動計画実施義務が履行されていないことなどである。

女活法の「指針」は，男女労働者や労働組合の参画を得て行動計画を作成することの意義を指摘するが(37)，労働者参加を必須条件とはしていない。しかし賃金という重要な労働条件に関与する「(仮称）賃金格差是正推進法」は，労使委員会の関与を不可欠とすべきであろう。

第６に，「(仮称）賃金格差是正推進法」の管轄は，現行の各法制度（均等法，パート・有期雇用労働法，女活法等）を管轄している部局が適当である。オンタ

---

(36)　この労使委員会は，同一価値労働同一賃金制度の設計プロセスでは「賃金制度策定委員会」(兼　職務評価委員会）の役割を与えられる（第８章３(1)参照)。

(37)　「事業主行動計画策定指針」(内閣官房・内閣府・総務省・厚生労働省平成27年告示第１号）第２部第２の１(2)は，行動計画の「策定にあたっては，非正社員を含め，幅広い男女労働者の理解と協力を得ながら取り組んでいることが重要である。このため，例えば……男女労働者や労働組合等の参画を得た行動計画策定のための体制（委員会等）を設けることが効果的である」と述べる。

リオ州ペイ・エクイティ法では，法違反に対する是正命令が最終的な履行確保制度になっている。日本の法制では，企業名公表という制裁がほとんど機能していない問題があるため，勧告が出された後に強制力のある履行確保の制度設計をどのように仕組むか，なお検討が必要である。

オンタリオ州のペイ・エクイティ法では，労働者等から法違反の申立を受けた場合，審査官の援助による和解件数の多さが特色であり，ペイ・エクイティ委員会も，和解で解決した事案が多いことを積極的に評価している。日本では，行政ADRの調停があるが，「(仮称）賃金格差是正推進法」では，賃金格差をめぐる紛争の一方当事者は，個人ではなく女性職および非正規職の労働者代表が想定される。したがって，その場合の調停の仕組みの構築が必要であろう。

行政機関は，上記の役割以外にも，計画作成のための指針の公表，職務評価方法の立案・実施・指導，計画実施の重点的なモニタリング，優良企業の選定などの職責を担うことが想定される。

V　おわりに

現在，コロナ禍でも感染リスクに身をさらして働く介護ヘルパー，保育士，看護師，保健師など，ケア労働従事者が注目されている。これらの職種の多くは，非正規の女性によって担われ，著しい低賃金である。しかも，正規職であっても，ケア労働者は，労働に見合った正当な報酬を受けていない。地方自治体の公契約条例には，それを如実に反映しているものがある。たとえば，千代田区公契約条例の賃金下限額は，介護職1,103円，保健師1,471円，看護師1,471円に対して，塗装工3,113円，溶接工3,322円，左官3,047円である[38]。

ケア労働こそ，人々の生存にとって必要不可欠な労働であることを，コロナ禍は浮き彫りにした。人々の命と生活を支えている必要不可欠な労働への低評価は，早急に是正されなければならない。私たちが日本において実現したいと願う同一価値労働同一賃金原則は，「職務」の価値に着目した公正な賃金を実現する。これは，同一企業内で働く労働者相互で機能する原則として想定されているものだが，この考え方が社会に定着すれば，労働市場全般に影響が及ぶことになるだろう。ひいては女性職の労働の価値を再評価することにつながるはずである。本研究が，誰もが労働の価値に応じた賃金を得られる社会の形成

(38)　千代田区告示令和3年第12号。

にむけて，なにがしかの貢献ができることを願うものである。

【引用文献・参考文献】

浅倉むつ子（2004）『労働法とジェンダー』勁草書房
浅倉むつ子（2015）「『女性活躍推進法』とポジティブ・アクション」『ジェンダー法研究』2 号，19-36 頁
淺野高宏（2021）「労働審判手続による労働紛争解決のパラダイムシフトと今後の課題」『日本労働研究雑誌』731 号，45-59 頁
池山聖子（2021）「労働基準監督行政の現状と課題」『日本労働研究雑誌』731 号，25-34 頁
神尾真知子（2020）「改正女性活躍推進法の意義と課題」『季刊労働法』270 号，60-78 頁
北岡大介（2011）「企業側実務家から見たエンフォースメントと労働法――労基署を中心に――」『季刊労働法』234 号，37-49 頁
木村愛子（2011）『賃金衡平法制論』日本評論社
黒岩容子（2016）「女性活躍推進法の意義および課題」『季刊労働法』253 号，83-92 頁
厚生労働省（2021）『令和 2 年度都道府県労働局雇用環境・均等部（室）での男女雇用機会均等法，労働施策総合推進法，パートタイム労働法，パートタイム・有期雇用労働法及び育児・介護休業法に関する相談，是正指導，紛争解決の援助について』
水町勇一郎（2019a）『「同一労働同一賃金」のすべて（新版）』有斐閣
水町勇一郎（2019b）『詳解労働法』東京大学出版会
村田毅之（2021）「紛争調整委員会による個別労働紛争のあっせんの現状と課題」『日本労働研究雑誌』731 号，60-71 頁
森ます美・浅倉むつ子（2010）『同一価値労働同一賃金原則の実施システム』有斐閣
山川隆一（2014）「労働法における法の実現手法」長谷部恭男他編『岩波講座　現代法の動態 2　法の実現手法』岩波書店，171-199 頁
山田省三（1994）「男女賃金格差の是正に向けた新たな実験」『賃金と社会保障』1140 号，12-18 頁
労働省婦人局（1996）『男女雇用機会均等法の課題と諸外国の法制度』新日本法規
労働政策研究・研修機構（JILPT）（2019）『諸外国における女性活躍・雇用均等にかかる情報公表等についてーフランス，ドイツ，イギリス，カナダ』（JILPT 資料シリーズ No.208）
PEC（Pay Equity Commission）（2017），Annual Report 2016-2017
PEC（Pay Equity Commission）（2018），Annual Report 2017-2018

11　男女間賃金格差是正に取り組む法の構想を

Ⅰ　はじめに——10年前の共編著

ILO第100号条約（「同一価値の労働についての男女労働者に対する同一報酬に関する条約」）に規定されている同一価値労働同一賃金原則は，異なる職種・職務であっても，労働の価値が同一または同等であれば，その労働に従事する労働者に，性の違いにかかわらず同一の賃金を支払うことを求める原則である。この原則を実現するためには，異なる職務の価値を比較する手段，すなわち，性に中立な職務評価システムが，重要なカギである。

私は，このテーマについて，2010年に，社会政策や労働法の研究者と共同研究を行い，『同一価値労働同一賃金原則の実施システム～公平な賃金の実現に向けて』（森ます美・浅倉むつ子共編著，有斐閣）を上梓した。この本では，男女労働者間と正規・非正規労働者間で，同一価値労働同一賃金を実現するために，性と雇用形態に中立な職務評価システムと，実効性のある賃金紛争解決システムを提案した。その際，参考にしたのは，イギリスの法制度だった。

賃金紛争解決システムとしては，男女間および正規・非正規間の賃金差別事案について，労働審判委員会が，申立人と比較対象者の職務の価値が同一であるかどうかについて評価する能力をもつ独立専門家に報告書の作成を依頼できる，という仕組みを導入すべきではないか，という趣旨の提案を行なった。

残念ながら，この提案だけでなく，同一価値労働同一賃金原則の実現という課題についても，ほとんど世の中の関心を呼ぶことがないまま，この10年が経過した，という印象である。

Ⅱ　賃金格差をめぐる国内の動向

1　非正規労働と「同一労働同一賃金」

その後，10年が経ったが，この間，同一価値労働ならぬ「同一労働同一賃金」原則は，男女間ではなく，正規・非正規労働者間の均等・均衡待遇の問題としてのみ，社会的な関心を呼んできた。

2012年改正の労働契約法は，有期・無期労働者の労働条件の相違は「不合理と認められるものであってはならない」とし（労働契約法旧20条），施行から数年もたたないうちに数多くの裁判例が現れ，2021年現在，最高裁も七本の判決を重ねている。そして2014年のパートタイム労働法改正が同様の仕組みをとりいれ，2018年の働き方改革関連法によって，労働契約法20条の規定はパート・有期雇用労働法8条に統合された。同法の指針は「同一労働同一賃金ガイドライン」と呼ばれているものの，法の条文には「同一労働同一賃金」の記載はない。

一方，2015年に，職務に応じた待遇確保法[1]が制定された。同法は，別名，同一労働同一賃金推進法ともいわれ，雇用形態にかかわらずその従事する職務に応じた待遇を受けるという基本理念が掲げられている。しかし，事業主に対しては努力義務規定があるだけで，履行確保措置はいっさいない。パート・有期雇用労働法は，2021年4月1日からは中小企業にも適用されており，今後，同法8条を根拠とする正規・非正規間の労働条件の相違をめぐる裁判例が数多く登場することが想定される。

2　男女賃金格差をめぐって――ILOと国連からの勧告

正規・非正規間の賃金格差をめぐる立法化が活発に行なわれた反面，男女賃金格差をめぐる法的な動きは，まったく見られない。男女賃金格差はわずかばかり縮小しており，厚生労働省「賃金構造基本統計調査」によれば，男性100に対して女性の賃金は，2010年の69.3から2020年には74.3になった。ただしこの数値には，短時間労働者が入っていない。女性労働者の半数以上を占めるパート労働者を含む統計では，格差はもっと大きくなる。国税庁の「民間給与実態統計調査結果」による給与所得者の平均給与をみると，男性532万円，女性293万円である（2020年）。女性の給与は，男性の55.1％にすぎない。

日本の男女賃金格差は，OECD諸国ではワースト3であり（1位は韓国，2位はエストニア），この大きな賃金格差を是正すべきという勧告は，国際機関から繰り返し出されてきた。日本が1967年に批准したILO第100号条約の遵守をめぐり，ほぼ毎年，ILOの条約勧告適用専門家委員会から，勧告・見解が出されていることはよく知られている。直近では，ILOの2021年の総会で，

(1)　正式名称は「労働者の職務に応じた待遇の確保等のための施策の推進に関する法律」。

同専門家委員会から，ダイレクトリクエストを受けた[(2)]。

同委員会からのリクエストの内容は，多岐にわたっており，①垂直的・水平的な職業上のジェンダー分離の原因に対策を講じて，女性がより高賃金の職業にアクセスできるようにすること，②男女労働者の賃金をめぐる間接差別についての議論・決定・活動に関する情報を提供すること，③「同一労働同一賃金ガイドライン」の適用に関する情報を提供すること，④コース別雇用制度を直接・間接の性差別にあたらないようにし，異なるコースに男女が配置されている統計情報や，女性の稼得レベルを上げるコース制について情報を提供すること，⑤2019年改訂の「職務評価ガイドライン」の写しを提供すること，⑥労働基準監督官が，賃金差別や男女同一価値労働同一賃金事案の判定で直面する困難を考慮した，監督能力を強化する訓練プログラム情報を提供すること，労働基準法4条違反について，実施された臨検の数，違反の性質，行政指導の内容，監督官や裁判所によって命じられた是正行為の詳細情報を提供すること，公務労働における賃金格差の情報提供を行うこと，を求められている。

ILOは，労基法4条だけでは第100号条約の要請を充たすには不十分であるという認識を示しているが，この認識は，国連の女性差別撤廃委員会も共有している。日本は，女性差別撤廃条約の批准（1985年）に伴い，同委員会に定期報告を提出する義務を負っているが，次回の第9回報告に関しては，2020年3月，同委員会から日本政府に事前質問事項が出された[(3)]。日本政府は，これに応えて，2021年9月に第9回報告を国連に提出した[(4)]。

女性差別撤廃委員会からの事前質問18項は，根強く広範にわたるジェンダー賃金格差に対して情報を提供するよう求めている。日本政府はこれに対して，女性活躍推進法，労働基準法4条，パート・有期雇用労働法，第5次男女共同参画基本計画に，ごく簡単に言及したうえで，女性に対する賃金差別は「労働基準法4条に基づき禁止されている。本条に違反する事業場については指導の対象となる。本条の違反事業場数は，2019年1件，2018年4件，2017

(2)　Direct Request (CEACR)-adopted 2020, published 109th ILC session: Equal Remuneration Convention, 1951 (No.100)-Japan (ratification:1967).

(3)　「第9回日本定期報告への事前質問事項」国際女性34号（2020年）72～76頁。

(4)　「日本政府　女子差別撤廃条約実施状況第9回報告（女子差別撤廃委員会からの事前質問票への回答）（仮訳）」（令和3年9月）(https://www.gender.go.jp/international/int_kaigi/int_teppai/pdf/report_9_j.pdf)。

年5件」，と報告しているだけである（第9回報告44項）。

日本政府は従来から，男女の賃金格差に対処する政策は労基法4条の運用で事足りる，としてきた。近年では，事前質問にもあるように，公務労働における非正規問題が焦点化しているが(5)，これについては，日本政府は情報提供すらしていない。

Ⅲ　男女賃金格差をめぐる国際的動向

1　イコール・ペイ・デイ（男女同一賃金の日）

もちろん，日本だけが問題を抱えているわけではない。他の先進国も，男女賃金格差はなかなか縮小しないという悩みをかかえている。しかし他の国では，第一に，男女間賃金格差が社会の大きな関心事であるという点で，また第二に，法制度的な取組みを積極的に進めようとしている点で，日本とは異なっている。そこで，海外事情について少し述べておきたい。

まず，賃金格差に関する社会的関心についてみると，たとえば諸外国にはイコール・ペイ・デイという取組みがある。文字どおりこれは「平等賃金の日」であり，その意味は，「男女がともに働き始めて，男性が1年で手にする金額を女性が1年を超えて働いて手にする日」のことである。それぞれの国の政府やILOが，自国のイコール・ペイ・デイを設定し，この日に男女賃金格差是正のためのキャンペーンを行うのである。

キャンペーンで共通しているのは，何か赤いものを持ち寄ったり，身に着けたりすることである。赤は，赤字とレッドカードを意味する。欠けた板チョコを送る，という作戦もあり，女性は一枚の板チョコを買うことができないというアピールだという。数年前，ベルリン市交通局は，イコール・ペイ・デイに，賃金差の21％分安い女性用1日券のプランを提案して，大きな話題を呼んだ。通常は7ユーロ（約900円）のところ，女性は5.50ユーロ（約700円）で購入できる1日チケットを販売したとのことである。具体的な数字を目にすると，格差の大きさが実感できる。

(5)　地方自治体の非正規公務員実数は，2020年4月現在，約113万人で，公務員全体の3割であり，臨時・非常勤職員の女性割合は75.4％である。日本労働法学会第138回大会（2021年11月7日）ワークショップにおける上林陽治氏の報告による。非正規の処遇格差問題への対応として導入された会計年度任用職員制度の問題点については，上林陽治『非正規公務員のリアル』（日本評論社，2021年）を参照。

日本でも，日本BPW連合会が，毎年，イコール・ペイ・デイを計算してHPで公表している。2021年は５月６日だった[(6)]。日本の女性は，５カ月と６日も余分に働いてはじめて，男性と同額の賃金を手にするのである。しかし，この取組みを大手メディアが取り上げたことは聞かない。日本では男女賃金格差は，社会的関心事からはほど遠いらしい。

２　各国の賃金透明化法など

賃金格差是正に関する法制度的取組みの新たな動向を，紹介しておきたい。

EUは，2021年３月４日，「賃金透明化と履行確保を通じた男女同一価値労働同一賃金原則の適用強化指令案」[(7)]を公表した。同指令案は，①賃金透明化の施策として，応募者のための賃金透明化（５条：使用者は初任給等についての情報を提供し，また，求職者に前職の賃金水準をきいてはならない），労働者が情報を取得する権利（７条：労働者は，同一労働または同一価値労働をする労働者カテゴリーについて，男女別賃金水準の情報を入手する権利を有し，使用者は，合理的な期間内にこの情報を提供する義務を負う），男女間賃金格差の公表（８条：250人以上の企業は，男女間の賃金格差や賃金水準ごとの男女比を毎年公表する義務を負う），共同の賃金アセスメント（９条：同一価値労働の男女間に５％以上の賃金格差があり，正当化できない場合，使用者は労働者代表と共同の賃金アセスメントを実施して，賃金格差を是正しなければならない）を定める。また，②賃金差別の被害者の司法救済を促進するために，労働者への補償金（14条），立証責任の転換（16条），同一賃金原則違反への特別な罰則（20条）などを規定している。また，同指令案が，労働の価値を評価するために，使用者が性中立的な職務評価システムを確立するよう求めている点も，重要である（４条）。

EUの動きは，ドイツ，フランスの新たな立法動向と連動している。ドイツでは，2017年６月30日，「男女間の賃金の透明性の促進のための法律」（賃金透明化法）が制定された。本法により，従業員数200人以上の事業所では，就労者自身の賃金の評価基準，比較可能な業務の賃金に関する情報請求権が導入

---

(6)　ちなみに他国の最近のイコール・ペイ・デイは，イタリア１月22日，フランス３月８日，スイス３月16日，アメリカ３月24日，イギリス４月１日，カナダ４月４日，ドイツ４月７日とのことである。日本BPW連合会HPより。

(7)　Directive to strengthen the application of the principle of equal pay for equal work or work of equal value between men and women through pay transparency and enforcement mechanisms. (COM (2021) 93 final).

された。さらに，500人以上の労働者を雇用する使用者は，賃金平等原則が遵守されていることを定期的に検討すること（定期的モニタリング），男女賃金平等を実現する措置について，報告書を5年もしくは3年ごとに作成することが義務づけられた(8)。

フランスは，2018年の法律で，従業員数に応じて段階的に，使用者に，男女間の賃金格差指数を，毎年，公表するよう義務づけた(9)。その指数とは，100ポイントを上限に，男女間の賃金格差の有無，昇給・昇進格差，給与等級上位の女性数などを判断基準として，算定される。指数総計が75ポイントに満たない企業は，3年以内に75ポイント以上になるように格差を是正し，それが達成されなければ，賃金総額の1%に相当する過料が課されることになる。

また，カナダは，1980年代から，ペイ・エクイティ法という名称の賃金格差是正法を，州ごとに制定してきたが，2018年には連邦法が成立した。連邦のペイ・エクイティ法は，一定規模を超える公私両部門の使用者に対して，職場内にペイ・エクイティ協議会を設置し，男女の賃金格差を是正する実行プランを作成し，不適切な賃金格差を調整することを義務づける法である(10)。

Ⅳ　新たな共同研究

1　プロアクティブな賃金格差是正立法への関心

以上に述べた諸外国の最近の立法動向を整理すると，賃金差別の被害者からの権利救済申立てをより実効あるものにすること（EUの指令案は，この特色が顕著である）と同時に，個人からの救済申立てを待つことなく，賃金格差を是正する一定の作為を使用者に義務づける傾向が，顕著にみられる。この後者の仕組みを，賃金格差是正の「プロアクティブモデル」と呼ぶことができる。プロアクティブモデルは，使用者に対して，企業内の男女賃金格差を把握し公表すること（透明化）を義務づけ，許容されない賃金格差が見出された場合には，是正のための行動プランを策定し，一定の期間内に賃金格差を是正・調整する

(8)　橋本陽子「ドイツにおける男女賃金格差是正の法理」季刊労働法273号（2021年）119頁以下参照。

(9)　野田進「フランスにおける男女間の職業的平等法制の構造と展開」季刊労働法273号（2021年）103頁以下。

(10)　所浩代「カナダにおける男女賃金平等法の体系」森ます美・浅倉むつ子編著『同一価値労働同一賃金の実現――公平な賃金制度とプロアクティブモデルをめざして――』（勁草書房，2022年近刊予定）69頁以下参照。

ように義務づけるものである。

冒頭で述べた2010年に行った共同研究で，私は，労働法グループとして，実効性のある賃金紛争解決システムのあり方について研究し，提案を行なった。しかし，個人による救済申立を前提とする紛争解決システムのみでは，賃金格差の縮小には限界があることは確かであろう。紛争に直面した労働者は，個人として申立てを行わねばならず，多大な努力を必要とするうえ，たとえ紛争が解決に至ったとしても，その効果は本人に及ぶだけで，職場全体の賃金格差構造が解消されることはない。

世界に目を向けると，この間，賃金透明化法やペイ・エクイティ法などの新たな立法動向が広がり，賃金格差を集団的に是正させる取組みがみられる。日本でもこのような動向にならう立法政策上の提言ができないだろうか。そのような問題意識を共有しつつ，数年前から取り組んできた新たな共同研究が，ようやく陽の目をみようとしている。『同一価値労働同一賃金の実現――公平な賃金制度とプロアクティブモデルをめざして――』[11]と題する近刊書がそれである。これは，森ます美・昭和女子大学名誉教授を研究代表とする2017年から3年間の科学研究費補助金による共同研究の成果である。

同書において「社会政策グループ」は，大手家電量販店A社の協力を得て，店舗の販売職（男性職）とレジカウンター職（女性職）の人々を対象に，職務内容や業務実態等についてインタビューを行ないつつ「職務評価調査」を実施した。職務評価システムは，得点要素法による4大ファクターと12のサブファクターから成るものである。そして，職務評価結果を多様な角度から分析したうえで，同一価値労働同一賃金原則にもとづく公平な賃金を算定して，A社の「同一価値労働同一賃金制度」を設計した。合わせて，昇級・昇給表，職務等級の定義と格付けルールによる職務等級説明書を作成して，職務評価にもとづくトータルな人事制度を提示する，という試みを行なった。この研究は，同一価値労働同一賃金原則にもとづく賃金制度の設計を提案したという点で，日本で初の試みといってよい。

一方，「労働法グループ」を中心とする研究（社会政策研究者も関与した）では，カナダの男女平等法制の全体を概観しながら，カナダがプロアクティブモデルを採用するに至った歴史的経緯や，賃金格差をめぐる苦情申立モデルとプ

(11)　森・浅倉編著・前掲注(10)。

ロアクティブモデルの違いを整理しつつ，プロアクティブモデルの到達点と評価しうるケベック州のペイ・エクイティ法の分析を行なった。また，オンタリオ州のペイ・エクイティ法について，ペイ・エクイティ事務局によるガイドラインにもとづき，法の目的，解釈の原則，適用対象，事業主の義務内容，ペイ・エクイティプランの作成・実施状況を論じた。オンタリオ州のペイ・エクイティ法は，組織化された職場におけるペイ・エクイティプランの作成と維持に労働組合を関与させるよう使用者に義務づけており，注目される。トロント大学の労働組合と大学が締結した労働協約にもとづく職務評価システムと賃金制度についても，考察を加えた。

日本の状況に目を転じれば，同一労働同一賃金を標榜する立法は登場したものの，労働契約法旧20条をめぐる判例を理論的に分析しても，この法制度に内包される法原則は，「同一労働同一賃金原則」ではなく，「均等・均衡原則」というべきものであろう。とはいえ，これを「同一価値労働同一賃金原則」に転換する環境変化がないわけではなく，そのひとつは，日本企業における「ジョブ型」雇用・賃金への動きである。そこに注目しつつ，導入しうる賃金制度の設計プロセスと基本的視点の提案も行った。そして最後に，賃金格差是正のためのプロアクティブモデルの立法構想を提案した。

2　前提としてふまえておくべきこと

この近刊書で私が担当した立法構想については，以下において簡単に言及しておきたい。これは，プロアクティブな法制としての「(仮称) 賃金格差是正推進法」の試案である。ただ，この試案を説明する前に，いくつかの前提としてふまえるべきことがある。

第1に，同一価値労働同一賃金原則を日本において実現するという目標が重要であり，この原則は，日本では，男女間および正規・非正規間において実現されねばならず，同一賃金が支払われる基準となるのは，労働者が従事する「労働」および「職務」でなければならない，ということである。

第2に，同一価値労働同一賃金原則を法的に履行させるには，賃金差別に関する個別救済手続きの充実化が重要でなければならない。賃金差別を受けた個人に対する救済を阻む現実が残っているかぎり，たとえ賃金格差が是正されたとしても，望ましい法状況が実現したとは到底いえないからである[12]。

第3に，プロアクティブな立法提案には，その「前提」となる法改正が必要とされる。プロアクティブ法制は使用者に積極的な作為を要請するが，その根拠となる法規定がなければ，単なる努力義務に終わってしまう。それは以下のような法改正である。箇条書きにしておきたい。

①　労働契約法に，労使関係において同一価値労働同一賃金原則が遵守されなければならないことを明文化する。具体的には同法3条2項で，「使用者は，賃金に関して，合理的な理由がある場合を除いて，同一価値労働同一賃金原則を遵守しなければならない」と明記する。

②　男女間の賃金平等については，労基法4条1項の性差別禁止規定を維持しつつ，2項に，同一労働・同一価値労働の男女には同一賃金が支払われねばならない，と規定し，また，均等法6条の事業主の差別的取扱い禁止事項に「賃金」を規定する。加えて，2010年の前共編著において提案した，職務評価能力をもつ独立専門家制度の導入を，再度，提案しておきたい。

③　正規・非正規間については，パート・有期雇用労働法の8条が定める「不合理と認められる相違を設けてはならない」を，「合理的と認められない相違を設けてはならない」と改正し，続けて，「基本給については，合理的と認められない相違の有無は，客観的で公正な職務評価を用いて判断されなければならない」と規定する。

3　賃金格差是正のためのプロアクティブモデルの提案

上記の「前提」をふまえたうえで，2つの段階に分けて，賃金格差是正のプロアクティブな立法構想を提案したい。

まず，部分的な法改正にとどめる第1段階の立法構想としては，男女賃金格差について，女性活躍推進法における事業主の状況把握項目中の必ず把握すべき基礎項目に，「男女の賃金の差異」を入れること，また，それを情報公表義務の対象項目にして，事業主に公表させることを提案する。同様に，職務に応じた待遇確保法において，正規・非正規労働者の「賃金の差異」を事業主が把握するように義務づけ，公表させる仕組みを盛り込む法改正を提案する。職務

---

(12)　この点では，前掲注(7)に示したEU指令案の第Ⅲ章（救済と履行）12条以下が参考になる。

に応じた待遇確保法は，現在はまったくの理念法であるため，女性活躍推進法のように，目的と基本理念を明確化しつつ，事業主に対する一定の義務づけを定める抜本的な改訂が必要である。

第２段階としては，これらの法律を包括的に組み替えた「(仮称) 賃金格差是正推進法」の制定を提案したい。それは以下のような内容となる。

第１に，「(仮称) 賃金格差是正推進法」において，事業主は，各事業所において，男女間にどの程度の賃金格差が存在するのかという「状況把握義務」を負う。職種，資格，雇用形態，就業形態などの指標により区分される雇用管理区分[(13)]ごとに，男女および正規・非正規の賃金を比較し，格差がある場合には，それを正当化する理由の有無について確認する。現在，女性活躍推進法においても，事業主による女性活躍状況の把握は雇用管理区分ごとに，男女別に実施されており[(14)]，これが参考になる。正当化理由の有無に関しては，男女ならびに正規・非正規の賃金格差を，職務の価値評価に照らして判断しなければならない。その場合には，４つの職務評価ファクター（「知識・技能」「責任」「負担」「労働環境」）の下に，実際の職務の特徴を参考にしたサブファクターを設定し，それぞれにウエイトを振り分けて，職務の価値を点数化する「得点要素法」を使用する。

第２に，事業主は，正当化理由がない場合には，男女間および正規・非正規間の賃金格差調整義務を負う。その調整は，女性や非正規の賃金額を引き上げる形で行われる。

第３に，従業員数が一定規模以上の事業主は，「賃金格差調整行動計画」を作成する。行動計画には，どのように賃金調整を実施するのかを明記して，最初の賃金調整の実施日，割り当てる調整額は賃金支払い総額のどの程度となるかを記載する。行動計画の作成は事業主の一存ではなく，後述する「労使委員会」を設置して，十分な協議のもとに行う必要がある。

第４に，事業主は，行動計画にそって賃金格差調整を実施する。実際に女性

---

(13)　この「雇用管理区分」とは，均等法の性差別禁止指針（平成18年厚労省告示614号）が述べる「職種，資格，雇用形態，就業形態の区分その他の労働者についての区分であり，当該区分に属している労働者について他の区分に属している労働者と異なる雇用管理を行なうことを予定して設定しているもの」をいう（均等法指針第２の１)。

(14)　「女性の職業生活における活躍の推進に関する法律に基づく一般事業主行動計画等に関する省令」(平成27年厚生労働省令162号) ２条。

や非正規労働者の賃金が引き上げられたか否かを監視・把握することはかなり難しいが，「労使委員会」がモニタリングの役割を果たすことを期待される。

第５に，事業主による賃金格差是正義務をモニタリングするためにも，事業所内における「労使委員会」の存在は不可欠である。労働組合のみならず，従業員側が，集団として，女性や非正規も参加しうるシステムを作ることが鍵になる。労働組合が組織されている職場では，労働組合も重要な役割として参加するが，組合員以外の委員の参加も必要であり，労働者委員として，非正規労働者や女性労働者が一定数以上参加することは不可欠である。

このプロアクティブな賃金格差是正のための立法化構想を，「夢物語」に終わらせたくはない。

12　女性活躍推進法における男女賃金格差開示義務

I　男女賃金格差の実情

男女間の賃金は，ジェンダー格差を示す最重要指標である。ちなみに，世界経済フォーラム（WEF）のジェンダーギャップ指数によれば，2022年，日本のジェンダー平等度は，146カ国中116位である[(1)]。4分野（政治，経済，教育，健康）のデータ指数が1に近いほど平等度が高いのだが，日本の場合，政治分野は0.061，経済分野は0.564にすぎない。経済分野では，世界で121位と低迷している。

2021年，日本の一般労働者の男女賃金格差は，男性の給与水準100に対して，女性は75.2だった[(2)]。OECD諸国の平均値と比較したとき，賃金の中央値（平均87.2，日本76.5），下位10％値（平均91.9，日本82.8），上位10％値（平均81.9，日本67.3）のいずれにおいても，日本の男女賃金格差は突出している[(3)]。

格差の主たる要因は，勤続年数の差と職階の差だといわれる[(4)]。だが，同じ勤続年数の男女間にも賃金格差があり，その差は勤続年数が長くなるほど拡大する[(5)]。また，同じ役職の男女間にも年収の差があり，女性割合が9.1％である部長級役職者では，男性の年収943.3万円に対して，女性の年収は780.0万円，格差は83.0％である[(6)]。同じ学歴の男女間の年収差もあり，正社員・正職員に限ってみても，この傾向は変わらない[(7)]。

日本では，とくに雇用形態が男女賃金格差の大きな要因である。女性労働者

(1)　World Economic Forum, Global Gender Gap Report 2022.
(2)　厚生労働省「2021年　賃金構造基本統計調査」。なお一般労働者とは，期間の定めなく就労している常用労働者のうち短時間労働者を除く者をいう。
(3)　内閣府男女共同参画局「今週の男女共同参画に関するデータ」（令和4年11月4日掲載）https://www.gender.go.jp/research/weekly_data/index.html#s05（2022年11月5日閲覧）。
(4)　厚生労働省「男女間の賃金格差問題に関する研究会報告書」（2002年11月29日）。
(5)　勤続年数が30年以上の場合には，所定内給与（月額）で約10万円の差がある。内閣府・前掲注(3)。
(6)　内閣府・前掲注(3)。
(7)　内閣府・前掲注(3)。

は半数以上が非正規雇用であるため，非正規を含むすべての給与所得者の平均年収を比較した統計では，男性532万円，女性293万円となり[(8)]，男性100に対して女性は55.0にすぎない。非正規労働者と正規労働者との賃金格差是正政策は，男女賃金格差を縮小する際の重要な鍵である。

Ⅱ　賃金透明化に関する近年の国際動向

もちろん，男女間賃金格差の縮小は簡単なことではなく，いずれの国も苦労を重ねてきた。今回，本誌の特集が組まれたのは，全世界的に，男女賃金格差縮小・是正のための立法政策が新たなフェーズに入ったからであろう。賃金透明化に関する法政策である。カナダについては，本誌掲載の所論文が，EUについては本誌掲載の黒岩論文が，それぞれ詳細な分析を行っており，参照いただきたい[(9)]。

各国の賃金透明化政策は，多彩な内容から構成されているが[(10)]，背景にある問題意識は，労働者による賃金情報の入手困難性である。賃金情報をめぐる労使間の非対称性が賃金差別の救済や格差是正を阻む要因となっているため，情報の透明化を図ることによって，同一価値労働同一賃金を推進し，潜在する男女賃金差別を是正しようというねらいである[(11)]。代表的立法には，①使用者の賃金格差報告義務，②使用者による賃金格差是正措置の実施，③労働者からの賃金情報開示請求，④それらへの労使の関与，などが含まれる。

賃金格差報告義務（①）は，一定規模以上の使用者に，男女間賃金格差に関する定期的な報告を義務づける。さらに使用者は，格差是正措置の実施（②）により，原因を分析して，縮小・是正のための行動計画の策定・実施を求められる。計画の実施は使用者の任意に委ねられることもあるが，第三者機構が関与して監査がなされる場合もある。

---

(8)　国税庁「民間給与実態統計調査結果」(2021年)。

(9)　ドイツについては，橋本陽子「ドイツにおける男女賃金格差是正の法理──賃金透明化法の制定までの展開と残された課題」季刊労働法273号（2021年）119頁以下，フランスについては，野田進「フランスにおける男女間の職業的平等法制の構造と展開」季刊労働法273号（2021年）103頁以下を参照のこと。

(10)　ILO, Pay Transparency Legislation: Implications for Employers' and Workers' Organizations, 2022.

(11)　Ibid, p.5. ドイツの賃金透明化法1条は，その目的を「男女の同一または同一価値労働に対する同一賃金原則を実現すること」と規定している。

労働者からの賃金情報開示請求（③）は，労働者が自分の賃金と同一労働もしくは同一価値労働の労働者グループの平均賃金等の情報を得て，差別の成否を確認する手段という意味をもつ。労使の関与（④）は，上記①から③のいずれとも関わる要請であり，いくつかの国では，賃金透明化手段の一部に労使協議が組み込まれている(12)。

今回，岸田政権が男女賃金格差を縮小するための新たな政策の実施に踏み切ったのも，これらの世界的動向に呼応する側面があった(13)。

Ⅲ　「男女の賃金の差異」情報開示決定に至る経緯

1　国会における質疑

2021 年 12 月 20 日の参議院予算委員会で，山添拓議員（共産党）は，非正規雇用を含む年間平均給与の著しい男女格差を示し，女性活躍推進法で男女賃金格差を開示している企業数を質問した。後藤茂之厚労大臣は，同法の一般事業主行動計画策定企業 2 万 7526 社のうち，女性活躍推進企業データベースに掲載されている行動計画で男女の賃金の差異について目標を掲げている企業は「少なくとも 7 社はある」，と回答した。山添議員はその数の少なさを批判しつつ，男女賃金格差 14%の EU で行われる賃金透明化政策は，格差 25%の日本でこそ必要ではないかと問い，岸田文雄首相は「基本的な方向として，女性の活躍……の情報公表の在り方についてしっかり考えていきたい」と答弁した(14)。

翌 22 年 1 月 17 日，第 208 回通常国会の施政方針演説で，首相は，「経済再生の要は，『新しい資本主義』の実現」であり，今後は，成長と分配の好循環によって「経済社会変革」の世界の動きを主導していく，と述べた。「新しい資本主義」の 2 本柱の一つ，「分配」では，①賃上げ，②人への投資，③次世

(12)　Ibid, p.11. ベルギーでは，労働協議会（works council）あるいは労働組合代表が，企業のジェンダー中立的賃金政策を評価するために，賃金分析報告を審査する。デンマークでは，賃金報告を労使間で議論する。スウェーデンでは，賃金監査は労働者代表と協力して行われる。ポルトガルでは，労働者代表と労働組合が，ジェンダー平等に関する外部機構に，賃金差別に関する意見発出を要請できる。

(13)　国会の質疑では，イギリスが 2017 年から従業員規模 250 人以上の企業に男女間賃金格差公表を義務づけたこと，フランスが 2018 年から従業員数 50 人以上の企業に男女別賃金公開を義務づけたこと，また，ドイツや EU 指令案の動向も紹介された。2021 年 12 月 20 日「第 207 回臨時国会参議院予算委員会議事録」16 頁。

(14)　前掲注(13)15～17 頁。

代の「中間層の維持」が掲げられ，この「中間層の維持」の取組みの一つに，世帯所得の引き上げが登場した。男女の賃金格差はここにおける大きなテーマで，「この問題の是正に向け，企業の開示ルールを見直します」と言及した。同年1月20日の衆議院本会議で，首相は「男女の賃金格差……の是正に向けて，有価証券報告書の開示項目にするなど，企業の開示ルールの在り方を具体的に検討してい」くと，さらに踏み込んだ答弁をした。

2　新しい資本主義のグランドデザイン及び実行計画

2022年6月7日に閣議決定された『新しい資本主義のグランドデザイン及び実行計画』では，「男女間の賃金差異の開示」が，「Ⅲ　新しい資本主義に向けた計画的な重点投資」の「1. 人への投資と分配」の「(5)　多様性の尊重と選択の柔軟性」の中の5つの施策の2番目に，位置づけられた(15)。

ここでは「男女間賃金格差の国際比較」(16)，「女性のパートタイム比率の国際比較」(17)の基礎資料が示され，女性活躍推進法に基づき，男女間賃金の差異の開示を義務化する際の6項目が，以下のように列挙された（「閣議決定6項目」）。

①　情報開示は企業単体ごとに行う。

②　男女の賃金の差異は，全労働者について，男性の賃金に対する女性の賃金の割合で開示を求め，正規・非正規雇用に分けて行う。

③　説明欄を設ける。

④　対象事業主は，常時雇用する労働者301人以上の事業主とする。

⑤　有価証券報告書の記載事項にも同様のものを開示する。

⑥　2022年夏に省令改正を実施して施行し，初回の開示は，同年7月の施行後に締まる事業年度の実績とする。

---

(15)　5つの施策は，①多様性の尊重，②男女間の賃金差異の開示義務化，③女性の就労の制約となっている制度の見直し等，④勤労者皆保険の実現，⑤勤務間インターバル・育休促進・転職なき移住等の働き方改革の推進である。

(16)　OECDの統計をもとに，正規・非正規雇用のフルタイム労働者の男女賃金格差の国際比較が示された。男性賃金の中央値より女性賃金中央値が低い割合は，日本22.5%，米国17.7%，カナダ16.1%，ドイツ13.9%，英国12.3%，フランス11.8%，イタリア7.6%である。

(17)　OECDの統計をもとに，女性のパートタイム比率の国際比較が示された。主たる勤務での労働時間が週30時間以下の労働者をパートタイム労働者とすると，女性パートタイム比率は，日本39.5%，ドイツ36.3%，英国34.5%，イタリア31.5%，カナダ24.5%，フランス19.7%，米国15.7%である。

3　労働政策審議会雇用環境・均等分科会における議論

女性活躍推進法の下での男女賃金の差異情報の開示をめぐる議論は，第49回（2022年6月17日）と第50回（6月24日）の労働政策審議会雇用環境・均等分科会で行われた。法改正ではなく，省令・指針等の改正についての議論である。

事務局からは，欧州の主要国に比べて，日本は男女賃金格差が相対的に大きいにもかかわらず，その開示が制度面でも遅れているとの認識が示され，上記「閣議決定6項目」について，以下のような説明がなされた。

第1に，企業単体ごとの情報開示は，女性活躍推進法のスキームにのっとっているためである。

第2に，賃金格差の実額ではなく割合が公表されるのは，英仏の例にならったものであり，正規・非正規の男女格差が開示されるのは，正規・非正規間の不合理な待遇格差の是正政策に対応している。

第3に，説明欄によって，企業は男女賃金格差の背景事情を記述して追加的説明を付すことが可能になる。たとえば，新卒女性の採用を増やしたため，前年より男女間賃金格差が拡大した，という事情などが想定される。

第4に，対象は労働者規模301人以上の事業主だが，それ以下の規模についても施行後の状況を踏まえ，検討する。

第5に，有価証券報告書の記載事項については，金融審議会での情報開示の議論や国際的な会計基準に合わせるという独自の流れがあった。

分科会では，公益委員から，①全従業員のデータにより全平均値を出すことは，企業に過度な負担を負わせるのではないか，②平均値より中央値でいくべきではないか，との意見が出たが，それ以外の明確な反対論は少なかった。事務局は，①金融商品取引法に基づく企業内容等の開示に関する内閣府令によって，有価証券報告書に記載する項目には，従業員数，平均年間給与（賞与を含む）があり，これらと同じデータを使えば事務負担は軽減されるはず，②イギリスは，基本給（時給換算した金額）と賞与について，男女の賃金の差異を中央値と平均値の両方で開示しているが，フランスでは，年間賃金について平均値を用いて男女の差異を計算し，スコア換算して開示しており，平均値を使うこともおかしくはない，という回答があった。

労働側委員は，「日本における男女間賃金格差の解消に向けた大変大きな一歩だ」と評価し，これまで慎重な姿勢を示していた公益委員も，「公表することの意義というものを確認して，前向きな議論に参加」することにした，と賛意を示した[18]。

これまでにも，女性活躍推進法で事業主に賃金格差の把握・公表を義務づけることについては，賛否の議論が繰り返されてきた。労働側委員は，男女の賃金格差は女性活躍の取組結果を測定する指標として有効であり，求職者にも有益な指標であることを強調した。一方，使用者側委員は，男女賃金格差の主な原因である勤続年数と職階の2項目はすでに基礎項目になっており，結果指標を盛り込む必要はない，公表した数字が独り歩きすることには懸念がある，と主張して反対してきた。しかし今回は一転して，前掲の国会審議を経た閣議決定により，法改正を経ずに省令，指針の改正によって，懸案事項の実現に至ったのである。

Ⅳ　女性活躍推進法における男女の賃金の差異をめぐる公表義務について

1　女性活躍推進法の規定

女性活躍推進法は，2015年に成立し，翌2016年4月1日に全面施行された。同法附則4条は施行後3年の見直し規定を定めており，2019年5月29日には法改正が行われた（施行は2022年4月1日）。この改正の要点は，以下の通りであった[19]。

第1に，行動計画の策定・届出義務が，常用労働者301人以上の一般事業主から101人以上の一般事業主に拡大され（法8条1項），100人以下の事業主は努力義務の対象になった（法8条7項）。第2に，「認定一般事業主」が一定の基準に適合している場合，「特例認定事業主」と認定されるようになった（法12条～15条）。第3に，情報公表義務を常用労働者101人以上の一般事業主にも拡大し（法20条2項），100人以下の事業主を努力義務の対象とした（法20条3項）。また，公表項目を「職業生活に関する機会の提供（機会提供）」と「職業生活と家庭生活との両立に資する環境整備（両立）」に分け，301人以上の事業主には両項目の定期的公表を義務づけ（法20条1項），101人～300人の事業主にはいずれか一方の公表を義務づけた。第四に，履行確保措置である報告の徴収，助言，指導，勧告の対象に，100人以下の「認定事業主」および「特例

(18)　以上は，第49回・第50回の労働政策審議会雇用環境・均等分科会議事録による。
(19)　この改正を紹介したものとして，神尾真知子「改正女性活躍推進法の意義と課題――さらなる改革に向けて――」季刊労働法270号（2020年）60～78頁がある。

認定事業主」も含むものとした（法30条）。さらに，企業名公表という制裁を新設した（法31条）。

この改正を経た現行法の下，民間事業主の義務を整理すれば，以下の通りである。101人以上の労働者を雇用する民間事業主は，女性活躍推進目的のため，①自社の女性の活躍に関する状況把握と課題分析を行うこと（8条3項），②課題を解決するための数値目標と取組みを定めた「一般事業主行動計画」を策定し，届出ること（8条1項），③それを周知，公表すること（8条4項・5項）が義務づけられている。また，一般事業主行動計画に基づく取組を実施し，目標を達成する努力義務がある（8条6項）。100人以下の事業主にとって，行動計画の策定・届出は努力義務である（8条7項）。

情報の公表については，301人以上規模の一般事業主は，女性活躍状況の「機会提供」と「両立」について定期的公表義務を負う（20条1項）。101人～300人の一般事業主は，上記いずれか1項目の定期的公表義務を負い（20条2項），100人以下の一般事業主は，上記いずれか1項目の定期的公表の努力義務を負う（20条3項）。

2　省令・指針の改正，通達の発出

2022年7月8日，女性活躍推進法の省令と指針の改正がなされ，即日，施行された。新たな通達も出た。これらの関係は**【表1】**に示す通りである。

一般事業主の「状況把握」，「目標設定」，「情報公表」の対象事項は，**【表2】**のとおり，「機会提供」と「両立」に分かれる。なお**【表2】**の（区）は「雇用管理区分」であり，厚生労働省はこれを，「職種，資格，雇用形態，就業形態等の労働者の区分であって，当該区分に属している労働者について他の区分に属している労働者と異なる雇用管理を行うことを予定して設定しているものをいう」としている。たとえば，①総合職，エリア総合職，一般職という区分，②事務職，技術職，専門職，現業職という区分，③正社員，契約社員，パートタイム労働者という区分，である[(20)]。

301人以上規模の一般事業主は，**【表3】**が示すように，女性活躍の「機会提供」と「両立」から必須項目を含め各1項目以上，それに加えて「男女の賃

---

(20)　厚生労働省雇用環境・均等局雇用機会均等課「女性活躍推進法に基づく『男女の賃金の差異』の公表等における解釈事項について（法第20条・省令第19条等関係）」（2022年9月15日）の「問6」参照。

【表1】男女の賃金の差異の開示の方針と省令等との関係性

<table>
<tr><th>令和4年改正・制定</th><th>規定する事項</th></tr>
<tr><td>平成27年厚生労働省令第162号</td><td>・情報公表項目へ「男女の賃金の差異」を追加（19条）
・常用労働者301人以上の企業に「男女の賃金の差異」の状況把握（2条1項）・公表（19条1項）義務
・「男女の賃金の差異」については，雇用管理区分ごとの状況・実績と，全労働者に係る状況・実績を，それぞれ，把握・公表（2条1項，19条2項）
・初回の情報公表は，2022年7月の施行後の締まる事業年度の実績を公開（令和4年附則3条）</td></tr>
<tr><td>事業主行動計画策定指針（平成27年内閣官房，内閣府，総務省，厚生労働省告示第1号）</td><td>・情報公表項目に「男女の賃金の差異」を追加
・「男女の賃金の差異」の具体的な計算方法等は厚生労働省雇用環境・均等局長が定めること（第2部第2の6(2)）</td></tr>
<tr><td>通達「男女の賃金の差異の算出及び公表の方法について」（令和4年7月8日雇均発0708第2号）</td><td>・「男女の賃金の差異」を公表することの趣旨
日本の男女間賃金格差の状況が他の先進国と比較して依然として大きい状況を踏まえて義務づけることとした
「男女の賃金の差異」は結果指標だが，相対的なものであるため，「説明欄」の活用が重要
「男女の賃金の差異」の数値の大小に終始せず，女性活躍推進法に基づく取組みが重要であること
・「男女の賃金の差異」の公表の区分を，全労働者，正規雇用労働者，非正規労働者の3区分にすること
・「男女の賃金の差異」の算定に当たり必要となる要素の考え方（「労働者」，「賃金」，「差異」）
・具体的な計算方法，開示のイメージ：全労働者，正規，非正規それぞれについて，女性の平均年間賃金を男性の平均年間賃金で除して100を乗じて得た数値（パーセント）を男女の賃金の差異とする。イメージは，次の通り。
<table><tr><th></th><th>男女の賃金の差異</th></tr><tr><td>全ての労働者</td><td>XX.X%</td></tr><tr><td>うち正規雇用労働者</td><td>YY.Y%</td></tr><tr><td>うちパート・有期労働者</td><td>ZZ.Z%</td></tr></table></td></tr>
</table>

（「第50回労働政策審議会雇用環境・均等分科会資料3」に浅倉が手を加えて作成）

【表２】女性活躍推進法における一般事業主の「状況把握」,「目標設定」,「情報公表」の対象事項

	状況把握（省令２条）・目標設定（省令２条の２）⇒「機会提供」16 項目＋「両立」８項目から選択。 **ゴチック**⇒状況把握に関する４つの必須項目＋（301 人以上事業主には男女の賃金の差異も必須項目）。目標設定には必須項目なし。（区）は雇用管理区分。（派）は派遣労働者。	情報公表（省令 19 条１項）⇒「機会提供」９項目＋「両立」７項目から選択。 **ゴチック**⇒男女の賃金の差異（リ）は 301 人以上企業の必須項目
「機会提供」	（省令２条１項） **１号　採用した労働者に占める女性労働者の割合（区）** ５号　男女別の採用における競争倍率（区） ６号　労働者に占める女性労働者の割合（区）（派） ７号　男女別の配置の状況（区） ８号　男女別の将来育成を目的とした教育訓練受講状況（区） ９号　職場風土等に関する意識（区）（派） **４号　管理職に占める女性労働者の割合** 16 号　各職階における女性割合および役員に占める女性割合 17 号　男女別の一つ上の職階へ昇進した労働者割合 18 号　男女の人事評価の結果における差異（区） 19 号　セクハラに関する相談窓口への相談状況（区）（派） 20 号　男女別の職階・雇用形態の転換実績（区）（派） 21 号　男女別の再雇用・中途採用実績（区） 22 号　男女別の職種・雇用形態の転換者，再雇用・中途採用者を管理職へ登用した実績 23 号　非正社員の男女別のキャリアアップ研修の受講状況（区） **24 号　男女の賃金の差異（区）**	（省令 19 条１項１号） イ　採用した労働者に占める女性労働者の割合（区） ロ　男女別の採用における競争倍率（区） ハ　労働者に占める女性労働者の割合（区）（派） ホ　管理職に占める女性労働者の割合 ニ　係長級にある者に占める女性労働者の割合 ヘ　役員に占める女性の割合 ト　男女別の職階・雇用形態の転換実績（区）（派） チ　男女別の再雇用・中途採用の実績 **リ　男女の賃金の差異**
「両立」	（省令２条１項） **２号　男女の平均継続勤務年数の差異（区）** 10 号　10 年前に採用された労働者の男女別継続雇用割合（区） 11 号　男女別育児休業取得率および平均取得期間（区） 12 号　男女別仕事・家庭両立支援制度の利用実績（区） 13 号　男女別柔軟な働き方に資する制度の利用実績 **３号　労働者の各月ごと平均残業時間状況** 14 号　雇用管理区分ごとの各月平均残業時間状況（区）（派） 15 号　有給休暇取得率（区）（派）	（省令 19 条１項２号） イ　男女の平均継続勤務年数の差異 ロ　10 年前に採用された労働者の男女別継続雇用割合 ハ　男女別育児休業取得率（区） ニ　労働者の１月当たり平均残業時間 ホ　雇用管理区分ごとの１月当たり平均残業時間（区）（派） ヘ　有給休暇取得率 ト　雇用管理区分ごとの有給休暇取得率（区）

（「第 49 回労働政策審議会雇用環境・均等分科会資料１」17 頁に浅倉が手を加えて作成）

【表3】　男女の賃金の差異の開示方針

・常用労働者数が301人以上規模の企業→3項目以上の開示義務。
　　① 男女の賃金の差異（必須）
　　② 「機会提供」8項目から1項目以上選択，
　　③ 「両立」7項目から1項目以上選択
・常用労働者数が101人〜300人の企業→1項目以上の開示義務。
　　16項目（賃金の差異＋機会提供8項目＋両立7項目）から1項目以上選択
・常用労働者1人〜100人の企業→努力義務

金の差異」について，状況把握と公表が義務づけられた。指針は，「男女の賃金の差異」の具体的な計算方法については，厚生労働省雇用環境・均等局長が定めるものとした（指針第2部第2の6⑵）。これを受けて出された「通達」をみておこう。

通達は，「公表」の趣旨について，①日本の男女間賃金格差が他の先進国と比較すると依然として大きいことから，さらなる縮小を図るために公表を義務づける，②「男女の賃金の差異」は有効な指標だが，女性活躍状況の進展によっては相対的に変動するため，事業主は「説明欄」を活用することが重要である，③数値はその大小のみではなく，人々が説明欄も注意深く理解するよう，厚労省も周知啓発する，④事業主は男女の賃金の差異の数値を活用しながら，その要因を分析し，女性活躍の取組を点検して改善を検討することが重要である，と述べる（第1）。

「男女の賃金の差異」は，全ての労働者，正規雇用労働者，非正規雇用労働者の3つの区分によって公表される。賃金以外の情報公表項目は雇用管理区分ごとの公表が求められるが，「男女の賃金の差異」は，より大括りの区分である。ただし「さらに詳細な区分により，男女の賃金の差異の公表を任意に行うことは，何ら差し支えない」（第2⑶）。また「男女の賃金の差異」は，男性に対する女性の賃金の割合で示される。通達は，対象期間を必ず注記すること，その他の算出の前提重要事項（たとえば，賃金から外した手当がある場合には，その具体的な名称）を記すことが望ましい，とする。

「男女の賃金の差異」の算定に必要な「要素」のうち「賃金」とは，労基法11条の賃金をいい，「労働の対償として使用者が労働者に支払うすべてのもの」である（第3(2)）。ただし，退職手当は，年度を超える労務の対価という性格を有することから，また，通勤手当等は，経費の実費弁償という性格を有することから，個々の事業主の判断により，それぞれ「賃金」から除外する取扱いとして差し支えない。

公表の方法は，他の情報公表項目と同じく，厚生労働省が運営する「女性の活躍推進企業データベース」や自社ホームページなどにより，求職者が容易に閲覧できるようにすることが求められている。

共通の計算方法で算出した数値とは別に，他の方法により算出した数値を公表する場合には，事業主が追加的な情報公表を行うことが重要とし，通達には，その具体例がいくつか示されている。

第1は，「自社における男女の賃金の差異の背景事情の説明」であり，たとえば女性活躍推進の観点から，女性の新規採用者を増やした結果，相対的に賃金水準の低い女性労働者が増加し，一時的に女性の平均年間賃金が下がったという事情の公表などである。

第2は，勤続年数や役職などの属性をそろえた公表である。たとえば5年ごとの勤続期間を設定して，各区分に該当する労働者について，男女の賃金の差異を算出する場合や，役職ごとに，それぞれ該当する労働者について，男女の賃金の差異を算出する場合などである。

第3は，より詳細な雇用管理区分において算出した数値の公表である。正規雇用労働者を，さらに正社員，職務限定正社員，勤務地限定正社員，短時間正社員等に区分したうえで，それぞれの区分において男女の賃金の差異を算出して公表する場合などである。

第4は，パート・有期労働者に関して他の方法により算出した数値の公表である。契約期間や労働時間が短い非正規労働者を多数雇用している事業主が，正規雇用労働者，非正規雇用労働者それぞれの賃金を時給換算して，男女の賃金の差異が小さい場合にはそれを追加情報として公表することもある。

第5は，時系列での公表である。時系列で複数年にわたる変化を示すことにより，事業主の取組みの推進を説明することもあるとされる。

V　若干の評価

今回の省令・指針改正は，男女賃金格差の縮小・是正政策として，どのように評価されるだろうか。事業主による「男女の賃金の差異」の状況把握・公表義務は，法によって担保されている。一般事業主が，「男女賃金の差異」について虚偽報告をした場合や，301人以上の企業が差異の公表をしない場合には，厚生労働大臣（法32条により，この権限は都道府県労働局長に委任される）が報告を求め，または助言，指導，勧告をすることができる（法30条）。勧告を受けた事業主がこれに従わなかった場合には，企業名を公表できる（31条）。また，30条で労働局から求められた報告をせず，または虚偽報告をした場合には，20万円以下の過料に処せられる（法39条）。「男女賃金の差異」に正規・非正規区分が盛り込まれたことは，日本の賃金格差に多大な影響を及ぼしている事実の反映であり，これもまた，評価できる。

一方，賃金の差異が，全労働者，正規労働者，非正規労働者ごとの男女比で示されるだけでは，格差の実態は見えてこない。最下層にある非正規女性が被る賃金格差は，非正規男性との差異としてしか把握されないからである。男女間の賃金格差の実態を反映するには，賃金額の開示がもっとも有効であるが，もし割合によって公表するのであれば，正規労働者男性の賃金を100として，正規労働者女性，非正規労働者男性，非正規労働者女性の賃金を割合として表示しなければ，実情はみえてこない。また，より詳細な雇用管理区分ごとの情報は任意把握対象とされているが，「総合職と一般職」の格差や「嘱託とパート」の格差など，男女間で賃金額が大きく異なる雇用管理区分は，賃金格差の実態把握として，不可欠な情報である。

以上のような限界はあるが，今回，301人以上の企業に「男女の賃金の差異」の状況把握，実績公表が義務づけられたことは，男女賃金格差縮小・是正に向けた一歩であることは間違いない。客観的な数字により，企業間の比較対照が可能になるからである。

しかし，大きな問題が残されている。一般事業主行動計画の数値目標には必須項目がなく，「男女の賃金の差異」の縮小が行動計画において目標化される保証はない。国会質疑では，行動計画で男女間賃金格差を数値目標にしている企業はたった7社，という事実が示されたが（3(1)），この実情が変化する確証がないかぎり，賃金格差縮小効果は期待できない。たしかに「行動計画」の届け出は義務化され，現状でもほとんどの事業主が届出を行っているとはいえ(21)，その内容に関するモニタリングはない。もし今後，行動計画に「男女賃

(21)　2022年9月末現在，女性活躍推進法に係る一般事業主行動計画策定届出状況は，

金の差異」の縮小を数値目標に掲げる企業が増えたとしても，目標達成や計画の実現は努力義務にすぎないため，やはり格差是正が実現するかどうか，確実とはいえない。

2019年の女性活躍推進法改正時に，神尾真知子は，本法ではPDCAサイクルの「STEP4」である「取組の実施」や「効果の測定」は努力義務にすぎない，と批判したが(22)，男女の賃金の差異についても同じ批判が成り立つ。情報の開示義務だけでは，男女賃金格差の是正政策としては限界があるといわねばならない。

Ⅵ　男女賃金格差の縮小・是正のために

1 「男女の賃金の差異」の開示をどう利用するのか

この限界性を認識したうえで，今回の省令等改正を少しでも実効性あるものにするには，労働組合の取り組みが重要である。公表された賃金格差の詳細な実態を分析し，男女賃金格差が経年的に縮小方向に向かっているか否か，モニタリングする役割は労働組合が担い，団体交渉で追求する課題とすべきである。格差要因の分析には，事業主のみではなく，労働組合も積極的に関与すべきであろう。

労働組合も利用できるツールがある。厚生労働省は，省令等改正にあたり，男女の賃金の差異の「数字」のみを切り取って比較するのではなく，説明欄の記載内容を見極める必要があると述べたが，同時に，数字自体が何に由来するのかを分析することが大事とも指摘した(23)。その分析に役立つツールとして，①2010年の男女間賃金格差の分析ツール(24)，②2015年の女性活躍推進法の一般事業主行動計画策定支援ツール(25)がある。これら二つのツールを使いながら，人事労務データの収集や整理・統合を行い，「そこから現在の課題として何がみえてくるのかを考えてみる」ことを，通達は求めている（通達第1(4)(5))。この作業を，事業主に任せるだけではなく，労働組合も情報を得ながら，課題の

101人以上の企業で96.0%，301人以上の企業では97.8%にものぼる。

(22)　神尾・前掲注(19)70頁。

(23)　2022年6月24日「第50回労働政策審議会雇用環境・均等分科会」における石津雇用機会均等課長の発言。同分科会「議事録」より。

(24)　2010年「男女間賃金格差解消に向けた労使の取組支援のためのガイドライン」。

(25)　これは，「策定支援マニュアル」と，マニュアルで示された手法により課題分析を行うために必要なデータの入力を支援する「入力支援ツール」からなる。

分析やその解決のための取組みに関与すべきである。

上記①との関係で，厚生労働省は，ポジティブ・アクションを推進するための業種別「見える化」支援ツールも作成・公表している[26]。興味深いことに，たとえばスーパーマーケット業の「見える化」支援ツールには，スーパーマーケット業界の業界平均値，上位企業平均値，下位企業平均値が，「参考」として示され，「平均賃金指数」（男性労働者平均賃金に占める女性労働者平均賃金の割合）が設定されている。スーパーマーケット業界の業界平均値は75.6，上位企業平均値は83.2，下位企業平均値は67.8である。このように業界ごとの男女間の平均賃金指標が明らかにされているからには，女性活躍推進法で公表される男女賃金の差異に関する企業内の平均賃金指標が，業界平均指標とどれほどの落差があるのか把握できる。その変化についても把握しながら，企業内の男女賃金格差の縮小・是正に取り組み，結果をモニタリングしていくことは効果的であろう。このようなモニタリングは，いますぐにでも可能である。労働組合の取組みに期待したい。

2　将来の立法構想に向けて

男女賃金格差を縮小・是正するための立法政策として，私は，2022年2月出版の共編著[27]において，以下のような提案をした。

第1段階の部分的法改正で，女性活躍推進法における事業主の状況把握・情報公表項目に，男女間の賃金格差を盛り込むことを提案し，同時に，「職務に応じた待遇確保法」に，正規・非正規労働者の「賃金の差異」を，事業主の状況把握・公表項目として盛り込む提案をした。

第2段階としては，これらの法律を包括的に組み替えた「（仮称）賃金格差是正推進法」の制定を提案した。法の名称にこだわる必要はないが，以下の内容を含む法政策の提案である。

第1に，事業主は，各事業所における男女間賃金格差につき，職種，資格，雇用形態，就業形態などの指標によって区分される雇用管理区分ごとに，男女

(26)　平成23年度作成分（百貨店業，スーパーマーケット業，情報サービス業），平成24年度作成分（製造業〔電機・電子・情報通信分野〕，製造業〔加工食品分野〕，地方銀行業），平成25年度作成分（製薬業，旅行業，クレジット業），平成26年度作成分（建設業，信用金庫業，貿易・商社業）が公表されている。

(27)　森ます美・浅倉むつ子編著『同一価値労働同一賃金の実現――公平な賃金制度とプロアクティブモデルをめざして――』（勁草書房，2022年）248頁以下。

および正規・非正規の賃金の「状況把握義務」を負う。賃金格差がある場合，事業主には，その正当化理由の有無について確認することが要請される。事業主は，男女ならびに正規・非正規の賃金格差を，職務の価値評価に照らして判断しなければならず，その際には，国際社会で推奨されている「職務評価」の手法が利用されるべきである(28)。

第2に，正当化理由がない場合には，事業主は，男女間および正規・非正規間の賃金格差調整義務を負う。その調整は，女性や非正規の賃金額を引き上げる形で行われる。

第3に，一定規模以上の事業主には「賃金格差調整行動計画」の策定義務を課す。そこでは，どのように賃金調整を実施するのかを明記して，最初の賃金調整の実施日，割り当てる調整額が賃金支払い総額のどの程度になるのかを記載する。行動計画の作成は事業主の一存ではなく，「労使委員会」を設置して，十分な協議の下に行われるべきである。

第4に，事業主は，行動計画にそって賃金格差調整を実施する。女性や非正規労働者の賃金引き上げが実現したか否かの評価・監視については，「労使委員会」がモニタリングの役割を果たすよう期待される。「労使委員会」は事業所内に設置され，労働組合のみならず，従業員側が集団として，女性や非正規労働者も参加しうるシステムでなければならない。労働組合がある職場では，労働組合も重要な役割を果たすが，組合員以外の委員の参加も必要であり，非正規労働者や女性労働者の一定数以上の参加は不可欠である。

「職務評価」については，厚生労働省も導入を推奨しており，現在，正社員とパート・有期労働者の基本給の均等・均衡待遇を客観的に確認する手法として，「職務評価を用いた基本給の点検・検討マニュアル」が公表されている(29)。ただし，国際的に推奨されている職務評価と比較した当該マニュアルの問題点については，本誌特集の森論文の分析を参考にしていただきたい。

いずれにせよ，今日，諸外国が導入している賃金透明化法の目的は，本稿冒

(28) 4つの職務評価ファクター（「知識・技能」「責任」「負担」「労働環境」）の下に，実際の職務の特性を参考にしたサブファクターを設定し，それぞれにウェイトを振り分けて，職務の価値を点数化する「得点要素法」である。詳しくは，本特集の森論文を参照して欲しい。

(29) 当初，このマニュアルは「パートタイム労働者の納得度を高め能力発揮を促進するために──要素別点数法による職務評価の実施ガイドライン──」（2012年11月）として公表され，今日に至っている。

頭でも述べたように，賃金情報を透明化することによって「男女同一労働・同一価値労働原則の実現」をはかるところにある。日本では，同一価値労働同一賃金原則の実現という政策目的はほとんど重視されていないが，今回の男女間賃金格差の開示義務化を契機に，もう一度，賃金格差縮小・是正にあたりこの原則の実現が不可欠な課題であることに，関心が向けられるべきである。

第4章　ジェンダー視点による「働き方改革」批判

13　雇用分野のジェンダー不平等はなぜ解消されないのか

Ⅰ　はじめに

雇用分野のジェンダー不平等は，今なお解消していない。女性の年齢階級別就業率のM字型カーブは顕著に残っている。第1子出産を機に退職する女性が6割いるという事実は，日本のジェンダー不平等を示す大きな特色である[(1)]。一般労働者の所定内給与の男女格差は，男性100に対して女性74.8となお大きく（2014年）[(2)]，非正規労働者比率も，男性の21.8％に比較して女性は56.7％と半数を超えている[(3)]。管理職女性比率は低迷しており，課長相当職の女性割合は6.0％，部長相当職の女性割合は3.6％に過ぎない[(4)]。均等法が制定されて30年が経つというのに，これほど著しいジェンダー不平等は，いったい何を要因としているのだろうか。

Ⅱ　雇用におけるジェンダー不平等の主な要因

大きなジェンダー不平等をもたらしている要因を2点，指摘したい。第1は，日本社会に根強い性別役割分業である。家事・育児責任は，圧倒的に女性に集中している。夫の家事関連時間は1日67分，育児時間は39分でしかない[(5)]。欧米各国ではこの数字は，日本の2.5～3倍である。育児休暇取得率をみても，男性は2.30％，女性は86.6％という不均衡を示している[(6)]。明白に固定化されている性別役割分業が日本の女性労働のあり方を特色づけており，第1子出産

---

(1)　国立社会保障・人口問題研究所「第14回出生動向基本調査」(2010年)。
(2)　厚生労働省「平成26年版働く女性の実情」図表1-4-3。
(3)　厚生労働省「平成26年版働く女性の実情」図表1-2-12。
(4)　厚生労働省「平成25年度雇用均等基本調査」図2。
(5)　内閣府「平成26年版男女共同参画白書」49頁。
(6)　厚生労働省「平成26年度雇用均等基本調査」9頁。

図表1　女性の継続就業・出産と男性の家事・育児参加の関係

資料出所　第149回労働政策審議会雇用均等分科会（平成26年9月30日）参考資料より。

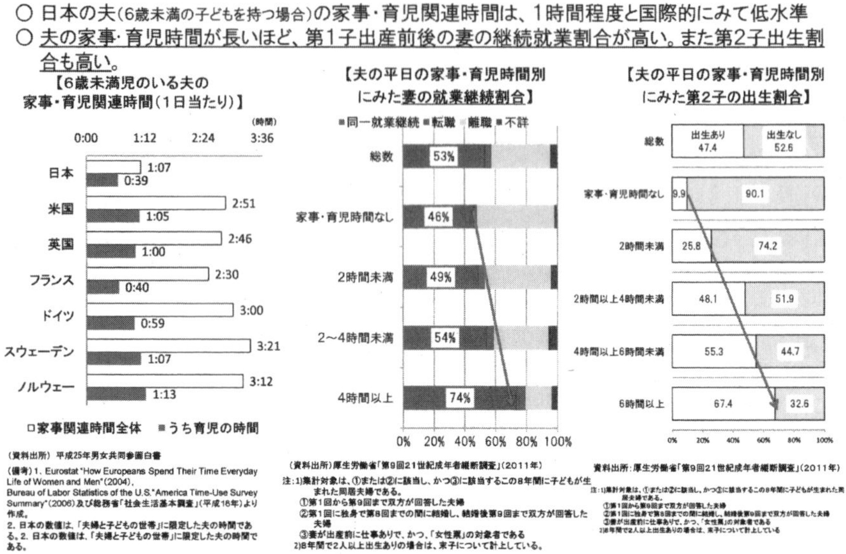

○ 日本の夫（6歳未満の子どもを持つ場合）の家事・育児関連時間は、1時間程度と国際的にみて低水準

○ 夫の家事・育児時間が長いほど、第1子出産前後の妻の継続就業割合が高い。また第2子出生割合も高い。

【6歳未満児のいる夫の家事・育児関連時間（1日当たり）】

	家事関連時間全体	うち育児の時間
日本	1:07	0:39
米国	2:51	1:05
英国	2:46	1:00
フランス	2:30	0:40
ドイツ	3:00	0:59
スウェーデン	3:21	1:07
ノルウェー	3:12	1:13

（資料出所）平成25年男女共同参画白書

（備考）1. Eurostat "How Europeans Spend Their Time Everyday Life of Women and Men"(2004), Bureau of Labor Statistics of the U.S."America Time-Use Survey Summary"(2006)及び総務省「社会生活基本調査」（平成18年）より作成。

2. 日本の数値は、「夫婦と子どもの世帯」に限定した夫の時間である。2. 日本の数値は、「夫婦と子どもの世帯」に限定した夫の時間である。

【夫の平日の家事・育児時間別にみた妻の就業継続割合】

	同一就業継続
総数	53%
家事・育児時間なし	46%
2時間未満	49%
2～4時間未満	54%
4時間以上	74%

（資料出所）厚生労働省「第9回21世紀成年者縦断調査」（2011年）

注：1)集計対象は、①または②に該当し、かつ③に該当するこの8年間に子どもが生まれた同居夫婦である。

①第1回から第9回まで双方が回答した夫婦

②第1回に独身で第8回までの間に結婚し、結婚後第9回まで双方が回答した夫婦

③妻が出産前に仕事ありで、かつ、「女性票」の対象者である

2)8年間で2人以上出生ありの場合は、末子について計上している。

【夫の平日の家事・育児時間別にみた第2子の出生割合】

	出生あり	出生なし
総数	47.4	52.6
家事・育児時間なし	9.9	90.1
2時間未満	25.8	74.2
2時間以上4時間未満	48.1	51.9
4時間以上6時間未満	55.3	44.7
6時間以上	67.4	32.6

資料出所：厚生労働省「第9回21世紀成年者縦断調査」（2011年）

注：1)集計対象は、①または②に該当し、かつ③に該当するこの8年間に子どもが生まれた同居夫婦である。

①第1回から第9回まで双方が回答した夫婦

②第1回に独身で第8回までの間に結婚し、結婚後第9回まで双方が回答した夫婦

③妻が出産前に仕事ありで、かつ、「女性票」の対象者である

2)8年間で2人以上出生ありの場合は、末子について計上している

時の女性退職率6割という数値を招いているのである。夫の家事・育児時間が長いほど，妻の第1子出産前後の継続就業割合は高いという事実から，女性の退職率を引き下げるには，夫が生活時間（育児時間）を取り戻すことが重要な対応策である（「図表1」）。ところが，育児期30代男性の5人に1人は週60時間以上働いている（「図表2」）。性別役割分業は，労働者の意識の単なる反映ではなく，日本の男性の働き方自体がもたらしているものである。

雇用分野のジェンダー不平等の第2の要因は，企業社会に根強く定着している制度や慣行である。多くの日本企業が採用している「職能資格給制度」では，査定（＝人事考課）の評価基準は「職務」ではなく，上司の裁量が大きい曖昧な基準，たとえば熱意，協調性，受容性等である。基準が曖昧であるほど，男性が圧倒的多数を占める管理職・上司のジェンダー観は，査定に反映されやすい。しかも，日本企業が既存の「人材活用の仕組みと運用」を強固に維持していることは明らかであり，労働者の格差化はそのために不可欠である。結果として，①勤務地，②職務，③労働時間のいずれも限定されないのが「正社員」，限定されるのが「非正社員」もしくは「限定正社員」という位置づけが強固に

図表2　長時間労働（男性・年齢階級別）

資料出所　内閣府仕事と生活の調和推進室（平成25年3月26日）より。

○男性・年齢階級別にみると、2005年以降は各年齢階級で減少傾向にあるが、一貫して30歳代の割合がもっとも高い。

●週労働時間60時間以上の就業者の割合（男性・年齢別）

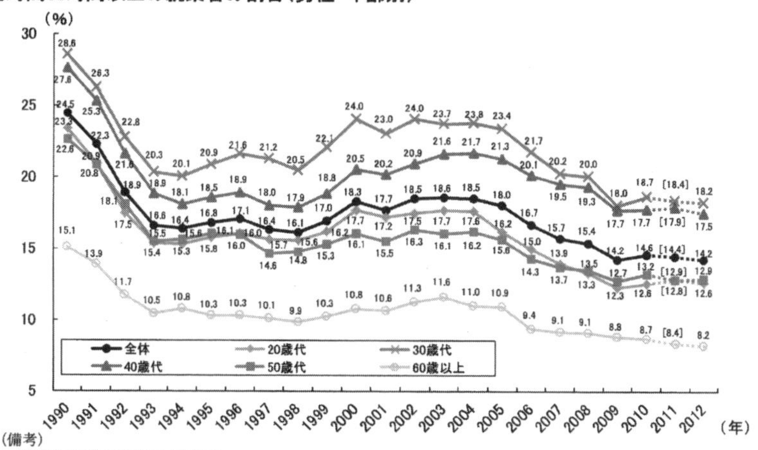

（備考）
1. 総務省「労働力調査」により作成。
2. 数値は、非農林業就業者(休業者を除く)総数に占める割合。
3. 2011年の[　]内の割合は、岩手県、宮城県及び福島県を除く全国の結果。

確立され，最高裁判決はこれを理論的に支えている（東亜ペイント事件・最二小判昭和61.7.14，日立武蔵事件・最一小判平3.11.28)。大企業には「コース別雇用制度」が存在し，入口段階から労働者をコース分けして格差を組み込んでいるが，その結果，総合職に占める女性割合は10％未満である(7)。正規／非正規格差も大きく，短時間・有期・派遣労働である非正規労働者は，不安定な雇用で，低賃金として位置づけられている。

企業は，しばしば，管理職比率の男女差は勤続年数の男女格差の結果にすぎないと主張するが，事実とはいえない。山口一男によれば，仮に男女の年齢・教育水準・勤続年数をそろえたとしても，男女の管理職比率の格差は2〜3割しか縮まらない。男性は，学歴に関わらず平等に管理職昇進が行われ，女性はほぼ一律に，管理職昇進トラックから外されているのが事実であり，女性を管

(7)　相澤美智子「均等法30年の法社会学的考察」日本労働法学会誌126号（2015年）108頁。

理職トラックから外す際に使われているのがコース別雇用制度である[8]。また企業は，女性管理職が少ないのは女性が管理職を希望しないからだ，とも主張する。しかし，これにも企業側の姿勢が関与している。武石恵美子によれば，女性の意欲は「職場の要因」によって左右され，とくに男女の昇進意欲に重要な役割を果たしているのは，上司のマネジメントのあり方である[9]。女性が管理職を希望しないという事実は確かにあるが，「昇進を望まない理由」には大きな男女差があり，女性の場合には，「仕事と家庭の両立が困難になる」「自分の雇用管理区分では昇進可能性がない」が多数を占めているのである（「図表3」）。家族責任を一手に引き受けている女性，昇進可能性がないコースに配置されている女性に「昇進を望め」ということ自体が，土台，無理な要請である。

図表3　昇進を望まない理由

資料出所　第149回労働政策審議会雇用均等分科会（平成26年9月30日）参考資料より。

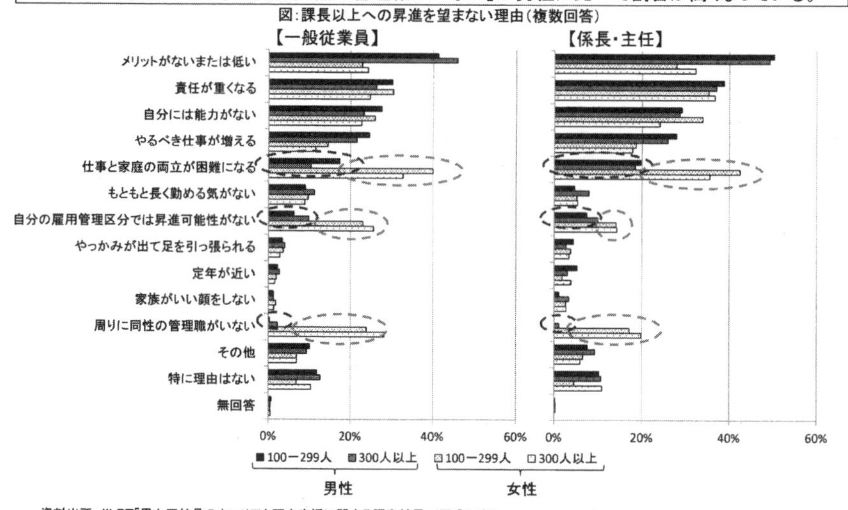

(8)　山口一男「ホワイトカラー正社員の管理職割合の男女格差の決定要因」日本労働研究雑誌648号（2014年）17頁以下。

(9)　武石恵美子「女性の昇進意欲を高める職場の要因」日本労働研究雑誌648号（2014年）33頁以下。

まとめてみれば，日本では，社会における根強い性別役割分業意識と企業内における表面的には性中立的な制度・慣行が，相互に影響しあいつつ，職域・職位のジェンダー不平等を引き起こしている。法はこれらにいかに対処してゆけるのかが課題である。

Ⅲ　労働法制はジェンダー不平等解消に効果的か

ワーク・ライフ・バランス政策と性差別禁止法制の変遷を図表4に示した。ジェンダー平等を志向するはずのこれら法制度上の日本的特色としては，以下の点をあげることができる。

第1に，企業社会に根強く定着している制度や慣行に踏み込む手法である間接差別禁止規定は，一応，存在するものの（均等法7条），行政指導の及ぶ範囲は省令によって3例に限定されており，きわめて不十分である（施行規則2条）[10]。

図表4　ジェンダー平等をめぐる労働法の変遷

ワークライフバランス政策	労働・ジェンダー平等をめぐる政策
	1985年　男女雇用機会均等法 女性差別撤廃条約批准 労働者派遣法 年金制度改革（第3号被保険者制度）
1991年　育児休業法	
	1993年　パート労働法
1995年　ILO156号条約批准	
	1997年　均等法改正（禁止規定化，セクハラ防止配慮義務，ポジティブ・アクション）
1999年　少子化対策推進基本方針	1999年　男女共同参画社会基本法
2002年　少子化対策プラスワン（男性も含めた働き方の見直し）	
2003年　少子化社会対策基本法 次世代育成支援対策推進法	
	2006年　均等法改正（間接性差別禁止，妊娠・出産差別禁止）
2007年　ワークライフバランス憲章	2007年　パート労働法改正（差別禁止規定）
	2012年　障害者雇用促進法改正（差別禁止）
	2012年　労働契約法改正（有期労働者差別禁止）
	2015年　女性活躍推進法

(10)　3例とは，①募集・採用に関して，労働者の身長・体重・体力を要件とすること，

第2に，妊娠・出産を理由とする不利益取扱禁止規定（均等法9条3項）および育児・介護を理由とする不利益取扱禁止規定（育介法10条）は存在するものの，両規定に関わる相談，紛争解決援助の申立，調停申請が圧倒的に多く，これら規定が十分に遵守されているとは言い難いことである(11)。マタニティ・ハラスメント事案も増えており，これらの不利益取扱いの根絶は重要課題である。

第3に，ポジティブ・アクションが均等法14条で認められているものの，これはあくまでも企業の自発性に委ねられており，義務ではない。ゆえにジェンダー不平等の是正にさしたる効果は期待できない(12)。

第4に，非正規雇用に関する法制は近年整備されてきてはいるものの，平等という観点からはなお未整備というべきである。

このように，法制度は徐々に整備されつつあるが，雇用制度に根強く定着している日本のジェンダー不平等の解消にとっては，なお十分ではない。とりわけ「差別禁止法制」に関しては改革が進展しないまま，どちらかといえばワーク・ライフ・バランス法制の育児介護支援のための法整備の充実傾向がめだつ現状である。

Ⅳ　ジェンダー不平等をめぐる判例法理の到達点

判例法理はどのような展開状況にあるのだろうか。図表5に示す代表的な裁判例を素材に，近年の法理の動向を分析しておこう。

---

②労働者の募集・採用，昇進・職種変更に関する措置で，住居の移転に応じることができることを要件とすること，③労働者の昇進に関して，異なる事業所に配置された経験を要件とすること，である。

(11)　平成26年度の均等法9条関係の相談（労働者から）は2251件（相談全体の18%），紛争解決申立受理件数は191件（48.2%），調停申請受理件数は18件（26.5%）であった。厚生労働省「平成26年度都道府県労働局雇用均等室での法施行状況」。

(12)　現にポジティブ・アクションを実施していると回答する企業の取組には，「人事管理基準を明確に定める」など，そもそも積極的改善措置に該当しないものも含まれており，効果には疑問がある。一方，2015年8月制定の「女性活躍推進法」は，301人以上の企業に「事業主行動計画」の策定と実施を義務づけるものであり一定の効果が期待されるが，それも労働者集団や行政によるモニタリングを伴うものでないかぎり，期待外れになりかねない。

図表5　性差別をめぐる判決

番号	名称	裁判所	判決日	掲載誌
1	秋田相互銀行事件	秋田地裁	1975年4月10日	労民集26巻2号388頁
2	日産自動車事件	最高裁	1981年3月24日	労判360号23頁
3	鈴鹿市役所事件	名古屋高裁	1983年4月28日	労判408号27頁
4	岩手銀行事件	仙台高裁	1992年1月10日	労判605号98頁
5	住友電工事件	大阪地裁	2000年7月31日	労判792号48頁
6	野村證券事件	東京地裁	2002年2月20日	労判822号13頁
7	東朋学園事件	最高裁	2003年12月4日	労判862号14頁
8	阪急交通社事件	東京地裁	2007年11月30日	労判960号63頁
9	兼松事件	東京高裁	2008年1月31日	労判959号85頁
10	昭和シェル石油事件	東京地裁	2009年6月29日	労判992号39頁
11	コナミデジタルエンタテインメント事件	東京高裁	2011年12月27日	労判1042号15頁
12	中国電力事件	広島高裁	2013年7月18日	労経速2088号3頁
13	医療法人稲門会（いわくら病院）事件	大阪高裁	2014年7月18日	労判1104号71頁
14	広島中央保健生活協同組合事件	最高裁	2014年10月23日	労判1100号18頁

（労民集＝労働関係民事判例集，労判＝労働判例，労経速＝労働経済判例速報）

1　明白な性差別的制度からコース別雇用へ

第1に，明白な男女別取扱は，いくつかの裁判を通じて違法な性差別と判断されている。男女別賃金表【判決1】，男女別定年制度【判決2】，家族手当の男女別支給基準【判決4】などが典型である。

第2に，男女別の取扱・運用の証拠が明らかとなっている場合には，性中立的な制度も，性差別として違法評価を受ける。同一の昇格基準の下で査定され，高評価を受けた男女12名のうち，女性1名のみが昇格しなかったという事案は違法とされた【判決8】。職能資格給制度の人事考課で高く評価されながらも，女性のみに昇格遅滞が生じていた事案では，男女別「職能資格滞留年数」の証拠書類が発見されたことが決定的証拠となって，違法と判示された【判決10】。

ところが第3に，男女別取扱や運用の決定的証拠がない場合には，統計的な男女格差が著しくとも，職能資格給制度下での低査定が性差別だという主張は，容易には認められない。【判決3】では，男性はほぼ例外なく上位の等級へ昇格しており，男女間に著しい昇格格差があったものの，裁判所は，任命権者には昇格に関する幅広い裁量があり，上司による原告の低査定（協調性の欠如が理由）は裁量権の濫用ではない，とした。市の所属長は，原告について「業務上の知識，判断力，正確さ，実行力等に関して良好と認めながら，他方で熱意，受容性，協調性，指導性に欠けるうえ，いささか独善的で対人関係にも難があり管理能力が低いと認め，総じて勤務成績が良好と言えないし能力も優れているとは言えないと評定し」ている。最近の事例である【判決12】については，後にとりあげる。

第4に，コース別雇用における賃金差別事案については，若干，様相は複雑である。紛争事案のほとんどは，男女別のコース振り分けによる「賃金差別」が争点だったが，裁判所は，当初，これを「採用・配置差別」の結果と把握する傾向にあった。ちなみに【判決5】は，原告らが採用された当時（昭和40年代）には，女性のみを定型的補助的業務に従事する社員と位置づけて採用したとしても，公序良俗違反とはいえないと判断した。その後【判決6】は，これを配置の問題ととらえたうえで，改正均等法が施行された1999年4月以降は，かかる配置も均等法6条違反になったと解し，不合理な差別として公序違反と判示した。【判決9】に至ってようやく，この問題は賃金差別と把握され，勤続期間・年齢・勤務内容や困難度に同質性があり，職務が相互に引き継がれている男女間の賃金に相当の格差があった場合には違法，との判示がなされた。ただし勤続期間が短く専門性が不必要な職務とみされた原告の救済は，否定された。

2　妊娠・出産・育児と不利益取扱い

近年，注目を集めている妊娠・出産・育児を理由とする不利益取扱いについて検討する。妊娠・出産・育児により当人の業務遂行能力に何ら影響が生じないにもかかわらず，不利益取扱いが行われるとすれば，これは妊娠等に関する「ステレオタイプ的な思い込み・偏見」であり，違法であろう。しかし多くの事案では，休暇の取得など一定の権利行使がなされたとき，すなわち一定の不就労状況もしくは業務遂行にかかる能力の減退が生じている場合が，問題になる。これらに伴う不利益取扱いの法的な評価はどうか，検討する。

休業明け・職場復帰後，なんら現実的な職務能力の低下はないにもかかわらず不利益処遇がなされることがあるが，かかる事案について，下級審の判決には揺れが見られる。育児休業明けの①担当業務変更，②役割等級の引き下げ，③年俸の減額につき，②と③は人事権の濫用と判断したものの，①は企業の裁量の範囲内として容認するという判断を示したのは，【判決11】である。一方，3カ月の育児休業を取得した男性看護師に対して，昇格試験の受験資格を認めず，職能給の昇格をさせなかったことは育介法10条違反，と判断した【判決13】もある。

最高裁は，育児等による休業期間について，賞与支給要件としての出勤率について欠勤扱いすることが，権利保障の趣旨を実質的に失わせるほどの不利益を与える場合には，公序良俗違反として許されない，という原則を示した【判決7】。これは「権利取得抑制効論」，すなわち権利取得を抑制しない程度の合理的な不利益であれば適法という判断であり，休暇期間に応じて比例的に賞与を減額させること自体は適法，とするものである。

最近，軽易業務への転換に伴う不利益取扱い（労働者が提供する職務の量または質は「低下している」といえる事案）について，最高裁は，労基法65条3項にもとづく軽易業務転換により降格されたという不利益取扱いを，原則として均等法9条3項違反とした【判決14】。ただし，①本人の自由意思による承諾がある場合，②降格なしに軽易業務へ転換することが業務上の必要性から支障がある場合など特段の事情がある場合には，違法評価を免れるとして，一定のルール化を図った。

以上を整理すれば，最高裁は，賞与の支給条件については，権利取得抑制効論をとりつつ，実際の不就労の程度に比例する一定の不利益取扱いを許容してきた【判決7】。一方，これまで下級審に判断を委ねてきた配置や役職の降格については，【判決14】を通じて，特段の事情がないかぎり，違法と評価すべきとの判断を下したものと考えられる(13)。私自身は，最高裁が賞与等につき採用している「権利取得抑制効論」自体を問題だと考えている。産休や育休など，法的な権利として保障されている休暇取得を理由とする不利益取扱いはいっさい許されるべきではなく，休暇期間は欠勤ではなく出勤したものとみなす取扱いをすべきであろう。

---

(13)　このような整理については，富永晃一「妊娠中の軽易業務転換を契機とする降格の均等法9条3項（不利益取扱い禁止）違反該当性」季刊労働法248号（2015年）173頁以下，参照。

3　中国電力事件

近年のジェンダー不平等をめぐる判例法理の中でもとくに，【判決12】について少し立ち入って検討しておきたい。使用者の人事権における「裁量」の大きさが平等取扱いのネックになっているという冒頭での指摘と呼応する事案だからである。

日本では，人事考課において，客観的に計測可能な「業務上の知識，判断力，正確さ，実行力」（【判決3】）や「業務の結果」（【判決12】）よりも，「熱意，受容性，協調性，指導性」（【判決3】）や「協力関係向上力，指導力」（【判決12】）の低評価が昇格否定の根拠とされることがある。この点，【判決12】に関して，統計学の観点から，「会社が提出した平成13年の賃金データでは，同期同学歴の男性83人，女性35人の計118人のうち，賃金の高い方から最初の54人はすべて男性で，55番目が女性であり，56番目から75番目まではまた男性，76番目以降が女性だった。もし男女が平等に扱われていたら，このような賃金格差が生まれた確率はどの程度だっただろうか？　これは1兆回に1回も起こらない」という明快な意見書が最高裁に提出された(14)。しかし2015年3月10日，最高裁は上告不受理の決定により，これに決着をつけた。

一方，2014年秋には，厚生労働省現役係長が「昇任」差別を提訴したと報道された。「男女間で昇任・昇格に違いがあるのは職場の女性差別が原因だとして，厚生労働省の現職女性係長が，国に約670万円の賠償と謝罪文の官報掲載を求める訴訟を東京地裁に起こした」とある(15)。中国電力事件と類似の問題が，公務の世界でも，未だに問われているのである。

従来，賃金差別訴訟における立証責任分配については，判例法理のなかで，ある程度ルール化がなされてきた。労働者が男女間の賃金格差の存在を証明すれば，それによって性差別の存在について一応の推定が成立し，これに対して使用者は，性別以外の賃金格差の合理的理由を立証する責任を負うというルールである（石崎本店事件・広島地判1996年8月7日，内山工業事件・岡山地判2001年5月23日，昭和シェル石油事件・東京地判2003年1月29日）。しかし【判決12】は，このルールを逸脱している。たしかに【判決12】の事案でも，性中立的な職能資格給制度における査定・評価基準を差別的に運用すれば，違法

---

(14)　山口一男＝宮地光子＝中野麻美＝浅倉むつ子「シンポジウム　日本の男女間賃金格差を縮小するために！」労働法律旬報1829号（2014年）山口一男発言13頁。

(15)　2014年10月21日毎日新聞。

性評価は免れないはずである。しかし，あいまいで抽象的な査定基準しかない場合には，その運用の性差別性の立証はほとんど不可能に近い。その場合には，統計的な大量観察の手法をとり（すなわち「男性集団」と「女性集団」を比較し），次に，格差の理由を使用者に証明させるしかない。反論として，被告は性差別的動機以外の動機（たとえば業務上の成績）を必ず持ち出すであろう。改めて，立証責任のルール化が必要である(16)。

V　おわりに

ジェンダー不平等を解消するために必要でありながらなお残されている法制度上の問題点は数多いが，そのうちのいくつかを指摘しておきたい。

第1に，差別禁止法制等の実効性の確保が不可欠である。雇用均等児童家庭局が管轄する均等三法（均等法，パート法，育介法）は，均等室への相談，都道府県労働局長による紛争解決援助，調停会議（機会均等調停会議，両立支援調停会議，均等待遇調停会議）への申立という実効性確保のしくみを用意している。しかし行政指導等は，どうしても紛争当事者双方の「譲り合い」「歩み寄り」をめざすものとなり，法に違反する行為を是正させる効果がほとんど期待できない。より判定的な機能を果たす仕組みが不可欠である(17)。

第2に，労働時間法制の問題がある。日本の男性の働き方が性別役割分業をもたらしていることは，冒頭に指摘したが，そもそも労基法は長時間労働を厳正に規制しうる仕組みになっていない。労使協定（労基法36条）により時間外労働はいくらでも可能であり，サービス残業の横行や弾力的労働時間制度の拡大（変形制，裁量労働制など）によって，労働者の生活時間は失われている現状にある。にもかかわらず，第189回国会に提出された労働基準法改正案は，「高度プロフェッショナル」という労働時間規制の適用除外範囲を拡大する内

---

(16)　相澤美智子は，性差別的動機とそれ以外の動機が競合してある雇用上の決定がなされた場合でも，被告は，非差別的理由が単に存在したということの証明だけではなく，自分のステレオタイプな考え方がバイアスを生み出さず差別をもたらさないような企業努力をしてきたことを具体的に示すべきである，として，アメリカの学説を紹介している。この考え方は妥当であり，日本でも導入すべきであろう。相澤美智子「中国電力事件広島高裁判決に関する意見書」労働法律旬報1831号（2015年）81頁以下。

(17)　内藤忍「妊娠・出産・育児等を理由とした不利益取扱いに関する行政の紛争解決制度の利用事例」労働法律旬報1835号（2015年）32頁以下，神尾真知子「男女雇用機会均等法の立法論的課題」日本労働法学会誌126号（2015年）127頁以下参照。

容であった。これでは，ますます日本の労働者の働き方は「ケアレス・マン」モデルになっていくに違いない。法規制を緩和することなく，いっそう規制を強化する方向でないかぎり，ジェンダー平等はありえない[18]。

第3に，ジェンダー平等を達成するためには，賃金制度改革も不可欠である。職務にねざした賃金制度を追求し，最低限，訴訟になったときには，同一価値労働同一賃金原則を裁判規範としうるような仕組みづくりが必要と考える[19]。

(18)　毛塚勝利＝浜村彰＝浅倉むつ子＝龍井葉二「座談会・いまなぜ生活時間なのか？」労働法律旬報1849号（2015年）6頁以下参照。

(19)　浅倉むつ子「日本における同一価値労働同一賃金原則実施システムの提案」西谷敏＝和田肇＝朴洪圭編著『日韓比較労働法1労働法の基本概念』（旬報社，2014年）237頁以下参照。

14　労働時間法制のあり方を考える――生活者の視点から

I　労働時間を規制する目的

長時間労働からの解放は，長い間，労働者にとって最大の要求項目だった。とくに1日8時間労働は，労働運動が達成すべき労働条件の中でも，もっとも基本的かつ重要な原則である。それだけに，ILOは，1919年10月の最初の総会で1日8時間または週48時間労働原則を議題としてとりあげ，ほぼ全会一致で（83対2，棄権1），「工業的企業における労働時間制限条約」（第1号条約）を採択した。この条約は，労働時間は1日8時間・1週48時間を超えてはならないと規定するが，そこには「8時間は労働に，8時間は休息（睡眠）に，8時間は自由時間に」という，1日24時間を3等分する考え方がある。ロバート・オーウェンが提唱したといわれるこのスローガンは，「8時間の休養」と「8時間の自由時間」という，労働時間の法規制の思想を示している。8時間労働制は，労働者の健康・生命の保持と同時に，労働者が趣味や社会活動に参加しうる豊かな生活の実現を目的とする。

その後，労働時間規制は更に進んで，1930年には，商業と事務所における8時間労働を定めるILO第30号条約が，1935年には週40時間制を定める第47号条約が採択された。1960年代からは，ヨーロッパ諸国で週40時間労働制に向けた運動が活発化して，週休2日制が実現し，1980年代には，長引く不況の下で生じた失業率の高騰に対応するワークシェアリング（仕事の分かち合い）の要請から，週35時間労働制が実現していった。ここにおいては，雇用創出という目的をもって労働時間短縮が行われた。

以上のように，労働時間を規制する目的には，①労働者の健康保護，②家族的・社会的・文化的な生活保障，③雇用の創出（労働者連帯）など，多様なものが存在する。

Ⅱ　長時間労働の常態化と労働者の健康危機

法規制を検討する前にまず，現在の日本の労働時間の実情をみておこう[(1)]。統計によれば，1980年代半ばに2100時間もあった年間総実労働時間は，減少傾向にあるといわれている。「表1」の左下のグラフによれば，年間総実労働時間は，1995(平成7)年には1910時間，2000(平成12)年には1853時間，2005(平成17)年には1802時間であり，たしかに減少している。ただし，これはみせかけの数値にすぎない。なぜなら，この統計は，パートタイム労働者を含むものだからである。

「表1」の右下のグラフから，日本ではパートタイム労働者の比率が急増していることがわかる。統計による総実労働時間の減少傾向は，結局は，全労働者に占めるパートタイム労働者の割合が高まったことの反映にすぎない。この

表1　年間総実労働時間の推移

年間総実労働時間は減少傾向で推移しているが、これは一般労働者（パートタイム労働者以外の者）についてほぼ横ばいで推移するなかで、平成8年頃からパートタイム労働者比率が高まったこと等がその要因と考えられる。
なお、平成21年には、前年秋の金融危機の影響で製造業を中心に所定内・所定外労働時間がともに大幅に減少した。

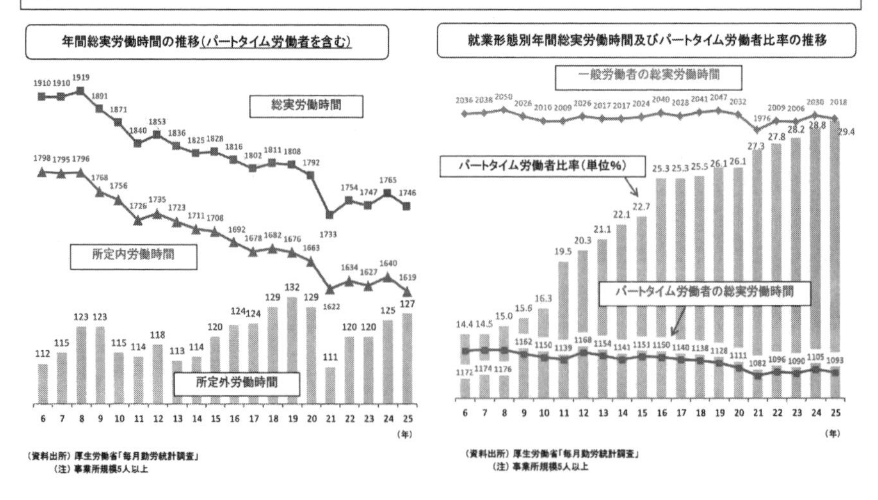

(1)　これらの統計は，毛塚勝利＝浅倉むつ子＝浜村彰＝龍井葉二「座談会　いまなぜ生活時間なのか？」労働法律旬報1849号（2015年）8～9頁に掲載されたものと同一のものを使用した。以後は「座談会」（注1）として引用する。

表２　脳・心臓疾患に係る労災支給決定件数の推移
（資料出所）厚生労働省

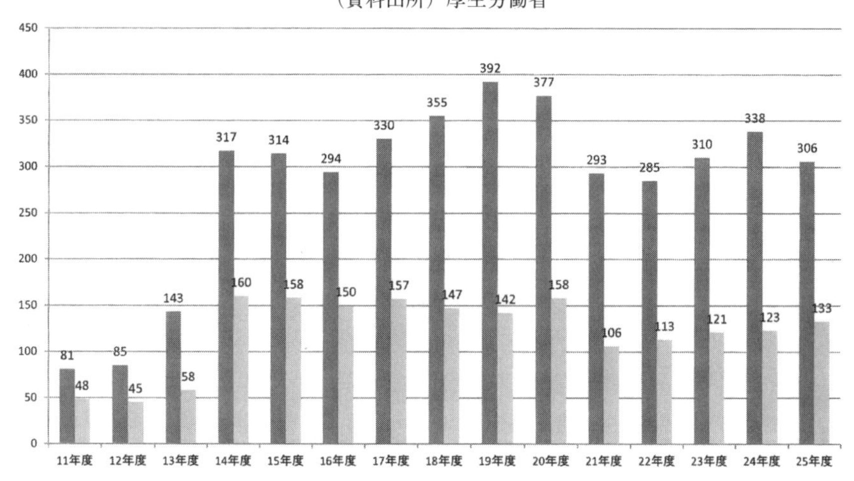

注）支給決定件数は、当該年度内に「業務上」と認定した件数で、当該年度以前に請求があったものを含む。

表３　精神障害に係る労災支給決定件数の推移
（資料出所）厚生労働省

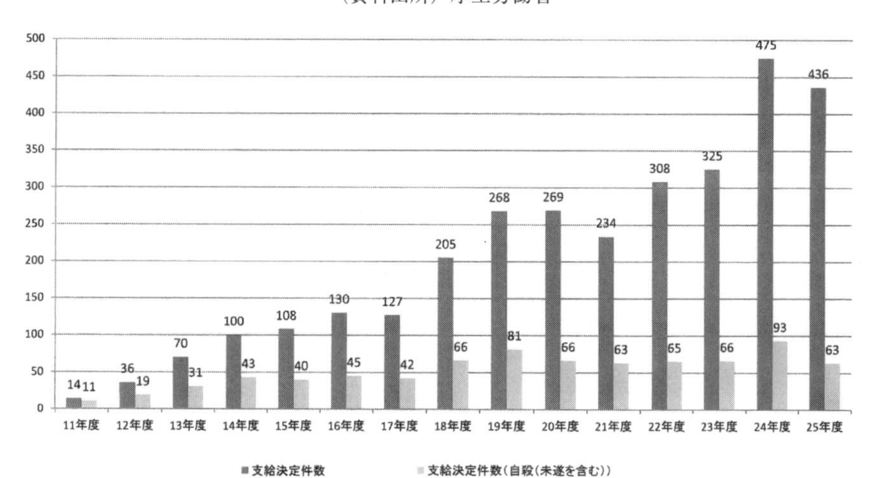

注）支給決定件数は、当該年度内に「業務上」と認定した件数で、当該年度以前に請求があったものを含む。

表4　自殺者数の推移（総数，勤務問題を原因の1つとするもの）

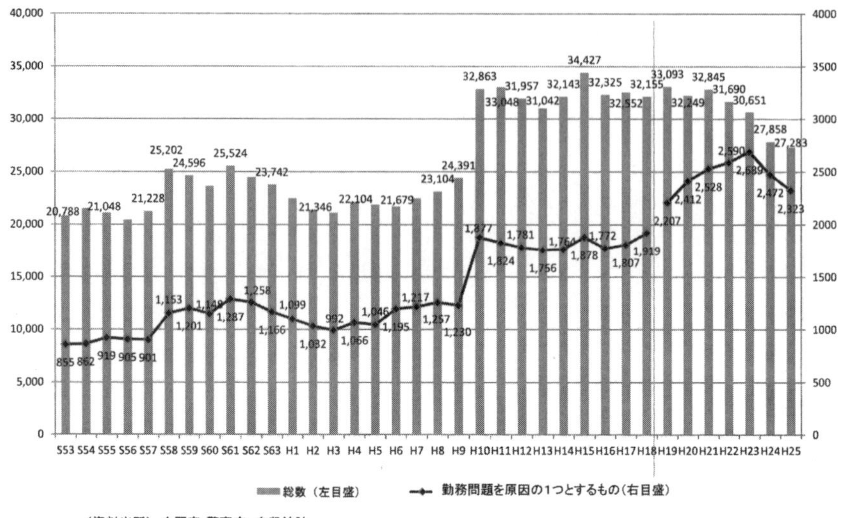

（資料出所）内閣府・警察庁　自殺統計

注）平成19年の自殺統計から、原因・動機を最大3つまで計上することとしたため、18年以前との単純比較はできない。

右下のグラフによれば，パートタイム労働者を除く「一般労働者の総実労働時間」は，相変わらず2000時間を超えている。日本の長時間労働は，実は常態化しているといわねばならないのである。

このような長時間労働は，労働者の健康・生命にきわめて深刻な影響をもたらしている。「表2」は，脳・心臓疾患による労災支給決定件数を示すものだが，減少傾向はみられない。「表3」は，精神障害による労災支給決定件数の推移であり，こちらはむしろ，年々，右肩上がりに上昇している。「表4」は，日本全体の自殺統計で，自殺の原因のうち「勤務問題を原因の一つとするもの」の数が急速に上昇している傾向をみることができる。日本の労働者の長時間労働は，相変わらず，健康・生命への危機を肥大化させている。

Ⅲ　労働時間政策の経緯

労働時間のこのような現状認識からいえば，労働時間短縮政策こそ，なによりも率先して取り組まれるべき重要課題である。しかしながら，日本で労働時間政策の主導権を握ってきたのは，経済界からの規制緩和論であり，労働側からの時短要求は，脆弱で迫力に欠けていた。以下では，労働時間規制をめぐる労働基準法改正の変遷を追いながら，労働時間短縮政策が放棄されていった事実を確認しておきたい。

1　労働基準法改正の経緯

日本初の労働者保護法である工場法（1911年制定）は，女子と児童のみについて，就業時間を1日12時間に制限した。それに対して，1947年制定の労働基準法（労基法）は，成人男子労働者を含みすべての労働者の8時間労働制を定めた点で画期的な法律であった。しかし一方，労基法は，①4週単位の変形労働時間制(2)を設け，かつ，②過半数組合または労働者の過半数代表との書面協定（36協定）による同意を条件に，無制限に時間外・休日労働を認めるものであった。これらはILO第1号条約の規定とは相容れず，それゆえ，日本はいまだに，同条約を批准することができない。

経済界は，当初から，労基法の規制は行き過ぎだとして，労働時間の規制緩和を唱えてきた。戦後しばらくの間，労働時間法制をめぐる議論としては，規制緩和論が圧倒的に優位であり，労働時間短縮の主張が浮上したのは，ようやく1980年代後半になってからであった。この時期には，国際的な経済摩擦の緩和という「経済の論理」が労働時間短縮論を活発化した(3)。じつはこのように，労働時間短縮政策もまた，国際協調型の経済構造への変更を求める経済界の主導によって国政の重要課題に位置づけられた。労働運動は，ここでも改革の主体たりえなかった。

以後，労基法には大幅な改正が加えられていく。40年ぶりといわれた1987年労基法改正では，1週40時間・1日8時間労働制が本則となったものの（労基法32条），弾力的労働時間制が大幅に採り入れられた。従前の4週間の変形制は1カ月に延長され，3カ月単位および1週間単位の変形制が新設され，フレックスタイム制，裁量労働制（後に「専門業務型」となる）も導入された。1993年改正では，3カ月単位の変形制が1年単位へと弾力化され，1998年改

(2)　変形労働時間制とは，労働基準法の労働時間規制（1日8時間制）を，1日や1週単位ではなく，一定の単位期間（たとえば4週間）における週あたり平均労働時間で算定するものである。

(3)　1986年の経済構造調整研究会報告書（いわゆる「前川レポート」）は，内需拡大の重要な柱として，「欧米先進国並みの年間総労働時間の実現と週休2日制の早期完全実施」を掲げた。

正では，新たな裁量労働制の導入（企画業務型裁量労働制）や1年単位の変形制の要件緩和などが行われた。一方で，時間外労働に関する上限基準の制度化や年休日数の増加などの措置が採られたものの，2003年には，企画業務型裁量労働制の実施要件が緩和された。

このように1980年代後半以降は，労働時間短縮を旗印に掲げる法改正がなされていったが，労基法改正のねらいは，ホワイトカラー労働者の増大，労働者の就労形態の多様化，成果主義的な人事管理の拡大という，労働市場の変化に対応しうる弾力的な労働時間規制を創出するところにあった。労働時間規制の主軸は，その後は，労働時間短縮から時間規制の多様化へとシフトしていく。

2　総量的実労働時間短縮政策の放棄(4)

政府の時間短縮方針は変遷を重ね，ある時期には総量的な労働時間短縮政策が打ち出されたものの，一定の期間を経たのちに，それは放棄されることになった。1992年の労働時間の短縮の促進に関する臨時措置法（時短促進措置法）は，5年間の臨時措置法として，国に対して，「労働時間短縮推進計画」の策定を義務づけた。「推進計画」は，年間総実労働時間を1800時間まで短縮するという政策目標を設定した。同法は1993年に改正され，企業に対する支援措置も拡充され，労働時間短縮支援センターを通じて，労働時間短縮のための相談援助や助成金の支給を行うという仕組みが作られた。同法は，その後，2回延長されることになった。

ところが，2002年1月に発足した小泉内閣の「構造改革と経済財政の中期展望」では，年間総労働時間1800時間の達成・定着という目標は示されず，2005年には，労働時間等の設定の改善に関する特別措置法（「労働時間等設定改善法」）が成立して，時短促進措置法は廃止された。この法改正に関しては，「年間1800労働時間という労働者一律の目標に向けて時短を促進する法律から，働き方の多様化に会わせ，労働時間等の設定を労働者の健康と生活に配慮したものにする法律に改めるもの」との評価がなされている(5)。同法の下では，厚生労働大臣が，必要な指針（労働時間等設定改善指針）を定めることになってお

---

(4)　浜村彰「労働時間政策の変容と時間規制の多様化」季刊労働法214号（2006年）4～17頁参照。

(5)　高見具広「労働時間『問題』とは何であったか」ソシオロゴス32号（2008年）242頁。

り，一律の「労働時間短縮政策」の目標化の時代は終了した。これをもって労働時間規制の主軸は時間規制の多様化へとシフトしたのであり，一律的・総量的な実労働時間の短縮という政策は放棄された。

Ⅳ 「高度プロフェッショナル制度」の問題性

私がここで検討対象とすべきは，2015年4月の労基法改正法案であろう。本稿では，紙幅の関係上，この法案の中心に位置づけられていた「高度プロフェッショナル制度」に限定して，検討を行うことにする。

高度プロフェッショナル制度につながる議論は，すでに1994年の日経連裁量労働制研究会で始まっていた（アメリカのホワイトカラーイグゼンプション（WE）制度の検討）[(6)]。2006年の秋から冬にかけては，労働政策審議会で当該制度の検討が大詰めを迎え，法案提出に至ったものの，「残業代ゼロ法案」という批判によって，2007年1月，安倍首相がWE制度の導入を断念したことは周知の通りである。当時のWE制は強く批判されたが，なお，時間配分や業務量全体について自らコントロールできる労働者が対象であったことは，留意されてよい[(7)]。

一方，第二次安倍内閣は，発足直後に産業競争力会議と規制改革会議を設置して，雇用改革の検討を始め，2014年4月から5月にかけて，両会議で「新たな労働時間制度」の創設を提案した[(8)]。2014年6月24日の閣議決定「『日本再興戦略』改訂2014」は，雇用改革を「働き方改革」と言い換えて，「健康確保や仕事と生活の調和を図りつつ，時間ではなく成果で評価される働き方を希望する働き手のニーズに応える，新たな労働時間制度を創設する」と述べた。この時点における「新たな労働時間制度」は，成果給を前提とする働き方で，業務遂行方法や労働時間・健康管理等について裁量度が高く，自律的に働く人材を対象とする制度として意識されていた。

ところが，2015年4月3日に国会に提出された労働基準法改正案の「高度プロフェッショナル制度」は，業務遂行上の裁量性のある労働者に限定される

---

(6)　日経連裁量労働制研究会「裁量労働制の見直しについて（意見）」（1994年11月）。

(7)　「座談会」（注1）における浜村発言（10頁）参照。

(8)　産業競争力会議の雇用・人材分科会主査・長谷川閑史氏による提案。この「新たな労働時間制度」の提案は，2014年4月22日の産業競争力会議と経済財政諮問会議との合同会議ならびに同年5月28日の産業競争力会議の2回にわたり行われた。

ものではなかった。年休を除くすべての労働時間規制から適用除外されるこの制度の対象者は，「高度の専門的知識等を必要とし，その性質上従事した時間と従事して得た成果との関連性が通常高くないと認められるものとして厚生労働省令で定められる業務」であった（新41条の2第1項1号）。従来の労基法の適用除外制度は，労働時間管理に裁量性をもつ「管理・監督者」が対象であるが（労基法41条2号），高度プロフェッショナル制度は，自らの業務遂行方法や業務量について裁量性がない労働者を時間規制から外すことを想定していたのである。

当該法案は，一方で，高度プロフェッショナル労働者を適用除外するにあたり，いくつもの要件を課すものではあったが，いずれの要件も，長時間労働からくる「働き過ぎ」を抑止する決定的な効果をもたらすものではない(9)。それだけに，働き方に裁量性がない労働者を労働時間規制から適用除外する仕組みとして，この制度はまさに，「働かせ放題法案」「過労死法案」と批判されても仕方がないものであった。

高度プロフェッショナル制度は，そもそも，時間に応じた賃金支払いから解放されたいという経営側の要望を反映するものである。たしかに，企業が労働時間と賃金を切り離す賃金政策を採用するのは自由だが，そのような賃金制度を採用したからといって，労基法の適用を排除できるわけではない。むしろ一定量の出来高や成果を義務づける働かせ方こそ，長時間労働を生みだし，労働者の健康を害する恐れがあり，だからこそ，最低限の労働時間管理を行う必要があるというべきだろう。労働時間規制は労働基準法の中でも基本的根本的ルールであり，最低基準である。それだけに，これを適用除外する仕組みについて容易に賛同することは許されないということを，肝に命じておきたい。

---

(9)　制度導入の要件として，①5分の4以上の労使委員会決議，②行政官庁への届出，③書面等の方法による労働者の同意が必要であり，対象労働者は④合意により職務が明確に定められ，⑤年収が平均給与額の3倍以上でなければならず（労働政策審議会「建議」では1075万円以上），かつ，⑥使用者は事業場内外での労働時間を把握し，⑦次の3つのいずれかの措置を講じなければならない（休息時間の確保と深夜業の回数制限，健康管理時間を一定以内とする，4週間を通じ4日以上かつ1年を通じて104日以上の休日の確保）とされている。しかし①と②はなんなくクリアされる要件であり，③も労働者にとって「不同意」を表明することのほうが難しい。年収の高い労働者なら過労死しないのかと問われれば，⑤の要件は歯止めにはならず，⑥と⑦も，使用者にとっては大きな障壁たりえない。

V　労働時間法制のあり方を考える

1 「ケアレス・マン」モデルの見直し

労働時間短縮の手法は，実は，労基法の中にすでに存在している。労働組合が本気で時短に取り組むのであれば，36 協定を通じて時間外労働を拒否することは可能であり，上限時間もコントロールできるはずだからである(10)。しかし労働組合はその手法を使わず，むしろ一定の時間外労働手当の獲得をめざしてきたし，個々の労働者も，労働時間より賃金に関心を示す傾向があった。このように，割増賃金を支払わせることを通じて時間外・長時間労働を抑制するという現行の手法は，率直に言ってリアリティに欠けるものでしかない。

では，なぜ労働組合は時短よりも賃上げを重視してきたのか。時間短縮の主導権を握ったのは，なぜ「経済の論理」であって労働組合ではなかったのか。答えとしては，労働組合を組織する男性たちの労働時間短縮意識が一貫して希薄だったから，と言わねばならない。このことについての反省なくして，労働時間問題の真の解決はないだろう。日本の労働者の「働き方」について，私たちは真剣に問い直すべきである。

長期にわたる日本の「男性稼ぎ主型」の働き方は，根強い性別役割分業意識を培い，社会状況や家族形態が大きく変化した現在でもなお，労働におけるジェンダー不平等を固定化する機能を果たしている。共働き世帯でも性別役割分業は慣習化され，育児・介護労働はほぼ女性のみの負担になっている(11)。日本の典型的な労働者は，「ケアレス・マン」モデル，すなわち，他人のケアに責任を持つことなど想定外で，自らの時間を最大限，企業のために捧げうる労働者モデルになっているのである(12)。

この「ケアレス・マン」モデルは，私たちにさまざまな困難を突き付ける。たとえば，働き方が「ケアレス・マン」レベルに達しない労働者──病気や障

(10)　36 協定は，必要に応じて時間外・休日労働を行わせる制度であると同時に，労働者代表の関与によって時間外・休日労働に歯止めをかけることを想定している。

(11)　たとえば育児休業取得率の男女格差（女性 83.6%，男性 1,89%）や，異常に短い夫の家事関連時間（6 歳未満児をもつ夫の 1 日当たりの時間は 67 分）として現れている。浅倉むつ子「雇用分野のジェンダー不平等はなぜ解消されないのか」法社会学 82 号（2016 年）参照。

(12)　この言葉は，杉浦浩美『働く女性とマタニティ・ハラスメント』（大月書店，2009 年）参照。また，「座談会」（注 1）における浅倉発言（15 頁以下）参照。

害を持つ労働者，妊娠・出産する労働者，家族のケア責任を抱える労働者など――を戦力外の「お荷物」にしてしまう機能を果たす。また，男女が均衡をもってケア労働を分担することこそが社会発展にとって不可欠であることからすれば，「ケアレス・マン」モデルは，持続可能社会の形成に困難をもたらす。加えて，「ケアレス・マン」モデルは，労働者自身の健康の保持や市民的活動への参加に困難をもたらしている。だからこそ，「ケアレス・マン」モデルを変えることは重要である。

私は，ケア労働を採り入れた「労働の再定位」を求めていきたい。エヴァ・フェダー・キテイは，人間は誰もが必ず誰かのケアを受けなければいけない脆弱な存在だとして，ケア労働を含む「労働の再定位」にヒントを与えている(13)。ケアを必要とする脆弱な労働者が働き続けられるような労働環境を，社会は整備すべきなのである。実は，ドイツ政府は，このような考え方を，すでに政策立案に採り入れてきた(14)。ドイツ民主党は，ケア労働を含めて労働を再定義し，労働とは，「生業（稼得労働）」，「名誉職労働（団体やサークルなど）」，「（ボランティア）社会的労働」，「家事労働」，「介護労働」，「自分を伸ばすための教育労働」から構成されているという。人々は，人生の過程で，臨機応変に，各種の労働を経験できることが望ましい。労働というものに，稼得労働とともにアンペイドワークが含まれるなら，労働時間にも，「ケア時間」，「教育時間」，「社会的時間」が含まれなければならないだろう。「労働」時間の裏面にある「生活」時間を十分に確保することは，労働時間政策の中心にすえられるべき目標である。

2　生活時間アプローチへ

これまで「ケアレス・マン」モデルが維持されてきた日本では，長時間労働によって奪われているものについての理解が不十分であった。長時間労働が破壊するのは，労働者の健康や生命だけではなく，家族生活・社会生活・文化生活など，きわめて幅広いものである。労働者も一生活者であるという視点を持

(13)　エヴァ・フェダー・キテイ（岡野八代＝牟田和恵訳）『愛の労働あるいは依存とケアの正義論』（白澤社，2010年）。

(14)　三成美保「持続可能な社会とジェンダー」法の科学45号（2014年）53頁以下，田中洋子「経済とケアの再設計」広井良典編『講座ケア第1巻ケアとは何だろうか』（ミネルヴァ書房，2013年）139頁以下参照。

てば，自由な「生活時間」が奪われることがいかに苦痛をもたらすかに思い至るであろう。労働者がこれまで労働時間短縮に真剣に取り組めなかったのは，時間を使うべき「生活」にリアリティが欠如していたからではないだろうか。

長年，労働運動に関わってきた龍井葉二は，「『時間』を差し出しその『対価』を求めるのではなく，『時間』の価値そのものを追求していくような『働き方の文化革命』」が必要」として，「生活を基軸にした場合，非労働時間は，休息でも休暇でもインターバルでもなく，それ自体に価値のあるかけがえのない時間」だと述べる(15)。私も龍井のこの発想に共感する。私たちは，生活時間の確保という問題を，本当の意味で「自分たち」の問題にしなければならない。時間の価値自体を見直さなければならないのである。

そのような発想を共有しつつ，いま，「返せ☆生活時間！プロジェクト」が進められようとしている(16)。これは，生活時間アプローチを通じて労働時間短縮をめざすプロジェクトである。生活時間アプローチは，ドイツにおける「時間口座制」のように，時間外労働の精算は賃金ではなく，時間によって精算されることを原則とすべきと考える。割増賃金で超過勤務を精算しても，失われた生活時間を埋め合わせることはできないからである。残業した時間を勤務時間の短縮で調整できる制度が構想されるべきである。さらに，生活時間アプローチによれば，実労働時間の規制のみならず，拘束時間の規制や休息時間の規制も必要ということになる。

プロジェクト呼びかけ人である毛塚勝利は，現在の労働時間法制の反省にたって，労働時間は労働基準法のなかだけで考えられるべきではなく，労働者の生活全体を視野に入れた時間規制法の必要を説いている。労働時間規制は，単に労働者個人の健康を確保するだけでなく，家族や社会のありようを規定する公共的性格をもっているからである。「かえせ☆生活時間キャンペーン」は，さらに「ケア労働をしていた時間も稼得労働をしていた時間と同じように評価されなければならない」などの発想を生むことになるだろう。「新たな労働時

---

(15)　龍井葉二「労働時間短縮はなぜ進まないのか？」労働法律旬報1831＋32号（2015年）70頁以下。

(16)　このプロジェクトはまだ発足したばかりで形としても整っていないが，中心メンバーによって若干のものが活字化されている。「シンポジウム『生活』から考える労働時間規制」労働法律旬報1838号（2015年）6頁以下，「座談会」（注1），「特集　生活時間がゼロになる！？」労働情報909号（2015年）など。

間政策」は，このように生活時間の重要性をしっかりと認識しながら，総合的に構築されねばならない。

職場によって奪われている時間を生活時間として取り戻すために必要な具体的改革を示すとすれば，当面は以下の項目をあげておきたい。①残業は1日2時間までという上限規制と勤務間隔11時間の制度化，②残業に関わる36協定特別条項の廃止，③残業した時間を勤務時間の短縮で調整する制度の導入，④拘束時間および休息時間規制のための制度の導入，⑤育児や介護との両立のための短時間勤務制度の拡充，⑥すべての労働者の生活時間の確保に向けた総合的な法律の整備，⑦残業なしでも生活できる賃金水準の確保等。

今後，私たちは，労働基準法の改悪に反対するだけでなく，生活者という立場から対案を示して，より豊かな生活時間の確保に向けた法制度改革を実現させていかねばならない。

15　なんのための労働時間短縮なのか

安倍政権が2016年9月に設置した「働き方改革実現会議」は，精力的に検討を重ね，2017年3月28日には「実行計画」をとりまとめた。「長時間労働の是正」はその柱の一つであったが，9月15日の労働政策審議会の答申を経て，「働き方改革を推進するための関係法律の整備に関する法律案要綱」に，労働基準法の一部改正として盛りこまれた。法案要綱の詳細については別の機会に譲り，本稿では，少し長期的な視野にたちながら，労働時間短縮は何のために行われるのか，どのようにして規制されるべきかについて，論じてみたい。

I　労働時間を規制する根拠

労働時間は，働く者にとって，賃金とならぶ最も重要な労働条件である。19世紀初頭にロバート・オーウェンが提唱した，1日24時間を三分割する8時間労働の考え方は，のちに，長時間労働に苦しむアメリカの労働者のゼネストのスローガンになった（1886年「ヘイマーケット事件」）。「8時間は仕事のため，次の8時間は休息のため，残りの8時間は自分がしたいことのため！」という要求である。これが1890年の「第1回国際メーデー」につながった。

ILO（国際労働機関）は，1919年10月の最初の総会で1日8時間または週48時間労働原則を議題としてとりあげ，ほぼ全会一致で（83対2，棄権1），「工業的企業における労働時間制限条約」（第1号条約）を採択した。当時，労働時間の規制は，労働者の健康と生命の保持にとって不可欠であった。

1960年代には，ヨーロッパ諸国で週40時間労働制に向けた運動が活発化し，週休2日制が実現した。西ドイツの労働組合運動はこのとき，「土曜日のパパは僕のもの」というスローガンを打ち出した。ここに，いわゆるワーク・ライフ・バランスという時間短縮の思想が登場した。

1980年代には，長引く不況の下で失業率が高騰した。この時期には，雇用機会を増やすワークシェアリング（仕事の分かち合い）の考え方の下に，週35時間労働の労働協約が締結されていった。雇用創出という目的が，当時の労働時間短縮の原動力になったのである。

労働時間短縮の歴史をこのようにたどってみると，それは第1に，労働者の生命・健康を守るため（「生命・健康」），第2に，家庭や社会における生活を確保するため（「ワーク・ライフ・バランス」），そして第3に，雇用機会を分かち合うワークシェアリングのため（「雇用創出」）であったことがわかる。これら3つのことは，労働時間を規制する法規定を設ける際の根拠でもある。

Ⅱ　日本の労働時間政策

日本の労働時間政策は，以下のような3段階で推移してきた。

第1段階は，労働時間規制の萌芽となった1911年の工場法の制定である。この法は，女性と15歳未満の年少者（保護職工）だけを対象に，就業時間を1日12時間に制限した。戦前のこの法制度の特色は，適用対象労働者が限られていたこと（男性労働者については規制なし[(1)]），保護職工については法の中で就業時間に上限が設けられていたことである[(2)]。

第2段階は，1947年の労働基準法（労基法）の制定である。労基法は，すべての労働者を対象に，1日8時間労働制を定めた。一方，この法は，女性・年少者の時間外労働には，1日2時間，1週6時間，1年150時間までという上限を設け，成人男子には，過半数組合または労働者の過半数代表との書面協定（36協定）[(3)]による同意を条件に，上限規制なく時間外・休日労働を認めた。なお，女性に対する上限規制は，男女雇用機会均等法に伴う労基法改正の中で撤廃されていった。

第3段階は，1987年に行われた労基法改正以降である。戦後しばらくの間，労働時間については規制緩和論が優勢だったが，1980年代にはようやく労働時間短縮論が浮上した。それは，国際的経済摩擦の緩和という「経済の論理」によってもたらされた。労働時間問題は，経済界の主導により国政の重要課題となったが，労働運動がこれをリードすることはなかった。これは現在にも通ずる反省点である。

40年ぶりといわれた1987年の労基法改正では，1週40時間・1日8時間労

---

(1)　ただし1939年の「工場就業時間制限令」では，男子職工を対象に，1日最長12時間という制限が設けられた。

(2)　臨時の必要がある場合には，工場主はその都度，行政官庁に届け出て，1月につき7日を超えない範囲で，就業時間を2時間以内にかぎり延長することができた。

(3)　労働基準法36条に定められている労使協定なので，サンロク協定，あるいはサブロク協定と呼称されている。

働制が本則となった（労基法32条）一方，弾力的な労働時間制度が大幅に採り入れられた。変形労働時間制が拡大され[4]，フレックスタイム制や専門業務型の裁量労働制が導入された。その後も，さまざまな制度の弾力化が進んだ。これら労基法改正のねらいは，ホワイトカラー労働者の増大，就労形態の多様化，成果主義的な人事管理の拡大など，労働市場の変化に対応できる柔軟な労働時間規制を創出するところにあった。日本の労働時間政策は，長時間労働の是正よりも「時間規制の多様化」に軸足をおいてきたといってよい。一律に労働時間短縮を目標化し推進するという労働時間政策は採用されなかった。

Ⅲ　労働時間規制立法の類型

時間外労働を規制する各国の立法政策を比較すると，以下の２つの類型がある[5]。

１つは，法定労働時間以上の時間外労働を基本的に禁止するなど，労働時間を直接に規制するアプローチであり，欧州諸国に多い。これは「直接規制型」といえる。たとえばフランスでは，法定労働時間は週35時間である。超過労働時間を命じられても「１日の労働時間の上限は10時間」「週の労働時間の上限は48時間」であり，これに違反すると罰金刑がある。例外的に，労働監督官の許可および緊急の場合，企業協定もしくは産別協約・協定で一定の理由にもとづく場合が定められているが，それらにも超過の限度がある。法定の上限にはかなりの例外は認められているものの，「継続11時間の日々の休息時間の保障」は確保されている[6]。

もう１つは，時間外労働に割増賃金を課すことによって労働時間を規制する「間接規制型（コスト圧力型）」である。典型はアメリカの公正労働基準法である。この法は，週40時間を超えた場合に1.5倍の割増賃金支払いを使用者に義務づけ，これを通じて間接的に労働時間を抑制しようとする。しかし労働時

(4)　変形労働時間制とは，労働基準法の労働時間規制（１日８時間制）を，１日や１週単位ではなく，一定の単位期間（たとえば３カ月）における平均労働時間で算定するものである。

(5)　鶴光太郎「労働時間改革──鳥瞰図としての視点」鶴＝樋口＝水町編著『労働時間改革』（日本評論社，2010年）13頁，長谷川珠子「労働時間の法理論」日本労働法学会編『講座労働法の再生第３巻　労働条件論の課題』（日本評論社，2017年）134頁。

(6)　フランスについては，野田進「『働き方改革』という作文──長時間労働の規制」労働法律旬報1890号（2017年）17頁も参照。

間の上限規制はない。

現行の労基法の労働時間規制はどちらに相当するのだろうか。これには両論がある。労基法は，既述のように，労使協定を労働基準監督署に届け出ることを条件に時間外労働を許容する。労使協定の時間外労働の限度基準を定める「告示」があるが(7)，これを超える労使協定が必ず無効になるとは限らない。さらに実際には，臨時的な特別の事情がある場合として，上限なく時間外労働が可能という「特別条項」を設けることが許されている。

このような日本型の規制については，間接規制型のアメリカのように割増賃金さえ払えばよいというものではなく，要件はより厳格であるから，欧州と同様の「直接規制型」であるという見方がある(8)。一方，36協定は厳しい要件のようにみえるが，実際には長時間労働を抑制する実効性は乏しいことを重視して，実態的にはむしろアメリカ型に近い，と述べる見方もある(9)。日本の場合，現実に時間外労働が何らかの形で抑制・規制されているという実感は乏しく，ほとんど野放し状態である。現行の36協定締結方式は，労働時間短縮にとっては無力に等しい。

Ⅳ　長時間労働の実態

統計をみておこう。「統計では日本の年間総実労働時間は減少している」という見方もある。しかし，数字にだまされてはいけない。図をみて欲しい。図の上のグラフでは，たしかに年間総実労働時間が減少している。1994年の1910時間が，2015年には1734時間になった。

しかし，これはみせかけの数値でしかない。ここには短時間労働者（パートタイム労働者）が含まれているからである。図の下のグラフは，パートタイム労働者を除く「一般労働者」の労働時間を示している。こちらは少しも減少せず，2015年でも2026時間という異常な長時間労働になっている。一方，パートタイム労働者比率の増大傾向は著しい（2015年には全労働者の30.5%がパートタイム労働者）。

---

(7)　平成10年12月28日労働省告示第154号。この告示では，時間外労働の限度基準は，1週間15時間，1カ月45時間，3カ月120時間，1年360時間とされている。

(8)　東京大学労働法研究会『注釈労働時間法』（有斐閣，1990年）21頁以下，長谷川・前掲注(5)134頁。

(9)　鶴・前掲注(5)17頁。

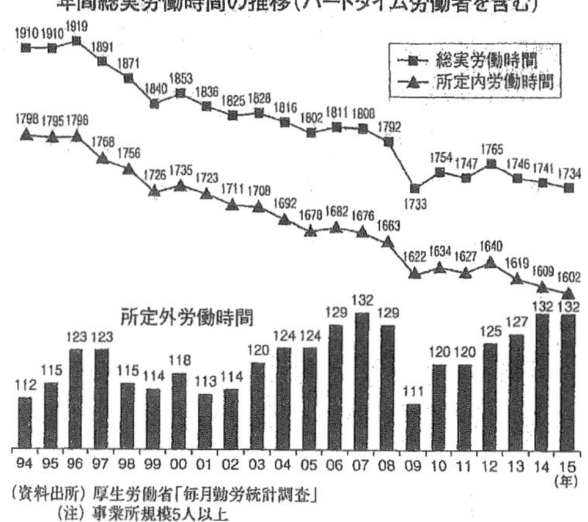

就業形態別年間総実労働時間及びパートタイム労働者比率の推移

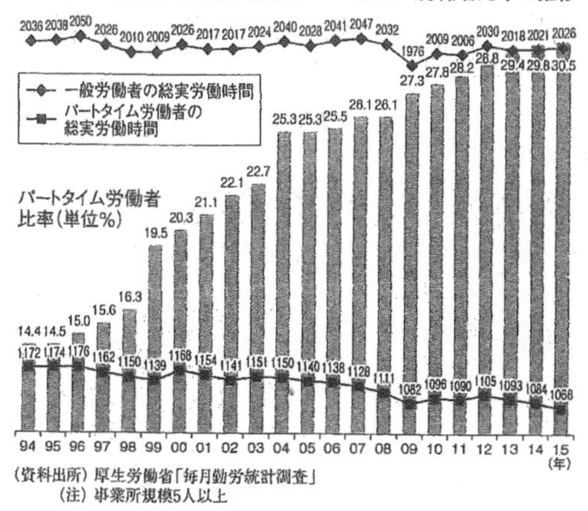

結局，現在の日本の労働時間は，異常な長時間労働の「正規労働者」と，短時間だが不安定・困窮にあえぐ「非正規労働者」という二つのグループの平均でしかない。

この労働時間の実態には，ジェンダー格差が大きく反映している。2012年に週労働時間が60時間を超えている労働者の割合は，女性3.0%，男性13.7%と，圧倒的な差がある（厚労省「労働力調査」）。とくに育児責任を負う世代の30歳代男性に，週60時間以上の者は集中している。だからこそ，男性が自宅で過ごす時間は短く，彼らの家事・育児時間は驚くほど少ない。6歳未満児がいる夫の家事・育児関連時間は1日当たりたった67分である。その夫の家事・育児時間の長短は，第1子出産前後の妻の就業継続を大きく左右している。出産により退職を余儀なくされる妻たちの比率は，夫たちの家事・育児時間の長短にかかっているのである。

V　「働き方改革」における上限規制の論拠

だからこそ，「女性活躍」の推進をうたう現政権は，「働き方改革」の中で長時間労働の是正に取り組もうとした。「働き方改革実現会議」の発足時，安倍首相は「長時間労働を是正すれば，ワーク・ライフ・バランスが改善し，女性，高齢者も，仕事に就きやすくなります」と述べて，柱の一つに長時間労働の是正を位置づけた。ここで強調された時短の根拠は「ワーク・ライフ・バランス」だったが，その後，議論は「過労死防止＝生命・健康」へと重点を移していく。

当初，非正規問題に取り組んでいた「働き方改革実現会議」が労働時間をテーマにしたのは，第6回会合（2017年2月1日）以降である。その直前，安倍政権を震撼させる出来事があった。電通の過労自死事件の発覚である[(10)]。「女性活躍推進法」が施行された矢先に，若い新入女性社員が過労自死した事件は，財界や政界にも波紋を投げかけ，この第6回会合では，時間外労働の法的上限規制論が打ち出された。

もちろん過労死防止は重大テーマだが，時間外労働の上限規制と過労死労災認定基準を同一視するのは誤りである。連合の神津会長は，この日，「上限時間につきましては，1カ月100時間などは到底あり得ないと考えます。過労死認定ラインとの間の距離感を明確なものとすることが必要だと思います」と，鋭く発言した。

第7回会合（2月14日）には，労使協定の上限を罰則つきで規制する「事務局原案」が提出された。同案は，上限「規定は，脳・心臓疾患の労災認定基準をクリアする……健康の確保……が大前提」としたうえで，「女性や高齢者が活躍しやすい社会とする観点，ワーク・ライフ・バランスを改善する観点など，様々な観点が必要」と述べた。具体的には，原則月45時間，年360時間に加

(10)　2015年のクリスマスの朝，電通の新入社員，高橋まつりさんが自死に至り，翌年9月に，三田労働基準監督署がこれを長時間の過重労働が原因だったとして労働災害を認定した。2016年末には法人としての電通と幹部社員が労基法違反で書類送検された。

えて，「特例」として年720時間（＝月60時間）が示された。この会合で経団連の榊原会長は，「前回，この会合で1カ月100時間などは到底あり得ないといったご発言もございましたが，上限規制の水準につきましては，……現実的な具体案を策定すべきと考えます」と発言し，安倍首相は労使で胸襟を開いて議論し合意するようにと求めた。

その後，経団連と連合は労使間協議を行い，3月13日には文書を取りまとめた。この労使合意は，時間外労働については「一時的な繁忙期など特定の場合の上限を2〜6カ月の平均80時間以内，単月で100時間を〈基準値とする〉」というものであり，報道によれば，その後，首相の最終裁定により「100時間未満」として決着がついた(11)。

問題は，「事務局原案」にもなかった「平均80時間，単月100時間」という過労死認定基準(12)が，わずか1カ月後に労使合意文書になり，労政審で「建議」として承認され，9月8日には「法律案要綱」に盛りこまれたことである。当初，強調されていた時短の必要性の根拠（「ワーク・ライフ・バランス」）は途中で消え去り，過労死防止のためという論拠に代替された。いわば「生命・健康」へと一本化されたのである。

日本労働弁護団は，ここまで時間外労働を認めることは「裁判所によって公序良俗に違反するとされるおそれが強い」という緊急声明を出した(13)。「過労死を考える家族の会」は「過労死防止法に逆行する」として，批判を強めている。考えるに，この時間外労働の上限規制は，ワーク・ライフ・バランスの実現には効果はないだろう。実際の労使協定はほぼ現行の「告示」をクリアしているものが多く，もし特例の限度基準を設ければ，労使協定はそれに合わせることになるからである。むしろ使用者としては，特別条項つきの労使協定を締結すれば，過労死ラインまでは罰則を気にせず時間外労働を命じうると考えて「長時間労働を助長するのではないか」という懸念すらある(14)。

Ⅵ　「生活時間を取り戻す」ために

労働時間短縮のため，法律に罰則つきの上限規定を設けることは選択可能な

(11)　「時間外労働の上限規制等に関する労使合意」(2017年3月13日)。
(12)　「脳・心臓疾患の労災認定基準」(平成13年12月12日付け労働基準局長通達)。
(13)　日本労働弁護団「時間外労働の上限規制に関する声明」(2017年2月28日)。
(14)　野田・前掲注(6)14頁。

立法政策の１つである。しかしその上限は，過労死認定基準をはるかに下回るものでないと意味がない。立法政策の根拠をワーク・ライフ・バランスの確保におき，私生活を大切にする文化を育てないかぎり，過労死は防止できない。その意味で「時間外労働規制と過労死認定ラインとの間の距離感を明確」にするという神津連合会長の発言は，重要だったのである。最終の労使合意は拙速だったと言わねばならない。

とはいえ座して待っていては，時間短縮はできない。上限規制の立法政策に頼るだけでなく，労働側としては自らの手で短時間労働文化を創り出す必要がある。そのような問題意識から，私も関わっている「かえせ☆生活時間プロジェクト」を紹介しておきたい(15)。

このプロジェクトでは「労働時間短縮」を「生活時間確保」と言い換えた。それは，労働時間に対する国民の意識を変革しないかぎり，時短は実現しないのではないかという反省に基づいている。政府はもとより，労働者や市民，労働組合もまた，発想転換が必要であろう。

そもそも時短を実現しようとするなら，労使協定で時間外労働を縮減することは可能なはずである。この制度は，労働者代表の関与によって，時間外・休日労働に歯止めをかけることを想定しているからである。それなのに労使協定を通じた時短が機能しないのは，労働組合の側にも時間短縮の意気込みが欠けているからであろう。この事実を見つめるところからスタートすべきである。

とくに時短意識が希薄なのは，一部の男性労働者である。日本では，共働き世帯でも性別役割分業が慣習化され，育児・介護労働はほぼ女性のみの負担になっている。性別役割分業のメリットを一方的に享受してきた男性が，生活時間を奪われていることに痛痒を感じなくとも不思議ではない。性別役割分業社会の典型的な労働者は，長時間労働によって奪われる「生活」に対する理解がないのである。長時間労働によって破壊されるのは，健康や生命だけではない。家族生活・社会生活・文化生活など，きわめて幅広い「生活」そのものである。生活を重視する目線を持って初めて，人は「生活時間」が奪われることの重大さに気付く。だからこそ，時間に対する発想を根本から変え，生活を大切にする市民としての目線をもって，長時間労働の裏側にある「生活時間の確保」問題を「自分たち」の問題としてとらえたいと願う。

---

(15)「シンポジウム　取り戻そう生活時間」労働法律旬報1893号（2017年）参照。

Ⅶ　生活時間アプローチの基本コンセプト

労働時間短縮問題に「生活時間」という観点からアプローチすると，何が変わるのだろうか。

その第1の基本コンセプトは，「時間の公共的性格」である。「生活時間」とは，仕事関連時間（労働時間，休憩時間，拘束時間，通勤時間など）以外の諸々の時間のことである。そこには，自己啓発や余暇など個人としての時間，家事・育児・介護などケアのための時間，地域活動や社会活動のための時間がある。これらの諸活動は個人的なものだが，同時に社会を持続可能なものにするという公共的な性質ももつ。「時間の公共的性格」を理解すれば，「労働時間短縮」は健康や安全のためだけでなく，公共的活動のために不可欠だと気付くであろう。時間短縮は職場問題にとどまらず，家族や地域住民などすべての国民を巻き込んだ重要問題として位置づけられる。

第2のコンセプトは，時間外労働の「時間清算原則」である。労働基準法は，時間外労働に割増賃金を支払うこと，すなわち金銭補償を原則とする。しかし「生活時間アプローチ」にとって重要なのは，日々の生活時間の確保だから，奪われた時間は金銭ではなく「時間」によって清算されるべきである。

第3のコンセプトは，労働時間のモニタリングである。時間短縮は労働者だけの課題ではなく，国民全般にとって必要な取組みなのであり，労働時間規制の仕組みも変えなければならない。労基法は，労使協定違反の使用者に罰則を科する手法によって，労働時間規制を遵守させる。もちろんこれ自体はきわめて重要である。生活時間アプローチは，これに加えて，生命・健康が脅かされるもっと手前のところで時短を実現するため，行政だけではなく，幅広い市民の目線でモニタリングをするという新たな発想をもつ。たとえば，地域ごとに関係団体が「モニタリング委員会」を作り，地域の事業所の労働時間実態を把握するというやり方である。モニタリング委員会は各企業の労働時間実態を監視して，時間短縮のために協力していくという仕組みを作りたいものである。

労働時間短縮がすべての人々にとって身近なテーマとなり，国民がより豊かな生活ができるような労働時間法制のあり方を，生活者という観点から幅広く論じたいものである。

16 「働き方改革」は待遇格差を是正できるか

Ⅰ　安倍政権による「同一労働同一賃金」政策

日本の正規・非正規労働者の待遇格差の大きさは，群を抜いている。フルタイム労働者に対するパートタイム労働者の賃金水準は，ヨーロッパ諸国では7〜8割程度だが，日本は6割弱である（独立行政法人労働政策研究・研修機構『データブック国際労働比較2015』）。正規労働者には支給されている各種手当も，非正規には支給されないことが多い（厚生労働省『パートタイム労働者総合実態調査』平成23年）。

このような大きな格差は経済の活性化の妨げとなり，現政権がめざす「一億総活躍」に反するとして，安倍首相の指示の下，2016年3月に「同一労働同一賃金の実現に向けた検討会」（厚生労働省職業安定局）がスタートし，同年12月16日に「中間報告」をまとめた。また同年9月には「働き方改革実現会議」（内閣府働き方改革実現推進室）も設置され，12月20日には「同一労働同一賃金ガイドライン案」が公表された。

非正規労働者への差別的低賃金を初めて違法と判断した丸子警報器事件判決（長野地裁上田支部1996年3月15日）から，約20年が経つ。いくつかの法改正はあったものの，訴訟による差別救済の道のりは余りにも遠く，長い間，非正規労働者の期待は裏切られてきた。ようやく今，政府が非正規労働の格差解消に本腰を入れ始めたとして，この動きを歓迎してよいのだろうか。それとも，これもまた実効性を伴わないアドバルーンに終わってしまうのだろうか。ここでは，公表された「ガイドライン案」をどう読むべきか，検討しておきたい。

Ⅱ　示された「ガイドライン案」

「検討会」中間報告によれば，同一労働同一賃金を実現するには，①正規・非正規双方の賃金決定ルールや基準を明確にし，②職務や能力等と賃金などの待遇との関係性を明確にし，③一人ひとりの生産性向上を図ることがポイントであり，「ガイドライン」はそのための手段だという。本来，同一労働同一賃金は，人格価値の平等という普遍的な人権原理を労働の分野で具体化するための原則である。しかし，この政権によれば，これはひとえに「生産性向上」という経済的要請の一環ということになる。

それを前提としたうえで「ガイドライン案」は，正規と非正規との間に待遇差が存在する場合，いかなる待遇差が不合理であり，いかなる待遇差が不合理でないのかについて，以下のように述べる。

基本給の支給が「職業経験・能力」「業績・成果」「勤続年数」に応じて行われている場合は，正規労働者にも非正規労働者にも，それらが同一であれば同一の支給を，相違があれば相違に応じた支給をしなければならない。例えば，職業経験・能力や勤続年数が同じなら，正規にも非正規にも同一賃金が支給され，相違があればそれに応じた賃金が支給されることが合理的である。昇給についても，勤続による職業能力の向上に応じて同一であることが要請される。

諸手当に関しては，賞与，役職手当，危険などに対応する特殊作業手当，交替制など特殊勤務手当，精皆勤手当，時間外労働手当，深夜・休日労働手当，通勤手当や出張旅費，食事手当，単身赴任手当，地域手当について，それぞれ，非正規労働者にも正規労働者と同一の支給を行い，かつ，同一の割増率等で支給することが合理的である。

福利厚生に関しては，施設利用，転勤者用社宅，慶弔休暇や健康診断に伴う勤務免除，病気休職，法定外年休や休暇などについて，非正規労働者にも正規労働者と同一に付与しなければならない。

非正規のうち派遣労働者については，派遣先労働者と同じ職務，職務変更の範囲，その他の事情を考慮したうえで，それらが同じであれば，派遣先労働者と同一の賃金支給，福利厚生，教育訓練の実施が求められる。

Ⅲ　どのように評価すべきか？

「ガイドライン案」は，諸手当や福利厚生については，簡潔で明瞭な考え方を示している。非正規労働者がこれらを支給されない・利用できないという合理的理由はほとんどなく，正規労働者と同一に支給・利用できなければならない。これまで正規と非正規間には，賞与や諸手当等に大きな格差が存在してきたことに照らせば，ガイドライン案が実施されれば現状を変革する可能性が大きい。評価したい。

ただし，「賞与」が「業績への貢献」に応じて支給されているとき，正規と非正規の「貢献」が同一か否か，貢献に差異があるときに賞与の差異が当該貢献の相違に比例した支給なのか否かの判断は，どのようになされるのか。基本的な疑問が残る。また，手当のうちかなり大きな部分を占めるはずの家族手当や退職手当に関する言及は，なされていない。

基本給については，いっそう不明瞭性は際立っており，現状維持とも読める。「職業経験・能力」「業績・成果」「勤続年数」など，具体的な支給基準による場合分けをするが，これらは，従来からの不合理性の考慮要素を具体化する事例をいくつか示しているにすぎない。

基本給の項にある（注）は，正規・非正規労働者間に賃金の決定基準・ルールの「違いがあるとき」は，「職務内容，職務内容・配置の変更範囲，その他の事情の客観的・具体的な実態に照らして不合理であってはならない」という。これは，現行の法規定と同じである。労働契約法20条は，有期労働者の労働条件が無期労働者のそれと相違する場合，その相違は，①職務の内容，②当該職務の内容及び配置の変更の範囲，③その他の事情を考慮して，不合理と認められるものであってはならない，とする（「考慮要素」3項目)。パートタイム労働法8条も，短時間労働者について，同様の規定をおく。

「ガイドライン案」は，たしかに，正規・非正規労働者の待遇差について，将来の役割期待が異なるという主観的・抽象的な説明では足りない，と述べる。しかし，現に両者に対する職務変更の有無・範囲に差があれば，処遇の差は合理的とされることにかわりはない。

もし「ガイドライン案」が，正規・非正規間に異なる賃金決定基準・ルールを適用すること自体が原則として不合理という考え方を示すのなら，問題はかなり解消する。キャリアコースの無期労働者と非キャリアコースしか選択できない有期労働者にも，同一の賃金表・賃金体系を適用すべし，という規範の確立である。その場合には，現実的な教育訓練付与の結果として両者に職務上の能力格差が生じた場合には，処遇格差は合理的とされるだろう。しかし，当該コースに配属されているか否かという相違のみから，処遇格差が生まれることはない。しかしながら，どうも「ガイドライン案」は，基本給に関してはそこまでの考えを示すものではなく，現状変革の方向性はみえない。

とりわけ派遣労働者については，派遣先労働者と職務変更の範囲が同じである派遣労働者はおよそいない，と言わねばならない。

Ⅳ 職務評価の実践

「ガイドライン案」が，新たな原則に基づき，賃金等「待遇差」の合理性・不合理性の基準を示すものであるならば，基本給についても考慮要素を改めることが期待される。更にまた，賃金等の支給要素に照らして労働者間に相違がある場合にも相違に「応じた」支給が合理的だとするからには，「相違の程度」が測定される必要がある。そのためには，「同一労働同一賃金」ではなく，「同一価値労働同一賃金」の実現がめざされるべきだろう。

1951年に採択されたILO100号条約（男女同一価値労働同一賃金条約）は，男女間の同一価値労働同一賃金実現のための手法として，知識・技能，責任，負担，労働環境の4大ファクターとサブファクターに基づいて職務の価値を測定する「得点要素法」という分析的な職務評価を推奨している（ILO『衡平の促進――性中立的な職務評価による同一賃金　段階的ガイドブック』）。日本はこの条約を1967年に批准している。男女間だけでなく，正規・非正規間の同一価値労働同一賃金の実施に関しても，この手法をとりいれて，職務内容を点数化し，その点数に応じた支給額とすることが合理的である。

社会政策の研究者たちによる職務評価実践によれば，労働契約法20条とパートタイム労働法8条の「考慮要素」3項目のうち，「職務の内容」と「当該職務の内容及び配置の変更の範囲」は，職務評価システムの評価ファクターによって，それらの相違を評価することが可能という。4大ファクターの「労働環境」のなかに，サブファクターとして「転居を伴う転勤可能性」を設定するというやり方である（森ます美「有期契約労働者の待遇格差是正と職務評価」『日本労働法学会誌』128号）。

職務評価の導入については，すでに厚生労働省が，パートタイム労働者と正社員の均等・均衡待遇をはかる目的で，「要素別点数法による職務評価の実施ガイドライン」を提示している（http://part-tanjikan.mhlw.go.jp/）。労使が共同でこれに取り組むことは，決して難しいことではない。ただし厚労省による職務評価手法は，ILOが推奨する4大ファクターのうち，「知識・技能」と「責任」の2大ファクターのみを使用していること，また，「活用係数」を設定して，比較対象となる正社員の賃金を当初から80%に減額して比較していることの2点において，批判されていることを付言しておきたい。

V　法改正の展望

「ガイドライン案」を実効性あるものにするためには，法改正が必要となるだろう。政府も，労働契約法，パートタイム労働法，労働者派遣法の改正案の策定に取り組む意向だときく。

法改正に際しては，労働契約法の総則で，性別と雇用形態による労働条件・処遇の「差別禁止規定」を明確にすべきである。とくに賃金については「同一労働／同一価値労働であれば，男女にも正規・非正規労働者にも同一賃金を支払う」という原則を定めるべきである。同一企業に働く男女間ならびに正規・非正規労働者間に賃金格差がある場合には，それら格差に合理的な理由があることを使用者が立証しなければならない，と定めることが望ましい。

さらに，賃金に関する紛争解決手続全般で，職務評価実践の経験をもつ独立専門家が申立人と比較対象者との労働の価値を比較する，というシステムの導入を提案したい。厚労省は2017年度から，同一労働同一賃金の実現に向けて，全都道府県に「非正規雇用労働者待遇改善支援センター」を設置する構想を明らかにした。ここに予算を投入するのなら，職務評価の専門家を教育して，各都道府県に配属することは，難しいことではない。ただし，専門家は，行政から独立して一定の任務を遂行しうるだけの知識・経験を有する者でなければならない（モデルとなるイギリスの独立専門家については，浅倉むつ子『雇用差別禁止法制の展望』412頁参照）。

同時に，企業内部の賃金格差を明らかにして，その格差を縮小するためのさまざまな取組みを実施し，それをモニタリングすることも，法に盛りこむべきである。類似のシステムは，すでに「女性活躍推進法」に存在する。この法において策定すべき「行動計画」の必須項目に，性別賃金格差や正規・非正規労働者の賃金格差を盛りこみ，格差が一定以上の企業に対しては，格差是正のための方策の実施を義務づけ，それをモニタリングするというシステムである。

このようなさまざまな取組みを実践してはじめて，現在進行中の政策も，非正規労働者からの差別解消の期待に応えうる政策として評価されるようになるのではないか。

17　安倍政権の労働法制「改革」を批判する

Ⅰ　経済政策は成功しているのか

第二次安倍政権は2012年12月26日に発足した。翌年1月の第183回通常国会で，安倍首相は施政方針演説を次のような言葉で始めた。「『強い日本』。それを創るのは，他の誰でもありません。私たち自身です。……私たち一人ひとりが，自ら立って前を向き，未来は明るいと信じて前進することが，……次の世代の日本人に，立派な国，強い国を残す唯一の道であります」。そして，「『世界で一番企業が活躍しやすい国』を目指します。……聖域なき規制改革を進めます。企業活動を妨げる障害を，一つひとつ解消していきます。これが，新たな『規制改革会議』の使命です」と，続けたのである。

強い日本経済を立て直すという目標に向かって，経済財政諮問会議，日本経済再生本部，産業競争力会議，規制改革会議という4つの戦略的政策形成機関が設置され，それぞれが頻繁に会合を積み重ね，膨大な資料と時間を費やして，数多くの報告が出されていった(1)。その結果，この5年余りの間に，労働法制関連の政策動向は急ピッチで進み，めまぐるしいほどの動きをみせてきた（【表】参照）。

たしかに，労働政策立案の手順は加速化し，首相が繰り返す「スピード感」満載の様相を呈している。しかし，何をそう焦っているのかと言いたくなるほど，政策的掘り下げは不十分で，拙速に結論を導いてきた感が否めない。

じつは発足以来，安倍政権が本命とする経済政策は決して成功してこなかった。大企業にはある程度の景気上昇がみられるとしても，中小企業へのトリクルダウンは生じることはなく，景気回復を実感する国民も少ない。経済の好循環は生まれていない。人権に関わる指標である報道の自由度，幸福度，ジェンダー指数等の日本の順位は低下し，国民の間にある格差は，解消するどころか増大している(2)。このような事実を直視すれば，規制緩和一辺倒ではもはや限

(1)　これら4つの機関の構成メンバーと審議内容については，五十嵐仁「第二次安倍内閣がめざす労働の規制緩和」労働法律旬報1799号（2013年）7頁以下を参照のこと。

(2)　このように指摘する論者は多い。さしあたり「シンポジウム安倍政権の成長戦略を

【表】第二次安倍政権以降の労働法制「改革」動向

年	月日	事項
2012年	3/28	民主党政権下・非正規雇用のビジョンに関する懇談会「望ましい働き方ビジョン」
	12/26	第二次安倍政権発足
2013年	5/29	規制改革会議雇用ワーキンググループ「雇用改革報告書」
	6/14	産業競争力会議「日本再興戦略――Japan is Back」
2014年	6月	閣議決定「『日本再興戦略』改訂2014――未来への挑戦」
	10/3	閣議決定：すべての女性が輝く社会づくり本部設置
	10/10	「すべての女性が輝く政策パッケージ」
	12/24	第三次安倍内閣
2015年	4月	高度プロフェッショナル制度を含む労基法改正案提出
	8/28	第189回国会「女性活躍推進法」制定
	9月	一億総活躍国民会議（→早期に「同一労働同一賃金ガイドライン」を検討する）
	9/11	労働者派遣法改正（派遣の恒常的利用を認める法改正）
2016年	3月	厚労省「同一労働同一賃金の実現に向けた検討会」
	6/2	閣議決定「ニッポン一億総活躍プラン」
	9/2	内閣府「働き方改革実現推進室」→9月27日第1回「働き方改革実現会議」
	9/9	厚労省「仕事と生活の調和のための時間外労働規制に関する検討会」
	10/28	男女共同参画会議「男性の暮らし方意識の変革に関する専門調査会」
	12/16	厚労省・同一労働同一賃金検討会「中間報告」
	12/20	同一賃金ガイドライン案
2017年	2/1	第6回「働き方改革実現会議」に時間外労働検討会「論点整理」提出
	2/14	第7回「働き方改革実現会議」時間外労働上限規制の「事務局案」
	3/13	時間外労働上限規制に関する「労使合意」
	3/14	男性意識専門調査会「男性の暮らし方・意識の変革に向けた課題と方策」
	3/15	厚労省・同一労働同一賃金検討会「報告書」
	3/17	第9回「働き方改革実現会議」時間外労働上限規制の「政労使合意」
	3/28	第10回「働き方改革実現会議」「働き方改革実行計画」
	4/28	厚労省・労働政策審議会スタート
	5/16	厚労省「勤務間インターバル制度普及定期のための有識者検討会」
	5/19	厚労省「職場のパワーハラスメント防止対策についての検討会」
	6/5	労政審「時間外労働の上限規制等について（建議）」
	6/6	女性活躍加速のための重点方針2017
	6/16	労政審「同一労働同一賃金に関する法整備について（建議）」
	9/8	「働き方改革を推進するための関係法律の整備に関する法律案要綱」を労政審に諮問
	9/15	労政審　答申

問う」（労働法律旬報1827号〈2014年〉9頁以下）の大沢真理，黒瀬直宏の発言を参照。大沢は，日本では景気が回復しても貧困率は高まっており，しかも日本の貧困率の特色は，①ワーキングプアが多く，②共稼ぎでも貧困であり，③女性の稼得力が貧弱であること，④社会保障負担の大部分を占める社会保険料が逆進的なので，所得の再配分による貧困削減率がマイナスになっているという諸特色がある，と指摘する。

界であって，「働き方改革」による成長戦略を無理矢理にでも生み出さなければならない，という政権の焦燥感を理解できる。

そもそも安倍政権の政治家たちの本質は反フェミニズムであり，第一次政権当時にはバックラッシュ勢力や経営者団体に必要以上の気遣いを示してきた。現在，矢継ぎ早に打ち出している「女性活躍」，「同一労働同一賃金」，「時間外労働の上限規制」などは，むしろ当該政権が忌避してきた政策であった。それにもかかわらず，急速にこれらを「推進」する方向へと舵取りし始めたのは，そうせざるをえない理由があるからだろう。しかし真剣に取り組む気概に欠けているため，政策は表層のみのスローガンに留まっている。のみならず，徐々にこれら政策の貧困と相互矛盾が露呈しつつあるのが現段階ではないだろうか。労働者不在の「理念なき働き方改革」の限界というべきだろう。

Ⅱ　男女平等に無理解な女性政策

この政権による矛盾をはらむ政策の一つに，女性政策がある。2014年6月の閣議決定「『日本再興戦略』改訂2014――未来への挑戦」は，少子高齢化社会を乗り切るため「女性の活躍推進に向けた新たな法的枠組みの構築」を盛りこみ，翌年8月28日には「女性活躍推進法」（正式名称は「女性の職業生活における活躍の推進に関する法律」）を可決成立させた。

女性の活躍による経済活性化は，民主党政権下において取り組まれてきた政策課題でもあり（2012年7月31日の閣議決定「日本再生戦略」），女性活躍推進法自体は，政権交代によっても断たれなかった女性官僚たちによる努力の結実であった。この法については，私は，より充実したモニタリングが必要であると考えるものの，概して肯定的に評価している(3)。

ところが，広く女性政策全般に目を転じると，政権の「迷走」は甚だしく，目玉となる政策も破綻を繰り返している。具体的には，2013年4月19日に安倍首相は，成長戦略のスピーチで，「3年間抱っこし放題」という長期間の育児休業をアピールして，女性たちの反発を招いた。育休が女性のキャリアに不利益をもたらしている認識もなしに，単にこれを長期化しようとする政策に，批判が集中したのである。

---

(3)　浅倉むつ子「『女性活躍新法』とポジティブ・アクション」ジェンダー法研究2号（2015年）19頁以下。

同年5月には，内閣府「少子化危機突破タスクフォース」が，適齢期を過ぎた女性は妊娠しにくいという知識を広めるため，「生命（いのち）と女性の手帳」を作成・配布しようとしたが，少子化の責任を女性の知識不足のせいにするのかという女性からの反発によって，撤回した(4)。

2016年10月に設けられた「結婚の希望を叶える環境整備に向けた企業・団体等の取組に関する検討会」では，「提言骨子」に，企業・団体・大学等による結婚支援として「婚活メンター（婚活サポーター）」を設ける案が盛りこまれた。しかし，婚姻への誘導自体が，結婚や家族に関する特定の価値観を個人に押しつけるハラスメントになるという批判を受けて，この部分は「提言」（同年12月27日）から削除された。

極めつけは，配偶者控除制度改革の結末である。被扶養の上限を超えないように就業調整する働き方を変えようと，「改革」がいったん掲げられたものの，2017年度税制改革大綱には，配偶者控除撤廃どころか，年収上限を103万円から152万円にすることが盛りこまれることになった。男性世帯主モデルを前提とする税制・年金制度は，強固に維持されたまま，手つかずである。個人の尊厳や人権としての男女平等についての基本的理解が欠如している安倍政権の限界が露呈したといえよう。

Ⅲ　経済政策に劣後する理念なき労働政策

この政権は一貫して，企業の収益水準を引き上げる経済政策を優先し，労働政策を劣後させてきた。企業の収益力強化を阻害する「岩盤規制にドリルで風穴をあける」という表現が首相によって好んで用いられてきたように，労働政策の基調は「規制緩和」である。その名称の通り，前掲の4つの戦略的機関の中では，労働政策は，規制改革会議において取り上げられてきた。しかし同会議が注目したのは，経済成長の隘路である少子高齢化対策であって，働く者のための独自の政策的取組みは，きわめて貧弱なものでしかなかった。

実際には，生産性向上の実働主体たるべき日本の労働者は，それぞれの職場で，そして労働市場で，ブラック企業，リストラ，パワハラ，マタハラ，サービス残業，過労死に過労自死，メンタルヘルス不全など，きわめて深刻な事態

(4)　その後も文科省が副教材において女性の「妊娠しやすさ」のグラフを改ざんするという事件が生じ，問題になった。西山千恵子＝柘植あずみ『文科省／高校「妊活」教材の嘘』（論創社，2017年）。

に直面してきた。これらへの本格的な取組みを軽視する労働政策が功を奏するわけはない。それだけに，アベノミクスの第二ステージとなる2016年6月2日の閣議決定「ニッポン一億総活躍プラン」は，「我が国の経済成長の隘路の根本には，少子高齢者という構造的な問題があ」り，「少子高齢化に死にもの狂いで取り組んでいかない限り，日本への持続的な投資は期待できない。これが，アベノミクス第1ステージで得られた結論であった」と述べた。これ以降，「働き方改革」は「最大のチャレンジ」と位置づけられ，同年9月2日，内閣府に「働き方改革実現推進室」がおかれ，首相の私的諮問機関として「働き方改革実現会議」（以下「実現会議」とする）が設置されていったのである。

とはいえ労働政策が経済政策に優先するわけではなく，2017年3月28日にとりまとめられた「働き方改革実行計画」（以下「実行会議」とする）は経済政策の一つにすぎない。「実行計画」は，「働く人の視点に立った働き方改革」という表現を使いながらも，「正規／非正規の不合理な処遇格差は，労働者のモチベーションを誘引するインセンティブとして重要で，それによって生産性が向上する」，「長時間労働を是正すれば，……女性や高齢者も仕事に就きやすくなり，労働参加率の向上になる」，「働き方改革こそが，労働生産性を改善するための最良の手段である」，「人々が人生を豊かに生き……より多くの人が心豊かな家庭を持てるように」なれば，「日本の出生率は改善していく」等，あくまでも実務的な経済政策優先の観点を多用している。

それに比べて，肝心な労働政策上の理念は不明確であり，法理念は欠落している。労働立法政策を語るには，当然のことながら，憲法的価値をベースとした人権・基本権の調整のあり方が重要である。そのためには労働政策の中心となる法理念が必要不可欠であろう。

世界各国の労働政策では，さまざまな理念が論じられている。ドイツでは「良質な労働（Gute Arbeit）」が，フランスでは「憲法的価値」が，ILOやイギリスでは「ディーセント・ワーク」が，それぞれ，労働者の人権と使用者の経済的自由の相克を調整する理念として語られている(5)。民主党政権時代の「望ましい働き方ビジョン」は，非正規雇用をめぐる問題への基本姿勢として，「公正な処遇の下，『ディーセント・ワーク』を実現するため，不合理な格差の

(5)「特集　労働法における立法政策と人権・基本権論」日本労働法学会誌129号（2017年）に掲載された各論文を参照。

解消を図る」として，「ディーセント・ワーク（働きがいのある人間らしい仕事）の実現」という理念を打ち出していた。このような理念を示して初めて，正規雇用労働者の拘束的な働き方を問題にすることができ，同時に，非正規雇用労働者の雇用安定と処遇改善が根拠のある法政策となりうるのである。労働政策の理念は，けっして経済政策によって代替されるものではない。政権としては明確な目標と理念を掲げて，気概をもって労働政策に取り組むべきである。

Ⅳ 「スピード感」とは拙速ということか

「スピード感」は，場合によっては拙速につながる。安倍政権の労働政策を主導したのは，前述した「実現会議」である。「実現会議」のメンバーは，官邸によって選任されている。しかし，関係閣僚を除く有識者構成員15名のうち，使用者側もしくは経済団体を代表する者は7名もいるのに，労働者側委員としては連合会長がたった一人というのは，労働政策が主要課題の機関としてはあまりにも偏った人選であろう。公労使という三者構成の労働政策審議会に比べれば，「実現会議」が一定の結論に到達しやすいのは当然であろうし，だからこそ「スピード感」なのかもしれない。しかしそれは，拙速な労使合意・取り決めという危うさを孕むものであり，この懸念が当たってしまったのが，労働時間の上限規制についての労使合意であった。

「実現会議」が労働時間を議論し始めたのは第6回会合（2017年2月1日）からであり，この会合には時間外労働の法的上限規制論が登場した。事実上青天井になっている労使協定に法律で時間外労働の上限規制を設けることは，それまで労使合意ができなかったことであって歓迎すべきことであった。しかし，その突然の登場には理由があった。直前に，政権を震撼させる出来事，電通の女性新入社員の過労自死事件の発覚があったからである[(6)]。女性活躍推進法が施行された矢先でもあり，当該事件が社会に与えた波紋は大きく，これを契機に，罰則つきの「上限規制」案が急浮上したのであろう。この会合で，連合の神津会長は「上限時間につきましては，1カ月100時間などは到底ありえないと考えます。過労死認定ラインとの間の距離感を明確なものとすることが必要

---

(6)　三田労働基準監督署は，2016年9月に，電通の新入社員の高橋まつりさんの自死が長時間労働の過重労働が原因であったとして労働災害を認定した。2016年末には法人としての電通と幹部社員が労基法違反で書類送検されたことが大きなニュースとして報じられた。

だと思います」と発言した。

第7回会合（2月14日）に示された事務局案は，上限「規定は，脳・心臓疾患の労災認定基準をクリアする……健康の確保……が大前提」としたうえで，「女性や高齢者が活躍しやすい社会とする観点，ワーク・ライフ・バランスを改善する観点など，様々な観点が必要」として，具体的には，原則月45時間，年360時間に加えて，特例として年720時間を示した。ここには1カ月100時間という基準は書き込まれていなかった。しかし経団連の榊原会長は，「前回，この会合で1カ月100時間などは到底あり得ないといったご発言もございましたが，上限規制の水準につきましては，……現実的な具体案を策定すべきと考えます」と発言した。安倍首相は会合の最後に，労使で胸襟を開いて議論し合意するようにと要請した。

その後，経団連と連合が協議を行い，時間外労働については「一時的な繁忙期など特定の場合の上限を2～6カ月の平均80時間以内，単月で100時間を基準値とする」というところまで合意をした。報道によれば，その後，安倍首相の最終裁定によって，「100時間未満」とすることで決着がついた。そして，早くも3月13日に「時間外労働の上限規制等に関する労使合意」が公表され，この水準が，労政審で「建議」として承認され，9月8日には「法案要綱」に盛りこまれたのである。神津会長が当初述べていた「到底ありえない，過労死認定ライン」が，拙速に，時間外労働の上限規制として導入されたことになる(7)。野田進は，この間のプロセスを辿りつつ「『労働基準法70年の歴史の中での大改革』にしては，ずいぶんお粗末な策定プロセスである」と批判している(8)。

問題はなお深刻である。拙速ではあってもいったん行われた「労使合意」内容が動かしがたい「正統性」をもって，三者構成の検討の場である労政審の結論をも拘束してしまっているからである。「実現会議」のような私的諮問委員

(7)　当然のことながら，過労死認定基準と時間外労働の上限規制は同じではない。「実現会議」においても，当初は，長時間労働是正策は女性や高齢者の働きやすさ，すなわちワーク・ライフ・バランス（WLB）をめざすものとして位置づけられており，この基準は過労死認定ラインをはるかに下回るものでないと意味がない。更にいえば，過労死防止は，私生活を大切にする文化を育てないかぎり実現するはずもなく，過労死認定基準という「生命・健康」を確保するぎりぎりのラインを労使協定の上限規制と混同することは許されるべきではない。

(8)　野田進「『働き方改革』という作文」労働法律旬報1890号（2017年）12頁。

会は，少なくとも労使の立場を代表する委員のバランスを考慮しないかぎり，今回のような拙速な結論が繰り返されることになってしまう。十分な教訓にしなければならない。

V 「法案要綱」にメリットはない

「実現会議」による「実行計画」を受けて，2017年4月末にスタートした厚労省の労働政策審議会は，6月5日に「時間外労働の上限規制等について」，6月16日に「同一労働同一賃金に関する法整備について」，それぞれ「建議」を行った。厚生労働省は，建議の内容をふまえて「働き方改革を推進するための関係法律の整備に関する法律案要綱」（以下「法案要綱」とする）を作成して労政審に諮問し，9月15日，労政審はこれを「おおむね妥当」とする答申を行った。

現在とりまとめられている「法案要綱」は，以下の8つの法改正を一括する法案である。①労働基準法の一部改正，②じん肺法の一部改正，③雇用対策法の一部改正，④労働安全衛生法の一部改正，⑤労働者派遣法の一部改正，⑥労働時間等の設定の改善に関する特別措置法の一部改正，⑦短時間労働者の雇用管理の改善等に関する法律の一部改正，⑧労働契約法の一部改正。

これら改正法案の一つひとつがきわめて重大な内容を含むものであるが，なぜ一括法案にしなければならないのかという必然性は全くない。一つずつ丁寧に議論すべきであるが，規制緩和と規制強化が抱き合わせとなっているため，政権としては労使双方の要望の一方だけを通すわけにはいかず，切り離して議論することは危険だと認識しているのだろう。しかし，規制緩和部分のみならず，規制強化部分も労働法制としてどれだけ意義のある内容なのか，私自身は疑問に思っている。

詳しくは本特集の各論文を参考にしていただきたい。ここでは，「法案要綱」に盛りこまれた2大テーマである「同一労働同一賃金」と長時間労働問題に関わる労働基準法改正部分について，簡単に私見を述べておきたい。

1 「同一労働同一賃金」

同一「価値」労働同一賃金原則は，1951年に採択され，1967年に日本が批准したILO第100号条約（男女労働者に対する同一賃金条約）に端を発する。男女が異なる職種，労働に従事している場合でも，それらの価値が同一であれば，男女は同じ賃金を支払われなければならないという原則である。日本は同条約を批准したものの，法改正を行わず，労基法4条の男女賃金差別禁止規定でこと足りる，としてきた。しかし，男女賃金差別禁止規定だけでは，異なる仕事についている男女への賃金格差が違法か否かを判断することは難しく，個別に裁判所の判断に委ねざるをえない。裁判所は必ずしも労働の価値評価をしてくれるとはかぎらない。そこで，日本は，ILOから，男女の労働の価値を測る客観的な評価基準を確立せよと，長年にわたり，勧告を受けてきた。

このような男女間の同一価値労働をめぐる議論を抜きにして，正規／非正規間の格差是正のための原則として急浮上したのが，「働き方改革」における「同一労働同一賃金原則」である。ここからは「価値」という言葉は抜け落ち(9)，のみならず何が同一労働かという評価基準も明確に示されないまま，待遇差が「不合理なものであってはならない」という原則の導入が求められている。2015年12月に公表された「同一労働同一賃金ガイドライン（案)」は，基本給と諸手当を明確に区別して，諸手当については，正社員に支払われていれば非正社員にも同一に支給されるべきという考え方を示した。この点は評価できるものの，基本給については，職務や職業能力，勤続実態に違いがなければ同一の賃金を支払い（均等待遇)，違いがあればそれに応じた給与を支払う（均衡待遇）とするものであり，違いをどのように測定するのかという評価基準は示されていない。

「法案要綱」は，現行の「均衡待遇」(労契法20条・パート法8条)，「均等待遇」(パート法9条）の条文を，短時間（パート）労働者と有期労働者，派遣労働者のすべてに拡大するために，①労契法20条を撤廃して「短時間有期労働者の雇用管理改善法」を制定し，②派遣労働法を改正する，としている。①については労働契約の基本ルールと切り離して，新法を作り，労契法20条を新法に吸収して廃止することになるが，従来から積み重ねられてきた判例法理に否定的な効果を及ぼさないかどうか，懸念が残る(10)。②については，これまで

---

(9)　少なくとも2012年の「望ましい働き方ビジョン」は女性に非正規が多いことから，「『同一価値労働同一賃金』により性別等個人の意思や努力によって変えることのできない属性等を理由とする差別を生じさせないという考え方を尊重しつつ，……『均衡』という考え方によって対応が図られてきている」として，均等・均衡待遇を促進する具体的な手段としての職務評価や職業能力評価の手法の活用を視野にいれていた。

(10)　すでに労契法20条をめぐる裁判例においては，非正規労働者の不合理な労働条件格差（とくに諸手当格差）に対して違法評価を下す判断が示されてきている。ハマキョ

均等・均衡待遇の規定がなかった労働者派遣法にこれらの規定を導入するという意味で，新しさはある。ただし，派遣労働者の場合は，派遣先労働者との均衡待遇・均等待遇か，労使協定による同種事業の一般労働者との平均賃金額保障か，いずれかを選ぶことになる。

結論としては，上記のような条文整備が，正規／非正規労働間に存在する著しい処遇格差を縮小する画期的改善につながることは考えにくい。法改正をするのであれば，正規／非正規労働者間の「不合理な格差」禁止ではなく，格差には合理性が必要であるとして，その合理性を使用者が立証する規定を設けるべきである。紛争解決手続においては，職務評価実践の経験をもつ独立専門家が労働の価値を比較するという新たなシステムを導入する改正を提案したい(11)。

2　労働時間短縮のために

「法案要綱」における時間外労働の「特例」の上限規制が，過労死認定基準に設定されていることは前述したが，これはほとんど現実的な時間短縮効果をもたないであろう。労使協定は「告示」にあわせられているのが実態であり，もし「特例」の限度基準が法律で示されれば，多くの労使はそれに合わせた特例基準を協定化するに違いない。

使用者としては，特別条項つきの36協定を締結して，過労死ラインまでは罰則を気にせずに時間外労働を命じうると考えるだろう。過労死家族の会は，過労死防止法に逆行するとして批判を強めている。この基準では，長時間労働を是正するどころかかえって助長するのではないかとの懸念からである。

労働弁護団は2017年2月28日に「声明」を発表した。繁忙期に「月100時間」や「2カ月平均80時間」までの時間外労働を認める基準を労使協定が許容することになれば，過労死基準以内の時間外労働でも公序良俗に反するという判決(12)がでている現状を，かえって悪化させるのではないかと批判している。「法案要綱」の時間外労働の上限規制は，むしろ逆効果をもたらしかねない。

ウレックス（差戻控訴審）事件・大阪高判平成28年7月26日（労働判例1143号5頁），日本郵便（東京）事件・東京地判平成29年9月14日（労働判例1164号5頁），日本郵便（大阪）事件・大阪地判平成30年2月21日（判例集未掲載）。

(11)　この点については以下を参照。森ます美＝浅倉むつ子編著『同一価値労働同一賃金原則の実施システム』（有斐閣，2010年）321頁以下。

(12)　たとえば穂波事件・岐阜地判平成27年10月22日判決（労働判例1127号29頁）。

にもかかわらず，これらの「規制強化」と引き替えに，「規制緩和」である「高度プロフェッショナル制度」の創設や，企画業務型裁量労働制の対象範囲の拡大を図ろうとするのは論外である（もっとも，裁量労働制の改正部分は不適切データ問題により削除された）。野党と労働組合にはこの一括法案を廃案にすることだけで事足りるとせず，労働時間短縮のためのより効果的な「対案」を，今こそ示して欲しいものである[13]。

---

(13)　生活時間という観点からの労働時間短縮の提案について，以下の論文等を参照。浅倉むつ子「『かえせ☆生活時間プロジェクト』がめざすもの」女も男も 129 号（2017 年），毛塚勝利「労基法労働時間法制からの脱却を」日本労働研究雑誌 690 号（2018 年），「シンポジウム：取り戻そう生活時間」労働法律旬報 1893 号（2017 年）。

18　ジェンダー視点で読み解く労働判例

労働分野では，近年，働く女性の数が増え，M字カーブ（女性の年齢階級別労働力率）の底は浅くなり，法制度改正が頻繁に繰り返されてきた。だが，労働の現場からは，日本の司法判断は依然として国際基準のジェンダー平等からほど遠い，という批判が聞こえてくる。

本章がとりあげる判例は，多彩な事案にわたる。「総論」では，これら判例と関わる主要なジェンダー関連立法の制定・改正の経緯をたどったうえで，判例法理の到達点と課題を論じる。

なお，「表　ジェンダー関連の労働立法の変遷と判例動向」では，「差別・格差規制」と「ワーク・ライフ・バランス（以下，WLBとする）／ハラスメント」をめぐる法の制定・改正動向，ならびに，主要判例を時系列的に示す。

I　ジェンダー関連の労働立法の変遷

1　差別と格差の規制

ア　性差別の規制──労基法4条と均等法

性差別を規制する法は，賃金に関する労働基準法（以下，労基法）4条と，賃金以外の性差別に関する男女雇用機会均等法（以下，均等法）である。

1967年にILO（国際労働機関）100号条約（男女同一価値労働同一賃金条約）を批准した際，日本政府は，新たな法整備は必要なしとした。ILOからは，労基法4条は「同一価値労働」の男女同一賃金を保障していないとの批判が繰り返されてきたが[(1)]，政府はこれを受け入れていない。

一方，1985年の均等法は，女性差別撤廃条約批准のための国内法整備の一環として制定され，労使の妥協の産物としてぎりぎりの折衝がなされた結果，勤労婦人福祉法の全面改正という形式をとった[(2)]。その後，1997年改正[(3)]，

---

(1)　森ます美・浅倉むつ子編著『同一価値労働同一賃金原則の実施システム──公平な賃金の実現に向けて』（有斐閣，2010年）「はじめに」参照。

(2)　浅倉むつ子「雇用の分野における男女の均等な機会及び待遇の確保等に関する法律」島田陽一他編著『戦後労働立法史』（旬報社，2018年）312頁参照。

(3)　1997年には，①すべての規定が禁止規定となり，②ポジティブ・アクションの援助

【表】ジェンダー関連の労働立法の変遷と判例動向

	差別・格差規制		WLB／ハラスメント		判例（*）
	女活法省令改正	2022		2022	**アムール**・東京地裁
		2021	育介法改正		
				2020	**メトロコマース**・最高裁／**大阪医科大**・最高裁
2020					
	女活法改正	2019	労働施策総合推進法	2019	**ジャパンビジネスラボ**・東京高裁
	パート・有期労働法	2018			
	均等法改正	2016	育介法改正		
	女性活躍推進法	2015		2015	**海遊館**・最高裁
	パート労働法改正	2014		2014	**広島中央保健生協**・最高裁
	均等法指針・省令改正	2013			
	労働契約法改正	2012			
2010					
		2009	育介法改正		
				2008	**兼松**・東京高裁
	労働契約法 パート労働法改正	2007			
	均等法改正	2006			
				2002	**明治図書**・東京地裁
		2001	育介法改正		
2000				2000	**芝信用金庫**・東京高裁
	均等法改正	1997			
				1996	丸子警報器・長野地裁上田支部
		1995	ILO156号条約批准 育児介護休業法		
	パート労働法	1993			
				1992	福岡セクハラ・福岡地裁
		1991	育児休業法	1991	日立製作所武蔵工場・最高裁
1990					
				1986	**東亜ペイント**・最高裁
	労働者派遣法 女性差別撤廃条約批准 男女雇用機会均等法	1985			
1980					
		1972	勤労婦人福祉法		
	ILO100号条約批准	1967			
	労働基準法	1947			

＊**ゴシック**の「判例」は各論でとりあげているもの。

規定が導入され，③セクシュアル・ハラスメントに関する事業主の配慮義務が新設された。

2006年改正[(4)]を経て，均等法はようやく雇用差別規制法としての体裁を整えてきている。同法は，募集・採用から解雇に至る性差別（均等法5条，6条），一定の間接性差別（同法7条）[(5)]を禁止し，また，妊娠・出産・母性保護措置等の利用等を理由とする不利益取扱い等を禁止する（同法9条3項）。しかし国連の女性差別撤廃委員会（CEDAW）は，繰り返し，同法は直接差別・間接差別を網羅していない，条約1条にのっとった女性差別の包括的な定義がない，と批判している[(6)]。

イ　女性活躍推進法

2015年の女性活躍推進法は，国，地方公共団体，事業主に男女格差の是正を求め，2019年改正では，101人以上規模の民間事業主に，女性活躍の状況把握と「事業主行動計画」の策定・公表を義務づけた。2022年の省令と指針改正では，301人以上の事業主に「男女の賃金の差異」の状況把握と公表が義務づけられた。

公表は企業内の男女賃金格差の透明化を期待させるが，雇用形態ごとの男女の賃金格差割合の公表がはたして格差の是正効果をもたらすのか，評価はまだ定まっていない[(7)]。

ウ　正規・非正規間の格差規制

雇用形態による差別は日本におけるジェンダー格差の大きな要因をなす。女性が多数を占める非正規労働者は，不安定雇用と低処遇が特色だが，正規労働との処遇格差は永らく法が介入すべきでない問題とされてきた。ようやく丸子警報器事件＝長野地上田支判1996(平成8)年3月15日労判690号32頁で流れが変わり，2007年改正パート労働法（旧8条）が初めて，「通常の労働者と同視すべき」パート労働者に対する差別的取扱いを禁止した。だが，この類型のパート労働者はほとんど実在しなかった[(8)]。

(4)　2006年には，①男女双方を対象とする規定となり，②間接差別禁止規定が導入され，③妊娠，出産を理由とする不利益処遇が禁止された。

(5)　欧米諸国の法とは異なり，対象となる行為は，均等法施行規則2条が定める3類型，①募集・採用にあたり身長，体重，体力を要件とすること，②募集・採用・昇進・職種の変更にあたり，転居を伴う転勤を要件とすること，③昇進にあたり異なる事業所への配転経験を要件とすることに，限定されている。

(6)　たとえば2016年のCEDAW総括所見para.10. 国際女性30号（2016年）73頁。

(7)　浅倉むつ子「男女賃金格差を縮小・是正する法政策の展望――女性活躍推進法における男女賃金格差開示義務化を契機に」労働法律旬報2021号（2022年）6頁以下。

(8)　旧8条の3要件を満たすパート労働者は全体の0.1%であった。水町勇一郎『「同一

一方，2012年改正労働契約法20条は，有期契約労働者と無期契約労働者の労働条件が相違する場合，その相違は「不合理と認められるものであってはならない」と規定した。対象を絞らず幅広く有期労働者に適用されるこの条文は，2014年の改正パート労働法にも類似の形式をもって導入された（同法旧8条）。

後に，2018年の「働き方改革関連法」の下，労働契約法20条に代わるパート・有期契約労働法8条が登場し，現在，短時間労働者と有期契約労働者に対して，「基本給，賞与その他の待遇のそれぞれについて，……通常の労働者の待遇との間において，……不合理と認められる相違を設けてはならない」と規定されている。

2 WLBをめざす法

1990年代には，家族生活と労働生活との両立・調和をめざすWLB法制が登場した。1991年，育児休業法は，休業の権利を男性にも拡大し，1995年のILO156号条約批准を契機に，育児・介護休業法（育介法とする）に改訂された。2001年の同法改正で導入された，休業等の制度利用を理由とする不利益待遇禁止規定をめぐる裁判事案は増えている。

同法は，その後も頻繁に改訂を重ね，2021年には，男性の休業取得を促進する「出生時育休制度」が創設され（育介法9条の2），事業主には育休を取得しやすい環境整備義務が課せられた（同法22条）。

3 ハラスメント関連法

雇用上のセクシュアル・ハラスメント（以下，セクハラとする）を違法とした福岡セクハラ事件＝福岡地判1992(平成4)年4月16日労判607号6頁の後，1997年改正均等法で新設された事業主の配慮義務規定（旧21条）は，2006年の同法改正で「措置義務」となった（同法11条1項)。男性に対するセクハラも対象であるが，同条がカバーする言動は限定的である(9)。

ハラスメントの規制は複数の立法に分散している。2016年，均等法のマタ

労働同一賃金」のすべて（新版)』（有斐閣，2019年）50頁の注17参照。

(9) 一方，均等法の「セクハラ指針」は対象範囲を拡大し，セクハラには同性間の言動も含まれる，被害者の性的指向や性自認にかかわらず措置義務の対象になる，加害者には取引先等の事業主，その雇用する労働者，顧客，患者やその家族なども含まれる，事業主は自ら雇用する労働者以外の者への言動にも必要な注意を払うよう努めることが望ましい，などと述べる。

ニティ・ハラスメント（マタハラ）規定（均等法11条の3），育介法のケア・ハラスメント（ケアハラ）規定ができた（育介法25条1項）。特定の差別事由にかかわらないパワー・ハラスメント（パワハラ）は，2019年の労働施策総合推進法が規定するが（同法30条の2第1項），これらはすべて事業主の措置義務である。

2019年のILO190号条約（「労働世界における暴力とハラスメント撤廃条約」）は，「暴力とハラスメント」を幅広く定義し，「包摂的で，統合的で，ジェンダーに配慮したアプローチ」の採用を加盟国に求めている(10)。日本も，ハラスメント自体の禁止・防止を定める包括的ハラスメント禁止立法を構想すべきである。

Ⅱ　判例法理の到達点

1　時間外労働と配転をめぐる判例法理

日本の大企業は，勤務地や職務，労働時間を限定されない働き方ができる労働者を高処遇する雇用管理を採用してきた。ここでは，私生活より業務命令を優先して働く労働者モデルが期待される一方，このモデルから脱落する者（家事・育児・介護責任を担う労働者など）は，勤務地限定社員もしくは「非正社員」として低処遇される。このような雇用管理は，社会における根強い性別役割分業によって支えられてきた。

1980年代以降に形成された最高裁の判例法理は，業務命令の裁量範囲を広範に認めることにより，このような雇用管理を理論的に支えてきた。近年では労働契約の指導理念にも仕事と生活の調和が位置づけられたが（労働契約法3条3項），最高裁の基本的な判断枠組みは変更されていない。

時間外労働に関する日立製作所武蔵工場事件＝最一小判1991（平成3）年11月28日労判594号7頁は，いわゆる三六協定があり，就業規則が合理的内容を定める場合，労働者は時間外労働命令に従う義務がある，と判示した。この判決は，社会全般に，「労働者は命じられるままに時間外労働に従事すべき」というメッセージを広める結果となった。

転居を伴う配転命令に関する**東亜ペイント事件**＝最二小判1986（昭和61）年7月14日労判477号6頁は，特段の事情がある場合を除き，使用者は業務上の

(10)　浅倉むつ子「ハラスメントの防止と撤廃をめざす法政策――ILO第190号条約のアプローチに学ぶ」遠藤美奈他編著『人権と社会的排除――排除過程の法的分析――』（成文堂，2021年）117頁以下。

必要性に応じて労働者の勤務場所を決定できると判示した。使用者の配転命令権を広範に認める最高裁の判断枠組みは，日本の雇用慣行にも強い影響を与えた。

一方，2001年改正育介法は，就業場所の変更を伴う配転について，使用者に，子の養育や家族の介護状況に関して配慮を求める規定をおいた（同法26条）。**明治図書事件**＝東京地決2002(平成14)年12月27日労判861号69頁は，最高裁の判断枠組みを前提としながらも，「特段の事情」判断において同条の意義を強調した。WLBを重視する観点から，最高裁の判断枠組み自体を批判する学説も登場している(11)。

2　男女賃金差別をめぐる判例法理

賃金差別のうち，本章では，昇格差別とコース別雇用の事案をとりあげた。職能資格給制度の運用の結果，生じる昇格差別事案では，査定に管理職のジェンダー観が反映されやすく，この代表的事案が，**芝信用金庫事件**＝東京高判2000(平成12)年12月22日労判796号5頁であった。本件で，裁判所は，資格と賃金が連動している場合には昇格差別は賃金差別と同様に考えられるとして労基法4条を類推適用し，救済についても労基法13条・93条の直律的効力を用いて，原告らが昇格すべき地位にあることを確認した。昇進・昇格は使用者の裁量的判断によるから，男女格差があっても賃金差別の問題ではないとする判決もみられたなかで，本件判旨の意義は大きい。

コース別雇用導入企業における異なる職掌の男女間賃金格差について，**兼松事件**＝東京高判2008(平成20)年1月31日労判959号85頁は，男女間には「職務内容や困難度を截然と区別できないという意味で同質性がある」と述べ，労基法4条，不法行為など私法秩序に反する違法な行為と判示した。職掌転換制度は，実際に転換をめざす労働者の努力を支援するものではなく，コース別雇用の違法性の判断には影響しないとした判断も，画期的であった。

3　非正規労働者の処遇格差をめぐる判例法理

労働契約法20条をめぐる一連の裁判で，女性が原告となった事案である**メ**

---

(11)　緒方桂子「東亜ペイント事件最高裁判決再考――『通常甘受すべき程度を著しく超える不利益』と家族――」沼田雅之他編著『社会法をとりまく環境の変化と課題』（旬報社，2023年）191頁以下参照。

トロコマース事件＝最三小判2020(令和2)年10月13日労判1229号90頁と**大阪医科大学事件**＝最三小判2020(令和2)年10月13日労判1229号77頁は，正社員には支給される「賞与」や「退職金」を非正社員に支給しないことは「不合理ではない」，と判断した。判旨は，これらの制度の目的が正社員としての人材確保にある，という企業側の主張に重きを置いたものである。

一方，これら2判決の2日後に出た日本郵便事件の3件の最高裁判決は，病気欠勤中の賃金補償，扶養手当，年末年始勤務手当，祝日給，夏期冬期休暇の差異を「不合理」と判断した(12)。その3年後に，最高裁は，基本給の相違をめぐる初の判断を下した（名古屋自動車学校事件＝最一小判2023(令和5)年7月20日（LEX/DB25572945））。定年後の嘱託職員の基本給について正職員の6割を下回る部分を不合理とした原審の判断を誤りとして，基本給の性質やその支給目的をふまえて審議を尽くすよう差し戻したのである。

これら最高裁による不合理性をめぐる判断について，各論の黒岩論文は，差異をもたらしている賃金や労働条件が人材活用の違いとどの程度関連性があるのかによって異なるのではないかという問題提起をしている。今後，名古屋自動車学校事件の差戻審が基本給の差異の不合理性判断にさらに踏み込むことを期待したい。私見では，非正規労働者の低処遇問題は間接的な性差別であるから，男女の賃金格差問題として一体的に取り組まれるべきと考える(13)。

4　母性保護や育児休業等を理由とする不利益取扱い

広島中央保健生活協同組合事件＝最一小判2014(平成26)年10月23日労判1100号5頁は，妊娠中の軽易業務への転換を契機とする女性労働者の降格措置は，労働者が自由意思に基づき降格を承諾した場合や，均等法9条3項の趣旨・目的に実質的に反しないと認められる特段の事情が存する場合をのぞいて，原則として同項が禁止する取扱いにあたる，と判断した。

ジャパンビジネスラボ事件＝東京高判2019(令和元)年11月28日労判1215

(12)　日本郵便（佐賀中央郵便局）事件＝最一小判2020(令和2)年10月15日労判1229号5頁，日本郵便（時給制契約社員ら）事件＝最一小判2020(令和2)年10月15日労判1229号58頁，日本郵便（非正規格差）事件＝最一小判2020(令和2)年10月15日労判1229号67頁。

(13)　浅倉むつ子「安倍政権下の『働き方改革関連法』の批判的分析」経済293号（2020年）74頁以下。

号5頁は，育児休業明けに保育園がみつからず，やむなく正社員から契約社員となった女性が正社員への復帰を求めたところ，会社がそれに応じず雇止めした事案である。控訴審は雇止めを無効とせず，むしろ職場でのやりとりを録音して記者会見で公表した原告の行為が会社への名誉毀損にあたるという驚くべき結論に至ったが，最高裁は上告を不受理とした（最三小決2020(令和2)年12月8日)。このような司法判断は，女性が働き続ける際の大きな障壁を作り出したといえよう。

5　ハラスメントをめぐる判例法理

ハラスメント加害者とされた労働者が懲戒処分の効力を争った**海遊館事件**＝最一小判2015(平成27)年2月26日労判1109号5頁で，最高裁は，職場で露骨な性的話題を繰り返した2人の管理職の行為は，部下を侮辱し困惑させる行為として許されず，処分は妥当と判示した。

アムール事件＝東京地判2022(令和4)年5月25日労判1269号15頁では，裁判所は，業務委託契約の下で働く者への性的自由の侵害行為に関して，企業が当該契約に基づく安全配慮義務違反を理由とする債務不履行責任を負う，と判示した。近年，労働契約上の使用者以外の責任が問題となるハラスメントの事案が増えており(14)，おおいに示唆的である(15)。

なお，中国・韓国・北朝鮮を攻撃して，特定の人々を「半日」「売国奴」などと侮辱する文書を職場で配布する等の行為を繰り返している使用者に対して，在日コリアン3世の女性が損害賠償と文書配布の差し止めを求めた事件において，裁判所は，労契法5条，3条4項，労働施策総合推進法30条の2の趣旨等を論拠に，使用者が職場環境配慮義務を怠った場合には不法行為または債務不履行責任を免れないと述べて，損害賠償と文書配布の差し止めを命じた（フ

---

(14)　就労継続支援B型事業所は，信義則上，利用者がハラスメントを受けない職場環境配慮義務を負うとしたNPO法人B会事件＝福岡高判2018(平成30)年1月19日労判1178号21頁，親会社が法令遵守の相談窓口を設けているとき，子会社従業員からの申出があれば，適切に対応する信義則上の義務を負う場合があるとしたイビデン事件＝最一小判2018(平成30)年2月15日労判1181号5頁などがある。

(15)　ただし本判決が安全配慮義務違反を論拠としたことについては，より射程の広い概念である職場環境配慮義務のほうが妥当であったとする評釈がある。清原啓允「フリーランスへのセクシュアル・ハラスメント等にかかる委任者における安全配慮義務違反の成否」労働判例1272号（2022年）81頁以下。

ジ住宅事件＝大阪高判2021（令和3）年11月18日労判1281号58頁）。最高裁は使用者からの上告を不受理とした（最一小決2022（令和4）年9月8日）。

本件は，原告を名指ししていなくとも，職場における民族的差別を扇動して分断を強化する文書が職場環境を害すると判断され，それが原告の人格的利益を侵害する危険をもたらすことから，職場環境配慮義務の履行請求を認めた判決と評価されている[16]。

Ⅲ　今後の検討課題――ケア労働を展望する裁判

2020年からの新型コロナ感染症の拡大は，改めて，有償・無償のケア労働が抱えるさまざまな問題を浮き彫りにし[17]，その結果，いくつかの新たな訴訟も提起された。注目すべき事案を紹介しておきたい。

1つは，介護ヘルパー労災事件＝東京地判2022（令和4）年9月29日（判例集未掲載）である。訪問介護事業および家政婦紹介あっせん事業を営む企業に家政婦兼訪問介護ヘルパーとして登録していた女性が死亡したため，遺族が労災保険法に基づく遺族補償給付を申請したところ，労基署は労災保険不支給決定をした。本件は，当該不支給決定に対する審査請求を最終的に棄却した労働保険審査会の処分取消しを求める訴訟である。

東京地裁は，死亡女性が行った業務のうち，訪問介護ヘルパー業務（週31時間分）は会社との雇用契約に基づく業務だが，家政婦業務（週137時間分）は一般家庭の利用者と死亡女性との雇用契約に基づく業務であり，労基法116条2項が適用除外する家事使用人としての後者の業務に労災保険法の適用はないとして，請求を棄却した。

もう1つは，ホームヘルパー国賠訴訟＝東京地判2022（令和4）年11月1日（判例集未掲載）である。本件は，介護事業所と有期契約を締結して訪問介護業務をしているホームヘルパーが，労働基準法を遵守しえない構造下にある現状の介護業務実態を放置してきた国に対して賠償責任を追求している裁判である。

ホームヘルパーの賃金は，事業所に支払われる介護報酬と利用者の利用料が財源だが，介護報酬は低額で，かつ，サービスごとの出来高払いであるため，

(16)　浅野毅彦「使用者の差別的文書配布の職場環境配慮義務違反該当性と文書配布行為差止めの可否」季刊労働法279号（2022年）204頁以下。

(17)　浅倉むつ子『新しい労働世界とジェンダー平等』（かもがわ出版，2022年），竹信三恵子『女性不況サバイバル』（岩波新書，2023年）等。

ヘルパーの移動時間や待機時間の不払いなども生じやすい。利用者の都合によるキャンセルに休業手当が払われないこともある。このような労働基準法違反は，現行の介護報酬のあり方からもたらされているというのが原告らの主張である。判旨は，未払賃金や職場環境は使用者を相手に責任を問うべきであり，たとえ法令違反が各事業場の努力により解消できないとしても，厚生労働大臣や労働基準監督機関がいかに規制権限を行使すべきかが具体的に主張されていないとして，請求を棄却した。本件の背景には，事業所や介護労働者の人件費のために介護報酬を引き上げれば，利用者の負担も保険料も増大し，介護サービスの利用の手控えがいっそう進むという現実がある。被保険者，利用者，介護労働者のこの「三すくみ関係」を解決する国家政策が求められているのである。

以上の２つの訴訟の背景には，社会的に必要不可欠なケア労働が女性のみに偏在しており，その結果，有償ケア労働にも正当な支払いがなされず低報酬が放置されているという重い現実がある。ポストコロナ社会では，このケア労働をめぐる構造的な改革が必要不可欠である。

第5章　コロナ禍と労働法

19　新型コロナとジェンダー

Ⅰ　はじめに

世界保健機構（WHO）は，2020年3月11日に，新型コロナウイルス感染症（COVID-19）が世界で大流行すると警告した。その後またたく間に感染者は増え，同年10月22日現在，世界の感染者数は4,122万人，死者は113万1千人に達している(1)。日本も例外ではなく，国内の感染者は9万5960人，死者は1711人に達した。

予期しなかったこのパンデミックは，世界のいたるところで，とりわけ，女性・女児をはじめとする脆弱な環境にある人々に圧倒的な脅威を及ぼしている。平常時のジェンダー格差は，このような緊急時の危機下では，一層，増幅される。日本は，2019年末，世界経済フォーラムの「男女格差報告書」で，153カ国中，過去最低の121位になった(2)。それだけに，2020年初頭から始まったこの未曾有の社会不安は，大きなジェンダー格差の中にいる日本の女性たちに過酷な現実をつきつけている。

Ⅱ　国際機関からの提言

国連をはじめとする国際機関は，ジェンダー視点からの新型コロナ対策の必要性をいち早く提言し，各国に警鐘を鳴らしてきた。

UN Womenのアニタ・バティア副事務局長は，2020年3月26日，声明「女性とCOVID-19：各国政府が今すぐできる5つのこと」を発表し，各国政府に以下の行動を促した(3)。(1)女性の看護師や医師が医療行為に参画できるよう

(1)　NHKの以下の特設サイトによる。https://www3.nhk.or.jp/news/special/coronavirus/world-data/

(2)　World Economic Forum, Global Gender Gap Report 2020, pp.201-202.

(3)　https://www.unwomen.org/en/news/stories/2020/3/news-women-and-covid-19-

保障すること。⑵家庭内暴力の被害者のためのホットラインとサービスを確保すること。⑶子どもや老人のケアを担う労働者の有給休暇や病気休暇の保障。⑷意思決定に女性の声を取り入れること。⑸男女のケア負担の平等を支援し，ジェンダー役割をステレオタイプ化しないこと。OECDは，4月1日，「コロナウイルス危機との闘いの前線にいる女性たち」を公表し，医療従事者のほぼ70%が女性であり感染リスクにさらされていること，女性の家事労働負担が増大していること，女性のほうが雇用と所得喪失のリスクが高く，暴力，虐待，ハラスメントの危険にさらされていること，政府は，働きながら育児・介護ができる緊急措置の採用，所得支援措置の強化，中小企業支援，暴力から救済する措置を講じ，あらゆる政策にジェンダー視点を埋め込む必要があることを，強調した(4)。

4月6日には，UN Womenのヌクカ事務局長が，とくにコロナ感染症による自宅避難が，女性に対する暴力という陰のパンデミックを拡大させていると警鐘を鳴らし，応急的対応をさらに呼び掛けた(5)。そして4月9日，国連グテーレス事務総長は，「政策概要：新型コロナウイルスの女性への影響」という長文の報告書を発表した(6)。同報告書は，コロナウイルスは，あらゆる領域でとくに女性と女児に悪影響を及ぼしているとして，①経済への影響，②健康への影響，③無償ケア労働，④ジェンダーに基づく暴力，⑤脆弱な状況における人々への影響・人権への影響，という項目ごとに，現状を分析し，各国に向けて，⑴女性と女性団体を新型コロナウイルス対応の中核に含め，⑵無償ケア労働の不公平を，新しい包摂的なケア経済に変え，⑶女性と女児の生活と将来に焦点を当てて社会経済的計画を立案することの必要性を強調した。

日本でも，コロナ危機による被害の中心に女性たちがいることが明らかであり，国際機関からのこれらの提言は，ただちに政策に活かされなければならなかったはずである。

---

governments-actions-by-ded-bhatia

⑷　OECD「コロナウイルス危機との闘いの前線にいる女性たち」(2020年4月1日)。

⑸　ムランボ＝ヌクカ国連女性機関事務局長の声明「女性と女児に対する暴力・陰のパンデミック」(2020年4月6日）婦人団体連合会編『女性白書2020』(ほるぷ出版，2020年）161頁以下。

⑹　http://www.gender.go.jp/policy/no_violence/pdf/20200427_1.pdf

Ⅲ　女性・女児に対するコロナ禍の影響

新型コロナ感染症に端を発した今回の経済不況と雇用急減は，経済学者から“She-cession”と呼ばれているという[(7)]。リセッション（recession）に伴う雇用喪失が，男性より女性に集中していることから生まれた造語である。以下では，日本の現状をジェンダーに注目しつつ，分析してみる。

コロナ危機は，明らかに女性の雇用により大きな打撃を与えている。女性雇用者数は2019年末から7月までの7カ月で3.2%（87万人）減り，男性雇用者（同0.8%減）より女性の減少率が2.4%も高い。完全失業率も，男性の0.4ポイント上昇に対して，女性は0.5ポイントで，男性より0.1ポイント上回っている[(8)]。

理由は，はっきりしている。女性雇用の多い宿泊業，飲食業，サービス業が，コロナ危機によって，より大きなダメージを受け，減少率が大きい非正規雇用に女性が多く，小中学校や保育園の臨時的休校・休園措置がなされたために，家庭内の家事・育児負担が増大し，女性たちに過剰負担を及ぼしたからである。まさに日本では，“She-cession”が他国に増して進行したといえる。

JILPTの調査は，とくに「子育て女性」に過酷な被害が集中したことを明らかにした。2020年7月時点で，女性の休業者比率は男性の3.9倍だが，中でも子育て女性の休業者比率は6.1%と高止まり傾向にある。税込月収も，子育て女性の回復が鈍い。「未成年の子あり」という条件は，男性の雇用状況には影響せず，女性のみにマイナスの影響を及ぼした[(9)]。

日本の男性の家事・育児時間は，平常時にも諸外国より著しく短く[(10)]，コロナ禍で増大した家事・育児負担は見事に女性のみに負担増をもたらした。ある調査では，「子どものいる女性」の36%が「家事育児に困った」と回答したが，

---

(7)　周燕飛「JILPTリサーチアイ第47回　コロナショックの被害は女性に集中（続編）」（独）労働政策研究・研修機構HPより。https://www.jil.go.jp/researcheye/bn/047_200925.html

(8)　周燕飛・前掲注(7)。

(9)　周燕飛・前掲注(7)。

(10)「6歳未満の子をもつ夫の家事・育児関連時間」をみると，米国3時間7分，英国2時間46分，フランス2時間30分，ドイツ3時間，スウェーデン3時間21分，ノルウェー3時間12分に比べて，日本は1時間23分であり，極端に短い。内閣府『令和2年版　男女共同参画白書』図表2-2。

「子どものいる男性」では15%にすぎなかった。休校や休園で子どもが家にいる女性では，44%にも上った。睡眠時間が激減して心身の健康を損ねた人が，女性には増えた。夫婦ともに在宅勤務でも，「夫は自分の仕事部屋で集中できています」との回答があるように，「夫の仕事」を優先してしまう実態が浮かび上がった(11)。

ここで改めて，ジェンダー視点から見過ごすことができない実態を，三点だけ指摘しておこう。

その第1は，シングルマザーの困窮である。2020年8月に公表された調査では(12)，シングルマザーの7割に，コロナウイルス感染症に関連して，収入の減少，勤務日数・勤務時間の減少があった。収入の減少と臨時一斉休校などで家計支出が増加したため，平均預貯金金額は約4万円減少した。家賃や水道光熱費の支払いを滞納している世帯は約1割あった。給食がなくなったことで食費が増加し，食事の回数を減らした世帯は約2割にのぼった。中学生以上の子どもがいる世帯の約4割は自宅で使えるパソコンもタブレットもない。6割のシングルマザーが気分障害，不安障害に相当する心理的苦痛を感じており，全国平均1割をはるかに上回った。

第2は，自殺率の増大である。国内の自殺者数は，近年，減少傾向にあったものの，2020年7月から3カ月連続で，前年より増加した(13)。なかでも，女性は，7月には前年より88人増（15.6%），8月187人増（40.3%），9月138人増（27.5%）となり，男性の横ばい現象とは対照的であった。しかも年齢内訳でみると，若い世代の自死が目立った。もっとも自殺者が多かった8月には，20歳未満女性が40人増（前年比3.6倍），20代女性が79人増（同1.4倍），30代女性が74人増（同1.7倍）となった。

若い女性が直面した影響に関する実態調査では，感染症，外出自粛，休業要

---

(11)　落合恵美子「新型コロナウイルスとジェンダー」リーブラ69号（公益財団法人東海ジェンダー研究所 news letter）。これは「自分もしくは同居家族が新型コロナの影響により，在宅勤務を経験した人」を対象に2020年4月8日〜15日に行われたウェブ調査である。

(12)　認定NPO法人しんぐるまざあず・ふぉーらむ&シングルマザー調査プロジェクト「新型コロナウイルスの影響によるシングルマザーの就労・生活調査」。2020年7月，WEBフォームによる調査実施により，回答数2,119，有効回答数1,816。

(13)　厚生労働省と警察庁の集計による。自殺者数は，2020年7月1818人（前年より25人増），8月1854人（251人増），9月1805人（143人増）であった。

請の影響などによって，本人や家族の経済的・身体的・精神的状態の悪化や，自宅以外の居場所や相談相手を失い，支援策を利用できないという構造的な悪影響によって，困窮する姿が浮き彫りになった(14)。コロナ禍の中で，これら構造的なジェンダー問題が，社会の弱い層に集中し，10代の女性たちの自死率を高めている。

第3に，DVの増大傾向である。自治体が運営する全国の配偶者暴力支援センターと，政府が24時間メールや電話で受け付ける緊急相談窓口「DV相談+(プラス)」を合わせた相談件数は，このコロナ禍の下で，昨年のほぼ1.4倍から1.6倍になった（【表】DV相談件数の推移2020年)。各種の生活不安やストレスの増加，外出自粛が続き在宅時間が長くなったこと等の影響であろう。内閣府は，2020年10月に従来の暴力対策推進室を格上げして，男女間暴力対策課を新設し，覚えやすい4桁の全国共通ダイヤル「＃8008（晴れれば)」を開設しているが，問題は深刻化している。

【表】　DV相談件数の推移　2020年

	4月	5月	6月	7月	8月
配偶者暴力相談支援センター	13,427	13,245	12,981	12,309	11,407
DV相談プラス	1,741	4,329	4,473	4,441	4,597
計	15,168	17,574	17,454	16,750	16,004
昨年比	1.45倍	1.58倍	1.61倍	1.38倍	1.44倍

Ⅳ　日本の新型コロナ対策――ジェンダー視点の欠如

国際機関は，上述のように，あらゆる対策にジェンダー視点を導入することを求めた。日本政府もさまざまなコロナ対策を打ち出してきたが，残念ながら，それらにジェンダー視点は欠如していたと言わねばならない。

1　見直されなかった「世帯主義」

その代表的な例は「特別定額給付金」（一人一律10万円）の支給方法であった。

(14)　特定非営利活動法人BONDプロジェクト「10代20代女性における新型コロナ感染症拡大に伴う影響についてのアンケート調査報告書」(2020年10月)。BONDプロジェクトの公式相談LINEに登録している若年女性に送付して2020年6月に実施したアンケート調査。回答者950人。

同給付金の給付対象者は，「基準日（2020年4月27日）時点で住民基本台帳に記録されている者」，すなわち個人である。しかし，受給権者はなぜか「給付対象者の属する世帯の世帯主」であった。かつて，阪神淡路大震災や東日本大震災などの災害弔慰金や支援金でも，世帯単位の支給の仕組が女性に不利益をもたらすとして，批判された過去があった。にもかかわらず，世帯単位や世帯主要件という制度的仕組みは，政府による根本的な見直しがなされないまま放置されてきた。今回も，同様の対応が繰り返されたのである。

今回は，世帯主への一括振込みの不当性批判がSNSなどを通じて広まったため，DV被害者に対しては特別な対応がなされた。住民票を移さないまま避難している一定のDV被害者について，要件を満たした場合には個別に受給できる仕組みがとられたのである[(15)]。しかし，同居を続けているDV被害者や，家に帰れず知り合いの家を泊まり歩いている若い女性たちに，どの程度，給付金が届いたのだろうか，不明である。おそらく彼女らに給付金は届いていない。世帯主の預金通帳に振り込まれた金額を，彼女たちが引き出せるわけがないからである。政府は，個人に給付金がどの程度届いたのか，しっかり調査を行い，公表すべきである。

「世帯主義」を排して個人単位の制度を構築することは，ジェンダー視点からは不可欠の課題である。現在策定中の「第5次男女共同参画基本計画（案）」は，「第9分野　男女共同参画の視点に立った各種制度等の整備」において，「特に，各種制度において給付と負担が世帯単位から個人単位になるよう，マイナンバーも活用しつつ，見直しの検討を進める」としている[(16)]。果たしてどこまで見直しが進むのか，注視したい。

ただし，マイナンバーがここに登場することには懸念も残る。特別定額給付

---

(15)　DVを理由に避難している者とその同伴者については，基準日において配偶者と同一世帯であっても，①から③のいずれかの要件に該当する場合には，避難先の自治体からの支給，民間支援団体による代理申請が認められた。①配偶者に保護命令が出されていること，②婦人相談所の「証明書」または，配偶者暴力相談支援センターなどの関係行政機関や民間支援団体から「確認書」が発行されていること，③基準日の翌日以降に住民票を移し，「支援措置」に対象になっていること。とはいえ，②の要件をめぐって，後述のように，平常時ですら業務量負担が過剰な婦人相談員が対応に追われたことを，忘れてはならない。

(16)　内閣府男女共同参画会議第5次基本計画策定専門調査会第7回（2020年10月8日）資料1-1「第5次男女共同参画基本計画策定に当たっての基本的な考え方（素案）【見え消し版】」90頁。

金の支給形態を契機に，マイナンバーカードと銀行口座をひもづければ支給が効率化できるという意見が，政府内で急浮上した。しかし，マイナンバー制度はそもそも世帯別編成の住民基本台帳を根拠に構築された制度であり，おおもとの住民基本台帳法の世帯主義の見直しが優先されるべきであろう。しかもマンナンバー制度の捕捉性には限界があり[17]，情報漏れが生じた場合の問題点もある。今回の給付金に現れたように，マイナンバーカードを使った申請でも，世帯主以外は手続できない仕組みが残っていれば，解決にはならない。マイナンバーと無理に関連づけることなく，各種給付と負担を含むあらゆる制度について，世帯単位から個人単位への見直しを推進することが重要である。

2 女性支援を阻んでいる法制度

コロナ禍の下での性暴力やDVの増加，若い女性の自死率の高まりは，急速に深刻化したとはいえ，じつは，以前から大きな課題として認識されていた。国連の女性差別撤廃委員会（CEDAW）は，日本では「若い女性の自殺率が高い」として，日本政府に対策を講じるよう勧告してきた。2016年のCEDAWの総括所見も，「女性と少女の自殺率が依然として高いこと」に懸念を示していた[18]。2020年3月9日の第9次日本定期報告に関する事前質問項目では，CEDAWは日本政府に，「女性と少女の自殺を防止することをめざした，目標と指標を含む包括的な計画の採択について（日本が）実施した取り組みに関する情報」の提供を求めている[19]。

若い女性たちは，とりわけ複合的困難に直面しやすい。暴力（DVや性暴力，子ども時代の性虐待），親の離婚，貧困，心身の疾患や障害，居場所の喪失，社会的孤立，妊娠・中絶・出産，就労からの排除，JKビジネス，AV出演強要など，数えきれないほどの被害を被っている。このような構造的なジェンダー問題が，彼女たちの自死につながっているのであり，一刻も早い支援が必要である。ところが，支援の実施を阻む根本的な制度上の問題がある。女性を支援する事業が，「婦人保護事業」に限られていることである。性暴力，DV，貧困，

---

(17) 住民票を抹消された者，無戸籍者，日本に在住する外国人など，マイナンバーでは捕捉されない人々がいる。

(18) CEDAW/C/JPN/CO/7-8, para.38(c). 訳文は，国際女性30号（2016年）72頁以下に掲載されている。

(19) CEDAW/C/JPN/QPR/9.

家庭破綻，障害など，さまざまな困難を複合的に抱える女性たちの支援は，婦人保護事業の3機関（婦人相談所，婦人相談員，婦人保護施設）に一手に委ねられている。ところが当該事業の根拠法は，1956年に制定された売春防止法であり，加えて，2001年のDV法制定施行によって，DV被害者の支援システムも婦人保護事業を転用して行なわれるようになった。現在の婦人保護事業は，売春防止法における「要保護女子」の保護更生と，DV防止法における「DV被害女性の保護」という相反する2つの役割を，限られた予算内で一手に引き受けざるを得ないのである。このことが，必要不可欠な女性に対する支援事業に，大きな矛盾と限界をもたらしている。

女性たちからの永年にわたる指摘を受けて，2019年10月，厚生労働省は「困難な問題を抱える女性への支援のあり方に関する検討会」中間まとめを公表した。この中では，婦人保護事業には限界がある，法制度上も新たな枠組みを構築しなければならない，売春防止法4章は廃止する，と書きこまれた。若い女性たちは，売春防止法の「要保護女子」としてではなく，性被害などから回復するための支援の対象として位置づけられなければならない。「中間まとめ」には，さらに，「女性を対象として専門的な支援を包括的に提供する制度」の構築が書き込まれた。すでに，全国婦人保護施設等連絡協議会は「女性自立支援法（仮称）」の構想を提案している[20]。ところが，コロナ禍の中でこの構想をめぐる議論がとん挫しているのである。ジェンダー視点からのコロナ対応としては，一刻も早くこの新法を実現させるべきであろう。

3　非正規公務員問題

ジェンダー視点から指摘すべきもう1点は，非正規公務員問題である。政府統計では，2016年の段階で，地方自治体で働く地方公務員の2割が非正規公務員（臨時非常勤職員）であり，自治体によっては職員の半数以上が非正規というところもある。非正規公務員の4人に3人は女性であり，職種別の女性割合をみると，保育士96.5%，看護師97.8%，給食調理員97.1%である。女性職種といわれる職種は，ほぼ100%，女性の非正規によって担われているのである[21]。このコロナ禍で「エッセンシャル・ワーカー」と呼ばれる職種のほと

(20)　戒能民江・堀千鶴子『婦人保護事業から女性支援法へ――困難に直面する女性を支える』（信山社，2020年）。
(21)　上林陽治「公務の間接差別の状況と会計年度任用職員制度の問題点」竹信三恵子・

んどが，非正規の女性たちによって担われており，この問題を未解決のままにしておくことは許されない。

先に述べた婦人相談員もここに含まれており，全国に1500人ほどいる婦人相談員の8割が，非正規公務員である(22)。非正規であることの困難性は，①待遇が悪く低賃金であり，②雇止めのリスクがあって雇用が不安定，③業務量が多く残業もあるが，残業代や交通費が支給されず，④専門性が保障されていない，⑤正職員との関係性がよいとはいえず，組織的バックアップがない，⑥自治体組織のなかでの理解が不十分なこと，等である(23)。

法の谷間にある非正規公務員問題は，以前から，解決されるべき課題であったが，批判を受けて，2017年，地方公務員法と地方自治法が改正され，2020年4月から，自治体の非正規職員に「会計年度任用職員制度」が導入された。一般職地方公務員としての処遇改善をめざすといううたい文句だったが(24)，実際には，真逆の結果が生じている。すなわち，これまで「特別職非常勤」という扱いだった婦人相談員の場合，「会計年度任用職員」と「特別職非常勤」とに分かれ，「特別職非常勤」は「学識・経験のある者」に狭く限定され，それ以外の者は「会計年度任用職員」とされた。その結果，これまで何年も継続雇用されてきた相談員が「会計年度任用職員」として1年のみの任用，再任は2回まで（3年の有期）という厳格な処遇になったのである。結果として，婦人相談員の処遇は，改善どころか，低下したことになる。

しかもコロナ禍の下で出勤せざるをえない職種（医療職，保健職，学童保育支援員，相談支援員，介護福祉職など）では，8割以上の人が，「職場の感染予防に不安」を感じながら，「それまでと変わらない勤務」を強いられ（17.9%），むしろ「仕事の量や時間が増えた」（20.9%）と回答している(25)。感染リスクの高い現場に非正規を選んで配置している国や地方自治体の責任は，大きいという

戒能民江・瀬山紀子『官製ワーキングプアの女性たち』（岩波書店，2020年）。

(22)　戒能民江「婦人相談員の現状と『非正規公務員』問題」竹信他・前掲注(21)。

(23)　戒能・前掲注(22)。

(24)　「臨時職員」「特別職非常勤」「一般職非常勤」とまちまちであった従来の非正規公務員を「会計年度任用職員」に統一して，期末手当を支給できるとした法改正だったが，会計年度任用職員でもパートタイムの場合には，制度格差は残り，勤勉手当，退職手当はなく，災害補償も「地方公務員災害補償法」ではなく，労災保険か自治体が別に定めるものとなる。低処遇問題はまったく解決されていない。

(25)　NPO法人官製ワーキングプア研究会「新型コロナウイルスによる公共サービスを担う労働者への影響調査アンケート（WEB調査）」による。上林・前掲注(21)参照。

べきだろう。

新型コロナ対策におけるジェンダー視点の欠如を猛反省して，国には，根本的な対応策を一刻も早く講じて欲しいものである。

20　コロナ禍におけるジェンダー問題

Ⅰ　はじめに

2020年初頭に始まった新型コロナの感染拡大は，世界中の多くの人々の命を奪い，医療を崩壊させ，社会に大きな不安と混乱をもたらした。人類は，これまでにも繰り返し，多くの災害や危機に直面してきたが，これほど長期かつ大規模にわたる深刻な打撃に見舞われた経験は稀有なことといえるだろう。

本稿を書いている2021年9月末でも，コロナ禍が収束する兆しはみえず，私たちは，今なお苦境を脱してはいない。しかし一方，この未曾有の体験を通じて鮮明にみえてきたのは，ジェンダー平等政策の重要性であり，ケア労働の不可欠性であった。

脆弱な環境にある人々にとって，コロナ禍は圧倒的な脅威である。感染症や大規模災害は，誰にも無差別に災禍をもたらすが，その影響はけっして，すべての人々に同じではなく，脆弱な立場にある人々がいっそう深刻な影響を被らざるをえない。ジェンダー不平等社会では，男性よりも女性に大きな打撃が集中する。平常時における社会の格差や不平等は，緊急時にはいっそう増幅されるため，ジェンダー平等にとくに力点をおいた対策が重要性を持つのである。

また，このコロナ禍において，私たちは，いやおうなくケア労働の重要性を認識させられた。ケア労働は，子どもの世話や病人・高齢者の介護など，人々の命と生活を支える本質的な労働だが，家族内でも社会でも，主として女性が担うことが多く，そのために，平時にはほとんど不可視化されがちであった。公務の中でもケア労働は，地方行革により，必要以上に定員削減の対象になってきた。ところが，コロナ下では不可欠な労働として，感染リスクにさらされながらも大きな緊張下で行われ，かつ，家庭内でも，その負担はいっそう増大したのである。

以上のようなコロナ下の経験は，ジェンダーに関わる多くの課題を提起している。コロナ禍はいまだ収束には至っていないとしても，私たちは，いまだからこそ，ポストコロナの社会における真に重要な課題について，知恵を絞りながら考えておく必要がある[1]。

Ⅱ　ジェンダー視点による対策――スタート時点での遅れ

国連をはじめとする国際機関は，新型コロナ発生直後に，いくつかの緊急の政策提言を発出した。そこでは，すべての応急対応で女性と女児を中心に据える必要性が強調された。たとえば2020年3月26日，UN Womenのアニタ・バティア副事務局長は，声明「女性とCOVID-19：各国政府が今すぐできる5つのこと」を発表した〔バティア　2020〕。また，同年4月9日，国連のグテーレス事務総長は，「政策提言：新型コロナウイルスの女性への影響」という長文の報告書を発表し，各国に，あらゆる応急対応において意図的にジェンダー視点を導入することを求めた〔国際連合　2020〕。

これらの政策提言は，平常時におけるジェンダー視点の欠如がコロナ禍の困難を増幅する，という危機意識を共有していた。しかし，この点について，日本はスタート時において大きく出遅れざるをえなかった。応急策では回復不可能な程度に，日本のジェンダー不平等が深刻だったからである。

世界経済フォーラムのジェンダー・ギャップ指数（GGI）によるランク付けで，2021年，日本は156カ国中，120位になった〔WEF　2021〕。政治分野が一番低いが（147位），経済分野もかなり低い（117位）。しかもこの順位は年々低下している。GGIが始まった2006年，日本は115カ国中80位であり，同年，フランスも70位で，日本とほぼ同程度の地位にあった。しかし2021年には，フランスは16位になり，日本とのギャップは大きく開いている。この違いはどこにあるのか，真剣に考え直さねばならない[2]。

経済分野の男女格差が顕著に表れるのは，賃金である。日本は，OECD加盟国のなかでは，男女賃金格差でワースト3位である[3]。国ごとの男女賃金格差を示すイコール・ペイ・デイ（EPD）は，文字通り，「女性が男性と同じ賃金を手にする日」という意味で，その国において男性が1年で得る賃金と同額の賃金を，女性が1年を超えて働いてようやく手にする日のことである[4]。

---

(1)　この問題については，〔浅倉　2021a〕，〔浅倉　2021b〕も参照のこと。

(2)　理由はフランスが採用しているパリテ法（男女同数法）にある，と言われている。パリテ法については〔糠塚　2005〕を参照。

(3)　1位は韓国，2位はエストニアである。〔OECD 2021〕

(4)　日本BPW連合会のHPを参照。https://www.bpw-japan.jp/japanese/epd.html（2021

2021年のEPDは，日本は5月6日（賃金格差は，男性100対女性74.3），スイスは3月16日，フランスは3月8日，ドイツは4月7日である。日本の遅れは一目瞭然である。

この著しいジェンダー不平等な実情をみれば，コロナ禍が日本の女性にもたらした被害の大きさは，容易に想像がつく。

Ⅲ　コロナ禍によって何がおきたのか

新型コロナ感染症に端を発した経済不況と雇用急減を，経済学者は“She-cession”と呼んでいる〔周　2020〕。労働力の中枢にいる男性労働者を直撃したリーマンショックの経済不況（recession）に比較して，コロナ危機は，女性労働者により大きな打撃を与えているからである。コロナ禍の女性への影響については，すでに各種の調査研究が余すところなく伝えている。それらの中から，いくつかの主要な動向を拾い上げておきたい。

1　雇用動向の変化

雇用分野では，サービス業で働く労働者に大きな打撃が集中した。産業全体の雇用者数は，男女ともに2020年4月には大幅に減少したが（男性35万人減，女性74万人減），徐々に回復して，2020年平均では，対前年で正規労働者は増加している（男性3万人増，女性33万人増）。とくに女性は，医療・福祉関連産業でプラス傾向がみられた〔内閣府　2021a：19〕。

一方，非正規労働者は一貫して減少傾向にあり，とくに女性の非正規労働者の減少幅が大きい（男性26万人減，女性50万人減）**【図表1】**。女性非正規割合が高い宿泊業や飲食業の状況の反映である。

なかでも，シフト制の労働者に注目が集まっている。雇用関係が継続しているため「失業者」には含まれないが，シフトが減少して所得が減った非正規労働者がいる，という指摘は重要である〔内閣府　2021a：10〕。パート・アルバイトで「シフトが5割以上減少」し，かつ「休業手当を受け取っていない」者を「実質的失業者」と定義した調査では，2021年2月現在，全国の「実質的失業者」の女性は103.1万人，男性は43.4万人にのぼる事実を明らかにした〔野村総合研究所　2021〕。「実質的失業者」の約5割は，シフト減でも休業手

年9月25日閲覧）。

【図表1】 雇用者数の推移

雇用形態別雇用者数の前年同月差（男性）

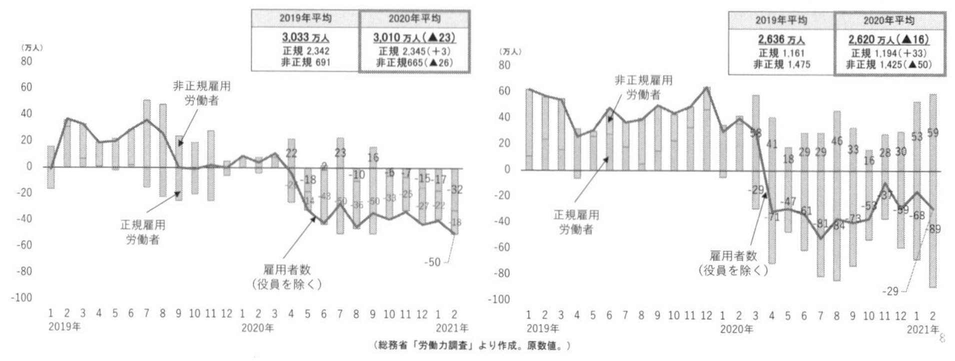

出典：内閣府『【図表】コロナ下の女性への影響と課題に関する研究会報告書』（令和3年4月28日）8頁。

当を受け取れることや，労働者本人が申請できる「新型コロナウイルス感染症対応休業支援金・給付金」を知らなかった，と回答した。

女性に被害が集中したといっても，影響は一様ではない。収入減は，123万におよぶ母子世帯に，もっとも著しい困難をもたらした。子どものいる有配偶女性は，夫の収入があるため，一定期間，仕事をしないという選択も可能である。しかしシングルマザーの場合，その選択肢はなく，失業率は2020年第3四半期に大幅に増加した〔内閣府　2021a：12〕。単身女性も同様の傾向にある。

2　エッセンシャル・ワーカーの困難

看護師の92%，訪問介護員の78.6%，施設介護職員の70.1%は女性である〔内閣府　2021a：15〕。コロナ禍において，看護師，保健師，保育士，介護職の人々は，「エッセンシャル・ワーカー」と持ち上げられながらも，それに見合った待遇を受けてはいない。職場（勤務時）の感染リスクを「感じた」労働者の割合は，「医療業」が8割弱，「社会保険・社会福祉・介護事業」が7割強，「生活関連サービス業」が7割弱であり，しかも「いやがらせ，いじめ，SNSなどでの誹謗・中傷など，不当な差別や偏見に基づく迷惑行為を受けた経験」は，医療業で7.4%，社会保険・社会福祉・介護事業で5.4%と，平均（4.2%）よりも高かった〔労働政策研究・研修機構　2021〕。

緊急事態宣言下で，仕事の緊張度が「増加した」人の割合は 58.7％で，「生活関連サービス業」69.3％，「社会保険・社会福祉・介護事業」65.0％，「宿泊・飲食サービス業」63.2％，「医療業」61.9％が突出しており，なかでも女性 63％，男性 55％前後であり，女性のほうが高い。仕事に対する肉体的・精神的負担は，「看護師」，「介護サービス職業従事者」，「保育士」が高い数値を示した。

コロナ禍のストレスについては，男女ともに，医療，介護，保育従事者に，ストレスを感じやすい項目の値がとくに高い結果が出た〔内閣府　2021a：15〕。日本看護協会は，この結果を受けて，看護職員の「心身の疲労がピークを迎えている」として，環境整備が急務だと訴えている〔日本看護協会　2020〕。

3　私生活上の危険と困難の増大

2020 年 2 月 27 日に行われた小中高の一斉臨時休校は，明らかに，子をもつ有配偶女性の就業率の低下，休業率の上昇，非労働力化をもたらした。高齢者福祉施設では，一定期間の面会禁止措置が継続され，利用者を自宅に引き取り面倒をみる事例も多く，これらが女性のケア負担を増加させた。緊急事態宣言中，女性の 3 割が「家事・育児時間」が増えたと回答している〔内閣府 2021a：25-28〕。男性も 25％が「増えた」と回答したが，【図表 2】によると，

【図表 2】配偶者との家事・育児分担割合（コロナによる影響）

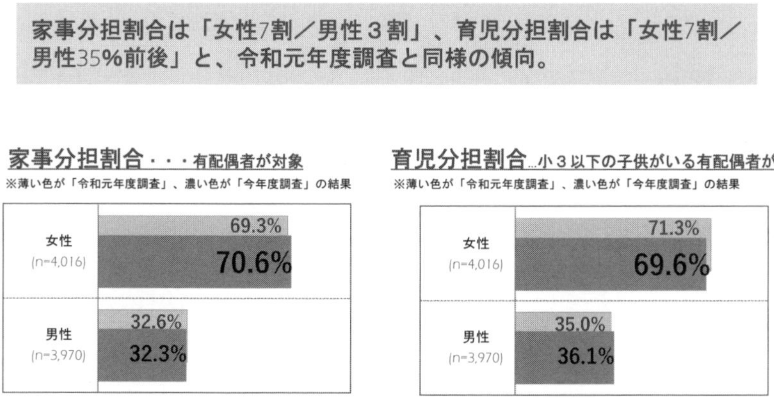

家事分担割合は「女性7割／男性３割」、育児分担割合は「女性7割／男性35%前後」と、令和元年度調査と同様の傾向。

家事分担割合・・・有配偶者が対象
※薄い色が「令和元年度調査」、濃い色が「今年度調査」の結果

	令和元年度調査	今年度調査
女性 (n=4,016)	69.3%	70.6%
男性 (n=3,970)	32.6%	32.3%

育児分担割合…小３以下の子供がいる有配偶者が対象
※薄い色が「令和元年度調査」、濃い色が「今年度調査」の結果

	令和元年度調査	今年度調査
女性 (n=4,016)	71.3%	69.6%
男性 (n=3,970)	35.0%	36.1%

出典：内閣府『【図表】コロナ下の女性への影響と課題に関する研究会報告書』（令和 3 年 4 月 28 日）55 頁。

夫婦間の家事・育児分担割合は，1年前とほとんど変わらなかった。増大した私生活上のケア労働が，女性に偏った負担増をもたらしたことは容易に想像できる。

コロナ禍は，ケア労働のみならず，生活不安，ストレス，外出自粛による在宅時間を増やし，私生活上の危険と困難を増大させた。コロナ禍におけるDV相談件数は，前年の約1.5倍になった〔内閣府　2021a：4〕。DV相談プラス(5)には，緊急事態宣言中はパートナーが家にいて暴力が激しくなったなどの相談が寄せられているが，相談できない人も増えたはずである。

2020年4月から9月，性犯罪・性暴力被害者のためのワンストップ支援センターに寄せられた相談件数は，前年の約1.2倍だった。民間NPOからも，居場所のない若い女性からの深刻な相談が増えたと報告されている〔内閣府　2021a：6〕。

2020年7月以降，女性の自殺者数が増加した。【図表3】によれば，2020年の女性の自殺者は7,026人で，前年より935人増加した。一方，男性は

【図表3】自殺者数の推移

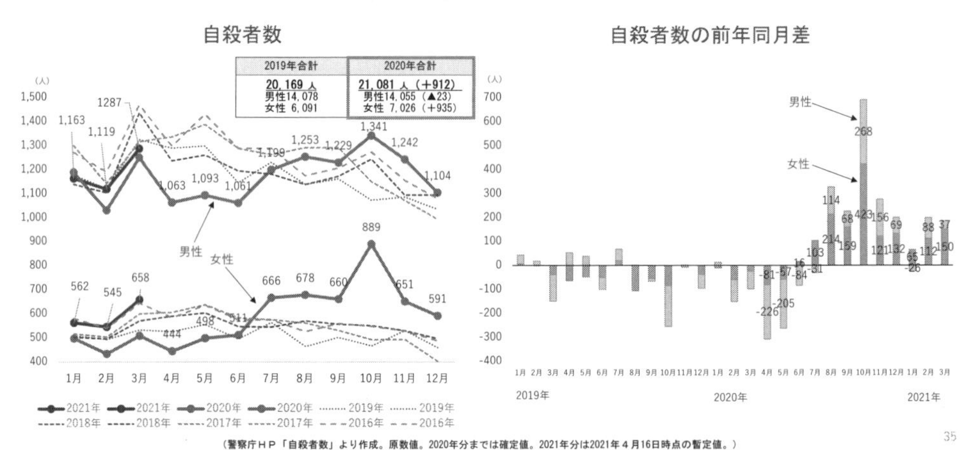

出典：内閣府『【図表】コロナ下の女性への影響と課題に関する研究会報告書』（令和3年4月28日）35頁。

(5)　2020年4月開設の相談窓口「DVプラス」は，24時間対応の電話相談やSNSによる相談を実施している。

14,055人で，前年より23人減少した。女性の自殺の背景には，経済生活問題や勤務問題，DV被害や育児の悩み，介護疲れや精神疾患など，さまざまな問題が潜んでおり，コロナの影響でこれらの問題が深刻化した可能性がある。

以上のように，コロナ感染症の緊急事態の中から浮上した事実は，①雇用と貧困問題の中心にいるのは，非正規で働く女性労働者であり，母子世帯に被害が集中していること，②法的には，時給制で働く非正規労働者に対する，シフトの削減による収入減が新たな問題になっていること，③ケア・ワーカーの処遇問題が大きな社会問題であること，④増大した家庭内ケアワークと仕事の両立問題が難航していること，⑤DVや性犯罪被害など，私生活上の困難が増大していること，等である。コロナ下の緊急対策は，まずはこれらの人々の困難を解決する必要がある。

Ⅳ　主要な緊急対応策

政府もさまざまな緊急対策を講じてきた。急激な所得減少や生活困窮に対しては，金銭給付を中心とする各種の対応策が，以下のように，とられてきた。

第1は，雇用調整助成金の「特例措置」（新型コロナウイルス感染症にかかる特例措置）である。景気変動などに伴う経済上の理由から事業活動の縮小を余儀なくされた事業主が，休業等によって労働者の雇用維持を図る場合には，休業手当や賃金などの一部に助成がある。2021年9月30日までの「特例措置」は，新型コロナウイルス感染症の影響を受ける事業主に対して，①雇用保険の被保険者以外の労働者（パート・アルバイト）の休業についても助成し，②通常は3分の2（中小企業）と2分の1（大企業）の助成率を8割から10割に増やした。

第2は，新型コロナウイルス感染症対応休業支援金・給付金である。休業手当の支払いを受けることができなかった労働者に対する支援金で，日々雇用，シフト制，登録型派遣で働いている者も申請可能である。休業前の平均賃金の8割が支給される。申請には「支給要件確認書」（労使が協力して作成）が必要だが，事業主の協力が得られない場合でもそれを記載すれば，労働者のみによる申請でも可能である。

第3は，中小企業や個人事業者のための「持続化給付金」である。コロナ禍により，売上が前年同月の売上より50％以上減少している事業者に対して，

100万円（個人事業者）もしくは200万円（中小企業等）を上限に給付される。当初は，申請時に会社の設立・開業届の提出が必要とされていたためにフリーランスは対象外であったが，世論の高まりもあって，フリーランスも申請できるようになった。「当事者・団体の要求運動の大きな成果」と評価されている〔脇田　2021：19〕。

第4は，低所得世帯の育児を支援するための給付金制度である。①「ひとり親世帯臨時特別給付金」は，ひとり親で，(ア)2020年6月の児童扶養手当受給者，(イ)公的年金等（遺族年金や障害年金など）の受給者で児童扶養手当を受給していない者，(ウ)家計が急変し，収入が児童扶養手当受給者と同水準になっている者，に対して，1世帯5万円（第2子以降1人につき3万円）が支給された。収入が減少した者には，追加給付があった。② 2021年4月以降は，(ア)ひとり親世帯，(イ)それ以外の子育て世帯で住民税の非課税世帯に対して，「子育て世帯生活支援特別給付金」が，児童1人あたり一律5万円支給されている。

第5は，「小学校休業等対応助成金」である。コロナ禍による臨時休校や感染症状のために，小学校等に通う子どもの世話が必要となった労働者に有給休暇を付与した事業主に対して，賃金相当額（1日1人当たり8,330円が上限）を支給する制度で，2020年度に実施された。しかし労働者から，「事業主が休暇をくれない」，「労働者からは申請できない」との不満が寄せられた。2021年4月から7月までの休暇は「両立支援等助成金　育児休業等支援コース　新型コロナウイルス感染症対応特例」による対応となった(6)が，同年8月以降，厚労省は「小学校休業等対応助成金・給付金」を復活させて，労働者による直接申請を可能にする予定と説明している(7)。

第6は，住居確保給付金である。主たる生計維持者が離職・廃業後2年以内である場合，もしくは，収入が離職と同程度に減少している場合に，一定の要件を満たす世帯(8)に対して，生活保護制度の住宅扶助額を上限にした家賃額が，

---

(6)　「両立支援等助成金」では，①子どもの世話を行う労働者のための特別有給休暇制度の規定化，②両立支援の仕組みとして，テレワーク勤務，短時間勤務制度，フレックスタイム制度，時差出勤制度，ベビーシッター費用補助制度のいずれかの社内通知，のどちらも実施されていることが条件であった。

(7)　雇用環境・均等局「報道関係者各位　小学校休業等に伴う保護者の休暇取得支援について〜小学校休業等対応助成金・支援金を再開します〜」（令和3年9月7日）。

(8)　直近の月の世帯収入合計額の上限，世帯の預貯金合計額の上限についての定めがある。

原則3カ月間（延長は2回まで最大9カ月間）支給される。ただし，求職活動を「誠実かつ熱心に」していることが要件である。

第7は，特別定額給付金である。一人一律10万円の給付対象者は，「基準日(2020年4月27日）時点で住民基本台帳に記載されている者」とあり，個人であることや外国人も含まれることから，注目を集めた。ところが，受給権者は，「給付対象者の属する世帯の世帯主」とされ，世帯員の給付金は，世帯主の銀行口座に一括して振り込まれた。これに批判が集中したため，住民票を移さないまま避難している一定のDV被害者には，要件を満たした場合には個別に受給できるとされた。しかし，問題はなお残された。避難できず同居を継続しているDV被害者からは，「夫が独り占めして受け取れない」，「世帯主である親から逃げているために給付金が受け取れない」という声が届いたという〔内閣府　2021a：5-6〕。内閣府の研究会は，「将来的には，こうした給付金が確実に届くべき人に対して速やかに届くように，また各種制度において給付と負担が世帯単位から個人単位になるよう，マイナンバーの活用も含め，検討を進めていくべきである」と述べる〔内閣府　2021a：6〕。しかし，マイナンバー制度はそもそも世帯別編成の住民基本台帳を根拠に構築された制度であり，おおもとの住民基本台帳法の世帯主義の見直しに手をつけねばならない。しかもマイナンバー制度の捕捉性には限界があり，情報漏れの問題が生じた場合の問題もある。マイナンバーを使った申請でも，世帯主以外は手続ができない仕組みが残っているのでは解決にはならない。マイナンバーとの関連づけをする前に，あらゆる給付・支援制度について，世帯単位から個人単位にするよう，見直すべきである。

以上の経済的支援制度は緊急対策であり，批判を受けて迅速に見直されたものもあった。通常の制度設計に縛られることなく，非正規やフリーランスを給付対象に含み，シフト制にも対処するなど，柔軟な対応がとられた点は評価したい。しかしなお，世帯単位の考え方からは脱却できていない。すでに述べたように，支援制度が周知徹底されていないという問題も残されている。なお，シフト制をめぐる法律問題に詳しくふれる余裕はないが，労働組合による貴重な実態調査報告がある〔首都圏青年ユニオン　2021〕。

V　内閣府のコロナ対策

1　第5次男女共同参画基本計画

内閣府は，2020年12月に「第5次男女共同参画基本計画」を策定した。同計画は，冒頭の「基本的な方針」において，新型コロナウイルス感染症拡大が「男性と女性に対して異なった社会的・経済的影響をもたらしている」状況を踏まえて，「政策課題を把握し，今後の政策立案につなげていくことが肝要」という認識を示した〔内閣府　2020b：4-5〕。

政策編の全11分野のうち，第2分野（雇用等における男女共同参画の推進と仕事と生活の調和）では，新型コロナ感染症の拡大により「必要に応じ適切な対応を行うことが重要」としつつ，テレワークの活用の一層の促進〔内閣府　2020b：34〕，「多様で柔軟な働き方の実現」の具体策として，テレワーク導入の「支援策の推進」〔内閣府　2020b：38〕を記載する。第5分野（女性に対するあらゆる暴力の根絶）では，新型コロナ感染症に伴う暴力の増加傾向を指摘し，「相談支援体制の充実」や「家庭に居場所のない被害者等が安心できる居場所づくりを進める」重要性を述べる〔内閣府　2020b：63，65〕。

第6分野（男女共同参画の視点に立った貧困等生活上の困難に対する支援と多様性を尊重する境の整備）では，コロナウイルス感染症の拡大が弱者により深刻な影響をもたらし，平常時のジェンダーに起因する諸問題が顕在化するとの基本認識の下，「非常時，緊急時にも機能するセーフティネットの整備」の必要性を述べる〔内閣府　2020b：79〕。第9分野（男女共同参画の視点に立った各種制度等の整備）では，「各種給付金等様々な施策の効果が必要な個人に確実に届くよう……各種制度等の見直しを強力に進め」，とくに「給付と負担が個人単位になるよう，マイナンバーも活用しつつ，見直しの検討を進める」とする〔内閣府　2020b：104〕。

2　「研究会報告書」と「重点方針2021」

内閣府の研究会は，実証データにもとづく緊急対応提言の最後に，ポストコロナの社会に向けて，以下の4点を提案している〔内閣府　2021a：30-35〕。①ジェンダー統計・分析の重要性：平常時のジェンダー統計・分析のための予算，人員の十分な確保，②ジェンダー平等・男女共同参画への取組：平時にも，女性のエンパワーメントを拡大し，ジェンダー平等・男女共同参画の取組を加速化する，③女性の参画：平時から意思決定の場における女性の参画が必要，④制度・慣行の見直し：戦後社会の根底を支えてきた家族像やライフスタイルを前提とした固定的な性別役割分担モデルとそれに立脚した様々な制度の見直しの必要。

平常時のジェンダー平等の実現を強調する点，とりわけ制度・慣行の見直しという提言は重要である。企業等からも，成長戦略の一環として「社会制度の変革が必要」という声が寄せられている【図表4】。

この研究会報告もふまえ，内閣府は2021年6月，「重点方針2021」を公表した〔内閣府　2021c〕。「第5次計画」の更なる具体化や，計画策定後に浮上した取組事項を重点的に提示するものである。とはいえ，重要施策に関する記述を読むかぎり，大きな期待はできそうもない。

たとえば，「制度・慣行の見直し」である「税・社会保障等」については，

【図表4】社会制度に変革が求められる

Keidanren

社会制度に変革が求められる

社会制度とアンコンシャス・バイアス

✓ 家事支援税制（家事・育児代行サービス料の一部を税額控除する制度）の導入が最多

✓ いわゆる「103万円の壁」等の原因となる配偶者控除制度の見直しを求める声も多い

➡配偶者控除制度などの既存の社会制度が「男性は外で働き、女性は家庭で家事育児に専念するべき」との価値観形成に影響しているとのコメントが多数

～女性活躍を推進する上で見直しや導入が必要だと思う社会制度（複数回答可）～

家事支援税制の導入 134
配偶者控除制度の見直し 88
労働時間規制 70
夫婦同氏制の見直し 46
世帯主制度の見直し 31
その他 17

(出所)経団連「ポストコロナ時代を見据えたダイバーシティ＆インクルージョン推進」に関するアンケート結果（2020年）

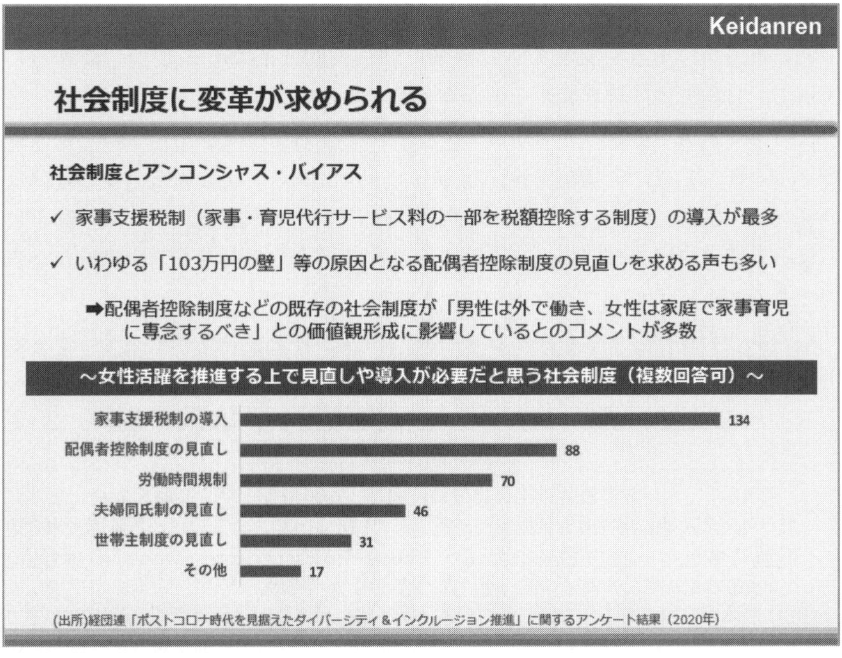

出典：内閣府『【図表】コロナ下の女性への影響と課題に関する研究会報告書』（令和3年4月28日）62頁。

「男女共同参画会議において，……調査を開始する」〔内閣府　2021c：21〕と述べるのみであり，「家族に関する法制の整備等」については，「国民各層の意見や国会における議論の動向を注視しながら，司法の判断も踏まえ，更なる検討を進める」〔内閣府 2021c：22〕と記載するのみである。これらがいつ具体化されるのかは，不明なままである。

Ⅵ　ポストコロナの社会で重要なこと

1 「ケアレス・マン」から脱却する必要

新型コロナの感染拡大によって，私たちは重要な教訓を得た。いかなる災害や危機に見舞われようと，格差や不平等が少ない社会，人々が可能なかぎり尊厳をもって自らの生き方を選択できる社会，人間の相互依存性を認めて他者のケアを軽視しない社会が，再生可能性を備える望ましい社会である，という教訓である。

日本社会はこれまで，この理想形とは対極にあった。労働の世界を振り返れば，大きなジェンダー格差をもたらしてきた要因は，男性による著しい長時間労働にあり[(9)]，それを支えてきた根強い性別役割分業であった[(10)]。これらによって，日本では，管理職ルートから外れている非正規労働者や周縁的正社員（たとえば一般職）を除く「正社員モデル」ができあがってきた。この「正社員モデル」を，私は，久場嬉子氏にならって「ケアレス・マン」モデルと呼びたい〔久場　2004：16〕。この「和製英語」は，育児や介護というケア労働を自らは担わず，自己の時間のほとんどを会社に捧げうる労働者を示す卓越した表現である。

このような正社員モデルがあるかぎり，出産・育児というライフイベントと労働との両立はきわめて難しい。第一子出産後，無職となる女性が46.9％もいること〔内閣府　2021b：112〕，女性の非正規比率が54.4％にも達している

(9)　2019年でも一般労働者の年間総労働時間は，2000時間という長時間で高止まりしており，表面的に年間総実労働時間が減少しているようにみえるのは，短時間労働者の増加にすぎない。「労働時間の状況」https://jsite.mhlw.go.jp/osaka-roudoukyoku/content/contents/202103041133.pdf（2021年9月25日閲覧）

(10)　日本の夫婦の家事・育児時間のジェンダー格差は，他国に比べて大きい。2016年でも，日本の妻（7時間34分）は夫（1時間23分）の5.5倍の時間を家事・育児関連に費やしている。〔内閣府 2020a：47〕。しかもこの格差は既述のように，コロナ禍でもほとんど変わりがない。

こと〔内閣府　2021b：102〕，管理職女性比率（部長級）が8.5%と低いこと〔内閣府　2021b：106〕など，ジェンダー不平等の実情は，ほとんど，この歪んだ「正社員モデル」からきている。ジェンダー平等の実現は，なによりもまず日本の「男性の働き方」を変えることから始めねばならない。

2　改革から遠い現実――法制度と司法判断

(1)「働き方改革」による法改正

安倍政権下の「働き方改革」も，現状のままではいけないという認識はあった。少子高齢社会で生産力向上をはかるには，女性と高齢者の労働市場参入が不可欠であり，だからこそ，長時間労働の是正と非正規労働問題に取り組まねばならなかったのである。しかし「働き方改革」には，理念をめぐる議論も，非正規労働問題や長時間労働の要因分析もなかった〔浅倉　2020〕。

「働き方改革関連法」では，時間外労働の「限度」時間を法に定める労働基準法改正が行われた。しかし，その限度時間は，臨時的に必要がある場合には1月100時間，1年720時間という大幅な例外を許容しており，労災補償における過労死認定基準にあわせた上限時間である。人間らしい働き方という評価には，とうてい耐え得ないものである。

「正規・非正規の同一労働同一賃金」としては，短時間有期雇用労働法8条が，パート労働者と有期労働者の「基本給，賞与その他の待遇のそれぞれについて……不合理と認められる相違を設けてはならない」と規定した。この改正自体を否定するものではないが，「不合理」の基準はきわめてあいまいで，あくまでも裁判所の判断に委ねられた。実際，多くの裁判が提起され，とくに，基本給，退職金，賞与の格差の不合理性が争点となっている。

(2)　裁判所に欠けているジェンダー視点

あいまいな法の基準の判断は，裁判所に委ねるしかない。ところが，ジェンダー視点に欠ける司法判断も多く，さまざまな問題の解決が取り残されている。いくつかの裁判例を紹介しておこう。

第1は，コース別雇用をめぐる東和工業事件である（名古屋高裁金沢支部2016年4月27日判決・労働経済判例速報2319号）。裁判所は，コース別雇用導入時に男性を総合職，女性を一般職にふりわけて賃金格差を固定化した会社の行為は，女性差別で違法としながらも，職能給部分は会社に人事考課査定の裁量があるとして，損害と認めない判断をした。最高裁は上告不受理とした（2017

年5月17日)。

第2は，昇格の性差別をめぐる中国電力事件である（広島高裁2013年7月18日判決・労働経済判例速報2188号3頁)。裁判所は，同期入社した118人の男女間の賃金格差は著しいと認めながらも，被告企業では人事考課の基準は男女別ではない，査定による評価基準は公表されている，などの理由から，性差別ではないと判断した。最高裁は上告不受理とした（2015年3月10日)。

第3は，正規・非正規の処遇格差をめぐる2つの判決である。メトロコマース事件では（最高裁2020年10月13日判決・労働判例1229号90頁)，裁判所は，正社員に支給している退職金を有期契約社員に支給しないことは，不合理であるとまで評価することはできない，とした。大阪医科薬科大学事件では（最高裁2020年10月13日判決・労働判例1229号77頁)，裁判所は，正職員に支給している賞与をアルバイト職員に支給しないとしても，不合理であるとまでは評価できない，とした。

第4は，育児休業明けに保育園がみつからず，やむなく正社員から契約社員となった女性が，保育の目途がたったため正社員への復帰を求めたところ，会社はそれに応ずることなく雇止めしたジャパンビジネスラボ事件である（東京高裁2019年11月28日判決・労働判例1215号5頁)。裁判所は，雇止めを無効とせず，逆に，職場での会社側とのやりとりを原告が録音し，記者会見で公表した事実が会社に対する名誉毀損にあたるとして，原告に損害賠償を命じた。最高裁は，上告棄却・上告不受理を決定した（2020年12月8日)。

このように，ジェンダー平等とはかけ離れた司法判断が，国民の権利の最後の砦であるはずの最高裁で確定している。とりわけ，ジャパンビジネスラボ事件は，出産や育児の負担を抱えつつ働く意欲を示している女性に対する支援ならぬ不利益処遇であり，過酷な環境のなかから勇気を出して提訴してもなお救済されず，かえって会社に賠償金を支払うよう命じられた事案である。なぜ裁判所はこのような判断しかできなかったのか，根拠となる法制度の問題点も含めて検討しなければならない〔浅倉　2021d〕。このような司法判断が見直されないかぎり，女性活躍や男女共同参画がむなしいかけ声のみに終わることは目にみえている。

Ⅶ　おわりに──日本の人権を国際基準に

ポストコロナの社会では，臨時的な弥縫策を講じるのではなく，社会の在り方を根本的に見直し，体系的かつ包括的なジェンダー平等政策を構築する必要がある。

何よりも，裁判所において，人権条約に見合った国際基準の司法判断がなされなければならない。そのためには，女性差別撤廃条約の選択議定書を批准し，個人通報制度の利用を通じて，司法に携わる人々の意識を改革する必要がある〔浅倉　2021c〕。「ケアレス・マン」モデルに縛られた企業社会から脱却したジェンダー平等の理念を，政策担当者も司法関係者も身につけなければならない。

民主主義概念の見直しも必要である。従来の民主主義は，ケア活動を担わない自律した成人，すなわち特権的な人々による「市場第一主義」の民主主義だった。それを批判して，ジョアン・C・トロントと岡野八代は，人間の本性を相互依存性におき，互いに「ケアする民主主義」論の重要性を説いている〔トロント＝岡野　2020〕。このコロナ禍によって，期せずして私たちは，ケアの不可欠性・重要性を学ぶことになった。全世界を襲ったコロナ禍の下で過ごした1年半の期間を無駄にすべきではない。改めて私たちは，学んだことを振り返りつつ，尊厳のある社会とはどのようなものか，しっかりと考えていきたい。

引用・参考文献・ウェブサイト

浅倉むつ子　2020「労働とジェンダー：『働き方改革』を振り返る」『コンパス21』23号：20-34　コンパス21刊行委員会
――2021a「新型コロナとジェンダー」和田肇編著『コロナ禍に立ち向かう働き方と法』：161-170　日本評論社
――2021b「コロナ禍と女性労働――対応策にジェンダー視点は反映されているか」『労働法律旬報』1975+76号：44-51　旬報社
――2021c「個人通報制度が変える　この国の人権状況――女性差別撤廃条約と司法判断」『世界』947号：176-185
――2021d「『ケア』を軽んじる社会に未来はあるか？――ジャパンビジネスラボ事件を契機に考える――」『Law & Practice』12号：1-24　早稲田大学大学院法務研究科・臨床法学研究会
バティア，アニタ　2020「声明：女性とCOVID-19：各国政府が今すぐできる5つのこと」https://www.unwomen.org/en/news/stories/2020/3/news-women-and-covid-19-governments-actions-by-ded-bhatia（2021年9月25日閲覧）
国際連合　2020「政策提言：新型コロナウイルスの女性への影響」（訳文）

https://www.gender.go.jp/policy/no_violence/pdf/20200427_1.pdf（2021年9月25日閲覧）
久場嬉子　2004「『男女雇用機会均等法』から『男女共同参画基本法』まで」『ジェンダー白書2　女性と労働』：16-33　明石書店
内閣府　2020a『令和2年版　男女共同参画白書』
──2020b「第5次男女共同参画基本計画」（令和2年12月25日）
──2021a『コロナ下の女性への影響と課題に関する研究会報告書』（令和3年4月28日）
──2021b『令和3年版　男女共同参画白書』
──2021c「女性活躍・男女共同参画の重点方針2021」（2021年6月）
日本看護協会　2020「看護職員の新型コロナウイルス感染症対応に関する実態調査」（2020年9月）
野村総合研究所　2021「News Release」（2021年3月1日）
糠塚康江　2005『フランスにおけるパリテ──女性の政治参画推進の技法』信山社
OECD　2021「主要統計」https://www.oecd.org/tokyo/statistics/gender-wage-gap-japanese-version.htm（2021年9月25日閲覧）
労働政策研究・研修機構　2021「Press Release 新型コロナウイルス感染症の感染拡大下における労働者の働き方の実態に関する調査」（令和3年7月9日）
周燕飛　2020「JILPTリサーチアイ第47回　コロナショックの被害は女性に集中（続編）」(独)労働政策研究・研修機構HP（https://www.jil.go.jp/researcheye/bn/047_200925.html）（2021年9月23日閲覧）
首都圏青年ユニオン　2021「シフト制労働黒書」『労働法律旬報』1992号：35-47　旬報社
トロント，ジョアン＝岡野八代　2020『ケアするのは誰か？』白澤社
脇田滋　2021「コロナ禍で浮き彫りになったフリーランス保護の必要性」『労働法律旬報』1975+76号：17-21　旬報社
World Economic Forum (WEF) 2021 Global Gender Gap Report 2021

21　ジェンダーをめぐる課題と法律家の役割

Ⅰ　はじめに

2020年冒頭に始まった新型コロナの感染拡大は，世界の人々に未曾有の苦難を与えた。しかし同時に，このコロナ禍によって，これまで私たちが見ようとしなかったものや軽視してきたものが，鮮明な形で，誰の目にもみえるように光をあてられたことも確かである。1つは，ジェンダー平等政策の重要性であり，2つは，ケア労働の不可欠性である。このことを念頭においたうえで，本稿では，私が専門とする労働法学の観点から，ジェンダーをめぐるいくつかの今日的課題を整理し，法律家に期待される役割について，思うことを述べておきたい。

Ⅱ　新型コロナ禍と世界的価値観の変化

2019年3月に早稲田大学を定年退職したとき，出版社から，退職を機に，これまで大学で講義してきた内容をまとめてはどうかという提案をいただいた。自分でもそのつもりで，長年，大学で担当してきた「雇用差別と法」や「ジェンダーと法」などの講義内容をまとめる作業をしていた。

ところが，2020年2月，新型コロナのパンデミックが全世界を襲い，これを境に世界的価値観が一変した。当然，書きかけていた原稿はいったん白紙に戻さざるをえなかった。後に，改めて仕切り直して完成したブックレットが，『新しい労働世界とジェンダー平等』である[(1)]。タイトルの「新しい労働世界」とは，「ケア労働」（育児・介護・看護など）を社会的に不可欠な労働として尊重する世界のことである。コロナ禍は，この世界における法が現実に対象とすべき人間とは，近代法が想定する「自立した個人」ではなく，生まれてから死ぬまで誰かのケアを必要とする「他者に依存する個人」だということを気づかせた。労働法もまた，有償・無償のケア労働に従事しつつ労働する人間像を想定しなければならないし，同時に，ケア労働者の環境と権利の保障を重要な使

(1)　浅倉むつ子『新しい労働世界とジェンダー平等』（かもがわ出版，2022年）。

命とする学問であることが，期待される。このような新しい労働世界の展望が求められていると考え，それを意識してまとめたのが本書だった。もっとも，事態はなお進行中で，解決すべき課題も次々に生じている。ここでは，出版から1年が経過した現在，改めて考えていることについても述べておきたい。

Ⅲ　ジェンダー平等の視点からみた日本の労働政策の課題

1　新型コロナ緊急経済対策の失敗

感染症や大規模災害は脆弱な人々に深刻な打撃を与えるが，ジェンダー不平等社会では，とくに女性に被害が集中することが，過去の災害経験から十分に想定された。そこで，新型コロナ発生直後から，国連をはじめとする国際機関は，すべての緊急対応においてジェンダー視点の導入を提言した。

しかし日本は，最新の2023年時点でも世界146カ国中125位という名だたるジェンダー不平等社会である（図表1)。日本の経済的緊急対策は出遅れただけでなく，行政上の失敗も目立ち，「コロナ対策禍」という言葉すら生まれた。

失策の代表例は特別定額給付金制度であろう。住民基本台帳に記載される個人に一律10万円が支給されたが，受給権者は「給付対象者の属する世帯の世

【図表1】ジェンダー・ギャップ指数（GGI）2023年

日本は146か国中125位

- 教育と健康の値は世界でも高いほうだが，政治と経済の値が低い。
- 指数0が完全不平等，1が完全平等

（　　）内は2022年

政治参画　0.057：138位（0.061：139位）
経済参画　0.561：123位（0.564：121位）
教育　0.997：47位（1.000：1位）
健康　0.973：59位（0.973：63位）

- 指数は横ばい。他の国は施策によって指数を改善

①政治参加の低さ：女性議員比率の低さ
②経済参画の低さ：管理的職業従事者の女性比率の低さ

順位	国名	指数
1	アイスランド	0.912
2	ノルウェー	0.879
3	フィンランド	0.863
4	ニュージーランド	0.856
5	スウェーデン	0.815
6	ドイツ	0.815
15	英国	0.792
16	フィリピン	0.791
30	カナダ	
40	フランス	0.756
43	米国	0.748
49	シンガポール	0.739
72	ベトナム	0.711
74	タイ	0.711
105	韓国	0.68
107	中国	0.678
125	日本	0.647

（World Economic Forum, Global Gender Gap Report 2023より著者作成）

帯主」とされ，世帯員の給付金は世帯主の銀行口座に一括して振り込まれた。現在でも世帯主義の縛りから脱却できない日本の法政策・経済政策は，ジェンダー視点の導入とは真逆の方向を示している。

2　労働分野のジェンダー格差と「ケアレス・マン」モデル

労働分野のジェンダー格差をもっとも明白に示す指標は，賃金格差である。2022年現在，日本の賃金は，男性100に対して女性75.7であり(2)，OECD諸国の平均88.4に比べてきわめて格差が大きい。男女賃金格差の2大要因は，「勤続年数の男女差」と「職階の男女差」にあるが，それらをもたらす根本的要因は，根強い性別役割分業と企業の内部システムである。

性別役割分業は，あらゆる政策に通底する世帯主義の構造を支えており，これがいかに根強いかは，日本の有償・無償労働時間の男女間ギャップをみれば明らかである（図表2）。日本では，無償労働（家事や育児）時間の男女比は，男性1に対して女性は5.5にもなる。他の国でも女性の無償労働時間は男性より長いが，その比率は男性1に対して，せいぜい1.8から1.3である（韓国は4.4で日本に近い）。

日本企業の内部システムは，性別役割分業を背景に成り立ってきた。長時間労働と全国転勤に応じる働き方を求められる総合職とそれができない一般職という「コース別雇用」。ここにおける管理職としての正社員モデルは，「ケアレス・マン」（育児や介護などのケアに責任をもつ必要のない人）なのである(3)。

しかもそのような働き方は，最高裁の判例法理によって支えられてきた。時間外労働に関する日立製作所武蔵工場事件判決（最一小判平成3年11月28日労判594号7頁）は，いわゆる三六協定があり，就業規則が合理的内容を定める場合，労働者は時間外労働命令に従う義務がある，と判示した。この判決は，「労働者は命じられるままに時間外労働に従事すべき」というメッセージを社会に広めたといえる。また，転居に伴う配転命令に関する東亜ペイント事件判決（最二小判昭和61年7月14日労判477号6頁）は，特段の事情がある場合を除き，使用者は業務上の必要性に応じて労働者の勤務場所を決定できる，と判示した。

---

(2)　2022年「賃金構造基本統計調査」による。

(3)　久場嬉子「男女雇用機会均等法から男女共同参画社会基本法まで」『ジェンダー白書2　女性と労働』（明石書店，2004年）。

【図表2】1日の有償労働時間と無償労働時間の男女比国際比較

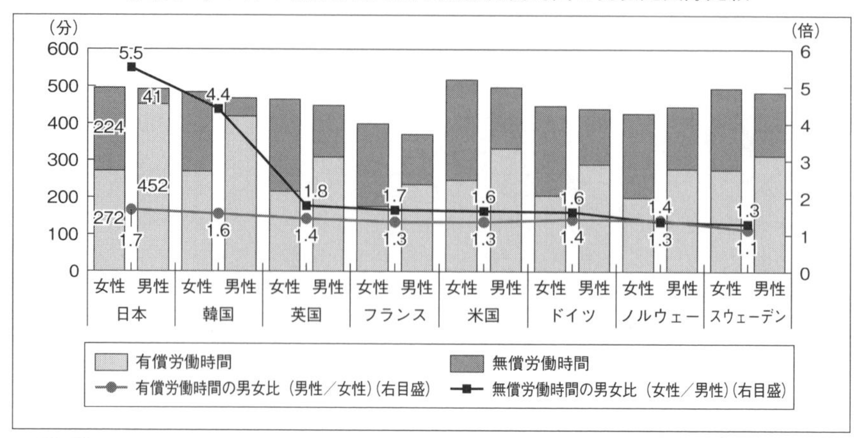

(備考)
1. OECD 'Balancing paid work, unpaid work and leisure (2021)' より作成。
2. 有償労働は,「paid work or study」に該当する生活時間, 無償労働は「unpaid work」に該当する生活時間。
3.「有償労働」は,「有償労働（すべての仕事)」,「通勤・通学」,「授業や講義・学校での活動等」,「調査・宿題」,「求職活動」,「その他の有償労働・学業関連行動」の時間の合計。「無償労働」は,「日常の家事」,「買い物」,「世帯員のケア」,「非世帯員のケア」,「ボランティア活動」,「家事関連活動のための移動」,「その他の無償労働」の時間の合計。
4. 日本は平成28(2016)年, 韓国は平成26(2014)年, 英国は平成26(2014)年, フランスは平成21(2009)年, 米国は令和元(2019)年, ドイツは平成24(2012)年, ノルウェーは平成22(2010)年, スウェーデンは平成22(2010)年の数値。
(令和5年版　男女共同参画白書　15頁より)

これら最高裁判決は, 労働時間も勤務地も無限定であることを期待される大企業の正社員の働き方を肯定したが, 男性の5.5倍もの無償労働を現実に担う女性労働者がケアレス・マンと同じように働くことは, 到底, 不可能である。労働分野のジェンダー平等を実現するには, 男性の働き方を変える以外ない。

3　労働時間短縮と賃金平等の新しい考え方

では, ケアレス・マンではない新しい働き方を普及させるにはどうしたらよいのか。主たる労働条件としての労働時間と賃金をめぐる法政策について取り上げたい。

⑴　労働時間の短縮──「生活時間を取り戻す」

2018年の「働き方改革関連法」は，女性と高齢者の労働市場参入をねらって，時間短縮を目的に掲げた。このとき，法定労働時間を超える時間外労働の上限が設けられたが，これは「過労死基準」といわれるほどの低水準であって（月45時間，年360時間が原則で，特別事情がある場合には月100時間，年720時間が限度），労働時間の短縮を期待することはできない。

最善の対策は，法定労働時間を週35時間にするなどの法改正の実現だが，それを待つ余裕はない。現行の法制度下でできることは，労使協定の内容を自分たちでコントロールすることである。だがこの方法は，これまでにもほとんど機能しなかった。その反省にたって，私たちは，2015年から，研究者と実務家による「かえせ☆生活時間プロジェクト」をスタートさせた。

このプロジェクトでは「労働時間短縮」を「生活時間確保」と言い換えたのだが，それは労働時間に対する国民意識を変革したかったからである。長時間労働が奪うのは私たちの生活時間だが，「ケアレス・マン」である労働者は奪われる「私生活」の体験が乏しいため，まずは生活時間の重要性を全ての人々が認識する必要がある，と考えたのである。生活時間の観点から時短問題にアプローチすると，大切なことがわかる。奪われる生活時間とは，家事・育児・介護など自分や家族のケアのための時間でもあり，また，地域活動や社会活動のための時間でもある。それらの活動自体は個人的なものだが，社会を持続可能にする公共的な性質もある。そう認識すると，労働時間の短縮は労働者自身の生命や安全のためであると同時に，公共的活動にとって不可欠な要求でもある。すなわち時短問題は，職場の課題であるだけでなく，家族や地域住民を巻き込む国民的課題であるはずなのだ。

生活時間アプローチによる法改正提案は，労働時間の上限規制を1日単位にすることを求める。具体的に1日8時間を標準労働時間として，それにプラス2時間の時間外労働が許容限度だとすれば，1日実働10時間が最長労働時間でなければならない。時間外労働をした場合には，時間外手当によって代替するのではなく，休暇請求権が発生すると考えるべきである[4]。

⑵　賃金の男女格差是正政策

ILO100号条約は「同一価値労働同一賃金」原則を定めており，異なる職

⑷　詳しくは，浅倉・前掲注⑴118頁以下。

種・職務であっても，労働の価値が同一または同等であれば，その労働に従事する労働者に同一賃金を支払うことを求めている。しかし日本では，「同一価値」部分を無視したまま，「同一労働同一賃金」政策が，男女間ではなく，正規・非正規労働者間の均等・均衡待遇の問題として社会的関心をよんできた。

非正規労働者の賃金に関しては，労働契約法旧20条を根拠とする一連の裁判で，最高裁は，病気欠勤中の賃金補償，扶養手当，年末年始勤務手当，祝日給，夏期冬期休暇の差異を「不合理」と判示した一方，「賞与」や「退職金」という賃金の重要部分を占める手当については「不合理ではない」と判断した(5)。その後，2023年7月には，基本給の差異に関する初の最高裁判決が出され，正職員の6割を下回る部分を不合理とした原審の判断を誤りとして，基本給の性質やその支給目的をふまえて審議を尽くすよう，差し戻された（名古屋自動車学校事件・最一小判令和5年7月20日）。

一方，男女間賃金格差を是正する法的仕組みとして，私は，ILOが提唱する「性に中立的な職務評価システム」を日本に普及させるために，いくつかの提案をしてきた。たとえば，①労働契約法に，同一価値労働同一賃金原則の遵守について明記すること，②労基法4条に，性差別禁止に加えて，同一労働・同一価値の男女には同一賃金が支払われることを追記すること，③均等法6条の事業主の差別的取扱い禁止事項に，賃金を追加規定すること等である(6)。

さらに，個人からの救済申立てを待つことなく，賃金格差を是正する作為を使用者に義務づけるために，諸外国の格差是正プロアクティブ・モデルにならった一定の立法構想を提案した(7)。事業主による格差是正に関しては，日本でも，女性活躍推進法の2022年省令と指針改正によって，301人以上の企業に「男女の賃金の差異をめぐる公表義務」が課された。これら事業主は，全労働者，正規労働者，非正規労働者という3つの区分ごとに，男性に対する女性の賃金割合を，女性活躍推進企業データベースや自社のホームページ上で公表しなければならない（ただし，退職手当や通勤手当などは除外される）。

とはいえ，日本の法制度は，諸外国が進めている賃金透明化法制に比較する

(5)　浅倉・前掲注(1)97頁。
(6)　浅倉・前掲注(1)132頁。
(7)　詳しくは，森ます美・浅倉むつ子編著『同一価値労働同一賃金の実現』（勁草書房，2022年）253頁以下（浅倉執筆部分）参照。

とさまざまな限界をもつ。詳しくは別稿で論じたが[(8)]，①3区分ごとの男女比では賃金格差の実態が明らかにはならないこと，②数値目標に「賃金差」が入っておらず，目標達成や計画の実現は努力義務にすぎないことなどを指摘しておく。この開示義務だけでは，男女賃金格差の是正策としては限界がある。

とはいえ，企業が開示した事実について，労働組合が，常時，実態分析を行い，賃金格差の縮小傾向をモニタリングし，業界平均指標との落差を把握しながら格差是正に取り組めば，一定の成果を出すことは可能であろう。労働組合の取組みに期待したい。

Ⅳ　法律家の役割――ケア労働をめぐる訴訟を契機に

1　場当たり的な弥縫策から包括的な法政策へ

この間，私は，日本の法改正が小手先の弥縫策に終始し，国際基準から大きく立ち遅れている感を強くしてきた。ハラスメント撤廃の法政策を一例としてあげよう。ILOは，創立100周年を迎えた2019年に，労働世界における暴力とハラスメント撤廃に関する190号条約を採択した。同条約は，加盟国に，暴力とハラスメントを根絶する包括的アプローチに基づき，法の谷間におちこむ人々がない仕組みを構築するよう求めている。社会正義を実現する国際機関としての決意が示されたといえよう[(9)]。

一方，日本は，セクシュアル・ハラスメント，マタニティ・ハラスメント，ケア・ハラスメント，パワー・ハラスメントという4類型のハラスメントをそれぞれ別個の法律で規定している。被害者がこれらの条文を根拠とするハラスメント概念を理解して救済手段を利用することは，かなり難しい。これは，新たなハラスメント問題が生じる都度，国が必要に迫られて法規定をモザイク的に積み上げる場当たり的対応をとってきたからである。ハラスメント法対策を国際基準にするためにも，ILO190号条約を批准して，ハラスメント撤廃のための包括的法政策を構想すべきである。

同じことは，差別禁止をめぐる法政策についてもいえる。現在，日本に存在する差別規制立法は，対象となる事由，対象とされる分野，規制方法などがば

(8)　浅倉むつ子「男女賃金格差を縮小・是正する法政策の展望」労働法律旬報2021号（2022年）6頁以下。

(9)　浅倉むつ子「ハラスメントの防止と撤廃をめざす法政策」遠藤美奈他編著『人権と社会的排除』（成文堂，2021年）117頁以下。

らばらで統一されていない(10)。人権条約機関からは，包括的差別禁止法を制定するようにと，繰り返し勧告が出されてきた(11)。真剣に対応すべき課題である。

2　女性の権利を国際基準に

司法の世界における女性に対する権利侵害の救済は，国際水準からほど遠い現状にある。日本は女性差別撤廃条約を1985年に批准したが，国内の裁判所は，女性差別撤廃条約には自動執行力がなく，締約国の国民に対して直接権利を付与する条約ではない，としている(12)。その結果，ほとんどの裁判所は，原告が人権条約違反を訴えても，当該条約にはふれないままに棄却する判決を出してきた。

一方，より直接的に，締約国に対して条約上の権利を実現させる手段を定める文書が，1999年に国連が採択した女性差別撤廃条約選択議定書である。現在，全世界の115カ国が選択議定書を批准している。選択議定書には個人通報制度が規定されており，権利を侵害された者が締約国内で救済されなかった場合には，国連の女性差別撤廃委員会に救済を求めて通報することができる。

もっとも，通報を受理されるには，国内救済措置が尽くされていなければならず，日本でいえば最高裁まで争ってもなお救済されなかった者のみが個人通報が可能である。その意味では狭い門ではあるが，人権侵害事案をめぐる判断が国内の裁判所のみに閉じられていないことが重要である。

しかし，日本はこの選択議定書を批准していない。批准しない理由について，政府は，「わが国の司法制度や立法政策との関連での問題の有無や，同制度を受け入れる場合の実施体制等の検討課題がある」という説明を繰り返すのみで(13)，正当な理由はない。選択議定書を批准すべきという世論は徐々に高まっており(14)，法律家には，今後の訴訟において，条約違反に関する個人通報の可

---

(10)　浅倉むつ子「包括的差別禁止立法の検討課題――雇用分野に限定して」浅倉むつ子・西原博史編著『平等権と社会的排除』（成文堂，2017年）3頁以下参照。

(11)　女性差別撤廃委員会2016年（CEDAW/C/JPN/CO/7-8），人種差別撤廃委員会2018年（CERD/C/JPN/CO/10-11），障害者の権利委員会2022年（CRPD/C/JPN/CO/1）の各総括所見。林陽子「世界の女性の憲法　女性差別撤廃条約がめざすもの」（世界2023年4月号）は，私たちの包括的差別禁止法を作ろうと呼びかけている。

(12)　たとえば夫婦別姓訴訟の東京高裁平成26年3月28日判決。浅倉むつ子「女性差別撤廃条約に言及する国内判例の分析」ジェンダー法研究7号（2020年）27頁以下。

(13)　日本政府「女子差別撤廃条約実施状況第9回報告（仮訳）」(2021年)。

(14)　私が共同代表をしている女性差別撤廃条約実現アクションは，選択議定書批准を求

能性をみすえた理論の組み立てが期待される。

3　ケア労働をめぐる訴訟を例として

将来，日本が選択議定書を批准して個人通報ができるようになれば，国内の判決が確定した後でも，女性差別撤廃委員会において，国が「相当な注意義務」違反をしていないか否かの審査を受ける可能性が生まれる。そうなれば，国内の裁判所も，国際条約の人権保障レベルを十分に考慮して判決を下すことになるだろう。日本の司法は大きく変わることが期待される。それを見越して，私は，法律家に，担当する各事件において人権条約に基づく法的主張を行うよう期待したい。なぜなら，個人通報が受理されるには，当該事案が女性差別による被害であること，できれば女性差別撤廃条約のどの規程に違反しているのかを国内裁判の段階で明示していることが重要，と指摘されているからである(15)。

国内法のみを前提にしていると，間接差別の主張などは忘れがちになる。しかし女性差別撤廃条約は，間接差別も含むあらゆる女性差別を禁止しており，具体的な個人通報事案では，条約2条が規定する締約国の差別撤廃義務はきわめて幅広いものとして解釈されている。一例を示せば，重度障害児を介護するために有償労働ができなかった期間を公的年金の算定期間としてカウントされなかったことを，性別役割分業によって介護責任の大半を担う女性に対する間接的な差別的制度だと主張した個人通報事案において，女性差別撤廃委員会は，2019年11月4日に，通報者の主張を認める判断を行い，締約国であるモルドバ共和国に対して，子の介護期間を考慮に入れて年金を算定し直すように求める「見解」を出した(16)。他国の判例にまで視野を広げれば，家事労働者を被用者概念から除外している労災補償法の規程を，法の下の平等違反であるとして

める共同行動を2019年からスタートし，国会に批准を求める請願署名を提出してきた。直近では，第211回通常国会に，83名の議員を紹介議員として9万筆を超える請願署名を提出した。また，地方議会から国会に批准を求める意見書の数は，2023年7月現在，のべ202議会に達した。

(15)　国際女性の地位協会編『コンメンタール女性差別撤廃条約』（尚学社，2010年）487頁（近江美保執筆部分）。

(16)　Natalia Cibanu v Republic of Moldova, Views adopted by CEDAW, Communication No.104/2016;CEDAW/C/74/D/104/2016.

違憲，と判断した南アフリカ憲法裁判所の判決の例もある[17]。

このような事例を参考にすると，コロナ禍以降に重要性が認識されてきたケア労働に関わる最近の裁判においても，大半のケア労働を女性が担っている性別役割分業の実態に着目し，ケア労働者に対する不利益取扱いを女性差別として法的な主張をすることが可能だと考えられる。現在，注目されている二つの訴訟を紹介しておこう。

1つは，介護ヘルパー労災事件であり，1審判決が出ている（東京地判令和4年9月29日・判例集未掲載）。本件は，訪問介護事業および家政婦紹介あっせん事業を営む企業に家政婦兼訪問介護ヘルパーとして登録していた女性が死亡し，遺族が労災保険法に基づく遺族補償給付を求めたところ，労基署は不支給決定を行い，それに関する再審査請求を棄却した労働保険審査会の決定に対して行われた，処分取消訴訟である。

東京地裁は，死亡女性が行った業務のうち，訪問介護ヘルパー業務（週31時間分）は会社との雇用契約に基づく業務だが，家政婦業務（週137時間分）は一般家庭の利用者と死亡女性との雇用契約に基づく業務であるとして，労基法116条2項が適用除外する家事使用人として後者の業務に労災保険法の適用はないとして，請求を棄却した[18]。

もう1つは，ホームヘルパー国賠訴訟であり，1審判決が出ている（東京地判令和4年11月1日・判例集未掲載）。本件は，介護事業所と有期契約を締結して訪問介護業務をしているホームヘルパーが，現状の介護業務実態は労働基準法を遵守しえない構造下にあることを認識しつつ放置してきた国の責任を問う国家賠償請求訴訟である。

ホームヘルパーの賃金は，事業所に支払われる介護報酬と利用者の利用料が財源だが，介護報酬は低額で，サービスごとの出来高払いであるため，ヘルパーの移動時間や待機時間の不払いなども生じやすい。利用者の都合によるキャンセルに休業手当が払われないこともある。このような労働基準法違反は，現行の介護保険の仕組みや介護報酬のあり方からもたらされているというのが，原告らの主張である。

---

(17)　Sylvia Bongi Mahlangu and Another v Minister of Labour and Others, 19 November 2020, CCT 306/19.

(18)　本件を契機に，家事労働者の権利に関する議論が進んでいる。佐藤学「家事労働過労死裁判に取り組む意義とその射程」POSSE［ポッセ］54号（2023年）163頁以下。

地裁は，未払賃金や職場環境は使用者を相手に責任を問うべきであり，たとえ法令違反が各事業場の努力により解消できないとしても，厚生労働大臣や労働基準監督機関がいかに規制権限を行使すべきかが具体的に主張されていないとして，原告らの請求を棄却した。本件の背景には，事業所や介護労働者の人件費のために介護報酬を引き上げれば，利用者の負担も保険料も増大し，介護サービスの利用の手控えがいっそう進む難しい現実がある。被保険者，利用者，介護労働者のこの「三すくみ関係」を解決する国家政策が求められているのである。

以上の2つの訴訟は，ケア労働の本質を改めて問う意義をもつと同時に，社会的に必要不可欠なケア労働が，性別役割分業という現実のなかで女性のみに偏在しており，その結果，有償ケア労働にも正当な支払いがなされず低報酬が放置されているという，女性差別という重い現実を内包している。女性差別撤廃条約違反を問う将来の個人通報の受理可能性を考慮すると，これら二つの事案でも，女性差別撤廃条約2条(d)項，3条，5条(a)項，11条1項(d)違反などの主張をあわせて行うことには重要な意味があるに違いない。ポストコロナ社会では，ケア労働をめぐる構造的な改革が必要不可欠だが，同時に，個々の訴訟においても，このような法律家の役割が発揮される機会は多い，と考える。

第6章　男女共同参画条例

22　多摩市の条例策定への道のり

Ⅰ　はじめに

多摩市は，東京都の多摩地域南部に位置する人口15万人弱の市であり，私は，結婚以来40数年の間，この地に住んできた。最寄り駅は京王線の聖蹟桜ヶ丘駅で，ジブリのアニメ映画「耳をすませば」のモデルとなったいろは坂があって，若者には人気の街らしい。この市で，2013年9月30日に「多摩市女と男の平等参画を推進する条例」が成立し，2014年1月1日から施行された。

この条例は，他の市にもある，性差別を禁じて政策決定への女性参画を促進するという内容の男女共同参画条例の一種であるが，多摩市の場合，性別と並んで「性的指向及び性自認」による差別禁止規定を設けたこと，さらに性的指向と性自認について明確な定義規定をおいたこと（条例2条6号，7号）によって，他の市条例にはない特色があると評価されている。

私は，たまたま条例策定時の「(仮称）多摩市男女平等推進基本条例検討懇談会」会長として，制定過程に関わったことから，本書において，当該条例の策定経緯について執筆するようにとの依頼を受けた。ただし，条例ができたとはいっても，多摩市が現段階でLGBTの人々のための先進的な施策をとくに講じているわけではない。条例に基づく政策実施は，すべて今後の課題としてなお残されているのである。それだけに，お受けすべきかどうかについてはかなり躊躇したのだが，たしかに，条例策定の経緯には，他の市にとっても参考になる事実があるかもしれないと考え，それをまとめておくことにした。

Ⅱ　男女共同参画条例とジェンダー法――個人的経験も交えて

私個人の経験から始めることをお許しいただきたい。私は，早稲田大学の法務研究科（いわゆるロースクール）で，労働法とジェンダー法を専攻する教員である。専門分野の関係から，これまで，以下のように，いくつかの地方自治体の男女共同参画条例の策定・運用に携わってきた。

2000年3月31日策定の東京都男女平等参画基本条例については，「東京都女性問題協議会」における「条例検討専門部会」の部会長として関与した。同年3月24日策定の埼玉県男女共同参画推進条例については，「埼玉県女性問題協議会」の一委員として議論に参加した[(1)]。2006年6月策定の北区男女共同参画条例には，「北区アゼリアプラン推進区民会議委員」の一員として，条例に携わった。また，埼玉県では，条例に基づく「男女共同参画審議会」委員を数年間つとめた後，2010年から14年まで「埼玉県男女共同参画苦情処理委員」として，同条例の運用に関わった[(2)]。

一方，私は，日本労働法学会を研究活動の主軸におきながらも（2003年～2005年，同学会代表理事），2003年12月，ジェンダー法学会創設の発起人となり，同学会では，理事長（2007年～2009年）を，また，学会創立10周年記念の講座出版に際しては，『講座ジェンダーと法』編集委員会の委員長を務めてきた[(3)]。そして，全国の大学で法科大学院（ロースクール）がスタートした2004年4月以来，早稲田大学の学部および大学院で，「ジェンダーと法」の講義を担当している。

ジェンダー法学会が創設された契機は，今世紀初頭の「司法制度改革」にあった。司法制度改革のキーワードは「すべての人々にとってアクセスしやすい身近な司法」であったにもかかわらず，当時，各方面からは，この改革にはジェンダーの視点が欠落しているという批判が提起されていた。中でも日弁連は，2002年の定期総会で，司法におけるジェンダー・バイアスが二次被害すら生み出しているという決議を採択して，注目を集めた[(4)]。法曹界からのこのような問題提起は，研究者の問題意識と呼応し，その結果，実務と研究の架橋の必要性が強く意識されるようになり，2013年12月にジェンダー法学会が発

(1)　東京都と埼玉県の条例策定の経緯と内容比較については，以下を参照のこと。浅倉むつ子「男女共同参画社会と地方条例」女性施設ジャーナル6号（学陽書房，2001年）22～29頁。

(2)　男女共同参画条例に基づく苦情処理については，以下を参照していただきたい。浅倉むつ子「男女共同参画条例に基づく『苦情処理』の意義」大島和夫他編『民主主義法学と研究者の使命――広渡清吾先生古稀記念論文集』（日本評論社，2015年）497～516頁。

(3)　ジェンダー法学会編『講座ジェンダーと法（全4巻）』（日本加除出版，2012年）。

(4)　日本弁護士連合会「ジェンダーの視点を盛り込んだ司法改革の実現を目指す決議」（2002年5月24日）。

足したのである。それだけに，司法制度改革の議論のなかから生まれた新しい法曹養成制度である法科大学院でも，ジェンダー法教育をカリキュラムに組み込もうとする大学がみられるようになった(5)。

さて，ジェンダー法学は，法学をジェンダーの視点からより深く研究することを主目的とする学問である。したがって，①法における男女の非対称性を批判すると同時に，②性別二元制・異性愛主義を維持・強化する法や制度に対しても，真っ向から批判的に取り組む役割を果たすべき学問である。しかしながら，司法におけるジェンダー・バイアスの克服という問題意識から出発したこともあって，ジェンダー法研究者の多くは，前者（①）の研究，すなわち女性の権利をめぐるさまざまな諸問題に強い関心を寄せる一方で，後者（②）への取組みは相対的に希薄であったと言わねばならない(6)。その原因は，法学研究者の自覚の不十分性にあるだけではなく，性的マイノリティ研究に正面から取り組もうとすれば，どうしても，性別規範や婚姻制度そのものの根本的批判となることを避けられないからであろう。だからこそ，参照すべき国内の法制度や裁判例自体も非常に少なく，この分野の研究は外国法との比較研究になりがちである(7)。

とはいえ，日本の判例が少ないことは問題が発生していないことを示すものではなく，性的マイノリティの権利問題を公的に争いうる条件が未整備であること，いわば，依拠しうる法的根拠（法源）が国内には見いだしにくいという理由が大きいというべきだろう。それだけに，私自身も，性的マイノリティの権利を明確に規定するような地方条例の登場に期待していたところでもあった。

---

(5)　全国の法科大学院におけるジェンダー法教育の実態と問題点については，以下を参照のこと。角田由紀子「『ジェンダーと法』を教えて——明治大学法科大学院での経験から」ジェンダー法研究1号（2014年）117〜136頁，二宮周平「ジェンダーとLS教育」ジェンダー法研究1号（2014年）17〜41頁，浅倉むつ子「ロースクール（LS）におけるジェンダー法講義の経験から」法の科学46号（2015年）125〜129頁，同「ジェンダー法教育の意義と課題——早稲田大学ロースクールの経験を中心に」小林富久子他編著『ジェンダー研究／教育の深化のために——早稲田からの発信』（彩流社，2016年）335〜348頁。

(6)　この点を批判するのは，谷口洋幸「性的マイノリティと法制度——性別二元制・異性愛主義への問いかけ」ジェンダー法学会編『講座ジェンダーと法第4巻　ジェンダー法学が切り拓く展望』（日本加除出版，2012年）67〜79頁。

(7)　性的マイノリティをめぐる判例については，谷口洋幸＝齋藤笑美子＝大島梨沙編著『性的マイノリティ判例解説』（信山社，2011年）が参考になるが，ここでも44件の判例解説のうち，日本のものは11件のみである。

Ⅲ　多摩市条例の制定過程

1　革新市政の誕生と条例策定方針

多摩市は1971年に町から市になったが，長い間，保守系市政の基盤が強い土地柄だった。しかし2010年4月に，初めて革新系の阿部裕行市長が当選を果たした。阿部市長は，元日本新聞協会次長で，同協会で男性として初めて育児休暇を取得した経験を活かして，内閣府の「男女共同参画推進連携会議」の議員も務めた人である。マニフェストには男女平等条例の制定を掲げていた。

一方，市民の側の動きとしては，2009年11月に，「多摩市の男女平等条例を考える会」（以下，「条例を考える会」とする）[(8)]が，前市長の渡辺幸子氏に対して，男女平等条例の制定を求める要望書，条例の市民案「多摩市女と男の平等条例」，さらに「多摩市に『男女平等条例』制定を求める賛同署名」（422人分）を提出した。しかし渡辺市長は，条例の必要性は認めながらも，市民からの熱意と盛り上がりの機運はなお高まっていないとして，条例制定の具体的な行動に出ることはなかった。それだけに，阿部新市長の当選は，市民たちから期待をもって迎えられた。

阿部市長は，当選から2年後の2012年3月12日に，予算特別委員会において，明確に「（仮称）多摩市男女平等推進基本条例」を制定する意向を示した。その際の市長の発言の中に，男女同権，性別役割分業の見直しと並んで，以下のように，性的マイノリティへの言及があったことは意義深い。「……今までのように男性，女性というだけではなくて，性同一性症候群であったり，あるいはトランスジェンダーと言われるように，……そうしたことで悩む人たちも出てきています。したがって，……さらに一歩進めて，人権という視点からもこの男女平等推進基本条例を定めることによって，あらゆる人たちが光り輝くような社会をつくっていきたいというふうに思います」。

市長からの要請を受けて，事務局はさっそく2012年3月30日付で「（仮称）多摩市男女平等推進基本条例検討懇談会設置要綱」を定め，7人以内の委員を選任する手続きに入った。私が市の担当部局（「くらしと文化部市民活動支援

---

(8)　この会は，TAMA女性センター事業（市民運営委員会企画）の学習会や講演会を通して，男女平等条例について学ぶ市民が中心になって設立した市民団体であり，条例を学びたい人が自由に参加できる開かれた会である。これまでフェリス女学院大学の諸橋泰樹教授を顧問に，勉強会を続けてきたとのことである。

課」）の職員から，「懇談会」への参加要請を受けたのはこの頃であった。予定では，懇談会は，同年6月から12月までの間に，8回の会合を開いて「意見書」をとりまとめるという，比較的ハードなスケジュールだった。幸いなことに，私は，勤務先の大学から，2012年4月からの1年間を「特別研究期間」（授業を免除してもらう期間）とする許可を得ていた。もしこの許可がなかったら，他の仕事も抱え込んでいたことから(9)，年末までに意見書をとりまとめるという多摩市条例策定の仕事は引き受けられなかったと思う。自分が住んでいる市の条例を作るという有意義な仕事に関与できたのは，このような幸運もあった。

2　条例「懇談会」での検討の経緯

懇談会のメンバーは，学識経験者2名（私と東京都労働相談情報センター八王子事務所長），多摩商工会議所推薦の会社経営者，元多摩市教育委員会委員長，子育て支援のNPO代表，公募の市民委員2人の総計7名であり，男性4人，女性3人だった。懇談会の初回には，阿部市長から，条例策定に期待するという，熱意あふれる発言があった。その後は，最初に，「市民案」をまとめあげた「条例を考える会」からのヒアリングを実施した。ヒアリングにあたっては，懇談会の委員の側からあらかじめ質問項目を文書で提出しておき，「条例を考える会」のメンバーから回答してもらうという手法をとった。

「市民案」は，第1条の目的規定において，「あらゆる人々が，性別（性的マイノリティを含みます。），年齢，国籍，民族，疾病や障がいの有無，等にかかわらず，住みやすく暮らしやすい地域社会の実現を目指します」としていた。当初から，社会的弱者を幅広く視野に入れ，かつ，「性別」という用語に性的マイノリティの存在を含ませて解釈するという立場を示すものであった。そして「性的マイノリティ」は，「性同一性障害者，性的指向者，生物学上の男女に区別されない少数者をいいます」と定義されていた（2条10号）。このような条文を考案するに際して，格別にモデルとした他市の条例があったわけではないようだが，市民案が性的マイノリティの権利保障の必要性を認識していることは，その後の懇談会の議論に大きな影響を与えた。

(9)　当時，私は，内閣府「障がい者制度改革推進会議」の「差別禁止部会」の構成員として，2012年12月までに障害者差別禁止法制のとりまとめをしなければならなかったし，また，埼玉県の男女共同参画苦情処理委員としての仕事もかなり負担になっていた。

その後は，すでに制定されていた東京都下の主だった条例を収集し，それらの特色を把握する作業を行う段階に入ったのだが[10]，既存の条例のなかには，性的マイノリティについて規定したものはなかったように思われる。

懇談会は，条例の名称，構成，前文に盛りこむ内容，総則，基本的施策，苦情の処理，審議会，雑則の順番で，自由討議を重ねた。委員は，必ずしもジェンダーや男女平等に詳しい方ばかりではなかったが，とまどいつつも真剣に，かつ率直に，議論に参加してくれた。審議に影響したのは，「条例を考える会」のメンバーの方々が，毎回，熱心に懇談会を傍聴してくれたことだった。事務局によれば，数ある多摩市の条例策定過程でこれほど熱心な傍聴者がいたことはかつてなかった，とのことであった。傍聴者が直接発言すること等は禁じられているものの，委員の発言に一喜一憂していることがわかり，ときにため息が聞こえてきたりすれば，委員たちも自ずと真剣に準備して発言することになる。加えて，毎回，傍聴者からの感想が委員側にも配布されたため，それによって，私たちは，市民が条例に大きな期待を寄せていることを再確認したのである。

女性センターの場所は私の自宅から10分と近かったこともあって，会議の前には十分に時間をかけて事務局と打ち合わせを行い，できるだけ委員の意見を聞いたのちに，私からも発言して，議論をとりまとめるように心がけた。こういう状況の中で，審議の方向性は，積極的なよい方向に向かっていったように思われる。

当初から「市民案」が性的マイノリティの問題を念頭においていたことから，委員の中からも，この問題を条例に盛りこみたいという意見が出た。しかし他方で，社会的弱者の観点も大事だが，対象範囲を広げすぎると男女共同参画の視点がずれてしまうのではないかという意見も出された。「『性別等』を理由とする差別」という表現を通じて，性的マイノリティについて盛りこむべきではないか，その中に「性同一性障害の人や性的マイノリティの人が含まれるので

---

(10)　東京都では，港区，新宿区，墨田区，江東区，目黒区，中野区，豊島区，北区，板橋区，足立区，葛飾区，文京区，渋谷区の13区，ならびに，立川市，三鷹市，小金井市，小平市，日野市，東村山市，国分寺市，東大和市，清瀬市，羽村市の10市の合計23区市において，男女共同参画条例が制定されていた。私たちは，23区の中では，私が関与した経験をもつ北区の条例や，その他，立川市，小金井市，小平市，日野市，国分寺市，和光市，朝霞市の条例等を参考にしながら，議論を進めていった。

はないか」という意見も出された。具体的に，「性別等」の定義として，「これは単に女性と男性という区分だけではなく，性同一性障害の人，多様な性的指向をもつ人，生物学上の男女に区分されない人など，性的マイノリティの人々を含みます」としてはどうか，という案も登場した。

しかし，議論を重ねるうちに，「等」という表現はさまざまな意味を込めることができるけれども，ものごとを曖昧化してしまうから避けるべきではないか，という意見が主流となっていった。私も，「性別等」や「性的マイノリティ」という言葉でひとくくりにするよりも，混同されがちな「性的指向」と「性自認」の違いを条例でしっかり説明できたほうがよいこと，また，「性同一性障害」という狭い概念よりも「性自認」として幅広くとらえて，これらに違和感をもつ人々の生きにくさを表現したほうがよいのではないか，という意見を述べた。議論の結果，2012年12月21日の「意見書」は，最終的に以下のような文言によってとりまとめられた。

条例では，基本理念，目的，具体的な諸規定全般にわたって，「性別」のみならず，「性別ならびに性的指向や性自認」という表現を使うこととする。たとえば，条例の基本理念は，「すべての人が，個人として尊重され，性別ならびに性的指向や性自認にかかわらず，個人の能力や個性を発揮し，意欲や希望にそって，責任を分かち合うこと」という文章で規定する。その際の「性的指向」と「性自認」については，別途，以下のように定義する。「○性的指向　人の恋愛感情や性的な関心がいずれの性別の人に向かうのかを表します。具体的には，性的指向が異性に向かう異性愛，同性に向かう同性愛，男女両方に向かう両性愛など，性的指向にも多様性があります」。「○性自認　自分がどの性別であるかの認識のことをいいます。性自認が自分の生物学的な性別と一致する人もいれば，一致しない人もいます」。さらに，「○特に困難な状況にある人々　……母子世帯，父子世帯……など，固定的な性別役割分担に起因して，困難な状況にある人々や，……外国人女性や女性の障がい者など，外国人や障がい者であることに加えて，女性であることで複合的に困難な状況にある人々のことをいいます。」という表現も入れる。

このように，懇談会は，半年間に計8回の会議を重ね，最終的に「意見書」をまとめて，阿部市長に提出した[11]。とりまとめの最終段階で，私は，「性的

(11)「(仮称) 多摩市男女平等推進基本条例検討懇談会意見書」(2012年12月21日)。

指向」「性自認」は「性的マイノリティ」や「少数派」などの言葉を使わずにすむ表現であると説明して，委員の賛意を得た。

3　条例が採択されるまで

2013年1月29日には，副市長や部長等で構成する庁内会議「行動計画推進会議」が検討した条例案について，懇談会として意見を述べる機会が設けられた。これまでいくつかの条例策定に関与してきた私の経験からは，条例に盛りこむべき内容をとりまとめた「意見書」の類を提出したのち，「条例案」を策定するのは行政内部の仕事であるため，「条例素案」の段階で意見を述べることは許されないか，たとえ許されてもその意見はほとんど受入れられないこともあった。とくに東京都条例のときには，婦人問題協議会が想定していなかった前文がついたことで，最終段階で条例案への異論が噴出するという経験をした。しかし多摩市の場合は，事前に素案を知ることができ，こちらの疑問にも答えてもらったために，安堵感があった。

2013年3月には，前掲「行動計画推進会議」が条例案を決定し，4月1日から4月17日までパブリックコメントを実施したところ，12件の意見が寄せられた。意見はすべて，条例に賛成するものであった。7月23日には経営会議（市行政の最高方針や重要施策の審議決定を行う庁内機関）が条例の制定を決定し，8月9日に，「多摩市女と男の平等参画を推進する条例」原案の市長決定が行われた。

条例案は9月に開催された平成25年第3回多摩市議会定例会に上程され，9月26日付けで賛成多数により可決され，9月30日に公布された。そして，2014年1月1日から施行されている。

Ⅳ　多摩市で条例ができた理由

1　多摩市条例の特色

本稿のテーマであるLGBTに係る部分も含めて，多摩市で制定された条例には，以下のような特色が認められる。

第1に，名称と形式上の特色である。名称は「多摩市女と男の平等参画を推進する条例」である。懇談会では，国の「男女共同参画社会基本法」がなぜ「平等」を避けて「共同」という用語を使用したのか議論を重ね，多摩市では

「平等」概念をしっかり理解すべきという結論に達した[12]。「男女」ではなく「女と男」という表現にして，「推進」という積極性を示す用語も使うことにし，さらに，「です，ます」調の文体を採用して，可能なかぎりわかりやすい表現にした。

第２は，地域特性に配慮して，前文で多摩市のこれまでの取組にふれ[13]，同時に多摩市の特色を書き込んだ[14]。

第３は，性差別概念である。条例が禁止する「性別による差別的取扱い」には，直接差別と間接差別が含まれることを明記し（２条５号），直接差別は「性別を理由とする不合理な取扱いをいいます」とし[15]，間接差別は「外形的にみたときには性別によって異なる取扱いではないが，一方の性別の人が著しい不利益を被るような基準や慣行でその正当性が認められないものを言います。」とした。間接差別の例としては，被災して２年後に，被災経験をもつ世帯主がいる世帯だけに災害支援金を払うという支給基準をあげ，被災経験をもつ人が非世帯主だと支援金が払われないような支給基準は，性別によって異なる基準を設けていなくとも，実質的に男性に有利であるため「公序違反」と判示した大阪高裁判決について，議論した[16]。

第４に，本稿との関わりですでにふれたことであるが，「性的指向および性自認」による差別も性差別として禁止する，という規定を設けた。性的指向に関する定義は２条６号で，性自認に関する定義は２条７号で，それぞれ，行った。これらの規定はメディアでも取り上げられ，他の自治体の取組みともあい

(12)　①平等とは，すべて男女半々にするという「機械的平等」ではなく，性別に関わらずすべての人が機会を平等に付与されることであること，②ジェンダー平等にとって望ましいのは，男女別の更衣室やトイレをなくすということではなく，人の身体には「男女」というカテゴリーしかないということを反省して，トランスジェンダーの人も使いやすい「誰でもトイレ」を作るというような方法であること，③男女共同参画は「専業主婦」の存在を否定するのではなく，生き方の自由を認めていること，ただしそのリスクについては認識すべきこと，社会の制度として専業主婦世帯のみの優遇は見直されるべきことなど，さまざまな議論を重ねた。

(13)　昭和61年の「多摩市婦人行動計画」，平成６年の「多摩市女と男がともに生きる行動計画」，平成16年の「多摩市自治基本条例」にふれた。

(14)　多摩ニュータウン開発により一時期に同世代の転入が集中し，「これまでに経験したことのない少子高齢社会を迎え」ることについて，書き込んだ。

(15)　女性は家族を養う必要がないから，女性には家族手当を支給しない，というような事例が直接差別に該当する。

(16)　大阪高判平14・7・3判時1801号38頁。

まって，性的マイノリティ支援が広がりつつある[17]。多摩市では，条例に基づく具体的な施策はまだ実現していないため，今後の積極的な取り組みを望みたい。

第5に，条例には「とくに困難な状況にある人」への配慮の必要性が盛りこまれた。男女という性別に加えて複合的な困難を抱える人への対応を促す規定である（2条8号，3条6号など）。国の「第3次男女共同参画基本計画」（2010年）にも，高齢者，障害者，外国人，アイヌの人々，非差別部落の人々などについては人権尊重の観点から配慮が必要であると記載され，2014年批准の国連障害者権利条約も，締約国は「障害のある女子が複合的な差別を受けていることを認識し，……（彼女らが）すべての人権および基本的自由を完全かつ平等に享有する」措置をとる，と規定している（6条1項）。条例の条文は，これらの規定を参考にしたものである。

第6に，条例は，男女平等参画社会の視点にたつ災害に強いまちづくりを明記した（17条）。このような条文は，東日本大震災（2011年3月11日）以前の条例にはみられなかったものである。

第7の特色は，苦情処理制度を設けたことである。多摩市民，事業者，団体等は，①市の男女平等参画社会「実現に関する施策」，②それに「影響を及ぼす施策」，③性別による差別，性的指向及び性自認による差別その他の人権侵害と認める事項について，苦情の申し出をすることができる（21条1項）。多摩市男女平等参画推進審議会は，苦情処理を所掌事項としており（20条2項3号），審議会の委員の中から3人以内が苦情処理委員として委嘱される（22条2項）。苦情処理委員は，苦情の申し出を受けると調査を行い，必要な場合には，市の機関に対して，指導，助言，是正勧告を行い（22条4項），人権侵害に関しては，関係者からの資料・説明を求めて，関係者に意見を述べることができる（22条5項）。苦情処理制度を利用することによって，多摩市では，条例内

---

(17)　他の地域では，社会的な性別と書類上の性別が異なる場合には健康保険証の裏面に性別を記載するという工夫がなされ，フルネームではなく番号で名前を呼ぶ病院の例や，卒業証書を希望の性別で発行した県立大学の例がみられる。日弁連は，性同一性障害の会員弁護士は，診断書を添えて申請すれば，戸籍を変更しなくとも希望の性別で活動できるように配慮している。2015年4月の渋谷区「男女平等及び多様性を尊重する社会を推進する条例」は，区長がパートナーシップ証明を発出し（10条），区民と事業者は，社会活動においてパートナーシップ証明を最大限考慮しなければならないと規定する（11条）。

容を地域のなかに定着させる活動がいっそう活発化するであろう。

2　条例を成立させた背景

多摩市条例が上記のような特色のある内容を定めることができたのは，以下に述べるような幸運が重なった結果であった。

第1に，「市民案」の存在が大きかった。懇談会の議論は市民案をベースに進行させることができた。また，毎回の懇談会を10人超の人数で傍聴し続けてくれた市民の力は大きかった。傍聴者によって，事務局にも懇談会の議論にも緊張感が生まれ，できるかぎり市民の期待にそう条例を作りたいという熱意も生じたのである。

第2に，条例以前より，すでに多摩市には「男女共同参画行動計画」があって，「多摩市男女共同参画推進協議会」による後押しがあったことも大きい。加えて，トップである市長が積極的な意思表明をしていることは，最大の後ろ盾であった。これによって，庁内の「推進会議」の賛同も得られていたのである。もちろん事務局の誠実な助力にも支えられた。

第3に，多摩市議会の構成をあげることができよう。現在の市議会の26名の議員は，「改革みらい」7名，自民党・新生会6名，公明党5名，日本共産党5名，生活者ネット・社民の会3名という構成であり，革新系市長を支える勢力が優勢である。そして，女性議員の数は10名を占める。

V　おわりに

LGBTの権利について定める立法が存在しない現在，多摩市のような地方条例は必要であるが，たとえ立法ができた後であっても，条例にはそれなりの意義があるだろう。なぜなら，第1に，条例は地域の固有性に対応した施策を推進する法的根拠になり，また，地方議会で制定された法規としての根拠をもつことによって，より強力に施策が遂行されるからである。行政の「行動計画」の根拠にもなる。第2に，誰が首長であっても，また選挙によって首長が変わっても，条例があれば政策の継続性は確保される。第3に，法が定める施策を地域で具体化するという役割を，条例は担っており，同時に，法に定めはないが，その趣旨にかなうかぎり，当該地域の住民が重要と考える独自の施策を，条例を根拠にして遂行することができる。

そして第4に，もっとも重要なことは，住民が，条例の苦情申立制度を利用することを通じて，常に自治体の施策についてモニタリングを行うという仕組みが得られることである。この仕組みによって，男女共同参画の取組みも，LGBTの権利保障の取組みも，豊かに地域に定着していくことが期待される。

多摩市条例に関しても，現在，市民たちは，苦情申立制度を利用しながら，条例の趣旨にそった施策の遂行がどこまで進んでいるのかをチェックする勉強会を開いている。2015年6月には，多摩市小中学校における男女混合名簿の進捗状況が明らかでないという「苦情」申立第1号を行い，それに対して苦情処理調査結果が通知されてきた。当該苦情申立は，性自認による差別を受けないことを条例が明記した今日，小中学校では，いっそう「男女別」ではない男女混合名簿が必要なのではないか，という問題意識に依拠している。今後とも，条例にそった苦情申立手続が利用されるなかで，苦情処理機関と市民との建設的な対話が進み，さらなる施策の進展がみられるであろう。条例は作った後にどのように地域生活の改善に活かすことができるのか，住民たちが智恵を絞って関与することが肝心である。

23　男女共同参画条例に基づく「苦情処理」の意義

Ⅰ　はじめに

男女共同参画社会基本法（以下,「基本法」とする）は1999年に制定された。翌2000年には，第1次男女共同参画基本計画が公表され，5年ごとの見直しにより，第2次（2005年），第3次（2010年）を経て，2015年末には第4次基本計画の策定が予定されている。「基本法」の施行に続いて，全国各地に男女共同参画条例制定の動きが広がった。2014年4月現在，千葉県を除く46都道府県（97.9%），20政令指定都市（100%），434市区（53.4%），137町村（14.8%）において，男女共同参画条例が成立をみている[1]。このような進展は，決して直線的なものではなく，揺り戻し（バックラッシュ）の動きもみられはしたが[2]，全体としては，日常生活における男女平等規範の形成が，条例の広がりとともに，確実に進んでいるといってよい。

政治が法の論理を無視して「法治」を否定しようとしている昨今，一般市民による「市民知」が草の根レベルで形成されることこそ，日本社会を持続可能なものとする砦であろう[3]。このような観点によれば，全国各地の男女共同参画条例を通じて，市民自らが地域に男女共同参画意識を醸成するという取組みこそ，社会変革に向けた確かな実践の1つになるのではないかと期待される。そこで，本稿では，男女共同参画条例に基づくさまざまな苦情申立・苦情処理（以下,「苦情処理」という）制度を通じて，どのような実践的な取組が行われているのかを整理・分析して，今後の展望を描きたいと考える。ただしこれらの分析対象は，男女共同参画に関わってきた私自身の個人的経験の範囲内のものでしかないことをお断りしておきたい[4]。

---

(1)　内閣府の以下のHPによる。http://www.gender.go.jp/research/kenkyu/suishinjokyo/2014/report.html

(2)　バックラッシュの一つの実例として，三井マリ子・浅倉むつ子『バックラッシュの生贄――フェミニスト館長解雇事件』（旬報社，2012年）参照。

(3)　政治による「法治」の否定については，樋口陽一「〈戦後70年〉に考える――知の破壊 vs『知の共和国』」法律時報2015年11月号1-3頁参照。

(4)　私は，東京都条例には「東京都女性問題協議会」における「条例検討専門部会」の

Ⅱ　男女共同参画社会基本法

1　男女平等原則の段階的展開

法的な男女平等原則の展開過程をたどると，第1段階は，憲法14条が「法の下の平等」を宣言し，女性にも参政権が与えられたときに始まる。この時代に，民法改正により「家」制度は廃止され，1966年には，雇用における性差別を公序違反とする初の判決が出た（住友セメント事件判決）[5]。しかし，当時はまだ性差別を禁止する具体的な立法はなく，男女平等は抽象的な原則に留まっていた。

第2段階は，国連の女性差別撤廃条約が批准され，男女雇用機会均等法が制定された1985年を画期とする。性別役割分業の見直しが課題となり，ようやく性差別を規制する具体的な法律が日の目を見た。女性差別撤廃条約批准のための国内法整備として，均等法以外にも，国籍法改正[6]，家庭科男女共修のための学習指導要領の改訂が行われた。

女性差別撤廃条約批准の影響はきわめて大きかった。私は，1988年に初めて日本レポートが女性差別撤廃委員会で審査されたとき，ニューヨークで同委員会を傍聴した。委員から「日本で女性のみに育児休業があるのは母親が育児をすべきという性別役割分業主義ではないか」と指摘されたことが印象的であった[7]。その後，1991年育児休業法によって，男性も休業請求できるようになったものの，今なお育休取得には大きなジェンダーギャップがある[8]。職場

部会長として，埼玉県条例には「埼玉県女性問題協議会」の委員として，北区条例には「北区アゼリアプラン推進区民会議委員」として，それぞれ策定に携わった。その後，埼玉県条例に基づく「男女共同参画審議会」委員をつとめ，「埼玉県男女共同参画苦情処理委員」として，同条例の運用に関わった。最近では，多摩市における「（仮称）多摩市男女平等推進基本条例検討懇談会」の会長として，条例の策定に関与した。

(5)　住友セメント事件（東京地判昭41・12・20判時467号26頁）。原告女性は採用時に結婚退職の念書を提出したものの，入社後に結婚して退職しなかったために解雇された。裁判所はこれを，婚姻の自由に対する侵害であり，同時に性差別でもある，と判示した。

(6)　法改正前，子どもは父親が日本人でないと日本国籍を取得できなかったが，この「父系血統主義」は，法改正によって「父母両系主義」になった。

(7)　浅倉むつ子『男女雇用平等法論──イギリスと日本』（ドメス出版，1991年）119頁。

(8)　2013年の育児休暇取得率は，女性86.6%，男性2.30%である（厚生労働省『平成26年度雇用均等基本調査』9頁）。夫の家事関連時間は1日67分，育児時間は39分に過ぎない（内閣府『平成26年版男女共同参画白書』49頁）。働く女性は第1子出産時

の雰囲気や上司の態度が男性の育児休業取得を阻んでいるうえに，育児期の30代男性の2割は週60時間の長時間労働である[9]。性別役割分業の見直しは，日本の男性の働き方自体の改革なしにはありえない。1992年には，職場におけるセクハラを不法行為とする福岡事件判決が登場した[10]。

第3段階は，1999年の「基本法」制定を起点とする。「基本法」はあらゆる分野の男女共同参画政策を推進する契機となり，2001年にはDV防止法が，2003年には性同一性障害特例法が制定された。ジェンダー法学会も2003年末に設立され，全国各地の法科大学院で「ジェンダーと法」の授業が行われている[11]。

2013年には，婚外子相続分差別規定を廃止する民法改正がようやく実現した。婚姻外に生まれた子どもの相続権を婚内子の2分の1とする民法900条4号の規定は明白な差別であるとの国際機関による是正勧告を受け，最高裁でも違憲判決[12]が出たことを契機とする法改正であった[13]。2014年には外務省に女性参画推進室ができ，ジェンダー平等をめざす国際的協調に拍車がかかると期待される。

2 「基本法」の意義と男女共同参画の現状

第3段階に登場した男女共同参画は，社会的な差別をなくすための施策のみならず，男女が意思決定に参画し，よりよい社会の実現を目指す積極的な取組みとして位置づけられる。「基本法」のこのような意義は，今でこそ認知されてはいるが，当初は，法律の名称をめぐってさまざまな議論があった。なぜ「平等参画」でなく「共同参画」なのか。当時，国会議員の中には平等アレルギーがあり，「平等」は「機械的平等」であるからすべてが男女半分ずつでなければならないなど，社会的不安を煽る傾向がみられた。これは「平等」原則

に約6割が退職している。

(9)　内閣府「仕事と生活の調和推進室」による2013年3月26日資料より。

(10)　福岡地判平4・4・16判時1426号49頁。

(11)　二宮周平「ジェンダーとロースクール教育」ジェンダー法研究創刊第1号（2014年）17頁以下，浅倉むつ子「ロースクール（LS）におけるジェンダー法講義の経験から」法の科学46号（2015年）125頁以下参照。

(12)　最大決平25・9・4民集67巻6号1320頁。

(13)　吉田克己「婚外子差別と裁判・立法・行政」ジェンダー法研究1号（2014年）138頁以下。

に対する理解不足からくるものであったが，当時はこの言説に妥協しつつ，平等を回避して「共同」参画と呼称しておこうとの結論に至った経緯がある。自治体によっては男女「平等」参画条例という名称を選択したところもあった。

男女共同参画の意義は「基本法」の5つの基本理念に示されている。①男女共同参画社会の形成は，男女の人権の尊重を旨として行われること（3条），②社会における制度や慣行の影響は，できるかぎり中立であるように配慮されること（4条），③男女は，国や地方公共団体の政策等の立案・決定に共同して参画する機会を確保されること（5条），④男女は，家庭生活の活動と他の活動との両立を旨とすること（6条），⑤男女共同参画社会の形成は，国際的協調の下に行われること（7条），である。

同法は，国・地方公共団体による「男女共同参画社会の形成の促進に関する施策」の策定・実施の責務を定め（7条，8条），この施策には積極的改善措置（2条2項）が含まれることを明らかにしている。

「基本法」の趣旨に鑑みれば，法制度上の性差別的規定は真っ先に撤廃されるべきではないかと考える。しかし周知のように，なお法制度改革は不十分である。とりわけ家族法については，1996年に法制審議会が「民法の一部を改正する法律案要綱」を公表したものの，国会に上程されないまま20年近くが経過した。未だに実現していない法改正上のポイントは，①民法の婚姻最低年齢の男女差の解消（民法731条の改正）[(14)]，②再婚禁止期間の短縮ないし廃止（民法733条の改正）[(15)]，③選択的夫婦別氏制度の導入（民法750条の改正）であり[(16)]，②と③については，2015年末に予定されている最高裁大法廷判決に期待

(14)　現行規定は男性18歳，女性16歳に達しなければ婚姻することができないとするが，これには合理的な理由はなく，性差別である。男女の婚姻適齢は18歳に統一すべきであろう。

(15)　現行規定は，離婚後180日間女性は再婚できないとしており，離婚後に生まれた子の父親が前夫なのか後夫なのかが判断できなくなるという理由からだと説明される。しかし100日おけば判定は可能であるから期間を短縮すべきとの主張や，科学技術が発達した今日ではDNA鑑定は難しくないから期間そのものを廃止すべきとの主張のほうが説得的である。

(16)　現行規定は，婚姻時には夫または妻の氏を称するとしているが，これは夫婦同氏の強制を意味する。たしかに形式的には性中立的な規定であるとしても，実際には98%が夫の姓を名乗っている現状では，本当の意味で「選択」になってはいない。夫婦同氏強制は個人の尊厳の尊重に反し，婚姻の自由の侵害であろう。

がかかる[17]。また民法以外にも，法の下の平等に違反する制度が残っていることを付言しておきたい[18]。

一方，政策決定過程における女性比率の増大については，第2次男女共同参画基本計画（2005年）が，2020年までに指導的地位の女性を30%にするとの目標を掲げた。しかし，現実はこれらの数値からはほど遠い状況にある。とくに政治分野の女性割合が極めて低く，女性が選挙で当選しにくい基盤があることが問題である。司法分野でも，裁判官・検察官・弁護士ともに30%の比率にはほど遠く，研究分野の女性割合はなお低い。日本のGGI（ジェンダー・ギャップ指数）は下がる一方で，世界135カ国中，104位である。

国レベルでの法改正の遅れと女性比率向上の遅々とした歩みをみると，男女共同参画施策に反する法制度や施策の遅れを「基本法」に基づく苦情として申し立てることは可能か否かという疑問が生じる。果たして国レベルでは，「基本法」に基づくいかなる苦情が申し立てられているのか，それらはどのように解決されているのだろうか。

3　国の施策に関する苦情等の事例

「基本法」は，①「男女共同参画社会の形成の促進に関する施策」と，②それに「影響を及ぼすと認められる施策」についての苦情処理に「必要な措置……を講じなければならない」と規定する（17条）。さらに，③「男女共同参画社会の形成を阻害する要因によって人権が侵害された場合」の被害者救済に必要な措置を講じることも，17条に規定されている。しかし条文上では，苦情は上記の①と②への対応であり，③への対応は苦情とは別に義務づけられているとも読める。苦情処理に「必要な措置」は，実態としてはどのように講じられているのだろうか。

2002年10月，男女共同参画会議の苦情処理・監視専門調査会は，苦情処理従事者の知識・技能の向上を図るために，何が苦情に該当するかという事例や，苦情解決に当たっての視点・方法論などを内容とする『苦情処理ガイドブッ

---

(17)　再婚禁止期間に関しては，広島高岡山支判平25・4・26（判例集未掲載，第1審岡山地判平24・10・18判時2181号124頁）が大法廷に回付されており，夫婦の氏に関しては，東京高判平26・3・28（判例集未掲載，第1審東京地判平25・5・29判時2196号67頁）が大法廷に回付されている。いずれも2015年11月4日の口頭弁論を経て，年内に判決が出ると期待されている。

(18)　たとえば遺族厚生年金の支給条件の男女差などもある。

ク』を国が作成し周知すべき，との提言を行った。この提言をふまえて，内閣府男女共同参画局は，『苦情処理ガイドブック』を作成し，国や地方公共団体の苦情処理担当部局，行政相談委員，人権擁護委員等に配布している[19]。

国レベルでの男女共同参画に関する苦情は，①各府省の行政相談窓口，②男女共同参画推進本部の担当課，③総務省の行政相談等の窓口において，検討・解決されている模様である。私は，後述するように埼玉県男女共同参画苦情処理委員をつとめた4年間，毎年1冊ずつこのガイドブックを手渡された。苦情処理委員の任期が切れた現在，ガイドブックを入手するために内閣府男女共同参画局のHPをみたところ，ガイドブックの中にある「地方公共団体（都道府県・政令指定都市）へ寄せられた主な苦情処理状況等（概要）」(14頁〜33頁）についての情報が欠如していることに気づいた（目次にはあるが本体がない)。苦情処理委員であった最終年に配布されて手元にある平成25年3月の『苦情処理ガイドブック』[20]の53頁から77頁には，「第5　参考資料」として，「国の施策についての主な苦情等（概要)」が55件，「地方公共団体（都道府県・政令指定都市）の施策についての主な苦情等（概要)」が35件，それぞれ掲載されており，概要とはいえ，苦情処理にはどのような事例があるのか，大変に参考になった。なぜこれらが現在ではHPで公開されていないのか，理由はわからない。ここでは，とりあえず平成25年版の『苦情処理ガイドブック』に掲載されている「国の施策についての主な苦情等」事案を紹介しておこう。

ここには，以下⑴から⒁の類型ごとに，「苦情申出の内容」と「処理結果および施策改善への反映状況」が，簡単であるが記されている。項目のみ記すと，ほぼ以下のような内容である。

⑴政策・方針決定過程への女性の参画の拡大について，①ポジティブ・アクションは男性差別ではないか，②内閣府に女性局長登用を求める，③医師会の女性役員割合の低さ，⑵男女共同参画の視点に立った社会制度・慣行の見直し，意識改革について，①義務教育課程の男女混合名簿への国の考え方，②選択的夫婦別氏制度を要望，③選択的夫婦別氏制度反対，④女性の意識変革を希望，⑤スポーツクラブのレディースコース反対，⑥女性専用車両の撤廃要求，⑶男性，子どもにとっての男女共同参画として，①男性が排除されている印象，②

(19)　内閣府男女共同参画局HPによる。http://www.gender.go.jp/public/pamphlet_leaflet/kujoshori/index.html

(20)　平成25年3月発行の『苦情処理ガイドブック』。

男女間の賃金格差解消等の施策の必要性，③学校教育における男女平等教育の必要，⑷雇用分野の均等待遇の確保等について，①男性の採用拒否，②男性の長髪不可の求人広告への苦情，③事務職求人における男性差別，⑸男女の仕事と生活の調和について，①育児休業後の勤務への配慮がないこと，②男性教職員の育児休業取得促進を求める，③出産後の職場復帰の実現を要望，④育児中の医師への支援を要望，⑤両立支援に取り組む企業への優遇措置の要望，⑥女性の過重負担への不満，⑹活力ある農山漁村の実現に向けた男女共同参画の推進として，①男女共同参画を強力に推進する要望，②女性向け新規就農研修の必要性，③家族経営協定への質問，⑺貧困への男女の支援について，①生活困難が男女に与える影響について，⑻高齢者，障害者，外国人が安心できる環境について，①マイノリティ女性の実態調査，②高齢女性のための具体的施策の要望，③障害者差別への取組み，⑼女性に対する暴力防止について，①障害者であるDV被害者支援の必要性，②配偶者からの暴力相談，③セクハラを基本法で扱うべき，④DV被害者の入所施設相談，⑤被害者からの申出による住民票閲覧禁止措置への苦情，⑥男性への暴力も取り上げよとの要望，⑦婦人相談所への経済的支援の要望，⑧市町村レベルでの婦人相談所設置要望，⑨DV被害者の健康保険証明書の取扱，⑽女性の健康支援について，①堕胎罪の撤廃要請，⑾教育・学習について，①男女平等教育への取組の要望，②教科書にジェンダー視点の導入を要望，③教育関係者への研修，④人権教育の要望，⑤教科書における男女平等への言及の減少傾向への不服，⑥進路・労働教育重視の要望，⑦女子学生への就職差別是正への要望，⑿科学技術・学術分野の男女共同参画について，①女性の就業継続支援の要望，②「女性研究者支援モデル育成」の拡充要求，⒀メディアにおける男女共同参画の推進について，①メディアへのジェンダー平等視点の浸透を図ること，⒁地域・防災等の男女共同参画について，①復興における男女共同参画の徹底を，②地域活動の研修等の要望。

これら苦情の中には男女共同参画の意味を理解しない申出もあり，処理結果として「意見として伺った」との記載に留まるもの，施策について説明して納得が得られたものがある一方，今後の「業務の参考にさせていただいた」という回答や，重要な指摘として位置づけて，その後の施策に反映したと思われる苦情申出項目も少なくないことがわかる。総じて，苦情申出が契機となって男女共同参画施策の改革が進展している状況を読み取ることができる。ただし残念ながら，「処理結果」は概要にすぎず，全体で何件の苦情があったのかはわからないし，記載されている苦情がどのような基準により掲載されているのかも明確ではない。「基本法」17条が，どの程度，またどのように機能しているのかは，ほとんど不明としか言いようがないのである。

Ⅲ　東京都条例と埼玉県条例の比較

1 「基本法」以後の地方条例の動向

「基本法」制定後，都道府県レベルでは全国のトップを切って，東京都と埼玉県が条例を施行し（2000年4月），山口県が同年10月にこれに続いた。その後，市町村レベルでは，出雲市（島根県），都留市（山梨県），塩尻市（長野県）が，他に先駆けて条例を制定し，多くの地方自治体がこれに続いて，今日に至っている。

地方自治体の条例は，策定時の住民参加ならびに運用時の住民参加を通じて，当該地域の男女共同参画を定着させ，住民の暮らしにおけるジェンダー平等を推進するという役割を果たす。この過程を通じて地域は活性化し，条例をテコにしながら地域社会の男女共同参画の実践を積み重ねることができる。条例はこの意味で，きわめて重要な役割を果たすものである。

一方，冒頭でも述べたように，条例をめぐるバックラッシュも発生した。条例自体に「主婦の礼賛」「女らしさ／男らしさの強調」を明記し（山口県宇部市条例の場合），バックラッシュ派が条例策定のリーダーシップをとり（荒川区の場合），場合によっては，いったん制定された条例が改悪されるという事態が生じたりもした（市川市の場合）。これでは，せっかく地道な活動によって地域に根づいてきた男女混合名簿や性教育実践が否定的評価にさらされることにもなりかねず，条例策定によって，かえって性別役割分業の考え方が強化されることになる。それゆえ，条例の策定に関わることに加えて，条例の運用の実態について常にモニタリングすることが，何にも増して重要である。以下では，私が関与した都道府県レベルの条例である東京都条例と埼玉県条例について，検討しておきたい。

2 条例の策定過程

東京都条例と埼玉県条例の策定過程を，まず比較しておきたい[21]。埼玉県は，

---

(21) この部分は，浅倉むつ子「男女共同参画と地方条例」女性施設ジャーナル6号

条例制定に向けてもっとも早くから活発に取り組んできた。1997年10月には有識者による研究会が発足し，条例の必要性や盛りこむべき事項についてのアンケート調査を実施した。この研究会は「男女共同参画推進条例（仮称）検討委員会」として発展的に改組され，精力的にアンケート調査，面接調査，公聴集会を開催した。1999年3月には，土屋義彦県知事から埼玉県女性問題協議会に「条例の基本的事項について」諮問がなされ，同協議会は「検討委員会」から出された「論点整理」をもとに公聴会を開催，同年11月には協議会の「答申」を知事に提出した。「埼玉県男女共同参画推進条例」は2000年3月21日に成立した。埼玉県では，「検討委員会」の前身である「研究会」の発足から協議会答申まで，2年間をかけて条例に関する検討が行われた(22)。

一方，東京都は，1996年当時から「男女平等推進基本条例（仮称）」の早期制定を掲げてきたが，具体的な作業に着手した時期はさほど早くはなかった。1998年7月に，第5期女性問題協議会（樋口恵子会長）が青島幸男都知事から「条例の基本的考え方について」協議依頼を受け，協議会内部に条例検討専門部会（浅倉が部会長）が設けられて具体的な検討作業が開始した。専門部会は，同年8月から11月までの4カ月間に意見をとりまとめ，同年12月に条例についての「検討骨子」を発表した。翌1999年1月から公聴会（都民会議）が開催され，8月に協議会の「答申」が提出された。答申を提出した段階で，知事は青島都知事から石原慎太郎都知事に変わっていた(23)。「東京都男女平等参画基本条例」は2000年3月に東京都議会で成立した。東京都の場合は，専門部会の検討は約4カ月，協議会答申までは1年という短期間であった。

3　条例の内容比較

条例の名称は，東京都は「男女平等参画基本条例」，埼玉県は「男女共同参画推進条例」である。東京都は以前から「仮称」として男女平等条例の用語を使っていたために「平等」の表現を残し，埼玉県は，国の基本法の策定動向にあわせて名称を選択しつつ，より積極的な意味をこめて「推進」という表現を

（2001年）22頁以下を参照。

(22)　埼玉県の条例の詳しい分析は，山下泰子・橋本ヒロ子・齋藤誠『男女共同参画推進条例のつくり方』（ぎょうせい，2001年）が参考になる。

(23)　石原都知事による都政運営と条例の関わりについては，当時の女性問題協議会会長であった樋口恵子氏による批判が参考になる。樋口恵子『チャレンジ』（グラフ社，2003年）52頁以下。

使った。

内容としては埼玉県条例の積極性が際立っている。埼玉県条例は，直接差別のみならず間接差別も禁止し（3条1項），リプロダクティブ・ヘルス・ライツを基本理念に加えた（3条5項）。東京都条例に関して，女性問題協議会答申は「性別による差別」は「間接的な差別も含んで解釈されるべきである」と述べていたが，条例の文言には反映されなかった。埼玉県条例は，県の責務として，とくに男女共同参画推進を総合的に企画・調整・推進する体制整備と財政上の措置を講じることを規定した（4条3項）。一方，東京都の場合，「答申」は「全庁的な総合調整機能をさらに充実強化していく必要」について指摘したが条文には反映されず，また，財政上の措置については各方面からの抵抗が強く，議論の結果，「答申」にも盛り込めずに終わった。

東京都条例が唯一誇れる条文は，事業者の責務として「雇用の分野における男女平等参画の推進」を定める条例13条である。知事は，事業者に対して男女の参画状況報告を求めることができ（13条2項），そこで把握した状況を公表し（同条3項），助言等を行うことができる（同条4項）。この条文は，先進国の法律がポジティブ・アクション計画・実施報告書を行政に提出するよう企業に義務づけているところに範を求めた。均等法20条の規定は，自発的にポジティブ・アクションを行う企業に対する国の援助規定にすぎない一方，都条例は事業主の義務を強化したのである。東京都には77万事業所が存在し，5000人以上規模の事業所も1200を数えたため，個々の事業主に報告を義務づけることは，かなりの人手と予算が必要である。果たしてこの条文がどのように履行されるのか，条例制定後も気になっているが，これについては情報が得られていない。

4　苦情処理制度の有無

東京都条例の苦情処理制度として，女性問題協議会「答申」は，「行政から独立した専門的立場による組織の新設」を提言した。しかしこの部分は条例に採用されず，都条例は「男女平等参画を阻害すると認められること又は男女平等参画に必要と認められることがあるとき」，「知事に申し出ることができる」とし（7条1項），知事はこれに「適切に対応する」と定めるのみである（7条2項）。条例に関連して何件の苦情申出があるのかについても明らかにされていない。

のみならず東京都は，条例制定を契機に，20年にわたって労働分野の苦情処理活動をしてきた「東京都職場における男女差別苦情処理委員会」を廃止し，さらに1999年度にモデル事業として予算がついた「女性問題に係る訴訟支援制度」を，条例が施行された2000年度には廃止する，という後退をみせた。条例の施行と同時に行われたこれら「逆行的」施策については，単なる財政上の理由のみではなく，都知事の姿勢もしくはそれを忖度した行政当局の立場の現れと見るしかない。

これに対して埼玉県条例は，県民等（県内に住所を有する者，在勤・在学者）からの苦情申出を適切かつ迅速に処理するための機関を設けるという規定をおいた。苦情には，①男女共同参画施策に関する苦情，②男女共同参画に影響を及ぼす施策に関する苦情，③人権侵害事案，の3類型がある（13条1項，2項）。①と②については，当該機関は，必要な場合には，施策実施機関に対して是正措置をとるように勧告等を行う（13条3項）。上記の③については，必要な場合には，関係者に助言，是正の要望を行う（同条4項）。

このような苦情処理制度を設けているかどうかは，条例に対する評価の最大の分岐点である。埼玉県条例に基づく苦情処理事案は，その後，継続的に解決が図られ，条例は地域に定着しつつある。その実態については項を改めて論じよう。

Ⅳ　埼玉県条例における苦情処理の実態

1　苦情処理委員会の仕組み

地方自治体の条例が苦情処理制度を設けるメリットは，改めて指摘するまでもない。もし苦情処理制度があったなら，かつて東京都議会での女性蔑視ヤジが問題になったときでも[(24)]，東京都条例違反として苦情処理制度にのせることができたはずである。しかし東京都条例には独立の苦情処理機関がないため，

(24)　2014年6月18日の東京都議会で，女性の妊娠・出産をめぐり一般質問にたった塩村文夏（あやか）議員に対して，「自分が早く結婚しろ」「まずは自分が産めよ」「産めないのか」などと，男性議員からヤジがとび，その折，議場には笑い声さえあがったという。都政に携わる議会や行政は，女性の社会進出，子育て支援を力説する一方でこのような不見識や偏見を放置しており，少子化や晩婚化が男女双方の問題だという認識に欠けている。上記のようなヤジは，明らかに条例違反に該当する女性蔑視というべきである（条例14条1項）。しかし東京都条例には苦情処理制度がなく，都議会にも条例違反の行為だという認識がないように思われる。

この問題は条例違反として位置づけられることはなかった。

一方，埼玉県では，男女共同参画苦情処理委員会制度が，条例施行規則によって詳細に定められている。苦情処理委員は3人以内で構成され，1名以上は法律に関して優れた識見をもつ者，半数以上は女性とする（施行規則1条2項）。実際には，学識経験者1名，弁護士2名が任命されている。また各委員を補佐するために3名以内の専門員が任命されており（同3条1項，2項），実際には3名の専門員も，学識経験者1名，弁護士2名である。委員の任期は2年で通算6年を超えてはならない（同1条4項，5項）。苦情は申出書により行われ（同4条），調査非該当と判断されないかぎり（同5条）[25]，調査が開始される。委員は，関係者に資料の提出と説明を求め（同6条），調査した結果，関係機関に対して書面による「是正の勧告」，「意見表明」，または「助言」を行い（同8条），人権侵害については，関係者に対して口頭での「助言」，文書による「是正の要望」を行う（同9条1項，2項）。委員はそれぞれ独立して職務を行う独任制であるが，必要に応じて合議を行うことができる（埼玉県男女共同参画苦情処理委員等職務規程2条1項，2項）。実際には，苦情申立に結論を下すときには，ほとんど6人で合議することが多い。

2　苦情処理事案取扱いの概要

私は2010年4月から2014年3月までの4年間，埼玉県の男女共同参画苦情処理委員として仕事をした。この4年間の苦情申出と処理の件数ならびに事案の概要は，以下に示す通りであった[26]。

---

(25)　調査非該当となる申出とは，①判決で確定した事項，②裁判所等で係争中の事項，③均等法の紛争解決援助の対象事項，④議会請願・陳情事項，⑤苦情処理委員の行為に関する事項，⑥その他調査が適当でない事項であり，人権侵害の申出については，侵害があった日から原則として1年以内であることという条件がある（施行規則5条）。

(26)　ここで示される事案の概要は，苦情処理委員が毎年公表している「埼玉県男女共同参画苦情処理年次報告書」に掲載されているかぎりのものである。

埼玉県条例に基づく苦情申出・処理状況

	申出・処理状況	県の施策	人権侵害事案	合計
2010年度	申出 終了	1 5	10 10	11 15
2011年度	申出 終了	2 0	2 2	4 2
2012年度	申出 終了	9 11	2 1	11 12
2013年度	申出 終了	1 1	1 2	2 3

2010年度

1　県立大学の大学案内のうち，口腔保健科学専攻の学生募集について，男性応募者への情報提供のあり方を検証して欲しい。→申出者が取り下げたため終了した。

2　苦情申出（申請受理システム）を柔軟なものに変えて欲しい。→調査の結果，これ以上の簡略化はできない旨を申出者に通知した。

3　人権侵害事案10件。→男女共同参画に係る申出ではないため非該当とした。

2011年度

4　北浦和公園内の女性ヌード像の設置は「環境型セクハラ」類似行為であり，県立近代美術館内に移動させて欲しいとの申出。→（2012年度終了事案）。調査を実施し，彫刻の設置の趣旨に照らして移動の必要性はないとの結論に達し，申出者に通知した。

5　「春の全国交通安全運動」の広報用ポスターに人気アイドル女性の写真を用いることは，女性が「飾り物」という印象を与え条例の理念に反するとの申出。→（2012年度終了事案）。調査の結果，ポスターが条例の理念を尊重していないとはいえないこと，担当部署から今後は事前に条例の趣旨を尊重する手続きをとることの了解が得られたために，勧告等の措置は実施しない旨を申出者に通知した。

6　セクシュアル・ハラスメント→申出人の「接近禁止」要望について，合意書を作成して，調査を終了した。

2012年度

7　県の男女共同参画推進センター内の情報ライブラリーのより利便性の高い利用を求める苦情申出。→調査の結果，申出内容が男女共同参画の推進を妨げているとまではいえないために，勧告措置は実施しないことを申出者に通知した。

8　埼玉県立大学の大学案内で，被写体の男女学生数の偏りが応募者の偏りを招いているため，改善を求めるとの申出。→調査の結果，すでに翌年の大学案内では改善する予定になっていることから，勧告は実施しないことを申出者に通知した。

9　人権侵害申出→侵害があった日から1年以上経過しているために非該当とした。

2013年度

10　教育局が主催した講座で，受講者のための一時保育がなされなかったことが男女共同参画の趣旨に反するとの苦情申出。→担当部局と話し合った結果，次年度以降は改善がなされることになり，勧告等の措置は行わないことを申出者に通知した。

県の施策等に関する苦情については，すべて「勧告の必要なし」という結論に至ったことがわかる。しかし，事案処理の過程では，県の各部局をヒアリングし，資料の提出を求め，改善策の意見交換を行い，その結果，ほとんど「今後は改善する」との結論であったために，勧告が不要となったものである。これらは調査により，県の各部局の担当者の男女共同参画に関する理解不足によって生じた事案であることがわかった。したがって苦情申立は，県の担当者に男女共同参画について自覚を促す効果がある。人権侵害事案についても，苦情処理委員である弁護士が関与して，一定の解決に到達した事案があった。私人間の問題については，苦情処理委員の関与権限が限られているために（「勧告」ではなく，「助言，是正の要望等」），未解決となる可能性は県の施策に関する苦情よりも高いのではないかと懸念されるが，それでも一定の効果は認めうるものである。

V　多摩市条例について

1　東京都下の区市町村条例

次に，区市町村レベルの条例をみておきたい。これまで東京都では，港区，新宿区，墨田区，江東区，目黒区，中野区，豊島区，北区，板橋区，足立区，葛飾区，文京区，渋谷区の13区，ならびに，立川市，三鷹市，小金井市，小平市，日野市，東村山市，国分寺市，東大和市，清瀬市，羽村市，多摩市の11市の合計24区市（38.7%）において，男女共同参画条例が制定されている。新たに策定される条例ほど既存の条例のよい点を取入れることができるため，近年の条例には，さまざまな特色が見受けられる。

2　多摩市の条例ができるまで

私が策定にかかわった多摩市の条例を紹介しておきたい。地方条例策定のパターンについて，諸橋泰樹は，①市民推進型，②上意下達型，③事務局提案型，④議員提案型，と4つに類型化している(27)。多摩市の場合はまさに，市民推進型の条例である。2009年11月に「多摩市男女平等を考える会」は，自発的に「条例市民案」を作ったが(28)，翌2010年4月の市長選で，マニュフェストに「条例をつくる」という方針を掲げた阿部裕行市長が当選を果たした(29)。阿部市長は2012年6月，「(仮称) 多摩市男女平等推進基本条例検討懇談会」(メンバーは7人) を発足させた。私は市内在住であることから同懇談会の会長に就任し，2012年12月までの半年間に「懇談会意見書」をまとめて市長に提出した(30)。2013年3月，副市長や部長等で構成する「行動計画推進会議」が「意見書」を具体化する条例案を作成し，同年4月にこれに対するパブリックコメントが実施された。条例案は9月の市議会に上程され，可決，公布され，2014年1月1日から施行されている。ちなみに条例検討のベースになったのは「市民案」であった。

条例の基礎固めをした「懇談会」には法律やジェンダーの専門家がいたわけではないが，市民委員も含めて丁寧な話し合いを重ね，名称や形式，多摩市の成立ちや取組なども考慮して，意見書が作られた。

3　多摩市条例の内容上の特色

制定された条例には，以下のような特色が認められる。

第1に，名称と形式上の特色である。名称は「多摩市女と男の平等参画を推進する条例」とした。懇談会では，「基本法」がなぜ「平等」を避けて「共同」という用語を使用したのか議論を重ね，多摩市では「平等」概念をしっか

---

(27)　2012年6月24日に多摩市で行われた諸橋泰樹氏の講演「男女平等条例について考えましょう」レジュメによる。

(28)　「(市民案) 多摩市女と男の平等条例」(2009年11月20日作成)。

(29)　ちなみに阿部市長は，多摩市では初の革新系首長であり，日本新聞協会の事務局次長として初めて同協会で育児休暇を取得したという経験の持ち主であり，内閣府「少子化への対応を考える有識者会議」委員や「男女共同参画推進連携会議」委員などの経験もあり，男女共同参画を積極的に推進する立場をとっている。

(30)　「(仮称) 多摩市男女平等推進基本条例検討懇談会意見書」(2012年12月21日)。懇談会は半年に8回開催した。

り理解すべきとの結論に達した[31]。「男女」ではなく「女と男」という表現にして，「推進」という積極性を示す用語も使った。形式として「です，ます」調を採用し，可能なかぎりわかりやすい表現にした。

第2は，地域特性に配慮して，前文で多摩市のこれまでの取組にふれ[32]，同時に多摩市の特色を書き込んだ[33]。

第3は，性差別概念である。条例が禁止する「性別による差別的取扱い」には，直接差別と間接差別が含まれることを明記し（2条5号），直接差別は「性別を理由とする不合理な取扱いをいいます」とし[34]，間接差別は「外形的にみたときには性別によって異なる取扱いではないが，一方の性別の人が著しい不利益を被るような基準や慣行でその正当性が認められないものを言います。」とした。間接差別の例としては，被災して2年後に，被災経験をもつ世帯主がいる世帯だけに災害支援金を払うという支給基準をあげ，被災経験をもつ人が非世帯主だと支援金は払われないような支給基準は，性別によって異なる基準を設けていなくとも，実質的に男性に有利であるため「公序違反」と判示した大阪高裁判決について，議論した[35]。

第4に，「性的指向および性自認」による差別も性差別として禁止する，との規定を設けた。性的指向とは「人の恋愛感情や性的な関心がいずれの性別に向かうかの指向（この指向については，異性に向かう異性愛，同性に向かう同性愛，男女両方に向かう両性愛等の多様性があります。）をいいます」とした（2条6号）。性自認とは「自分がどの性別であるかの認識（この認識については，生物学的な

---

(31)　①平等とは，すべて男女半々にするという「機械的平等」ではなく，性別に関わらずすべての人が機会を平等に付与されることであること，②ジェンダー平等にとって望ましいのは，男女別の更衣室やトイレをなくすということではなく，人の身体には「男女」というカテゴリーしかないということを反省して，トランスジェンダーの人も使いやすい「誰でもトイレ」を作るというような方法であること，③男女共同参画は「専業主婦」の存在を否定するのではなく，生き方の自由を認めていること，ただしそのリスクについては認識すべきこと，社会の制度として専業主婦世帯のみの優遇は見直されるべきことなど，さまざまな議論を重ねた。

(32)　昭和61年の「多摩市婦人行動計画」，平成6年の「多摩市女と男がともに生きる行動計画」，平成16年の「多摩市自治基本条例」にふれた。

(33)　多摩ニュータウン開発により一時期に同世代の転入が集中し，「これまでに経験したことのない少子高齢社会を迎え」ることについて，書き込んだ。

(34)　女性は家族を養う必要がないから，女性には家族手当を支給しない，というような事例が直接差別に該当する。

(35)　大阪高判平14・7・3判時1801号38頁。

性別と一致する人もいれば，一致しない人もいます。）のことをいいます」と規定した（2条7号）。これらの規定はメディアでも取り上げられ，さまざまな自治体において，性的マイノリティ支援が広がっている[36]。多摩市でも，条例に基づいてなすべき政策は多い。

第5に，条例には「とくに困難な状況にある人」への配慮の必要性が盛りこまれた。男女という性別に加えて複合的な困難を抱える人への対応を促す規定である（2条8号，3条6号など）。2010年「第3次男女共同参画基本計画」にも，高齢者，障害者，外国人，アイヌの人々，非差別部落の人々などについては人権尊重の観点から配慮が必要であると記載され，2014年批准の国連障害者権利条約も，締約国は「障害のある女子が複合的な差別を受けていることを認識し，……（彼女らが）すべての人権および基本的自由を完全かつ平等に享有する」措置をとる，と規定している（6条1項）。

第6に，条例は，男女平等参画社会の視点にたつ災害に強いまちづくりを明記した（17条）。このような条文は，東日本大震災（2011年3月11日）以前の条例にはみられなかったものである。

第7の特色は，苦情処理制度を設けたことである。多摩市民，事業者，団体等は，①市の男女平等参画社会「実現に関する施策」，②それに「影響を及ぼす施策」，③性別による差別，性的指向及び性自認による差別その他の人権侵害と認める事項について，苦情の申し出をすることができる（21条1項）。多摩市男女平等参画推進審議会は，苦情処理を所掌事項としており（20条2項3号），審議会の委員の中から3人以内が苦情処理委員として委嘱される（22条2項）。苦情処理委員は，苦情の申し出を受けると調査を行い，必要な場合には，市の機関に対して，指導，助言，是正勧告を行い（22条4項），人権侵害に関しては，関係者からの資料・説明を求めて，関係者に意見を述べることができる（22条5項）。苦情処理制度を利用することによって，多摩市では，条例内容を地域のなかに定着させる活動がいっそう活発化するであろう。

---

(36)　社会的な性別と書類上の性別が異なる場合には，健康保険証の裏面に性別を記載するという工夫がなされ，フルネームではなく番号で名前を呼ぶ病院の例や，卒業証書を希望の性別で発行した県立大学の例がある。日弁連は，性同一性障害の会員弁護士は，診断書を添えて申請すれば，戸籍を変更しなくとも希望の性別で活動できるように配慮している。2015年4月の渋谷区「男女平等及び多様性を尊重する社会を推進する条例」は，区長がパートナーシップ証明を発出し（10条），区民と事業者は，社会活動においてパートナーシップ証明を最大限考慮しなければならないと規定する（11条）。

V　おわりに

多摩市条例がいくつかの特色のある内容を規定できたのは，以下に述べるような理由による。まず「市民案」の存在が大きかった。懇談会の議論は市民案をベースに進行させることができた。すでに男女共同参画行動計画（多摩市 女と男がともに生きる行動計画」）があり，「多摩市男女共同参画推進協議会」による後押しがあったことも大きいが，加えて，トップである市長が積極的な意思表明をしていること，庁内の「推進会議」の賛同が得られていたことも重要であった。さらに，毎回の懇談会を10人超の人数で傍聴し続けてくれた市民の力もあった。この傍聴によって，事務局にも懇談会の議論にも緊張感が生まれ，できるかぎり期待にそう条例を作りたいという熱意も生じたのである。議員に女性議員が多いという多摩市議会の特色も忘れてはならない(37)。

法律のみではなく，男女共同参画の地方条例は必要である。第1に，条例は地域の固有性に対応した施策を推進する法的根拠になり，また，地方議会で制定された法規としての根拠をもつことによって，より強力に施策が遂行される。行政の「行動計画」の根拠にもなる。第2に，誰が首長であっても，また選挙によって首長が変わっても，条例があれば政策の継続性は確保される。第3に，「基本法」が定める施策を地域で具体化するという役割を，条例は担っており，同時に，「基本法」に定めはないが，その趣旨にかなうかぎり，当該地域の住民が重要と考える独自の男女共同参画のための施策を，条例を根拠にして遂行することができる。

そして第4に，もっとも重要なことは，住民が，条例の苦情申立制度を利用することを通じて，常に自治体の施策についてモニタリングを行うという仕組みが得られることである。この仕組みにより，男女共同参画の取組はより豊かに地域に定着していく。多摩市条例に関しても，現在，女性たちは，苦情申立制度を利用しながら，条例の趣旨にそった施策の遂行がどこまで進んでいるのかをチェックする勉強会を開いている。2015年6月には，多摩市小中学校における男女混合名簿の進捗状況が明らかでないという「苦情」申立第1号を行い，それに対して苦情処理調査結果が通知されてきた。これらの手続を経るなかで，苦情処理機関と市民との建設的な対話が進み，さらなる施策の進展がみ

(37)　多摩市議会の25名の議員のうち，女性議員は10名を占める。

られるであろう。

私がこのように条例の苦情処理制度に着目するのは，冒頭に述べたように，現在の日本の政治が「専門知」に無関心であるばかりか，それを無視し否定し暴走している実情を前にするからである。2015 年 9 月に強行採決された安全保障関連法制をめぐる一連の動向は，そのよい例であった。政治が法の論理を無視して「法治」を否定するのであれば，一人ひとりの市民が公共に関わってゆく担い手となることこそ，日本社会を持続可能なものとするのではないか。「参画」こそが，重要である。ジェンダー平等も上から誰かがお墨付きを与えるのではなく，市民の目線で苦情を申し立て，行政を動かし，行政の施策をモニタリングするというプロセスに関与すること。それこそが日本再生の基盤となるのではないだろうか。

第7章　女性差別撤廃条約の実効性

24　女性差別撤廃条約批准後の国内法の展開

Ⅰ　はじめに

女性差別撤廃条約（以下,「条約」ということもある）は，1979年12月18日に，第34回国連総会で採択された。2019年である本年は，条約採択40周年にあたる。この記念すべき年に，改めて，条約批准後の日本の法制度や裁判例の変遷をたどりつつ，ジェンダー平等に向けて残されている課題を確認することが，本稿の目的である。

Ⅱ　条約の批准と国内法改正

国連は，女性差別撤廃条約を採択した翌1980年に，第2回世界女性会議をデンマークのコペンハーゲンで開催し，その席上で署名式を行なった。日本も，当時のデンマーク大使・高橋展子氏が署名し，5年以内に条約を批准するという意思を国際社会に向けて発信した。

女性の権利に関する当時の日本国内の状況をみると，日本国憲法14条1項で法の下の平等が，同24条1項で夫婦の同等の権利が，それぞれ宣言されていたものの，違法な性差別的事実は社会に蔓延しており，それらはほぼ放任されていたといってよい。結婚退職制や女子若年定年制など，企業内の性差別は制度化されており，事実上の男女差別はその他の分野においても日常茶飯事であった。性別役割は個人の生き方の自由として把握されており，法が介入すべき事柄だという発想はなかった。

性差別が裁判の争点となるきざしがみえたのは1960年代である。結婚退職制を違法とした判決は，初めて1966年に登場した（住友セメント事件・東京地裁1966年12月20日判決[(1)]）。男女別の賃金表は企業内で制度化されており，そ

(1)　判決は，結婚退職制は性別による差別待遇であり，結婚の自由を制限することから，

れが労基法4条違反と判断されたのは，1975年のことであった（秋田相互銀行事件・秋田地裁1975年4月10日判決）。最高裁による初の男女差別違法判決は，1981年を待たねばならなかった（日産自動車事件・最高裁1981年3月24日判決[(2)]）。

このような国内の法状況に照らして，女性差別撤廃条約を批准するために，日本政府は，①父系血統主義であった子の国籍取得要件を，父母両系血統主義に改める国籍法改正を行い，②女子のみの必修科目であった家庭科を，男女ともに選択必修化するよう学習指導要領を改訂し，③賃金を除く労働条件全般の女性差別禁止規定がなかった労働法制を見直して，「男女雇用機会均等法」（以下，「均等法」とする）を制定した。均等法の成立（1985年5月17日）を待って，同条約は，同年6月24日に参議院本会議で承認された。当時，来日中であったデ・クエヤル国連総長に批准書が寄託され，日本は72番目の条約の締約国になった。

しかし上記の3つの法制度改正は，決して完全なものではなかった。たとえば均等法は，1972年の勤労婦人福祉法の全面改正として成立したが，本来の「雇用平等法」としては限界性をもっていた。雇用管理上の重要な規定（募集，採用，配置，昇進に関する均等待遇）は事業主の努力義務にすぎず，紛争解決手続として準備された調停の開始には使用者の同意が必要であった。

しかし，ともあれ条約を批准できたことは，日本の女性の権利確立にとって，きわめて重要な一歩であったことは間違いない。なぜなら，締約国になったことを機に，国連という開かれた場において，日本国内における条約の実施状況をめぐって，女性差別撤廃委員会（以下，CEDAWとする）と日本政府との「建設的対話」が永続的に行われるようになったからである。

Ⅲ　CEDAWによる国家報告制度と総括所見

条約を批准した締約国は，条約にもとづき，定期的にCEDAWに国家報告書を提出し，その審査を受けることになる。日本政府はこれまで，第1次から第8次の報告書をCEDAWに提出してきた。それらについてCEDAWは，第1回（1988年），第2回（1994年），第3回（2003年），第4回（2009年），第5

憲法14条の趣旨に反し，民法90条の公序良俗に違反する，とした。

(2)　判決は，男子55歳，女子50歳という差別的定年制は，合理的な理由なく女性を差別するものであり，憲法14条の趣旨に反し，公序良俗に違反するとした。

回（2016年）にわたり，審査を行ってきた。

1988年の審査終了時には，まだ文書による勧告は作成されなかったが(3)，第2回の審査に対しては，3項目にわたる「最終コメント」が出され(4)，第3回の審査後には，全42項目にわたる「最終コメント」が出された(5)。第4回の審査後には，全体で60項目にわたる詳細な「総括所見」が公表され(6)，第5回の審査後には，全体で57項目にわたる「総括所見」が出された(7)。なお，第4回審査後の総括所見および第5回審査後の総括所見では，それぞれ2項目がフォローアップ項目として指定された。第5回審査に関しては，①民法改正の必要性（婚姻最低年齢の男女平等，女性が婚姻前の氏を保持できるようにすること，離婚後の女性の再婚禁止期間を完全に廃止すること），②アイヌ，部落，在日コリアン女性，移住女性など，民族その他のマイノリティ女性への性差別的発言や宣伝を処罰する立法の必要性が，フォローアップ項目であった。

以上の「総括所見」に示されたCEDAWからの見解・勧告は，日本の法制度を国際基準に照らして評価する際の指標としても有効である。

Ⅳ　条約の批准から男女共同参画社会基本法まで（1985年～1999年）

女性差別を撤廃するには，雇用分野，家族法分野，性暴力分野など，幅広い法制度的改革が必要であるが，ここではまず，1999年の男女共同参画社会基本法の制定時に至る国内法の変遷をたどることにする。

1　雇用分野の法改正

雇用分野では1985年に均等法が制定され，日本政府は1988年の第1回のCEDAWによる審査に臨んだ。そこで指摘されたのは，当時の育児休暇制度の問題であった。均等法は，女性に対する「育児のための便宜供与」を事業主の努力義務として規定していたが，CEDAW審査では，父親の育児休暇はな

---

(3)　このときの審査の状況については，以下を参照のこと。国際女性の地位協会編『女子差別撤廃条約』（三省堂，1990年）。

(4)　国際女性の地位協会編『コンメンタール女性差別撤廃条約』（尚学社，2010年）530頁以下，山下泰子他『ジェンダー六法（第2版）』（信山社，2015年）9頁以下。

(5)　国際女性の地位協会編，前掲注(4)531頁以下，山下他，前掲注(4)10頁以下。

(6)　国際女性の地位協会編，前掲注(4)539頁以下，山下他，前掲注(4)14頁以下。

(7)　国際女性の地位協会『学んで活かそう女性の権利（改訂3版）』（尚学社，2016年）34頁以下。

いのか，育児休暇を女性のみに与えるのは，男女の社会的役割を固定化してしまう危険性があるのではないか，との懸念が示された[8]。その後，1991年に成立した育児休業法では，育児休業は男女がともに利用できる制度になった。1995年には日本がILO156号条約を批准したことにより，同法は，介護休業も含む「育児休業，介護休業等育児又は家族介護を行う労働者の福祉に関する法律（育児介護休業法）」となった。

企業内のセクシュアル・ハラスメントに関しては，被害者である原告が会社と加害者を相手に提訴し，両者に不法行為責任を認めさせた初の判決が，1992年に出て，注目を集めた（福岡事件・福岡地裁1992年4月16日判決）。アメリカの日系企業・三菱自動車が，EEOC（雇用機会均等委員会）から提訴され，約40億円という賠償額で和解したという事件の影響もあり，1997年の均等法第一次改正[9]で，セクシュアル・ハラスメントの防止は事業主の配慮義務となった。

2　男女共同参画社会基本法の制定

1999年に「男女共同参画社会基本法」が成立した。同法は，前文で「男女が，互いにその人権を尊重しつつ責任も分かち合い，性別にかかわりなく，その個性と能力を十分に発揮することができる」社会をめざし，1条で，男女共同参画社会の形成は「21世紀の我が国社会を決定する最重要課題」であると宣言した。この法によって，日本の男女平等は新たな段階に入ったといってよい。国の男女共同参画推進体制が整備され，内閣府に男女共同参画会議がおかれ(21条)，その事務を内閣府男女共同参画局が担当し，「男女共同参画基本計画」が法において位置づけられた（13条)。

ただし，男女共同参画会議がジェンダー平等に向けた「ナショナル・マシーナリー」（国内本部機構）として本格的に機能するためには，この職務にふさわしい知識と意欲をもつ大臣が任命されていること，予算が十分に割り当てられていることが必要である。これらについて，日本ではなお問題が多いことは，

(8)　このやりとりは，浅倉むつ子「日本政府レポートの逐条審議と評価(2)」国際女性の地位協会編・前掲注(3)155頁。

(9)　このとき，①均等法のすべての規定が禁止規定となり，②事実上の男女格差を是正するポジティブ・アクションを国が援助し，③調停は一方当事者の申請によって開始する，という法改正が行われた。

常にCEDAWから指摘されている[(10)]。

V　ジェンダーをめぐる対立構造の鮮明化（2000年～2009年まで）

1　ジェンダー・フリーへのバックラッシュの台頭

男女共同参画社会基本法の制定時には，日本の保守的な政治勢力がさまざまな攻撃を加えてきた。「共同」参画という耳慣れない法律名となったのも，「平等」参画には絶対に賛成できないという国会の一部議員の強硬な反対姿勢に配慮した結果であった。それらを乗り越えて，同法は制定された。これを機に，日本はジェンダー平等に向けて邁進する社会になったのかと問われると，そうとも言えない。実際には，この時からジェンダーをめぐる対立構造が鮮明化したともいえる。ジェンダー平等政策が登場しはじめた一方，この動きを覆そうという激しいバックラッシュが活発化したからである[(11)]。

2000年頃から，日本会議や他の保守系団体が，男女共同参画は「偏った思想」であり，行政の行きすぎを監視する必要があると声高に主張するようになった。東京都でも，2000年に「男女平等参画条例」が制定されたにもかかわらず，「職場における男女差別苦情処理委員会」が廃止され，また，東京女性財団も廃止された。東京都は徐々に，教育現場における性教育や男女混合名簿などの先進的取り組みに対する非難を強め，2003年には入学式・卒業式で日の丸に向かって起立し，君が代斉唱を義務づける「10.23通達」を出し，2004年には「ジェンダー・フリーに基づく男女混合名簿」を禁止する通達を出した。教育現場への違法な介入も目立ち，バックラッシュは全国に拡大した。

2006年12月，教育基本法が改正され，「個人の尊厳を重んじ」る教育（教育基本法旧前文）が影をひそめ，「道徳心，自律心，公共の精神」を学ぶ教育，「志ある国民が育ち，品格ある美しい国・日本をつくる」教育再生が打ち出された[(12)]。それは，2012年の自民党「憲法改正草案」と今日に至る改憲のあくな

---

(10)　林陽子『日本をジェンダー平等社会に』（日本女性差別撤廃条約NGOネットワーク，2018年）44頁。

(11)　スーザン・ファールディは，フェミニズムへの「反動・揺り戻し」であるバックラッシュは，アメリカでは「フェミニズムが勝つかもしれないという危惧から発生している」という。ファールディ（伊藤由紀子・加藤真樹子訳）『バックラッシュ――逆襲される女たち』（新潮社，1994年）20頁。

(12)　2006年12月15日，教育基本法改正時の安倍晋三首相の談話。二宮周平「家庭教育支援法について」本田由紀他『国家がなぜ家族に干渉するのか』（青弓社，2017年）44

き願望につながっており，憲法９条のみならず，憲法13条，24条の改訂を求める政権与党内の保守的な動きは，今なお健在である。

CEDAWは2009年の「総括所見」で，「強い反対にもかかわらず，教育基本法が改正され男女共同参画の推進に言及した同法第５条が削除されたことを懸念する」とコメントした（para43）。

2　DV防止法の制定と改正

この時代のジェンダー平等政策のうち，なんといっても重要な位置づけにあるのは，「配偶者からの暴力の防止及び被害者の保護に関する法律」（以後，「DV防止法」とする）の成立であった。2001年に成立した同法は，「法は家庭に入らず」という原則を打破してプライバシー領域への公権力の介入を容認した。裁判所が被害者の生命・身体の安全を確保するために，加害者に対して，接近禁止や退去命令を発し，その命令違反に対しては刑罰を科すという法の仕組みは，民事と刑事が混在する，従来にない法制度であるとして，法律の専門家からは異論が噴出した。しかしDV法は，夫からの暴力に苦しむ被害女性に応える制度として，NGOや超党派の女性たちの力によって，なんとか成立にこぎつけたのであった。この法により，家族は必ずしも安住の場ではないということに人々は気づくようになり，ようやく社会の関心が，女性に対する暴力の問題に向けられるようになったことの意義は大きい。

DV防止法は，それ以前にはまったく夫からの暴力に理解がなかった裁判所(13)を味方につける仕組みを作り上げた。しかし一方，被害者支援が欠如しているという問題点も残った。この批判に応えて，国会議員，関係省庁，支援団体の三者が一堂に会して協議する「意見交換会」方式がとられ(14)，当事者参画の合意の下に，2004年，2007年，2013年と，DV防止法の改正が重ねられていった。

頁による。この後，第一次安倍政権は2007年９月の首相辞任で短命に終わった。

(13)　DV法以前の有名な裁判例としては，「青い鳥」判決がある（名古屋地裁岡崎支部1991年９月20日判決）。妻が，結婚以来30年近く，夫からの壮絶な暴力を受けてきたことを理由に離婚を求めた訴訟で，裁判官は，夫（被告）が法廷で一人孤独に耐える姿は同情すべきであり，今後とも夫婦二人で「何処を探してもみつからなかった青い鳥を身近に探すべく……婚姻の継続を相当と認め，本件離婚の請求を棄却する」という判決を下した。当時の裁判官が，いかにDVに無知であったかがよくわかる判決である。

(14)　戒能民江「ジェンダー法学の可能性」『ジェンダーと法』15号（2018年）５頁。

3　雇用分野の法改正——均等法とパート労働法

雇用分野では，2006年に，均等法の第二次法改正が行われて，CEDAWでも2回にわたって指摘されていた[15]間接性差別に関する規定が，ようやく条文として導入された。ただし，他の欧米諸国の法とは異なり，均等法において間接差別として禁止される行為は厚生労働省令が定める3類型の行為のみであり，きわめて限定的である[16]。このときの改正によって，均等法は，①男女双方に対する差別を禁止し，②妊娠・出産を理由とする解雇のみならず不利益取扱いをも禁止し，③セクシュアル・ハラスメント防止を事業主の措置義務とするようになった。これら法改正の結果，均等法はようやく，雇用における性差別禁止立法の名にふさわしい法律として形を整えたといえる。しかしなお，CEDAWからは，日本の法制全般にわたり，直接差別・間接差別を網羅し，「国内法に，条約1条にのっとった女性に対する差別の包括的な定義を早急に取り入れるよう求める」との勧告を受けている。

さらにこの頃，女性労働者が圧倒的に多い非正規労働者に対する差別的処遇に踏み込む法改正が行われた。日本では，長い間，非正規労働者への低賃金は雇用形態の差異による当然の結果として受け止められてきた。労働分野の学会でも，賃金格差は労使自治や労働市場政策に委ねるべきであり，法は介入すべきでないという「救済否定説」が根強かった。しかし1996年に，はじめて同一労働の非正規労働者も均等に待遇すべきという裁判例が登場した。丸子警報器事件判決であった（長野地裁上田支部1996年3月15日判決）。この判決から流れが変わり，2007年に至ってようやく，短時間労働者法（いわゆるパートタイム労働法，1993年制定）の全面的な法改正が行われ，事業主に「通常の労働者と同視すべき」短時間労働者に対する差別的取扱いが禁止されたのである。もっとも「通常の労働者と同視すべき」という適用条件は非常にハードルが高く，全パート労働者のうちの4〜5%の労働者が適用を受けるにすぎなかった。

---

(15)　CEDAWは，昇格・賃金の間接差別に対処する措置をとること（1994年の「提案および勧告」），間接差別を含む差別の定義を国内法に盛り込むこと（2003年の「最終コメント」）を勧告した。

(16)　均等法施行規則2条によって，間接差別は，①募集・採用にあたり，一定の身長，体重，体力を要件とすること，②募集・採用・昇進・職種の変更にあたり，転居を伴う転勤を要件とすること，③昇進にあたり転勤経験を要件とすること，とされている。

Ⅵ　最近10年間の法改正の動向（2010年〜今日まで）

2009年から2012年まで，短期間ではあったが民主党連立政権が登場した。この政権の下，2010年5月には外務省人権人道課に人権条約履行室（7人）が新設され，同年12月に閣議決定された第3次男女共同参画基本計画は，選択議定書の批准の早期締結を真剣に検討する，とした。しかし，同政権の期間は短く，2012年末には第二次安倍政権が登場し，自民党公明党の連立政権が誕生した。この最近10年の間に，どこまでの法改正がなされているのか整理しておきたい。

1　家族法改正の行方

1996年2月に法制審議会は「民法の一部を改正する法律案要綱」で，国民の人生観・価値観の多様化，国際条約の批准など政府の方針，社会的動向の変化などに照らして，選択的夫婦別姓制度を認めること（民法750条の改正），婚外子の相続分差別規定を撤廃すること（民法900条4号但書の改正），離婚後の女性の再婚禁止期間を6カ月から100日に短縮すること（民法733条の改正），婚姻年齢を男女ともに18歳にすること（民法731条の改正）を公表した。ところが当該「要綱」は，保守勢力から根強い反対にあい，国会に提出されずに終わった。これまで法制審議会が公表した法律案要綱で実際に立法化に至らなかったのは，この民法改正案のみだと言われている。

その後，日本政府は，繰り返しCEDAWから，民法の性差別的傾向を是正すべきとの指摘を受けており，2009年の「総括所見」と2016年の「総括所見」では，民法改正はフォローアップ項目に指定された。一方，これらの条文に関わっては国内裁判所への提訴事件も多く，2013年には最高裁で，民法900条4号但書が憲法14条1項に反し違憲という判断が下された（最高裁大法廷2013年9月4日決定）。これを受けて，2013年12月に，婚外子に対する相続差別の規定が撤廃された。

さらに2015年に，最高裁で，離婚後の女性に対する再婚禁止期間のうち，100日を超える部分は正当化されず違憲という判決が出た（最高裁大法廷2015年12月16日判決）。この判決を受けて，2016年6月1日に民法改正が行われ，再婚禁止期間は300日から100日に短縮された。

2018年3月には，民法において成人年齢を18歳とする法改正が行われ，このときに民法731条改正により，婚姻年齢は男女とも18歳にそろうことになった。

残る夫婦同一氏の強制を定める民法750条については，もっとも活発に議論が行われてきた。2015年，最高裁は，民法750条は男女に形式的不平等をもたらすものではなく，通称使用も可能であるため姓を変える不利益は緩和されているからとして，違憲と判断しなかった（最高裁大法廷2015年12月16日判決）。15人の最高裁判事のうち，4人は，同規定は憲法24条違反であるという意見を述べたものの，合憲判断が多数を占めたため，世界でも類のない夫婦同氏強制制度は，今なお維持されている。

2　刑法の性暴力規定の改定

刑法旧177条は，強姦罪について，暴行又は脅迫を用いて13歳以上の女子を姦淫すること，と規定していた。女性の意に反する性交が行われても，同条にいう「暴行・脅迫」にはあたらないとして，無罪が言い渡された判決もあり[(17)]，性暴力問題の研究者からは強い批判があった[(18)]。CEDAWは，日本の刑法の強姦定義を見直して，非親告罪化すること，近親者からの強姦を犯罪化すること，罰則を引き上げることなどを勧告してきた。

そしてようやく，長期間にわたり手つかずであった刑法の性暴力関係の法規定の改正が議論の俎上にのぼり，2015年11月に法制審議会に諮問がなされ，2016年9月に答申が行われた。内閣提案立法として2017年3月に上程された刑法改正案は，6月16日に参議院で可決成立し，同年7月13日から施行された。

この改正によって，刑法177条の強姦罪は強制性交等罪となり，男性も被害者となることになった。ただし，もっとも問題であった暴行・脅迫要件は改正されなかった。したがってこれまでと同じく，強姦神話に基づき，被害者には「逃げろ，抵抗しろ，助けを求めろ，そうでなければ違反ではない」という対

---

(17)　たとえば広島高裁1978年11月20日判決は，新聞販売店の上司から「寄合があるから」と誘い出され，被害女性が車の中で姦淫された事案につき，泣きながら「やめてくれ，帰らせてくれ」と哀願し，翌日，被告を告訴したことから「和姦であるとは到底いえない」としつつ，強姦罪にあたるとするには躊躇がある，なぜなら，「ある程度の有形力の行使は，合意による性交の場合でも伴う」からだと述べ，無罪を言い渡した。

(18)　谷田川知恵「性的自由の保護と強姦処罰規定」『慶應大学法学政治学論究』46号（2000年）。

応が行われる危険性は残っている(19)。非親告罪化されたこと，同意の有無が問題とされない監護者強制性交等罪が導入されたことは一歩前進であるが，被害者である女性の視点ではなく，男性中心の刑事司法が続くかぎり，今回の法改正が活かされることは少ない，と指摘されている。

3　政治分野の候補者男女均等法

2015年2月に，超党派議員連盟が結成され，その活動が実を結んで，2018年5月に「政治分野における男女共同参画の推進に関する法律」が成立した（以下，「候補者男女均等法」とする）。同法は「理念法」であり，強制力を持たない。基本原則を定める2条は，「政治分野の男女共同参画の推進は，……候補者の選定の自由，候補者の立候補の自由その他の政治活動の自由を確保しつつ，男女の候補者の数ができる限り均等となることを目指して行われる」とし，具体的には，3条において，政党が男女のそれぞれの公職の候補者数について，目標を定める等の自主的な取組みをする努力義務が定められている。

同法が制定された後の選挙は，2019年4月の統一地方選挙と，同年7月の参議院選挙だった。ここで候補者男女均等法が果たして機能したかどうかは，興味を引く。参議院選挙の女性候補者の割合は28.1％と過去最高だった。主な政党別の候補者割合をみると，共産党55.0％，立憲民主党45.2％，国民民主党35.7％であり，野党は候補者男女均等法を意識したと思われる。一方の与党は，自民党14.6％，公明党8.3％と，候補者男女均等法はまったく不問とされた様子であった。無所属が35.5％と高かったのは，野党統一候補として無所属で立った人がいたことによるものであろう(20)。

女性議員の数がG7では最下位である日本が，今後，どの程度，女性議員割合を増やせるのか，今後の動向を見守っていきたい。

Ⅶ　おわりに――残されている課題

すでに紙幅も尽きているが，最後に，残されている法的な課題として，3点にかぎって言及しておきたい。

---

(19)　後藤弘子「性刑法改正とジェンダー平等」『ジェンダーと法』第4号（2017年）163頁以下。

(20)　大山七穂「女性は躍進したか――候補者男女均等法を視点に振り返る」『女性展望』700号（2019年）17頁。

第1に，女性の人権と男女平等について独立の機能を有する国内人権機構を設置する必要性についてである。2012年に提出された人権委員会設置法案が衆議院解散によって廃案になって以来，国内人権機関を設立する動きはまったくみられなくなった。国連の人権条約機関と協力して国内の人権保障を実現する制度の確立は急務である。

第2に，家族法に関しては，夫婦同一姓の強制の民法改正が望まれることに加えて，法改正があってもなお，残されている問題があることを指摘しておきたい。女性の離婚後の再婚禁止期間については，2016年に100日に短縮された。しかし女性のみに再婚を禁じる規定自体は残っており，これによる性差別が引き続き生じている。婚外子についても，民法900条4号但書の相続差別規定は廃止されたが，出生届には差別的記載が残っており，また戸籍上の続柄の差別記載も廃止されていない(21)。これらは早急に法制度改革が必要である。

第3に，刑事法分野の性暴力禁止規定にかかわる問題も，きわめて深刻である。2016年に性犯罪規定に関する刑法改正が行われたものの，前述のように，強制性交罪の「暴行・脅迫要件」が解消されなかったこともあって，2019年3月には，性暴力に関する4件の無罪判決が相次いだ(22)。ただ，角田由紀子弁護士によれば，従来からこれら理解不能な判決はあったが，これまではほとんど報道がなく，今回のような報道が増えたのは，女性記者が増えたことによるとのことである。「日本での性暴力根絶を求める運動は新しいステージに達した」といわれるように，刑法改正に向けた女性たちの力の結集が，今後とも強く望まれる。

---

(21)　出生届には「嫡出子」「嫡出でない子」のチェック欄があり，この記載の根拠である戸籍法49条2項は最高裁により合憲とされた（最高裁大法廷2013年9月26日判決）。かつて婚外子は戸籍の続柄欄に「男」「女」と記載され差別されてきたが，2004年の法改正で「長男」「長女」と記載されるようになった。しかし，「男」「女」という記載部分が当事者の申出により修正されても，修正の履歴を消去するには戸籍の再製申出が必要である。法務省の責任で一斉に更生すべきであろう。二宮周平『家族法（第5版）』（新世社，2019年）303頁。

(22)　福岡地裁久留米支部2019年3月12日判決（心身喪失状態の女性が性交を許容したと誤信した被告が準強姦罪で無罪），静岡地裁浜松支部2019年3月19日判決（女性が明らかにわかるような形で抵抗していなかったとして，被告は強制性交致死傷罪で無罪），名古屋地裁岡崎支部2019年3月26日判決（19歳実子への準強制性交等罪で，被告は被害者の人格を完全に支配していたとまでは認めがたいとして無罪），静岡地裁2019年3月28日判決（12歳実子への強姦罪無罪）。

25　女性差別撤廃条約に言及する国内判例の分析

I　はじめに

日本は，女性差別撤廃条約（以下，「条約」ということがある）を批准しながらも，選択議定書を批准していない。本体の条約の実効性を強化する選択議定書を批准しないのは，法律は作っても遵守しないと宣言しているようなものである。現在，日本はこのような状況に甘んじている。ちなみにOECD加盟国のなかで女性差別撤廃条約の選択議定書を批准していないのは，日本，イスラエル，エストニア，ラトビアの4カ国のみである[(1)]。

女性差別撤廃委員会（CEDAW）は，日本の定期報告を審議する都度，選択議定書の批准を要請してきた。2016年の総括所見も，選択議定書の意義を強調して，批准を検討することを求めており[(2)]，2020年3月9日の第9次日本定期報告に関する事前質問事項[(3)]は，そのトップ（para.1）に，選択議定書の批准に関する要請を以下のように記載している。

「条約の法的地位，可視性，選択議定書の批准　para.1　条約の規定を国内立法に完全に取り入れるためにとられた措置に関する情報を提供してください。政府，省庁，議員及び司法に対して，条約と委員会の一般勧告を習熟させるため締約国によって行われた研修，能力構築と意識向上プログラムについて報告してください。そのような研修の影響評価が行われたかどうか示してください。国内裁判所において条約の規定が言及された判例を例示してください。前回総括所見（CEDAW/C/JPN/CO/7-8）及び2018年の普遍的定期的レビュー（UPR）の勧告（A/HRC/37/15, paras.161.11, 161.12）に沿って，選択議定書の批准に向けた締約国の検討について説明してください。未批准につながる批准の障害について教えてください。選択議定書の批准のためのタイムフレームに関連して，

---

(1)　女性差別撤廃条約自体を批准していないアメリカを除く。

(2)　CEDAW/C/JPN/CO/7-8, paras. 8, 9. 訳文は国際女性30号（2016年）72頁以下に掲載あり。

(3)　CEDAW/C/JPN/QPR/9. JNNC訳・矢澤澄子・山下泰子監訳は，国際女性34号（2020年）に掲載予定。

『国会の承認』に向けた計画と展望についても報告してください。」（下線は筆者による）。

この事前質問に対する回答期限は2021年3月であり，多くのNGOは日本政府の回答に注目している。本稿は，政府報告に先立って，事前質問事項のうち「国内裁判所において条約の規定が言及された判例」という項目について検討するものである。

Ⅱ　「条約の規定が言及された判例」が問われている意味

CEDAWが事前質問事項のなかでこのように問う意味は，条約が，日本の司法において，完全には国内法化されていないことを懸念しているからである。2016年の総括所見は，2014年3月28日の東京高裁判決が，本条約を直接適用可能性ないし自動執行力を持つものと認めないと判断したことに，懸念を示した(4)。そして，日本政府が条約の諸規定を完全に国内法化すること，選択議定書の下で委員会が決定した先例について，法曹に研修を行うこと等を求めた(5)。今回の事前質問は，このような司法の判断に変化があったのかどうかを確認する趣旨である。

そしてさらにこの項目は，個人通報とも関連している。将来，日本が女性差別撤廃条約の選択議定書を批准したとき，どのような事案が個人通報される可能性があるのか，それらは果たして受理されるのだろうか。この問題は，多くの人々の関心事であると同時に，政府が選択議定書の批准の可否を検討するにあたっても影響を及ぼす事柄である。

個人通報は，締約国の管轄下にある個人または集団が条約に定める権利を侵害された場合にCEDAWに通報できる仕組みであり（選択議定書1条，2条），受理されるには，国内救済措置が尽くされている必要がある（同4条1項）。通報の対象となった事実が，当該締約国について選択議定書が発効する以前に発生したものであるときには，CEDAWは通報を受理することができないが，かかる事実がこの期日以降にも継続している場合は，受理することがありうる（同4条2項(e)）。

条約はこのように定めるにすぎないが，通報しようとする者は国内裁判所に

(4)　総括所見・前掲注(2) para. 7.
(5)　総括所見・前掲注(2) para. 8.

提訴するときに，条約を援用しながら法的主張を行う必要がある。原告が条約に言及しなければ，裁判所が条約に基づいて判断することはないからである。もっとも，原告が条約違反との主張を展開したとしても，それを無視して条約に言及しない裁判例もあるだろう。その場合には通報時にその旨を強調すればよいのではないだろうか。「条約の規定が言及された判例」がどの程度あるのか，その中で条約はいかなる位置づけにあるのかという事実は，将来の個人通報の可能性がある事案をピックアップすると同時に，その可能性を高めるために私たちができることを確認するという意味をもつ情報でもある。

Ⅲ　判例の検索

林陽子氏は，2020年８月の講演で，「判例検索ソフトで女性（女子）差別撤廃条約をキーワード検索すると，1987年から2019年の間の判決として，60件がヒットする」として，「まだまだ条約の援用が足りない。弁護士はもっと国際条約を学び，活用しよう」と述べられた(6)。これに触発されて，私もこの60件を分析してみたいと考えたが，現在，大学に所属する身ではないため，網羅的な判例検索手段を利用することができない。そこで手始めに，誰もが手軽に利用できるインターネット上の「裁判例検索システム」を利用してみた。
https://www.courts.go.jp/app/hanrei_jp/search1

このサイト内で，女子差別撤廃条約もしくは女性差別撤廃条約をキーワードに検索すると，21件がヒットした。中には，たまたま条約名にふれているだけの判例も含まれており，分析対象から除外した。そのうえで，さらに下級審や上級審の情報を補充し，加えて，判例集には未掲載だがたまたま私の手元にあった判例などを追加して，ここに総計17件の分析対象となる判例を抽出してみた。それが文末の「**【表】女性差別撤廃条約に言及する国内判例一覧**」である。したがって，この一覧表は網羅的なものではないことを，まずお断わりしておきたい。

【表】には，新しいものから順に，裁判所名，判決日，判旨，事案の概要，条約に言及している部分の引用を掲載した。事案は，夫婦別姓６件（❶❷❸❻❼❽），嫡出否認１件（❹），国籍１件（⓫），児童扶養手当１件（⓱），非正規

(6)　2020年８月27日に，国立女性教育会館（NWEC）男女共同参画フォーラムにおいて，林陽子氏が行った基調講演「私たちはジェンダー平等をどこまで達成できたのか？世界からみたニッポン」による。

労働２件（❺❿），育児休業１件（❾），コース別処遇４件（⓬⓭⓮⓰），既婚者差別１件（⓯）となった。家族に関する事案と労働事案が，圧倒的に多い。17件以外にも，原告が条約違反を主張しながらも裁判所が言及しなかったいくつかの裁判例があり，これらについては後述する。

Ⅳ　条約の「直接適用可能性」をめぐる判例動向

申し立てた事案が女性差別撤廃条約違反であるという原告らの主張に対して，裁判所は，条約の規定が直接に国内裁判所において適用できるかどうか（「直接適用可能性」や「自動執行性」などと呼ばれる）については，一貫して，以下のように述べて否定している。

すなわち，女性差別撤廃条約は「当然に自動執行力を有すると認めることはできない」（⓭），「条約の文言に照らしても，国内法の制定を待たずに当然に国内法的効力を有するとはいえない」（⓬），「同一価値労働同一賃金の原則という観点から見て自動執行力を有するものと解することはできない」（❿），「その内容を具体化する法令の制定を待つまでもなく，国内的に執行可能なものであるということはできない」「我が国の個々の国民に対し，直接，権利を付与するものということはできない」（❽），「その規定が，我が国の国民に対し，直接権利を付与するものとはいえない」（❼），「我が国の個々の国民に対し，直接，権利を付与するものということはできない」（❸），「自動執行力があるとは認めることができない」（❷），「その内容を具体化する法令の制定を待つまでもなく国内的に執行可能なものであるとはいえない」（❶）等である。

もっとも，判例ごとに，若干，ニュアンスは異なっている。何の説明もなく，結論のみを述べる裁判例もあれば，理由を詳しく説明するものもある。多くの判決は，条約が日本国内で直接に裁判規範性をもつためには，⑷締約国が，条約に国民の権利義務を直接に定めるという意思を明確にしていること，⑸条約の規定に，個々の国民の権利義務が明確かつ完全に定められていること，を要件としている。⑷は「締約国の意思」要件，⑸は「条約規定」要件ということができよう。

⑷の要件にふれる判例は❶❷❸❽であり，⑸の要件にふれる判例は❶❷❸❼❽である。これらを比較的詳しく説明している❶と❽の裁判例に注目してみよう。⑷については，「条約の内容をその公布により個々の国民の権利義務を直接に定めるものとするという締約国の意思が確認できること……が必要にな

る」(❶)，「条約の文言及び趣旨等から解釈して，個人の権利を定めようという締約国の意思が確認できることが必要であると解するのが相当である」(❽)と述べる。(B)については，「条約の規定において個々の国民の権利義務が明確かつ完全に定められていて，その内容を補完し，具体化する法令をまつまでもない内容となっていることが必要になる」(❶)，「当該条約によって保障される個人の権利内容が条約上具体的で明白かつ確定的に定められて」いること(❽)，と述べられている。

以上の要件に照らすと，❶は，女性差別撤廃条約の条文は，「締約国が上記の各権利を確保するよう適当な措置をとり，又は措置をとることを約束するという形式で規定されており，直接，個々の国民に権利を付与する文言になって」いない，また，「規定内容をみても，『氏を選択する権利』には様々な形があり得るのであって，個々の国民が保有する具体的権利の内容が一義的かつ明確に定められたものとはいえない」とする。また❷は，「女子差別撤廃条約の各文言によれば，……締約国が上記の各権利を確保するよう適当な措置をとり，又は措置を執ることを約束するとの規定になっており，直接，権利を付与する旨の文言はな」く，「その内容も，締約国の国民個人が保有する具体的権利の内容が明白かつ確定的に定められており，その内容を具体化する法令の制定を待つまでもなく，国内的に執行可能なものであるということはできない」との結論に至っている。

このように，現在，日本の裁判所は，「直接適用可能性」や「自動執行性」について，きわめて厳格に解釈している。一方，国際人権法の学説は，このような厳格な判断に批判的である。国際人権法のスタンダードな教科書では，「一般的にいえば，次の要件を満たしている場合には，条約の特定の規定は直接に適用し得る。①条約の規定やその起草過程などからみて，条約またはその規定そのものが直接適用性を否認しているとみられる場合などではないこと，②条約の規定が，特定の事案の事実関係において，当事者の権利義務関係を明確に定めているものとみなされること，および③事項的にその規定を適用することに憲法などの法令上の障害がないことである」として，より柔軟な解釈を提示している[(7)]。そのうえで，①は主観的基準，②③は客観的基準と呼ばれる

---

(7)　薬師寺公夫・小畑郁・村上正直・坂元茂樹『法科大学院ケースブック　国際人権法』(日本評論社，2006年) 31頁。

ことがあるとする。しかし，裁判所がこのような国際人権法の通説的見解を採用していないことは明らかである。

とはいえ，❶と❽の判例を比較すると，同じ結論に到達しながらも，国際人権規範への裁判官の理解はいささか異なる。❶は，条約が採択した一般勧告(8)が，条約16条1項(g)について，「各パートナーは，……自己の姓を選択する権利を有するべきである」と言及していることにふれつつ，数回にわたってCEDAWが，条約の規定に沿うように国内法を整備する政府の義務について要請・勧告を行っていることを，丹念に記述する。ここに示される裁判官の国際人権への親和的理解が，傍論とはいえ，判旨の以下の文言に反映しているように読み取れる。「女子差別撤廃委員会が我が国に対し本件各規定の改廃を行うよう度々勧告していることは重く受け止めるべきであり，憲法24条2項によって婚姻および家族に関する法制度の構築を国民から委ねられている国会には，控訴人や控訴人と同様に選択的夫婦別氏制度の導入を切実に求めている人々の声にも耳を傾け，選択的夫婦別氏制度の導入等について，現在の社会情勢等を踏まえた真摯な議論を行うことが期待されているものと考える」。

一方，❽は，条約について，国会で政府委員が繰り返し，「国内法制等諸条件の整備に努めること，とるべき措置は締約国が判断すべきと考えていると答弁していること，（CEDAWが）2009年……最終見解において，（締約国では）女子差別撤廃条約の規定に自動執行性がなく，法的審理に直接適用されないことに懸念を有する」と記載していることをもって，条約各規定が「我が国の個々の国民に対し，直接，権利を付与するものということはできない」との判断を導いている。条約に基づく委員会の見解が，❶では，条約に即した法改正を実現する方向への推進力として理解されている一方で，❽では，条約の自動執行力を否定する根拠として理解されている。「女性の権利を国際基準に」という女性たちの願いに対する裁判官の受け止め方の相違は，❶と❽では際立っていると考えられる。

まとめてみると，女性差別撤廃条約の「直接適用可能性」は，一貫して，判例上は否定されている。しかし，女性差別撤廃条約に関する一般勧告や総括所見が判例中で言及されることは，社会や国民意識の変化，国際的な立法や判例

(8)　判旨では明示されていないが，1994年の一般勧告21号（婚姻及び家族関係における平等）のことである。

の動向が総合的に勘案される可能性を生み出す。そのことが，ひいては国内の裁判所の法的判断の変化を生み出すかもしれない。

V　労働事件と女性差別撤廃条約

労働事件では，原告が女性差別撤廃条約を根拠に権利主張をしても，正面から条約違反の成否を論じる判例は必ずしも多くない。

非正規労働に関して，原告は，非正規労働者への差別的賃金は「同一価値労働同一賃金」原則を定める条約11条1項(d)違反であると主張したが，裁判所は，国内の法令上，この原則を定めた規定はないと述べるのみであり（❺），「同条約も男女差別の点から国際社会のあるべきルールを宣言しているにとどまり，同一価値労働同一賃金の原則それ自体について，具体的な共通の規範を策定したものとはいえない」としている（❿）。国内裁判所は，正規／非正規の差別は，男女差別とは異なり，女性差別撤廃条約が定めるルールではない，という解釈をしているようだ。

育児休業明けの労働者の賃金引き下げや担務変更が争われた❾事件では，会社による休業明け労働者の取扱い自体が差別と認定されなかったため，条約規定に違反するか否かの判断はなされていない。高裁判決は，会社による処遇の一部を差別と認定したが，条約についてはふれなかった。

コース別処遇をめぐる事案では，原告らは，条約発効前に採用された女性労働者にも，男女平等原則は適用されねばならない，なぜなら条約に内包される当該原則は日本においても，当時，すでに公序として確立していたはず，と主張したが，裁判所は，「条約の批准以前，あるいは均等法施行以前に行われた当時としては違法とまでいえなかった採用区分に，右条約や均等法を当て嵌めて評価しようとするものであるから，遡及適用以外のなにものでもない。右条約や均等法には遡及効はなく，この点の原告らの主張も採用できない」として，棄却した（⓰）[(9)]。しかし一方で，これらの事案に関しては，均等法が1997年

(9)　本件に関しては，大阪高裁で和解が成立した。井垣敏生裁判長による和解勧告は，格調高く，女性差別撤廃条約の批准，男女共同参画社会基本法の制定，均等法の改正などの「改革は，男女差別の根絶を目指す運動の中で一歩一歩前進してきたものであり，すべての女性がその成果を享受する権利を有する」と述べて，原告らに対する解決金の支払いと昇格を実現させた。和解調書の内容は，以下に掲載されている。宮地光子監修・ワーキング・ウィメンズ・ネットワーク編『「公序良俗」に負けなかった女たち』（明石書店，2005年）490頁。

に改正され，従来は努力義務であった配置・昇進の均等待遇が禁止規定化されたため，改正法が施行された99年以降は均等法違反になるとの判断が行われるようになった（⓭⓮）。

均等法が施行された1986年からの10年間に，均等法の紛争解決手段である調停制度が実際に利用されたのは，数ある調停申請事案のうち，たった1件にすぎなかった（⓬）。理由は，当時の均等法には，調停を開始するには，「指針」上の調停対象事項であること，他方当事者（多くは使用者）の同意があること，婦人少年室長（当時）が必要と認めるものであること，という要件があったからである[(10)]。婦人少年室長の判断によって調停不開始となった事案では（⓯⓰），既婚者差別やコース別雇用における賃金差別が争点となり，同時に，調停不開始決定の違法性が問われた。この際にも，原告らは，「指針」に基づく「均等取扱い」の解釈（同一の「募集・採用区分」の中での男女比較が必要とする解釈）を条約に違反すると主張したが，裁判所は，遡及効がないこと（⓰）や条文規定を根拠に（⓯），原告らの申立を認容していない。

Ⅵ　原告らが条約を援用して提訴した事案

原告らが，国内法に基づく主張のみならず，条約を援用している事案はほかにも多数ある。しかし裁判所が原告らの主張に応えることがなければ，判例検索ソフトにもヒットしないことになる。

一例として，コース別雇用に関する兼松事件では，原告らは，職掌別人事制度が，「一般職と事務職とを区分し，女性を事務職として，これに一般職標準本俸表より低額である事務職標準本俸表を適用するもので，男女差別賃金であり，憲法14条，労基法4条，民法1条ノ2，90条，我が国が批准した国際法（ILO男女同一価値労働同一報酬条約，国際人権規約，国連女性差別撤廃条約）に反して違法・無効である」と主張した[(11)]。地裁判決は条約に言及せず，請求棄却と判断したが，東京高裁は地裁判決を覆して，最高裁でこれが確定した[(12)]。同

（10）　他方当事者の同意要件については，1997年の均等法改正で廃止され，一方当事者からの申請によって調停は開始されるようになった。
（11）　兼松事件・東京地判平成15・11・5労働判例867号19頁。
（12）　兼松事件・東京高判平成20・1・31労働判例959号85頁，最判・平成21・10・20。高裁判決については，浅倉むつ子『雇用差別禁止法制の展望』（有斐閣，2016年）102頁以下参照。

様に，原告が条約に言及しながら，裁判所がそれに判断を下すまでもなく原告の請求を認容したケース(13)や，最終的に和解で解決されたケースも多い(14)。

しかし，最高裁まで争ったにもかかわらず，請求は棄却され，和解にも至らなかった事案もある。このような場合には，選択議定書が批准されたあかつきには，個人通報制度の利用が待ち望まれている。原告らが期待をこめて，条約を援用しつつ主張を展開した事案として，ここでは，中国電力事件と東和工業事件を紹介しておきたい。

中国電力事件の原告女性は，高卒後，1981年に入社した。当初，女性には補助的な仕事ばかりが割り当てられたが，原告は営業の職務を希望して，業績をあげてきた。しかし，職能資格給制度の下で，人事考課が行われ，業績面では高い評価を得たものの，「協調性」「指導力」などの項目で低く評価され，その結果，13年間にわたり職能等級の昇格を据え置かれた。同期同学歴の男性のほとんどは管理職に昇格し，12歳も若い男性が先に昇格するという状況が生じ，会社全体でも同期同学歴者の賃金での男女格差は明らかであった。そこで2008年に，原告は，昇格や賃金に関する性差別を主張して，差額賃金分の損害賠償を求めて提訴した。

原告は，職能等級の昇格，職位への登用面において，「外見上は性中立的な人事考課が，男性社員と比較して女性社員に相当程度の不利益を与えて」おり，間接性差別だと主張した。しかし1審の広島地裁は，「原告は，能力考課に『協力関係向上力』及び『指導力』という評定要素があることについても非難をし，この評定要素を利用して被告が原告に対して不当な評価を行ったかのような主張をする。しかし，被告における業務が複数の社員によって担われている以上，職場全体の効果的な業務運営のために協力関係の維持・向上を図る能力として『協力関係向上力』を，下級者に対して日常業務について適切な助言・指導ができる能力として『指導力』を，それぞれ人事考課の評定要素とすることは，何ら不合理とはいえない。」として，原告の請求を棄却した(15)。

---

(13)　一例として，京ガス事件・京都地判平成13・9・20労判813号87頁では，原告は賃金差別を女性差別撤廃条約11条1項(d)にも違反すると主張したが，裁判所は労基法4条違反として請求を認容した。

(14)　一例として，住友化学事件・大阪地判平成13・3・28労働判例807号10頁では，原告らはコース別雇用が間接性差別であると主張したが，棄却となり，大阪高裁で和解となった（2004年6月29日）。

(15)　中国電力事件・広島地判平成23・3・17労働経済判例速報2188号14頁。

二審では，裁判所は，社内において昇格・賃金に関する男女格差があることを認めたものの，賃金は男女で層として明確に分離していない，考課制度に男女で取り扱いを異にする定めがない，女性は管理職を敬遠する傾向があるとして，会社の裁量の余地を認める判断をした。判決文には女性差別撤廃条約への言及はない(16)。

原告側は上告受理申立理由書において，「原判決には，……女性差別撤廃条約1条において定められている間接差別禁止法理に従って，何が差別にあたるかを解釈しなかった点において，判決に及ぼすことが明らかな誤りがあり，民事訴訟法318条1項にいう『法令の解釈に関する重要な事項』を含んでいる」と主張した。さらに最高裁へ，「差別がないとすれば，このような著しい男女間等級分離はあり得ない」という統計学者からの意見書も提出した(17)。しかし，2015年，最高裁は上告受理申立を棄却し，原告の敗訴は確定した(18)。

東和工業事件の原告は，1987年に入社し，90年からは設計職となり，同じ課の職員のなかでは2級建築士の資格を最初に取った女性である。しかし2002年，同社は，男性を総合職に，女性を一般職にするコース別雇用制を導入して，原告を一般職とした。原告の設計経験は12年目だったが，後輩を含め男性は全員総合職になった。原告は，自分も総合職にするようにと要求したが，2012年の定年退職まで，業務内容が同じ男性よりも大幅に低い処遇を受け続けた。そこで2011年，賃金および退職金の差額など約2200万円を求めて提訴した。

一審の金沢地裁は，原告の処遇は労基法4条に違反する男女差別であると認め，総合職としての年齢給差額分の損害を認める判断を下したが，職能給差額分を損害として認定しなかったため，損害額は慰謝料を含め，約441万円であった。また，消滅時効の援用を認め，過去3年分の差額賃金分のみを認定するにとどまった(19)。原告は控訴したが，二審判決は，やはり同様の救済しか判

(16)　中国電力事件・広島高判平成25・7・18労働経済判例速報2188号3頁。

(17)　「シンポジウム　日本の男女間賃金格差を縮小するために」労働法律旬報1829号13頁。

(18)　中国電力事件・最高裁三小決平成27・3・10。棄却・上告受理申立を不受理とする決定。

(19)　東和工業事件・金沢地判平成27・3・26労働判例ジャーナル40号16頁。地裁判決は，「本件コース別雇用制における総合職と一般職の区別が，実態において男女の区別であったとの推認を覆すだけの事情は認められ」ず，「被告は，原告に対し，……不法

断せず[20]，最高裁への上告は棄却された[21]。本件事案では，上告理由申立理由書において，詳しく条約違反が論じられているが[22]，裁判所はこれに応えず，原告は，個人通報に期待をかけている。

Ⅶ　おわりに

条約を援用して権利侵害を訴えても，なお，最高裁において敗訴し，権利侵害状態が継続している状況にある事案では，選択議定書が批准された場合，原告らはCEDAWに個人通報をしたいと希望している。これらは，CEDAWにおいて受理される可能性はあるのだろうか。理論的な検討課題としては，個人通報を受理することができない場合として示されている選択議定書４条２項(e)の規定，すなわち「通報の対象となった事実が，当該締約国について本議定書が発効する以前に発生している。ただし，かかる事実がこの期日以降も継続している場合は，この限りでない」という規定の解釈が残されている。

当該「事実が……継続していること」とは，狭く解釈すれば，当該原告になお救済が及んでいないことであり，広く解釈すれば，国内においてなお同様の事実が継続していることであろう。中国電力事件も東和工業事件も，いずれの解釈によろうとも，「事実が継続している事案」に該当することは間違いなく，通報すれば受理可能性があると考えられる。その他の事案についても，幅広く情報を収集しつつ，選択議定書を批准する意義を積極的に確認していくこと，それも私たちに残されている課題であるといえよう。

行為によって生じた損害を賠償する責任を負う」とした。しかし損害額については，年齢給差額分の損害を算定しながらも，「職能給は，被告による労働者の業務遂行能力に対する評価を前提にするものであるところ，原告が総合職として処遇されていれば原告が主張する等級評価を受けたとの蓋然性までを認めるには足りないから，職能給についての損害を認めるには至らない」として，損害として算定しなかった。

(20)　東和工業事件・名古屋高金沢支判平成28・4・27労働判例ジャーナル52号27頁。

(21)　最高裁一小判平成29・5・17。上告棄却，上告受理申立を不受理とした。

(22)　『東和工業男女賃金差別裁判報告集』152頁以下。

【表】女性差別撤廃条約に言及する国内判例一覧

番号	判決	事案の概要	条約に関する言及部分（判決文もしくは原告らの主張）	備考
❶	広島高判令和2・9・16（控訴棄却）❷の控訴審	民法750条と戸籍法74条1号の規定が違憲，違法であるとして，国家賠償を求めた事案	・民法750条と戸籍法74条1号の規定が憲法24条ないし憲法14条1項に違反するとはいえない。ただし，女子差別撤廃委員会が我が国に対し本件各規定の改廃を行うよう度々勧告していることは重く受け止めるべきであり，憲法24条2項によって婚姻および家族に関する法制度の構築を国民から委ねられている国会には，控訴人や控訴人と同様に選択的夫婦別氏制度の導入を切実に求めている人々の声にも謙虚に耳を傾け，選択的夫婦別氏制度の導入等について，現在の社会情勢等を踏まえた真摯な議論を行うことが期待されているものと考える。 ・女子差別撤廃条約に違反するか否かについて (1)　女子差別撤廃委員会は，平成6年，採択した一般勧告の中で，16条1項(g)について「各パートナーは，共同体における個性及びアイデンティティを保持し，社会の他の構成員と自己を区別するために，自己の姓を選択する権利を有するべきである。法もしくは慣習により，婚姻若しくはその解消に際して自己の姓の変更を強制される場合には，女性はこれらの権利を否定されている。」と言及したこと，平成15年，我が国に対し，民法が，夫婦の氏の選択などに関する，差別的な規定を依然として含んでいることに懸念を表明した上，民法に依然として存在する差別的な法規定を廃止し，法や行政上の措置を条約に沿ったものとするよう勧告をしたこと，平成21年，我が国に対し，前回の最終見解における勧告にもかかわらず，民法における夫婦の氏の選択に関する差別的な法規定が撤廃されていないこと，及び差別的規定の撤廃が進んでいないことを説明するために世論調査を用いていることに懸念を表明した上で，選択的夫婦別氏制度を採用することを内容とする民法改正のために早急な対策を講じるよう要請し，女子差別撤廃条約は締約国の国内法体制の一部であることから，同条約の規定に沿うように国内法を整備するという義務に基づくべきである旨の指摘をしたこと，平成28年，我が国に対し，2015年12月16日に最高裁判所は民法750条を合憲と判断したが，この規定は実際には多くの場合，女性に夫の姓を選択せざるを得なくしていることに懸念を表明するとともに，女性が婚姻前の姓を保持できるよう夫婦の氏の選択に関する法規定を改正するよう要請したことが認められる。(2)　控訴人は，我が国では，本件各規定の存在により，婚姻をするためには夫婦の一方が必ず氏を変えることを法律により強制されているから，女子差別撤廃条約2条(a)，16条1項(b)(g)に違反すると主張する。そこで検討するに，条約は，原則的には，締約国相互において国際法上の権利義務を発生させる文書による国家間の合意であり，各締約国とその個々の国民との間の権利義務を直接規律するものではないから，当該条約が個人の権利を保障する趣旨の規定を置いたとしても，これにより個々の国民がその所属する締約国に対して当然に条約の定める権利を主張することが可能になるものではなく，締約国が相互に自らの国に所属する個々の国民の権利を保障するための措置をとることを義務づけられ，その内容を具体化するための国内法上の措置が講じられることによって初めて権利行使が可能となるに過ぎない場合もある。他方，我が国において，ある条約の規定が，その内容を具体化するための国内法上の措置をとることなく，個々の国民に権利を保障するも	

			のとして，そのままの形で直接に適用されて裁判規範性を有するためには，条約の内容をその公布により個々の国民の権利義務を直接に定めるものとするという締約国の意思が確認できることと，条約の規定において個々の国民の権利義務が明確かつ完全に定められていて，その内容を補完し，具体化する法令をまつまでもない内容となっていることが必要になる。これを女子差別撤廃条約の上記各規定についてみると，これらの規定は，いずれも締約国が上記の各権利を確保するよう適当な措置をとり，又は措置をとることを約束するという形式で規定されており，直接，個々の国民に権利を付与する文言になっておらず，締約国がその権利の実現に向けた積極的施策を推進すべき政治的責任を負うことを宣言したものである。また，女子差別撤廃条約の規定内容をみても，「氏を選択する権利」には様々な形があり得るのであって，個々の国民が保有する具体的権利の内容が一義的かつ明確に定められたものとはいえないから，その内容を具体化する法令の制定を待つまでもなく国内的に執行可能なものであるとはいえない。(3)　控訴人は，締約国が条約を解釈する際には，女子差別撤廃委員会の勧告等にもとづいておこなうべきと主張するが，勧告にそった本件各規定の改廃をしないことが直ちに条約違反となるものではないから，この主張も採用できない。	
❷	広島地判令和1.11.18（請求棄却）	民法750条と戸籍法74条1号の規定が違憲，違法であるとして，国家賠償を求めた事案	女子差別撤廃条約が自動執行力を有するか検討する。女子差別撤廃条約は一定の権利を確保することに言及しているが，いずれも締結国がその権利を確保するよう適当な措置を執る必要があり，締結国の国民に対し，直接権利を付与するような文言になっておらず，国内法の整備を通じて権利を確保することが予定されているから，自動執行力があるとは認めることができない。また，わが国の主観的意思として，国内的に直ちに執行可能であるとの認識も認められない。よって，女子差別撤廃条約の規定について，自動執行力を有しているということはできず，原告の主張は採用できない。	
❸	東京地判令和1.11.14（請求棄却）	民法750条と戸籍法74条1号が違憲，違法であるとして，国家賠償を求めた事案	女子差別撤廃条約について ア　女子差別撤廃条約2条(f)，16条1項(b)及び(g)が，わが国の個々の国民に対し，直接権利を保障するものといえるかについて検討する。女子差別撤廃条約16条1項柱書は，「締約国は，婚姻及び家族関係に係るすべての事項について女子に対する差別を撤廃するためのすべての適当な措置をとるものとし，特に，男女の平等を基礎として次のことを確保する。」と規定し，その対象として，「自由に配偶者を選択し及び自由かつ完全な合意のみにより婚姻をする同一の権利」(同項(b))，「夫及び妻の同一の個人的権利（姓及び職業を選択する権利を含む。)」(同項(g)) を挙げている。また，同条約2条柱書きは，「締約国は，女子に対するあらゆる形態の差別を非難し，女子に対する差別を撤廃する政策をすべての適当な手段により，かつ，遅滞なく追求することに合意し，及びこのため次のことを約束する。」と規定し，同条(f)は，締約国が「女子に対する差別となる既存の法律，規則，慣習及び慣行を修正し又は廃止するためのすべての適当な措置（立法を含む。）をとること。」を挙げている。前記各規定の文言は，いずれも締約国が，前記各規定が挙げる権利を確保するよう適当な措置を採り，又は措置を採ることを約束するとの規定になっており，直接，権利を保障する旨の文言ではないから，個人の権利を定め，国内の裁判所において直	

			接適用可能なものにするという締約国の意思が確認できるものではない。したがって，同条約2条(f)，16条1項(b)及び(g)が，わが国の個々の国民に対し，直接，権利を保障するものということはできない。 イ　原告らは，立法不作為に基づく国家賠償請求訴訟においては，国が条約違反の法令を条約に基づき改廃する義務を怠っていることにより，損害を受けた個人が国内裁判所において，国家賠償法という国内法に基づいて損害賠償請求という形で司法救済を求めるものであるから，当該条約の裁判規範性は不要である旨主張する。しかし，前記(1)の最高裁判決の趣旨に照らすと，国会議員の立法不作為が，国家賠償法1条1項の適用上，違法の評価を受けるのは，条約が，直接，当該条約締約国の国民に対し，具体的な権利として，婚姻に際して氏の選択に関する夫婦同一の権利（16条1項(g)）ないし，合意のみにより婚姻をする同一の権利(16条1項(b))を保障しているにもかかわらず，国内法の規定が，その権利利益を合理的な理由なく制約している等により，当該条約の規定に違反するものであることが明白であるにもかかわらず，国会が正当な理由なく長期にわたってこれを怠るなどの例外的な場合に限られると解すべきである。したがって，原告らの主張は採用できない。 ウ　原告らは，被告が，女子差別撤廃委員会から民法750条を改廃するよう勧告を受けていること，平成27年最高裁判決後の平成28年に実施された定期報告書の審査についての総括意見において，同委員会が「女性が婚姻前の姓を保持できるよう夫婦の氏の選択に関する法規定を改正すること」を勧告したことを主張する。しかし，勧告自体には法的拘束力はなく，これらのことが直ちに上記結論を左右するものではない。 エ　したがって，同条約2条(f)，16条1項(b)および(g)は，わが国の個々の国民に対し，直接権利を保障するものとはいえないから，女子差別撤廃条約を根拠とする原告らの請求は理由がない。	
❹	神戸地判平成29.11.29（請求棄却）	民法774条～776条が嫡出否認権を父にしか認めていないことは憲法14条違反であるとして，国家賠償を求めた事案。	原告らは，日本が締約国となっている国際人権条約の存在，嫡出否認権に関する諸外国における立法の内容は，憲法の解釈に影響を与える立法事実として考慮されるべきであると主張する。日本が締約国となっている条約・勧告の内容や諸外国における立法の内容が立法事実となり得ることは否定できない。しかしながら，原告らが指摘する条約・勧告の内容については，それ自体，直接に本件各規定の不合理性を指摘するものではない。そして，各国における婚姻や家族の在り方は異なり，これらに関する制度の内容も多様なものが想定されるのであって，諸外国における立法の内容が直ちに我が国における法制度の合理性を否定することにはならない。	大阪高判平成30.8.30（控訴棄却）
❺	東京地判平成29.3.23（請求一部認容）	メトロコマース事件 契約社員が，同じ売店業務に従事する正社員との間の労働条件の相違を労働契約法20条違反	（原告らの主張） (1)　同一労働同一賃金原則　「およそ人はその労働に対して等しく報われなければならない」という理念（均等待遇の理念）は，国際社会において普遍的な原則として確立している。たとえば，ILOの国際労働憲章，「同一価値の労働についての男女労働者に対する同一報酬に関する条約」，国連女子差別撤廃条約11条1項(d)によって規定され，また，世界人権宣言23条2項における「すべて人は，いかなる差別も受けることなく，同一の労働に対し，同一の報酬を受ける権利を有する」との規定は国際人権規約A規約7条において，公正な賃金及	東京高判令和1.2.20 控訴一部認容 住宅手当，退職金，褒賞に関する相違については不合理

		と主張した事案 早出残業手当の相違のみ不合理とした	びいかなる差別もない同一価値の労働についての同一報酬を受ける権利として具体化されている。そして，これらの条約を批准する日本は，その労働法の枠組みの中に，諸条約に現れている均等待遇の理念を取り込まなければならない。 (2)　法規範性　　同一（価値）労働同一賃金の原則の基礎にある均等待遇の理念は，賃金格差の違法性判断において，ひとつの重要な判断要素として考慮されるべきものであって，その理念に反する賃金格差は，使用者に許された裁量の範囲を逸脱したものとして，公序良俗違反の違法を招来する場合があり，許容される賃金格差の範囲を明らかに超えた場合，その限度において被告の裁量が公序良俗違反として無効となる。 　前記のとおり，原告らと正社員との業務内容及びその責任，それらの変更の範囲が全く同一であるにもかかわらず，原告らと正社員との間に賃金等について大きな格差があることは，許容される賃金格差の範囲を明らかに超え，同一労働同一賃金の原則（均等待遇の原則）に反し，公序良俗に違反する。 （裁判所の判断） 　なお，原告らは，同一（価値）労働同一賃金の原則が，日本の労働法制上法規範性を有する旨主張する。しかし，我が国の現行法令上，原告の主張する上記原則を定めた規定と解されるものは見当たらない（労働契約法20条は，有期契約労働者と無期契約労働者との間の労働条件の相違が不合理なものであることを禁止した規定であり，同一（価値）労働同一賃金の原則を定めたものと解することはできない。）。したがって，原告らの上記主張は採用することができない。	として損害賠償命令。 最高裁令和2.10.13 原告からの上告棄却
❻	最高裁平成27.12.16 （上告棄却） ❼の上告審	夫婦同姓を定める民法750条は違憲・違法として国家賠償を請求。	・多数意見は条約への言及なし。 ・岡部喜代子意見（桜井，鬼丸同調）本件規定の現時点での憲法24条適合性の判断にあたっては，<u>我が国が昭和60年に批准した「女子に対するあらゆる形態の差別の撤廃に関する条約」に基づき設置された女子差別撤廃委員会からも，平成15年以降，繰り返し，我が国の民法に夫婦の氏の選択に関する差別的な法規定が含まれていることについて懸念が表明され，その廃止が要請されているところである。</u> ……本件規定は，昭和22年の民法改正後，社会の変化とともにその合理性は徐々に揺らぎ，少なくとも現時点においては，夫婦が別の氏を称することを認めないものである点において，個人の尊厳と両性の本質的平等の要請に照らして合理性を欠き，国会の立法裁量の範囲を超える状態に至っており，憲法24条に違反するものといわざるを得ない。ただし，国家賠償法の適用の観点からは，違法評価を受けるものではない。 ・山浦善樹反対意見 <u>我が国が昭和60年に批准した「女子に対するあらゆる形態の差別の撤廃に関する条約」に基づき設置された女子差別撤廃委員会からは，平成15年以降，繰り返し，我が国の民法に夫婦の氏の選択に関する差別的な法規定が含まれていることについて懸念が表明され，その廃止が要請されるまでに至っている。</u>本件立法不作為は，現時点においては，憲法上保障され又は保護されている権利利益を合理的な理由なく制約するものとして憲法の規定に違反することが明白であるにもかかわらず国会が正当な理由なく長期にわたって改廃等の立法措置を	

			怠っていたものとして，国家賠償法１条１項の適用上違法の評価を受けるものである。	
❼	東京高判平成 26.3.28（控訴棄却）❽の控訴審	夫婦同姓を定める民法 750 条は違憲・違法として国家賠償を請求。	・女子差別撤廃条約の観点からも夫婦同氏制度が問題視され，女子差別撤廃委員会から民法 750 条の改正が勧告されている状況にある。しかしこの権利は，いまだ憲法 13 条によって保障する具体的な権利として承認すべきものであるとはいえない。 ・控訴人らは女子差別撤廃条約の批准により差別的規定を改廃する義務が，憲法 98 条２項により国内法上の義務に転化し，国会議員が国民個人に対して負う法的義務になったと述べている。しかし，(1)　最高裁平成 17 年９月 14 日判決の趣旨によれば，条約が，直接，当該締約国の国民に対し，具体的な権利を保障する場合に，所要の立法措置をとることが必要不可欠であり，それが明白であるにもかかわらず，国会が正当な理由なく長期にわたってこれを怠るときに，例外的に，国会議員の立法不作為が国賠法上違法の評価を受けるものであること，(2)　女子差別撤廃条約が裁判所を拘束するためには，女子差別撤廃条約に直接適用可能性ないし自動執行力があることが必要であること，(3)　しかるに，女子差別撤廃条約は，締約国の国民に対し，直接権利を付与するような文言になっておらず，国内法の整備を通じて権利を確保することが予定されているから，その規定が，我が国の国民に対し，直接権利を付与するものとはいえないこと，(4)　女子差別撤廃条約選択議定書によるいわゆる個人通報制度の導入及び女子差別撤廃委員会による民法 750 条の改廃勧告も，上記(3)の結論を左右しないことは，原判決が説示するとおりである。	
❽	東京地判平成 25.5.29（請求棄却）	夫婦同姓を定める民法 750 条は違憲・違法として国家賠償を請求。	原告らは，女子差別撤廃条約 16 条１項(b)及び(g)は，締約国の国民個人に対し，婚姻及び姓の選択についての男女の同一の権利を保障しているところ，これらの規定は明確であり，裁判所が直接適用することは可能であるとして，条約上保障されている権利の侵害を理由として，国会議員の立法不作為が国家賠償法１条１項の適用上違法の評価を受けると主張している。女子差別撤廃条約を根拠として，国会議員の立法過程における行動が個別の国民に対して負う職務上の法的義務に違背したというためには，婚姻に際し，婚姻当事者の双方が婚姻前の氏を称する権利が，同条約により，直接，我が国の個々の国民に対し保障されている場合であって，その権利行使のために選択的夫婦別氏制度を採用することが必要不可欠であり，そのことが明白であるにもかかわらず，国会が正当な理由なく長期にわたってこれを怠っているといえることを要するものというべきである。 　そこで，まず，女子差別撤廃条約が，我が国の個々の国民に対し，直接，婚姻に際し，婚姻当事者の双方が婚姻前の氏を称する権利を保障しているといえるかについて検討する。条約は，一般に，締約国相互において権利義務を発生させる国際法規であり，直接各締約国とこれに所属する国民個人との間の権利義務を規律するものではないから，……個別の権利の発生には，国内法による補完ないし具体化が必要となるのが通常である。もっとも，例外的に，個人に対して権利を付与することが明確に規定されている条約も存在し得ることから，対照となる条約を個別に解釈して決すべきである。 　そして，我が国においては，一般的に，条約は公布により当然に国内的効力を有するものとなるが（憲法７条１号，98 条２項参照），特	

			定の条約が，国内法による補完ないし具体化といった措置を執ることなく直接個人の所属国に対する権利を保障するものとして国内の裁判所において適用可能である（直接適用可能性がある，ないし自動執行力がある）というためには，……当該条約によって保障される個人の権利内容が条約上具体的で明白かつ確定的に定められており，かつ，条約の文言及び趣旨等から解釈して，個人の権利を定めようという締約国の意思が確認できることが必要であると解するのが相当である。 そこで，女子差別撤廃条約について検討する。女子差別撤廃条約の各文言によれば，確かに，(1)夫及び妻の同一の個人的権利として姓を選択する権利，(2)自由に配偶者を選択し，自由かつ完全な合意のみにより婚姻をする同一の権利を確保することに言及されているが，いずれも締約国が上記の各権利を確保するよう適当な措置をとり，又は措置を執ることを約束するとの規定になっており，直接，権利を付与する旨の文言はないから，上記各文言に照らせば，むしろ締約国相互間において国内法制度の整備等を通じて権利を確保する旨約束したものと解される。また，その内容も，女子差別撤廃条約２条(f)，16条１項(b)及び(g)において，締約国の国民個人が保有する具体的権利の内容が明白かつ確定的に定められており，その内容を具体化する法令の制定を待つまでもなく，国内的に執行可能なものであるということはできない。 そして，女子差別撤廃条約について，衆議院法務委員会及び参議院外務委員会において，政府委員が，繰り返し，国内法制等諸条件の整備に努めること，とるべき措置は締約国が判断すべきと考えていると答弁していること，2009年８月７日付け「女子差別撤廃委員会の最終見解」において，女子差別撤廃条約の規定に自動執行性がなく，法的審理に直接適用されないことに懸念を有するとの記載があることを併せ考慮すると，女子差別撤廃条約16条１項(b)及び(g)が，我が国の個々の国民に対し，直接，権利を付与するものということはできない。 原告らは，女子差別撤廃条約選択議定書により，女子差別撤廃条約上の権利を侵害された個人が，女子差別撤廃委員会に対して通報を申し立てる制度が導入されたから，女子差別撤廃条約が個人に権利を付与していることを前提とするものであると主張する。しかしながら，条約の文言そのものの解釈から離れて，後に個人通報制度が導入されたことから，条約が，締約国の国民個人に具体的権利を付与するものと解することができるものではなく，我が国が上記選択議定書を批准していないことは原告らも認めるところであるから，個人通報制度に関する選択議定書が採択されたことは上記認定を左右するものではない。 原告らは，被告が，女子差別撤廃委員会から民法750条を改廃するよう勧告を受けていることを主張するが，……そのことから直ちに国会議員の立法不作為が違法の評価を受けるものではないことは上記のとおりである。そして，その文言に照らし，女子差別撤廃条約16条１項(b)及び(g)が，婚姻に際し，婚姻当事者の双方が婚姻前の氏を称する権利を保障するものであるといえないことは明らかである。	
❾	東京地裁平成23.3.17（請求棄却）	コナミデジタルエンタテインメント事件育児休業あけの賃金引き下	女性差別撤廃条約２条(e)，同条(f)，４条１項，５条(a)及び11条１項，同条２項(b)違反の主張について。 原告は，本件各措置が原告指摘の差別的行為であり，また，本件各措置の前提となる被告の育児休業制度は，慣行上，従前の雇用関係や先任の利益を喪失させるものであって，原告に受忍し難い不利益を課	東京高判平成23.12.27・控訴人は一連の人事措置は条約

		げ，担務変更が違法であるとして提訴。	すものであるから，上記女性差別撤廃条約の各規定に違反する旨主張する。 　しかし，本件各措置が原告指摘の差別行為であると認めることができないことは，上記(3)〜(6)で説示したとおりであり，また，本件各措置の女性差別撤廃条約の各規定違反をいう主張部分は，本件各措置が原告指摘の差別的行為であることを前提としているものであるから，前提を欠く失当なものである。 　また，原告は，被告の育児休業制度の取得条件は男女等しいものとなっているが，その取得の結果をみると，女性従業員にとって不利なもの（間接差別）となっている旨主張するが，上記認定事実（特に上記認定事実オの被告会社における平成18年5月以降に育児休業等を取得したP1社員檀上（ママ）合計27名の休業前年俸・役員グレード，復職時年俸・役員グレード，育児短時間勤務の措置の適用の有無等の内訳）によっても，上記主張事実を認めるには至らず，他に同主張事実を認めるに足りる証拠はない。したがって，原告の上記主張は採用することができない。	違反であると主張。高裁の結論は一部請求認容。しかし条約にはふれていない。
⑩	京都地判平成20.7.9（請求棄却）	京都市女性協会事件 嘱託職員の低処遇が2007年パート労働法に違反するとして提訴された事案	国連女性差別撤廃条約11条1項は柱書で「締約国は，男女の平等を基礎として同一の権利，特に次の権利を確保することを目的として，雇用の分野における女子に対する差別を撤廃するためのすべての適当な措置をとる。」と規定している。しかし，同条約も男女差別の点から国際社会のあるべきルールを宣言しているにとどまり，同一価値労働同一賃金の原則それ自体について，具体的な共通の規範を策定したものとはいえないから，<u>同条約が同一価値労働同一賃金の原則という観点から見て自動執行力を有するものと解することはできない。</u>	大阪高判平成21.7.16控訴棄却。同一価値労働同一賃金原則については地裁判決を肯定。
⑪	東京地判平成18.3.29（請求認容）	法律上の婚姻関係にない日本人の父と外国人の母との間に生まれた子に日本国籍を認めない法（両親の婚姻＝準正を要件とする国籍法3条1項）は違憲，と主張して提訴した事案。	原告らは，女子差別撤廃条約について，夫婦の間から生まれた子供の国籍のみならず，非婚の男女から生まれた子供の国籍についても，両性の平等が実現されなければならない旨述べ，国籍法3条1項が女子差別撤廃条約に違反する旨主張する。 　しかし，女子差別撤廃条約9条1項前段は，「締約国は，国籍の取得，変更及び保持に関し，女子に対して男子と平等の権利を与える。」と，同条2項は，「締約国は，子の国籍に関し，女子に対して男子と平等の権利を与える。」とそれぞれ定めるものの，これは，あくまで女子又は母に対して子の国籍取得の際に，男子又は父の場合と同様の権利を与えることを要求するものであって，国籍取得の要件につき血統主義を採用する場合には，父母両系血統主義を要請しているということはできるものの，それ以上に，法律上の夫婦の間から生まれた子供と，そうではない男女から生まれた子供の平等や，非婚の男女から生まれた子供の国籍の取得について，日本国民である父に対しても，日本国民である母の場合と同様に取り扱うべきことまでも要求するものと解することはできない。<u>よって，原告らの主張は，女子差別撤廃条約の裁判規範性を検討するまでもなく，採用することができない。</u> ＊判旨は，子が国籍取得できるかどうかを父母の婚姻関係によって区別する国籍法3条1項は憲法14条に反する不合理な差別とした。	東京高判平成19.2.27地裁判決を取り消し，国籍法3条は立法裁量の問題である，とした。最高裁大判平成20.6.4は，国籍法3条1項を憲法14条違反とした。
⑫	大阪地判平成17.3.28（請求一部認容）	住友金属事件 男女のコース別処遇による昇進・昇格の	なお，原告らは，……女性差別撤廃条約が発効する前に採用された女性労働者についても，差別的採用により発生した配置，昇進の差別が条約発効後も引き継がれている場合には，前記条約に違反し，公序良俗に違反して不法行為を構成すると主張するが，前記<u>条約の文言に照</u>	日本で初の均等法調停開始事案。2005.4.25

		格差は不合理取扱いであると主張して提訴した事案	らしても，国内法の制定を待たずに当然に国内法的効力を有するとはいえないし，本件コース別取扱いが直ちに同条約に違反するとも認め難い。 ＊コース別取扱いとは合理的関連のない高卒事務職の男女間の差別的取扱いは公序違反。	大阪高裁で和解
⑬	名古屋地判平成 16.12.22（請求一部認容）	岡谷鋼機 男女のコース別処遇による賃金・昇格格差は違法であると主張して提訴した事案	原告らは，女性差別撤廃条約，国際人権規約，ILO 条約等を根拠に，原告らが入社した当時，両性平等が国際的公序として確立していたことから，被告のした男女差別は，国際的公序に反し違法であるとも主張する。しかしながら，これらの条約が国内法の制定を待つまでもなく当然に自動執行力を有すると認めることはできないし，以上検討した被告の男女のコース別の採用，処遇の経緯，内容からすれば，これがこれらの条約に直ちに違反するとすることもできないことから，原告らの主張は採用できない。 ＊しかしそれらは 1999 年施行の改正均等法違反にあたる。	2006.3.20 名古屋高裁で和解
⑭	東京地判平成 15.2.20（請求一部認容）	野村證券事件 男女のコース別処遇による賃金・昇格格差は違法であると主張して提訴した事案 ＊均等法違反による人格権侵害として慰謝料支払いを命じるが地位確認請求は棄却。	（原告の主張） 「女性に対するあらゆる形態の差別撤廃条約」は，男女平等を基本的人権ととらえ，雇用の分野については，すべての人間の奪いえない権利としての労働の権利，そのための同一の雇用機会の権利，昇進・雇用の保障，同一価値の労働の同一報酬（手当を含む）及び同一待遇の権利並びに労働の質の評価に関する取扱の平等についての権利等，男女同一の権利を確保するために差別撤廃の措置を各締約国がとらなければならないことを定めている。我が国は 1985 年に同条約を批准した。したがって，わが国は，これらの批准した条約を遵守する義務がある。わが国が批准したこれらの条約は，自動執行性をもつから，条約の国内法的効力からして，私人間の法律関係についても当然直接に適用されるし，批准していない条約であっても，確立された国際法規として適用されるべきである（憲法 98 条 2 項）。また，以上のとおり，国際的にも雇用面での男女平等は公序として確立しているから，少なくともわが国が批准した国際条約は，国内の公序の内容となっているものである。 （裁判所の判断） ・原告が入社した当時は，一般的にみて，企業においては，女性について全国的な異動を行うことは考え難かったといえるから，これを考慮した会社の男女のコース別の採用，処遇が，原告らの入社当時において，不合理な差別として公序に反するとまでいうことはできない。なお，原告らは，国際人権規約，ILO 条約，女性差別撤廃条約を根拠に，会社のした男女差別は違法であるとも主張するが，以上検討した会社の男女のコース別の採用，処遇の経緯，内容からすれば，これがこれらの条約に直ちに違反するとすることもできない。 ＊その後平成 9 年に均等法が制定され，平成 11 年 4 月 1 日から施行されているところ，同法が定めた男女の差別的取扱い禁止は使用者の法的義務であるから，この時点以降において，会社が，それ以前に会社に入社した社員について，男女のコース別の処遇を維持し，男性を総合職掌に位置づけ，女性のほとんどを一般職掌に位置づけていることは，配置及び昇進について，女性であることを理由として，男性と差別的取扱いをするものであり，均等法 6 条に違反するとともに，公序に反して違法であるというべきである。	2004.10.15 東京高裁で和解

⑮	大阪地判平成 13.6.27（請求一部認容）	住友生命保険事件 ⑴既婚女性であることを理由に低査定し昇給させなかったことは不法行為であり，⑵均等法に基づく調停を不開始としたことが違法であるとして国家賠償を求めた事案。 ⑴については認容，⑵については棄却	（「国に対する訴え」についての原告の主張） 均等法指針のなかで，「募集，採用区分」「雇用管理区分」ごとの異なる雇用管理の定めは，憲法 13 条，14 条，女子に対するあらゆる形態の差別の撤廃に関する条約 1 条，2 条，11 条 1 項(c)，(d)に違反して無効である。均等法 15 条に基づく原告らの調停の申立てを大阪婦人少年室長が不開始としたことが，被告会社の男女別労務管理を容認し，かつ平成 6 年 4 月施行の改正指針の解釈適用を誤る違法なものであり，かかる違法行為により原告らは著しい精神的苦痛を受けたとして国家賠償法 1 条に基づく賠償金（慰謝料）の支払いを求める。 （裁判所の判断） 以上の当初指針ないしは改正指針の制定経緯，また各文言に照らせば，これらは，均等法 7 条，8 条に係る男女の「均等」についての意味を前提としたものといえ，その際の男女の均等取扱い，又は機会均等という場合の「均等」とは同一ないし同種の条件を前提とするのが相当である。第 1 回申請，第 2 回申請のいずれにおいても，原告らが，差別の対象としているのは同じ一般職の未婚女性であり，本件は女性間の差別の問題である。したがって，大阪婦人少年室長が，原告らの 2 回にわたる本件調停申立について，昇進，昇格について，均等法 8 条に基づき，改正指針 2⑶ロが示した事業主に講ずるように努めるべき措置に係るものではなく，均等法 15 条に基づく調停対象事項ではないとした判断には違法な点はない。 この点，原告らは，昇進，配置について，調停不開始としたことは女子差別撤廃条約に違反し，均等法，同指針の解釈を誤ったものであると主張する。しかし，男女間において均等な取扱いが行われているか否かは，同一の募集，採用区分の中で比較しなければ判断しえないものと言わざるを得ない。けだし，募集，採用区分が異なれば，そもそもの雇用条件が異なることから，比較対照の基礎を欠くと言わざるをえないからである。女子差別撤廃条約については，同条約 1 条が，「男女の平等を基礎として」と規定しており，男子との比較において女子が差別を受ける場合を「女子に対する差別」と位置づけていることは明らかであり，女子が女子との比較で差別を受けることは「女子に対する差別」とはいえない。また女子差別撤廃条約は，その 2 条(b)項において，「女子に対するすべての差別」を禁止する適当な立法その他の措置をとることを規定していることからすると，すべての差別を法律の規定により禁止することを求める趣旨ではないことは明らかである。そして雇用の分野で具体的に締結国が措置すべき事項については，同条約の 11 条に規定されているが，そこでも同条約の実施に当たってどのような具体的な措置をとるかについては，各締約国の国情に応じて適当と判断される措置をとるとされているとするのが相当である。以上によれば，我が国の社会，経済の現状を踏まえて規定された均等法 7 条，8 条の努力規定は，同条約の要請を充たしているといえ，同条約に違反するものとはいえない。よって，調停不開始とした判断には何らの違法もないから，原告らの請求は理由がない。	
⑯	大阪地判平成 12.7.31（請求棄却）	住友電工事件 ⑴高卒事務職として採用された女性の昇進・昇格・昇	・婦人少年室長に対する調停申請とその不開始決定の違法性について （原告の主張） ・条約の文言に照らして，「被告国が，採用段階や昇進等における男女間での差別扱いを容認することは条約違反である。⑴差別禁止条項の即時実施義務　　条約 2 条は，明文をもって，締約国は「遅滞なく」	2003.12.24 大阪高裁にて和解。

		給における格差は性差別であると主張し，⑵また均等法に基づく調停を不開始としたことが違法であるとして国家賠償を求めた事案。いずれも棄却。	女子差別撤廃の政策を追求することに合意すると定めており，漸進的実現という考え方を排除しているのであるから，締約国は，自国の文化が許容する限度でしか行動できないと主張することは許されない。ただ，差別撤廃の政策が遅滞なく実施されても，撤廃の効果がすぐさま実際に現れるとは限らないところから，条約18条により，締約国は，差別撤廃のためにとった措置とそれによる進歩，前進の状況を定期的に報告することを要求されているのである。⑵被告国の差別是正義務　女子差別撤廃条約１条の「女子差別」の定義からして，それが均等法制定の以前にまで遡るものであっても，その効果が今日なお継続している以上，現行法の適用の下で対処されなければならない。これは，締約国に差別是正義務を負わせたものである。 ・女子差別撤廃条約に照らして，……指針における「募集・採用区分」は，男女差別てに当たらない「募集又は採用区分」のみをさすものと解されるべきである。そのように限定して解さなければ，募集，採用段階からの男女差別の事案については，その差別を温存する結果となり，条約の要請を満たすことができないからである。しかし国は，被告会社の男女別労務管理を，昭和40年代は珍しくなかったからとの理由で違法でなかったと主張しており，大阪婦人少年室長は，被告会社が主張する全社採用，事業所採用の区分を，前記指針における「募集・採用区分」に当たると判断し，昇進，昇格において著しい差があったとしても，それは「採用区分」の違いであって，「女子であることを理由にしたものではない」と判断した。これは憲法14条の解釈を誤るものである。 （裁判所の判断）原告らは，被告会社の事務職の採用区分が，少なくとも均等法施行後には違法になったとし，また，女子差別撤廃条約が，男女差別の効果をもたらすものについてもその撤廃を求めているなどとして，右採用区分の違法性を主張するのであるが，これは条約の批准以前，あるいは均等法施行以前に行われた当時としては違法とまでいえなかった採用区分に，右条約や均等法を当て嵌めて評価しようとするものであるから，遡及適用以外のなにものでもない。右条約や均等法には遡及効はなく，この点の原告らの主張も採用できない。	
⑰	大阪高判平成12.5.16（控訴棄却）請求を認めた地裁判決取り消し。	児童扶養手当受給資格喪失処分取消請求事件 父から認知されたことを理由に児童扶養手当受給資格を喪失させた処分は憲法14条１項　違反であるとして，処分の取消を求めた事案。	児童の権利に関する条約２条１項では，児童に対し，いかなる差別もなしにこの条約に定める権利を尊重し，確保することが定められているが，同条約26条では，その給付に関し，適当な場合には，児童及びその扶養について責任を有する者の資力及び事情等を考慮することができるものとされているのであって，必ずしも母子家庭に一律に受給資格を認めることまで要求されているものではない。また，我が国の第１回報告に関する児童の権利に関する委員会の最終見解は，児童の権利に関する条約45条に基づく，提案及び一般的な性格を有する勧告の性質を有するもので，我が国の裁判所に対する法的拘束力を持たないし，その内容をみても，施行令１条の２の３号が児童の権利に関する条約に違反するか否かに関しては，何も言及していないから，施行令１条の２の３号が児童の権利に関する条約に違反するとまではいえない。さらに，本件児童扶養手当は，男女間における差別的扱い，すなわち女性を不利益に扱っているものではないから，そもそも女性差別撤廃条約違反の問題は生じない。	最高裁２小判平成14.2.22 高裁判決破棄自判 違憲判断を避けつつ，施行令の一部（父から認知された児童を除くとの部分）を違法とした。

26　女性差別撤廃条約選択議定書――批准の「障害」とは何か

I　女性差別撤廃条約の選択議定書

女性差別撤廃条約（以下，「条約」ということがある）の締約国は，2020年9月現在，189カ国だが，同条約の選択議定書の締約国は114カ国である。本体の条約の実効性を強化する付属条約が選択議定書である。それだけに，条約を批准しながら選択議定書を批准しないというのは，法律は作るが遵守しないと宣言しているようなものである。残念ながら，日本は先進国でありながら，このような評価に甘んじている。ちなみにOECD加盟国のなかで女性差別撤廃条約の選択議定書を批准していないのは，日本，イスラエル，エストニア，ラトビアの4カ国のみである(1)。

選択議定書には「個人通報制度」と「調査制度」がある。個人通報制度は，締約国の管轄下にある個人または集団が，条約に定めるいずれかの権利を侵害された場合，女性差別撤廃委員会（CEDAW）に通報できる仕組みである（選択議定書1条，2条）。通報が受理されるには，国内救済措置が尽くされている必要がある（同4条1項）。通報の対象となった事実が，当該締約国について選択議定書が発効する以前に発生したものであるときには，CEDAWは通報を受理することができない。ただし，かかる事実がこの期日以降にも継続している場合は，受理することがありうる（同4条2項(e)）。

CEDAWは，通報を検討した後，意見もしくは勧告を当事者に送付し（同7条3項），締約国は6カ月以内に，「回答書」を提出する（同7条4項）。

もう1つの調査制度は，職権的なものである。締約国による重大または組織的な権利侵害について信頼できる情報を受理した場合，CEDAWは調査を実施する（同8条1項）。CEDAWは，当該国の同意を得て，同国領域内を訪問することができる（同8条2項）。調査結果と（必要な場合）勧告は，締約国に送付され（同8条3項），締約国は6カ月以内に「見解」をCEDAWに提出する（同8条4項）。締約国は，選択議定書を批准する際に，調査制度については

(1)　もっとも女性差別撤廃条約自体を批准していないアメリカは除く。

CEDAWの権限を認めない旨を宣言することができる（同10条）。

Ⅱ　批准の要請

CEDAWは，定期報告を審議する都度，選択議定書の批准を日本政府に要請してきた。2016年の総括所見でも，選択議定書の意義を強調して，批准を検討することを政府に要請した。それでも日本政府は，内容のある説明を加えることなく，長い間，批准を先延ばしにしている。

2020年3月9日の第9次日本定期報告に関する事前質問事項[(2)]では，そのトップ（パラグラフ1）に，選択議定書の批准に関する要請が，以下のように記載されている。

「……前回総括所見[(3)]および2018年の普遍的定期的レビューの勧告[(4)]にそって，……選択議定書の批准に向けた締約国の検討について説明してください。未批准につながる批准の障害について教えてください。選択議定書の批准のためのタイムフレームに関連して，『国会の承認』に向けた計画と展望についても報告してください。」

この事前質問に対する回答期限は，2021年3月である。この要請は幾度も繰り返されてきており，日本政府も，これまでと同じように「検討中」という回答だけでは，国際社会を納得させることはできないであろう。なぜ日本は長年にわたって選択議定書を批准しないのか。もし次回の定期報告審査が行われるまでに国会が批准承認を行えないのであれば，ぜひとも，その障害を開示し，説明して，いつまでに批准するのか，時期を明示して誠意をみせなければならない。

Ⅲ　批准の期待が高まった民主党政権時代

選択議定書批准に向けた動きを分析すると，2009年から2012年にかけて，批准への機運が盛り上がっていたことがわかる。民主党連立政権の時代である。2005年策定の「第2次男女共同参画基本計画」では，選択議定書の批准につ

(2)　CEDAW/C/JPN/QPR/9. この文書については，JNNC訳・矢澤澄子・山下泰子監訳がある。

(3)　これはCEDAWによる2016年「総括所見」のparas. 8, 9, 50を意味する。

(4)　これは人権理事会による2017年の各国政府からの「勧告」のpara. 161.11およびpara.161.12を意味する。

いて，「締結の可能性について，検討を行う」と述べるのみで，消極的な記載にとどまっていた。しかし，民主党政権になり，内閣府特命担当大臣（男女共同参画担当）の福島みずほ氏の下で準備された「第3次男女共同参画基本計画」(2010年12月25日閣議決定）は，「選択議定書については，早期締結について真剣に検討を進める」と述べて，政権の積極的な姿勢が示された。

2010年4月には，外務省に人権条約履行室が設置された。当時の山花郁夫外務政務官は，2010年11月4日，「個人通報制度に関するEUセミナー」(5)において，「我が国が個人通報制度を受け入れる意義は，大きく2つあると思います。一つは，同制度の導入によって国内の人権をめぐる議論を活発にするということです。……また，もう一つの意義として，わが国の人権尊重の姿勢を改めて内外に表明するとともに，国際社会における人権保障の発展に貢献することがあるのではないかと考えています」という，感動的な歓迎スピーチを行った。さらに山花外務政務官は，2011年3月1日，第16回人権理事会ハイレベルセグメントにおいて，「日本政府は，……個人通報制度の受け入れの是非について真剣に検討を進めています」という積極的なステートメントを表明した。

NGOの女性たちの間にも，もう少しで選択議定書の批准が実現するのではないか，という期待が広がった。

Ⅳ　その後の外務省

しかし，2012年末に政権交代があり，女性たちの期待は夢に終わった。外務省は，その後，長年にわたって，以下のような説明を繰り返してきている。

「①個人通報制度については，条約の実施の効果的な担保を図るとの趣旨から注目すべき制度と認識している。②個人通報制度の受入れに当たっては，わが国の司法制度や立法政策との関連での問題の有無及び個人通報制度を受け入れる場合の実施体制等の検討課題があると認識している。③個人通報制度の受入れの是非については，各方面から寄せられる意見も踏まえつつ，引き続き，政府として真剣に検討を進めているところである。」(6)

---

(5)　2010年11月4日と5日の両日，個人通報制度に関するセミナーが，人権条約履行室と早稲田大学との共催で行われた。

(6)　2019年1月9日，男女共同参画会議重点方針専門調査会の女子差別撤廃委員会最終見解への対応に関するワーキング・グループに提出された資料による。

この説明のうち，条約批准の障害と理解できそうなのは，②のみである。①と③は，むしろ政府として批准しない理由はないということを述べている部分であろう。では，②に述べられている，「司法制度や立法政策との関連での問題」とはなにか，また，「実施体制等の検討課題」とはなにか。これらこそ，CEDAWから質問されている「障害」に相当するものなのだろうか。

V　外務省の研究会で明らかになっていること

第6次の日本定期報告のCEDAWにおける審議（2009年）において，外務省の志野光子人権人道課長は，選択議定書の批准については，1999年から，外務省と法務省で40回，その後は関係省庁に広げて13回ほど研究会を開催していること，この研究会では，「個人通報を受理した委員会の見解とわが国の裁判所の確定判決の内容が異なる場合等司法権の独立を含め，わが国の司法制度との関連で問題が生じるおそれがあ」るという考えについて検討していることを説明した(7)。もし本当に，これだけ長い間批准に関する問題を研究しているのなら，外務省は，批准の「障害」について，すでに研究し尽くしているに違いない。そう考えたNGOの女性たちは，幾度も，研究会の検討内容を明らかにするよう要望してきた。しかし，一向に，研究会の実態は明らかにされなかった。

2017年，「日本婦人団体連合会（婦団連）」が，国に対して，この研究会の記録について情報開示請求を行った。同年12月に国から婦団連に示された資料は，国連の英文資料のような情報ばかりが数多く添付されていた一方，肝心な日本の批准の是非をめぐる議論の部分はほとんど黒塗りされている，という残念なものであった。

私は，2019年11月，その資料を婦団連の堀江ゆり氏から拝借し，分析してみた。当初，大部分が黒塗りのこの資料に目新しいものはないと感じたが，それでもよく読み込んでみると，そこからは，以下のような興味深い事実が浮かび上がってきた。目についた点を，いくつか紹介しておきたい。

2007年10月17日の第9回関係省庁研究会で，「通報の対象国として優等生の国が多いのはなぜか」との質問に，報告者の斎賀富美子氏（外務省人権担当

(7)　山下泰子「日本の女性差別撤廃条約選択議定書批准に関するCEDAWからの要請」国際女性31号（2017年）126頁。

大使）は，「訴えられている国は，国民に対する（議定書の）周知がなされているということを意味する」と答えており，出席した専門家[8]からも「本研究会にとっても重要と思料。自由権規約に関しても訴えられるのはカナダをはじめとする人権を守っている国である。訴えられることは恥ではなく，自由権という判断がその国に根付いている証拠である。個人通報制度に入るから訴えられる，と見るだけではなく，こうした見方も重要であると感じる」という意見が出されていた。斎賀氏もまた，「日本は選択議定書を締結すると個人通報の件数が増加するのではないかと懸念しているようであるが，通報を受けることに後ろ向きになる必要はなく，メンタリティを変える必要があるのではないか」と述べた。

2009年3月26日の第12回関係省庁研究会（出席者は官庁関係者のみ）には，英国グラスゴー大学Jim Murdoch教授による「女性差別撤廃条約の選択議定書：UKの経験」という報告書が紹介された。その概要には，「英国に関する申し立てに対する英国政府の経費は，1件につきわずか4000ポンドと計算される」とある。日本円ではわずか50万円程度ということになる。

2010年11月5日の研究会は，前述の，同年11月4日と5日に実施された「EUセミナー」との同時開催であった。内外の国際人権の専門家たち[9]によるクローズド・ワークショップ（11月4日）では，「個人通報制度を受け入れる経緯，きっかけは何か」との質問に，ベッカー氏は，「国連の個人通報制度受入れは，欧州人権条約締結により個人通報制度を受け入れた結果の自然の流れ。欧州人権条約を締結するが，個人通報制度を規定する国連諸条約を締結しないという理由はない」と回答した。「国内法改正を勧告されたとき，世論が法改正を望んでいない場合はどうなのか」との質問には，オフハラティ氏から，「世論は絶対的真実ではない。世論のマネージメントは国内事務であり，世論が国際的な義務を果たすための障害になるとは考えられない」との回答があっ

(8)　この研究会に出席された専門家は，安藤仁介京都大学名誉教授，坂元茂樹神戸大学大学院教授，薬師寺公夫立命館アジア太平洋大学教授であったが，どなたの発言かはわからない。

(9)　出席者は，岩澤雄司氏（東京大学教授，ICCPR委員長），マイケル・オフラハティ氏（ICCPR委員），メルセデス・モラレス氏（OHCHR個人通報チーム長），ゲルハルト・タリンガー氏（オーストリア），ルーランド・ベッカー氏（オランダ），オショルヤ・グリーン氏（英），大谷美紀子氏（弁護士），武村二三男氏（弁護士），シン・ヘボン氏（青山学院大学教授），江島晶子氏（明治大学教授）であった

た。

一般公開セミナー（11月5日）では，「他国も日本のように，司法権の独立を侵すという議論をしているのか」との質問がでた。オフハラティ氏は，「司法権の独立を侵すとの議論は誤った議論（misplaced argument）である」と回答し，大谷弁護士も，「委員会の見解に法的拘束力がないことは政府も十分理解しており，近年では『司法権の独立を侵害する』という説明は日本政府としても行っていないと理解する」と回答した。

婦団連に開示された資料は，2016年8月2日の第19回関係省庁研究会が最終のものだった。国会議員として，また法律家として，一貫してこの問題を追及してきた井上哲士参議院議員（共産党）によれば，日本政府は，2005年から関係省庁に広げて「個人通報制度関係省庁研究会」を20回開催してきているが，2005年から10年までに17回開催されたのち，14年までは開かれず，以来，16年，19年に1回ずつ開かれたのみだという(10)。長期にわたる自民党政権下で，この問題がいかに軽視されてきたかが示されている気がする。

とはいえ，上記に述べたように，この研究会の中で明らかになっていることは多い。日本政府が，一時期主張していた「司法権の独立との関係」は，もはや理由にはなりえず，法務省も最近の国会で，選択議定書と司法権の独立が「必ずしも相いれないものとは考えていない」と答弁している（2020年3月26日参議院外交防衛委員会）。他国の事例も相当程度，明らかになっており，高額な予算が必要になることもなさそうである。専門家からは，通報からの防御のみに固執する日本政府の姿勢を諌める意見が示されている。

Ⅵ　国会審議と地方議会の現状

NGOからの働きかけもあり，2018年から20年にかけて，女性差別撤廃条約の選択議定書批准に関する国会における質疑が増えた。その結果，茂木敏充外務大臣は，2020年3月26日，参議院外交防衛委員会で，井上哲士参議院議員の質問に対して，「（批准に向けての）論点はある程度明らかになってきているので，関係省庁との間でずるずる引っ張るということではなくて，しっかり議論をして，どこかで結論を出さなきゃならない問題だと考えている」と答弁

(10)　井上哲士「女性の権利を国際基準に――女性差別撤廃条約選択議定書の批准を」前衛2020年10月号52頁。

した。障害となっている実施体制とは何か，という質問に対して，山中修外務省参事官は，「国連見解の窓口をどこの省庁で受けるか。関係省庁にどのように割り振って，どのように回答するか」などの問題だ，と回答した。

2020年5月27日の衆議院内閣委員会では，立憲民主党の大河原雅子議員が，橋本聖子男女共同参画担当大臣に，「外務省はどこを窓口にするかわからないと言っているが，橋本大臣が前に進める力になるべきです」と質問し，橋本大臣は，「先進国にとって重要な課題であり，しっかりリーダーシップをもって外務省とともにとりくんでいきたい」と答弁した。

これらの答弁からみても，残されている重大な「障害」は何もない，といえよう。批准するという決断をした後に，政府が個別に対応していけばよい些細な問題ばかりである。国会に対して選択議定書の批准を求める地方議会からの意見書は，すでに64にものぼることがわかっている(11)。地方議会では，すでに超党派で批准に賛意を示しているところもある。国会と政府は遅れをとっていないだろうか。

Ⅶ　おわりに

私は，女性差別撤廃条約実現アクションの共同代表として，最近，この問題をめぐるロビー活動や講演に出向くことが増えた。そこでは，かなり率直な反対意見を聞くことがある。たとえば個人通報事例として，天皇制の問題や慰安婦問題が出てくるのなら批准には反対だ，というような意見である。

天皇制の問題は，たしかに定期報告の審査ではとりあげられるだろうが，個人通報とは無関係である。権利侵害されたとして通報すべき当事者はいない。一方，慰安婦問題はたしかに，個人通報の可能性がないとはいえない。しかし，もし通報があったとしても，先に述べたように，受理された後，CEDAWからの勧告と締約国からの回答が繰り返されて，建設的な対話がなされるのであって，CEDAWの見解・勧告に強制力があるわけではない。日本が締約国としての見解を示す機会は奪われているわけではなく，堂々と委員会とやりとりをすればよいのである。

将来の通報に対する不安や懸念から選択議定書自体を批准しないというのは，人権を尊重する国にとってふさわしい態度ではない。国際社会の評判を落とす

(11)　新日本婦人の会の笠井貴美代副会長から2020年9月25日に情報をいただいた。

だけであろう。CEDAW の見解に承服できない正当理由があるのなら，日本は，むしろ人権問題の先例を増やすという観点から積極的に国際的議論に参加していけばよい。それが，責任をもって個人通報制度を育てることなのではないだろうか。他の多くの国もそれを望んでいる。日本は殻に閉じこもることなく，国際協調主義を積極的に受け入れるべきである。

27　個人通報制度が変えるこの国の人権状況

I　女性差別撤廃条約への大きな期待

法制度上の男女平等は，日本では第2次大戦後に実現した。性差別を当然としていた戦前の法や制度は，法の下の平等を保障した日本国憲法（14条）に基づいて，根本的に改められることになった。しかし，法の下の平等が宣言されても，社会は急には変わらない。性差別は，職場，家庭，地域などに残り続け，女性たちは，憲法の理念とかけ離れた状況を一つひとつ変革する活動に携わった。ジェンダーに関わる「偏見」，「慣行」，「差別」を，裁判や運動を通じて是正する試みは，今日にいたるまで続いている。

女性差別撤廃条約は，1985年に国会の承認を受け，同年7月25日に日本に対して効力を発生した。1979年に国連で採択されたこの条約は，性別役割分業というステレオタイプを見直し，法律上の平等だけでなく，事実上の平等の実現を射程におく画期的な内容をもつ。裁判で差別に対して闘ってきた女性たちの喜びはひとしおで，女性差別撤廃条約は，日本国憲法とならびたつ女性の権利の法的根拠として，おおいに期待された。

条約の批准後に取り組まれたのは，国家報告制度を活用して，法を改正し，行政を動かすことだった。国家報告制度は，締約国が，条約に規定された権利を国内で実現するためにとった立法・司法・行政・その他の措置について，国連に定期的に報告書を提出し，女性差別撤廃委員会がそれらを審査して，適当と認める見解や勧告を出す仕組みである。日本はこれまで第1次から第8次の定期報告を行い，5回の審査を受けてきた。審査は，1988年，94年，2003年，09年，16年に実施された。

女性差別撤廃委員会は23名の委員で構成され，日本からも1人ずつ委員が選出されている。委員は選出時に日本政府の推薦を受けるが，選出後は国から独立した個人として委員会の活動に携わる。委員会は，各国の報告書を審査した後に総括所見を出し，その国が行うべき課題を指摘し，勧告する。総括所見は，その国の人権状況に関する国際社会からの評価ともいえる。

しかし，委員会の総括所見を国内で実施するのは，各国政府であり，勧告に法的拘束力があるわけではない。委員会と締約国は，定期的に国家報告をめぐり，持続的・建設的な「対話」をするのであり，報告書を作成するのはあくまでも国である。女性NGOは，独自に委員会にカウンターレポートを提出し，総括所見を実施するよう，国に向けて働きかけてきた。

Ⅱ　裁判所では条約は「絵に描いた餅」？

総括所見は，日本をジェンダー平等社会に導く手がかりを提供するが，政府がその実施に消極的であるかぎり，実現可能性は低い。では条約は，裁判においてどれほどの効果をもたらすのだろうか。

批准された条約が国内で法的効力をもつことを否定する者はいない。憲法98条2項は，「日本国が締結した条約及び確立された国際法規は，これを誠実に遵守することを必要とする」と述べ，学説も判例も，憲法は条約に優位し，条約は法律に優位すると解釈している。

難しいのは，その先である。条約の規定が直接に裁判に適用されるのかという問題で，裁判所は，新たな立法や行政措置を待たずに裁判所で適用可能な条約は「自動執行力のある（self-executing）条約」にかぎられる，とする。そして，条約に自動執行力が認められるには，①その内容が十分に明確で，それ以上の特別な立法措置をとらなくても国内的に執行可能であり，②締約国がその条約の自動執行性を受容していると認められることが必要，というのである。

たとえば，夫婦同姓を定める民法750条の違憲・違法を争う裁判で，原告らは，この条文は女性差別撤廃条約16条1項(g)違反だと主張した。これに対して裁判所は，「……条約が裁判所を拘束するためには，……条約に直接適用可能性ないし自動執行力があることが必要」だが，「女子差別撤廃条約は，締約国の国民に対し，直接権利を付与するような文言になっておらず，国内法の整備を通じて権利を確保することが予定されているから，その規定が，我が国の国民に対し，直接権利を付与するものとはいえない」と述べた（東京高裁2014年3月28日判決）。

しかしこの高裁判決に，女性差別撤廃委員会は，懸念を示している（2016年「総括所見」第8パラグラフ）。同委員会は2009年の個人通報事例ですでに，条約16条1項(g)は，結婚した女性が人格権の一部として結婚前の姓を保持することを可能とする規定だと解釈しているからである（通報番号2007年12

号)[(1)]。

日本でも，原告らが条約上の権利侵害を主張するにつれて，女性差別撤廃条約に言及する判決は増えている。夫婦の氏，嫡出否認，国籍，児童扶養手当，非正規労働，育児休業，コース別処遇，既婚者差別など，家族や労働の領域には，このような判決が多い。言及するだけではなく，人権条約の履行をめぐる委員会の見解や勧告等を判断根拠の１つとして援用する最高裁判決もみられる(たとえば婚外子相続分差別をめぐる最高裁大法廷2013年9月4日判決)。そのかぎりでは，国際人権条約が日本の司法にとって重要な役割を果たしてきたことは，否定できない。

ところが，条約を援用はしても，裁判所は，女性差別撤廃条約を，原告らを救済する直接的な根拠とは認めず，同条約には自動執行力はない，と結論づけている[(2)]。それゆえ，原告らが条約違反を訴えても，条約にはまったくふれないままに棄却する判決も多い。多くの裁判所は，条約が国際社会でどのように解釈されているのかに関心を示さずに，判決を出してきた。さらに，最高裁は人権条約を上告理由として扱わない[(3)]。これでは，条約が実効性のある裁判規範として機能しているとはいえない。

「条約は絵に描いた餅でしかないのか」。裁判を闘ってきた女性たちの落胆は大きく，国際人権法を国内の司法に反映させるハードルは高い。

Ⅲ　選択議定書と個人通報制度

国際人権条約には，より直接的に，国に対して条約上の権利を実現させる手段がある。個人通報制度と調査制度である。個人通報とは，権利を侵害された人が国内では救済されないときに，条約機関（女性差別撤廃条約では女性差別撤廃委員会）に救済を求めて通報できる制度であり，調査制度とは，重大または組織的な権利侵害の情報を得た委員会が，調査を実施する制度である。個人の権利救済にとってもっとも重要なのは「個人通報」で，条約が定める権利を実

---

(1)　本件に関する委員会の結論は受理不能だったが，それは人的管轄（誰が通報できるか）が問題とされただけで，条文の解釈を左右するものではない。

(2)　浅倉むつ子「女性差別撤廃条約に言及する国内判例の分析」『ジェンダー法研究』7号（2020年）27頁以下参照。

(3)　上告は，憲法違反や法律に定められた重大な訴訟手続違反が存在する場合に認められるが（民事訴訟法312条），最高裁が条約違反を上告理由として認めた例はない。

際に個人に対して履行させる手段といえる。

条約には，条約本体で個人通報制度を規定するもの（人種差別撤廃条約，拷問等禁止条約，強制失踪条約，移住労働者権利条約）と，条約に附帯する選択議定書でこれを規定するもの（自由権規約，社会権規約，子どもの権利条約，障害者権利条約）があり，女性差別撤廃条約は，後者の例である。いずれの場合でも，個人通報を利用するには，締約国が，選択条項を受諾するか，選択議定書を批准しなければならない。

女性差別撤廃条約の選択議定書は，条約から20年後の1999年10月6日に，国連総会で採択された。2021年6月現在，条約本体の締約国は189カ国にのぼるが，そのうち114カ国がすでに選択議定書を批准している。しかし日本は，条約を批准する一方で選択議定書を批准していないのである。OECD諸国の中で選択議定書を批准していない国は，日本を含めてわずか5カ国しかない[(4)]。なぜ，日本は選択議定書を批准しないのだろうか。

この問題を考える前に，選択議定書が定める個人通報はどのように行われるのかをみておきたい。通報するのは，条約上の権利を侵害された個人または集団で，本人の同意を得ていれば，代理のNGOが通報することもできる（選択議定書2条）。しかし，通報が受理されるには条件がある。第1に，すべての国内救済措置を尽くしたことであり，日本でいえば最高裁まで争ってもなお救済されなかった事案に限られる。ただし，最高裁で救済される可能性がほとんどない場合や，国内で長い期間が費やされている場合には，受理されることがある（同4条1項）。第2に，同一事案が他の国際機関ですでに審議されている場合，通報が条約規定に違反する場合，明白に根拠を欠いている場合，通報が権利濫用である場合，選択議定書の効力発生前に生じた事案である場合には，受理されない。ただし効力発生前に生じた出来事であっても，違反の効果が現に継続している場合には，通報の対象となりうる（同4条2項）。通報を受けた女性差別撤廃委員会は，締約国にそれを通知し，国は6カ月以内にその事案について情報を提供する（同6条）。

通報を受理すると，委員会は審議により条約違反の有無を認定し，勧告を含む「見解」を出す（同7条3項）。「見解」は，救済のための多彩な内容を含んでいる。金銭補償については，慣行上，金額が書きこまれることはなく，受け

---

(4)　これらは，日本，アメリカ，イスラエル，エストニア，ラトビアである。

た被害を賠償するにふさわしい金額であることが多い。原状回復のための措置や，裁判官，弁護士，検察官，警察官，入国審査官に対する研修を命じる場合もある。ときには，法改正を求める「見解」が出ることもある。

2021年2月までに，女性差別撤廃条約に関する個人通報は，40カ国に対する165件が登録されており，それらの内訳は，受理不能67件，審査終了16件，権利侵害なし7件，権利侵害あり41件，審査中34件，である[(5)]。

Ⅳ　いくつかの個人通報事案

これまでに女性差別撤廃委員会が権利侵害ありとした事案は，DVや性暴力，性と生殖に関する権利，社会保障の権利，難民申請の認定拒否など，多様である。いくつか具体例を紹介する。

第1は，フィリピンにおける強姦事件である（通報番号2008年18号）。商工会議所の事務局長を務めていた女性が，前会頭から強姦され，ただちに病院で検査を受け，警察に通報して刑事告訴した。しかし国内裁判所は，判決まで8年もかけたあげく，被害者が「本気で抵抗していたら防げたはず」として，無罪を言い渡した。

被害者女性からの通報を受理し，委員会は，国内の判決には強姦被害者に対する先入観に基づいた判断があり，国は条約に基づく義務を履行しなかったとして，①通報者に権利侵害の重大性に見合う適切な金銭補償をすること，②強姦事案の司法手続を遅滞なく行う措置をとること，③性犯罪の法的手続が偏見や固定的なジェンダー観念に影響されない措置をとり，強姦の定義を「同意の欠如が中心におかれるよう」にすることなどを，フィリピン政府に勧告する旨の「見解」を出した（2010年7月）。

第2は，ブラジルにおけるマイノリティ女性の出産時死亡事案である（通報番号2008年17号）。アフリカ系で低所得層出身の女性が，胎児を死産した折，設備不十分な私立医療機関で手術を受け，術後に他の病院に搬送される際，長時間待たされ，放置されて死亡した。夫は医療保健制度の不備に対して訴訟を提起したが，4年の間，判決は出なかった。

女性の母親からの通報を受理し，委員会は，女性は，ジェンダーによる差別

---

(5)　個人通報の最新情報は，2021年4月23日，日本女性差別撤廃条約NGOネットワーク主催の学習会で，女性差別撤廃委員の秋月弘子亜細亜大学教授による報告「女性差別撤廃委員会の動向」に依拠した。

に加えて出身や社会的背景による複合差別を受け，適切な医療を提供されなかったと認め，①女性の家族に適切な金銭補償をすること，②すべての女性に十分な産科医療を提供すること，③リプロダクティブ・ヘルスに関し，医療従事者に十分な訓練を行うこと，④効果的な司法救済の権利を保障することを，ブラジル政府に勧告する旨の「見解」を出した（2011年7月）。

第3は，スペインにおける面会交流中の子ども殺害事件である（通報番号2012年47号）。夫から繰り返し暴力を受けて娘とともに別居していた女性は，DVの停止を数十回も警察や裁判所に求めたが，いずれも退けられた。裁判所が監視なしの面会交流を許可したため，父親は面会交流中に娘を殺害して自殺した。女性は，裁判所の過失に対して損害賠償を求めたが最高裁はこれを棄却し，人権侵害からの保護請求を申し立てた憲法裁判所も，憲法上の根拠がないとして棄却した。

女性からの通報を受理し，委員会は，国は急迫の危険があることを予見すべきだったが，面会交流を許可して必要な監視を怠ったとして，①女性に適切な賠償をすること，②母子がDVからの保護を奪われた原因について徹底した調査を実施すること，③DV被害者の安全を害さないよう適切で効果的な手段をとることを，スペイン政府に勧告する旨の「見解」を出した（2014年7月）。

女性は，委員会の「見解」が出た後，再度，国内裁判所に損害賠償請求を申立てた。下級審は棄却したが，スペイン最高裁は2018年7月18日，①女性差別撤廃条約24条（締約国は条約の権利実現のために必要な措置をとる），②選択議定書7条4項（締約国は委員会の見解・勧告に十分な考慮を払う），③スペイン憲法96条（憲法上の権利は国際人権法にそって解釈される）を根拠に，委員会の見解は締約国に拘束性をもつと述べ，国は女性に対して精神的被害に対する総額60万ユーロ（約7千万円相当額）を支払え，と命じる判決を出した(6)。

V　委員会の「見解」を強制する仕組みはあるのか

受理した個人通報に関して，女性差別撤廃委員会が出す「見解」に，締約国は「十分な考慮を払い」，そのためにとった措置を，書面で，6カ月以内に回答する（選択議定書7条4項）。「見解」が実施されない場合，委員会は，その

(6)　スペイン最高裁判決の全訳は『国際女性』33号（2019年）70頁以下，林陽子による解説は同65頁以下。

理由について当該国と対話を行い，追加的情報を提出するよう要請することができる（同条5項）。その後もフォローアップとして，6カ月ごとの協議が進行する。これまでに「見解」を受け取った国の大半は，誠実に委員会との協議に応じ，おおむねその内容を受け入れて補償金を支払い，国内の施策を改善してきた。

とはいえ，委員会の「見解」を強制する仕組みが条約に備わっているわけではない。締約国が万が一，それを守らない場合にはフォローアップ協議が続けられ，最終的に受け入れ不能となれば，審査は終了するしかない。結局，この手続は，建設的・持続的に委員会と各国が協議を続けつつ，当該国の誠実な対応を通して現実を変えるという試みなのである。結果として，前述のスペインの事案のように，最高裁判決が「見解」を執行可能なものとして扱った国もあれば，立法的な解決を図る国もあって，多くの場合，締約国が委員会の「見解」を尊重しつつ対応してきている。しかし，どの国でも，このような解決に至ることは決して容易だったわけではなく，通報者や支援者による粘り強い努力が不可欠だったはずである。

Ⅵ　選択議定書を批准しない理由は何か

さて，日本の問題に戻ろう。女性差別撤廃委員会は，日本の定期報告を審査するつど，政府に選択議定書の批准を要請してきた。2016年の総括所見でも要請を繰り返したが，日本政府はこれに応えていない。委員会は，20年3月9日，次回の定期報告の事前質問事項を日本政府に届けたが，選択議定書の批准はそのトップ項目にある。「（パラグラフ1）……前回総括所見……の勧告にそって，……選択議定書の批准に向けた締約国の検討について説明してください。未批准につながる批准の障害について教えてください。選択議定書の批准のためのタイムフレームに関連して，『国会の承認』に向けた計画と展望についても報告してください」。事前質問への回答として出すべき定期報告の期限は21年3月だったが，日本政府はいまだにそれを提出していない。

選択議定書を批准しない理由は何だろうか。当初，政府は，司法の独立が侵されるという理由をあげた。しかし世界の114カ国が批准していることをみれば，これが正当な理由にならないのは明らかで，今や法務省も，国際人権法に逆行するこのような説明をすることはない。政府は，選択議定書の批准について，1999年以来，研究を重ねてきたが，一向に結論を出さず，いまや批准しない正当理由を探すことは難しい。政府は現在，いかなる場でも，次の説明を繰り返している[(7)]。「①個人通報制度については，条約の実施の効果的な担保をはかるという趣旨から注目すべき制度と認識している。②個人通報制度の受け入れに当たっては，わが国の司法制度や立法政策との関連での問題の有無および個人通報制度を受け入れる場合の実施体制等の検討課題があると認識している。③個人通報制度の受け入れの是非については，各方面から寄せられる意見も踏まえつつ，引き続き，政府として真剣に検討を進めているところである。」

ここで批准しない理由を述べているのは②のみである。その内容を斟酌すれば，日本の「司法制度」「立法政策」「実施体制」になお検討課題があるからだという。具体的には，国内の確定判決と異なる「見解」が出た場合，裁判所はどうするのか。法改正を求める「見解」が出た場合，立法府はどうするのか。実施体制としては，たとえば通報者に賠償等を命ずる「見解」が出た場合，財源をどうするのか，ということなどであるらしい。

しかしいずれも，批准しない理由として正当性があるとは思えない。最高裁判決と異なる「見解」がでる可能性はあるが，「見解」は国に向けて出されるのであり，最高裁を名宛人に判決内容の修正を迫るものではない。立法に関しても，これに応じるか否かを決定するのは最終的には立法府であり，「見解の強要」をやみくもに恐れる必要はまったくない。財源も，批准を回避すべきほどの重大問題とは思えず，補償金の金額はけっして国を揺るがすほどではない。大量の個人通報で国の財源がひっ迫するとは考えにくく，通報制度開始から20余年の間に，権利侵害ありとされたのは全世界で41件にすぎないという事実を，日本政府も認識しているはずである。個人通報制度を導入するに当たり，何ら障害がないことは明らかである。

Ⅶ　加速している批准の要請

国内には，個人通報を待ち望んでいる人々もおり，選択議定書の批准を求める取組みは，長く続いてきた。批准を求める国会請願は，2001年から16年まで，参議院本会議で可決されてきた。しかし17年以降は採択保留となり，国会の動きは後退したようにみえる。しかし，私が共同代表をしている「女性差

---

(7)　内閣府「女子差別撤廃委員会最終見解への対応に関するワーキンググループ」(2021年１月９日) 資料より。

表　地方議会における「意見書」採択状況

2001年～2016年（受理年月）

No.	年月	議会
1	2001年5月	大阪府堺市議会
2	2003年11月	東京都文京区議会
3	2009年7月	福岡県大牟田市議会
4	2009年7月	東京都立川市議会
5	2009年7月	千葉県市川市議会
6	2009年7月	東京都小金井市議会
7	2009年7月	東京都三鷹市議会
8	2009年7月	東京都八王子市議会
9	2009年9月	東京都小平市議会
10	2009年9月	千葉県船橋市議会
11	2009年9月	千葉市議会
12	2009年9月	北海道旭川市議会
13	2009年11月	**高知県議会**
14	2009年11月	東京都江戸川区議会
15	2009年10月	福岡県北九州市議会
16	2009年10月	**島根県議会**
17	2009年10月	和歌山県上冨田町議会
18	2009年10月	兵庫県芦屋市議会
19	2009年10月	千葉県佐倉市議会
20	2009年10月	福島県郡山市議会
21	2009年5月	高知県須崎市議会
22	2010年4月	高知県東洋町議会
23	2010年4月	高知県大月町議会
24	2010年4月	高知県本山町議会
25	2010年4月	埼玉県狭山市議会
26	2010年4月	北海道士別市議会
27	2010年2月	高知県高知市議会
28	2010年2月	東京都日野市議会
29	2010年1月	和歌山県橋本市議会
30	2010年1月	東京都国分寺市議会
31	2010年1月	千葉県松戸市議会
32	2010年1月	福岡県志免町議会
33	2010年1月	大阪府和泉市議会
34	2010年1月	大阪府茨木市議会
35	2010年1月	**宮城県議会**
36	2010年7月	高知県黒潮町議会
37	2010年7月	高知県香南市議会
38	2010年7月	和歌山県田辺市議会
39	2010年10月	和歌山県岩出市議会
40	2016年5月	高知市議会

2019年～2021年（採択年月）

No.	年月	議会
41	2019年6月	福岡県北九州市議会
42	2019年9月	北海道ニセコ町議会
43	2019年9月	埼玉県八潮市議会
44	2019年9月	東京都八王子市議会
45	2019年9月	北海道仁木町議会
46	2019年9月	東京都小金井市議会
47	2019年9月	東京都三鷹市議会
48	2019年10月	高知県高知市議会
49	2019年10月	福島県郡山市議会
50	2019年10月	東京都文京区議会
51	2019年10月	東京都中野区議会
52	2019年12月	奈良県大和郡山市議会
53	2019年12月	福岡県飯塚市議会
54	2020年3月	**徳島県議会**
55	2020年3月	福岡県嘉麻市議会
56	2020年3月	埼玉県さいたま市議会
57	2020年3月	茨木県つくば市議会
58	2020年3月	鳥取県北栄町議会
59	2020年3月	鳥取県湯梨浜町議会
60	2020年3月	鳥取県大山町議会
61	2020年3月	鳥取県南部町議会
62	2020年3月	鳥取県江府町議会
63	2020年6月	福岡県中間市議会
64	2020年9月	東京都東大和市議会
65	2020年9月	大阪府寝屋川市議会
66	2020年9月	千葉県松戸市議会
67	2020年9月	東京都清瀬市議会
68	2020年9月	徳島県阿南市議会
69	2020年9月	徳島県吉野川市議会
70	2020年12月	**富山県議会**
71	2020年12月	**宮城県議会**
72	2020年12月	東京都調布市議会
73	2020年12月	徳島県三好市議会
74	2020年12月	徳島県鳴門市議会
75	2020年12月	徳島県小松島市議会
76	2020年12月	徳島県美馬市議会
77	2020年12月	徳島県勝浦町議会
78	2021年3月	奈良県三郷町議会
79	2021年3月	大阪府泉大津市議会
80	2021年3月	東京都府中市議会
81	2021年3月	東京都豊島区議会
82	2021年3月	大阪府吹田市議会
83	2021年3月	東京都日野市議会
84	2021年3月	**大阪府議会**
85	2021年3月	大阪府池田市議会
86	2021年3月	北海道函館市議会
87	2021年3月	徳島県藍住　町議会
88	2021年3月	徳島県板野町議会
89	2021年3月	徳島県上板町議会
90	2021年3月	徳島県上勝町議会
91	2021年6月	奈良県王寺町議会
92	2021年6月	徳島県佐那河内村議会
93	2021年6月	徳島県海陽町議会
94	2021年6月	徳島県北島町議会
95	2021年6月	徳島県東みよし町議会
96	2021年6月	大阪府河内長野市
97	2021年6月	富山県高岡市議会
98	2021年6月	大阪府豊中市議会
99	2021年6月	大阪府高槻市議会
100	2021年6月	大阪府大東市議会

（2021年6月26日現在までに知りえた情報）

別撤廃条約実現アクション」(2019年3月発足）は，活動開始以来，国会に請願署名を提出する院内集会を開いてきた。21年6月1日の院内集会では，67名の紹介議員（衆議院32名，参議院35名）を通じて8万8027筆の請願署名を提出した。6月14日には，関係省庁に，118団体の連名による「批准を求める要望書」および4880人のネット個人署名を届けた。

各地方議会では，女性差別撤廃条約の選択議定書批准を国に求める「意見書」採択の動きが活発化している（【表】)。意見書を採択した地方議会は，2001年から16年までに40議会，「実現アクション」が発足した19年から今日までの間に60議会，あわせて100議会に達しており，その動きは明らかに加速している。都道府県レベルでもすでに6府県が，意見書を採択した。国会が動かないのなら地方議会を動かしたい，そう願う女性たちによる草の根運動の成果である。

Ⅷ　司法を変え，人権状況を改善する

権利を侵害された個人は，個人通報をすることで，国際基準に照らして救済される可能性を手にする。これは間違いない事実だが，再三，述べたように，「権利侵害あり」とされた件数は少なく，委員会から出される「見解」を各国に強制する仕組みはない。それだけに，改めて，個人通報にはどのような意義があるのか，整理しておきたい。

個人通報を導入する最大の意義は，日本の司法が変わることである。裁判所は，条約上の権利侵害が，女性差別撤廃委員会の審査を受ける可能性があることを念頭に，判決を下すようになる。もし国内の判決が国際基準に照らした検討をいっさい行っていなければ，後に国際的な批判にさらされるだろう。そうなれば，裁判の内容も変わるはずであり，司法の判断には人権条約の精神が活かされるようになる。国内裁判所は，国際基準に照らした判断をせざるをえなくなるだろう。選択議定書の批准は，司法の独立を侵害するどころか，司法の判断を強化して，女性差別に対する司法の理解を促進するに違いない。

政府にとってもこれはマイナスではない。選択議定書の批准は，日本が人権を尊重する国であることを世界に向けて発信することであり，日本がすでに批准している女性差別撤廃条約の実効性が，ようやく確保される。

日本政府は，国際的な場で国内の人権問題が審査されることを「非難」ととらえているのではないだろうか。国内における未解決の問題に国際社会から踏

み込まれたら困る，という防御的な姿勢なのかもしれない。しかし，防御ではなく，日本はむしろ，国内の人権問題を国際的な議論の場に委ね，解決すべき人権問題の「先例」「判例」を増やすという観点で取り組むべきであろう。国際機関の活動に積極的に参加し，議論をリードし，制度を育てる選択肢をとって欲しい。それこそが国際協調主義である。条約が定める人権委員会では，すでに何人もの日本の委員が，優れた専門家として具体的事案の審議に積極的に加わり，国際人権法の解釈の発展・深化に寄与してきた。国も，個人通報制度を通じて，国際人権基準にのっとった人権状況の改善に参加すべきである。人権保障の国際的潮流から立ち遅れ続けることが，日本にとって得策とは思えない。ジェンダーギャップ指数120位の現実から脱却するためにも，女性の権利を国際基準にする個人通報制度の導入が不可欠である。

28　女性差別撤廃条約選択議定書の批准を求める地方議会意見書の動向

I　全国114の地方議会が「意見書」を採択

1999年10月の国連総会で，女性差別撤廃条約の選択議定書が採択された。選択議定書は，個人通報制度と調査制度を定め，それらの活用によって，女性差別撤廃条約の実効性を高めるための文書である。世界では，女性差別撤廃条約の締約国189カ国のうち，すでに114カ国が，同条約の選択議定書の締約国になっている。

日本は，女性差別撤廃条約を1985年に批准したものの，選択議定書をいまだに批准していない。国内外からの選択議定書批准要請にもかかわらず，日本政府はこの課題を先延ばしにしてきた。この経緯については，別稿で分析・批判したところである[(1)]。

一方，多くの市民は，政府が選択議定書を批准しないことの不当性を，さまざまな手段を通じて世論に訴えてきた。国会が動かないのなら，自分たちに身近な地方議会への陳情・請願という形をとろうと考え，それを実行してきた人々も多い。その活動は徐々に広がり，2021年9月現在，全国114の地方議会が，選択議定書批准を求める意見書を採択するに至っている。【図表1】をみていただきたい。

このグラフからは，2001年から地方議会が意見書を採択し始めたこと（2001年と2003年に各1議会），2009年（18議会）と2010年（19議会）に大きな波がきたこと，一時の停滞を経て，2019年から，意見書採択は，再度，活発化し，2019年（13議会），2020年（27議会），2021年（34議会）と，大きなうねりを作っていることが読み取れる。

2002年には，日本女性差別撤廃条約NGOネットワーク（JNNC）が結成され，全国的な活動が展開された。2003年には，CEDAW（女性差別撤廃委員会）に

(1)　浅倉むつ子「女性差別撤廃条約選択議定書──批准の『障害』とは何か」『国際女性』34号（2020年）135頁以下，同「個人通報制度が変える　この国の人権状況──女性差別撤廃条約と司法判断」『世界』947号（2021年）176頁。

図表1　地方議会における選択議定書採択を求める意見書提出状況（2001年〜2021年）

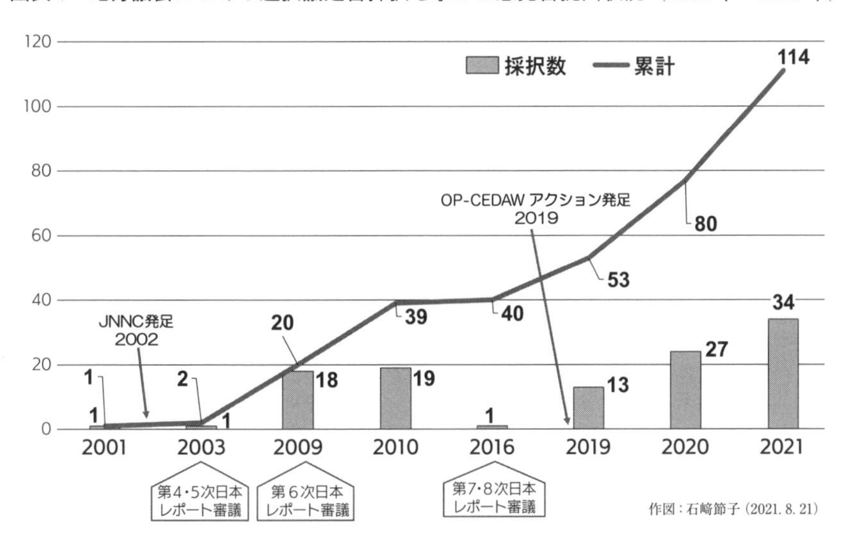

作図：石崎節子（2021. 8. 21）

よる日本の第4次・5次レポート審議のなかで，5人の委員がのべ6回にわたり，選択議定書の批准を日本政府に要請した(2)。2009年には，日本の第6次レポート審議が行われ，CEDAW委員からの質問に対して，外務省の志野光子人権人道課長は，選択議定書の個人通報制度については注目すべき制度と考えており，40回ほどの研究会を重ねている，と回答した(3)。

2016年には，日本の第7次・第8次レポートが審議され，CEDA Wの「総括所見」は，政府による定期レポートには選択議定書をいつまでに批准するかという情報がない，批准を検討するとともに，委員会の先例について法律専門家や執行官に研修を行うべき，と勧告した。

そして2019年3月，現在私が共同代表をしている「女性差別撤廃条約実現アクション」（以下，「実現アクション」とする。略称OP-CEDAWアクション）が，選択議定書の批准実現のための共同活動をスタートさせた。以来，意見書を採択する地方議会の数は飛躍的に増加している。

このような地方議会の意見書採択動向の加速化は，日本の遅れたジェンダー

(2)　山下泰子「国連女性差別撤廃委員会における日本レポート審議概要」『国際女性』17号（2003年）96頁。
(3)　『国際女性』23号（2009年）191頁。

平等を少しでも前に進めたいと願う全国の女性たちによる草の根の活動によって実現された。中央政治だけに注目しがちなマスメディアや私たち研究者にとって，この動向は新たな学びの対象である。本稿では，これら全国114地方議会の意見書を読み解いてみたい。

Ⅱ　意見書採択動向と「実現アクション」によるアンケート調査

本稿を書くに当たっては，「実現アクション」が参加団体に向けて実施した，女性差別撤廃条約の選択議定書批准を求める地方議会の意見書に関するアンケート調査の結果を，必要に応じて利用した(4)。アンケート調査結果は，「実現アクション」参加団体の内部で共有するための資料であり，外部には公開していない。

1　「実現アクション」参加団体

アンケートをお願いした「実現アクション」の参加団体を紹介しておく。「実現アクション」の発足時（2019年3月）の参加団体は36だったが，2021年9月現在，61団体に増えた。それらは大小さまざまな以下の諸団体である。

国際女性の地位協会；すぺーすアライズ；全印総連女性部；NPO法人共同の家プアン；女性首長を実現する会愛知；クオータ制を推進する会（Qの会）；クオータ制の実現をめざす会；アジア・太平洋人権情報センター（ヒューライツ大阪）；日本婦人団体連合会（婦団連）；全労協女性委員会；ワーキング・ウィメンズ・ネットワーク（WWN）；国際婦人年連絡会；新日本婦人の会；北京JAC；均等待遇アクション21；公人による性差別をなくす会；世界女性会議岡山連絡会；日本女性監視機構（JAWW）；なくそう戸籍と婚外子差別・交流会；「慰安婦」問題解決オール連帯ネットワーク；戦時性暴力問題連絡協議会；女性参政権を活かす会；アイ女性会議；ふぇみん婦人民主クラブ；杉並女性団体連絡会；アジア女性資料センター；精神障害者権利主張センター・絆；全労連女性部；アクティブ・ミュージアム「女たちの戦争と平和資料館」（wam）；全国フェミニスト議員連盟；参画プラネット；ジェンダー平等をすすめる教育全国ネットワーク；ねりまジェンダー研究会；国際人権規約完全実施促進連絡会議；投票サプリ；NPO法人Nプロジェクトひと・みち・まち；農民運動全国連合女性部；ねりま24条の会；女性「九条の会」；婦人民主クラブ；NPO法人mネット・民法改正情報ネッ

(4)　アンケートに協力して下さった参加団体の皆さん，分析に取り組んだ「実現アクション」世話人の皆さんに深く感謝したい。

トワーク；連合ジェンダー平等・多様性推進局；シャキット富山35；全国シェルターネット；反差別国際運動（IMADR）；DPI女性障害者ネットワーク；東京生活者ネットワーク；全国商工団体連合会婦人部協議会；「慰安婦」問題とジェンダー平等ゼミナール；自由法曹団女性部；女性差別撤廃条約選択議定書批准を求める実行委員会とやま；ウィメンズマーチ東京；めぐろジェンダー平等の会；練馬区職員労働組合女性部；RHRリテラシー研究所；（公財）日本キリスト教婦人矯風会；男女共同参画みえネット；女性グループ翼（ウィング）；四日市男女共同参画研究所；高齢社会をよくする女性の会；はたらく女性のフロアかながわ

2　地方議会一覧

以上の61団体は，ほぼ月に1度の「実現アクション」全体会において，地方議会の動向についても情報交換をしており，そこで得られた114の意見書採択地方議会一覧が【図表2】である。意見書の名称は，私が各地方議会のホームページで調べたものを含む。

図表2　地方議会における「意見書」採択状況

2001年～2016年（受理年月）			
1	2001年5月	大阪府堺市議会	女性差別撤廃条約選択議定書の早期批准に関する意見書
2	2003年11月	東京都文京区議会	女性差別撤廃条約の完全実施に関する意見書
3	2009年7月	福岡県大牟田市議会	女性差別撤廃条約選択議定書の批准を求める意見書
4	2009年7月	東京都立川市議会	女性差別撤廃条約選択議定書の批准を求める意見書
5	2009年7月	千葉県市川市議会	女性差別撤廃条約選択議定書の批准を求める意見書
6	2009年7月	東京都小金井市議会	女性差別撤廃条約選択議定書の批准を求める意見書
7	2009年7月	東京都三鷹市議会	女性差別撤廃条約選択議定書の批准を求める意見書
8	2009年7月	東京都八王子市議会	女性差別撤廃条約選択議定書の批准を求める意見書
9	2009年9月	東京都小平市議会	女子差別撤廃条約選択議定書の批准を求める意見書
10	2009年9月	千葉県船橋市議会	女性差別撤廃条約選択議定書の批准を求める意見書
11	2009年9月	千葉県千葉市議会	女性差別撤廃条約選択議定書の批准を求める意見書
12	2009年9月	北海道旭川市議会	女性差別撤廃条約選択議定書の批准を求める意見書
13	2009年11月	高知県議会	女性差別撤廃条約選択議定書の批准を求める意見書
14	2009年11月	東京都江戸川区議会	女子差別撤廃条約選択議定書の批准を求める意見書
15	2009年10月	福岡県北九州市議会	女性差別撤廃条約選択議定書の批准を求める意見書
16	2009年10月	島根県議会	女子差別撤廃条約選択議定書の批准を求める意見書
17	2009年10月	和歌山県上冨田町議会	女性差別撤廃条約選択議定書の批准を求める意見書
18	2009年10月	兵庫県芦屋市議会	女子に対するあらゆる形態の差別の撤廃に関する条約の選択議定書の批准を求める意見書
19	2009年10月	千葉県佐倉市議会	女性差別撤廃条約選択議定書の批准を求める意見書
20	2009年10月	福島県郡山市議会	女性差別撤廃条約選択議定書の批准を求める意見書
21	2009年5月	高知県須崎市議会	女性差別撤廃条約選択議定書の批准を求める意見書

22	2010年4月	高知県東洋町議会	女性差別撤廃条約選択議定書の批准を求める意見書
23	2010年4月	高知県大月町議会	女性差別撤廃条約選択議定書の批准を求める意見書
24	2010年4月	高知県本山町議会	女性差別撤廃条約選択議定書の批准を求める意見書
25	2010年4月	埼玉県狭山市議会	女性差別撤廃条約選択議定書の批准を求める意見書
26	2010年4月	北海道士別市議会	女性差別撤廃条約選択議定書の速やかな批准を求める意見書
27	2010年2月	高知県高知市議会	女性差別撤廃条約選択議定書の批准を求める意見書
28	2010年2月	東京都日野市議会	女性差別撤廃条約選択議定書の批准を求める意見書
29	2010年1月	和歌山県橋本市議会	女性差別撤廃条約選択議定書の批准を求める意見書
30	2010年1月	東京都国分寺市議会	女性差別撤廃条約選択議定書の批准を求める意見書
31	2010年1月	千葉県松戸市議会	女性差別撤廃条約選択議定書の批准を求める意見書
32	2010年1月	福岡県志免町議会	女性差別撤廃条約選択議定書の批准を求める意見書
33	2010年1月	大阪府和泉市議会	女性差別撤廃条約選択議定書の批准を求める意見書
34	2010年1月	大阪府茨木市議会	女性差別撤廃条約選択議定書の批准を求める意見書
35	2010年1月	宮城県議会	女子差別撤廃条約選択議定書の批准を求める意見書
36	2010年7月	高知県黒潮町議会	女性差別撤廃条約選択議定書の批准を求める意見書
37	2010年7月	高知県香南市議会	女性差別撤廃条約選択議定書の批准を求める意見書
38	2010年7月	和歌山県田辺市議会	女性差別撤廃条約選択議定書の批准を求める意見書
39	2010年10月	和歌山県岩出市議会	女性差別撤廃条約選択議定書の批准を求める意見書
40	2016年5月	高知県高知市議会	女性差別撤廃条約批准国として条約上の責務を積極的に果たすことを求める意見書
2019年～2021年（採択年月）			
41	2019年6月	福岡県北九州市議会	女子差別撤廃条約選択議定書の速やかな批准を求める意見書
42	2019年9月	北海道ニセコ町議会	女性差別撤廃条約選択議定書の速やかな批准を求める意見書
43	2019年9月	埼玉県八潮市議会	女性差別撤廃条約選択議定書の速やかな批准を求める意見書
44	2019年9月	東京都八王子市議会	女性差別撤廃条約選択議定書の速やかな批准を求める意見書
45	2019年9月	北海道仁木町議会	女性差別撤廃条約選択議定書の速やかな批准を求める意見書
46	2019年9月	東京都小金井市議会	女子差別撤廃条約選択議定書の速やかな批准を求める意見書
47	2019年9月	東京都三鷹市議会	一刻も早い女性差別撤廃条約選択議定書の批准を求める意見書
48	2019年10月	福島県郡山市議会	女性差別撤廃条約選択議定書の速やかな批准を求める意見書
49	2019年10月	東京都文京区議会	女子差別撤廃条約選択議定書の速やかな批准を求める意見書
50	2019年10月	東京都中野区議会	女性差別撤廃条約選択議定書の速やかな批准を求める意見書
51	2019年10月	高知県高知市議会	女性差別撤廃条約選択議定書の批准を求める意見書
52	2019年12月	奈良県大和郡山市議会	女子差別撤廃条約選択議定書の批准を求める意見書
53	2019年12月	福岡県飯塚市議会	女性差別撤廃条約選択議定書の速やかな批准を求める意見書
54	2020年3月	徳島県議会	女性差別撤廃条約選択議定書の批准に向けてのすみやかな検討を求める意見書
55	2020年3月	福岡県嘉麻市議会	女性差別撤廃条約選択議定書の批准を求める意見書
56	2020年3月	埼玉県さいたま市議会	女子差別撤廃条約選択議定書の速やかな批准を求める意見書
57	2020年3月	茨城県つくば市議会	女子差別撤廃条約選択議定書の速やかな批准を求める意見書
58	2020年3月	鳥取県北栄町議会	女性差別撤廃条約選択議定書の速やかな批准を求める意見書
59	2020年3月	鳥取県湯梨浜町議会	女性差別撤廃条約選択議定書のすみやかな批准を求める意見書
60	2020年3月	鳥取県大山町議会	女性差別撤廃条約選択議定書のすみやかな批准を求める意見書
61	2020年3月	鳥取県南部町議会	女性差別撤廃条約選択議定書のすみやかな批准を求める意見書
62	2020年3月	鳥取県江府町議会	女性差別撤廃条約選択議定書のすみやかな批准を求める意見書

63	2020年6月	福岡県中間市議会	女性差別撤廃条約「選択議定書」の批准を求める意見書
64	2020年9月	東京都東大和市議会	女子差別撤廃条約選択議定書の速やかな批准を求める意見書
65	2020年9月	大阪府寝屋川市議会	女性差別撤廃条約選択議定書の速やかな批准を求める意見書
66	2020年9月	千葉県松戸市議会	女性差別撤廃条約選択議定書の批准に向け，真剣に検討を進めるよう求める意見書
67	2020年9月	東京都清瀬市議会	女子差別撤廃条約選択議定書の速やかな批准を求める意見書
68	2020年9月	徳島県阿南市議会	女性差別撤廃条約選択議定書のすみやかな批准を求める意見書
69	2020年9月	徳島県吉野川市議会	女性差別撤廃条約選択議定書のすみやかな批准を求める意見書
70	2020年9月	鳥取県境港市議会	女性差別撤廃条約選択議定書のすみやかな批准を求める意見書
71	2020年12月	富山県議会	女子に対するあらゆる形態の差別の撤廃に関する条約の選択議定書の批准及び国内法制の整備を求める意見書
72	2020年12月	宮城県議会	女性差別撤廃条約選択議定書の締結に向けた検討の推進を求める意見書
73	2020年12月	東京都調布市議会	女性差別撤廃条約選択議定書の批准に向けた環境整備を求める意見書
74	2020年12月	徳島県三好市議会	女子差別撤廃条約選択議定書の速やかな批准を求める意見書
75	2020年12月	徳島県鳴門市議会	女性差別撤廃条約選択議定書の速やかな批准を求める意見書
76	2020年12月	徳島県小松島市議会	女性差別撤廃条約選択議定書のすみやかな批准を求める意見書
77	2020年12月	徳島県美馬市議会	女性差別撤廃条約選択議定書のすみやかな批准を求める意見書
78	2020年12月	徳島県勝浦町議会	女性差別撤廃条約選択議定書のすみやかな批准を求める意見書
79	2020年12月	群馬県前橋市議会	女性差別撤廃条約選択議定書の速やかな批准を求める意見書
80	2020年12月	北海道根室市議会	女性差別撤廃条約選択議定書のすみやかな批准を求める意見書
81	2021年3月	奈良県三郷町議会	女性差別撤廃条約選択議定書のすみやかな批准を求める意見書
82	2021年3月	大阪府泉大津市議会	女性差別撤廃条約選択議定書の速やかな批准を求める意見書
83	2021年3月	東京都府中市議会	女性差別撤廃条約選択議定書の速やかな批准を求める意見書
84	2021年3月	東京都豊島区議会	女性差別撤廃条約選択議定書の批准を求める意見書
85	2021年3月	大阪府吹田市議会	女子差別撤廃条約選択議定書の速やかな批准を求める意見書
86	2021年3月	東京都日野市議会	女性差別撤廃条約選択議定書の批准に向けた環境整備を求める意見書
87	2021年3月	大阪府議会	女性差別撤廃条約選択議定書の速やかな批准に向けた環境整備を求める意見書
88	2021年3月	大阪府池田市議会	女性差別撤廃条約の実効性を強化するための環境整備を整え，選択議定書の速やかな批准を求める意見書
89	2021年3月	北海道函館市議会	女子差別撤廃条約選択議定書の速やかな批准を求める意見書
90	2021年3月	徳島県藍住町議会	女性差別撤廃条約選択議定書の速やかな批准を求める意見書
91	2021年3月	徳島県板野町議会	女性差別撤廃条約選択議定書のすみやかな批准を求める意見書
92	2021年3月	徳島県上板町議会	女性差別撤廃条約選択議定書のすみやかな批准を求める意見書
93	2021年3月	徳島県上勝町議会	女性差別撤廃条約選択議定書のすみやかな批准を求める意見書
94	2021年3月	福岡県行橋市議会	女性差別撤廃条約選択議定書の速やかな批准を求める意見書
95	2021年3月	東京都町田市議会	女子差別撤廃条約選択議定書の批准に向けて環境整備を求める意見書
96	2021年6月	奈良県王寺町議会	女性差別撤廃条約選択議定書の速やかな批准を求める意見書
97	2021年6月	徳島県佐那河内村議会	女性差別撤廃条約選択議定書のすみやかな批准を求める意見書
98	2021年6月	徳島県海陽町議会	女性差別撤廃条約選択議定書の速やかな批准を求める意見書
99	2021年6月	徳島県北島町議会	女性差別撤廃条約選択議定書のすみやかな法整備を求める意見書

100	2021年6月	徳島県東みよし町議会	女性差別撤廃条約選択議定書の速やかな批准を求める意見書
101	2021年6月	大阪府河内長野市議会	女性差別撤廃条約選択議定書の速やかな批准に向けた環境整備を求める意見書
102	2021年6月	富山県高岡市議会	女子に対するあらゆる形態の差別の撤廃に関する条約の選択議定書の批准及び国内法制の整備を求める意見書
103	2021年6月	大阪府豊中市議会	女性差別撤廃条約選択議定書の速やかな批准に向けた環境整備を求める意見書
104	2021年6月	大阪府高槻市議会	女性差別撤廃条約選択議定書の速やかな批准に向けた環境整備を求める意見書
105	2021年6月	大阪府大東市議会	女性差別撤廃条約選択議定書の早期批准を求める意見書
106	2021年6月	埼玉県春日部市議会	女性差別撤廃条約選択議定書の速やかな批准を求める意見書
107	2021年6月	東京都狛江市議会	女子差別撤廃条約選択議定書の批准に向けた環境整備を求める意見書
108	2021年6月	大阪府東大阪市議会	女性差別撤廃条約選択議定書の速やかな批准に向けた環境整備を求める意見書
109	2021年6月	大阪府羽曳野市議会	女性差別撤廃条約選択議定書の速やかな批准に向けた環境整備を求める意見書
110	2021年6月	大阪府守口市議会	女性差別撤廃条約選択議定書の速やかな批准に向けた環境整備を求める意見書
111	2021年6月	埼玉県所沢市議会	女性差別撤廃条約選択議定書の批准及び国内法の整備を求める意見書
112	2021年6月	大阪府貝塚市議会	女性差別撤廃条約選択議定書の速やかな批准に向けた環境整備を求める意見書
113	2021年7月	大阪府島本町議会	女性差別撤廃条約選択議定書の早期批准に向けた環境整備を求める意見書
114	2021年7月	大阪府松原市議会	女性差別撤廃条約選択議定書の速やかな批准に向けた環境整備を求める意見書

＊意見書の「名称」は各地方議会のホームページによる。ホームページに記載がない場合は，議会事務局に問い合わせた。

（2021年9月10日　浅倉むつ子作成）

【図表2】の1から40までは，「実現アクション」発足前のものであり，国会が意見書を受理した年月順である。41以降は，「実現アクション」発足後のものであり，意見書採択年月順になっている。府県レベルでは，高知県（13），島根県（16），宮城県（35，72），徳島県（54），富山県（71），大阪府（87）が，意見書を採択している。

3　参加団体からの情報収集アンケート調査

私たちは，各地方議会が，どのような経緯で「意見書」採択に至ったのか，それに向けた取り組みの経験を，共有しておきたいと考えた。そこで，参加団体のなかで，意見書採択の中心的役割を果たした経験者，もしくは，事情をよく知っている人から，情報を収集するためのアンケート調査を行った。調査時期は，2021年5月から6月である。

主な質問項目は，アンケート対象の地方議会の，①会派構成，②意見書採択・不採択の経緯（請願・陳情か，議員提案か），③意見書の名称，④賛否の結果，⑤提出までのプロセスの特色，⑥審査や裁決時の賛成意見，反対意見，⑦可決もしくは否決に至った主な要因，その他であり，必要に応じて，自由記述で回答をもらった。

その結果，【図表2】中の30議会（意見書採択）およびそれ以外の6議会（不採択）について，貴重な情報が得られた。議会の名称は明らかにできないが，30議会の内訳は，4府県，20市議会，2区議会，4町議会である。

Ⅲ　意見書の「名称」

採択時期によって，意見書の「名称」には特徴がみられる。2016年まで（1から40）は，「女性差別撤廃条約選択議定書の批准を求める意見書」が定型である。なかには，条約の公式名に使われている「女子」を表記する意見書が5例あり（9，14，16，18，35），18は正式名称をそのまま使用している。より積極的に，「早期批准」(1)，「速やかな批准」(26）と加筆したものもあった。「女性差別撤廃条約の完全実施に関する意見書」(2)，「女性差別撤廃条約批准国として条約上の責務を積極的に果たすことを求める意見書」(40）は，選択議定書の実効性確保という意味を十分に理解した名称であろう。

2019年以降は，「女性差別撤廃条約選択議定書の速やかな批准を求める意見書」が定型となった。「速やかな」あるいは「すみやかな」のいずれかを用いる名称が圧倒的に多く，なかには「一刻も早い」(47）と記載するものもあった。「女性」ではなく「女子」としたものは，74例中15例で，約2割である。

中には，「批准に向けてのすみやかな検討を求める」(54)，「批准に向け，真剣に検討を進めるよう求める」(66)，「締結に向けた検討の推進を求める」(72）とする意見書がある。「第4次男女共同参画基本計画」(2015年12月）が「選択議定書については，早期締結について真剣に検討を進める」としており，(66，72）はこの表現を採用したのであろう。「批准に向けた検討」は，若干，トーンダウンした表現といえる。

2020年12月には，「批准に向けた環境整備を求める意見書」が登場し（73)，翌2021年3月以降には，34例中14例にあたる約4割が，「環境整備」という表現を使用するようになった。「環境整備」を掲げる意見書は，外務省が繰り返している説明をその内容に取り入れている(5)。すなわち,「我が国の司法制度や立法政策との関連での問題，個人通報を受け入れる実施体制等の課題を早急に解決されるよう，……環境整備を強く求める」(86),「我が国の司法制度や立法政策との関連課題等が早期に解決されるよう環境整備を進め」る（87，88，114),「政府に対し，司法制度や個人通報を受け入れる実施体制等の課題を早急に解決し，環境整備を進める」(95）などである。これらの文言挿入は，意見書採択に至るための調整努力の結果だったといえる。

Ⅳ　意見書の採択事情さまざま

1　意見書提案の契機

「実現アクション」のアンケートによれば，意見書提案のきっかけは,「実現アクション」の関係者（世話人会メンバー等）や参加団体の人々による講演会や勉強会であり，また，超党派女性議員による連続講演会だった。選択議定書の理解を深めるのに「実現アクション」が作成したリーフレットが効果的だった，という声が多く寄せられた(6)。

講演会や勉強会の後，女性たちが，地方議会の各会派に意見書採択を粘り強く働きかけたことが，大きな成果を生んだ。働きかけの対象は，特定の政党ではなく，いずれの会派であってもまず女性議員とコンタクトをとり，理解を得ようとしてきた。なかには，以前からある県横断的な女性協議会が，全県下の地方議会における意見書採択をめざして精力的な活動を広げたところもあった。

富山と大阪では,「実現アクション」の地域版，すなわち,「女性差別撤廃条約実現アクションとやま」,「女性差別撤廃条約実現アクション大阪」が，それぞれ結成され，それらを中心に，富山県議会，大阪府議会において，意見書採択に至った。その後，富山県下，大阪府下の各区市町村議会の意見書採択に向けて，活動は大きな広がりをみせている。

---

(5)　日本政府は，いかなる場でも，選択議定書が定める個人通報制度の受入れについて，以下のような説明を繰り返している。「個人通報制度の受け入れにあたっては，わが国の司法制度や立法政策との関連での問題の有無および個人通報制度を受け入れる場合の実施体制等の検討課題があると認識している。」内閣府「女子差別撤廃委員会最終見解への対応に関するワーキンググループ」(2021年1月9日）資料より。

(6)　リーフレットは1部5円という格安で頒布し,「実現アクション」のHPから印刷することもできる。https://opcedawjapan.wordpress.com/whatisopcedaw/

2　意見書採択の経緯

意見書採択の手順を示す格好の資料がある。「女性差別撤廃条約実現アクション大阪」の母体となったWWN（ワーキング・ウィメンズ・ネットワーク）が作成した「地方議会で意見書を採択するための手順」である【図表3】。

図表3　地方議会で意見書を採択するための手順（WWNの経験）

意見書は

地方自治法第 99 条に基づき、市の公益に関することについて、国・府など関係行政庁に対して市議会の意思として提出する文書。

<意見書採択までの流れ>

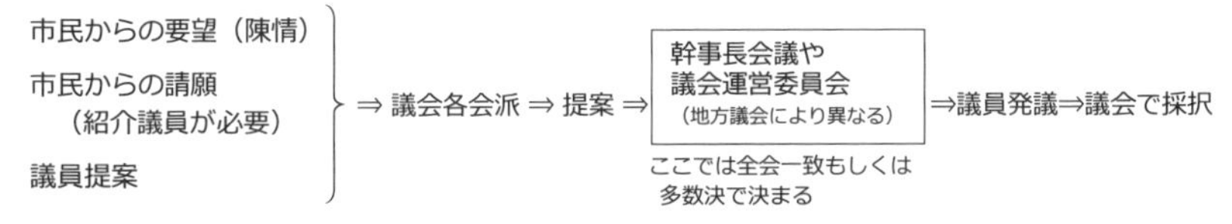

<意見書を採択してほしい！住民としてまず何をするか？>

・市議会のホームページで議員や会派等構成を調べる。

・議員に　電話（留守電・Fax）またはメールでアポを取る。

・つながらない時は議会事務局に電話して議員につないでもらう。

<アポを取る優先順位>

①女性議員　②ジェンダー問題に関心ある議員　③各会派の幹事長　④議長・副議長

<持っていくもの>

(OPCEDAW リーフレット)
(他市で採択された意見書)
(意見書案)
(全国地方議会採択一覧表)

これらを使って

・女性差別撤廃条約や選択議定書は知られていないので、条約と選択議定書をわかりやすく説明。
　女性差別撤廃条約実現アクション作成のリーフレットを使えば明解！

・他市で採択された意見書をアレンジした当該議会用の意見書案を作成して参考にしてもらう。

・全国で採択された議会一覧表を参考資料に。
　この一覧のインパクトは大きい（No.1 堺市 2001 年～No.88 池田市 2021 年）

<議会の時期>

①2～3 月議会　②5～6 月議会　③9 月議会　④12 月議会

会期の意見書の締め切り日を確認し、議会の取組み時期を考えて行動を開始。

（ワーキングウィメンズネットワーク［WWN］共同代表　石田絹子さん作成）

「実現アクション」参加団体は，この「手順」に学びながら，ロビイングに取り組み，各地で一斉に議会に働きかけてきた。意見書採択議会の増加はその成果である。

アンケート回答の対象となった30議会のうち，請願採択により意見書提出に至ったのは5議会，陳情採択は1議会，残り24議会は議員提案であった。この結果をみると，議員提案のほうが可決されやすいと考えがちだが，114議会全体の傾向をみないと簡単には結論は出せない。意見書が否決された6議会は，陳情3，議員提案2，請願1であり，議員提案でも否決されている議会がある。

3　妥協点を見出すための調整

たとえ請願が賛成多数で採択されたとしても，意見書の提出には「全会一致」が条件となっている地方議会も多い。つまり，一会派でも反対があれば，実現しないのである。それだけに，意見書に反対する会派には，繰り返し話しをしながら，可能なかぎり妥協点を見出す必要があった。会派によっては，タイトルが「環境整備」となったために反対できなくなった，と述べるところもあった。

意見書の本文を修正したという回答もあった。「ジェンダー・ギャップ指数2018年によると日本は149カ国中110位と先進国の中でも最低の状態です」を削除した例。「日本が男女平等社会を実現するためにも，また，人権先進国として国際社会で信頼されるためにも，我が国の司法制度や立法政策との関連での問題，個人通報を受け入れる実施体制の課題を早急に解決されるよう，選択議定書の批准に向けた環境整備を強く求める」を，最後に加筆した例。「コロナ禍の下，ジェンダー不平等は女性に厳しい負担を強いている」を削除した例。「男女の完全な平等の達成に貢献し」の「完全な」を削除した例。「女子差別撤廃条約の選択議定書については，『諸課題の整理を含め』，早期締結について真剣に検討を進める」と，『　』部分を加筆した例，などがみられた。

しかし，アンケートからは，タイトルや内容に修正があっても意見書採択という結果が重要，という女性たちの前向きな姿勢がみえてくる。採択に至ったことは，女性たちをたしかに勇気づけている。「環境整備だとしても，市議会から声をあげられたことは大きな励みになった」，「これまで意見書を出すたびに，地方議会は自分の地域のことだけに取り組むべき，国の問題や国際的問題は関係なし，といわれてきたが，今回の議会の変わりようは信じられないほど。『山が大きく動いた』と感激する人もいた」，「陳情ではめったに意見交換会が開かれることはないが，今回は女性議員の働きかけで開催された。その場での陳情者の熱い思いの意見によって少し深い理解がされたと感じた（不採択だった地方議会)」など，アンケート回答からは，取り組んできた人々の弾む声が聞こえるようだった。

政党のなかでは，自民党と公明党の動向がカギであった。とはいえ，各政党の動向は必ずしも統一されてはいなかった。たとえば自民党は，「女性議員が一致して，他党と協力して採択を進めた」，「府県段階できわめて積極的に採択に取り組み，各市議会でも採択するように指示を出した」という積極的な動きをした地方もあった反面，方針を決めかねて，政党中央の指示をあおぐ自民党議員もいた。その結果，「国会議員から，現場の責任で適切に判断してよい，と回答があった」，「他の会派が賛成すれば賛成する，という方針をとった」，「党として，近々批准を進めるから（採択を）待ってみてはどうかといわれ，結果として反対に回った」など，さまざまな対応ぶりであった。

公明党が鍵を握った地方議会もあり，この党もまた，対応がばらばらだったことが明らかになった。女性たちはロビイングにおいて，「公明党議員に賛成してもらうために，国会での公明党議員の質問議事録をコピーして渡した」，「地方議員は国政レベルのマニフェストを知らない議員もいるので，それらを知らせることが重要」，「最後に公明党の反対で不採択になった」などの回答をしている。

V　審議過程で出た質問や反対意見

アンケートを通じて，ロビイング時や審議過程で，さまざまな質問や反対意見が出たことがわかった。貴重な情報であり，いくつかについては，私なりの回答を示しておきたい。これらは，より精査して，今後，「実現アクション」としての「Q＆A」を作成する予定である。

① 「女性ではなく女子差別撤廃条約ではないか」→外務省の公式訳は「女子」。日本ではいったん出された公式訳は修正されない。しかし1985年の条約批准以降の国内法では，ほとんど「女性」が使われるようになっており，「女性」でも間違いではない。

② 「全国の地方議会で意見書が採択されたあとはどのような展開になるのか」→条約の批准は国会の承認事項であり，地方議会の意見書採択は国会への「要望」という意味でしかない。ただし国会議員も各地方から選出されており，地元の意向を無視するわけにはいかない。地方議会も国会への影響力があるはず。

③ 「批准するとどう変わるのか，なぜ『実現アクション』は選択議定書の批准を望むのか」→批准されれば，権利を侵害された人が国内裁判所で救済されなかったとき，CEDAW に通報できるようになる（個人通報制度）。これは，当該個人に救済の可能性を与えるという意味で重要。しかしそれ以上に，日本の司法判断を変える可能性が生まれる。現在，日本の裁判所は，国際人権条約を司法判断の根拠としていない。しかし，選択議定書批准によって，国内の判決は CEDAW の審査を受ける可能性が生まれるため，裁判所も国際基準に照らした判断をせざるをえなくなる。国内の裁判に，人権の国際基準が反映される(7)。

④ 「平等の定義について」→女性差別撤廃条約は，「締約国は，……女性に対するすべての差別を禁止する適切な立法その他の措置をとる」と述べる。そして，「事実上の平等を促進することを目的とする暫定的な特別措置をとること」も，国に求めている。つまり条約は，法律上の平等だけでなく，事実上の平等をめざすものである。

⑤ 「女性差別撤廃条約に性的少数者への配慮が入っていない理由」→女性差別撤廃条約は 1979 年に採択されたため，言及していないジェンダー問題は，たしかにある。女性に対する暴力や性的少数者の問題などである。しかしそれらに対応するために，CEDAW は，条約の解釈を示す「一般勧告」を作成してきている。現在，1 号から 38 号までの一般勧告が出ており，一般勧告 28 号（2010 年）は，条約の複合差別の要素として，性的指向と性自認が含まれることを明示している。したがって，定期報告書の審査では，LBT 女性に関連する問題が継続的・意識的に取り上げられてきた。ただし，この条約はあくまで女性に焦点をあてているので，ゲイ（G）男性は対象外とされている(8)。

---

(7)　詳しくは，浅倉・前掲注(1)『世界』947 号 176 頁。

(8)　詳しくは，谷口洋幸「女性差別撤廃条約における LBT 女性の権利」『国際女性』30 号（2016 年）97 頁。

⑥「まだ受入れ体制が整っていないのに時期尚早ではないか。外務省も検討を進めているから早急な判断をすべきではない」→外務省が個人通報の研究会を開始してから，すでに20年以上が経過している。もはや決して時期尚早とはいえない。

⑦「国連から勧告が出たときの担当する機関はどこか，補償はどの機関が担当するのか」→これらの問題は各国ごとに異なっており，自国内で決めればよいことである。それを20年間決定してこなかったのは政府の責任である。

⑧「この課題は国が進めるもので，地方議会にはなじまない」→地方議会は，国会に対して批准の承認をするよう要望しているのであって，国の権限を侵害しているわけではない。

⑨「批准の前に国内法の改正や整備をすべきであり，順序が逆」→批准するために法改正をする必要はまったくない。日本は条約をすでに批准しており，それを履行するために選択議定書を批准するのである。条約を批准しながら選択議定書を批准しないのは，法律は作るが守らないと言っているようなものであり，むしろ批准しないことのほうが理不尽である。

⑩「条約自体が時代遅れで，性の多様性を無視したもの。それを元にした選択議定書批准は今の時代にふさわしくない」→⑤で述べたように，条約の解釈を示す一般勧告の作成を通じて，常に新たな問題に対処しうるようになっている。

⑪「他の人権条約でも個人通報制度は導入していない。憲法改正がいるのではないか」→個人通報を導入しないことは国家の義務違反である。他の人権条約の選択議定書も批准すべきだが，女性差別撤廃条約の選択議定書を先行して批准することもありうる。他の人権条約と比較して，この条約の締約国数はより多い。憲法改正はまったく必要はない。

⑫「仮に批准した場合，国連が介入して，日本の司法制度の根幹を揺るがすことになるのではないか」→個人通報が受理され，CEDAWにより審査された結果，最高裁判決と異なる「見解」が出ることはありうる。しかし「見解」は国に向けて出されるのであり，最高裁を名宛人に判決内容の修正を迫るものではない。国は「見解」に対しては6カ月以内に回答をしなければならず，もし締約国が「見解」を受け入れ難い場合には，CEDAWとのフォローアップ協議が継続することになる。最終的に受け

入れ不能となれば，審査は終了するしかなく，「見解」を強制する仕組みはない。ただし，「見解」を受け取った多くの国は，これを尊重しつつ対応している。

これだけ多くの地方議会が，選択議定書批准を求める意見書を採択している事実を，国はしっかりと受け止め，対応すべきである。これ以上，人権保障の国際的潮流から立ち遅れ続けることは，けっして得策とはいえない。日本は，女性差別撤廃条約を確実に実施することによって，はじめて，ジェンダー・ギャップ指数120位という不名誉な現実から脱却できるのではないだろうか。

［付記］本稿を書き上げた2021年9月上旬以降も，地方議会による意見書が採択されたとの情報が次々に寄せられている。本稿にそれらすべてを記載できないことは残念だが，近々，「女性差別撤廃条約実現アクション」の以下のホームページに，これらの最近情報をアップしたいと考えている。

https://opcedawjapan.wordpress.com/2019/10/21/各地の意見書可決状況/

29　女性差別撤廃条約の個人通報事例
──重度障害児の在宅介護と年金保険算定上の不利益──

Natalia Ciobanu v Republic of Moldova Views adopted by CEDAW, Communication No. 104/2016
CEDAW/C/74/D/104/2016
通　報　者　　ナタリア・シオバヌ
当　事　国　　モルドバ共和国
通　報　日　　2016年5月3日
見解採択日　　2019年11月4日（第74会期）
当事国における条約発効日　　1994年7月31日
当事国における選択議定書発効日　　2006年5月31日
関 連 条 文　　条約3条，11条1項(e)，11条2項(c)

Ⅰ　事案の概要

本件は，通報者（X）が，重度障害児を介護するため就労できなかった期間を，公的保険である老齢年金の算定期間にカウントされなかったことについて，締約国（Y）による女性差別撤廃条約3条（女性の完全な発展・向上の確保）と11条2項(c)（家族的責任と職業上の責任等との両立確保）違反であるとして，通報した事案である。CEDAW（以下，委員会）は，通報になかった11条1項(e)（社会保障における平等権保障）違反に関しても審査し，見解を示した。詳細は次のとおりである。

Xは1973年に雇用され，1992年1月9日に出産した。生まれた子は1993年5月11日に第一級障害者と認定され，常時の介護を必要とした。Xは仕事を辞めて在宅で介護していたが，子は2012年2月22日に20歳で死亡した。この介護期間中，Yからの社会支援サービスは，施設入所の提供の申出以外には何もなかった。

Xは，2013年6月18日に老齢年金の給付を求めたが，年金の月額は590.22レイで，Y国の最低生活費である月額1,700レイを下回った。Xの問い合わせを受けて，2014年5月12日，当局は，Xの年金算定期間は1993年11月5日から1998年12月31日までであり，Y国の公的年金を制度化した公的社会保険年金法が施行された1999年1月1日から子の死亡までの在宅介護期間は算入されない，と説明した。Xはこの回答を得るまで，上記期間の不算入が生じることを知らなかった。

この1998年公的社会保険年金法は，兵役等の一定の非拠出期間を年金の算定期間に含むと規定（同法5条2項）する一方，第一級障害者，16歳未満の障害児，75歳以上の高齢者を介護する者の非拠出期間を別個に扱い，同法施行日以前の期間だけを年金の算定期間に含めたのである（同法50条1項d号）。

その後，2012年障害者社会包摂法は，パーソナル・アシスタント（PA）制度（重度障害者の家族・親族を含む者をPAとして国が雇用する制度）を創設した。また，2017年の公的社会保険年金法改正により，同年1月1日以降は，18歳未満の重度障害児を介護する期間は，年金の算定期間となった。しかし，同規定には遡及効がなかったため，Xに関しては，同法施行日から子の死亡日までの期間は非算定期間のままであった。

2013年11月25日，Xほか2名は，平等評議会に苦情申立を行った。同評議会は2014年2月13日，本件は障害関連差別（障害者との関係性・結びつきを理由とした不利益取扱い）に該当するとして，担当省に，1999年1月1日からPA導入までの期間について，重度障害児介護者に対する特別措置を導入するよう勧告した。だが，この勧告に従う措置はとられなかった。

2014年5月26日，Xは地区裁判所に訴訟を提起し，Xの在宅介護期間を年金の算定期間に入れないことは，障害児を施設入所させて働いて社会保険の最低拠出期間を満たした親と比較して，差別にあたると主張した。しかし2014年9月12日，同裁判所は請求を棄却し，その控訴も2015年5月14日に棄却，上告も2015年12月2日に棄却された。

2016年5月3日，Xは委員会に本件を通報し，(a)Yによる条約違反があったこと，(b)Yは1999年1月から現在まで，重度障害児を介護する女性に対して人権上の義務を履行していなかったこと，(c)Yは差別せずに通報者の権利侵害を救済すべきであり，Xが重度障害児を介護した全ての期間を年金の算定期間とすべきである，と主張した。

Yはこれに対して，2012年のPA導入や2017年の法改正によって社会保険制度の改善は進んだと主張した。Xは，PA制度は不十分であり，2017年改正法には遡及効がないことを，再度，強調した。

Ⅱ　委員会の見解

1　受理可能性の判断

委員会は，本件通報は受理可能，と判断する。Xは国内救済手続を尽くしており，同一事案との調査／審議の重複はない。Yにおける条約の発効日は1994年7月31日，選択議定書の発効日は2006年5月31日であるところ，通報対象は条約発効日以降の事実であり，その後に国内救済措置が尽くされ，選択議定書発効後もこの事実は継続している。また，Yは通報の受理可能性に異議を述べていない。通報者は条約11条1項(e)違反を援用していないが，委員会は同条についても審議する。

2　本案の検討

本案において検討すべき論点は，Yが公的社会保険年金法施行日以降から子の死亡日までの期間をXの年金算定の対象から除外したことにより，Xは施設入所以外には育児と仕事を両立させる手段がないままに放置され，それにより，条約3条，11条1項(e)，11条2項(c)に基づくXの権利が侵害されたか否か，である。

委員会は，社会保障の権利は，人間の尊厳の保障において中心となる重要性をもつと考える。「Yは，……社会保障の権利について少くとも必要不可欠な最低限の権利水準が保障されることを確保し」，「いかなる差別もなしに受給できるような社会保険制度の確保」を要求されている。Yは，社会保険に基づく権利のない高齢者には，「非拠出型の老齢給付，社会サービス，その他の援助を提供しなければなら」ず，また，その制度は，「女性が男性よりも貧困生活に陥りがちであるという事実……を考慮に入れたものでなければならない」。

当委員会は，Yが，社会保障の権利の享受に必要な手段に関して「幅広い裁量の余地を有することに留意する」。それゆえYは，社会保障制度の有資格者要件や給付条件を，「合理的で比例的で透明性があるかぎり，定めることができる」が，「こうした条件は，……退職年金へのアクセスの予見可能性を確保するために，タイムリーかつ十分な方法で，広く公的に伝達されなければならない」。とりわけ，その手段が「後退的な性質のものであり，その不利益となる結果を補うための移行措置がない場合には，その必要がある」。

さらに委員会は，「女性のように，権利行使にあたって伝統的に困難に直面してきた個人や集団には，Ｙは特別の注意を払うべきと考える」。そして，条約の下では間接差別が禁止されていることを想起し，「Ｙは，すべての人が，いかなる差別も受けることなく，……社会保障の権利を完全に実現できるように，効果的な手段を講じ，必要なときにそれらを定期的に改正しなければならない」。またＹは，女性が実際に経験する経済的，社会的，文化的不平等を考慮して，ときには「差別が存続している状態を縮小し，あるいは除去するために，女性に有利な手段を講じなければならない」。

Ｙは社会保障制度が女性への差別とならないように，とりわけ，「根強いステレオタイプ化や他の構造的な原因により，……子の介護を含む無償労働に，女性が男性よりも多くの時間を費やしていることに留意」し，社会保障制度について，女性への拠出を妨げる要因を撤廃することや，女性が被扶養者の介護に費やした期間を考慮に入れるなどの手段を講じるべきである。加えて委員会は，Ｘが重度障害の子の介護の後に重大な経済的困難に陥っている高齢者であること，「ジェンダー差別と障害児との関係を理由とする差別との交差性により，……とりわけ差別に傷つきやすくい状態にあったことに，留意する」。

Ｙは，公的社会保険年金法はジェンダー中立だと主張するが，「現在の法規定が……実際上，男性よりも女性に相当高い割合で影響を与えているという一応の推定が……示されている場合には，……間接差別ではないことを立証するのは，Ｙである」。Ｙは，障害児等を介護する期間の年金期間への算入を公的社会保険年金法施行日までに限定した理由や，男性の兵役期間と異なる取扱いをした理由を明らかにしていない。したがって，Ｙは，彼女たちを「社会保険制度から排除したことが，女性への間接差別には当たらないことについて，立証できていない」。

以上のことから，ＹはＸに対して「退職と老齢に関する社会保障の権利について平等を否定」し，また，他の経済的保障や十分な救済手段も講じず，それによって，女性差別撤廃条約３条および11条１項(e)が規定する義務を怠った。また，Ｙは，「伝統的に育児・介護の責任を女性が負っている社会において，障害児を介護する女性たちに十分な発展と改善を確保するための，立法を含む適切なあらゆる措置を講じるのを怠ったことによって」，Ｘに不利益を被らせた。これは「間接的なジェンダーに基づく差別であり，また，条約11条２項(c)に基づく締約国の義務，すなわち，女性に対して男性と平等に人権および基本的自由を行使し享受することを保障する義務に違反する」ものである。

3　結論と勧告

委員会は，結論として，「Yは，同条約3条，11条1項(e)，11条2項(c)に基づく締約国の義務の遂行を怠り，Xの権利を侵害した」と考え，Yに対して，次の勧告を行う。

Xについて，Yは，①公的社会保険年金法が施行された1999年1月1日から，重度障害児が死亡した2012年2月22日までの間，すなわちXが自宅で常時，子を介護していた全ての期間を考慮に入れて，社会保険年金を算定し直すこと，②被った権利侵害に対する十分な補償，すなわち，社会保険期間として算入されるべきであった非拠出期間に比例した補償を支払うこと，③障害児の介護をする親として支援サービスを受けることができず，そのために離職せざるを得なかったことによる精神的損害について十分な補償を行うこと，④本件通報手続において生じた合理的な法的費用を賠償すること。

次に委員会は，一般的見解としてYに対して，以下の勧告を行う。Yはすでに公的社会保険年金法を改正して，2017年1月1日以降，重度障害児を介護した期間を社会保険年金期間に算入したため，今後は本件と同様の違反は発生しない。しかし，1999年1月1日から2016年12月31日の間に重度障害児を介護していたXのような女性には，何ら補償がなされていないことを考慮すると，Yは，かかる状況が合理的な期間内に是正されることを確保するために，立法を含めて手段を講じるべきである。また委員会は，Yに対して，重度障害児の母親が雇用を継続しうるような十分な支援サービスの利用を確保するように勧告する。

Ⅲ　解　　説

1　委員会による条約の解釈とその意義

委員会は，条約が定める社会保障の権利（条約11条1項(e)）について，人間の尊厳の保障の中心であり，締約国は「必要不可欠な最低限の権利水準を保障」し，人々が「いかなる差別もなしに受給できるような社会保障制度を確保」する義務を負う，と明確に述べた。締約国には，必要不可欠な最低限の社会保障給付を差別なく保障するために，積極的に制度を整備するなどの行動をとする条約上の義務があるのである[(1)]。

(1)　締約国の条約上の義務については，2010年のCEDAW一般勧告28号（女性差別撤

委員会は，この義務の具体化にあたり，締約国には幅広い立法裁量の余地があると認める一方で，権利確保のための措置は，男女平等を基礎にした「合理的で比例的かつ透明性」が必要だと述べた。また，措置の決定プロセスに関しても，社会保障の受給要件の予見可能性を確保して，それをタイムリーかつ十分な方法で広く伝達する必要があると指摘した。とりわけ，委員会が，導入される措置が後退的で特別措置のないときにはその必要性が高い，と指摘する点は重要である。権利の行使が困難な個人や集団への特別の配慮（非拠出型年金や女性優遇措置の導入を例示する）や，効果的手段を講じるための定期的な制度見直しの必要性を指摘する点にも留意したい。

このように，委員会の見解は，社会保障の権利の重要性と保障すべき水準を示すとともに，締約国の裁量も，達成すべき結果（最低限の権利水準，実施内容の合理性・比例性・透明性）と，決定プロセス（予見可能性の確保，特別の配慮，定期的見直し）の両面から規制されることを明らかにした。社会保障制度の創設や改変にあたり，締約国が条約上遵守すべき内容について，重要で新進性に富んだ解釈が示されたといえる。

さらに，条約3条，11条2項(c)との関係で，委員会が，ジェンダー差別と障害児・者との関係による差別との交差性を指摘していることは重要である。近年，差別禁止事由が交差あるいは複合した差別に関心が集まっているからである(2)。また，間接差別の成立を認めた判断や，間接差別の立証方法について，性差別的効果から性差別の一応の推定を行い，締約国による正当化の立証がない限りは条約違反の性差別が成立すると確認している点も，重要である(3)。

2　残された課題

本件では，Yは，在宅介護による不就労期間を社会保険年金期間に算入しない理由について，具体的な主張をしなかった。また，通報時には，すでに法改

廃条約2条における締約国の中核的義務）が，尊重義務，保護義務，履行義務に言及している。締約国はこれらの義務に積極的に対処する必要があり，不作為も条約違反になる。国際女性の地位協会編『男女平等はどこまで進んだか』（岩波ジュニア新書，2018年）18頁（林陽子執筆部分）。

(2)　浅倉むつ子「女性差別と障害差別の交差性を考える」『早稲田大学法学会百周年記念論文集第4巻　展開・先端・国際法編』（成文堂，2022年）91頁以下参照。

(3)　間接差別については，黒岩容子『EU性差別禁止法理の展開』（日本評論社，2019年）57～107頁を参照。

正により，18歳未満の重度障害児の介護者に対しては是正が図られていた（ただしそれは，Xを救済するものではなかった）。

このような事情を背景に，委員会はYによる条約違反を認めたが，一方，社会保障関連政策の構築にあたり，締約国の裁量が，どのような場合にどの程度規制されるかという具体的な判断基準や判断要素には不明確な部分も少なくない。たとえば，社会保障にかかる財源に照らした判断や，他の関連制度を整備する場合の優先順位の検討などはなされていない。これらにつきどのように判断すべきかは，今後の課題であろう。

3　日本の現状と本件からの示唆

第1に，日本でも，たとえば2010年代に生活保護基準の引下げを争う訴訟が各地から提起されるなど，社会保障に関する国の裁量性の逸脱とそれに対する審査の在り方が問題となっている[(4)]。本件の見解が示した国の裁量規制における平等確保の枠組み，とりわけ，給付資格要件の合理性・比例性・透明性，弱者への特別の配慮と支援，決定プロセスにおける予見可能性の確保や定期的見直し等，国の裁量審査のあり方は，日本でも十分に参照されるべきだろう。

第2に，本件委員会のジェンダー差別と障害差別の交差という視点や間接性差別に係る判断は，日本にとって示唆的である。日本は，女性差別撤廃条約と障害者権利条約を批准しており，憲法14条が包括的に差別を禁止するが，明文上の間接性差別禁止は男女雇用機会均等法（同施行令）が規定する3事項に限られ，交差差別や立証責任軽減に関する規定はない。法律上にこれらを明記することの重要性が，改めて明らかになったといえよう。

第3に，本件の個人通報事案を通じて，私たちは，モルドバ共和国には日本にはないいくつかの重要な制度が備わっていることを知ることができた。たとえば，同国では，司法救済の前に，「平等評議会」という独自の救済制度が整備されている。日本には，同様の制度はない。障害者の雇用差別に関する紛争解決制度としては，都道府県労働局長による紛争解決援助や紛争調整委員会による調停があるが，これらは差別事案を専門的に扱うものではない。専門性をもつ独自の差別救済機関が必要である[(5)]。

---

(4)　老齢加算廃止事件 最三小判平成24年2月28日（民集66巻3号1240頁）及び，同判決に対する菊池馨実判例評釈（『社会保障法判例百選〔第5版〕』）8頁以下参照。

(5)　諸外国の裁判外の紛争解決手制度について，富永晃一「差別概念」永野仁美他『詳

また，モルドバ共和国では「障害を理由とする差別」の禁止類型に，障害者との関係性にもとづく差別（障害関連差別）も含まれている。国連の障害者権利条約も，関連差別の禁止を含むと解釈されているが[(6)]。日本の障害者雇用促進法34条が障害者の配偶者や家族に対する差別も対象に含むかは，条文上，必ずしも明らかではない。明文規定化により明確にする法改正が必要である。

日本には，モルドバ共和国のような，障害児の在宅介護を理由に退職した者への社会保険上の支援措置はなく，PA制度も存在しない。現行の介護保険制度において，訪問系サービスとして提供される重度訪問介護や居宅介護には，利用範囲の制限が多すぎる。地域生活における障害者の自律を支える仕組みは，根本的に見直されるべきだろう[(7)]。

以上，本件の委員会見解を踏まえて，障害者の介護や支援の在り方，また，女性が多くを占める在宅介護者の権利保障について，女性差別撤廃条約の観点から，日本の諸制度とその運用について改めて検証する必要があると考える。

説　障害者雇用促進法（増補改訂版）』（弘文堂，2018年）246頁以下参照。

(6)　国連の障害者権利条約の立法過程では，議長草案にあった「関連差別」は明文化されなかったが，それは，当初の草案を狭めるものではなく，現行の権利条約における「あらゆる形態の差別」の禁止規定は，関連差別も包摂して禁止していると解釈されうる，との見解がある。池原毅和『日本の障害差別禁止法制』（信山社，2020年）42頁。

(7)　日本でも，利用者の主導の下に信任を得た者が行う支援であるパーソナル・アシスタント（PA）制度の導入を求める声がある。障がい者制度改革推進会議総合福祉部会（2011年）「障害者総合福祉法の骨格に関する総合福祉部会の提言」参照。崔栄繁「自立生活」長瀬修他『障害者の権利条約と日本（増補改訂）』（生活書院，2012年）206頁，221頁は，障害者権利条約19条(b)もこれを想定に含むと解釈できる，とする。

第8章　ジェンダー主流化をめざす

30 「ジェンダー主流化」を国内法規範に

I　はじめに

労働法律旬報誌が70周年を迎えた。人でいえば古希にあたる。私自身とほぼ同じ年数がたったのだと，改めて感慨深い。

本誌は，数少ない労働法の専門誌として，また，その時々の労働に関わる運動の幅広い動向や，最新の立法・判例・学説の動きを，もっとも迅速に伝えてくれる雑誌として，労働法研究者にとっては必読の文献である。個人的なことをいえば，院生だった時代から，未完成でつたない論文をなんとか公表できるところまで，指導教授さながらに叱咤激励してくれた歴代編集長に恩義を感じてきた大切な雑誌でもある。

だからこそ，何とか本特集に寄稿しなければとの気持でいたのだが，今回の依頼は，「再検討されるべき労働法学の通説を取り上げ，労働法学の理論的課題を提示する」ように，とのことである。これに対して，いったい何が書けるのだろうかと，苦悩を重ねているうちに締め切り間際になってしまった。

仕方なく，通説批判という王道からはほど遠い論稿であると自覚しながらも，2019年3月に迎えた定年以降の自分の経験をふりかえって，日本の司法，立法，行政におけるジェンダー主流化の遅れについて何か言えることはないだろうかと，考えてみることにした。

II　女性差別撤廃条約の国内適用をめぐる判例上の通説

女性差別撤廃条約が1979年に国連で採択されて以来，40年を超える年月が経った。2019年11月までに，世界中の189カ国がこの条約の締約国になっている。日本も1985年に同条約を批准し，条約にもとづき，第1次から第8次の報告書を女性差別撤廃委員会（CEDAW）に提出してきた。CEDAWは，これまで日本に関する5回の審査を行い(1)，その結果について「総括所見」を出してきた。これら国際的な観点からの見解や勧告をテコに，国内ではジェンダー平等について議論が重ねられ，いくつかの法改正が行われてきている(2)。

しかし，司法においては，女性差別撤廃条約を救済の直接的な根拠規定とみなす判断は，ほとんどない。条約が批准されたからといって，裁判においてそれらが直接に適用されるわけではない。

たとえば，男女のコース別採用・処遇は性差別であり，女性差別撤廃条約，国際人権規約，ILO条約が定める国際的公序に違反すると主張した事案において，裁判所は，「これらの条約が国内法の制定を待つまでもなく当然に自動執行力を有すると認めることはできないし，……被告の男女のコース別の採用，処遇の経緯，内容からすれば，これらの条約に直ちに違反するとすることもできない」と述べる（岡谷鋼機事件・名古屋地判平成16年12月22日労働判例888号28頁）。

また，嘱託職員の女性が一般職員より低い給与しか支払われていないことについて，ILO100号条約，国際人権規約，女性差別撤廃条約に違反するとして提訴した事案で，裁判所は，ILO100号条約3条1項は，「各加盟国の報酬率を決定するために行われている方法と両立する限り同一価値労働同一賃金の原則を確保しなければならないということを宣言したにとどまり，……同条約に自動執行力があるとはいえない」とし，国際人権A規約7条柱書は，「男女差別の観点を含まない……場合に，同一価値労働同一賃金が保障されるべきであるとまで明言しているのかという観点からみると，……上記人権規約の規定が原告の主張する同一価値労働同一賃金の原則という観点からみて自動執行力を有するものと解することは困難である」とする。女性差別撤廃条約11条1項についても，「男女差別の点から国際社会のあるべきルールを宣言しているにとどまり，同一価値労働同一賃金の原則それ自体について，具体的な共通の規範を策定したものとはいえないから，同条約が同一価値労働同一賃金の原則という観点から見て自動執行力を有するものと解することはできない」と述べる（京都市女性協会事件・京都地判平成20年7月9日労働判例973号52頁）。

---

(1)　CEDAWによる日本審査は，第1回（1988年），第2回（1994年），第3回（2003年），第4回（2009年），第5回（2016年）にわたって行われてきた。

(2)　この間の経緯については，浅倉むつ子「女性差別撤廃条約批准後の国内法の展開」国際女性33号（2019年）52頁以下を参照。

日本では，裁判所も政府も，ある条約が司法救済の根拠規定たりうるためには，「直接適用可能性」や「自動執行性」がなければならないというのである[3]。この通説によれば，女性差別撤廃条約などジェンダー平等を定める条約が国内に直接適用されるためには，①直接適用に関する締約国の意思が確認でき，②条約において私人の権利義務が明白・確定的に定められており，③事項的に，その規定を適用することに憲法などの法令上の障害がないこと，などの要件が具備されていなければならない。女性差別撤廃条約はこれら要件を具備しておらず，自動執行力は認められないという。もっともこの解釈に関しては，国際人権法の研究者からの有力な「異論」があるものの[4]，裁判所はこの「異論」を採用していない。

結局，国内法が整備されない限り，日本の裁判所が女性差別撤廃条約の規定を根拠として司法判断を行うことはない，ということになる。このままでは，日本の司法は，国際基準のジェンダー平等に後ろ向きの判断をし続けることになる。これを変えるための方策はあるのだろうか。そのような思いから，2019年4月以降，私は「女性差別撤廃条約実現アクション」（以下，実現アクションとする）というNGOの共同代表を引き受けてきた[5]。もう一人の共同代表は，長らく労働組合運動で闘い続けている柚木康子さんなので，私の役割はきわめて軽く，気楽な立場でしかないのだが，それでもこの数カ月間は，このNGO活動にかなり真剣に携わってきた。

Ⅲ　選択議定書批准の意義

実現アクションがめざしているのは，女性差別撤廃条約の「選択議定書」の批准である。同条約から20年後の1999年に採択された選択議定書は，条約の実効性を確保するための文書であり，現在，113カ国が批准している。ところが，日本は条約自体を批准しながらも，選択議定書を批准していない[6]。

---

(3)　簡潔に通節を紹介しているものとして，薬師寺公夫他編『法科大学院ケースブック国際人権法』（日本評論社，2006年）30頁以下参照。

(4)　自動執行性や直接適用可能性の概念を用いることを疑問視する見解として，阿部浩己「国際人権法と日本の国内法制」国際法学会編『日本と国際法の100年　第4巻　人権』（三省堂，2001年）が紹介されている。薬師寺他編・前掲注(3)31頁。

(5)　実現アクションの活動については以下を参照。https://www.facebook.com/opcedawjapan/

(6)　ちなみにアジア諸国では，韓国，バングラデシュ，フィリピン，ネパール，モンゴル，

日本政府は，9つの人権条約のいずれに関しても，選択議定書を批准していない。条約を批准しながら選択議定書を批准しないのは，「法は作るが実行しない」と宣言しているに等しく，まったくもって筋が通る話ではない。それだけにCEDAWは，2003年，2009年，2016年に行われた日本政府報告書の審査において，選択議定書の批准を奨励し，総括所見の中でも，繰り返し，選択議定書の意義を強調して批准の検討を要請してきている(7)。

ところが日本政府は一向にこの要請に応えてこなかった。条約の批准を担当する外務省は，20年にわたって，以下のような説明を繰り返すのみである(8)。

① 個人通報制度については，条約の実施の効果的な担保を図るとの趣旨から注目すべき制度であると認識している。

② 個人通報制度の受入れにあたっては，わが国の司法制度や立法政策との関連での問題の有無及び個人通報制度を受け入れる場合の実施体制等の検討課題があると認識している。

③ 個人通報制度の受入れの是非については，各方面から寄せられる意見も踏まえつつ，引き続き政府として真剣に検討を進めている。

この表現は，2016年2月16日のCEDAWによる日本審査において，ブルーン委員（フィンランド）からの追加質問に対する外務省の回答と一字一句変わっておらず(9)，一向に進展がない。国会でも選択議定書がなぜ未批准なのかとい

東ティモール，スリランカ，タイ，トルコなど，相当数の国々が選択議定書をすでに批准している。また，OECD加盟国のうち，選択議定書を批准していない国は，条約本体を批准していないアメリカを除けば，日本，チリ，イスラエル，エストニア，ラトビアくらいである。

(7) たとえば日本政府による第7次および第8次報告書の審査（2016年2月）にあたり，CEDAWは，事前に示す「課題リスト」（List of Issues, para.22）に，「本条約の選択議定書の批准について，どのような進捗があったかに関する情報を提供し，批准を可能とする達成期限を示すこと」という項目を盛り込んだ。審査後の総括所見（2016年3月7日）も，「いつまでに本条約の選択議定書を批准するかについて情報が提供されていないこと」を懸念する（para.8(b)）として，「選択議定書の批准を検討するとともに，選択議定書の下で委員会が決定した先例について，法律専門家及び法執行官に研修を行うこと」を求めている（para.9(c)）。

(8) たとえば2019年1月9日に，第1回女性差別撤廃委員会最終見解への対応に関するワーキンググループ（男女共同参画会議・重点方針専門調査会）が開催されたとき，外務省は，この回答を政府の立場として示した。

(9) 「外務省――選択議定書について。個人通報制度については条約実施の効果的な担保を図るという趣旨から注目している。その受入れについては，わが国の司法制度・立法政策との関連，また実施体制などの検討課題がある。受入れの是非について各方面の違

う質問が繰り返し行われているが，政府の答弁にはまったく変化がない[(10)]。上記②にある「司法制度との関連」とは，国内の確定判決と異なる勧告がCEDAWから出た場合，損害賠償をどうすべきか，法改正の必要があるとの勧告が出たときの対応をどうすべきか，それらに対応する実施体制をどうするのか，という問題である。外務省は，1999年以来，この問題をめぐって，専門家を交えた研究会を40回，関係省庁を加えた拡大研究会を20回開いているが，それら研究会の内容を明らかにしないまま[(11)]，同じ回答を繰り返すのみである。あまりにも不誠実な対応であり，このような対応自体が，条約履行義務に反するといえるのではないだろうか。

選択議定書を日本が批准した後には，国内救済手続を尽くしても権利侵害が回復されない個人がCEDAWに個人通報し，受理された場合には，CEDAWから日本政府に対して，勧告を含む「見解」が示される。そのときには，日本政府が懸念するような事態，すなわち国内の司法判断や立法に対して必要な措置をとるべきという勧告がなされることがあるかもしれない。ただし，個人通報の受理にはハードルの高い条件があり[(12)]，しかも，「差別あり」との結論に至ったとしても，国内裁判所の判決が直接に破棄されたり，立法が無効になったりするわけではなく，CEDAWとの対話が続けられるにすぎない。CEDAWの見解に法的拘束力はないからである。その意味では，日本政府の対応は，将来起こり得るはずもない「侵害」を恐れるあまりの「過剰防衛」に

憲も踏まえつつ，引き続き真剣に検討を進める」。「CEDAW審議録」国際女性30号（2016年）51頁参照。

(10)　2016年5月24日の第190回国会において糸数慶子参議院議員が提出した「女性差別撤廃条約選択議定書に関する質問主意書」に対する内閣からの「答弁書」（同年6月2日），2018年6月14日の第196回国会・参議院法務委員会における仁比聡平議員からの質問に対する長岡寛介・外務大臣官房参事官からの回答など。

(11)　研究会の内容について，婦人団体連合会が情報開示請求を行ったところ，2017年12月に，数回分の研究会に関して一部分が黒塗りされた資料が出てきた。実現アクションがこの資料を分析したところ，研究会では，ほとんどの研究者は選択議定書の批准に積極的見解を述べており，障害となる具体的な原因は見当たらなかった。結局，批准に反対しているのは現在の政権与党（とくに自民党）であり，ほかに深刻な障害があることは考えにくい。

(12)　個人通報が受理されるためには，①国内救済措置を尽くしたこと（選択議定書4条1項），②通報対象の事実が，議定書の効力発生以降に生じたこと，ただし当該事実がなお継続している場合には受理される可能性がある（同4条2項(e)）など，クリアすべきいくつかのハードルがある。

すぎず，これでは，未来永劫，選択議定書は批准しないという方針と疑われてもやむをえないであろう。

選択議定書を批准する意義は，個人通報による救済が実現することだけではない。CEDAW から出される「見解」には，条約規定の解釈・適用にあたる重要な指針としての影響力があることを忘れてはならない。国内裁判所は，CEDAW の見解に「先例」としての意味があることを認め，それを尊重しなければならないのである。それゆえ，選択議定書を批准することは，その国の司法にとって，ジェンダー平等に関する国際基準を尊重する効果をもたらす。条約には直接適用可能性がないという理由から，裁判所が国際基準を無視している現状は，選択議定書が批准されたあかつきには，もはや許されなくなるに違いない。その意味でも，選択議定書の批准はきわめて重要である。実現アクションは，批准を求めて，国および地方議会に向けたロビー活動を続けている。

Ⅳ　国際社会からの「ジェンダー主流化」要請と国内法における具体化

前述のように，女性差別撤廃条約を批准しているにもかかわらず，日本政府は，CEDAW からの選択議定書批准の要請に対して一貫して消極的な対応をしてきた。人権の国際基準を取り入れることに消極的な日本政府の姿勢は，同条約以降に徐々に強まってきた国際的な「ジェンダー主流化の要請」と真っ向から対立しているといえよう。その結果，各種の立法や政策の立案・実施・評価というプロセスにおいて必要不可欠であるはずの「ジェンダー監査」が，日本国内では，完全に無視され否定されてきているのである(13)。その一つの具体例として，安全保障関連法（以下，安保関連法とする）の制定をめぐる経緯をみておきたい。

私は，2015年6月に成立した安保関連法の違憲訴訟の原告の一人として，2019年10月，東京地裁に「陳述書⑵」を提出し，それにもとづき同年12月に尋問を受けた(14)。その際の主張とは，概略，次のようなことであった。

---

(13)「ジェンダー監査」とは，あらゆる政策・計画においてジェンダーの視点を中心にすえて立案・実施・モニタリングを行なうことであり，国際的には，ジェンダー影響評価（gender impact assessment），ジェンダー監査（gender monitoring）などと呼ばれている。

(14)　安保関連法の違憲訴訟とは，2014年7月1日の閣議決定ならびに2015年9月19日に国会において強行採決された自衛隊法等一部改正法等を含む安保関連法が，憲法前文，9条，96条1項に違反する違憲・違法行為であるとして，原告らが，被告・国に対して

国連は，1995年の北京行動綱領で「ジェンダー主流化」を打ち出した。同綱領は，各国政府，非政府組織，民間部門をふくむすべての国際社会と市民社会に向けて，12の問題領域ごとに，戦略目標ととるべき行動を掲げており，それぞれの領域の「あらゆる政策と計画の中心にジェンダー視点をすえる」ことを要請している（これを「ジェンダー主流化」という）。これは，女性政策として特化される政策だけではなく，すべての政策・計画・事業について，立案・実施・モニタリング・評価というあらゆる段階において，ジェンダー視点を導入すべきという要請である。すべての国連加盟国は，国内政策にジェンダー主流化を導入しなければならない。

日本でも，1996年7月30日の「男女共同参画ビジョン」（総理府男女共同参画審議会）は，日本がめざすべき社会では，「実質的に女性と男性に（社会システムが）どのような影響を与えるかを，常に検討する必要がある。社会の制度や仕組みが性差別を明示的に設けていないだけでは，あるいは文面の上で男女平等が規定してあるだけでは，男女共同参画社会の実現には不十分である」と述べた。同ビジョンは，北京行動綱領を国内で具体化するための文書であり，この考え方にもとづいて，1999年6月に，男女共同参画社会基本法（以下，「基本法」とする）が公布・施行されたのである。

基本法制定の翌2000年に，総理府は「男女共同参画影響調査研究会」報告書を公表した。同報告書によれば，男女共同参画に係る「影響調査」とは，北京行動綱領で強調された「あらゆる政策や施策において立案段階から……男女平等の視点を反映させる」という「ジェンダーの主流化（メインストリーミング）」の要請に応える手法である。同報告書は，海外で使われている「ジェンダー分析」「ジェンダー監査」と呼ばれるものを，日本もまた，「男女共同参画の影響調査」（以下，「影響調査」とする）という言葉を使いつつ，取り入れることを宣言したのである。

国家賠償を求めている全国的な訴訟のことである。2019年12月現在，原告総数7704名，全国22の裁判所に25件の訴訟が継続している。すでに判断が下された判決（札幌地裁2019年4月22日判決，東京地裁同年11月7日判決）は，原告らの請求を棄却したため，控訴中である。私が関わっている「女たちの安保法制違憲訴訟」は，2016年8月15日に提訴したものであり，121人の原告と弁護士9名はすべて女性である。原告らの主張は，安保法制違憲訴訟・女の会編『平和をつなぐ女たちの証言』（生活思想社，2019年）に詳しい。私は，2019年12月13日の第11回口頭弁論（東京地裁第103号法廷）で，原告として尋問を受けた。

この「影響調査」の法的根拠は，基本法4条，8条，15条，18条に求められる。4条は，「社会における制度又は慣行が男女の社会における活動の選択に対して及ぼす影響をできる限り中立なものとするように配慮」すると定め，8条は，国は基本理念にのっとり，「男女共同参画社会の形成の促進に関する施策」を総合的に策定し実施する責務を有する，と規定する。15条は，「国及び地方公共団体は，男女共同参画社会の形成に影響を及ぼすと認められる施策を策定し，及び実施するに当たっては，男女共同参画社会の形成に配慮しなければならない」とする。18条は，「国は，社会における制度又は慣行が男女共同参画社会の形成に及ぼす影響に関する調査研究」等を推進するように努める，と規定する。2000年の報告書によれば，「影響調査」の対象となる施策は，①政府の重点施策，②性別による偏りが大きいと予想される施策，③資源投入量が多い施策，である。基本法にもとづく第3次男女共同参画基本計画（2005年）は，「男女共同参画影響調査」の実施を宣言していた。

以上のような経緯に照らせば，安保関連政策は国家の最重要課題であり，資源投入量が多い施策でもあるため，当然に，ジェンダー視点からの「影響調査」の対象となるべき施策であった，ということができるだろう。では果たして，安保関連法に関してジェンダー影響調査は行われたのだろうか。

V　安保関連法制定プロセスにおけるジェンダー主流化の侵害

実際には，安保関連法の立案過程で，ジェンダー影響調査の必要性が顧みられることは全くなかった。国会の議論で女性について言及されたのは，唯一，邦人母子を米艦が救出する様子を描いたフリップを利用して，集団的自衛権が認められなければ自衛隊の艦船が米艦を防護できないという非現実的なストーリーにおいてのみだった(15)。

ところが一方で，安保関連法案の国会の審議から隔離された場所において，実際には，安全保障とジェンダー主流化をめぐる議論がほぼ同時並行して行わ

---

(15)　民間人の救出に米軍の艦船が用いられることは，輸送中に狙われる可能性を考えればありえないことで，その米艦を自衛艦が防護するという設定は，あまりにも非現実的である。民間人の救出では，狙われにくくするために民間機や民間船舶を用いるのが常識であるのに，国会では，このありえない設定を持ち出して，国民に集団的自衛権行使の必要性が説かれたのである。清末愛砂「証人陳述書」安保法制違憲訴訟・女の会編・前掲注(14)293頁以下。

れていた。それは，国連の安全保障理事会決議1325号の要請にもとづく「国別行動計画」(National Action Plan : NAP) の策定に関してであった。

国連が，あらゆる政策・計画の中心にジェンダー視点をすえる「ジェンダー主流化」を宣言したことは前述した通りだが，とくに安全保障はジェンダー主流化がもっとも遅れていた分野であった。大国中心の安全保障理事会（以下，「安保理」とする）が，この分野を担ってきたからである。しかし，安全保障にジェンダー視点を導入することは，安全保障概念の再定義をうながす重要性をもつ。従来の安全保障概念は，武器や武力行使による「国家の安全保障」として，人々に大きな負の影響をもたらしてきた。それに対してジェンダー視点による安全保障は，個々人が貧困や差別，各種の暴力の脅威を感じることなく，日々の生活を送ることができるという，非暴力による「人間の安全保障」である。安保理は，遅ればせながらも2000年に，ようやく，「女性・平和・安全保障」と題する決議1325号を採択して，ジェンダー主流化を安全保障分野にも導入する意思を示したのである。

この安保理決議1325号は，①あらゆる紛争解決の意思決定に女性・NGOを参加させること，②ジェンダー視点を取り入れること，③国別行動計画(NAP) を各国において策定すること等を求めるものである。日本政府は，当分の間はNAP策定を放置していたが，2013年3月に至って，国連女性の地位委員会で，NAP策定の意思を表明し，外務省が同年9月に，NGOに対する意見交換会を開催した。女性を中心とするNGOは「少人数グループ会合」を重ね，NAPの内容を検討し，外務省とねばり強く交渉を続け，妥協を重ねながらも国との合意をさぐり，「最終案」(2015年1月29日) をまとめあげた。ところが日本政府は，これと同時並行して，集団的自衛権の閣議決定（2014年7月)，安保関連法案の閣議決定（2015年5月）を行い，同法案を強行採決したのである（同年9月19日)。しかもその10日後の2015年9月29日に，安倍首相は，策定に携わったNGOに一言の通告もなく，国連総会の一般討論演説でNAP策定を発表した。しかも発表したNAPの内容は，ジェンダー視点からみた重要部分がほとんど削除されたものであった[16]。

(16) 「最終案」から削除された部分とは，数多く使われていた「ジェンダー」という用語の削除に加えて，戦時性暴力を含む過去の戦争行為への反省，沖縄にみるような外国軍隊によるジェンダーに基づく暴力の予防や処罰，慰安婦問題など紛争下の性暴力の予防のための平和教育，民族や人種差別をあおるヘイト・スピーチの防止などであった。

以上の経緯をまとめると，安保関連法をめぐって，日本政府は，ジェンダー影響調査をまったく実施しなかったという不作為の責任を負うのみならず，安保理決議1325号にもとづくNAP策定過程のみにジェンダー監査を分離してしまい，肝心の国会論議とは切り離してしまったという責任もある。さらに，NAP策定において，市民社会からのジェンダー主流化要請を「最終案」のなかにいったん受け入れながらも，一言の通告もなくそれらを削除し侵害したという積極的加害行為も行ったのである。これらについて，日本政府は責任を問われなければならないのではないだろうか。

Ⅵ　おわりに

2019年4月以降の私自身の2つの経験を，以上のように，長々と述べてきた。ここからいえることは，日本の司法，立法，行政が，いかに国際的な要請であるジェンダー主流化に背を向けてきたかという事実である。日本のジェンダー・ギャップ指数が年々下がり続けているのも(17)，ある意味，当然といえるのかもしれない。

日本社会が今後とも持続可能な社会として生き残るためには，「ジェンダー主流化」という国際的な要請を一刻も早く国内法規範に導入することしかないと思われる。このことは，労働法分野においても言えることであろう。労働分野における基本的な国際条約を批准し，それを国内法規範として遵守していくこと，あらゆる労働に関わる立法や政策の立案・実施・評価というプロセスにおいて「ジェンダー監査」を実施すること，それらのことは，国や地方公共団体という公的主体の責務なのではないだろうか。

(17)　世界経済フォーラムが毎年発表しているジェンダー・ギャップ指数で，日本は，2019年には121位となり，前年の110位からさらに後退した。

31　北京から25年：ジェンダー関連の国内法の展開と課題

Ⅰ　はじめに

2020年は，北京会議から四半世紀という大きな節目の年です。1995年の北京会議には189カ国から1万7000人が出席し，並行して開催されたNGOフォーラムにも3万人が集い，女性たちの草の根の運動が花開きました。本稿では，北京以来25年間の国内のジェンダー関連法の展開を振り返り，今後の課題について考えます。

Ⅱ　北京行動綱領とジェンダー主流化

東西冷戦が終わりを告げて以来，国連は，国家体制を超えて人権問題に取り組み，地球規模の重要会議をつぎつぎに開催しました(1)。1995年の「北京宣言と北京行動綱領」は，これら一連の世界会議の集大成であり，「女性の権利に関する金字塔」と評価されています(2)。

これらの文書には，「女性の権利は人権」，「女性のエンパワーメント」，「女性に対する暴力の根絶」，「性と生殖の権利」など，実現すべき重要課題が盛り込まれました。361項目に及ぶ膨大な北京行動綱領は，準備会合では不合意箇所が468か所もあったのに，12日間の集中的な討議の結果，ついにコンセンサスで採択されました(3)。

私は，北京行動綱領のなかに「ジェンダー主流化」が繰り返し登場していることに注目します。同綱領は，12の重大領域ごとに，国や市民社会に対して，あらゆる政策や計画の中心にジェンダーの視点をすえるよう求めており，これが「ジェンダー主流化」です。女性政策として特化される政策だけではなく，あらゆる政策の立案・実施・評価という段階にジェンダー視点を導入すること

(1)　たとえば1992年の「地球環境サミット」（リオデジャネイロ），93年の「世界人権会議」（ウィーン），94年の「世界人口開発会議」（カイロ）など。

(2)　林陽子「女性差別撤廃条約成立40周年」島田陽一他編『「尊厳ある社会」に向けた法の貢献──社会法とジェンダー法の協働』（旬報社，2019年）47頁。

(3)　ブトロス・ブトロス＝ガーリ『国際連合と女性の地位向上（日本語版）』（国際女性の地位協会，1998年）63頁。

を意味しています。

世界経済フォーラムのジェンダー格差指数で，2019年，日本は153カ国中121位になりました。日本のジェンダー平等の著しい遅れは，「ジェンダー主流化」の取組みが無視されているところに原因があると思います。以下では，まず，この25年間のジェンダー関連の法制度の変遷をたどります。

Ⅲ　基本法とDV防止法

25年間の最大の成果は，1999年の男女共同参画社会基本法（基本法）と2001年のDV防止法の制定です。

基本法は，「男女が，互いにその人権を尊重しつつ責任も分かち合い，性別にかかわりなく，その個性と能力を十分に発揮することができる」社会をめざすとして（前文），男女共同参画社会の形成は「21世紀の……最重要課題」であると宣言しています（1条）。この法によって，日本の男女平等は新たな段階に入り，国の男女共同参画推進体制が整備されました。内閣府に男女共同参画会議がおかれ（21条），その事務を内閣府男女共同参画局が担当し，「男女共同参画基本計画」が法のなかに位置づけられました（13条）。

基本法に引き続き制定されたDV防止法には，当初，法学者から異論が噴出しました。家庭というプライバシー領域に公権力の介入を許す法律であること，また，裁判所がDV加害者に接近禁止や退去命令を発し，命令違反に刑罰を科すという形が従来にはない仕組みであるとの理由からでした。しかしDV防止法は，NGOや超党派の女性たちの力で成立にこぎつけました。この法によって，人々は，家庭が必ずしも安住の場ではないこと気づき，社会の関心は女性に対する暴力に向かうようになりました。これ以降，それまでまったくDVに理解がなかった裁判所[(4)]も変わったと思います。

DV防止法をめぐっては，後に，国会議員，関係省庁，支援団体の三者が一

(4)　DV法以前の裁判例としては「青い鳥」判決が有名である（名古屋地裁岡崎支部1991年9月20日判決・判例時報1409号97頁）。妻が，結婚以来30年近く，夫からの壮絶な暴力を受けてきたことを理由に離婚を求めた訴訟で，裁判官は，夫（被告）が法廷で一人孤独に耐える姿は同情すべきであり，今後とも夫婦二人で「何処を探してもみつからなかった青い鳥を身近に探すべく……婚姻の継続を相当と認め，本件離婚の請求を棄却する」という判決を下した。当時の裁判官が，いかにDVに無知であったかがよくわかる。

同に会して協議する「意見交換会」方式がとられ[(5)]，当事者参画の合意の下に，2004年，2007年，2013年と，法改正が重ねられました。しかしなお，被害者支援の欠如という問題は残っています[(6)]。

Ⅳ　雇用分野の法

雇用に関しては，めまぐるしい法改正の結果，きわめてわかりにくい法律が登場してきました。テーマごとに，法制度の展開を整理しておきましょう。

1　雇用平等

「雇用平等」については，3つの大きな法改正が行われてきました。性差別を規制する男女雇用機会均等法（以下，均等法）改正，正規／非正規の均等・均衡を定める「短時間・有期契約労働法」の制定，そして女性活躍推進法の制定・改正です。

均等法は，1997年[(7)]と2006年の改正[(8)]を通じて，ようやく雇用における性差別規制立法としての体裁が整ったといえるでしょう。しかし女性差別撤廃委員会（CEDAW）からは，日本の法は直接差別・間接差別を網羅していない，また「条約1条にのっとった女性に対する差別の包括的な定義」がないと批判されています[(9)]。

「短時間・有期契約労働法」は，非正規労働者と正規労働者の「同一労働同一賃金」を実現する法といわれています。長年，放任されてきた非正規労働者の低処遇問題は，1996年の丸子警報器事件判決（長野地裁上田支部1996年3月

---

(5)　戒能民江「ジェンダー法学の可能性」『ジェンダーと法』15号（2018年）5頁。

(6)　戒能民江「女性に対する暴力」『JAWW　NGOレポート──北京+25に向けて』（2019年）9頁。

(7)　1997年に，①すべての規定が禁止規定となり，②ポジティブ・アクションの援助規定が導入され，③セクシュアル・ハラスメント防止が事業主の配慮義務になった。

(8)　2006年には，間接差別禁止規定が導入された。しかし欧米諸国の法とは異なり，均等法で間接差別とされる行為は，同法施行規則2条が定める3類型，すなわち，①募集・採用にあたり，一定の身長，体重，体力を要件とすること，②募集・採用・昇進・職種の変更にあたり，転居を伴う転勤を要件とすること，③昇進にあたり転勤経験を要件とすること，に限定される。

(9)　日本も含め女性差別撤廃条約の締約国は，定期的に国家報告をCEDAWに提出して審査を受け，審査後には「総括所見（政府訳は最終見解）」が出される。日本に対する直近の「総括所見」（2016年）は，内閣府のHPでみることができる。

15日判決・労働判例690号32頁）によって流れが変わり，2007年に，「通常の労働者と同視すべき」短時間労働者に対する差別的取扱いが禁止されました（「短時間労働者法」改正＝均等待遇規定）。

ところが，均等待遇規定の対象である「通常の労働者と同視」できるパート労働者はごくわずかだったので，対象を広げようという考えから，2018年の「働き方改革関連法」は，「短時間・有期契約労働法」に，労働条件の不合理な相違の禁止規定（＝均衡待遇規定）を導入しました。現在，均衡待遇規定を根拠にした裁判例が増えて，非正規労働者にも諸手当の支払いが命じられてきています(10)。しかし肝心な基本給の格差が裁判で「不合理」と判断されるかどうかは未定です。本来，同一労働同一賃金原則の実現をうたうのなら，「雇用管理区分」を異にする労働者の賃金格差（総合職と一般職の格差も含む）も射程に入れた，根本的な法改正が必要だと思います(11)。

女性活躍推進法は，女性の力を活用して日本経済活性化をはかるために，制定（2015年）・改正（2019年）されました。101人以上の労働者を雇用する民間企業は，女性の活躍状況と課題分析を行い，「一般事業主行動計画」を策定し公表すること，また，女性活躍に関する一定の情報を定期的に公表することが義務づけられます。取組みが優良と認定されれば，優良企業としての認定表示を利用でき，また，公契約受注の優遇を受けることができます。

2　ワークライフバランス

1995年にILO156号条約が批准され，育児休業法は介護休業も含む法律に改正されました（育児介護休業法）。同法はその後も，1997年，2001年，2004年，2009年，2016年，2017年と頻繁に改訂を重ねています。現在では，事情によっては子が2歳になるまで育児休業期間を延長できる制度や，3歳になるまで選択できる短時間勤務制度ができ，制度的には整備されてきました。とはいえ，制度利用を理由とする不利益取扱いはかなり多く(12)，法律には育児休業明

---

(10)　最高裁判決としては，長澤運輸事件・最高裁2018年6月1日判決・労働判例1179号34頁，ハマキョウレックス事件・最高裁2018年6月1日判決・労働判例1179号20頁がある。

(11)　浅倉むつ子「安倍政権下の『働き方改革関連法』の批判的分析」『経済』293号（2020年）74頁以下参照。

(12)　育児介護休業法10条は，休業の申出や取得を理由とする解雇その他の不利益な取扱いを禁止している。しかし2018年度に全国の雇用環境均等部（室）に，同法10条に

けの原職復帰が明記されていないなど[13]，重大な欠陥が残っています。また，育児休業取得率の男女格差はきわめて大きいままです。

3　各種ハラスメントの防止

1997年の改正均等法以来，各種ハラスメント防止の「措置義務」が事業主に課されてきました。性的言動であるセクシュアル・ハラスメント（セクハ

【表1】日本のハラスメント対策とILO条約

	セクハラ	マタハラ	ケアハラ	パワハラ	暴力とハラスメント
法律	均等法11条1項	均等法11条の3第1項	育児介護休業法25条1項	労働施策総合推進法30条の2第1項	ILO190号条約
義務	防止措置義務	防止措置義務	防止措置義務	防止措置義務	禁止規定 防止措置義務
責務	国，事業主，労働者の責務規定（11条の2）	国，事業主，労働者の責務規定（11条の4）	国，事業主，労働者の責務規定（25条の2）	国，事業主，労働者の責務規定（30条の3）	国，事業主，労働者の責務規定
定義	職場において行われる性的な言動に対するその雇用する労働者の対応により当該労働者がその労働条件につき不利益を受け，又は当該性的な言動により当該労働者の就業環境が害されること	職場において行われるその雇用する女性労働者に対する当該女性労働者が妊娠したこと，出産したこと，その他の妊娠又は出産に関する事由であって厚生労働省令で定めるものに関する言動により当該女性労働者の就業環境が害されること	職場において行われるその雇用する労働者に対する育児休業，介護休業その他の子の養育又は家族の介護に関する厚生労働省令で定める制度又は措置の利用に関する言動により当該労働者の就業環境が害されること	職場において行われる優越的な関係を背景とした言動であって，業務上必要かつ相当な範囲を超えたものによりその雇用する労働者の就業環境を害すること	仕事の世界における「暴力とハラスメント」とは，単発的か反復的なものであるかを問わず，身体的，精神的，性的又は経済的害悪を与えることを目的とした，またはそのような結果を招くもしくはその可能性のある一定の許容できない行為および慣行またはその脅威をいい，ジェンダーに基づく暴力とハラスメントを含む。

資料出所：日本労働組合連合会・総合男女雇用平等局「仕事の世界におけるハラスメント～ILO条約採択と国内法整備に向けて」（2019年3月）16頁を参照に筆者作成

ついて寄せられた相談件数は3884件で，育児関係の相談の1割を占めている。厚生労働省『平成30年度都道府県労働局雇用環境・均等部（室）での法施行状況』

(13)　育児介護休業法22条は「事業主は，……休業後における就業が円滑に行われるようにするため，……必要な措置を講ずるよう努めなければならない」とするだけで，原

ラ）と妊娠・出産に関わるマタニティ・ハラスメント（マタハラ）については，均等法が規定し，育児・介護に関わるケア・ハラスメント（ケアハラ）については，育児介護休業法が規定しています。2019年には，労働施策総合推進法に，事業主のパワー・ハラスメント（パワハラ）防止措置義務が規定され，さらに，各種のハラスメントについて，国・事業主・労働者の「責務規定」が設けられました（【表1】参照）。

パワハラ規定ができたこと自体は評価すべきです。しかし，セクハラ等規制の経験に照らすと，事業主の措置義務規定のみでは効果は薄く，「責務規定」は禁止規定ではなく，努力義務にすぎません。2019年6月にできたILO第190号条約（暴力とハラスメント撤廃条約）を日本が批准するためには，さらなる法改正が必要でしょう。

V　家　族　法

1996年に法制審議会が公表した民法改正の「法律案要綱」は，選択的夫婦別姓制度を認めること（民法750条の改正），婚外子の相続分差別規定を撤廃すること（民法900条4号但書の改正），離婚後の女性の再婚禁止期間を6カ月から100日に短縮すること（民法733条の改正），婚姻年齢を男女ともに18歳にすること（民法731条の改正）を提言しました。しかしこれらは，保守勢力の反対にあい，立法化されませんでした。

CEDAWの総括所見(14)や最高裁の違憲判決などの影響により，750条を除いて上記の条文は改正されました（【表2】参照）。ただし問題がすべて解決されたわけではありません。出生届には婚外子に関する差別的記載が残っており，戸籍上の続柄の差別記載も廃止されていません(15)。100日に短縮されても，女

職復帰を規定していない。育休終了時に，正社員への復帰を前提に有期契約に移行した女性労働者が，その後，正社員復帰を認められず雇止めされた事案もある。ジャパンビジネスラボ事件・東京高裁2019年11月28日判決・労働判例1215号5頁。

(14)　2009年と2016年のCEDAW「総括所見」は，民法改正をフォローアップ項目に指定した。

(15)　出生届には「嫡出子」か否かのチェック欄があり，この記載の根拠である戸籍法49条2項は最高裁により合憲とされた（最高裁2013年9月26日判決・民集67巻6号1384号）。また，婚外子は戸籍の続柄欄に「男」「女」と記載され差別されてきたが，2004年の法改正で「長男」「長女」と記載されるようになった。しかしすでに「男」「女」と記載された部分は当事者の申出により修正されるとしても，修正履歴を消去するには戸籍の再製申出が必要とされている。法務省の責任で一斉に更生すべきである。

【表2】家族法改正の経緯

	1947年民法	法制審議会答申（1996年）	裁判の動向	現行民法
婚姻最低年齢（731条）	男性18歳 女性16歳	男女ともに18歳		2018年民法改正により男女ともに18歳
再婚禁止期間（733条）	女性のみ離婚後6月再婚禁止	100日に短縮	最高裁大法廷2015年12月16日判決（民集69巻8号2427頁）＝違憲	2016年民法改正により100日に短縮
夫婦の氏（750条）	夫婦同氏制	同姓・別姓の選択制	最高裁大法廷2015年12月16日判決（民集69巻8号2586頁）＝合憲	法改正なし
婚外子の相続（900条4号）	法律婚夫婦の子の2分の1	差別的但書部分廃止	最高裁大法廷2013年9月4日決定（民集67巻6号1320頁）＝違憲	2013年民法改正により但書廃止

資料出所：筆者作成

性だけに再婚を禁じる規定はまだ残っており，性差別は解消されていません。

夫婦同一氏を規定する民法750条について，2015年に最高裁は，男女に形式的不平等をもたらすものではなく，通称使用も可能であるから姓を変える不利益は緩和されているとして，合憲と判断しました。15人の最高裁判事のうち4人は，同規定は憲法24条違反との意見でしたが，合憲判断が多数を占めたため，世界でも類のない夫婦同氏強制制度は，今なお維持されています。

Ⅵ　刑法の性犯罪規定

刑法旧177条は，強姦罪について，暴行又は脅迫を用いて13歳以上の女子を姦淫すること，と規定していました。女性の意に反する性交でも同条の「暴行・脅迫」にはあたらないとして無罪とされた判決もあり[16]，問題が指摘されていました。CEDAWからの勧告もあって，2015年にはようやく，長期間手

二宮周平『家族法（第5版）』（新世社，2019年）303頁。

(16)　たとえば広島高裁（1978年11月20日判決・判例時報922号111頁）は，被害女性が新聞販売店の上司から車の中で姦淫された事案につき，泣きながら「やめてくれ，帰らせてくれ」と哀願し，翌日，被告を告訴したことから，和姦とはいえないとしながらも，「ある程度の有形力の行使は，合意による性交の場合」にもあるのだから，強姦罪ではないとして，無罪を言い渡した。

つかずであった刑法の性犯罪規定の改正が議論されるようになり，2017年6月に刑法改正が行われました。

その結果，強姦罪は強制性交等罪となり，非親告罪化され，同意の有無が問題とならない監護者強制性交等罪が導入されるなど，重要な改正が行われました。しかし最大の問題であった暴行・脅迫要件は残されました。結局，「強姦神話」に基づき，被害者には「逃げろ，抵抗しろ，助けを求めろ，そうでなければ違法ではない」といわれてしまう危険性が残ったのです(17)。その帰結として，2019年3月には性暴力に関する無罪判決が相次ぎ(18)，さすがに大きな批判が巻き起こりました。そこで2020年3月には，法改正のための新たな検討会がようやく開始されました。

Ⅶ　政治分野の候補者男女均等法

政治分野の「候補者均等法」の制定も大きな成果でした（2018年)。2015年に超党派議員連盟が結成され，その活動が実を結んだのです。同法2条は「政治分野の男女共同参画の推進は，……男女の候補者の数ができる限り均等となることを目指」すとし，3条は，政党は男女の候補者数について目標を定める等の自主的な取組みをする，と規定しています。

この法律は「理念法」であり強制力がないという限界はありますが，政治分野の男女比率に法が関与したという点で評価できます。同法制定後の選挙は，2019年4月の統一地方選挙と同年7月の参議院選挙でした。参議院選挙の女性候補者の割合は28.1%と過去最高で，政党別の候補者割合をみると，共産党55.0%，立憲民主党45.2%，国民民主党35.7%，無所属（野党統一候補を含む）35.5%で，野党は法律を意識したと思われます。一方の与党は，自民党14.6%，公明党8.3%と法の無視が目立ちました(19)。

(17)　後藤弘子「性刑法改正とジェンダー平等」『ジェンダーと法』4号（2017年）163頁以下。

(18)　①福岡地裁久留米支部2019年3月12日判決（心身喪失状態の女性が性交を許容したと誤信した被告が準強姦罪で無罪)，②静岡地裁浜松支部2019年3月19日判決（女性が明らかにわかるような形で抵抗していなかったとして，被告は強制性交致死傷罪で無罪)，③名古屋地裁岡崎支部2019年3月26日判決（19歳実子への準強制性交等罪で，被告は被害者の人格を完全に支配していたとまでは認めがたいとして無罪)，④静岡地裁2019年3月28日判決（12歳実子への強姦罪無罪）などである。③については，2020年3月12日に名古屋高裁が父親を逆転有罪（懲役10年）とした。

(19)　大山七穂「女性は躍進したか──候補者男女均等法を視点に振り返る」『女性展望』

ジェンダー視点にたつ法律を作るには，立法府の女性比率を高めなければなりません。女性議員の数がG7で最下位の日本にとっては，おおいにこの法を活用する必要があると思います。

Ⅷ 「ジェンダー主流化」を実現する

このようにみてくると，25年間に，国内でもジェンダー関連の法改正はかなり頻繁に行われてきたこと，政府といえどもこの分野の問題を無視できなくなっていることがわかります。ジェンダー平等への「推進力」とそれを最小限に抑えようとする「抑止力」との激しい攻防のなかで，立法府は動いてきたのです。

自民党政権は，今世紀初頭に，ジェンダー平等に対して嵐のようなバッシング攻撃を浴びせました[(20)]。その中心人物が首相をつとめる現政権は，そもそもジェンダー平等を嫌悪する本質をもっています。それだけに，表面的に「女性活躍」を掲げてはいても，ジェンダー平等には常に「抑止力」を働かせ，問題発生の都度，部分的・場当たり的対応ですり抜けながら，根本的で包括的なジェンダー平等政策を回避してきました。このような政権の下では，いくら頻繁に法改正が重ねられても，日本のジェンダー平等指数が上昇するわけはありません。

私たちが求めるのは，北京で示された「ジェンダー主流化」を国内で実現することです。女性政策のみならず，すべての政策・計画等の立案・実施・評価というあらゆる段階に，ジェンダー視点を導入しなければなりません。もしジェンダー主流化の仕組みが機能すれば，たとえば安全保障関連法の制定時にもジェンダー視点から政策を論じることができたはずです。ジェンダー視点でアプローチすれば，安全保障概念は，集団的自衛権を核とする武器や武力行使による「国家の安全保障」ではなく，むしろ個々人が貧困や差別，各種暴力の脅威を感じることなく日々の生活を送ることができる，非暴力による「人間の安全保障」であることを，堂々と国会で議論できたことでしょう[(21)]。しかし，

700号（2019年）17頁。

(20)　たとえば2005年7月第12回男女共同参画基本計画に関する専門調査会資料を参照のこと。

(21)　浅倉むつ子「『ジェンダー主流化』を国内法規範に」『労働法律旬報』1951+52号（2020年）6頁以下。

政府は安全保障関連法の議論において，ジェンダー主流化を完璧に無視しました。北京行動綱領の「ジェンダー主流化」要請を，日本政府は一顧だにしないのです。このようなことは，とうてい許されてはならないはずです。

「ジェンダー主流化」を国内で実現するには，ナショナル・マシーナリー（国内本部機構）の機能不全を是正しなければなりません。男女共同参画会議がナショナル・マシーナリーとして本格的に機能するには，ジェンダー平等の専門的知識と意欲をもつ大臣と議員が任命され，予算が十分に割り当てられ，この業務に専念できることが必要です。しかし現状では，これらはまったくおろそかになっています[(22)]。

さらに，国内の人権保障を国際的な基準にまで高めるために，日本は人権条約の選択議定書を一刻も早く批准すべきです。2009年から2012年の民主党連立政権時代には，選択議定書の批准への期待が高まりました。2010年5月，外務省人権人道課には人権条約履行室が新設され，同年12月に閣議決定された第3次男女共同参画基本計画は，選択議定書の批准の早期締結を真剣に検討する，と明記しました。しかし，2012年末に第二次安倍政権が登場して以来，選択議定書の批准をめぐる議論は一向に進んでいません。

2019年3月，選択議定書批准を求めて「女性差別撤廃条約実現アクション」が活動を開始しました[(23)]。52の女性団体が参加して，「女性の権利を国際基準に」を合言葉に，選択議定書批准の請願やロビー活動を強めています。政府は，これがもはや待ったなしの課題だということをしっかり認識すべきです。

---

(22)　最近の男女共同参画担当大臣は，女性活躍推進を前面に出すと同時に，多くの所轄を兼務しており，ジェンダー平等行政に専念できる体制にない。林陽子『日本をジェンダー平等社会に』（日本女性差別撤廃条約 NGO ネットワーク，2018年）44頁。

(23)　実現アクションの活動については，以下を参照。https://www.facebook.com/opcedawjapan/

32　性差別撤廃運動の新展開

I　はじめに

山川菊栄の「先見性」は誰もが認めるところです。みなさんのご報告がこもごも語っているように，まさに「現代フェミニズムを先取りしていた」といって過言ではありません。しかし，山川菊栄が生きた時代をみれば当然のことながら「時代の制約」の下にありました。山川菊栄生誕130年を記念するシンポジウムにあたり，山川理論を現代に活かすためにも，私たち自身が，山川さんが提起した課題をその後の歴史の発展のなかで解決する努力を続けなければならないと思います。このことについて，2000年に，竹中恵美子さんは，つぎのように端的に述べておられます。

「山川さんがとりくまれた母性保護や同一労働同一賃金の原則，性別職務分離の問題は，いま新しい歴史時点に立って，より具体化されたレベルへ地歩を進めなければならない。」[(1)]

私は，今日はこのような問題意識を皆さんと共有しながら，今日の性差別撤廃運動が投げかけている課題について，ほんの一部ですが，報告したいと思います。

時間がありませんので，報告は３点に絞ります。第１は，「保護と平等」をめぐる論議について。第２は，差別撤廃法制の国際的な潮流について。第３は，暴力とハラスメント撤廃政策について，です。

II　日本における「保護と平等」論議の到達点

第１の「保護と平等」論議については，日本に焦点をしぼります[(2)]。1970年

---

(1)　竹中恵美子「日本におけるマルクス主義フェミニズムの源流」山川菊栄記念会編『たたかう女性学へ』（インパクト出版，2000年）204頁。

(2)　この部分は，以下の共著に依拠している。浅倉むつ子・萩原久美子・神尾真知子・井上久美枝・連合総合生活開発研究所編著『労働運動を切り拓く――女性たちによる闘いの軌跡』（旬報社，2018年）。以下の論文も参照。浅倉むつ子「雇用の分野における男女の均等な機会及び待遇の確保等に関する法律」島田陽一他編著『戦後労働立法史』

代，日本でも，女性たちの「雇用平等法を求める闘い」が，大きく盛り上がりました。民間の女性団体と労働組合婦人部による共闘が大きな流れを作り，さらにこの運動は，労働運動の「路線」を超えて，また，「市民社会」と「労働界」の壁も超えるうねりを作り出しました。

しかし，その運動の結果，実現した1985年の男女雇用機会均等法（以下，均等法とします）は，とても「平等法」といえる法律ではありませんでした。形式としても「勤労婦人福祉法の改正法」という，限界のある法律でした(3)。とくに女性たちが最大の「限界」として意識したのは，均等法と抱き合わせで，女性保護規定の改訂が提案され，それが実現していったことでした。

ここで問題になったのは，まさに「保護と平等」の関係性でした。平等を要求するなら保護は廃止すべきだという経済界の主張に，「それでは働き続けられない」と，女性たちは抵抗しましたが，理論的なレベルではたしかに，解決しなければならない問題がありました。女性保護規定の見直しにまったく手をつけずに，男女平等を実現させることはできるのだろうか？という問題です。

「女性労働者保護」には，2種類のものがあります。1つは，すべての女性を保護する「一般女性保護」規定（時間外労働や深夜業の女性のみの規制）。もう1つは，妊娠中から出産1年以内の女性を対象とする「母性保護」です。均等法を契機に見直されたのは「一般女性保護の規定」でした。法の整備のなかで，これらの規定は徐々に撤廃されていくことになりました。

1985年均等法制定時には，労働基準法（以下，労基法とします）にはなお「一般女性保護」規定が残っていました。ただ，徐々に保護規定の，「例外」を増やすことにより，部分的に規制緩和が行われていきました。1986年には，女子労働基準規則の改正で，例外の対象となる具体的業務が規定され，1989年には，再度の女子労働基準規則改正で，新たな例外として，旅行業法の添乗員業務と郵政事務Bが加わりました。このような経緯のなかで，「保護と平等」をめぐって，現実の職場では，女性たちがきわめて苦しい判断を迫られていったのです。

（旬報社，2018年）305頁以下。

(3) 「福祉法」という性格のゆえに，女性の特別扱いが規制対象から外れ，その結果，当初は，この法の下で，低賃金で不安定な非正規職に女性の就労を拡大することも違法ではないと解釈された。また，募集・採用，配置，昇進に関する均等は，事業主の「努力義務」とされ，調停制度の開始には他方当事者（使用者）の合意が必要であった。

2018年に出版した共著『労働運動を切り拓く』[4]において，私たちは，当時の労働組合運動のリーダーの方々を含む女性たちから聞き取りをしました。ここでは，その中から1つだけ，郵便の区分・運搬作業を担う「郵政事務B」をめぐる労働運動の対応を紹介します[5]。それまで，郵政事務Bという職務から女性は締め出されていました。深夜業を伴う仕事だったからです。均等法を契機に，そこにも女性の採用枠が広がりました。しかしこれは当然，女性にも深夜業が解禁になったということを意味します。議論の末に深夜業を受け入れた女性たちに対して，深夜業解禁後に，男性によるハラスメントが発生しました。そして，この事件を契機に，全逓労働組合の女性たちは，今度は，「女性の深夜勤務は複数勤務にする，駐車場に照明を取り付ける」等の改善を勝ち取る闘いを続けなければならなかったのです。「保護と平等」と一言で片づけられる問題の背景には，このような女性たちのさまざまな闘いがありました。

その後も均等法が改正される都度，女性のみが対象とされていた「時間外・休日労働の制限および深夜業制限」は，廃止されていきました。女性たちからは，「女性保護の労働条件水準を男性にも拡大すべき」という声があがりました。「男女共通規制を」という主張です。このとき，女性たちの間では，問題はしっかり自覚されていたと思います。当時のリーダーだった山野和子さんは，「男女の問題として取り組んでいけば，一致点は作れる」と強調していました。

しかし残念ながら，「女性保護撤廃，すなわち男女共通規制の実現でなければならない」という主張は，現実のものにはなりませんでした。この目標が，当時の労働組合運動全体のなかでは，現実的課題として位置づけられなかったからです。もっとも，1996年に，連合はようやく「女子保護規定を解消して男女共通のルールを作る」という方針を決断しました。しかしこの決断は，「これでは結局女性が働き続けられなくなる」という反対が根強くあった中での，苦渋の決断でしたし，男性労働者を巻き込む運動にはならなかったと思います。

ただ，女性保護を廃止してはじめて，これまでは時間外労働協定の内容に無関心だった女性労働者も，労使協定の締結に関心をもたざるをえなくなっていったということは，考慮しなければならないと思います。「保護と平等」の

---

(4)　浅倉他・前掲注(2)参照。
(5)「元全逓中央執行委員　長谷川裕子さん　深夜業解禁，郵政職場の男女平等に挑む」浅倉他・前掲注(2)242頁以下。

うちの「平等」部分を担う均等法は，その後も，1997年，2006年，2013年の指針・省令改正，2016年と改正が続きました。では，一方の「保護」にあたる「男女共通規制」は，はたして実現していったのでしょうか。

それは「ノー」といわねばなりません。2018年，安倍政権の下で「働き方改革関連法」が成立しました。労基法36条は改正され，労使協定の時間外労働に上限がはじめて設けられました。しかしその基準は，1カ月100時間の時間外労働という「過労死基準」にすぎないものでした(6)。女性たちが主張してきた，かつての女性労働者保護規定なみの「男女共通規制」は，奪われたままになっています。

私は，いま，男女共通規制を実現するためにも，「生活時間をとり戻そう」という取り組みを強調したいと思います(7)。当たり前のことですが，1日は24時間しかありません。では，長時間労働によって私たちは，何を奪われているのか。奪われているのは，私たちの「生活時間」です。職場を離れた時間に，私たちは，育児や介護というケア労働をしたり，自己啓発，地域活動への参加，民主主義を考えたりしています。ところが，長時間労働は，それらのことを，私たちから奪うものです。したがって，「生活」する時間を奪われる弊害について，女性たちはおおいに自覚しています。しかし一方，生活に無関心な「ケアレス・マン」である男性労働者はそうではありません(8)。男性主体の労働組合は，賃金には関心が高いのですが，時間短縮には同じくらいの真剣さを抱いてこなかったのではないでしょうか。

私は，生活時間の確保という観点からすれば，1日の労働時間規制こそ重要だと思います。また，労働時間短縮問題は，家族や地域を巻き込んだ国民全体の重要な問題だと思います。時間短縮は，「生命と健康」のためばかりでなく，日々の「生活」にとって不可欠だということです。男性も女性も，奪われた生

---

(6)　浅倉むつ子「安倍政権下の『働き方改革関連法』の批判的分析」『経済』293号（2020年2月）74頁以下，同「労働とジェンダー：『働き方改革』を振り返る」橋本健二他『労働者は何をめざしてきたか――歴史と今――』（コンパス21刊行委員会）20頁以下。

(7)　浅倉むつ子「かえせ☆生活時間プロジェクトがめざすもの」『女も男も』129号（2017年）4頁以下。

(8)　ケアレス・マンという表現は，経済学の久場嬉子さんが「家庭責任不在の男性的働き方」をさす言葉として使い始め，杉浦浩美さんは，それをさらに発展させて，「産む性としての身体的負荷がない人」という意味を含む言葉として用いた。杉浦浩美『働く女性とマタニティ・ハラスメント』（大月書店，2009年）。

活時間をとり戻す重要性を自覚して，労働時間短縮に真剣に取り組む必要がある。そうしなければ，女性たちの「男女共通規制を」という主張は，労働組合運動の主流の闘争課題にはならないでしょう。

「保護と平等」の問題について，最後に補足すると，「男女共通規制へ」という流れは，ILO（国際労働機関）が採用している方針でもあります。女性の深夜業を禁止していた1948年のILO89号条約は，1990年に，男女労働者を対象に深夜業を規制するILO171号条約に改訂されました(9)。そして，夜業をする男女労働者のための各種の保護規定を盛り込む条約になっています(10)。日本でもこのような方向性が求められているはずです。

Ⅲ　差別撤廃の国際的展開

つぎに報告したいのは，差別撤廃の国際的展開ですが，そのなかで，まず，イギリスの2010年平等法（Equality Act）にふれたいと思います(11)。イギリスは，2010年に，複雑に入り組んでいた差別禁止法制を一つの「平等法」という法律に統合しました。そして，実効性を確保するために設置されていた3つの委員会を単一の「平等人権委員会（EHRC）」に統合しました。統合が必要とされた最大の要因は，膨大で複雑な立法を簡易化して，国民が差別からの救済にアクセスしやすくするためでした。

この法律は，禁止されなければならない差別事由を9つあげています。年齢，障害，性別変更，婚姻・民事パートナーシップ，妊娠・出産，人種，宗教・信条，性別，性的指向です。そして，それぞれの事由ごとに，直接差別，間接差別(12)，ハラスメントを禁止しています。

---

(9)　浅倉むつ子「夜業に関する新しいILO条約と勧告」『月刊社会教育』417号（1991年）44頁以下。

(10)　夜業労働者に対する健康診断，夜業に適性がない場合は同種の夜業以外の業務への配置転換，妊娠・出産労働者には「代替」業務の確保，労働時間の上限規制（8時間），超過勤務の回避，交代勤務の間の休息時間，金銭補償，社会サービス（通勤時間の短縮，通勤手当，夜間の交通確保，住宅騒音遮断，休息施設の確保），昼間勤務転換の配慮など。

(11)　浅倉むつ子『雇用差別禁止法制の展望』（有斐閣，2016年）532頁以下参照。

(12)　性別に関して，直接差別と間接差別の違いを説明しておこう。直接差別は，性別を理由として不利益取扱いをすることである。間接差別とは，性別を理由としているわけではないが，ある基準を適用した場合に，その基準自体は性中立的であっても，結果的に多くの女性に不利益がもたらされるような取扱いのことをいう。浅倉むつ子『労働法とジェンダー』（勁草書房，2004年）136頁以下。

性差別，人種差別，障害差別など，これまでばらばらだった立法を1つの法律に統合・包括したことによって，いくつかのメリットが生まれました。たとえば第1に，いかなる差別であっても，その行為は反規範的なことなのだということが明確になりました。第2に，差別事由や差別類型の共通性が確認されました。第3に，実効性の確保についても，共通に取り組むことができるようになりました。さらに，第4に，包括的な立法になったことで，2つの保護事由が重なる複合差別（たとえば人種と性別という差別事由が重複している黒人女性のような人々が受ける差別）を救済しやすくする条文もできました。このことは，包括的差別禁止法がない日本にとっても，めざすべき方向性を示唆してくれるのではないでしょうか。

さて，世界の差別禁止立法の動向をみると，徐々に，差別の是正方法が，「申立主義」から「プロアクティブ」な方法に向けて動いていることが，読み取れます。申立主義というのは，差別された人が自ら救済を申立てる仕組です。もちろん個人が申し立てて救済されることが，いかに重要かはいうまでもありません。ただ，申立主義はなんといっても個々人に大きな負担を課し，また救済されるのは申立を行った本人だけという限界もあります。

そこでさらに踏み込んで，差別是正に対する「プロアクティブ・アプローチ」が登場してきています。個々の申立を待つのではなく，使用者に対して，平等待遇や平等賃金のための積極的な作為を義務づけるという仕組みです。先進的な法としては，すでに1987年に，賃金に関して，カナダ・オンタリオ州の「ペイ・エクイティ法」ができています(13)。この法は，「男性職」と「女性職」について(14)，職務評価を実施して，それぞれの職務の価値をはかり，価値に応じて賃金が十分に支払われていない女性職に男性と同じ金額を支払うよう調整させるという仕組みです。その調整のために，使用者には，「ペイ・エクイティ計画の策定」が義務づけられます。計画によって是正されるのは，職場全般における男性職と女性職の賃金格差ですから，その是正範囲は申立主義よりも幅広いといわねばなりません。

以上のような方向，すなわち，包括的な立法という動向や，プロアクティブ

---

(13)　この法律については，木村愛子『賃金衡平法制論』（日本評論社，2011年）が詳しい。

(14)「女性職」とは，女性の割合が60%以上の職務，「男性職」は，男性の割合が70%以上の職務をいう。

な差別是正方法という動向は，いま，国際的な差別禁止立法の大きな流れになっています。私たちもおおいに参考にすべきでしょう。

Ⅳ　暴力とハラスメント撤廃政策の到達点

さて，最後に，暴力とハラスメント撤廃政策の到達点について，報告します。ILO は，創立 100 周年にあたる 2019 年に，「仕事の世界における暴力とハラスメント撤廃条約」（第 190 号）を採択しました(15)。この条約は，暴力とハラスメントが人権侵害であり，平等への脅威であり，ディーセントワークとは相いれないことを宣言しています。まさに，社会正義の実現を使命とする国際機関の決意の表れとも思われます。

190 号条約は，仕事の世界における暴力とハラスメントを，幅広い対象に向けて撤廃する，と宣言しています。その対象は被用者だけではなく，契約上の地位にかかわらず労働する者，訓練中の者，雇用終了者，ボランティア，求職者や就職志望者，個人としての使用者も含むものです。そして，加盟国は，暴力とハラスメントを定義し禁止する法令の制定を行う，としています(16)。

私がとくに興味を惹かれているのは，190 号条約が，暴力とハラスメントが労働環境や働き方から生じるということを重視している点です。たとえば，深夜業や長時間労働などが暴力とハラスメントのリスクを増大させているということに，条約は注意を喚起しています(17)。逆にいえば，労働環境の改善が，暴力とハラスメントを減少させるということなのです。また，重要なことには，暴力とハラスメントを防止する措置が，女性や特定の人々に，特定の仕事や職種への参加を制限し排除するような結果を招いてはならない，としていることです(18)。一例をあげれば，深夜業の規制をしても，それが女性を排除することにつながってはならない，ということだと解釈できます。ILO は，男女共通規制によって環境改善をするなかで，誰もが安心して働ける危険のない職場をめざすべきという方向を出している，といえるでしょう。

---

(15)　条約と同時に，同名の第 206 号勧告も採択された。

(16)　ILO 第 190 号条約の紹介は数多いが，以下のものが簡潔に要点をまとめている。井上久美枝「ILO 条約第 190 号『仕事の世界における暴力とハラスメントの根絶に関する条約』の意義」季刊労働法 268 号（2020 年）28 頁以下。

(17)　条約 8 条，9 条，勧告 8 項，9 項。

(18)　勧告 12 項。

もう1つ，興味深いのは，190号条約が加盟国に，ドメスティック・バイオレンス（DV）による仕事の世界への影響を軽減するための適切な措置をとるよう求めていることです(19)。これまで，DVは私生活上の問題と考えられてきましたが，この条約は，DVがいかに労働の世界にも大きな影響を及ぼしているかを強調しています。DVは，被害者の心身を侵害し，被害者が働く権利を奪い，職場の効率性にも影響を及ぼしています。そこで，使用者もまたDVの影響を軽減するために，適切な措置をとることが求められます。たとえば，DV被害者のための休暇制度を設けることや，柔軟な働き方を認めること，また，DVの影響に関する意識啓発をすることなどが必要だとしています。

190号条約は，このように，労働という公的な場をDVという私的な問題と切り離してはならないというメッセージを発しています。非常に興味深い新たな動向だと思います。

---

(19)　条約10条(f)，勧告18項。

33　性差別撤廃運動の35年──バックラッシュとの攻防

I　コロナ下で声をあげた「#わきまえない女」たち

2021年2月3日，東京五輪・パラリンピック組織委員会の森喜朗会長がIOC評議員会で，「文部科学省は女性理事を選べとうるさくいう。でも，女性が多い理事会は時間がかかる。(日本）ラグビー協会はいままでの倍，時間がかかる。一方，組織委員会の女性理事はわきまえておられる方々」といったような発言を行った。女性を蔑視する発言であるが，その場では「笑い」があがったという。

数年前までなら「口がすべった」程度として見逃されたかもしれない。しかし，今回は違った。翌日の謝罪会見で，森氏は，記者の質問に気色ばむ姿をさらした。「#わきまえない女」という言葉はすぐにツイッターのトレンド1位となり，批判は男性アスリートも巻き込んで国内外に広がった。一方，自民党二階俊博幹事長は，ボランティアの辞退は「瞬間的」なものだと言い放ち，自民党幹部会合に女性議員を（発言権なしの）オブザーバー参加させると述べ(1)，人々をさらにあきれさせた。2月11日，森氏は会長を辞任した。

この事件は，多くのことを考えさせる。2020年3月8日の国際女性デーに，国連のアントニオ・グテーレス事務総長は，コロナ禍に苦しむ世界に向けて「ジェンダー平等は，すべての人々に利益をもたらすよう権力を変革する手段なのです」「女性を変えるのではなく，女性の潜在能力の発揮を妨げている制度と権力の不均衡を変えなければなりません」と訴えた。コロナ禍により，社会でもっとも弱い立場にいる人々がもっとも被害をうける事実をふまえて発信された秀逸なメッセージだった。

あれから1年。日本の女性たちは，コロナ下での著しいジェンダー不平等を実体験してきた。多くの女性労働者が仕事を失い，子どもの臨時休校などで増えた家庭内ケア労働に苦しみ，DVや性被害の相談件数，若い女性の自殺者は

(1)　自民党の二階幹事長は2月16日の党役員連絡会で，総務会など幹部会合に女性議員を数人加えるよう指示したが，当面，陪席の女性に議決権や発言権は与えないと述べ，党の内外からかえって反発を招いた。

増加した。感染不安のなかで仕事量が増えた非正規公務労働の多くを女性たちが担ってきた。日本政府は，ジェンダー平等こそコロナ禍の社会に不可欠だという国連のメッセージを，どこまで真剣に受け止めたのだろうか。ジェンダー視点をコロナ対策に反映させる努力は，日本では著しく不十分である(2)。今回の森氏による女性蔑視発言への怒りは，このような状況において噴出した。

ジェンダーをめぐる攻防には，長い歴史がある。日本社会に強くしみついた性差別を根絶しようとする女性たちの運動と，それを揺り戻そうとするバックラッシュ勢力との攻防の歴史である。その35年をたどってみたい。

Ⅱ　女性差別撤廃条約と男女共同参画社会基本法（1985～99年）

戦後しばらくの間，明白な性差別は社会に蔓延していた。結婚退職制や女子若年定年制などの性差別は，企業内で堂々と制度化されていた。事実上の男女差別は日常茶飯事で，性別役割は個人の自由の問題とされており，法が介入すべきという発想はなかった。

それを変えたのは，国連の女性差別撤廃条約である。1985年，日本は，性別役割分業の見直しを宣言するこの条約の72番目の締約国になった。国内法には性差別規定がなお残っていたが，条約の批准はジェンダー平等への重要な第一歩だった。その後，日本は女性差別撤廃委員会（CEDAW）による定期的な審査を受けるようになった。

CEDAWによる日本審査は，これまでに5回行われた。審査後にCEDAWから日本政府にあてて出される「総括所見」は，日本の法制度を国際基準に照らして評価する重要な指標の役割を果たしてきた。

日本でも法改正が徐々に進み，1985年制定の『男女雇用機会均等法』（均等法）は，1997年改正で，ポジティブ・アクション援助規定(3)とセクシュアル・ハラスメント防止規定を生み出し，2006年改正では，間接差別禁止規定(4)が

(2)　浅倉むつ子「コロナ禍と女性労働」『労働法律旬報』1975+76号（2021年）44頁以下参照。

(3)　事実上の男女格差を是正するための積極的措置をポジティブ・アクションという。均等法8条は，女性対象のポジティブ・アクションは性差別ではないと規定し，同法14条は，国はポジティブ・アクションを講じる企業を援助できると規定している。

(4)　均等法7条は，性別以外の事由を要件とするが実質的に性別を理由とする差別となるおそれがある措置を，間接差別として禁止する。ただし諸外国の法制とは異なり，日本では，厚生労働省で定めるもののみが違法とされているにすぎない（均等法施行規則

できた。1991年の『育児休業法』は，はじめて男性にも育児休業取得権を保障した。

1999年に制定された『男女共同参画社会基本法』は，日本の男女平等を新たな段階に導いた。内閣府には男女共同参画会議がおかれ，その事務を内閣府男女共同参画局が担当するようになった。

Ⅲ　ジェンダーをめぐる対立構造の鮮明化（2000～11年）

しかし，世紀の変わり目を前に，保守政治勢力はジェンダー平等にさまざまな攻撃をしかけた。激しいバックラッシュが活発化したのである[(5)]。

きっかけはおそらく，法制審議会による1996年の民法改正「法律案要綱」だった。盛りこまれた選択的夫婦別姓導入論に危機感をもった日本会議や保守系団体は，男女共同参画は「偏った思想」であり，行政の行きすぎを監視すべきだと，声高に主張し始めた。東京都は，教育現場における性教育や男女混合名簿などの先進的な取り組みへの非難を強め，2003年には君が代・日の丸を義務づける「10.23通達」を，2004年には男女混合名簿を禁止する通達を出した。

2005年には，自民党「過激な性教育・ジェンダーフリー教育実態調査プロジェクトチーム」（安倍晋三座長，山谷えり子事務局長）が，第2次男女共同参画基本計画の策定過程に強く介入してきた。内閣府のHPには，今も当時の資料がそのまま掲載されている[(6)]。16頁にわたり「原案」を激しく批判しているこの資料のごく一部を，以下に抜き書きしておく。

「男らしさ，女らしさを否定するジェンダー・フリーの思想に対しては反対。間違った方向で男女共同参画を進めないよう配慮する必要がある」「ジェンダー，ジェンダー学というのは，男性により女性は抑圧されているという見方により組み立てられている」「日教組が教育現場で，文化破壊，男女同質化をし，過

2条)。

(5)　スーザン・ファールディは，フェミニズムへの「反動・揺り戻し」であるバックラッシュは，アメリカでは「フェミニズムが勝つかもしれないという危惧から発生している」という。ファールディ（伊藤由紀子・加藤真樹子訳）『バックラッシュ――逆襲される女たち』（新潮社，1994年）20頁。

(6)　第12回男女共同参画基本計画に関する専門調査会（2005年7月11日）における「自民党過激な性教育・ジェンダーフリー教育実態調査プロジェクトチーム会合（7月7日）提出資料」。

激な性教育で子供の人格破壊をしているのは，ジェンダー論をベースにしているから」「個人単位の考え方に改めるなど，もってのほか」「国自ら夫婦別氏制度の導入をすすめていくようでは困る。家族の絆を大切にすべき」「ジェンダーという言葉を使うこと自体，地方の条例つくりに左翼が入り込むスキを与える。使うべきでない」「(配偶者暴力の）一つの原因はむしろ男女共同参画のゆき過ぎたジェンダーフリー教育によって男らしさ，女らしさの徹底否定が家庭内での必要以上のぶつかり合いに影響していることは否定できない」「国連の動き自体がフェミニズム思考の人たちのリードで動いており問題」「フェミニズムの嵐を体験して，社会秩序の崩壊，青少年の性風俗の乱れ，犯罪の増加に悩まされた」など。

2006年12月，『教育基本法』が改正され，「個人の尊厳を重んじる」教育（旧前文）は，「道徳心，自律心，公共の精神」を学ぶ教育にとって代わられた。CEDAWは2009年の「総括所見」で，「強い反対にもかかわらず，教育基本法が改正され男女共同参画の推進に言及した同法第5条が削除されたことを懸念する」とコメントした。

その一方で，NGOや超党派の女性たちの力で，「配偶者からの暴力の防止及び被害者の保護に関する法律」（DV防止法）が2001年に成立した。人々は家族は必ずしも安住の場ではないということに気づくようになり，社会の関心は女性に対する暴力に向かい始めた。2003年にはジェンダー法学会が設立され，全国のいくつかのロースクールで「ジェンダー法」という講義が行われた。法学以外でもバックラッシュに対抗するジェンダー分野の研究は，この時代にめざましく進展した(7)。

労働分野では2007年にはじめて，パートタイム労働法の全面改正により「通常の労働者と同視すべき」短時間労働者に対する差別的取扱い禁止規定が導入された。

そして，2009年に自公政権にかわって発足した民主党連立政権下で，外務省に人権条約履行室が新設され（2010年5月），2010年12月に閣議決定された第3次男女共同参画基本計画は，ジェンダー平等の推進を加速させた。

---

(7)　たとえば，日本女性学会ジェンダー研究会編『Q&A　男女共同参画／ジェンダーフリー・バッシング　バックラッシュへの徹底反論』（明石書店，2006年），若桑みどり・加藤秀一・皆川満寿美・赤石千衣子編著『「ジェンダー」の危機を超える！　徹底討論！バックラッシュ』（青弓社，2006年）などを参照。

Ⅳ　第2次安倍政権以降（2012年から今日まで）

ところが，2012年末には第2次安倍内閣による自公連立政権が誕生した。この政権がめざすものは，憲法9条，13条，24条の改正により，国家の成員として望ましい資質を備えた人材育成と，伝統的な家族規範の強化である。少子化対策の観点からは『女性活躍推進法』をはじめ聞こえのよい労働政策を次々に登場させたが，家族や人権については，迷走と破綻を繰り返している。それは，地表からは隠されながらも，いまなお激しい勢いをもつバックラッシュが地下水脈となって，自公政権をコントロールしているからだろう。

ジェンダーをめぐる攻防は，家族法分野で顕著にあらわれた。2013年には最高裁が，民法900条4号但書は憲法14条1項に反し違憲と判断して（最高裁大法廷2013年9月4日決定），同年12月，婚外子に対する相続差別規定は撤廃された。2015年には，やはり最高裁が，離婚後の女性に対する再婚禁止期間のうち100日を超える部分は違憲と判断して（最高裁大法廷2015年12月16日判決），翌年6月の民法改正で，同期間は300日から100日に短縮された。

一方，バックラッシュ勢力が死守してきた夫婦同一氏を強制する民法750条については，最高裁は違憲判断を下さず（最高裁大法廷2015年12月16日判決），法改正はなお実現していない。2020年12月に閣議決定された「第5次男女共同参画基本計画」では，「素案」や「答申」にはあった「選択的夫婦別氏制度の導入」が消えて，「夫婦の氏に関する具体的な制度のあり方に関し……更なる検討を進める」という表現になった。「左派の攻勢がますます加速する」ことを危惧した「保守」による渾身の巻き返しが，自民党議員を動かし，功を奏したことが報告されている[8]。

長い間，手つかずであった刑法の性犯罪規定は，2017年の法改正により，強姦罪が強制性交等罪になったものの，最大の問題である「暴行・脅迫要件」は改正されず，なお議論の最中である。2018年5月には，政治分野の『候補者男女均等法』が制定され，努力義務という限界はあるものの，男女候補者数の目標を定めるなど，政党による自主的取り組みが求められている。

この間，自公政権を支える政治家たちは，人権侵害的「失言」の数々を繰り返してきた（「LGBTは子どもを作らず生産性がない」「必ず3人以上の子どもを産

(8)　高橋史朗「予断を許さない選択的夫婦別姓」『日本の息吹』2021年2月号30頁以下。

み育てていただきたい」など)。口では「女性活躍」といいながらも，効率性や生産性向上を重視する発想が強いために，女性を「産む性」として管理の対象にするのだろう。これらは「失言」ではなく「本音」であるに違いない。それでも揺るがなかった政権に，女性たちは幾度もほぞを噛む思いを重ねてきた。

その「岩盤」に正面から挑んだのは，若い世代の女性たちだった。世界中で「#MeToo運動」が声を上げた2017年，日本でも，伊藤詩織さんが実名で性被害を公表して，多くの女性たちに勇気を与えた(9)。18年には，財務事務次官・福田淳一氏による女性記者へのセクハラ事件が報道され，翌年からは全国でフラワーデモが始まった。これらの動きに対する政治家の発言は，無理解と無責任を露わにした。

「週刊誌に録音売るのはある意味犯罪・はめられた」(下村博文・元文科相)，「抗議する女性国会議員はセクハラとは縁遠い方々」(長尾隆・衆院議員)，「弁護士に話すのがそんなに苦痛なのか」(矢野康治・財務省大臣官房長)，「はめられて訴えられているんじゃないかという意見がある」(麻生太郎・財務大臣)。このような公人の発言が許される日本は，まさに「性差別大国」といえよう。

しかし，冒頭に述べたように，2021年，もはや女性たちは黙らなかった。世界的なジェンダー平等運動の盛り上がりや，格差や貧困に苦しんだ人々の経験が，性差別撤廃運動を後押ししたのかもしれない。いま，私たちは，コロナ後の社会を展望する時を迎えている。

コロナ禍のただ中にいる人々に必要不可欠なエッセンシャル・ワークは，ケア労働(医療・介護・保育・福祉の労働)であり，これらは一人ひとりの人間としての尊厳を守り育てる営みにほかならない(10)。コロナ禍を経験した私たちが今後目指すべき社会とは，効率性や生産性を重視する市場第一主義ではなく，ケアという営みを中枢に位置づけ，ジェンダー平等と個人の尊厳をしっかりと保障する社会だといえる。そのような社会を実現しようとする政権を作り上げて若い世代に手渡す責任が，私たちにはある。

---

(9)　伊藤詩織『Black Box ブラックボックス』(文芸春秋，2017年)。
(10)　岡野八代＝ジョアン・トロント『ケアするのは誰か？』(白澤社，2020年)参照。

第9章　判例を契機に考える

34　職場における旧姓使用禁止は許されるか
──学校法人日本大学第三学園事件
(東京地裁平成28年10月11日判決・労働判例1150号5頁)

I　事実の概要

原告（以下Xという）は，被告・学校法人（以下Yという）が経営する高等学校・中学校の教師として勤務してきたところ，2013年7月に，婚姻により戸籍上の氏を夫の氏に変更した。Xは勤務先の学校の教頭に，婚姻後も婚姻前の氏（旧姓）を使用し続けたいと告げたが，当時の学校長（A校長）はそれを認めず，翌2014年2月には，同年度の校務分掌の書類にXの戸籍上の氏を記載して，職員会議で教職員に配布した。Xは，同年3月5日に，旧姓を通称として使用するよう文書で申し入れたが，Yは，就業規則9条を根拠に，通称使用を認めなかった。

その後，A校長から通称使用を希望する理由およびその範囲について願書を提出するように求められたため，Xは，3月14日に，研究者として用いてきた氏名を使用し続けたいこと，出生とともに与えられた氏名以外を使うことに精神的負担を感じること，プライバシーとして家族の有無の個人情報を他者に知られたくないこと等の理由により，法令に抵触するおそれがなく，職務遂行上または事務処理上支障がないと認められる書類について，旧姓の通称使用を認めて欲しいという「願書」を提出した。Yは，同月22日に，法令に基づいた地位にある公人としての教職員の教育業務遂行には法に基づいた呼称の使用が妥当であること，Yの慣例では年度途中で婚姻したときは本人の希望により年度内にかぎり婚姻前の氏の使用を認めるが，次年度以降は戸籍上の氏に切り替えていることを理由として，同年4月1日以降は戸籍上の氏を使用すると告げ，Xに改姓届を提出するよう求めた。Xは，改姓届を提出する一方，Yを相手方として，職務上の通称使用を認めることを求めて簡易裁判所に民事調停を申し立てたが，調停は不成立に終わった。

Ｙは，Ｘの希望を容れず，2014年4月1日より，時間割表，生徒出席簿，生徒指導要録，成績通知表，生徒や保護者に対する書面による通知，業務用ソフトへの登録氏名，タイムカード，年次有給休暇届ならびに出張願（届）において，Ｘの戸籍上の氏を使用している。一方，Ｘは，同日以降も，教室内等においては婚姻前の氏を名乗っており，多くの生徒，保護者，教職員から婚姻前の氏で呼ばれている。

本件訴訟は，Ｘが，人格権に基づき，Ｙに対して，時間割表等においてＸの婚姻前の氏を使用するように求め，同時に，不法行為または労働契約上の付随義務違反による損害賠償請求権に基づき，Ｙに慰謝料等の支払いを求めた事案である。

Ⅱ　判　　旨

請求棄却

1　氏名の機能とそれを使用する利益

「氏名は，社会的にみれば，個人を他人から識別し特定する機能を有するものであるが，同時に，その個人からみれば，人が個人として尊重される基礎であり，その個人の人格の象徴であって，人格権の一内容を構成する……」。「また，人は，その氏名を他人に冒用されない権利を有し，これを違法に侵害された者は，加害者に対し，損害賠償を求めることができるほか，現に行われている侵害行為を排除し，又は将来生ずべき侵害を予防するため，侵害行為の差止めを求めることができると解される」。氏名が「識別特定機能，個人の人格の象徴等の性質を有することに照らせば，氏名を自ら使用することが，いかなる場面で，いかなる目的から，いかなる態様で妨害されたとしても法的な救済が一切与えられないとすることは相当ではなく，その意味で，氏名を自ら使用する利益は，民法709条に規定する法律上保護される利益であるというべきである」。

2　婚姻前の氏を使用する利益

「婚姻前の氏は，婚姻時まで個人を他人から識別し特定する機能を有し，個人として尊重される基礎，個人の人格の象徴となってきた氏名の一部であり，個人が婚姻前に築いた信用，評価，名誉感情等の基礎ともなるものであることに照らせば，その利益がおよそ法的保護に値せず，……その使用の妨害に対して何らの法的救済が与えられないと解するのは相当ではない」。それゆえ「通称として婚姻前の氏を使用する利益は，人格権の一内容にまでなるか否かは措くとしても，少なくとも，上記の意味で，法律上保護される利益であるということができ，これを違法に侵害した場合には不法行為が成立し得ると解するのが相当である」。「なお，婚姻前においては，婚姻前の氏を基礎としてその人の信用，評価，名誉感情等が築かれるところ，通称として婚姻前の氏を使用する利益は，これらの信用等を維持する利益という側面を有する。この点に関し，婚姻によりこれらの信用の基礎となった氏が変更されれば，それによって築かれた信用等にも影響が及ぶところ，そのような影響を受けずにこれらを維持する利益は，人格権の一内容となるとまではいうことはできない」。

3　識別特定機能における戸籍上の氏の優位性

「婚姻によって氏を改めた場合には，新たな戸籍上の氏を有することとなる。この戸籍上の氏は，婚姻前に使用した実績がないものであるが」，出生直後の戸籍上の氏と同様に，「変更後直ちにその名とあいまって」個人の識別特定機能を有し，「個人として尊重される基礎，人格の象徴となるものと解される」。そして，「戸籍上の氏は戸籍制度という公証制度に支えられているものであり，その点で，婚姻前の使用実績という事実関係を基礎とする婚姻前の氏に比して，より高い個人の識別特定機能を有しているというべきである。したがって，本件のように職場という集団が関わる場面において職員を識別し，特定するものとして戸籍上の氏の使用を求めることには合理性，必要性が認められるということができる」。「婚姻後に通称として婚姻前の氏を使用する利益は，上記のとおり婚姻により新たな戸籍上の氏を有することとなることに照らせば，婚姻前に戸籍上の氏のみを自己を特定するものとして使用してきた期間における当該氏を使用する利益と比して，それと同程度に大きなものであるとはいえない」。

4　旧姓の通称使用不許可は違法な利益侵害にあたるか

たしかに各種証拠から，「近時，……社会において，婚姻前の氏の使用が認められる範囲が広がる傾向にあることが認められる」が，「いまだ，婚姻前の氏による氏名が個人の名称として，戸籍上の氏名と同じように使用されることが社会において根付いているとまでは認められない」ことに照らせば，「本件のように職場が関わる場面において戸籍上の氏の使用を求めることは，その結果として婚姻前の氏を使用することができなくなるとしても，現時点でそれをもって違法な侵害であると評価することはでき」ず，原告の不法行為による損害賠償請求は，理由がない。

「仮に，通称として婚姻前の氏を使用する一般的な利益が……人格権の一内容として保護されるものであったとしても，……職場が関わる場面で戸籍上の氏の使用を求める行為をもって，違法な人格権の侵害であると評価することはできないから，……人格権に基づく妨害排除（予防）請求も理由がない」。

「原告は，被告の戸籍上の氏の使用の求めは，原告の本質的な労務内容，性質とは直接関連性を有せず，そのような業務命令を発する根拠が不明である旨主張する」が，「教職は多数の生徒と接し，その教育等を行うものであるから教職員の個人の特定は重要であり，また，被告においてもその業務に当たり教職員を識別，特定して，管理することは必要であると認められるから，被告において教職員の使用する氏について一定の行為を求める権限がないとは認められない」。「仮に，被告の上記行為が業務命令に該当するとしても，原告が婚姻前の氏を使用することができないことの不利益を考慮してもなお，上記の合理性，必要性をもって，当該業務命令の適法性を基礎付けるに足りる合理性，必要性が存するというべきであ」り，被告が労働契約上の付随義務に違反したとは認められない。

Ⅲ　検　　討

1　はじめに

本件は，教員Xが婚姻前の旧姓の通称使用を許可するように求めたにもかかわらず，使用者であるY学校法人が，職場における通称使用をいっさい認めず，各種書類においてXの婚姻後の戸籍名のみを使用するという取扱いをしていることにつき，Xが，人格権を根拠として，YにXの通称使用を許可するよう請求し，ならびに，不法行為および労働契約上の付随義務違反を根拠として，Yに慰謝料の支払いを求めた事案である。

近年では，民間企業においても，職場での通称使用はかなりの広がりをみせ，戸籍名と通称名との併用を管理するための人事・給与システムを構築している企業も増えた。学校の教職員においては，旧姓使用の容認がむしろ当たり前になっている。加えて，2015年12月16日の最高裁大法廷判決（夫婦同氏訴訟）は，夫婦同氏を定める民法750条を合憲としたが，その中で，「夫婦同氏制は，婚姻前の氏を通称として使用することまで許さないというものではなく，近時，婚姻前の氏を通称として使用することが社会的に広まっているところ，上記（夫婦同氏制）の不利益は，このような氏の通称使用が広まることにより一定程度は緩和され得るものである」と述べた[(1)]。この判旨を解釈すれば，最高裁は，婚姻前の氏の通称としての使用が普及しなければ，夫婦同氏を強制する現行法制の不利益性は緩和されないという認識を示したといえる。

ところが，この最高裁判決から約10カ月後に出された本件東京地裁判決は，予測に反して，職場における通称使用を一律に禁ずる取扱いを許容した。本件判決については「時代逆行」「人権への配慮を欠く」という見出しの報道が圧倒的であり，厳しい評釈も出されている[(2)]。

その影響もあったのだろうか，本件に関しては，2017年3月16日に，東京高裁において和解が成立した（2017年3月17日朝日新聞）。和解は，Ｙは時間割などの文書や日常的な呼称において旧姓の使用を認め，他の教職員についても希望があれば認める，という内容であり，Ｘの主張が全面的に認められた。このことは，今なお旧態依然とした職場で働く人々が旧姓使用を要求するときの参考になるであろう。

本件訴訟代理人の早坂由起子弁護士は，地裁は原告側からの一切の尋問申請を「必要なし」として却下したが，高裁は第1回期日で，原告被告双方に具体的事情の釈明を求めており，このような訴訟指揮の相違が両裁判所の判断の「分水嶺だと感じ」たと述べている[(3)]。同じく代理人の榊原富士子弁護士は「こうした裁判を二度としなくていいように，選択的夫婦別姓制度を実現して欲しい」と語っており（前掲・朝日新聞），この言葉は重く受け止められなければならない。

---

(1)　最大判平成27年12月16日民集69巻8号2586頁，裁判所時報1642号13頁。

(2)　本判決については，以下の評釈がある。立石直子「職場による旧姓使用の拒否に対し，損害賠償請求が否定された事例」新判例解説Watch.Vol.20（2017.4），二宮周平「婚姻前の氏の使用と人格的利益の保護」戸籍時報748号（2016年12月）9頁以下，堀口悟郎「通称として婚姻前の氏を使用する利益」法学セミナー747号（2017年）120頁，早坂由起子「通称使用の可能性と限界」中央評論（中央大学）300号（2017年）79頁以下，川田知子「職場における通称使用と労働者の人格的利益の保護――使用者のキャリア形成配慮義務論としての再構成の可能性」労働判例1157号（2017年）90頁以下。

(3)　早坂・前掲注(2)85頁。

2　判決の論理

⑴　判旨の1および2

本判決は，判旨1において，いわゆるNHK日本語読み事件の最高裁判決[4]を引用しつつ，氏名が個人の識別特定機能を有し，同時に個人の人格の尊重として，人格権の一内容を構成するとしている。また，名誉毀損に関する北方ジャーナル事件[5]の最高裁判決を引用して，個人が氏名を他人に冒用されない権利を有すること，その侵害があった場合には，損害賠償と侵害行為の差止めを求めうるとした。氏名が個人の識別特定機能を持つことや人格権の一内容であることは，現在，氏名に関するあらゆる訴訟において前提とされており，妥当な判断である。

ただし，本判決が「人格権の一内容を構成」すると認める「氏名」とは，あくまでも戸籍上の氏名一般であり，婚姻前の氏（旧姓）については，異なる判断である。判旨2は，「婚姻前の氏は，婚姻時まで個人を他人から識別し特定する機能を有し，個人として尊重される基礎，個人の人格の象徴となってきた氏名の一部であり，個人が婚姻前に築いた信用，評価，名誉感情等の基礎ともなるものであることに照らせば……通称として婚姻前の氏を使用する利益は，人格権の一内容になるか否かは措くとしても，少なくとも，……法律上保護される利益であるということができ，これを違法に侵害した場合には不法行為が成立し得ると解するのが相当である」と述べ，これもまた法的保護の対象であることを，一応，認めている。ただし，婚姻後にも婚姻前の氏を使用する利益は，婚姻前の信用等を「維持する利益」であって，これが人格権の一内容となるとまではいえないとして，戸籍名を使用する利益とは異なる評価を与えているのである。

この部分の論理は，氏名の機能に関する社会的実態を反映していないと，二宮は批判する[6]。人の氏名は，その使用を重ねることによって，個人の識別特定機能を有し，人格性を獲得するのであり，それらは，戸籍上の氏を取得して戸籍に記載されることによって自動的に付与されるものではないからである。それゆえ，個人が，婚姻前の氏を使用することによって婚姻後も従前の人格的利益を保持しようとする場合，それが尊重されるべき利益として劣るものとは

⑷　最三小判昭和63年2月16日民集42巻2号27頁。
⑸　最大判昭和61年6月11日民集40巻4号872頁。
⑹　二宮・前掲注⑵13頁。

言えないはずである。

⑵　判旨の3および4

そのうえで，判旨は，婚姻後は，戸籍上の氏名が直ちに個人の識別特定機能を有し，個人の人格の象徴となり，かつ，これは戸籍制度という公証制度に支えられているために，「婚姻前の氏に比して，より高い個人の識別特定機能を有している」と述べる。最大の問題は，判旨3において，このような戸籍上の氏の個人の識別特定機能における優位性を認定したのち，ただちに「したがって，本件のように職場という集団が関わる場面において職員を識別し，特定するものとして戸籍上の氏の使用を求めることには合理性，必要性が認められる」との結論を導いたところである。この2つの文章のつながりは唐突で無理があり，説得力がない。「通称として婚姻前の氏を使用する利益」を「法律上保護する利益」と認めておきながら，戸籍姓に高度な機能性が認められるとはいえ，なぜ職場では一律に通称使用が否定されなければならないのか。その説明を完全に省略する判旨のこの部分には，「通称使用の利益」を尊重する姿勢がみられず，単に戸籍姓の人事管理上の便宜性・優位性が強調されているだけである。

判旨4は，さらに，近時，社会において婚姻前の氏の使用が拡大する傾向にあることを認めつつも，なお「通称は個人の名称として戸籍上の氏名と同じように使用されることが社会に根付いているとまでは認められない」ことを理由に，「職場が関わる場面において」通称使用ができなくなるとしても，違法な侵害にはあたらないとした。たしかに通称使用は社会的に拡大しているが，法制度としては「同氏」が強制されているのであるから，通称が戸籍姓と「同じように」社会に根付くことはおそらくありえない。それゆえ，この判旨の論理運びも説得力に欠ける。

判旨が「職場が関わる場面において」という表現を繰り返し使用していることについて，再度，批判しておきたい。本件訴訟において，Xは，自らの戸籍姓の表示をいっさい認めないという硬直的な要求をしているわけではなく，Yに提出した「願書」によれば，「法令に抵触する恐れがなく，職務遂行上または事務処理上支障がないと認められる書類等」については旧姓の使用を認めて欲しいという柔軟で穏当な要望をしたにすぎない。それに対してYは，通称（旧姓）の使用をいっさい認めず，職場では「戸籍姓のみ」を使用させるというきわめて硬直的な取扱いをしている。裁判所は，少なくとも，なぜかかる硬直的な取扱いが必要なのかについて検討しなければならなかったはずである。にもかかわらず判旨は，「職場が関わる場面」では戸籍上の氏の使用を求めても人格権侵害にはならない，と述べるのみであり，まったく必要な検討をしていない。

3　職場における人格権をめぐる先例

本件判決は，労働法的観点からみれば，職場における人格権侵害をめぐる判例の１つとして位置づけることができる。この分野における従来の判例動向を簡単に整理しておきたい。

人格権とは「主として身体・健康・自由・名誉など人格的属性を対象とし，その自由の発展のために，第三者による侵害に対し保護されなければならない諸利益の総体」である[(7)]。それは，生命・身体・健康など人間の身体的属性に対する権利であると同時に，名誉，肖像，氏名，プライバシーなど，内面的・精神的な人格的価値を積極的に保護する権利でもある。前者は身体的人格権，後者は精神的人格権といわれ，氏名に係る権利は精神的人格権の１つである。人格権をめぐる今日の議論の中心が精神的人格権であることはいうまでもない[(8)]。

企業内においても一般社会で認められている人格権が尊重されなければならないのは当然である[(9)]。ところが労働の分野では，使用者の不適切な業務遂行上の指示や命令等を通じて，労働者の人格的利益の侵害が生じやすく，すでに数多くの裁判例が蓄積されている[(10)]。

使用者の行為が人格権侵害として問題になった事案には３つのパターンがある。第１は，仕事をさせないことや本人にふさわしくない仕事をさせることであり，これらは労働を通じて人格の発展を阻害する行為である[(11)]。第２は，職

(7)　五十嵐清『人格権論』（一粒社，1989 年）7 頁。

(8)　五十嵐清『人格権法概説』（有斐閣，2003 年）19〜20 頁，浅野毅彦「労働者の人格権に関する裁判例の検討」労働法律旬報 1649 号（2007 年）7 頁。

(9)　和田肇「労働者の人権保障── 人格権，雇用平等，家族責任に関する法理の新たな展開」日本労働法学会編『講座労働法の再生第 4 巻　人格・平等・家族責任』（日本評論社，2017 年）1 頁以下，角田邦重『労働者人格権の法理』（中央大学出版部，2014 年）参照。

(10)　道幸哲也『職場における自立とプライバシー』（日本評論社，1995 年），浅野・前掲論文（注 8 ）参照。

(11)　代表的な例としては，松蔭学園事件・東京地判平成 4 年 6 月 11 日労働判例 612 号 6

場における人間関係形成の自由を阻害する行為であり，各種のハラスメント事案のように，労働者を威圧し，敵対的，冒涜的，屈辱的，攻撃的な環境を作り出して，職場の良好な人間関係を侵害する行為である[12]。そして第3は，労働者の内心の自由や名誉感情を直接的に侵害するような業務上の指示・命令などの行為である。

とりわけ第3の事案では，一般社会では市民に当然のように認められている人格的利益が，業務上の取扱いや指示・命令によって侵害される。企業内では，企業秩序維持のために労働者の自由が一定の制約を受けることは，確かにありうる。しかし，使用者が発出しうる業務上の指示・命令であっても，それが労働者の自由を必要以上に侵害すれば，合理的範囲を超えるものとして違法評価を受けるのは当然である。

侵害される人格的利益の中には，労働者自身が自ら決定すべき生活スタイルや精神的自由に関わるものなどがあり，代表例としては，職場における容姿や外貌の自由をめぐるいくつかの紛争がある。ハイヤー運転手に対する髭をそるべき旨の業務命令に対して，東京地裁は，労務提供義務の履行にとって必要かつ合理的なものであったとは認め難い，と判示した[13]。髪の毛を染めていたトラック運転手に，使用者が髪の色を元に戻すよう指示した事案で，福岡地裁小倉支部は，企業が秩序の維持を名目に労働者の自由を制限しようとする場合，その制限行為は無制限に許されるものではなく，企業の円滑な運営上必要かつ合理的な範囲内にとどまるべき，とした[14]。長髪でひげを生やした郵便局員に対して，ひげを剃るように執拗に求める行為は，過度の制限にあたり，低い人事評価は裁量権を逸脱したものとして違法となる，とした裁判例もある[15]。

以上の判例が示すように，容姿や外貌などは原則として本人が自由に決定す

頁，エール・フランス事件・千葉地判平成6年1月26日労働判例647号11頁，バンク・オブ・アメリカ・イリノイ事件・東京地判平成7年12月4日労働判例685号17頁などがある。

(12)　代表的な例としては，福岡事件・福岡地判平成4年4月16日労働判例607号6頁，和歌山（青果会社）事件・和歌山地判平成10年3月11日判例時報1658号143頁などがある。

(13)　イースタン・エアポート・モータース事件・東京地判昭和55年12月15日労民集31巻6号1202頁。

(14)　東谷山家事件・福岡地小倉支判平成9年12月25日労働判例732号53頁。

(15)　郵便事業（身だしなみ基準）事件・神戸地判平成22年3月26日労働判例1006号49頁。

べきものであって，たとえ業務遂行上の制約がありうるとしても，それは企業の円滑な運営上必要かつ合理的な範囲内のものにとどまるべきである。職場は，労働者が1日の大部分を過ごし人間的コミュニケーションが交わされる重要な場であるから，一般社会と同じように，基本的に自由な人格形成が保障されなければならないのは当然である(16)。

4　職場における人格権と通称使用

⑴　なぜ通称使用は「法律上保護される利益」なのか

本件で問題となった職場における労働者の呼称もまた，労働者自身が決定すべき精神的自由に関わる事柄である。この点は，先に述べた容姿や外貌の問題と共通している。呼称の場合はさらに，服装や髪型など他者に表示するものとは異なり，本人がいかなる呼称を選択しようとも，職務遂行上，他者に不快感を与えるような場面はそもそも想定しにくい。選択の自由という点からみれば，呼称のほうが服装等よりもいっそう尊重されるべき自由の度合いは強いといってもよい。それだけに，万が一，呼称について使用者が制約しうる場合があるとしても，それは，服装などの場合よりもいっそう高度な業務上の必要性・合理性が存する場合でなければならない。

ところが本件判旨は，個人の識別特定機能の優位性から直ちに，戸籍姓のみを使用することの「合理性，必要性」を認めており，そこに「通称使用の利益」を尊重する姿勢はみられない。おそらく本件判旨は，通称使用というXの要求が「法律上保護される利益」とは述べつつも，その真の意味を理解していないのではないだろうか。職場における呼称決定の自由は尊重されねばならず，不必要に制約してはならないこと，制約があり得るとしても，企業の円滑な運営上，必要かつ合理的な範囲内に限定されるという問題の基本構造を理解するためにも，原告が求める「旧姓の通称使用要求」がいかなる意味で「法律上保護される利益」なのかについて，基本に立ち返って理解することが先決である。

周知のように，日本では，夫婦は婚姻することにより夫または妻の氏のどちらかを夫婦の氏としなければならない。そのために夫婦のいずれかは，自己の意思とは無関係に婚姻によって氏を変更せざるをえない（民法750条）。現行制

---

(16)　とくに服装等の規制については，中村和夫「企業における服装等規制と労働者の人格権」山田省三＝石井保雄編『労働者人格権の研究（上）──角田邦重先生古稀記念』（信山社，2011年）389頁以下，参照。

度は，いわば夫婦同氏強制制度であり，法制度であるがゆえに，社会的な慣習としても定着している。それだけに，結婚改姓をさしたる問題と考えずに自然に受け容れる男女は多い。しかし一方で，さまざまな理由から，このことから不利益を被り，抵抗感をもつ人々もいる。

しかもそれらは画一的ではなく，不利益性や抵抗感の理由は，以下のように人によってさまざまである。①姓が変わることによって，自分が自分でなくなるような自己喪失感や違和感が発生する。②改姓した場合，例えば事故や災害による死亡が新聞報道等に掲載されても旧知・旧友からは認知されないという事態が生じるなど，社会的な人間関係・つながりが失われる。③本人の社会的実績や対外的信用が断絶し，職業人の場合には改姓が社会的に周知されるまで各種の不便が生じ，また，論文や業績の公表が異なる姓によって行われる(17)。④改姓に伴う手続きの煩雑さ。⑤プライバシーの強制的な公表。結婚時に不都合を感じる人は少ないであろうが，離婚や再婚の場合には，他人に知られたくないプライバシーを改姓によって公表せざるを得なくなる(18)。⑥夫の家に吸収されるような抵抗感。姓が「夫の家」や「妻の家」への所属感を醸成し，親の意識にもそれが反映して，夫婦の対等感が失われることがあるからである。⑦現実は圧倒的に女性の方が結婚改姓することから，女性側に不平等感があると同時に，妻の氏を選択する男性には，「妻に頭があがらない男」といういわれなき評価がつきまとう。

このような不利益性や抵抗感を生み出す夫婦同氏強制制度自体については，既述のように最高裁判決も出たのであるが，ここで論じているのは，上記に列挙した①から⑦に１つでも該当する人が法律婚を選択する場合には，彼ら・彼女らにとって，職場の通称として婚姻前の旧姓を選択することは，きわめて重要な価値ある選択肢だということである。法律婚は事実婚に比してさまざまな法的保護をもたらすことから，法律婚を選択せざるをえない人は多い。婚姻による改姓に不利益性や抵抗を感じるか否かはまったく個々人の生活上の信条に

(17)　川田はこれをキャリア権の侵害としてとらえる。川田・前掲注(2)96頁。

(18)　婚姻により氏を変更した配偶者は離婚によって婚姻前の氏に復する（民法767条1項）が，離婚の日から3カ月以内に戸籍係へ届出れば婚姻中の氏を称することができる（民法767条2項）。ゆえに離婚した配偶者の約4割は婚氏続称を選択しているとのことだが（二宮周平『家族法第4版』有斐閣，2013年，91頁），残り6割の人にとっては，離婚というプライバシーが改姓によって公表されることになる。

よるのであって，他人がその感情を否定すべきではなく，少数の人のみの感情だからといって軽視すべきでもない。だからこそ，現行制度の下で，職場における通称として旧姓を使用したいというXの要求は，人格権に基づく正当な要求として最大限に法的に尊重されるべきである。

しかも，Xは，職場における呼称の取扱いを，Yの業務遂行上の利便性も考慮したうえで希望している。「法令に抵触する恐れがなく，職務遂行上または事務処理上支障がないと認められる書類等」についてのみ，旧姓の使用を認めて欲しいという，きわめて柔軟で穏当な希望にすぎない。業務上の理由によりXの要求を否定するのであれば，それを制約しうるほどの合理性・必要性をYが立証しなければならないのは，当然である。

⑵　旧姓使用をめぐる2つの先例

職場における旧姓使用をめぐる裁判例には，2つの先例がある。1つは図書館情報大学事件(19)，もう1つは中央情報システム事件(20)である。

図書館情報大学事件は，国立大学教授である原告が，旧姓使用を制限する国立大学に対して，旧姓を使用するように義務づけることを求め，かつ，氏名保持権等の侵害を理由に損害賠償を請求した事案である。裁判所は，民法750条が合憲であることを前提にしたうえで，①公務員の同一性を把握するためにその氏名を戸籍名で取り扱うことには合理性があり，②公務員の場合には旧姓の通称名使用はまだ普遍的とはいえないとして，原告の請求を棄却した。判決は，原告が公務員であることを強調しつつ旧姓使用制限の不法行為性を否定したが，その後，高裁で，一定の範囲で旧姓使用を許可する旨の和解が成立した。

この地裁判決については，いくつかの評釈が厳しい批判を加えている(21)。大勢の公務員を抱える組織が特定の個人について二重の氏名を使い分けることは煩雑さや困難を伴うという理由は，一見もっともらしいが，通称名と戸籍名が同定できればよいのであり，それは規模の大小にかかわらず不可能ではない。また，提訴された当時，公務員には通称名の使用が認められていない職場が圧倒的に多かったことからすれば，そもそも通称使用が普遍的になる事態などあ

---

(19)　東京地判平成5年11月19日判例時報1486号21頁。

(20)　大阪地判平成13年3月29日労働判例829号91頁。

(21)　水野紀子「夫婦別姓訴訟──氏名権妨害排除等の請求」私法判例リマークス（法律時報別冊）10号（1995年）18頁以下，二宮周平・「氏名の自己決定権としての通称使用の権利」立命館法学241号（1995年）611頁以下。

りえないという批判の方が，説得力があった[22]。ただ，公務員の通称取扱いは，この平成５年の地裁判決以降，変化が著しく，国は2001年７月11日の各省庁人事担当課長会議申合せにおいて，①職場での呼称，②座席表，③職員禄，④電話番号表，⑤原稿執筆，⑥人事異動通知書，⑦出勤簿，⑧休暇簿の８項目について，職員から旧姓使用の申出があった場合，旧姓の記載を行うこととするほか，これら以外の事項についても旧姓使用の範囲を拡大することを妨げないとした[23]。この申合わせについては，総務省から各地方公共団体に対しても周知がなされ，現在，公務職場では，ほとんどの局面で旧姓使用が認められている。

もう１つの先例である中央情報システム事件は，会社代表者（被告Ｋ）との確執が原因で退職したＮの妻（原告）に対して，Ｋが，年俸額の引き下げ，降格を伴う配置転換と昇給停止処分を行い，さらに，旧姓使用を禁じて婚姻姓を名乗るようにという「通告書」を交付したことにつき損害賠償請求が争われた事案である。裁判所は，婚姻姓の使用を強制したことについては「原告の人格権を違法に侵害するものであり不法行為となる（民法44条，709条）」と述べ，慰謝料50万円の支払いを命じた。従来から使用を許してきた通称名の使用禁止という取扱いは，特別な理由がないかぎり不法行為になりうるとしたケースであり，注目したい。

5　通称使用禁止に合理性・必要性はあるか

(1)　就業規則９条は根拠になるか

通称使用に法律上保護される利益が認められるなら，業務上，その使用を禁ずる根拠はどこにあるのだろうか。使用者の指揮命令の下で働くという労働契約の基本的特質からいって，使用者は労働者に対する人事権や労働への具体的な指揮命令権を有する。労働者がこれら業務上の指示や命令に従わなければならないのは，あらかじめ労働契約でその旨の合意をしていると解するからであり，使用者は，労働契約上の合意の範囲内でのみ，業務上の指示・命令を発することができる。労働契約法７条は，就業規則の内容が労働契約の内容となることを明記しており，業務命令の法的根拠は就業規則の規定に求められること

---

(22)　水野・前掲注(21)79頁。

(23)　各省庁人事担当課長会議申合せ「国の行政機関での職員の旧姓使用について」(平成13年７月11日）等。

が多いが，就業規則の規定から直ちに使用者の業務命令の一切が可能になるわけではなく，就業規則を含めた労働契約内容の解釈による[24]。

本件においてＹは，Ｘに対して，婚姻後には戸籍姓のみを使用するよう指示しているが，この業務上の指示・命令の根拠として，就業規則９条をあげる。同条は，教職員は，氏名，住所又は家族等の変更，異動があった場合は，速やかに届け出なければならない旨を規定する。Ｙは，この条文は，届出がされた氏名によって労働者を表記・呼称することを当然に予定するものだ，と主張した。

そもそも従業員に使用者への届出義務が課されるのは，労働条件等について実情に応じた的確な処遇をすることが使用者の義務だからである。使用者は労務管理上必要なかぎりで，従業員の家族状態や住居等の関連情報を正確に知っておく必要があり，その限りで，労働者に，各種情報の届出を義務づけ，申告させることができる。このように収集された資料は，社会保険上の給付や人事上の配慮において利用される。

しかし，就業規則９条は，文字通り戸籍上の「氏名」の届出義務の根拠にすぎず，職場における個々の労働者の呼称の取扱いに関するルールを定めているものではない。ゆえに，「戸籍姓のみを使用すべき」という業務上の指示・命令の根拠として就業規則９条をとらえるのは誤りである。

ちなみに，国家公務員の場合には，「職員の任免等の手続について」（昭和59年９月27日文人任第150号）があり，戸籍上の氏名が変わった場合の報告が職員に義務付けられている。前掲・図書館情報大学事件では，被告国が，この「文部省通知に従って，当然のこととして戸籍名を使用してきており」として，同通知が戸籍名規制の根拠であるかのような主張をしたが，裁判所は，同通知についてそうした解釈を採用しなかった。

⑵　業務上の指示は権利濫用

では，もし，通称名使用禁止規定が就業規則等に記載されていたとすれば，どうだろうか。この場合には，それがいかなる場合に労働者を拘束するのかを検討することになる。法的根拠のある業務命令権であっても，行使において権利濫用があってはならないからである。この場合は，業務命令の内容自体に合理性・必要性があるかどうか，もし必要性が認められるとしても，それらが労

(24)　土田道夫『労務指揮権の現代的展開』（信山社，1999年）351〜352頁。

働者に与える不利益性を上回っていないか否かが検討されなければならない。

本件では，Yは，職場における呼称取扱いのルールとして，例外なく一律に「戸籍姓」の使用しか認めず，通称（旧姓）の使用を一切禁止した。Xは，戸籍上の氏の使用要請は，Xの本質的な労務内容，性質とは直接関連性を有せず，業務命令の根拠は不明であると主張したが，判旨は，Yの主張を認めて，①「教職は多数の生徒と接し，その教育等を行うものであるから教職員の個人の特定は重要であ」ること，②「被告においてもその業務に当たり教職員を識別，特定して，管理することは必要であると認められる」から，氏について一定の行為を求める権限がないとはいえず，その際に，③YがXに対して，戸籍上の氏の使用を求めたことに合理性・必要性があることは，すでに戸籍姓が個人識別機能において優れていることから証明されている，とした。

しかしこのような理由だけでは，到底，Yの行為を正当化することはできない。Yは，教育業務遂行に際して「法に基づいた呼称」のみの使用がなぜ必要なのかを立証しなければならなかったはずである。検討するに，職場内での旧姓の通称使用は，戸籍姓とは異なる呼称を使うことではあるものの，とくに教育業務の遂行を阻害するような「違法性」を帯びるものではない。旧姓もまた，国家に登録はされていないものの，Xが従来から使用してきたところのXを表象する姓であって，Xが勝手に創作した姓でもなければ，婚姻によって「違法な」姓になったわけでもない。また，すでにYにおいては，婚姻後も同じ年度内までは通称使用を認めてきたという実績がある。それなのになぜ，年度を超えての通称使用は許可されないのか。年度末までは問題なく旧姓使用を認めるのであれば，希望者が現れた場合に，年度を超えてもそのまま旧姓使用を認めることにいかなる不都合があるのだろうか。理由は不明なままである。それゆえ，Yによる旧姓使用不許可という指示は，業務命令の濫用というべきである。

⑶　人格権侵害に基づく損害賠償・差止め請求

以上のように，本件業務命令・指示に合理性・必要性はなく，Xが「通称使用の権利・利益」を侵害されているのであれば，その侵害性は回復されなければならない。

問題は，YがXの希望を受け容れずに旧姓使用を禁じているために，Xが，さまざまな手続上も，職場の日常生活においても，戸籍姓の使用を現に強要されているところにある。第三者に通知する場合にもXの戸籍姓が用いられ，そのことによってさまざまな不利益がもたらされている。たとえばYは，生徒や保護者に対しても，また，職場の事務手続上も，例外なくXの戸籍姓を呼称し，戸籍姓を記載したプリント等を配布するなどしている。また，2014年4月以降は，①時間割表，②生徒出席簿，③生徒指導要録，④成績通知表，⑤生徒や保護者に対する書面による通知，⑥業務用ソフトへの登録氏名，⑦タイムカード，⑧年次有給休暇届，⑨出張願（届）において，Xの戸籍姓を表示し続けている。

それだけに，Yの行為は，結婚しても改姓しない人々への世間一般の「批判」を背景に，保護者や生徒に，教師としてのXに疑念と不信を抱かせないとも限らない。Xの主張の中には，「婚姻の事実というプライバシーに関わる事情が生徒及び保護者に明らかになったり，事情により婚姻前の氏を使用できないと生徒や保護者に説明することを要したり，ときには理由を詮索されたり，からかわれることがあるほか，通称使用の希望について批判的に捉えられることも少なくないなど，大きな精神的苦痛が生じている」とある。このような状態はXにとって大きな精神的苦痛をもたらし，Yの行為が早急に改められる必要がある。

本件に関して，裁判所は，Xの請求通り，違法な人格権侵害行為による損害賠償をYに命ずるとともに，引き続いている侵害行為を差止める命令を出すべきであった。川田は，「現に行われている侵害行為を排除し，又は将来生ずべき侵害を予防するため，侵害行為の差止めを求めることができると考える」と述べ[25]，人格的利益の侵害行為に対しては，侵害行為そのものの停止が必要と説く学説を引用している[26]。賛成である。

6　おわりに

通称使用をめぐる近年の動向は，本件判旨とは異なる様相を呈している。「女性活躍加速のための重点方針2016」[27]では，「女性の活躍の視点に立った制度等の整備」の一環として，国家公務員の旧姓使用の範囲の拡大，地方公共団体への働きかけをめざす，とする。男女共同参画局の調査によれば，いずれの府省でも，共済に関わる部分等を除き，通常の職務を行う上で，ほぼ全ての局

(25)　川田・前掲注(2)96頁。

(26)　鎌田耕一「労働者の人格的利益と差止請求」山田省三＝石井保雄編『労働者人格権の研究（上巻）――角田邦重先生古稀記念』（信山社，2011年）243頁以下。

(27)　2016年5月20日すべての女性が輝く社会づくり本部「女性活躍加速のための重点方針2016」。

面で旧姓の使用が可能となっていることがわかった。「重点方針2017」は，民間企業の実態調査において，多数の企業から要望が強かった事項に照らして，「銀行口座等の社会の様々な場面で旧姓使用がしやすくなるよう，引き続き関係機関等に働きかけを行う」という方針を打ち出している。

民間企業でも通称使用は広がっている。「共働き時代における企業の人事政策アンケート」では，全産業123社のうち「結婚を機に苗字が変わった場合，旧姓使用を認めているか」という問いに，「認めている」が82.9%と高い数値であった(28)。一方，2017年3月に公表された実態調査によれば(29)，調査対象4,695社のうち，「旧姓使用を認めている」は45.7%，「条件付で旧姓使用を認めている」は3.5%で，何らかの形で旧姓使用を認めている企業は49.2%であった。重要なのは，国も通称使用を強力に推進する方針をとっていること，民間企業の多くはすでに，旧姓と戸籍姓の二つ以上の姓を管理する人事・給与システム構築の手続きや工夫を行っていることである(30)。旧姓使用を導入している企業にとっては，規模の如何によらず，そのことが人事管理上の支障になることはほとんどなく，導入していない企業にとっては「煩雑さ」が障害として掲げられているにすぎない。

最後に，本件事案においては，以下のような特筆すべき事情も考慮されるべきだった。旧姓の通称使用が一般の民間企業よりも広く採用されている教員という職業領域であること，通称使用を認める他校の先行例でも学校業務に混乱や困難が生じたことはなかったこと，婚姻後にXが旧姓を使っても生徒や父母，他の教職員からの苦情はなく，自然にXを旧姓で呼称し続けていること，Xの教員免許上の氏名は現在でも旧姓であること，X本人が旧姓使用について強い意思・希望があり，これを明確にYに伝え続けていたこと，提訴前にも調停を

(28)　2016年6月6日〜24日にかけて，WEBによるアンケート方式で行われた。全産業123社の人事労務・総務担当者6195人が対象。「労政時報」3914号（2016年）68頁以下参照。この調査は「労務時報」の定期購読者向けのサイト登録者のうち，本社勤務の人事労務・総務担当者が対象であったために，このような高い数字が出たのかもしれない。

(29)　㈱インテージリサーチ『平成28年度内閣府委託調査　旧姓使用の状況に関する調査報告書（概要版）』(2017年3月)。

(30)　旧姓使用を行う際の手続や工夫の状況については，①個々人の希望に合わせた範囲での旧姓使用を認めている（34.7%），②社内で旧姓使用を認めていることを周知している（18.8%），③旧姓と戸籍姓の2つ以上の姓を管理するための人事・給与システムを構築している（12.6%），旧姓使用届のひな形を作成している（9.1%）などが多い。

利用して，他校の状況，全国的な状況なども資料を明示してＹに伝え，可能な限り穏便な方法で，法的に認められる範囲での解決を求める対応をとってきたこと等の事情である。判旨はこれらの事情についても考慮しておらず，不十分な印象は否めない。

以上，検討した結果，Ｙによる戸籍姓の一律使用，旧姓使用禁止には合理性も必要性も認められず，それゆえ，ＹがＸの意に反して，通称使用禁止命令を出し，Ｘの個人としての生き方についての信条を否定し，人格的利益を侵害し続け，Ｘに大きな苦痛を与えてきたことは，明らかに不法行為に該当する行為である。本件裁判所の判断は誤りというべきである。

35　公務における「隠されたコース別人事」と性差別
──東京地裁平成31年2月27日判決を契機として──

I　はじめに

「民間企業に比べて公務員の処遇は男女平等であり，採用・昇任・昇格にも差別はない」。男女雇用機会均等法（以下，均等法とする）が浸透する以前，民間企業で就職差別を受けた大卒女性が言われた言葉である。公務分野こそ平等な職場だと信じて，多くの女性が公務員試験に合格し，就職していった。1999年には男女共同参画社会基本法ができ，その下で男女共同参画基本計画が策定された。ここでは繰り返し，公務における女性職員の採用・登用拡大計画が強調され，実施されていった。

ところが，今日でもなお，公務職場における男女格差はきわめて大きい。2018年の国家公務員の役職別女性割合は，本省課室長相当職で4.9%，本省課長補佐相当職で10.8%と著しく少なく，係長相当職（本省）でも25.0%にすぎない[(1)]。なぜ平等であるはずの公務職場で，男女格差がこれほど著しいのだろうか。どこに原因があるのだろうか。多くの人が疑問に思うことである。

さて，東京地裁は2019(平成31)年2月27日に，厚生労働省に勤務する女性職員からの昇任・昇格に関する性差別の訴えを全面的に棄却する判決を下した。本件訴訟は，2014年10月の提訴時から，現職公務員による性差別の訴えであること，被告が国であり，しかも均等法や女性活躍推進法を所管する部局としての厚生労働省であること等から，大きな注目を集めていた。

しかし東京地裁は，昇任・昇格における男女格差の事実をある程度認めながらも，かかる格差をもたらした人事管理上の問題点に注意を向けることなく，昇任・昇格の遅れを原告の勤務態度や職務遂行能力の影響によるものとして，本人の責に帰すという結論に至った。判決だけでは理解できないところが多かったため，私は，訴訟代理人・酒井健雄弁護士から訴訟資料をお借りして，2019年の一夏を膨大な資料と格闘して過ごした。すると，公務職における大きな男女格差の疑問を解き明かすような「隠されたコース別人事」慣行の存在

(1)　内閣府男女共同参画局編『令和元年版　男女共同参画白書』94頁。

がみえてきた。もっとも裁判所はそれを違法とは認定せず，一方で，厚労省は本件の提訴以降に，当該人事慣行を密かに是正してきているという現実がある。

本件訴訟の原告は，おそらく，この性差別的な人事慣行が是正されつつある事実を知り，また司法による救済の限界も感じて，控訴を取り下げたため，訴訟自体は終結した。しかしながら原告が受けた不利益が回復されたわけではなく，厚労省がこれまでに行ってきた性差別的な人事慣行の影響は，今なお大きいと言わねばならない。当該人事慣行は性差別と認定されることなく密かに是正が図られたにすぎないため，人事における性別格差を生み出してきた従来の職場風土への反省はみられない。

このような現状に照らすと，私は，裁判としては終結しても，提訴に至った原告の勇気を無駄にすることなく，本件をより広く世に問う必要があると考えるようになった。そこで本稿では，通常の判例評釈のルールをあえて無視しつつ，裁判所が認定しなかった事実についても証拠に基づいて言及しながら，判旨を批判的に分析してみようと思う。

Ⅱ　事実の概要

原告は，1988年に国家公務員Ⅱ種試験に合格し，翌年5月に旧労働省に入省し，労働事務官として本省の政策調査部（現統計情報部）の労働統計実施部門で勤務してきた女性職員である。

原告は，入省して8年目にあたる1996年に係長に昇任するまでは，同期・同採用試験の男性職員と同様に昇任・昇格してきたが，2002年に4級に昇格した後は5級には昇格せず，係長・4級に留め置かれたまま勤務してきた（なおここにいう「級」は2006年の俸給切替え後の級をいう）。原告は，同期・同採用試験の男性より昇任・昇格が遅れたことについて，性を理由とする差別であると主張し，国に対して，国賠法1条1項にもとづき，①差別がなかったとしたら得べかりし差額賃金相当額の支払い，②名誉回復のための謝罪文の交付，③精神的苦痛に対する慰謝料の支払いを求めて，2014年10月に提訴した。

Ⅲ　判旨——請求棄却

1　厚生労働省の組織には「内部部局」と「外局」があり，内部部局の労働関係部局としては，①原告が配置されている統計情報部（その労働行政業務部門），②労働基準局，③職業安定局，④職業能力開発局，⑤雇用均等・児童家庭局がある。

2　公務員の行為が国賠法上違法と評価されるためには，「当該公務員が，……職務上の法的義務を負担し，かつ，当該行為がその……法的義務に違背してされたことを必要とする（最高裁昭和60年11月21日第一小法廷判決）」。本件の争点である国家公務員の昇任とは，「現に任命されている官職よりも上位の職制上の……官職に就けること」（国公法34条1項2号）であり，昇格とは，職務の級を同一の俸給表の上位の職務の級に変更することをいう（人事院規則9-8，2条2項）ところ，「……職員を昇任・昇格させる権限は，任命権者が，人事評価の結果を踏まえ，併せて各組織の管理運営全般を考慮して行う判断として，基本的に，任命権者の広範な裁量に委ねられている」ものであり，「任命権者が……ある職員を昇任・昇格させるべき作為義務を負担することはなく，……（その）不作為については，……裁量権限の逸脱・濫用であると認められる場合でない限り，国賠法1条1項の適用上違法と評価されることはない」。以下，逸脱・濫用が認められるかについて検討する。

3　労働関係部局の一般職職員の採用・人事管理は，「労働基準局，職業安定局，雇用均等・児童家庭局及び統計情報部の各部局ごとにグループ化して……行われており」（ただし統計情報部の採用は1999年度で廃止），グループごとに「基準籍」「安定籍」「均等籍」「労働統計籍」と区分されていたこと，基準籍，安定籍，均等籍に属する職員は，「基本的に，将来……都道府県労働局の幹部職員になることも念頭に」地方支分部局等へ異動させることもあり，各部局の幅広い業務を経験するキャリアパスが採用されていたこと，他方，労働統計籍に属する職員は，労働局に異動させる人事方針は採用されず，本省内で勤務させるキャリアパスが採用されていたが，「本人の希望や適性等を踏まえ，……籍はそのままに他部局へ配置換え……をすることもあ」ったと認められる。原告は，部局毎の採用・人事管理が行われていたことを争い，また，「籍」が告知されていなかったこと，異動を求めたが実現しなかった経緯を指摘して，統計籍職員の籍の移動があることを争うが，複数の者が転籍した事実もあること，また「かかる籍別の人事管理も……一つの手法にすぎず，……対象職員に対してそれを告知する必要まではないと解されることに照らすと，個々の職員が『籍』の移動……を実際にどこまで認識していたかはともかくとしても……そのような事実自体はあったと認めるのが相当である」。

4　争点1（昇任等差別に係る責任原因の有無）について

⑴　原告は構造的な性差別が行われていた旨を主張するが，被告が「女性職員を統計籍に位置付けることにより差別的人事を行う確たる動機ないし必要性」は認められず，「労働関係部局（の）……女性職員の全てが，労働統計籍に属しているわけでもな」い。現に「原告と同期入省の女性職員のうちにも課長補佐級以上に昇任している女性職員も相当数存する」ことから，「厚生労働省全体において女性差別の意図に基づく人事が行われていると断ずることもできない」。

⑵　2014年の提訴時の統計情報部の一般職職員の構成をみると，統計情報部には女性が多く（男性31名，女性47名），そこに占める労働統計籍職員にも女性が多く（男性3名，女性28名），「同部は女性の数が優位の職場であるとはいえるが，そもそも各部署への人員の配置は，採用希望者に占める男女比や，個々人の能力や適性，希望，業務の繁忙状況といった諸事情にも多々影響される」から，「特定の部署に配属される職員のうちに女性が多かったからといって，そのことが直ちに女性に対する差別的な採用や人事管理」を意味するものではなく，被告が「差別的意図の下，女性職員を労働統計籍に集中させようとしたことをうかがわせる的確な証拠もない」。さらに少数だが「労働統計籍に……男性職員が採用されたこともあ」り，1989年に採用を打診した7名中，3名は男性であった。むしろ労働統計籍に女性が多いのは，①部内の異動が中心で地方転勤がなく，②業務の性質に鑑みて，「計画的な業務遂行が幾分は可能であったこと等の事情も手伝った」のであり，女性職員が多いことをもって，女性職員に対する構造的差別があったとは認めがたい。

⑶　労働統計籍ないし統計情報部に所属する女性職員の昇任が遅いとの主張について。

ア）　原告は，統計情報部の主要ポスト，なかでも課長補佐の多くに基準籍や安定籍の男性職員が充てられ，一方，労働統計籍職員（女性職員）は毎年1名前後にとどまっていることを問題にするが，「そのことから，直ちに，」構造的な女性差別や，昇任等における女性差別の人事が推認されるわけではない。

この点については，「地方異動のあり得るキャリアパスが念頭におかれていた他部局籍職員は，都道府県労働局の幹部職への昇任により5級に昇格し，再び……（本省）に異動になる際，課長補佐級……の職に転任する」一方，「異動が念頭に置かれていない労働統計籍の職員……は，任命権者の裁量により課長補佐級……職に昇任後，5級に昇格させる」ことから，「こうしたキャリアパスの違いにより女性職員が多数を占める労働統計籍職員の主要役職への昇任等の時期・程度に相違を生じたとみる余地もある」。

原告は，籍別の人事管理によりキャリアパスを設けること自体，国公法27条の2に定める人事管理の原則や平等取扱いの原則（憲法14条，国公法27条）に反すると主張するが，国公法3章の規定は，「各省大臣等が……自主的かつ弾力的な人事管理を行うこと」や，一定のグルーピングを行った上での人事管理の手法を否定するものではない。ゆえに「労働関係部局において，……籍別の人事管理を行い，それぞれの籍に応じた標準的なキャリアパスを設け」るという人事制度の運用が，同条違反とはいえず，平等取扱いの原則に違反するともいえない。以上，「課長補佐等のポストに他部局籍の男性が就いているからといって，そのことから直ちに労働統計籍の女性職員に対する構造的な性差別があるとか，原告に対する性差別としての不利益取扱いがあったとは認め難い」。

イ）1989年に本省の労働関係部局に在籍した職員621名（うち女性102名）のなかで，20年後に本省籍にとどまっている299名（うち女性29名）のうち，課長補佐級に昇任している264名（88%）の男女比をみると，男性は96%が課長補佐級に昇任しているのに対して，女性は17%しか昇任できていない。原告はこれを女性差別であると主張するが，「特に女性職員に関しては29名という少ない母集団を基準にその比率を云々することに大きな意味があるとは必ずしも思われ」ず，男性に比べて家族責任など「ハンデを背負わされがちな……社会的要因があったことも否定できないこと」から，「上記のような昇任状況となっている要因については，必ずしも明らかではな」く，ここから直ちに，女性差別的人事や原告に対する差別があったと認めるのは困難である。

ウ）原告は，①労働統計籍の職員は，課長補佐・室長補佐（6級相当）に昇級する可能性を著しく制限され，定年直近でしかなれず，②同じ労働統計籍でも，男性は女性より昇任が早く，③統計情報部の旧労働省系の職員78名のうち，年功序列的な昇任から外れた処遇を受けている10名のうち9名が女性であるとして，女性差別の存在を主張する。

しかし「これらの人事についてもその要因は必ずしも明らかとはいえないところ，当局側に差別的意図があったことをうかがわせるに足りる的確な証拠はなく，……キャリアパスの相違や，個々人の能力や適性，希望，女性の働き方に係る社会的要因等もその原因となっている可能性を否定でき」ない。原告が作成した昇任状況に関する一覧表は，「その母集団の規模の小ささも考慮すれば，……昇任に関わる個別の事情を捨象して一般的な形で『官職レンジ』を設定しても，統計上有意な相違を導くことはできない」。したがって「労働統計籍に属する女性職員への構造的差別があり，……これに基づき原告に対する差別もあったと認めることは困難である」。

エ）　原告と同期・同採用試験の男女職員を比較すると，男性は，入省後9年から10年で係長級（4級）へ，16年から18年で課長補佐級（5級）へ昇任し，17年から19年で6級に昇格しているところ，女性職員らは，①課長補佐級への昇任は21年から27年で一律ではなく，②6級への昇格は28年から29年で，同期男性より10年遅れており，③29年経過しても5級にいる者が6名中2名いることから，原告は，原告および均等籍の女性職員に対する性差別は明らかだと主張する。しかし，「同期職員は，いずれも他部局籍職員であり，原告と人事管理部署のみならず職務内容や採用後の経歴を全く異にしている上，比較する母集団として余りに小さく」，人事上の評価（能力・適性）や事情も明らかでなく，この比較から「女性差別の取扱いがあったと推認することは困難である」。原告は，自身より「後に入省したⅡ種・Ⅲ種試験採用の男性職員で課長補佐級以上に昇任している者がいるとも主張」するが，それも他部局籍の職員であり，また，「入省後18年程度で課長補佐級に到達するキャリアパス」を記載するパンフレットはあくまで一例にすぎず，差別的取扱いの証拠にはならない。

⑷　その他，①労働統計籍の女性が「統計プロパー」と位置づけられたこと，②原告に係長研修を受講させなかったこと，③統計情報部の女性係長に幹部職員との懇談会に出席する機会を与えなかったこと（懇談会出席者は「係長相当職のうち入省5〜15年の者」であり，統計情報部の女性係長はすべて15年以上だったために出席できなかった），④産休・育休中の職員をその期間中だけ統計情報部に配属していることは女性蔑視である，などを主張する。しかし，上記①の表現自体は女性差別ではなく，②の経緯等は明らかではなく，女性差別を推認させるとはいえない。③懇談会への出席は実際には入省23年の者まで含んでおり，④の事実も，女性に対する構造的差別と評価されるべきではない。

⑸　被告は，原告が昇任できなかったのは原告の勤務能力や態度に問題があったと主張し，原告の元上長3名と元上司1名はこれに沿う供述ないし証言をしている。すなわち，原告は「プライドが高く周りの職員を見下した態度を

取る……こと，感情の起伏が激しく短気で攻撃的で，協調性に欠けること，自分の業務負担が増えることに対して理由なく拒否の姿勢を示すこと，結果として上司及び部下が業務のフォローをせざるを得ないこと」などから，「調整業務に向かず，また，係をまとめ上げることが必要な課長補佐……への昇任は妥当ではないと評価し」ている。原告にそのような態度が見受けられたことは，人事管理上の資料である身上調書や異動希望調べにおいて，「上司に対し非協力的な態度をあらわにし，反抗的，挑発的というべき言辞を記載していることからも，相当程度裏付けられ」る。この点，国公法34条の標準職務遂行能力を具体的に示す文書（「標準職務遂行能力について」）において，「課長補佐には，係長におけるのを超えた粘り強い調整を行うことのできるコミュニケーション能力や，部下の指導・育成活用等が求められている」ことから，「原告の勤務態度・内容が，……（上司による証言）ほど個別案件において不良なものではなかったとしても，少なくとも上記職務遂行能力が求められる課長補佐級に昇任させるには足りないとみた……上長らの判断も首肯し得るものといえる」。原告は自らの「勤務成績が良好であったことは原告が定期的に昇給していることからも明らか」と主張し，「確かに，原告は基本的に毎年，定期的に昇給を果たしている」が，「必ずしも勤務成績が良好でない職員であっても昇給は果たすことができる」のであり，それによって原告が「課長補佐としての職務遂行能力を充足していた」とはいえない。

(6)　以上，「確かに，労働統計籍の職員に女性が多く含まれているとはいえるが，被告が，女性に対する差別的取扱いのためにかような籍別の人事管理を行っていたものと認めることはできず，労働統計籍の職員と他の部局籍の職員との昇任等の状況の相違や，女性職員と男性職員との昇任等の状況の相違についてみても，本人の能力・適性のほか，その所属する籍ごとのキャリアパスの相違や，女性の置かれていた社会的要因等の諸事情の影響を否定できない」ため，女性差別によるものであったとは認めるには足りない。「かえって，原告が昇任等をできなかった要因として，……原告の職務遂行能力や勤務態度が影響したことが窺われ」るため，「原告の昇任等に関して，任命権者の裁量権限の逸脱・濫用があったとは認めることができない」。

5　争点2（籍別人事管理の不告知等に係る責任原因の有無）について

「……職員に対し，どのような人事管理方針を採用するかは，……任命権者の裁量に委ねられており，その人事管理方針を……いかなる時期にいかなる範囲で明らかにするか否かも管理運営に係る事項としてその裁量に委ねられている」。「これを当該人事管理を受け……るべき……職員に対し，告知しなければならない法律上の根拠規定はなく」，告知しなかった被告の所為が違法になるということはできない。

6　争点3（名誉棄損の成否等）について

「……原告を昇任等させなかった被告の所為に違法な点」はなく，「原告の名誉を毀損すべき違法な所為があったとはいうことはできない」。原告の請求はすべて棄却すべきである。

Ⅳ　検　　討

1　性差別禁止原則の下での任命権者裁量権限の逸脱・濫用判断枠組

判旨は，職員の昇任・昇格は，「基本的に，任命権者の広範な裁量に委ねられて」おり，職員の昇任・昇格の遅れという「不作為」があったとしても，「裁量権限の逸脱・濫用であると認められる場合でない限り，国賠法1条1項の適用上違法と評価されることはな」いとして，その逸脱・濫用の有無を検討している。判旨は，なぜここで国家公務員法（以下，国公法とする）27条に言及しないのだろうか。

職員の昇任・昇格の決定について，任命権者である国が一定の裁量を有するのは確かである。一方，公務員には，性別により差別されない権利が保障されている。国公法27条は「すべて国民は，この法律の適用について，平等に取り扱われ，……性別……によって，差別されてはならない」と規定するからである。

本条は抽象的な規定ではあるが，公務員の昇任・昇格に関する性差別を禁ずる意味を含んでいることは間違いない。そもそも均等法は，労働者が性別により差別されてはならないことを基本理念として，5条で募集・採用の性差別を，6条で配置，昇進，教育訓練その他の性差別を，それぞれ禁止している。しかしこれらの条文は，国家公務員及び地方公務員を適用除外している（均等法32条）。その理由は，均等法が制定された時点で，すでに国公法と地方公務員法には平等取扱原則，なかんづく性差別禁止原則があったからに他ならない。すなわち，国が職員の昇任・昇格に関わって性別を理由に差別することは，国公法27条に反する違法な行為であり，国賠法によって損害賠償の責を負う。性差別禁止原則がまず大前提であり，昇任・昇格の延伸が性差別ということになれば，任命権者が裁量権限を有するとしても，その行使は逸脱・濫用と判断されることになるのである。

しかし判旨はこの判断枠組を明確にしないまま，「裁量権限の逸脱・濫用がない限り」賠償責任はないとする。では，国公法27条違反の行為はどう判断されるのだろうか。27条違反が著しい場合のみが「逸脱・濫用」に当たるのだろうか，それとも，27条違反の行為であれば「逸脱・濫用」にあたり，賠償責任を問われるのだろうか。あいまいである。私見では，昇任・昇格の遅れの決定的理由が職員の性別にあるのならば，本来，それは国公法27条違反であり，違法な公権力の行使以外の何ものでもなく，任命権者は損害賠償の責を負うと考える。この点，判旨には疑問がある。

2　男女格差の存在と性差別の推認

判旨は，厚労省労働関係部局の職員におけるさまざまな男女格差について，ほぼ事実として認めてはいる。たとえば，①労働関係部局のなかの統計情報部の一般職の職員構成は，極端に女性比率が高いこと（78名中47名が女性であり，女性比率は60%），なかでも「統計籍」の職員は31名中28名が女性であり，90%の女性比率であること，②しかし，統計情報部の主要ポスト，なかでも課長補佐の多くに「基準籍」や「安定籍」の男性職員が就いており，労働統計籍の女性職員が課長補佐に就任するのは毎年1名程度，しかも定年間近になってからであること，③原告と同期採用・同採用試験の本省籍職員14人のうち，5人の男性は全員が基準籍・安定籍で，9人の女性は，統計籍1名（原告）・均等籍7名・基準籍1名であるところ，男性は17年から19年で6級に昇格しているが，女性は28年から29年で男性よりも10年遅れており，しかも29年経過してもなお5級にとどまっている者も2名いること，④原告が入省した当時に在籍していた職員で，20年後に本省籍にとどまっている299名（男性270名，女性29名）のなかで，課長補佐級に昇任しているのは264名であるが，その男女比較をすると，男性は96%が昇任しているのに，女性は17%しか昇任していないことなど，著しい男女格差の実態が認定されている。

しかし，判旨は，これらの格差から，直ちに，構造的性差別や女性差別が推認されるわけではない，と述べる。その理由としては，第1に，差別的意図が立証されていないからだという。「女性差別の意図に基づく人事が行われていると断ずること」はできない，「差別的意図……をうかがわせる的確な証拠もない」という表現を繰り返している。

第２に，統計上，有意な相違とは認めがたいという。判旨は，男女格差があっても，「特に女性職員に関しては……少ない母集団を基準にその比率を云々することに」意味はない，「その母集団の規模の小ささも考慮すれば，……統計上有意な相違を導くことはできない」，「比較する母集団として余りに小さく」などの表現を繰り返し，女性差別を推認する証拠として採用していない。

第３に，男女を比較するには事情が違いすぎるという。判旨は，他部局の職員と統計籍の原告の比較は意味がなく，両者は，キャリアパスの相違，職務内容，能力や適性，希望なども異なるとして，個別事情を捨象できない，とする。

第四に，社会的要因を持ち出す。判旨は，昇任の男女格差の要因として，女性には家族責任など「ハンデを背負わされがちな……社会的要因があったことも否定でき」ない，「女性の働き方に係る社会的要因等もその原因となっている可能性を否定でき」ない等の表現を繰り返している。

いずれの理由も，判旨には賛成しがたい。たしかに男女格差の事実から「直ちに」性差別だと判断することは難しい。しかし本件では，意図的な性差別とは異なる「構造的差別」の立証の一段階として，原告は，男女間の「著しい格差」の統計数値を証拠として提出した。これによって，一応，性差別が「推認」されるか，あるいは「疑われる」ことになるはずである。差別的意図が表出されていないのが構造的差別の常である。もし差別的意図が明白であれば，統計数値を示すまでもなく原告に対する性差別は証明されたことになるであろう。

判旨は，統計を採用しない理由として，母集団として小さい，比較すべき男女の事情が異なる，社会的要因などを持ち出す。これらは，到底，説得力がある説明とはいえない。構造的差別の推認・疑いの証拠として，いっさいの事情を捨象して男女比較した場合に大きな格差があるということを提出するのが，まず，原告がなすべきことであり，一方，当該格差を生じさせた性以外の要因を証明するのは，任命権者である国の役割である。その筋道からいえば，格差の存在から直ちに性差別を認定することは難しいとしても，少なくとも判旨は「性差別が推認される」というべきであった。

3　籍別人事の実情とその違法性

⑴　籍別人事の存在

判旨は，労働関係部局の一般職員の採用・人事管理が，労働基準局，職業安定局，雇用均等・児童家庭局，統計情報部という部局ごとにグループ化して行われていること（ただし統計情報部の採用は1999年度で廃止された），それらが「基準籍」「安定籍」「均等籍」「労働統計籍」として区分されていたこと，前三者である「他部局籍職員」は，将来，都道府県労働局の幹部職員になることを念頭に，転勤もあり，各部局の幅広い業務を経験するキャリアパスの下にあること，他方，「労働統計籍職員」は，地方労働局への異動はなく，その他の籍の職員とは異なるキャリアパスの下におかれていたことを認定する。

国は，労働統計籍職員について，各種労働統計調査のスペシャリストになるべく採用され，専門性を深めるキャリアパスの下にあり，「本人の希望や適性等を踏まえ，業務経験を積ませるため，他部局へ配置換えし，さらに転籍をさせることもあ」ること，しかし都道府県労働局への異動ではないから転居を伴う異動はなく，したがって，キャリアパスの違いから他部局籍職員との昇任・昇格の差が生じることはあること，しかしこれは性別による差ではない，と主張する。判旨は国のこの主張を全面的に認めながら，前述のように，労働統計籍職員に女性が多いのは，地方転勤がなく，計画的業務遂行が可能という事情によるものであるとして，構造的性差別だという原告の主張を否定する。

⑵　労働統計籍という不利なキャリアパス

以上のような籍別の人事管理が公務員法に照らして許されるか否かについて，判旨は，国公法27条の2に定める人事管理原則や平等取扱いの原則には反しないとする。なぜなら，人事行政全体において，適正な勤務条件の確保，中立・公正性の確保があれば，その範囲内で，自主的で弾力的な人事管理を行うことは可能であること，したがって，職員の職種等に応じて一定のグルーピングを行い，それぞれのグループにおける標準的キャリアパスを設けたうえで人事管理を実施することは否定されないからだ，と述べる。もっとも裁判所も，無条件で籍別人事を推奨しているわけではなく，籍ごとのキャリアパスが「適正な人事評価制度……を基礎に据え」ており，かつ「他部局籍への異動……の余地が閉ざされてきたものではない」ことを示しつつ，合法と判断しているに過ぎない。

たしかに公務員法の下でも，判旨が述べるように，職種等のグループ人事などを採用する余地はありうる選択肢であろう。しかし，労働統計籍というコース別人事は，果たしてこのような職種別の人事管理の一環として許容してよいものなのか，これは，本当にスペシャリスト養成のために設けられたものと言えるのだろうか。にわかには信じがたい。

統計情報部を独立の専門分野と位置づけ，基本的に他部局への異動をさせずにスペシャリストとして育成するのであれば，なぜ他部局籍職員よりも不利なキャリアパスになっているのか。不利な処遇（昇任・昇格の遅れ）は，専門職としての育成をむしろ阻害する。また，専門職であることをなぜ最初から本人に告知しないのか。同期採用・同採用試験で入省した者が，本人に何の告知もなしに，昇任・昇格に差が生じる管理職コースと専門職（ならぬ一般職）コースに振り分けられてよいはずがない。もし地方転勤がないことから，劣後するキャリアパスを認識しつつ「専門職コース」を選ぶ者がいるとしても，だからこそ本人への告知は必要である。このような人事が公務職場で長年続けられてきたことは，知る人ぞ知る実態だったのだろうか。私にとってはかなり驚愕すべきことであり，名づけるとすれば，「選択的」ではない「隠されたコース別人事」というべきで，不合理極まりない。

そのほかにも，統計籍職員をスペシャリストというのなら，より専門性を発揮しうるような幅広い研修の機会をなぜ付与しないのか。なぜ出産休暇，育児休業中の職員を，その期間中のみこの部門に配属するのだろうか。多くの疑問がある。

以上のような検討の結果，労働統計籍の人事とは，業務上の必要性がないのに，労働統計業務に従事する職員を補助的・非枢要的な職員として位置づけ，昇進・昇格を遅らせても問題化しないように多くの女性を配属してきたのではないか，という原告の主張のほうが真実味を帯びてくるのである。

⑶　異動の有無

判旨は，他部局籍への異動の余地があったことを示して，労働統計籍の合法性を認めている。では，統計籍職員にとって，希望して籍を異動する機会はあったのだろうか。

原告は，採用時にも採用後にも「籍」の存在自体を告知されなかったこと，異動を求めてきたが実現してこなかったことを主張した[(2)]。しかし判旨は，「籍

⑵　原告はそもそも名古屋中公共職業安定所で労働事務官として採用され，同日付で東

別人事管理」を「対象職員に対し……告知する必要まではない」として，本人への通知自体を必要なしと判断し，さらに，実際に異動・転籍した例がみられること，一方，異動は必ずしも本人の希望通りではなく「人事権者による裁量的判断の下で」行われることから，「異動の余地が閉ざされてきたものでない」と結論づけ，異動できなかった原因が本人にあったかのように述べる。あまりにも強引な論理の運び方であるため，もう少し詳しく事実に即して検討してみたい。

判旨は，①「実際に複数の他部局籍の女性職員が統計情報籍に転籍をしていること」，②「労働統計籍から他部局籍に異動し」た事例もあることを示す。しかし，証拠によれば，①は，希望して統計情報局にくる女性職員がいるという事実にすぎず（中にはそのような職員もいるはずである），②については，2018年7月某日の本人尋問時に，被告代理人が「統計情報部で課長補佐級になった女性職員，最近いませんか」と尋ねたことに示されているように，2014年に本件訴訟が提起された後に，国が，従来の慣行を改めるべく，統計情報部から他部局に一時的に異動させその後に統計情報部に戻して課長補佐にする女性を増やし，ようやく2018年時点にそのような女性が7人出たことが示されたにすぎない。ゆえに，これらは本件訴訟以前からあった事実ではない[(3)]。

加えて，身上調書の様式上の問題もあった。統計籍の職員用と職安籍の職員用では様式が異なっており，職安籍職員の「人事異動」や「担当職務」の希望欄には職務の例示があって，容易に希望を書き込むことができる。一方，統計籍の職員のそれには例示がなく，他の職場の部署や職務内容に通じていない職員にとっては希望配置先を書き込むこと自体が難しくなっている。この点についても，原告は繰り返し主張している。

(4)　コース別雇用管理の指針について

本件は，厚労省の労働関係部局内で生じた事案であり，ここには均等法の所管部局である雇用均等・児童家庭局がある。均等法が1985年に制定され，翌

京の本省に異動したことから，繰り返し，名古屋方面への異動を希望していた。判旨は前述のように，労働統計籍の職員に女性が多いのは，地方転勤がなく，計画的業務遂行が可能という事情によると述べているが，少なくとも原告はそうではなかった。

(3)　原告も，2018年11月某日の意見陳述で，「国は，最近，統計籍の女性を統計情報部の課長補佐にするようになりました。今では7名の統計籍の女性が課長補佐です。裁判を起こされた後から是正するのであれば，裁判でも正々堂々と性差別を行ってきた非を認めていただきたかった」と指摘した。

年に施行された後，多くの企業は男女別の雇用管理制度に代わって，男女がそれぞれコースを選択できる「コース別雇用管理制度」を導入した。ところが同制度が，表面的にはコース選択の自由を保障しているようにみえながら，事実上の男女別の雇用管理制度として機能していることを重視して，2000年6月16日に，労働省（現厚労省）は，「コース等で区分した雇用管理についての留意事項」という通達を出して，コース別雇用管理制度運用のルールを提示した。2014年には，より明確な記述とするために，改めて「コース等で区分した雇用管理を行うにあたって事業主が留意すべき事項に関する指針」（平成25年厚労省告示384号）が定められた。

この指針には，①法に直ちに抵触する例，②制度のより適正かつ円滑な運用をするために留意すべき事項の例，③労働者の能力発揮のため実施することが望ましい事項の例が，それぞれ，示されている。そこには，男女別の取扱いをすることのみならず，合理的な理由なくいわゆる転勤要件（転勤に応じることができる者のみを対象とすること）を課すことが「法に直ちに抵触する例」として示されている。また，「応募者の自主的な選択を促進する観点から，コース等の職務内容，処遇の内容等の差異について情報を提供すること」が，制度の適正で円滑な運用をするための留意事項の例として，掲げられている。厚労省は自らが管轄する業務内容に照らしても，率先して，コース別人事に関して本人の「選択」を促すために処遇内容を告知すべきであった。このような事情を考慮すれば，なおさら，判旨には賛同しがたい。

4　昇任の遅れの原因について

判旨は，原告の元上長3名と元上司1名からの供述・証言を基に，「原告が昇任等をできなかった要因として，……原告の職務遂行能力や勤務態度が影響したことが窺われ……，任命権者の裁量権限の逸脱・濫用があったとは認め」られない，と結論づけている。昇任等が男性職員より遅れているのは，原告のみならず「統計籍職員」に共通する事柄であるから，原告の能力や態度を要因としてあげても，籍別人事が合法とされるわけではない。それゆえこの部分についてはそもそも反論に値しないというべきであろう。しかし，原告の尊厳を重視すれば，このような証言をそのまま放置しておくことはできないと思われる。

そこで，証言等の記録を仔細に読み込むと，その内容は具体性に欠け，原告側弁護士からの尋問についても元上長らは「ちょっと思い出せません」という発言を繰り返すことが多く，伝聞による間接的な経験が多い。そして，陳述書と証言の大半は，2008年7月から2014年3月までの間の原告の人事評価と態度が，課長補佐としての職務遂行能力にふさわしくなかったということを強調している。一方，原告は，上記期間中の人事評価制度において，能力評価と業績評価がなされ，その結果，通常の昇給が行われていたことから，とくに自分の評価が低かったわけではないと主張する。以上のように，両者の言い分は真っ向から対立している。

人事評価については，評価する側が圧倒的に優位であることは確かで，原告より早く昇任した他部局籍の男性職員に，原告より低い人事評価を受けていた者がいたという証拠でもないかぎり，裁判官の心証を覆すことは難しいかもしれない。しかし一方，人事評価制度の能力評価には，原告がきわめて低い評価を受けていたと証言された項目である協調性や部下の育成，業務に対する責任感といったものが含まれていたこと，にもかかわらずなぜかかる低評価を反映せずに通常の昇給が行われていたのか，第三者には理解できないものがある。判旨は，上記期間中の原告の人事評価において，「少なくとも……課長補佐級に昇任させるには足りないとみた……上長らの判断」は首肯し得る，とした。しかし上司による証言が真実であるとすれば，原告の勤務態度・内容は係長としても相当の問題性を含むものであり，「昇任させるには足りない」程度ではなく，むしろ「低評価」を受けてしかるべきように思われる。にもかかわらず，実際のこの期間内の原告の能力評価はほぼ平均的であり（判旨も，原則的には昇給区分「B」あるいは昇給区分「C」に該当する程度という），下位の成績であったわけではない。

だからこそ，国は，通常の人事評価に加えて，ことさら原告の勤務態度・内容の問題性を証言として集める必要があったのだろう。しかし，上司の証言にはルール違反が見受けられることもふれておきたい。上司は，人事担当者が行う「人事ヒアリング」において，原告が他の職員の言動を非難したという事実をあげ，それを根拠に，原告のコミュニケーション能力の低さや周囲との関係性の悪さについて非難している。しかしこの「人事ヒアリング」は，人事担当者が個々の職員と面談し，その秘密を守りながら職場の改善に役立てるものである。面談時の発言を上司が知っていること自体，ルール違反というべきである。

しかも，現実に原告と他の職員間でトラブルが生じた事実はなく，上司が「人事ヒアリング」から感じとった伝聞的な感想にすぎない。このようないきさつからすると，国は，いわば職場の総力をあげて原告の態度・言動を非難するために，使用すべきでない資料も使ってしまったのではないだろうか。判旨に記載されている原告の言動を，そのまま鵜呑みにすべきではない。

V　結びに代えて

本件は，厚労省の労働関係部局において，長年にわたって「籍別人事」が行われており，その中で，女性に対する昇任格差が放置されてきた事実が浮き彫りになった点で，衝撃的な裁判であった。もっとも1999年には「統計籍」採用人事は終了し，また，本件が提訴された以降は，統計部局の課長補佐職にも女性が任命されるようになってきており，冒頭に述べたように，地裁で敗訴に終わった原告は控訴を取り下げた。原告本人に対する不利益処遇問題は解消されていないとしても，構造的な差別は徐々に解消に向かっているようにみえる。しかし，もう1つ，忘れてはならないことがある。本件のような差別的人事が，公務員の処遇のみならず，国家の政策遂行に関しても計り知れない悪影響を及ぼしてきたという事実である。一見，本件とは無関係に思われる近年の統計不正問題について，最後に検討しておきたい。

2012年末に発足した第二次安倍政権は，アベノミクスを強力に推進し，国内総生産を引き上げ，企業収益を増大させることをめざしてきた。その政策的評価を高めるには，アベノミクスの経済的成果が国民生活に還元されている証拠が必要であり，そのためにも，賃金と労働時間の基本統計は重要な役割を果たしてきた。ところが最近になって，繰り返し，統計不正問題が浮上し，この政権の信頼性が大きく揺らいでいる。

その1つは，毎月勤労統計に関わる不正問題である。毎月勤労統計は，統計法2条4項に規定されている基幹統計で，月々の賃金，労働時間，雇用の変化を迅速に把握することを目的とする。この調査の実施・変更・中止には総務大臣の承認が必要とされているところ（統計法9条1項，11条），当該大臣から承認された方法は「500人以上の大規模事業所については全数調査」というものであった。しかし実際には，大規模事業所が集中していた東京都について，2004(平成16)年度から抽出調査（サンプル調査）がなされていたのであり，このことが，2018年末頃に発覚した。

安倍政権は，2018年調査から賃金が急激に上昇したとして，毎月勤労統計の数値を持ち出して，自らの経済政策の結果として説明した。ところがその数値は，従来の「不正」を正した結果にすぎなかったのである。すなわち，先に述べたように，毎月勤労統計では，必要であったはずの全数調査を抽出調査で対応してきたのだが，そのためには，実数に合わせてデータを補正・復元する必要があった。しかし長年，このような復元・補正作業は放置されていたのである。具体的には，東京都に実際にある1500か所の事業所が500か所として把握されてきたため，東京都の賃金総額が実際よりも小さく把握されてきた。その結果として，全国の賃金総額も少なくカウントされてきており，このようなミスが2004年から続いてきた。十数年の間，日本では賃金が実際よりも低く算定されてきたことになる。

厚労省は，かかる作業ミスの発覚を受けて，2004年にさかのぼってデータ修正を行うべきところ，それを行わずに，2018年以降のデータのみを訂正するという対応を行った。その対応によって，2018年から急激に賃金が上昇したようにみえる統計結果がもたらされたのである。

じつは，本件の原告が働いてきた部署はまさにこの毎月勤労統計を担当する部局であり，統計不正問題は，本件訴訟と無関係ではない。厚労省の特別監察委員会は，統計不正問題について，2019年1月22日に報告書を公表したが，調査不十分であるとして，再度，2月27日に再調査結果の報告書をとりまとめ，公表した。そこでは，①幹部による不正の隠蔽事実はなかった，②しかし担当課のトップを含む複数の職員が関与しており，組織としての怠慢による不適切な取扱いがあった，③公的統計の意義や重要性に対する意識の低さが際立ち，幹部職員の多くが統計に無関心である，という点が指摘された。

厚労省に設けられた有識者会議は，2019年8月に，厚労省の統計改革ビジョンに対する提言をとりまとめた（「厚生労働省統計改革ビジョン2019（仮称）の策定に向けた提言」）。ここには「ガバナンスが欠如することとなった原因の一つとして，厚生労働省の幹部職員の統計に関する知識や統計業務担当の経験不足など」があると指摘し，それを改善するために，①統計担当職員や本省全職員を対象とする，統計リテラシーの向上のために研修を行うこと，②統計部門が「閉じた組織」となっている弊害をなくすため，職員の研修・人事交流・人材育成を図ること，③職員のキャリアパス形成の見直しを図ることなど，具体的な提言がなされた。なかでも上記③は重要であり，統計職員の計画的な育成やモチベーションを高めるため，統計人材を計画的にキャリアアップさせるようなキャリアパスの策定，統計のスペシャリストを計画的に育成し，担当させる，省全体で統計の専門知識や業務経験が評価されるような人事運用・仕組み（処遇）を検討する，などの改革が提案されている。

本件訴訟を闘った原告は，長い間，国全体のなかで他部局と交流のない閉じられた組織であった統計部局を，より開かれた存在にしようとして，改革を提案し，受け入れられず，疎外され，そのなかで翻弄されてきたのではないだろうか。このような想像は，私の勝手な思い込みに過ぎないのだろうか。

36 「ケア」を軽んじる社会に未来はあるか？
――ジャパンビジネスラボ事件――

I はじめに

2020年初頭に始まった新型コロナ感染拡大は，世界中の多くの人々の命を奪い，医療を崩壊させ，社会に大きな不安と混乱をもたらしている。この数十年間だけでも，人類は，繰り返し，数多くの災害や危機を経験してきた。しかし，これほど長期かつ大規模にわたる深刻な打撃に見舞われた経験は，稀有なことといってよいだろう。

本稿を書いている2021年3月でも，コロナ禍が修復するきざしはみえず，国民の生活は今なお苦境から脱していない。しかし一方，この未曾有の体験を通して，鮮明にみえてきたものの1つは，「ケア労働」の不可欠性であった。「ケア」とは，思いやり，配慮，気遣いなどをさし，また，そうした心性や態度を要請する実践だが，「狭義のケア労働」とは，育児・介護・看護などを含意するものと考えられる[(1)]。コロナ禍の社会を持続させるには，職場や家庭内で行われる「ケア労働」が一瞬たりとも欠かせないものであることに，私たちは気づき始めた。

この「ケア労働」が労働法に投げかけている問題を検討するには，両面からのアプローチが必要である。1つは，労働契約の対象としての「ケア労働」である。医療，教育，介護，保育など，他者をケアする労働者は，地域に不可欠なサービスを提供し，「キー・ワーカー」「エッセンシャル・ワーカー」と称されつつも，感染リスクにさらされ，低賃金で，多くは非正規である。非正規公

(1) 一方，ジョアン・C・トロントは，こうした心性を育む実践は人間活動全般に及ぶ，と述べ，幅広く他者を気遣い，生への配慮を必要とする活動をケア実践として位置づけている。そう考えれば，「広義のケア労働」は全般的な人間関係におよび，政治をめぐる実践もまた，他者を気遣い，生への配慮を必要とするのだから，ケア実践に他ならない，ということになろう。ジョアン・C・トロント著，岡野八代訳・著『ケアするのは誰か？』（白澤社，2020年）77頁。私は本稿では狭義のケア労働について扱うが，トロントと岡野による広義のケア労働は，未来に向けた社会の構想を描くものとして，興味深い。

務員として，官製ワーキングプアと呼ばれる人々も多い(2)。このような「ケア労働」は，労働法に幅広い検討課題をつきつけている。

他方，家庭内の「ケア労働」は，それを担う労働者の職業生活にさまざまな非効率や中断をもたらす。それゆえ，職業生活とケア労働の両立問題は，国のワーク・ライフ・バランス政策の対象でもあり，同時に，労働法として解決しなければならない育児や介護にかかる不利益処遇問題，あるいは，マタニティ・ハラスメントやケア・ハラスメント問題を，さまざまに引き起こすのである。

本稿は，育児という家庭内ケア労働を担う労働者が遭遇した紛争事案，ジャパンビジネスラボ事件判決をとりあげる。本件に関しては，１審と２審が結論的にまったく異なる判断を示しており，整理しておく必要があると考えたからである。とくに本件では，企業が，子を養育する労働者にバックアップ体制（育児による欠勤をしないための支援体制）整備を求めていることに注目したい。企業による，労働者へのこのような要請は，はたしていかなる意味をもつのだろうか。

社会がエッセンシャル・ワークとして持ち上げている「ケア労働」も，個別企業にとっては非効率をもたらすものとして忌避の対象になりかねない。これを放置したままでは，ケア労働に対する表面的な社会的「賛辞」もまったく意味をなさないであろう。政府が「少子化対策」にやっきとなり，一億総活躍社会や女性が輝く社会をめざす対策をうちだしている昨今だが，ケア労働と両立しつつ働き続ける権利の侵害を許すような司法判断を定着させてよいはずはない。本稿では，とくにジャパンビジネスラボ事件の２審判決に焦点をあてて，検討を加えることにしたい。

Ⅱ　ジャパンビジネスラボ事件――事実の概要と判旨

１　事実の概要

⑴　育児休業の終了まで

１審原告（X）は，2008年から，語学スクールの運営等を行う会社である１審被告（Y）と期間の定めのない正社員契約を締結し，コーチとして勤務し

⑵　竹信三恵子・戒能民江・瀬山紀子編『官製ワーキングプアの女性たち』（岩波ブックレット，2020年），上林陽治『非正規公務員のリアル』（日本評論社，2021年）。

ていたところ，2013年3月に出産して，産後休暇および育児休業を取得した。

Ｘは Ｙにおける初めての育児休業明け社員であるため，Ｙは Ｘの職場復帰を前に就業規則を改訂して，2014年4月以降は，社員の就業形態を，①週5日勤務の「正社員」，②所定労働時間を1日4時間ないし6時間に短縮する「正社員（時短勤務）」，③週3日または4日勤務の「契約社員（1年更新）」とすることにした。

Ｙ代表者は，2014年2月22日のＸとの面談で，就業規則について個別に説明を行い，「契約社員は，本人が希望する場合は正社員への契約再変更が前提です」，「ex. 入社時：正社員→（育休）→育休明け：契約社員→（子が就学）→正社員へ再変更」と記載された説明書面を手渡した。Ｘは，育児休業明けまでに保育園が決まらなかったため，同年9月1日まで半年間，育児休業期間を延長した。

Ｘはその後も保育園が決まらず，2014年7月と8月の面談において，さらに3カ月の休職を求めたが，Ｙの代表者らはそれを認めず，もし復職できない場合は解雇になるのかというＸからの質問に対して，自己都合退職となることを伝えた。Ｘは，週3日勤務の契約社員を希望する旨をＹに伝えた。育休終了日である同年9月1日，Ｘとの面談の席で，社会保険労務士Ｃは，正社員としての労働契約に変更するにはＹ社との合意を要する旨を述べ，代表者はＸに週3日勤務・期間1年の雇用契約書を示し，Ｘは本件契約社員契約書に署名して（「本件合意」とする），翌日から復職した。なお，この日にＸは，Ｙに秘密保持に関する「誓約書」を提出した。

⑵　復職後から自宅待機命令まで

復帰直後の2014年9月9日，Ｘはプレゼンス責任者Ｂに，保育園の目途がたったために正社員に戻すよう求めたが，応じられなかった。同月19日の面談で，Ｘは，契約社員として働くことを拒否したらどうなるのかと尋ねたところ，Ｃ社労士は，自己都合による退職になる旨答えた。Ｘは正社員に戻れると信じて週3日勤務の契約をしたと述べたが，代表者は，子が入る保育園が決まったからといって直ちに正社員に戻るということはなく，戻す時期も確定できない，と答えた。Ｘが労働局に相談すると発言したことに対して，代表者は「そういうことをすると……どんどん戻りにくい関係になっていくよ」と述べ，その後，ＹはＸにクラスを担当させなかった。Ｘは9月22日に，東京労働局に個別労働関係紛争の解決につき援助を求めた。9月24日の面談で，Ｘの上司Dは,「俺の彼女が妊娠したら,俺の稼ぎだけで食わせるくらいのつもりで妊娠させる」と発言した。

Xは,2014年10月6日頃,労働組合である女性ユニオンに加入し,団体交渉を予定していたところ,Dは,同月22日に業務指導書を,また代表者は同月25日に業務改善指示書計16通(会社規律に違反する言動や録音禁止の注意指導等)をXに交付し,「改善向上に努める」欄に署名し提出するよう求めた。Xがこれを拒否したところ,代表者はさらに複数回,署名を求め,Xが再度これを拒否したところ,10月29日付の業務改善指導書および11月1日付の業務改善指示書を交付した。

2014年10月30日と12月2日の2回にわたり,X,Yと労働組合代表者による団体交渉が行われたが,特段の合意に至らず,労働組合は東京都労働委員会にあっせんの申請を行い,翌2015年2月から4月にかけて,5回のあっせんが行われた。

2015年4月18日,Yは,不当労働行為を指摘する組合からの書面についてXに尋ね,Xはこのやりとりを録音して代表者から強く中止を命じられた。Xは,同年5月頃,一連の事実についてマスコミから取材を受け,社をあげてのマタハラで労働局の指導も会社は無視している旨の報道がなされた。

一方,Y社は2015年5月29日に,Xの正社員としての地位不存在確認請求の労働審判を申し立て,6月4日にXに内容証明郵便でこれを通知し,あわせてXにメディアへの不用意な発言を控えるよう要請した。6月に行われたXとの2度の面談でも,代表者は,Xが代表者との会話を録音していることは,XがYに提出した秘密保持誓約書に違反すると強調したが,Xはそれに納得せず,事業所から退出を命じられた。6月24日には,テレビ報道番組でマタハラ被害を受けたというXらの記者会見が報道され,録音されたデータの一部が放映された。7月11日に代表者は,Xが業務用パソコンで団体交渉との記載のあるメールを作成していることをみつけ,これを職務専念義務違反として,Xに翌日からの自宅待機を命じた。Xは,以後就労していない。

(3)　契約更新拒否

Yは2015年7月31日に,Xに,9月1日限りで契約を終了する旨を通知し,翌8月1日に前述の労働審判を取り下げ,あらためて8月3日に,Xが9月以降は雇用契約上の権利を有する地位にないことの確認を求める訴えを提起した(乙事件)。Yは,Xのパソコンから,Xが電子メールを送信していた第三者に対して，Xが9月1日付で退職した旨の電子メールを送信した。

これに対してXは，2015年10月22日に，主位的には正社員契約に基づく労働契約上の権利を有する地位にあることの確認を，予備的には契約社員契約に基づく地位確認を求めて，未払賃金等の支払い，ならびに，YがXを正社員に戻すことを拒んだ一連の行為は違法であるとして，不法行為に基づく損害賠償請求を提訴した（甲事件）。提訴と同時にXは記者会見を行い，Yの名称を公表して，以下の発言をした。①育児休業終了を迎えたが保育園が見つからなかったため，休職を申し出たものの認められず，週3日勤務の契約社員になるか自主退職するかを迫られた。②やむを得ず契約社員契約を締結したところ，1年後に雇止めされた。③子供を産んで戻ってきたら，人格を否定された。④上司の男性が，「俺は彼女が妊娠したら俺の稼ぎだけで食わせるくらいのつもりで妊娠させる」と発言した。⑤Xが労働組合に加入したところ，代表者が「あなたは危険人物です」と発言した。

これに対してYは，Xの発言によってYの信用が毀損されたとして，2016年9月，不法行為に基づく損害賠償を求める訴えを提起した（甲事件反訴）。

1審判決（東京地裁平成30(2018)年9月11日判決・労働判例1195号28頁）は，以下の結論に達した。①甲事件本訴（正社員の地位確認請求・損害賠償請求）一部認容，一部棄却，②甲事件反訴（損害賠償反訴請求）棄却，③乙事件（雇用関係不存在確認請求）却下。

これに対して，XとYの双方が控訴した。

2　2審判決（東京高裁令和元(2019)年11月28日判決・労働判例1215号5頁）

(1)　結　　論

1審原告の控訴（甲事件本訴・正社員の地位確認請求・損害賠償請求）棄却・一部認容

1審被告の控訴（甲事件反訴・損害賠償反訴請求）認容

(2)　本件合意の解釈とその有効性

(ア)　Xは，「雇用形態として選択の対象とされていた中から正社員ではなく契約社員を選択し，……期間を1年更新とする有期労働契約を締結したものであ」り，「これにより，本件正社員契約を解約したものと認めるのが相当である」。

(イ)　Xは，本件合意の時点で保育園がみつからず，家族のサポートも十分でなかったため，復職しても，勤務成績不良による解雇や出勤常ならず懲戒解雇されるおそれがあった。それを防ぐための契約社員契約であったことからすれば，「本件合意には，Xの自由な意思に基づいてしたものと認めるに足りる合理的な理由が客観的に存在するものといえる（広島中央保健生協事件・最1小判平成26年10月23日労働判例1100号5頁)。したがって，本件合意は，均等法9条3項や育介法10条の『不利益な取扱い』には当たらないというべきである」。Xはこれに対して，本件合意をせずとも休業で正社員としての地位を維持できたはずなのに，Yが契約社員契約に誘導し，これを「強要」したのであり，これは育介法の禁止する「不利益取扱い」に当たると主張するが，Xは欠勤したわけではないから休業事由に該当せず，労働契約における信義則上の配慮義務に反するものでもない。そもそもXは「どの程度熱心に保育園探しをしたのかについて疑問がある」ところであり，また，本件契約社員契約は，「時間短縮措置を講じてもなお就労が困難な労働者に対し，雇用の継続を保障するという面がある」ため，マミートラックという批判はあたらない。

Xは，本件合意は真に自由な意思に基づくものではないから無効と主張するが，「Yが契約社員契約を強要した事実など全くない」から，その主張は採用できない。

(ウ)「本件書面中の『契約社員は，本人が希望する場合は正社員への契約再変更が前提です』との記載は，契約社員は，将来，……本人とYとの合意によって正社員契約を締結するという趣旨であり」，Xもそれを十分認識していたものと認められるから，本件合意に錯誤はない。また，本件では「コーチとして十分な業務ができるか否かについてのYの評価や判断を抜きにして，社員の一存で正社員への変更が可能」とする余地はなく，「本件合意は，Xが正社員への復帰を希望することを停止条件とする無期労働契約の締結を含むものではない」し，「契約社員が正社員に戻ることを希望した場合には，速やかに正社員に復帰させる合意があった」ともいえない。

(3)　本件契約社員契約の更新の有無

(ア)　本件の「契約社員制度は，育児休業明けの社員のみを対象とするものであり，……将来，正社員として稼働する環境が整い，本人が希望する場合には，正社員として期間の定めのない労働契約の再締結を想定しているものであるから，……労働者において契約期間の満了時に更新されるものと期待することについて合理的な理由があるものと認められる有期労働契約（労働契約法19条2号）に当たる」。

(イ) 本件雇止めにつき，客観的に合理的な理由があり，社会通念上相当であると認められるか否かについて，検討する。Yの就業規則には秘密保持義務が規定されており，Xは誓約書に署名して，2014年9月27日付でYから録音禁止の注意指導書も受けていたところ，(a)Xは，「あえてこれに従うことなく執務室内における録音を止め」ず，誓約書を撤回すると述べ，また，確認書を破棄して録音したものであり，服務規律に違反した。(b)Xが2015年5月頃にマスコミ関係者に録音データを提供した結果，①男性上司から「俺なら，俺の稼ぎだけで食わせる覚悟で，嫁を妊娠させる」と言われた，②保育園に入れば正社員に戻す条件で契約社員になったのに上司はそれを渋った，③嫌なら退職をと迫られた，④社を挙げてのマタハラを受けた，⑤他の社員も嫌がらせを受けて退職した旨の報道がなされ，録音データが再現されたことについて「報道された事実のほとんどが真実でな」く，Xは「Yの対応等について客観的事実とは異なる事実を伝え，録音したデータを提供することによって，社会に対してYが育児休業明けの労働者の権利を侵害するマタハラ企業であるとの印象を与えようと企図したものと言わざるを得ない」。Xは，報道は匿名であり，録音によりYの秘密が漏洩したものではないというが，「ここで問題にされているのは，Xの不法行為の成否ではなく，……企業秩序維持に反する行為を繰り返したことが就労の継続を期待する事由にあたるか否かであ」り，実際に損害が発生したか否かは影響しない。「会社名を特定した報道がされたものではないとしても，他の情報等からYを特定することも不可能ではな」いから，「Yとの信頼関係を破壊する背信行為であるとともに，Yの信用を毀損するおそれがある行為である」。(c)さらに「勤務時間内に，……業務上……パソコン……を私的に利用していた」ことは職務専念義務違反にあたる。(d)YはXが保育園の申し込みをしていないにもかかわらず，それを秘して交渉する不誠実な態度により信頼関係が毀損された，と主張するが，上記の(a)から(c)の一連の行為のみをもってしても，Yとの「信頼関係を破壊する行為に終始しており，かつ反省の念を示しているものでもないから，雇用の継続を期待できない十分な事由がある」。したがって「本件雇止めは，客観的に合理的な理由を有し，社会通念上相当である」というべき。

(4)　Yによる不法行為の有無

(ア)　YがXのパソコンから，Xがメールを送信した第三者に対して，Xが自宅待機処分となった旨を記載したメールを送信したことは，「Xのプライバシーを侵害する行為」である。しかしこの点を除けば，Yの行為が違法なものとは認められない。

(イ)　Xは雇止めを違法と主張するが，雇止めはなんら違法ではない。YがXにバックアップ体制の準備を求めるのは，担当クラスの運営に支障がでないようにするためであり，クラス担当から外すという話は，Xが労働局へ相談すると発言する以前のことである。17通の業務改善指導書等の交付は，「全体としてみれば，指導の範囲を逸脱した違法なものとまではいえない」。2014年9月24日の面談におけるDの発言は，「Dが自己の個人的な意見を表明したにすぎ」ないから，「適切なものとはいえないものの，就業環境を害する違法なものとまではいえない」。YはXに「本件組合に加入した時期を尋ね，抗議申入書の趣旨を尋ねたことなどがあるものの，Xによる労働局への相談や本件組合を介した交渉を妨げたものとは認められ」ず，違法な行為を行ったものではない。

(ウ)　上記(ア)についてのみ不法行為が成立するところ，Xが被った精神的苦痛を慰謝するには5万円が相当である。

(5)　Xによる不法行為の有無

(ア)　Xが行った提訴時の記者会見は，「一方的に報道機関に情報を提供するものであり，相手方の反論の機会も保障されているわけではないから，……発言によって摘示した事実が，訴訟の相手方の社会的評価を低下させるものであった場合には，名誉毀損，信用棄損の不法行為が成立する余地がある」。

(イ)　Xの記者会見時の以下の各発言（前掲1(3)参照）が，Yの名誉又は信用を毀損するものといえるかにつき検討する。「報道に接した一般人の普通の注意と読み方を基準とすると」，発言①は，「復職しようとする従業員に不利益な労働条件を押し付け，退職を強要するなど労働者の権利を侵害する企業であるかの印象を与え」，Yの社会的評価を低下させるものである。発言②は，違法に雇止めをしたとの印象を与えるものではなく，直ちにＹの社会的評価を低下させるものではない。発言③は，Ｙが「育児休業を取得した従業員に対し，個人の尊厳を傷つけるような言動をしたとの印象を与え」，Ｙの社会的評価を低下させるものである。発言④は，上司が「妊娠して子を養育する女性労働者が働くことについて否定的な認識や価値観を有しているかのような印象を与えるものであ」り，Ｙの社会的評価を低下させるものといえる。発言⑤は，Ｙが労働組合の存在等に嫌悪感を有しているとの印象を与え，Ｙの社会的評価を低下させるものである。

(ウ) 以上，上記①③④⑤はいずれもＹの社会的評価を低下させるものであり，それらの重要な部分が真実であるかどうかを検討するに，④は真実というべきであるが，①③⑤は，真実であるとも，「真実と信ずるについて相当の理由があるとも認められない」。よって，上記①③⑤の発言がなされ，「これに基づく報道がされたことにより，Ｙが被った名誉又は信用を毀損されたことによる無形の損害」は，50万円と認めるのが相当である。

最高裁は令和2(2020)年12月8日に上告棄却・上告不受理を決定し，高裁判決が確定した。なお，2審判決後の2020年9月17日，東京都労働委員会は，Ｙ社がＸに対して，2014年10月22日，25日，29日，11月1日に業務改善指導書等を交付したこと，ならびに組合との団体交渉における対応は，不当労働行為であるとする命令を発出した。

Ⅱ 判決の検討

なお，本件に関してはいくつかの評釈がでており，それらを参照しながら，以下で，2審判決を中心に検討していくことにする[3]。

---

(3) 1審に関する評釈としては，石﨑由希子「育休終了後に締結した契約社員契約の雇止め――ジャパンビジネスラボ事件」ジュリスト1532号（2019年）107頁以下，野田進（以下，野田①とする）「育介法違反の不利益取扱いに対する地位確認請求（正社員復帰請求）の立論――ジャパンビジネスラボ事件東京地判のもたらした問題の克服に向けて」労働法律旬報1942号（2019年）10頁以下，山田省三「ジャパンビジネスラボ事件における育介法10条違反について――東京高裁第八民事部宛意見書」労働法律旬報1942号（2019年）27頁以下，奥田香子「育児休業後に契約社員に移行した女性従業員の正社員復帰請求および雇止めの可否――ジャパンビジネスラボ事件」『ジュリスト

1 「合意」の解釈とその有効性について

(1) 本件合意は正社員契約を解約する合意を含むか

２審判決は，Xは「雇用形態として選択の対象とされていた中から正社員ではなく契約社員を選択し」たものであり，「これにより，本件正社員契約を解約したものと認めるのが相当」と判示する。その論拠は，①正社員契約と契約社員契約とでは，契約期間の有無，勤務日数，所定労働時間，賃金の構成のいずれもが相違し，就業規則の適用関係や業務内容が異なるものであるから，単に労働条件の一部を変更するものとはいえないこと，②「雇用契約書」も取り交わしていること，の２点である。この点については，１審判決も同旨である。

一方，判決に対する評釈には，本件合意を，①「正社員契約の解約」と契約社員契約の締結とするもの(4)，②正社員契約は解約されておらず成立した契約社員契約と併存しているとするもの(5)，③合意は成立しておらず，本件は「契約内容の変更」であって正社員契約が継続しているとするもの(6)，がみられる。②と③は，契約社員契約の締結は，正社員契約の解約ではないと捉え，③はそれを，労働時間の短縮の選択であって，労働条件の変更の合意である，と解釈する。私も③説に賛成したい。

正社員契約をXが解約したとする論拠として判旨が掲げる２点は，２つの契

1531号　平成30年度重要判例解説』(2019年) 217頁以下，石田信平「育児介護休業法に基づく短時間勤務措置を理由とする不利益取扱い――ジャパンビジネスラボ事件」季刊労働法267号（2019年）164頁以下，奥田香子・野田進「ディアローグ労働判例この１年の争点」日本労働研究雑誌712号（2019年）28頁以下がある。２審に関する評釈としては，野田進（以下，野田②とする）「労働契約論としての休暇・休業・休職――ジャパンビジネスラボ事件東京高判を起点に」労働法律旬報1951＋52号（2020年）42頁以下，烏蘭格日楽「育児休業終了後に契約社員に移行した従業員の正社員復帰請求および雇止めの可否」季刊労働法269号（2020年）193頁以下，山田省三・両角道代「ディアローグ労働判例この１年の争点」日本労働研究雑誌724号（2020年）20頁以下，菅野淑子「最高裁第三小法廷への鑑定意見書」(未公刊)，滝原啓允「育児休業後における有期契約の締結と均等法及び育介法違反の成否」法律時報93巻4号（2021年）131頁以下，がある。

(4)　石田・前掲注(3)，烏蘭格日楽・前掲注(3)。奥田は，以前の評釈（奥田・前掲注３）では「複数の就業形態から従来の正社員契約ではなく本件契約社員契約を選択して締結している点などから考えると，判旨は妥当」としたが，後に「よくよく考えてみると，変更ととらえてもいい話」と述べている。奥田・野田「ディアローグ」・前掲注(3)（奥田発言）34頁。

(5)　石崎・前掲注(3)。

(6)　野田①・前掲注(3)，野田②・前掲注(3)，山田・前掲注(3)，菅野・前掲注(3)。

約が異なるものであり，Xがそれを選択して契約社員の「雇用契約書」を取り交わしたという外形的な事実にすぎない。判旨は，新たな契約を締結する以外に「契約書」作成はないと考えているようだが，労働条件を「変更するため」に契約書を作成することも，十分にありうる(7)。また，労働契約は長期間の継続的な契約であって，契約内容に変更が生じたとしても，同一性が失われるものではない。

2014年2月22日にXに手渡された説明書面の記載──「契約社員は，本人が希望する場合は正社員への契約再変更が前提です」──については，XとYがまったく異なる解釈をしていることが明らかである。Yは「将来，契約再変更の合意がないかぎり」正社員復帰はない，という意味と解釈するが，一方，Xは「希望する場合は正社員になれることが前提」の契約である，と理解していた。これだけの認識の差があるところ，雇用契約書が書面で交わされ署名があったとしても(8)，即，自由意思に基づく合意が認定されるものではなく，Xの意思は，別途，確認されるべきであった。にもかかわらず，判旨は，当然のようにYによる解釈を肯定して判示している。

Xの正社員契約解約の意思表示は，より慎重にその真意を検討されねばならなかった。判旨については，「Xの解約意思も証明されていない」(9)，「契約の拘束力というものが，たやすく軽んじられている」(10)という批判があたっている。

正社員契約の合意解約をたやすく認めるべきでないのは，いうまでもなくXの主位的請求が正社員としての地位確認だからである。正社員契約が解約されたとしたうえで，契約社員契約の更新拒否を違法と判断しても，正社員としての地位確認がそのまま認められるものではないだろう。本件合意を，労働契約の変更ととらえ，期間の定めのない契約から有期契約に変更された部分のみを無効と解釈することによって，原告の主位的請求は認められる。正社員としての労働契約が解約されたか否かを立証すべきはYであり(11)，Yが論拠とする上記2点のみからその立証がなされたとは解されない。したがって，本件合意に

(7)　山田・前掲注(3)27頁。
(8)　契約書に押印はなく，署名の脇に自筆で名前を書き，丸をつけたのみであったことが証拠から確認できる。
(9)　奥田・野田「ディアローグ」・前掲注(3)(野田発言) 32頁。
(10)　野田②・前掲注(3)46頁。
(11)　山田・前掲注(3)27頁。

よって，無期契約である正社員契約が解約されたとはいえない，と考える。

⑵　本件合意は均等法や育介法に違反するか

判旨は，本件合意の不利益性を評価するにあたって，Xには保育園入園の目途もなく，家族のサポートが整った事情もなく，しかも「どの程度熱心に保育園探しをしたのかについて疑問があ」るため，Xは復職しても解雇等のおそれがある状況にあり，それを防ぐための契約社員契約の締結に不利益性はないとする。そのうえで，広島中央保健生協事件・最1小判平成26年10月23日（労働判例1100号5頁）を引用して，本件合意は「Xの自由な意思に基づいてしたものと認めるに足りる合理的な理由が客観的に存在するもの」と結論した(12)。

本件では，妊娠・出産にかかる不利益禁止規定である均等法9条3項違反と，育児休業取得にかかる不利益禁止規定である育介法10条違反が検討されている。加えて，復職時に勤務時間短縮措置の一類型を利用したことに係る不利益禁止規定である育介法23条の2違反も問われるべきだったが(13)，2審判決は，本件措置を育介法23条の時短措置を超えるものと理解しているため，育介法23条の2違反を問題としなかった。それゆえ，均等法9条3項，育介法10条違反のみを検討している。

これらの条文違反の成否を検討するには，本来，これらの規定が設けられている趣旨について検討されねばならなかったはずだが(14)，判旨はこの点を完全に欠落させている。たとえば不利益禁止規定の一つである育介法23条をみておこう。同条は，3歳未満の子を養育する労働者の申立に基づき，所定労働時間を短縮することによって，事業主は，労働者が就業しつつ子を養育することを容易にする措置を講じなければならないと規定する。同法23条の2は，前条の申出をしたこと，または上記措置が講じられたことを理由にして，当該労

(12)　1審判決も同様の判断であるが，広島中央保健生協事件・最高裁判決の引用はなかった。

(13)　育介法23条1項の「所定労働時間の短縮措置」としては，「1日の所定労働時間を原則として6時間とする措置を含むものとしなければならない」（育介則74条1項）とあることから，Yによる契約社員契約の提案も，このための措置として新設されたといえる。ゆえに，当該労働者に同措置が講じられたことを理由とする不利益な取扱いには，23条の2が適用される。

(14)　滝原は，「労働者側に妊娠・出産・育児といった事情が存する場合，均等法や育介法の趣旨が十分に汲まれるべき」として，「妊産婦保護法制」のなかで，育介法は，「雇用の継続」を重視する目的があるために，正社員契約の解約について容易に認めるべきではない，と述べる。滝原・前掲注(3)132頁。

働者の解雇その他の不利益取扱いをしてはならないと規定する。これは，所定労働時間短縮申出を理由とする不利益取扱いを禁止することを通じて，当該措置を希望する労働者が懸念なく申出ができるようにしたものであり，これに反する事業主の措置を禁止する強行規定として理解される。これに反する不利益取扱いは，違法，無効でなければならない。

もっともこれらの規定は，「事業主」に対する不利益取扱い禁止規定であるから，合意に基づき労働条件が不利益に変更された場合には，事業主の単独措置とは異なり，直ちに違法無効とはいえないとする解釈も可能であろう(15)。そこで2審判決も，「合意」による変更であるか否かを問題にするのである。

この点，2審判決が広島中央保健生活協同組合事件・最高裁判決の判断枠組みを参照したことは肯定しうる(16)。同事件では，労働基準法65条3項に基づく妊娠に伴う軽易業務への転換措置を理由として，副主任を免じられたことが均等法9条3項の禁止する不利益取扱いに該当するか否かが争われた。最高裁は，このような不利益取扱いは原則的に無効であるとしたうえで，当該労働者が，当該措置により受ける有利な影響並びに不利な影響の内容や程度，上記措置に係る事業主による説明の内容その他の経緯や当該労働者の意向等に照らして，自由な意思に基づいて降格を承諾したものと認めるに足りる合理的な理由が客観的に存在するとき，および使用者の業務上の必要からやむをえない事由が存する場合には，例外的に同項には違反しない，と判示した。

この「自由意思」判断において，合意の「不利益性」の可否の検討は不可避だが，この点に関する2審の判断は誤りである。Xは契約社員にならなければ退職，解雇もしくは懲戒解雇になったはず，という判旨の指摘は，あくまでも仮定的事実であり，憶測にすぎない。2審引用の最高裁判決に照らせば，「処遇の有利・不利性判断」は，契約社員への変更後の労働条件と従前の雇用契約上の労働条件の比較によるのであって，労働者が同意しなかった場合の仮定的な地位における労働条件との比較ではない。契約社員契約によって契約期間が有期になることは，長期にわたる職業生活の安定というもっとも重要な労働条

(15)　フーズシステムほか事件・東京地裁平成30年7月5日判決（労働判例1200号48頁）。

(16)　本件は正社員から契約社員への雇用形態の変更を伴った事案であり，降格事案であった広島判決の射程は本件のような事案には及ばないのではないか，との指摘もある。滝原・前掲注(3)133頁，山田・両角「ディアローグ」・前掲注(3)（両角発言）23頁。

件にとって決定的な不利益であり，これを受け入れるに足る条件としては，仮定的事実が回避される予想があるにすぎない。したがって本件では，契約社員契約が「自由意思」に基づく合意であったとは，到底，判断できるものではなかった。

さらに，正社員契約を維持したままで週３日勤務することはなぜ不可能なのか，どのような条件が整えば正社員復帰ができるのか，有期契約になったことによっていかなる結果や影響が生じるのか，Ｙ社からの説明は不十分で，不誠実である。Ｘが契約社員になることの意味を理解できる条件が整っていたとはいえず，結論として，契約社員契約への変更はＸの自由意思ではなかった。「合意」の期間の定め部分の不利益性は大きく，育介法10条，23条の２，均等法９条３項に違反して無効であり，Ｘの契約は，正社員としての無期契約が存続しているとみるべきであった。

後続の裁判例は，合意を慎重に判断する傾向にある。山梨県民信用金庫事件・最二小判平成28年２月19日（労働判例1136号６頁）は，就業規則変更についての「同意書」への署名押印という労働者の行為があっても，それをもって直ちに同意とみなすべきではなく，労働者がおかれた状況の特質（指揮命令に服すべき立場や情報収集能力の限界性）をふまえて慎重に判断すべき旨を明らかにした(17)。近年の雇用形態変更の合意をめぐる下級審判決では，ほぼこの山梨県民信用金庫事件最高裁判決の解釈基準が採用されており(18)，本件と類似事案であるフーズシステムほか事件判決(19)は，合意がもたらす不利益性を検討して，原告が自由な意思に基づいてパート契約を締結したとはいえず，有期契約の締結は育介法23条の２に違反し，無効，と判示した。

---

(17)　最高裁は，労働条件の変更が賃金や退職金に関するものである場合，変更を受け入れる労働者の行為があっても，労働者には使用者の指揮命令に服する立場があり，意思決定のための情報収集能力にも限界があるから，当該行為をもって直ちに労働者の同意とみなすべきではなく，「労働者の同意の有無については，……当該変更により労働者にもたらされる不利益の内容及び程度，労働者により当該行為がされるに至った経緯及びその態様，当該行為に先立つ労働者への情報提供又は説明の内容等に照らして，当該行為が労働者の自由な意思に基づいてされたものと認めるに足りる合理的な理由が客観的に存在するか否かという観点からも，判断されるべきものと解するのが相当」，とした。

(18)　菅野・前掲注(3)は，福祉事業者Ａ苑事件・東京地判平成29年３月30日（労働判例1164号44頁），社会福祉法人佳徳会事件・熊本地判平成30年２月20日（労働判例1193号52頁）をあげる。

(19)　前掲注(15)。

2 契約社員契約の更新の有無

本件判旨は，契約社員契約を，期間満了時に「更新されるものと期待することについて合理的理由があるものと認められる有期労働契約にあたる」としつつ，雇止めの効力については，「客観的に合理的な理由があり，社会通念上相当であると認められる」としている(20)。

その理由として判旨は，Ⅱ2(3)(イ)に示したように，(a)執務室内の録音行為は服務規律違反であったこと，(b)Xがマスコミ関係者に録音データを提供した結果，①ないし⑤の報道がなされたが，①以外の報道は真実ではないにもかかわらず，Xは「社会に対してYが……マタハラ企業であるとの印象を与えようと企図した」こと，(c)私的なPCの利用が職務専念義務違反にあたることを示し，「Yとの信頼関係を破壊する行為に終始しており，かつ反省の念を示しているものでもないから，雇用の継続を期待できない十分な事由がある」との結論に至っている(21)。

2審とは反対に更新拒否を不当とした1審判決の結論に，ほぼすべての評釈は賛成している(22)。2審判決は，正社員復帰交渉におけるY社の不誠実な対応をまったく問うことなく一方的に，Xの一連の行動を非難し，信頼関係を破壊する行為と評価するが，本件の紛争の経緯を客観的にみれば，2審のこの評価がいかに偏ったものかは明らかである。本件は，Y社がXからの復帰希望に応じなかったために，Xが労働局に相談し，労働組合加入したこと，Y社がそれらに批判的な警告をして，Xに保育のバックアップ体制を実証するように執拗に要求し，Xを不安に陥れたこと，業務改善指示書等を一度に17通も出したこと，Y社が労働審判申立てをして自社に在籍する労働者を訴えるという通常ではない手段に出たことなど，Y社の側の攻撃的な行為に着目すれば，紛争は動態的に分析すべきであって，Xの行為を一方的に非難すべきではない。しかも既述のように，Yには不当労働行為の救済命令が出されているのである(23)。

---

(20) 1審判決は，契約社員契約を更新の期待可能性のある契約とした点で2審と同じ判断をしたが，更新拒否を違法として，2審とは正反対の結論に至った。

(21) ただし，Yが主張した(d)Xが保育園の申し込みをしなかったことを秘匿した不誠実性について，判旨は，契約更新拒否事由に該当するとは判断していない。

(22) 山田・前掲注(3)34頁，奥田・前掲注(3)218頁，石田・前掲注(3)172頁。

(23) 2020年9月17日東京都労働委員会命令。本件救済命令は，Y社が組合員Xに対して業務改善指示書等を交付したこと，また，労働組合との団体交渉におけるY社の対応が，それぞれ不当労働行為である，と認定した。

労使紛争においては，双方で言論の応酬がなされ，それが攻撃的なやりとりになることもしばしばあるが，とくに一方当事者が労働者個人の場合，孤独な闘いを強いられて，圧倒的な強さをもつ会社を相手に防衛的になり，身構え，ときに身を守ろうとする姿勢を示すことがあっても，それだけを取り出して非難するのは誤りである。ハラスメントや不利益取扱い事案において，やりとりの一部だけを切り取って，「会社に対する信頼関係を破壊した」と非難するのは，けっして公正な判断とはいえず，紛争の動態を無視するものといえよう。これを認めてしまえば，使用者が気に入らない労働者を締め出そうと執拗に嫌がらせをして，当該労働者による服務規律違反を誘発させれば，じつに簡単に「雇用継続は期待できない」という状況を引き出すことすらできてしまう。

しかも本件でのＸの言動は，このような困難に遭遇しながらもほぼ冷静な対応に終始しており，どこを切りとっても非難されるべき態様のものではなかった。裁判所は，このような使用者のやり方を安易に許容してもよいのだろうか。疑問であり，判旨の結論はとうてい認められない。

3　ＸおよびＹによる不法行為の有無

⑴　Ｙ社による不法行為

判旨は，Ｘが自宅待機処分となった旨を記載したメールを第三者に送ったＹの行為についてのみ，プライバシー侵害として不法行為性を認め，５万5000円の慰謝料支払いを命じた。しかし１審が不法行為と判断したその他のＹ社の行為[24]の違法性を認めていない。この点もおおいに疑問である。

⑵　Ｘによる不法行為

一方，２審判旨は，Ｘによる不法行為には過剰ともいえる厳しさでのぞんでいる。Ⅱ２⑸に示したように，判旨は，「記者会見は，……一方的に報道機関に情報を提供するものであり，相手方の反論の機会も保障されているわけではないから，……適示した事実が，訴訟の相手方の社会的評価を低下させるものであった場合には，名誉毀損，信用毀損の不法行為が成立する」として，2015

(24)　１審判決は，正社員復帰交渉でＹ社が不誠実な対応に終始したことを重視した。Ｙ社はＸに対して，本件合意についての具体的・合理的な説明をなんら行わず，きわめて強引に業務改善指示書を出し，Ｘの中核的業務であったコーチ業務を奪い，仕事を与えず，Ｘの姿勢を批判・糾弾するという姿勢に終始したのであり，これらによってＸが受けた不利益は著しいとして，Ｙ社に100万円の慰謝料支払いを命じた。

年10月22日の記者会見でのXの発言①から⑤（発言内容は1⑶を参照）について検討する。その結果，①③④⑤は，Y社の社会的評価を低下させるものというべきだが，その重要な部分が真実であることの証明があったときには違法性がないところ，①③⑤は真実と認められず，これらの発言がなされ，これに基づく報道がされたことによりYが被った名誉または信用を毀損されたことによる損害と弁護士費用55万円を，Xは支払うべき，と命じた。

損害賠償命令の対象となったのは，記者会見における「発言」だが，1審と2審がこれほど正反対の結論に至ったことは，驚きである。そもそも労使の交渉力には差があるが，既述のように，とりわけ一方当事者が労働者個人の場合には，その差はきわめて大きい。それだけに労働事件では，訴訟提起と同時に労働者が，世論を喚起するため，あるいは第三者に支援を求め，同じ経験をした労働者と情報交換するために記者会見をすることは，ごく一般的に行われている。弱い立場にある労働者にとっては必要な手法であり，表現の自由として憲法上保障されている行為でもある。もちろん名誉毀損や信用失墜行為は避けられねばならないが，提訴に伴う記者会見では，一方当事者が相手方の行為を批判するのは当然である。個人攻撃や虚偽事実の流布があってはならないものの，本件のように節度のある記者会見をしているかぎり，なんら問題はないはずである。

1審判決は，XまたはX訴訟代理人の発言はいずれも一般に原告が訴訟においてその旨主張しているとの事実を適示したと理解されるものであり，訴訟の一方当事者による言い分と受け止められるから，それのみによってY社の名誉・信用が毀損される行為とは認められない，とした。しかも，2審判決により認定されたXの発言（上記①③⑤）は，①週3日勤務の契約社員になるか自主退職するかを迫られた，③子供を産んで戻ってきたら人格を否定された，⑤労働組合に加入したところ「危険人物です」と言われた，というものであって，Xが経験した事実の適示にほかならないと受け止められるべきものであった。これをもってXに損害賠償を命じた2審判決と，それを肯定する結果となった最高裁の判断は，労働事件においては，相当の異論を引き起こすに違いなく，今後の重大な検討課題である。

Ⅳ　本判決を契機に考える

最後に，この事件の検討を通じて，考えるべきいくつかの課題を指摘しておきたい。

1　育児休業からの原職復帰

私生活において育児と介護というケア労働を担う労働者への支援制度は，近年，法的にもかなり充実してきている。一方，本件事案にみられるように，妊娠・出産・育児などを理由とする不利益取扱いをめぐる紛争はむしろ増えている。しかしこの傾向は，就労環境の悪化がもたらしていることではなく，反対に，従来は出産で自発的に退職せざるをえなかった人々が，制度改正を受けて，働き続ける意思を表示し始めた結果を反映したものと思われる。

労働局への相談事案においても，出産や育児等を理由とする不利益取扱いは非常に多い。令和元年度には，均等法9条（婚姻・妊娠・出産等を理由とする不利益取扱い）関係の相談は4769件で，均等法全体の相談の24.3%を占めている。育介法10条（育児休業に係る不利益取扱い）関係の相談は4124件であり，育介法全体の相談の10.6%を占めている(25)。

さて，本件は，休業明け労働者の職場復帰をめぐる紛争事案である。出産休暇や育児休業明けに労働者が原職に復帰できるかどうかは，キャリアの継続を求める労働者にとって最大の関心事である。ところが，この「原職復帰」を規定する条文は明確には存在しない。育介法は休業後の「原職復帰」を明記しないまま，同法22条において，「事業主は，……休業後における就業が円滑に行われるようにするため，……労働者の配置その他の雇用管理……に関して，必要な措置を講ずるよう努めなければならない」とするのみである。育介法にもとづく指針も，「育児休業及び介護休業においては，原則として原職又は原職相当職に復帰させるよう配慮すること」（平成21年厚労省告示509号第2の7(1)）と規定するのみである(26)。原職復帰が法的権利として明記されず，指針も「配慮」に留まっているかぎり，多くの労働者は，職場復帰に不安を感じつつ，キャリア中断を余儀なくされながら休業せざるをえない。

このような背景において，職場復帰をめぐる紛争が多発している。しかし，

---

(25)　『令和元年度　都道府県労働局雇用環境・均等部（室）での法施行状況』参照。

(26)　しかし指針は，平成28年厚労省告示313号によって改正される以前には，「育児休業……後においては，原則として原職又は原職相当職に復帰させることが多く行われているものであることに配慮すること」と記載されていた。これに対して，現行の指針は多少の進展を感じさせる。

提訴に至るケースはごくわずかでしかない。なぜなら労働者にとっては，出産や育児というきわめて負担の大きいライフイベントを乗り越えるだけでも精一杯であるのに，企業からの支援ならぬ不利益処遇が加われば，そのかかえこむ負担は幾層倍にも増大して，そのような状況のなかで勇気を奮い起こして提訴することは，想像を絶するほどの困難を伴うに違いないからである。しかし本件のように，勇気をもって提訴する原告がいる。この貴重な裁判例から，私たちは，将来の解釈論や立法論を構築するヒントを得なければならない。

2　Y企業の体質を問う

本件において，Yは短時間就労という選択肢である契約社員契約を，育休明け労働者のための「優遇」と位置づけ，高裁判決もその評価を否定していない。しかし，この措置は「原職」復帰とはほど遠く，職業生活の安定という重要な労働条件に関する不利益をもたらすものであることは，すでに述べたとおりである。使用者は本来，契約法上の配慮義務として，労働者が子の養育と仕事とを支障なく遂行できるよう合理的な配慮をしなければならない。育児介護休業法上の措置は，使用者に公法上の義務として求められているが，同時に，使用者は，仕事と生活との調和を規定する労働契約法３条の趣旨にそった契約上の付随義務を負っている。ゆえに，育児介護休業法上の措置に関する規定がどうあれ，使用者は，労働者に対する労働契約上の配慮義務の一環として，合理的な配慮のためのさまざまな措置を講じなければならないのである(27)。

ところが，本件企業Yは，使用者としての配慮義務にもとづく措置を講じないばかりか，本来，果たすべき義務を回避していると考えられてならない。原職への職場復帰を保障したうえで，子の養育をする労働者が欠勤せざるをえない場合のバックアップ体制を整備するのは，使用者の義務であろう。にもかかわらず，バックアップ体制の整備を労働者の自己責任として執拗に求めたのがYであった。私見ではあるが，判旨が，以下の基本的な事実を重視しなかったことは，Y企業の体質を誤って把握したことに通じるのではないかと，残念に思う。

第１に，Xが公的機関に相談し労働組合に加入し交渉したことを，Yが快く思っていなかった事実である。このことは，東京都労働委員会の不当労働行為

(27)　山田・前掲注(3)35頁。

救済命令に関して，すでに述べたことである。

第2に，本件の紛争がそもそも会社主導によって引き起こされた事実である。Y社による2015年8月の乙事件提訴，翌9月1日の契約更新拒否，Xによる甲事件提訴，その後1年近くたってからY社による甲事件反訴という経緯である。Y社が，出産・育児休暇明けの一従業員を提訴して追いつめ，Xが応訴せざるをえなかった事情は明白である。

第3に，一度に17通にもわたる業務改善命令の発出や，職場での録音や記者会見での発言を名誉毀損として反訴することなどは，失業状態にある労働者に対する過酷ともいうべき対抗措置ではないだろうか。かなり稀有な事件であり，問題を残したと考える。

3　バックアップ体制の整備

出産休暇や育児休業を取得する労働者は，職場に迷惑をかけているという気兼ねや後ろめたさから，どうしても権利主張を抑制する傾向にある。他方，職場の他の労働者も，使用者による業務量の調整や体制整備がないかぎりは，子を養育する労働者に不満を抱くようになり，それがハラスメントの温床になる。だからこそ，育介法指針は，「職場における育児休業等に関するハラスメントの原因や背景となる要因を解消するための措置」として，事業主による「業務体制の整備」などの必要な措置を講じなければならない，とするのである（育介法指針第2の14⑶ニ）。

前提問題として，子を養育する労働者が，復帰にあたっていささかも職場に迷惑をかけないことを強要されるなら，仕事の継続は難しくなる。仕事と育児の調整ができない自己責任を問われて，職場からの排除が正当化されてしまうからである。これでは子育て世代全体の生活は脅かされるだろう。

本件でYは，育児休業明けの労働者Xの職場復帰にあたり，「クラスに穴をあけないことが大前提」として，執拗にバックアップ体制の自己整備を求め，2審では，追加的に，Xが保育園に入園申請をしておらず，入園を辞退（キャンセル）した後もこの事実を秘匿したことの不誠実性を強調した。これを受けて2審判決は，「加えて，Xは，9月19日の面談以降も，正社員への再変更を求めるだけであって，クラスの運営に支障が出ないようにバックアップ体制を整えることもなかった」とするなど，YによるXの正社員としての復帰拒否を正当化した。しかし，このYの執拗な要求そのものがハラスメントにあたるのではないかとの指摘は的を射たものである[28]。

1審判決は，「およそ病気やけがなどによる欠勤は誰にも生じることであるにもかかわらず，子が病気等により保育園に入れておけなくなるといった事情が育児中の労働者に生じた場合のみ欠勤を許さないというのは不合理」とし，「ましてや，正社員に戻るのに先立ち，実際に子が病気等になっても欠勤しないで就労ができるかを確認する」などは論外，と述べて，Yを強く批判した。

そもそも職場復帰にあたって，労働者に，保育園入園の証明を求め，就労可能であることの立証を要求することは許されるのだろうか。職場復帰は，休暇が明ける労働者にとっては当然のことであり，申出さえすればよいはずである。保育園によるバックアップ体制を整えないかぎり職場復帰できないという発想は，どこからくるのか不明である。

なお本件にかかわって，保育園入園についてXが嘘をついていたとか，努力を怠っていたとか，批判的な報道がなされているときくが，あまりにも的外れな指摘ではないか[29]。私はかつて，少子化対策批判として，ワーク・ライフ・バランス政策の実施にあたっては「ワークの規制とライフの自由」が重要だと述べたことがあるが[30]，「バックアップ体制の整備」の強要は，まさに「ライフの自由」の侵害ではないだろうか。どのような方法で，いかなる環境で子を養育するのかは，労働者自身が決定する事柄であり，使用者が介入すべきことではない。2審判決はこれを誤解していないだろうか。

4　ケアに満ちた社会を

女性差別撤廃条約やILO156号条約など，国際人権条約は，労働者は誰もが平等取扱いを享受すべきとしながらも，「職業生活と家族生活の両立」が可能な環境で働く権利を保障している。これらの条約は，本件Y社がXに求めたよ

(28)　菅野・前掲注(3)。

(29)　一例として，朝日新聞出版社雑誌本部のAERA dot.に2020年12月29日に配信された記事（「マタハラ」で会社を訴えた原告女性はなぜ逆転敗訴したのか？被告の女性社長が語った法廷の“真実”）が，本件原告を不誠実と非難したことについて，2021年1月15日に，女性ユニオン東京と「妊娠・育児によるハラスメントをなくす会」が連名で，出版社に訂正記事を掲載するよう申し入れた。その後，これに対する出版社からの回答書（同年1月29日）と同回答書に対する抗議申入書（同年4月5日）をみることができる。

(30)　浅倉むつ子『雇用差別禁止法制の展望』（有斐閣，2016年）167頁。

うな働き方，すなわち会社には子の養育によるいかなる迷惑もかけないという働き方をする労働者を想定していない。私はこのような労働者を「ケアレス・マン」と呼んでいるが[31]，もし会社の正社員モデルを「ケアレス・マン」とすれば，事実上，子を養育する労働者は正社員から排除されてしまう。

本稿の冒頭でも述べたが，ケア労働は，子どもの世話や家族の介護など，人々の命と生活を支える本質的な仕事である。ケア労働の担い手は，従来，不可視化されがちであったが，このコロナ禍において，にわかに注目されている。しかし，ケア労働をもっと評価せよ，というだけでは，問題の半分しか理解できないと述べて，牟田和恵は，ケア労働に着目したジョアン・トロントと岡野八代の著作について，以下のように紹介している。

「『対等で自律的な市民が構成員であり互いに議論のためのルールを尊重し合って議論する』ことを前提とするこれまでの民主主義では，『誰もが依存者でありケアを受け取る存在である』現実を反映することはできない。自律する成人とは実は，ケア活動を担わない者たち，つまりは『特権的な無責任者』の別名である。人間の本性を相互依存性にみる民主主義を立ちあげること，それに即して政治理論の転換をはかることの必要と必然をうったえる著者たちの議論は重い。」[32]

岡野八代は，現在の国際社会を席巻する「市場第一主義」に対して，トロントの提唱するケアする民主主義は，「責任を中心とした議論でありながら」，「一人ひとりの価値を損なうどころかむしろ，個人の価値を尊重するために互いに果たしあう責任という，新しい責任論であり，かつ新しい民主主義論なのだ」と述べる[33]。

私たちは，たしかにこのコロナ禍において，社会が誰のいかなる活動によって支えられているのかを目の当たりにした。これらの活動は，人が生きていく

---

(31)　「ケアレス・マン」という和製英語は，ケアという育児・介護をしない労働者，つまり100％を会社に捧げられる労働者が正社員にふさわしい，という考え方である。経済学者の久場嬉子が，「家庭責任不在の男性的働き方」を指す言葉として使い始めた。久場嬉子「『男女雇用機会均等法』から『男女共同参画基本法』まで」『ジェンダー白書2　女性と労働』（明石書店，2004年）。杉浦浩美はこの言葉を，「産む性としての身体的負荷がない」という意味もこめて用いつつ，「ケアレス・マン」モデルだけを労働する身体とすることに異を唱える。杉浦浩美『働く女性とマタニティ・ハラスメント』（大月書店，2009年）。

(32)　牟田和恵「書評」世界941号（2021年）257頁。

(33)　ジョアン・C・トロント著，岡野八代訳・著・前掲注(1)8頁。

ために不可欠であり，私たちの日常はこれら「ケア労働」によって支えられている。ケアの思想は，誰もが生きるに値する尊厳をもった存在であることを，改めて教えてくれる。だからこそ，ケアに満ちた民主主義こそが本来の民主主義の姿というべきだろう。現状の日本では，ケア労働を軽んじる政治実践が行われていないだろうか。それを反省すべきときがきている。

第10章　ハラスメントの防止と撤廃

37　セクシュアル・ハラスメントをめぐる法的課題

Ⅰ　はじめに

この数年の間，ハラスメントをめぐって，国内外に大きな動きがみられた。世界中で「＃MeToo 運動」が声をあげた2017年，日本でも，伊藤詩織さんが実名で性被害を公表して，多くの女性たちに勇気を与えた[(1)]。2018年には，福田淳一・財務事務次官による女性記者に対するセクシュアル・ハラスメントが明るみに出て，翌年からは全国でフラワーデモが始まった。一方，政権の中枢を担う政治家たちは，「はめられて訴えられているんじゃないか」など，無知で無責任な言葉を重ねて人々の怒りを買った。

そのような背景のなか，2018年12月14日に，厚生労働省・労働政策審議会は，「女性の職業生活における活躍の推進及び職場のハラスメント防止対策等の在り方について」という建議を行い，翌2019年に，パワー・ハラスメント防止対策の法制化を含む法改正が行われた。これにより，事業主の措置義務規定に，新しい条文が加わることになった。

一方，ILO（国際労働機関）は，創立100周年を迎えた2019年に，「労働の世界における暴力とハラスメント撤廃に関する第190号条約」を採択した。まさに，社会正義の実現を使命とする国際機関としてのなみなみならぬ決意を示した条約である。先のセクハラ問題で「性差別大国」だということを世界に露呈してしまった日本は，この条約を批准することによって汚名を返上するしかないだろう。

2020年12月に閣議決定された「第5次男女共同参画基本計画」は，第11分野（男女共同参画に関する国際的な協調及び貢献）の具体的取組みとして，上記ILO第190号条約を含め，未締結の条約について，「批准を追求するための

(1)　伊藤詩織『Black Box ブラックボックス』（文芸春秋，2017年）。

継続的かつ持続的な努力を払う」と書き込んだ。果たして，この条約を批准するための具体的な法改正に，日本は真剣に取り組むことができるのか，大きな課題が残されている。

Ⅱ　男女雇用機会均等法とセクシュアル・ハラスメント

1　ヴィンソン事件と福岡事件

アメリカの連邦最高裁で，セクシュアル・ハラスメントに関する示唆的な判決が出されたのは，1986年のことだった。ヴィンソン事件判決である[(2)]。アメリカの差別禁止法にあたる公民権法第7編では，雇用における人種差別や性差別が禁止されていた。にもかかわらず，当初，セクシュアル・ハラスメントは個人的な性的誘いにすぎない，したがって公民権法違反の性差別行為とはいえない，という解釈がなされていた。これに対して，連邦最高裁は，ヴィンソン事件判決で初めて，セクシュアル・ハラスメントを雇用上の性差別だと判示したのである。セクシュアル・ハラスメントは女性差別であり，禁止されねばならない行為であることを，広く世界中に知らしめた判決として注目を集めた。

その後，日本で登場したのが1992年の福岡事件判決である[(3)]。小さな出版社で働く女性が，上司から2年にわたり，「あいつは性的にみだらだ」などというまったく身に覚えのない噂を取引先等にばらまかれて，退職に追い込まれた。原告女性は裁判を引受ける弁護士を探したが，日本ではほとんどこのような裁判は行われておらず，ようやく福岡の女性弁護士たちが引受けてくれた。女性弁護士は，アメリカのヴィンソン事件連邦最高裁判決を知っており，それを学びながら提訴したという。

福岡地裁は，加害者である上司（被告）が，部下の女性（原告）について異性関係の乱脈を非難する噂を流布した行為は，名誉感情その他の人格権侵害であり，働きやすい職場環境のなかで働く利益の侵害であるとして，不法行為責任があると判断した。裁判所は同時に，会社にも責任があると認めて，165万

(2)　Meritor Savings Bank, FSB v. Vinson (1986). 最近，この歴史的な判決を含むアメリカ連邦最高裁における雇用差別訴訟の原告たちの物語が，秀逸な翻訳によって出版された。ジリアン・トーマス著・中窪裕也訳『雇用差別と闘うアメリカの女性たち　最高裁を動かした10の物語』（日本評論社，2020年）。私は本書によって，Vinson事件の提訴の経緯，原告の人生，弁護士や法律家の戦略，判決内容などを改めて知り，感銘を受けた。

(3)　福岡地裁1992年4月16日判決（労働判例607号6頁）。

円の慰謝料支払いを命じた。会社の責任は，被告上司を雇用していることだけではなく，適切な雇用管理上の対応をしなかった専務の行為にも及ぶとした。専務は事情を知りながらも，「けんか両成敗」という態度で適切な対応策をとらなかったのである。このように会社に使用者責任があると判断した本件は，セクシュアル・ハラスメントという用語こそ使用しなかったが，環境型セクシュアル・ハラスメントの典型的な事例に関する初の裁判例だった。

時を同じくして，アメリカの三菱自動車が公民権法違反の責任を問われて，40億円にもなる損害賠償額で和解したという事件もおきた。これらを受けて，日本でもようやく法制度化の動きが活発になり，1997年に均等法が改正されて，セクシュアル・ハラスメントに関する旧21条（事業主の配慮義務規定）ができた。一方，この配慮義務規定については国家公務員が適用除外となっていたために，公務員に対する規定も必要ということになり，翌98年，改正均等法施行の時期に合わせて，人事院規則10－10ができた。人事院規則では均等法が明記しなかった事例，たとえば第三者からの，あるいは第三者へのセクシュアル・ハラスメントや，「性的」な言動ではないけれども「おまえは女だからお茶汲みをしろ」というような性別役割に基づくジェンダー・ハラスメントの事例などがカバーされた。均等法よりも一段進んだ規定を人事院規則10－10は定めた，といえよう。

2　事業主の措置義務

2006年の再度の法改正によって，均等法は男女双方に対する差別を禁止する法律になった。これを受けて，この時期以降，セクシュアル・ハラスメントは男性に対する言動も含むものになった。旧21条は現行法の11条となり，配慮義務は措置義務に改められた。2019年にも大きな法改正があり，セクシュアル・ハラスメント等に起因する問題に関する国・事業主・労働者の責務が規定された（均等法11条の2）。また，労働者が事業主に相談したこと等を理由とする不利益取扱いの禁止（同法11条2項），自社の労働者等が他社の労働者にセクシュアル・ハラスメントを行った場合の協力対応の努力義務規定が設けられた（同法11条3項）。

均等法のセクハラ規定の最大の特色は，以下のように，事業主の措置義務を定めていることである。

男女雇用機会均等法11条1項
事業主は，職場において行われる性的な言動に対するその雇用する労働者の対応により当該労働者がその労働条件につき不利益を受け，又は当該性的な言動により当該労働者の就業環境が害されることのないよう，当該労働者からの相談に応じ，適切に対応するために必要な体制の整備その他の雇用管理上必要な措置を講じなければならない。（下線は筆者）

「職場において行われる性的な言動」，これがセクシュアル・ハラスメントの一応の定義らしきものである。セクシュアル・ハラスメントの被害者である労働者が，その言動への対応いかんによって，労働条件につき不利益を受けることや，就業環境が害されることがないよう，事業主は，雇用管理上必要な措置を講じる義務がある，とする。条文の主語は全て「事業主」である。

労働者が受ける不利益には，「対価型」と「環境型」があると説明される。「対価型」は，労働者の対応によって労働条件に不利益を受けるもの，例えば，解雇，賃金の引き下げ，配転などである。それに対して，労働者の就業環境が害されるものが「環境型」である。

均等法11条4項に基づいて厚生労働大臣が定めた指針[(4)]（セクハラ指針とする）は，法規定の不備を補うように，職場におけるセクハラには同性間の言動も含まれること，また，被害者の性的指向や性自認にかかわらず，これらの言動が措置義務の対象になることを明記する（指針2(1)）。そして，性別役割分担意識に基づく言動（ジェンダー・ハラスメント）も，こうした言動をなくすことがセクシャル・ハラスメント防止の効果を高める上で重要であると述べる（指針4(1)）。さらに，加害者としては取引先等の事業主またはその雇用する労働者，顧客，患者またはその家族，学校における生徒等も対象となりうること（指針2(4)），自らの雇用する労働者以外の者に対する言動に関しても必要な注意を払うよう努めることが望ましいこと（指針7）に言及している。

事業主によるこれら措置義務の具体的な内容としては，①セクシュアル・ハラスメントに関する方針を明確化して，従業員に周知・啓発をはかること，②

(4)　「事業主が職場における性的な言動に起因する問題に関して雇用管理上講ずべき措置等についての指針」（平成18(2006)年厚生労働省告示615号，改正令和2(2020)年厚生労働省告示6号）。

相談体制を整備すること，③セクハラが生じた場合には迅速で適切な対応をとること，④個人情報保護のために必要な措置，相談者や事実確認協力者に対する不利益取扱いの禁止，その周知・啓発などが求められており，指針はそれらの義務内容を13項目にわたって，詳細に定めている。

均等法全体の構造のなかで，セクシュアル・ハラスメント規定の位置をみると，その特色が明確になる。均等法では，性差別を禁止する規定は2章第1節で定められており，募集採用時の差別は5条が，採用された後の差別については6条が，それぞれ禁止規定をおく。また9条は，婚姻・妊娠・出産等を理由とする不利益取扱いを禁止している。

一方，セクシュアル・ハラスメントの措置義務は，2章第2節に規定されており，性差別の禁止とは別の節に位置づけられている。禁止される性差別にセクシュアル・ハラスメントを含むのではなく，セクシュアル・ハラスメントに対しては，事業主が措置義務を負うことによって対応するという構造である。セクシュアル・ハラスメントは性差別だとした前述のヴィンソン事件アメリカ連邦最高裁判決とは異なり，2つは別物であるとする構図の中でセクシュアル・ハラスメントに対応しているのが，日本の均等法だといえよう。

イギリスの2010年平等法も，性を理由とする差別禁止規定を定めるが，その差別の態様として，直接差別，間接差別，ハラスメントを禁止している(5)。すなわち，禁止される性差別の中にハラスメントを含んでいるのである。それらとは異なり，日本の法規定は，事業主に対応を迫る根拠規定（措置義務規定）をおくが，それらは国が事業主に課した公法上の義務とされているにすぎない。これに違反する行為があれば，厚生労働大臣が行政指導を行い，守られないときには企業名公表の対象になるが，均等法11条や指針は，労働契約上の権利義務を根拠づけるものとは解釈されていない。

一方，2019年改正で新たに設けられた均等法11条の2は，以下のように，国，事業主，労働者に対して，セクシュアル・ハラスメントに関する一定の責務を定めている。しかし下線を引いた部分に明らかなように，それらは努力義務にすぎない。

---

(5)　イギリス2010年平等法については，浅倉むつ子『雇用差別禁止法制の展望』（有斐閣，2016年）を参照のこと。

> 男女雇用機会均等法11条の2
> 1項　国は，前条第1項に規定する不利益を与える行為又は労働者の就業環境を害する……言動を行ってはならないことその他当該言動に起因する問題（以下この条において「性的言動問題」という。）に対する事業主その他国民一般の関心と理解を深めるため広報活動，啓発活動その他の措置を講ずるように努めなければならない。
> 2項　事業主は，性的言動問題に対するその雇用する労働者の関心と理解を深めるとともに，当該労働者が他の労働者に対する言動に必要な注意を払うよう，研修の実施その他の必要な配慮をするほか，国の講ずる前項の措置に協力するように努めなければならない。
> 3項　事業主（その者が法人である場合にあっては，その役員）は，自らも，性的言動問題に対する関心と理解を深め，労働者に対する言動に必要な注意を払うように努めなければならない。
> 4項　労働者は，性的言動問題に対する関心と理解を深め，他の労働者に対する言動に必要な注意を払うとともに，事業主の講ずる前条第1項の措置に協力するように努めなければならない。

3　均等法の施行状況と被害者の要望

セクハラの措置義務規定は，果たして被害者の要望に応えるものになっているのだろうか。

全国の労働局・雇用環境均等部（東京では均等室）における均等法11条の施行状況をみよう[(6)]。2019年度の均等法全般の相談件数19,595件のうち，セクシュアル・ハラスメント（11条関係）の相談はもっとも多く，7,323件にのぼる。この年，雇用管理の実態把握を行って何らかの均等法違反が確認された6,931事業所に対しては，15,822件の是正指導（均等法29条）が行われた。その内訳をみると，11条のセクシュアル・ハラスメント関係は4,671件（29.5%）であり，約3割を占める。非常に多いといえる。これら是正指導は，相談があった企業等に狙いを定める場合もあれば，一般的に企業に対して報告聴取するという形で行われる場合もあるようだ。

---

(6)「令和元年度　都道府県労働局雇用環境・均等部（室）での法施行状況」による。

是正指導に企業が従わない場合には，勧告となり（同29条），勧告に従わない企業に対しては，最終的に企業名が公表される（同30条）。しかし均等法の運用の歴史において，企業名が公表されたケースはたった1件であり，妊娠した労働者を解雇した茨城県牛久の病院で起きたマタニティ・ハラスメントケースのみである（2015年）。このような事実からは，果たして均等法は十全に運用されているのだろうか，不安になる。

一方，均等法をめぐっては，紛争が起きた場合に行政に紛争解決援助を申し立てる制度（これを行政ADRという）もある。労使当事者が紛争解決の援助を申立てると，労働局長は助言，指導，勧告を行い（均等法17条），最終的には調停を行うことができる（18条）。ところが調停とは，調停会議で相互の言い分を聴取しながら，主に解決金を払わせるなどの着地点を探るものであって，もし合意ができなければ最終的には打ち切りとなり，結局，紛争は裁判で争われることになる。

ちなみに2019年度の均等法の紛争解決援助についてみると，申立受理件数は全体で248件，うちセクシュアル・ハラスメント関係は97件（39.1%）である。調停の申請受理件数は全部で68件，うちセクシュアル・ハラスメント関係は49件であった。このような数字から分析すると，個人からの紛争申立ての多くは相談で終わり，援助申請や調停の件数はきわめて少ないという実態でみえてくる。

このようなセクシュアル・ハラスメントをめぐる均等法の運用実態は，果たして相談者や紛争解決申立をする人々の満足をどれほど得られているのだろうか。その内実は，なかなか把握することが難しいのだが，私も参加したある調査研究がある(7)。これは，ハラスメント事案のみではなく，均等法や育児介護休業法全般にかかわる紛争解決制度の実態調査であるが，そこから浮上した事実を紹介して，問題点を指摘しておきたい。

セクハラ被害者の大半は，自分が受けた行為が違法行為であったことの認定

(7)　文部科学省科学研究費補助金・挑戦的萌芽研究「差別禁止法の実効性確保に関する研究――紛争解決制度の検討」（研究代表者：菅野淑子，課題番号15K12971）。この調査は，各都道府県の雇用環境均等部を訪れた人に，窓口で調査票を配り，アンケートを送り返してくれた人に直接ヒアリングを行った。個別のヒアリングからはいくつかの問題点が浮上した。差別禁止法の実効性確保に関する研究チーム『「労働局の利用者調査」調査結果』（2019年，非売品），「特集　性差別禁止法のエンフォースメント」『季刊労働法』260号（2018年）。

を望んでいる。なぜなら，本人は退職してかつての職場とは連絡がつかなくなったりしているが，当該職場では「恐らく彼女は勝手に辞めたのだろう」と思われているからである。「身勝手な人」，「トラブルメーカーだった」など，会社によって押印されたレッテルを，行政に訴えることによって覆したい，そのためにも，自分が受けた行為は違法な行為だったと認定して欲しい。これらが，相談者や申請者のまぎれもない要望である。

ところが，法の構造上，行政が違法か否かを判断するのは，事業主による措置義務違反であって（11条），加害者の行為がセクシュアル・ハラスメント該当行為だったのかどうか，ではない。セクシュアル・ハラスメント禁止規定は均等法の条文にはなく，事業主の措置義務規定があるのみである。その結果，結局は明確な違法行為を受けたことが認定されないというのが，相談者や申請者にとっては不満として残っている。

また，もう1つの要望は，加害者や会社からの謝罪である。ところが紛争解決援助の仕組みは，すでに述べたように，結局，お互いの合意を探ることであって，解決されるとしてもわずかな解決金で処理されることが多い。解決されなければ謝罪も得られないままに，あきらめることになる。その後でも，最終的に司法救済を申し立てるところまでいければよいが，そこには司法救済に関わる困難（時間，金銭，救済方法など）という大きな壁が立ちはだかっている。

ヒアリングに応じてくれた多くの人々は，「ほかの人には，二度とこういう体験をして欲しくない」「再発防止をしっかりやってほしい」と口々に述べているが，その再発防止はどこまでできているのか，確認する手段はない。

Ⅲ　その他のハラスメント

1　マタニティ・ハラスメント（均等法11条の3）

日本のハラスメントに係る法政策的対応は，複雑に入り組んだ法制という特色がある。2016年に，均等法には，いわゆるマタニティ・ハラスメント防止に関する事業主の措置義務規定ができた（均等法11条の3）。事業主は，「妊娠・出産に関する事由であって厚生労働省令で定めるものに関する言動により……女性労働者の就業環境が害されることがないよう，……必要な措置を講じなければならない」という規定である。そして，2019年改正によって，マタニティ・ハラスメントについても，労働者が事業主に相談したことを理由とする不利益取扱い禁止規定（同法11条の3第2項）と，国・事業主・労働者の責務規定ができた（同法11条の4）。

マタニティ・ハラスメントに関しては，11条の3第3項に基づいて厚生労働大臣が定めた指針[8]（マタハラ指針とする）によって，事業主の措置義務の内容が定められている。事業主が対応すべき言動には，妊娠・出産に関する制度や措置の利用に関する言動（「制度等の利用への嫌がらせ型」）と，妊娠したこと，出産したことに関する言動（「状態への嫌がらせ」）がある（指針2⑴）。指針は，13項目にわたる措置を講ずるよう事業主に求めているが，うち2項目は「望ましい措置」である（指針3⑵ハ，同3⑷ロ）。ここにはセクシュアル・ハラスメントの措置義務にはない項目（ハラスメントの原因や背景となる要因を解消するための措置）が含まれていることに留意すべきである（指針3⑷）。マタニティ・ハラスメントが周囲の労働者の業務負担が増えることのよって生じる場合もあることに留意しているものである。

2　ケア・ハラスメント（育児介護休業法25条）

2016年には，育児介護休業法の改正によって，育児休業・介護休業等の取得を理由とするハラスメント（いわゆるケア・ハラスメント）防止の措置義務規定も設けられた（育介法25条）。2019年改正によって，国・事業主・労働者の責務規定もできた（育介法25条の2）。措置義務の内容は，指針[9]（育介法指針とする）に記載されている。

3　パワー・ハラスメント（労働施策総合推進法30条の2）

上記に述べてきたハラスメント以外のいわゆるパワー・ハラスメントについては，従来，法律上の規定はなかったが，個別紛争事案のあっせん件数の相当数を占めていた（およそ3割）。また，あっせんの申請者が何らかの精神的な問題について医師の診断を受けていることが明らかになり[10]，この問題は急速に

---

(8)　「事業主が職場における妊娠，出産等に関する言動に起因する問題に関して雇用管理上講ずべき措置等についての指針」（平成8(2016)年厚生労働省告示312号，改正令和2(2020)年厚生労働省告示6号）。

(9)　「子の養育又は家族の介護を行い，または行うこととなる労働者の職業生活と家庭生活との両立が図られるようにするために事業主が講ずべき措置等に関する指針」（平成21(2009)年厚生労働省告示509号，改正令和2(2020)年厚生労働省告示6号）。

(10)　「労働政策研究報告書No.123　個別労働関係紛争処理事案の内容分析」（労働政策研究・研修機構，2010年）。

表　日本のハラスメント法規制の現状

	セクシュアル・ハラスメント	マタニティ・ハラスメント	ケア・ハラスメント	パワー・ハラスメント
事業主の措置義務	均等法11条1項	均等法11条の3第1項	育介法25条1項	労働施策総合推進法30条の2第1項
規定の内容	事業主は，職場において行われる性的な言動に対するその雇用する労働者の対応により当該労働者がその労働条件につき不利益を受け，又は当該性的な言動により当該労働者の就業環境が害されることのないよう，当該労働者からの相談に応じ，適切に対応するために必要な体制の整備その他の雇用管理上必要な措置を講じなければならない。	事業主は，職場において行われるその雇用する女性労働者に対する当該女性労働者が妊娠したこと，出産したこと，労働基準法第65条第1項の規定による休業を請求し，又は同項若しくは同条第2項の規定による休業をしたことその他の妊娠又は出産に関する事由であって厚生労働省令で定めるものに関する言動により当該女性労働者の就業環境が害されることのないよう，当該女性労働者からの相談に応じ，適切に対応するために必要な体制の整備その他の雇用管理上必要な措置を講じなければならない。	事業主は，職場において行われるその雇用する労働者に対する育児休業，介護休業その他の子の養育又は家族の介護に関する厚生労働省令で定める制度又は措置の利用に関する言動により当該労働者の就業環境が害されることのないよう，当該労働者からの相談に応じ，適切に対応するために必要な体制の整備その他の雇用管理上必要な措置を講じなければならない。	事業主は，職場において行われる優越的な関係を背景とした言動であって，業務上必要かつ相当な範囲を超えたものによりその雇用する労働者の就業環境が害されることのないよう，当該労働者からの相談に応じ，適切に対応するために必要な体制の整備その他の雇用管理上必要な措置を講じなければならない。
国・事業主・労働者の責務規定	均等法11条の2	均等法11条の4	育介法25条の2	労働施策総合推進法30条の3
不利益取扱い禁止	均等法11条2項	均等法11条の3第2項	育介法25条2項	労働施策総合推進法30条の2第2項
指針	セクハラ指針	マタハラ指針	育介法指針	パワハラ指針

社会問題化した。2012年1月にはワーキンググループが設けられたが，法整備にたどり着くには，さらに時間がかかった。ようやく2017年5月，「職場のパワー・ハラスメント防止対策検討会」が設けられ，2018年3月に報告書が出た。検討会の構成員の意見はなかなか一致がみられなかったが，ついに2019年，労働施策総合推進法が改正されて，事業主のパワー・ハラスメント防止の措置義務が規定された（同法30条の2第1項）。残念ながら，労働側が求めていたハラスメント行為自体の「禁止規定」と「制裁措置」の法制化は，見送られた。

職場におけるパワー・ハラスメントとは，①優越的な関係を背景とした，②業務上必要かつ相当な範囲を超えた言動により，③労働者の就業環境を害することである（同条）。事業主の具体的な措置義務の内容は，指針[(11)]（パワハラ指針とする）に記載されている。

なお，民間企業に関する均等法のセクハラ規定に対応して人事院規則10-10ができたように，パワハラ規定に対応する人事院規則10-16が設けられた。

Ⅳ　日本の法規定の特色

このようにみてくると，日本のハラスメントをめぐる法規定は個別的で，複雑に入り組んでいることがわかる。4つの類型のハラスメントは，それぞれ異なる名称を与えられつつ，異なる条文において規定されている。**【表　日本のハラスメント法規制の現状】**を参照していただきたい。

このような規制になった要因は，問題が生じる都度，必要に迫られて法規定をモザイク的に積み上げる場当たり的な対応に依拠してきたからであろう。雇用差別禁止規定や人権規範の原則的な理念との関連性についても，十分な議論がないままに立法化されている。

それら現行の日本の法制度の特色は，次のようにまとめることができる。①4つの類型のハラスメントは，それぞれ別個の法律で規制されているが，内容的にはほぼ共通している。1997年，2006年のセクハラの規定がモデルとなり，2016年にマタハラ規定とケアハラ規定が加わり，2019年にパワハラ規定が追加された。②しかし，各ハラスメントに関する「定義」は存在せず，事業主の

(11)　「事業主が職場における優越的な関係を背景とした言動に起因する問題に関して雇用管理上講ずべき措置等についての指針」（令和2(2020)年厚生労働省告示5号）。

措置義務規定でその内容を把握することができるにすぎない。③ハラスメント「禁止規定」は存在しない。国・事業主・労働者の責務規定が2019年に設けられたが，それらは努力義務規定である。④規制の中心にある事業主の措置義務の内容は，厚生労働省告示である「指針」によって具体化されている。⑤事業主の措置義務は，違反に対する行政指導と企業名公表によって担保されており，紛争解決については，都道府県労働局が，助言，指導，勧告，調停によって対応している。ただし，被害者の救済や職場における是正措置は不十分である。

V　民事訴訟の動向

被害者を救済するための残された手段は，やはり裁判ということになるだろう。ここでは最近の民事訴訟の動向をみておきたい。ただし，ハラスメントに関しては膨大な数の判決が出ており，ここにとりあげるものは，ごく一部にすぎない。

ハラスメント行為が性暴力や脅迫・暴行などを伴う場合には，刑法上の犯罪の構成要件に該当する行為として，加害者は刑事責任を問われる。そして，民事上の責任については，不法行為や債務不履行等の要件に照らして法的な判断が行われる。事業主に対しても，使用者としての責任（民法715条）や債務不履行責任（民法415条）が問われることになる。

1　加害者の責任

セクシュアル・ハラスメントに該当する言動など，加害事実があったことが認定されれば，加害者本人の不法行為責任がほぼ認められる傾向にある（民法709条)。セクシュアル・ハラスメントによって損なわれる法益は，「人格権」「働きやすい職場環境の中で働く権利」「性的自由ないし性的自己決定権等の人格権」などである。

加害者が行った行為の違法性の判断について，1996年の名古屋高裁判決は，①性的言動の具体的な態様（時間・場所・内容・程度・反復・継続性)，②当事者相互の関係（行為者の職務上の地位，年齢，被害女性の年齢・婚姻歴，両者の関係)，③被害者の対応等を総合的にみて，それが社会的見地から不相当とされる程度であることを，基準として示し(12)，最高裁は1999年に，この判断を維持する

(12)　金沢セクハラ事件・名古屋高裁金沢支部平成8(1996)年10月30日判決（労働判例

とした[13]。

しかし，「反復・継続性」については，下級審は異なる判断をしている。一例として，千葉地裁松戸支部の2000年の判決をみよう[14]。本件は，職場ではなく市議会で生じた事案である。男性議員が女性議員に対して，議会の廊下の端から大声で「男いらずのAさん」と呼びかけ，また自分の広報紙で，女性議員の名前に「オトコいらず」とルビをつけた。男性議員は，発言は1回だけだったとか，侮辱的と受け止められるような呼びかけではない，などと反論した。しかし，裁判所は，この男性議員が常日頃から，女性議員が夫婦別姓を主張していたことを快く思っていなかったとして，この発言の前後の状況やその後の経緯からすると，「被告は，原告に対し，『からかい』，『皮肉』をいい，『揶揄』し，『挑発』する意図で，『男いらずのAさん』と呼びかけ，……前の晩から，原告を当惑させ，怒らせてその反応を見て楽しむという意図を持ち，計画的に」この言葉を使用したと述べて，品位を欠いた女性蔑視の侮辱的な発言だと認定して，40万円の慰謝料の支払いを命じた。

最高裁が認容した「被害女性の年齢，婚姻歴の有無」という基準についても，批判が多い。離婚歴のある女性の性的被害度を少なく見積もることにつながりやすく，誤った判断を誘発しかねないからである。

セクシュアル・ハラスメントの場合は密室でなされることも多いことから，第三者の証言や証拠がなく，裁判所が「被害女性の対応」について固定観念にとらわれる恐れもある。注意が必要である。一時期まで，裁判所がある種の強姦神話にとらわれていたことを示す裁判例も，いくつかある。

たとえば，1995年の東京地裁判決は，誰もいない職場内で，上司が部下の女性に行った強制わいせつ行為を認定するにあたって，被害者女性が直接的な抵抗をしなかったことは不自然だとして，原告の主張を信用できない，と判断した[15]。しかし1997年の控訴審判決は，性暴力を受けた女性が「逃げたり声を上げたりすることが一般的な対応であるとは限らない」として，被害者の供

707号37頁)。

(13)　金沢セクハラ事件・最高裁平成11(1999)年7月16日判決（労働判例767号14頁）。

(14)　松戸市議会事件・千葉地裁松戸支部平成12(2000)年8月10日判決（判例時報1734号82頁）。

(15)　横浜事件・東京地裁平成7(1995)年3月24日判決（労働判例670号20頁）。

述を事実として認める判断をした[16]。不法行為の違法性判断は，たしかに総合的に吟味される必要があるが，裁判所が誤った固定観念にとらわれている場合には，この総合的判断が正しく行われないことになり，問題である。

2　使用者の責任

職場におけるハラスメント行為については，不法行為を根拠にして，加害者が責任を問われるだけでなく，企業の法的責任も問われている。被用者が他人に「事業の執行につき」損害を与えた場合には，会社は，使用者責任による損害賠償責任を負わなければならない（民法715条)。使用者が，専務取締役らのハラスメント行為への対応を放置して，逆に被害者を処分したケースについて，岡山地裁は2002年，会社自体が不法行為上の注意義務違反を行ったと認定し，民法709条にもとづいて損害賠償を命じた[17]。

使用者の責任追及について，債務不履行責任という構成をとる判決も多くなっている。一例として，女子トイレで従業員による盗撮行為があり，それに対して会社が適切な対応をしなかったと不満を述べた女性従業員を，会社が退職せざるをえない状況に追い込んだケースがあった。2001年に仙台地裁は，会社には，雇用契約上の付随義務として，セクシャル・ハラスメントを予防する職場環境整備義務があり，また，いったんセクハラが起きた場合にはきちんと対応すべき事後的な職場環境配慮義務がある，と述べて，債務不履行による損害賠償を命じた[18]。ほかにも，労働契約上の付随義務として，プライバシー侵害を防止する「職場環境整備義務」があるとする判決[19]や，被用者にとって働きやすい環境を保つ「職場環境配慮義務」があるとする判決[20]もみられる。

パワー・ハラスメントにかかわる事案でも，裁判所は，使用者には，従業員である上司たちが優越的立場を利用して職場内で人権侵害を生じさせないよう

---

(16)　横浜事件・東京高裁平成9(1997)年11月20日判決（労働判例728号12頁)。

(17)　岡山労働者派遣会社事件・岡山地裁平成14(2002)年5月15日判決（労働判例832号54頁)。

(18)　仙台（自動車販売）事件・仙台地裁平成13(2001)年3月26日判決（労働判例808号13頁)。

(19)　京都呉服販売会社事件・京都地裁平成9(1997)年4月17日判決（労働判例716号49頁)。

(20)　三重厚生農協連合会事件・津地裁平成9(1997)年11月5日判決（労働判例729号54頁)。

に配慮する義務がある，と判示している[21]。また，先輩労働者による行為について，管理職が執拗ないじめを制止せず，適切な処置を怠ったとして，市に対して，安全配慮義務違反があったと判示したケースもある[22]。

3　懲戒処分

すでに述べたように，事業主は措置義務として，ハラスメントが生じたことが確認されたときには，行為者に対する適正な措置をとることが求められている。その場合には，就業規則その他の文書にある規定にもとづき，必要な懲戒その他の措置を講ずることになる。これに対して，近年の訴訟では，処分対象になった労働者から，懲戒処分無効の訴えが提起される事案が増えている。

最高裁は2015年に，ある事案について，懲戒処分は有効という判断を下した[23]。本件では，1年余りの間，職場で露骨な性的な話をし続けて，部下の女性たちを退職に追い込んだとして，会社から10日から30日の出勤停止処分をうけた2人の管理職が，当該処分の無効を訴えた。最高裁は，1年余にわたって繰り返した多数のセクシュアル・ハラスメントは，著しく侮蔑的で下品な言辞で部下を侮辱し，困惑させるような行為であって許されず，処分は妥当である，と判示した。

4　損害賠償額

通常，不法行為責任を問われても，命じられる慰謝料などの金額は低額である。ただ，事例によっては，比較的高額の賠償を命じる判決も登場している。裁判所は，慰謝料のみならず，被害者に支払われる損害額としての逸失利益の算定を，より明確に行うようになっているからである。とくにセクシュアル・ハラスメントを受けたために身体的に不調になり，退職を余儀なくされた事案では，被害を受けた労働者の年収に等しい損害額の賠償を命じる判決もある[24]。

---

(21)　日本土建事件・津地裁平成21(2009)年2月19日判決（労働判例982号66頁）。

(22)　川崎市水道局事件・横浜地裁川崎支部平成14(2002)年6月27日判決（労働判例833号61頁），東京高裁平成15(2003)年3月25日判決（労働判例849号87頁）。

(23)　L館事件・最高裁平成27(2015)年2月26日判決（労働判例1109号5頁）。

(24)　日銀事件・京都地裁平成13(2000)年3月22日判決（判例時報1754号125頁），前掲注(17)・岡山労働者派遣会社事件。

Ⅵ　今後の立法政策を展望して

1　ILO第190号条約の要請

このように民事訴訟では，被害事実が認定されれば会社の責任も問われるケースが増えてきている。しかし，被害者からみれば，裁判のハードルはきわめて高い。たとえ勝訴できたとしても，金銭による解決がなされるにすぎず，職場において安全に就労する権利がどこまで保障されるのか，疑問である。

ILO第190号条約は，加盟国は，暴力とハラスメントの適切かつ効果的な救済の制度を確保すべきとし（10条(b)），同206号勧告は，その救済の具体的な内容として，補償を受けて退職する権利，復職，損害に対する適切な保障を求めている。また，特定の行為を中止させ，方針・慣行を変更させることを確保するためにとられる，即時の強制力のある措置を要求する命令を含んでいる（14項(a)(b)(c)(d)）。このように，具体的な救済内容が盛り込まれないかぎり，ハラスメント被害者は，再び安んじて職場復帰することは難しい。日本の法制度的現状は，とうていこの国際基準を満足するものではない。

したがって，ILO条約を批准するためには，早急に国内法改正に取り組まねばならないだろう。第190号条約の前文は，国際労働機関の総会は，「……ジェンダーに基づく暴力とハラスメントは女性と女児に不均衡に影響を与えることを認めて，仕事の世界における暴力とハラスメントに終止符をうつためには，ジェンダーに基づく固定観念，複合的で交差的な差別形態，ジェンダーに基づく不平等な力関係を含む，根本的な原因とリスク要因に対処するための，包摂的で，統合的で，ジェンダーに対応した（gender-responsive）アプローチが必須であることを認識し」て，条約を採択する，と述べる（前文12段）。また条約4条2項は，「加盟国は，……暴力とハラスメントの防止および撤廃のための，包摂的で，統合的で，ジェンダーに対応したアプローチ」を採用する，と述べる。

条約が，暴力とハラスメントの防止・撤廃の「包摂的・統合的・ジェンダーに対応したアプローチ」を求めていることを，私たちは理解すべきである。この「ジェンダーに対応した」という表現については，ILO条約審議の過程で，活発な議論が行われた。第一次討議では，「ジェンダーに敏感な（gender-sensitive)」という表現にする修正案が出されたが，ILO事務局は，「ジェンダーに対応した」という表現は，実際に対処の行動をとるプロアクティブな含意がある，と説明した[25]。プロアクティブとは，事後的な対応策だけではなく，事前に積極的な防止策をとるという意味で，国際的によく使われている。この説明に，多くの国は賛意を示した。

重要なことは，このような包括的なアプローチによって対処しないかぎり，労働世界のハラスメントは根絶できないことである。だからこそ同条約は，「加盟国は，ジェンダーに基づく暴力とハラスメントを含む，仕事の世界における暴力とハラスメントを定義および禁止する法令を制定する」と述べて（同条約7条），包摂的で統合的な立法による対応を求めているのだろう。

2　法改正の必要

一方，日本が抱えている最大の問題は，ハラスメントの定義と禁止を定める法令が存在しないことである。日本の法律はいずれも，事業主の措置義務を定めるのみであり，国・事業主・労働者の責務規定も努力規定にすぎず，ハラスメント禁止規定として読むには無理がある。ハラスメントが他者の人権侵害であり，許されない行為であるという強いメッセージを盛り込むには，正面から，ハラスメントとは何かを定義して，当該行為を禁止する規定が必要である。

じつはその点に関して，ILO 第190号条約をめぐる第一次討議で，日本政府代表がアメリカと共に提出したハラスメントの定義案は，参考に値するものであった。当初の事務局「原案」は，暴力とハラスメントを包括する案だったが，これに対抗して日米政府代表は，暴力とハラスメントを切り離して，ハラスメントについては，「脅迫的・敵対的・虐待的な労働環境を作り出す望まない差別的行為，もしくは，かかる行為への服従が雇用の条件であるとき，または，かかる行為への服従もしくは拒絶が雇用の条件として利用されるとき」と定義する「修正案」を提出した[26]。これは，イギリスの平等法の定義にも通じるものである。もし日本政府が，国際的な駆け引きの場においてだけでなく，この提案を国内法に導入しようという意図をもっているのであれば，歓迎する人は多いのではないだろうか。

第190号条約が幅広く被用者以外の人々を対象に人的適用範囲を定めていることに照らすと，条約の要請に応えるには，事業主の措置義務規定だけでは足

(25)　ILO, Provisional Record 8B (Rev.1), International Labour Conference, 107th Session (Geneva), May-June 2018, para 617.

(26)　ibid, para 235.

りない。既に述べたように，たしかに，指針は措置義務の及ぶ範囲を可能なかぎり広げようとしている。しかし，条約は，ボランティア，就職活動中の学生，フリーランスの人々を対象に含み，「加害者」として幅広く，取引先や顧客など第三者への対応を行うなど，事業主の措置義務を超えた対応を求めている。この要請に応えるには，雇用関係をベースとする措置義務規定を超えるハラスメント規制立法が望まれる。

現行法のように，各種ハラスメントを別個の法律のなかにモザイク的に組み込む法規制のあり方は，法の谷間に落ちてしまう個別事例を救済できない(27)。これは，ILO条約が求める「包摂的で，統合的で，ジェンダーに対応したアプローチ」とは異なるのではないか。従来の規制枠組みにこだわることなく，日本でも，包括的なハラスメント禁止立法の構想に挑戦すべきときがきている。

最後に，私が考えている立法の内容について，いくつか，簡単に指摘しておきたい。第1に，「職場におけるハラスメント禁止法」という独立の立法を設けることが望ましい。現在，法律が規制対象としているハラスメント（パワハラ，セクハラ，マタハラ，ケアハラ）のみならず，性別役割によるハラスメント（ジェンダー・ハラスメント），性的指向や性自認によるハラスメント（SOGIハラ）も含み，また，障害，国籍，思想信条などに関わるハラスメントもすべて含んで，ハラスメント禁止法とすべきである。その場合，それぞれのハラスメントが，別個の法律である雇用差別に関する立法（たとえば均等法や障害者雇用促進法など）が定める差別禁止規定に違反する行為であることもまた，規定し

(27)　このよい例が，ジャパン・ビジネス・ラボ事件である。育児休暇明けに保育園が決まらず，正社員に復帰する前提で週3日勤務の契約社員として職場復帰した女性が，1週間後に保育園をみつけて正社員への復帰を求めたが，会社に認められなかったため，労働局に相談し女性ユニオン東京に加入したところ，会社は16通にも及ぶ業務改善指示書を交付して署名・提出するように求めた。これを女性が拒否したところ，会社は，正社員としての地位不存在確認を求める裁判を提起し（乙事件），契約更新せず，雇止めとした。女性は，雇止めは違法という訴えを起こし（甲事件），記者会見をしたところ，会社は，この記者会見で虚偽発言をしたことを理由に，女性に損害賠償の訴えを起こした（甲事件反訴）。結論からいうと，原告女性は，雇止めは不合理ではないとされたうえ，会社に対する名誉毀損として55万円の損害賠償を命じられた。東京高裁令和元年（2019年）11月28日判決（労働判例1215号5頁）。この経過にはさまざまなハラスメントの事実を発見できるため，実際に「マタハラ事件」として報道されている。しかし，「指針」に定める事項に明白にあてはまる事例ともいえず，裁判の争点として，ハラスメントに焦点化されることは少なかった。

ておくべきであろう。職場以外の場におけるハラスメントをどうするのか（たとえば町内会でのハラスメントなど）は検討課題だが，ここではとりあえず，ILO 第 190 号条約の批准のための法制度であることを念頭におく。

第 2 に，この法律にハラスメントの定義規定をおく。また，ハラスメントの行為類型を幅広く設け，どのような行為が禁止される行為に該当するのか，多くの人々が理解できることが望ましい。

第 3 に，保護されるべき人々としては，すでに述べたが，雇用されている労働者のみならず，求職者，フリーランス，インターン，派遣労働者，下請労働者，ボランティア，さらには，雇用契約が終了した人も含まれる。一方，規制対象となる行為者（加害者）としては，事業主，上司，同僚はもちろん，他企業の労働者，取引先，顧客，患者など第三者が含まれる必要がある。

第 4 に，事業主の措置義務規定は，防止効果からいっても重要である。現行法が定めている措置義務規定は，この法律に盛り込まれるべきである。

第 5 に，適切な是正・救済制度として，多彩な命令を発出できる行政救済委員会が設けられる必要がある。裁判所だけに救済をゆだねるのではなく，迅速で簡易な行政的手続による救済が行われなければならない。そして，この委員会が，職場における加害行為がハラスメントとして禁止されている行為であるか否かを判定できる仕組みが必要である。同委員会は，被害者の請求にしたがって，事業主に対して，ハラスメント行為を中止させ，謝罪させること，損害賠償や現状回復のための措置をとること，加害者を適切に処分し，配転させること，被害者が治療やケアを受け，そのために職場を休むこともできるように，多彩な命令を発出できるものとする。この命令に事業主が従わない場合には，罰則が必要であろう。

38　ハラスメントの防止と撤廃をめざす法政策
──ILO第190号条約のアプローチに学ぶ──

I　はじめに

ILO（国際労働機関）は，1919年の創立以来，人間らしい働き方の実現をめざして国際労働基準を設定してきた。人々が，労働基準に守られながら，安全な環境下で働き，仕事を通じて自己実現することは，持続可能な社会づくりにとってもきわめて重要である。

ところが，ILO創立100周年を迎えた今日でもなお，全世界的規模で，暴力とハラスメントが働く人の尊厳を否定し，安全と健康を脅かしている実態がある。仕事の世界における暴力とハラスメントは今に始まったことではないが，グローバル化や情報化がスピードを増し，多様な働き方が広がる複雑な様相のなかで，それらの影響はいっそう深刻化している。暴力とハラスメントは，今日，労働者本人のみならず，家族や地域社会，さらには企業や経済にも，著しい負の影響をもたらしている。

この事実を認識してILOは，2019年，暴力とハラスメントを防止・撤廃する第190号条約[(1)]および同名の206号勧告を採択した。暴力とハラスメントが人権侵害であり，平等への脅威であり，ディーセントワークとは相容れないことを高らかに宣言する条約と勧告は，社会正義の実現を使命とする国際機関としての，なみなみならぬ決意の表れといってよい。本稿では，この条約と勧告の制定の経緯をたどりながら，ILOがめざすハラスメントの防止と撤廃のための法政策上の課題を分析して，日本への示唆としたい。

II　条約と勧告の制定過程[(2)]

1　ジェンダー平等とディーセントワーク

ILOは古くからジェンダー平等に取り組んできたが，2009年の第98回総会

---

(1)　正式名称は，「仕事の世界における暴力とハラスメント撤廃のための条約（第190号）」。ILO第108回総会で2019年6月21日に採択。

(2)　これを紹介する邦語文献には以下のものがある。井上2019，厚生労働省2019，田口・木下2019，井上2020a.

では，ジェンダー平等をめぐる一般討議が，1985年以来20数年ぶりに行われた。世界のワーキングプアの60%は女性であり，男女の賃金格差が30〜40%にものぼる国がなお存在することなど，多くの課題が明らかになった(3)。

一方，2015年9月の国連サミットで採択された「持続可能な開発目標(SDGs)」は，目標5で「ジェンダー平等の達成とすべての女性と女児のエンパワーメント」を，目標8で「包括的かつ持続可能な経済成長およびすべての人々の完全かつ生産的な雇用と働きがいのある人間らしい雇用（ディーセント・ワーク)」を掲げた。とくに目標5に関しては，女性に対する暴力がすべての国に蔓延し，世界中の35%の女性が身体的・性的暴力を受けた経験があるというWHO報告がなされ(4)，暴力の撤廃がSDGsの重要課題だと認識された。

2　暴力とハラスメントをめぐる実態調査

暴力とハラスメントをめぐる国際的な実態調査が，次々に公表された。2016年TUCによるセクシュアル・ハラスメント調査では，ヒアリング対象者の32%が不快なジョークを，28%が性的コメントを，25%が望まない身体的接触を，1%が深刻な性暴力もしくはレイプを，それぞれ経験していた(5)。妊娠した労働者，出産休暇や育児休暇明けの労働者は，同僚，上司，部下からのハラスメントを経験した(6)。LGBTIの人々は，より暴力を受けやすく，ヘテロセクシュアルの6.4%に比例して，ゲイの男性は13.7%，レズビアンは16.9%，バイセクシュアルは19.2%の人々が，職場のいじめを経験していた(7)。

EU28カ国とノルウェーを対象に実施された大規模な「欧州労働条件実態調査」では(8)，14.9%の労働者が「敵対的な社会的行動（adverse social behavior：ASB)」の被害の経験者だが，女性は15.1%，男性は13.3%であった。外国生まれの労働者の経験率（17.5%）は，当該国生まれの労働者（13.7%）より高く，雇用形態によっても差がみられた。通常の労働者のASB経験は14.5%だが，有期労働者は17.1%，派遣労働者は21.7%，見習いは22%がそれを経験して

(3)　長谷川 2010.
(4)　WHO 2013, p.2.
(5)　TUC 2016, p.14.
(6)　ILO 2016b.
(7)　Hoel, H. et al. 2014, p. 11.
(8)　Eurofound 2015, pp.18, 22, 24.

いた。

また2017年には，アメリカで巻き起こった#MeToo運動（私も被害者だと書き込むオンラインキャンペーン）が全世界に広がり，各国で，性暴力に関わる法改正や裁判動向にも注目が集まった。

3　2016年の専門家会合

ジェンダー平等をめざす国際動向に呼応して，2015年10月，ILO理事会は，「仕事の世界における男性と女性に対する暴力」を2018年の第107回総会の議題にする，と決定した。翌16年10月3日から6日にかけて，三者構成の「仕事の世界における男女に対する暴力に関する専門家会合」（以下，「専門家会合」とする）が行われた(9)。

専門家会合は，①暴力とハラスメントの両者を撤廃する基準設定，②幅広い労働関連の場を含む，③DVの影響を書き込む，④労働者が暴力に晒される危険要素（夜業のような非社会的時間の労働，失業，不安定雇用など）を論じる(10)，⑤防止，保護，意識啓発，執行，補償，回復など，あらゆる側面の基準設定が必要，との結論に至った。これらは，後の条約と勧告に活かされていった。

4　2018年の第一次討議

「暴力とハラスメント」を扱うと決めたILO事務局は，世界80カ国の暴力・ハラスメントにかかわる立法，協約，国の方針，行動計画などの規制枠組みを系統的に分析した第一次討議のための報告書を作成した(11)。さらに，①文書の形態，②前文，③定義と範囲，④条約の内容，⑤勧告の内容に関する質問項目を各国に送付して，2017年9月22日までに回答を求めた。

85カ国の政府，179の労働者団体，29の使用者団体から回答があり，事務局はそれらの回答にコメントをつけ，結論を示す報告書を作成した（これを「事務局結論案」とする）(12)。ここでは，論ずべき37項目（points）が，「A　文書の形式」，「B　定義および範囲」，「C　条約への結論的提案」，「D　勧告への結論的提案」という4つの構成部分に振り分けられた。

---

(9)　ILO 2016a.
(10)　ILO 2016a, para.226.
(11)　ILO 2018a.
(12)　ILO 2018b.

2018年5月28日から6月8日にかけて，第107回総会の「基準設定委員会：仕事の世界における暴力とハラスメント」で第一次討議が行われた。「事務局結論案」の項目ごとに，原案と修正案をめぐり議論が行われ[13]，最終日には，文書を「勧告で補完された条約とするために，次期総会で第二次討議を行う」決議が採択された[14]。

5　2019年の第二次討議

ILO事務局は，その後，条約と勧告を条文化した報告書を各国あてに送付し（「第一次基準案」とする）[15]，各国は，労使団体と協議のうえ3カ月以内に修正提案を出すように求められた。101カ国から回答が出された。

第108回総会の「基準設定委員会：仕事の世界における暴力とハラスメント」は，2019年6月10日から20日まで，第二次討議を行った。事務局が準備した報告書の1つは，各国政労使から出された見解に事務局がコメントをつけたものであり[16]，もう1つは，各国の修正提案を受けて事務局が作成した「条約と勧告の原案」であった（「第二次基準案」とする）[17]。

第二次討議に入る前，2019年3月14日～15日に，16カ国の政府，8つの使用者団体，8つの労働者団体，38のオブザーバーが参加するインフォーマル懇談会が行われた[18]。これは公的な会合ではなく合意に拘束力はないが，第二次討議で議論が激しく対立したとき，しばしば，同懇談会における合意が譲歩案の参考とされた。

第二次討議では，「第二次基準案」に対する325件の修正案が，条文ごとに検討された[19]。議論は，条約案10条から始まり，その後，2条から4条，さらに1条，前文，という順序で進められた[20]。委員会は，最終日の6月20日に本会議に向けた条約案及び勧告案を採択し，翌21日に本会議で投票が行われた。条約案は賛成439票，反対7票，棄権30票で，勧告案は賛成397票，反

(13)　ILO 2018c.
(14)　ILO 2018d.
(15)　ILO 2019a.
(16)　ILO 2019b.
(17)　ILO 2019c.
(18)　ILO 2019d, para.8.
(19)　ILO 2019d.
(20)　ILO 2016d, para.48

対12票，棄権44票で，それぞれ採択された。日本は，条約・勧告ともに，政府及び労働者側は賛成，使用者側は棄権であった。

Ⅲ　第190号条約と第206号勧告の主な内容

以下では，第一次討議と第二次討議の主たる論点を検討しながら，条約と勧告の概要を紹介する。文末には，「事務局結論案」，「第二次基準案」，「条約」の比較対照表を掲載する（【表1　条約の成立過程の条文変化】）。下線は修正された部分である。

1　暴力とハラスメントの定義

条約1条1項(a)は，仕事の世界における暴力とハラスメントを定義して，「単発的か反復的なものであるかを問わず，身体的，精神的，性的または経済的害悪を与えることを目的とした，またはそのような結果を招くもしくはその可能性のある一定の許容できない行為および慣行またはその脅威をいい，ジェンダーに基づく暴力とハラスメントを含む」とする。同項(b)は，「ジェンダーに基づく暴力とハラスメントとは，性またはジェンダーを理由として，直接個人に対して行われる，または，特定の性もしくはジェンダーに不均衡な影響を及ぼす暴力およびハラスメントをいい，セクシュアル・ハラスメントを含む」とする。

この対象となる言動（行為・慣行・その脅威）はきわめて包括的である。害悪を与える目的の有無や，害悪が現実化したか否かを問わず，その可能性がある一定の許容しえない言動が，規制対象である。「ジェンダーに基づく」暴力・ハラスメントやセクシュアル・ハラスメントのみならず，特定の理由によらない言動等，いわゆるパワー・ハラスメント該当行為も，当然ながら規制対象である(21)。

「暴力とハラスメント」を分離すべきか否かをめぐり，議論は紛糾した。第一次討議では，分離しない「事務局結論案」に，日米政府代表から，point3

(21)　2019年にハラスメント関連の法改正をした日本政府は，第二次討議の冒頭で，「日本は，妊娠・出産にもとづくハラスメント，性的ハラスメント，精神的ハラスメントに対する立法を策定した。政府，使用者，労働者の間で広く受け入れられ，加盟国が各国の事情にしたがって前進できるような新基準を発展させることは重要だ」とのステートメントを行った。ILO 2019d, para.41.

(a)の(1)で暴力を，(2)でハラスメントを定義する修正案が出された。(1)は，「暴力とは，身体的攻撃および攻撃の恐れを含み，人に対して向けられる暴力的行為を意味する」とし，(2)は，「ハラスメントとは，脅迫的・敵対的・虐待的な労働環境を作り出す望まない差別的行為，もしくは，かかる行為への服従が雇用の条件であるとき，または，かかる行為への服従もしくは拒絶が雇用の条件として利用されるとき，を意味する」というものであった(22)。使用者側は，自らの責任の拡大を懸念して分離案に賛成し，労働者側は，広く柔軟な定義の必要性から分離案に反対し，論議は平行線をたどったが，最終的にアメリカが修正提案を取り下げた(23)。

第二次討議でも，使用者側副議長から，分離すべきとの修正案が出されたが(24)，労働者側副議長は，両者を区分しない国の批准を難しくすると反対し，修正案は不採用となった(25)。ハラスメントと暴力を分離する国も統合する国もあるため，本条約は1条2項で，国内法令の定義によりいずれにも柔軟に対応しうる，と規定している。

2　規制の対象範囲

対象範囲には，人的範囲（誰を対象とすべきか）と状況の範囲（どのような状況を対象とすべきか）があり，条約はいずれも幅広い範囲を定めている。

人的対象をめぐって，第一次討議では，フランスとEUの提案にカナダが補充した修正案の採択によって(26)，国内法令が定義する「被用者」と「それ以外の人々」を併せて対象範囲とする仕組みが明確になった。使用者側は被用者でない者には責任を負えないと懸念を示したが，すべてに使用者責任が問われるものではないとのフォローがあった。第二次討議では，対象に「使用者の権限，義務または責任を行使する人を含む」との修正が採用され，個人としての使用者も保護される趣旨が明確になった(27)。

条約が対象とする状況も広い。第一次討議では，「衛生設備，洗面所」を加

(22)　ILO 2018c, para.235.
(23)　ILO 2018c, paras.235-270.
(24)　ILO 2019d, para.194.
(25)　ILO 2019d, para.198.
(26)　ILO 2018c, paras.323, 344.
(27)　ILO 2019d, para.313.

える修正案や,「使用者が提供する住居」を加える修正案が採用された(28)。第二次討議では,通勤時の保護を「合理的に実行可能な範囲」に限定していた部分が,削除された。責任の所在がどこにあるかに関わらず,安全な通勤は重要であることが合意されたのである(29)。討議全般を通じて,幅広い適用範囲は条約の保護対象の大枠を定めるものであり,使用者責任の範囲を問う規定として理解されるものではないということが確認された。

3　基本的アプローチ

(1)「ジェンダーに対応した」アプローチ

条約の前文12段ならびに4条2項は,暴力とハラスメントの防止・撤廃という目的を達成するには,「包摂的で,統合的で,ジェンダーに対応した(gender-responsive)アプローチ」が必須である,と述べる。

この基本的アプローチをめぐり,活発な議論が行われた。「事務局結論案」point 6(i)の「ジェンダーに対応したアプローチ」について,第一次討議では,より一般的に使われる「ジェンダーに敏感な(gender-sensitive)」にすべき,との修正案が,フランス・EUから出された(30)。ニュージーランドから用語の説明を求められたILO事務局は,「ジェンダーに敏感な」は,ジェンダー関連問題に意識を喚起し共感を示す表現だが,「ジェンダーに対応した」は,実際に対処の行動をとるプロアクティブな含意がある,と説明した(31)。プロアクティブとは事後的な対応策だけではなく,事前に積極的な防止策をとるという意味で,国際的にはよく使われる表現である。この説明により,ジェンダー問題への積極的な姿勢表明と理解して,フランス・EUは修正案を撤回した。

第二次討議では,同表現について,ロシアとベラルーシから「包括的アプローチ」とすれば足りる,との修正案が出されたが,支持は少なく,採用されなかった(32)。

(2)「第三者」が関係する暴力とハラスメントについて

条約4条2項は,上記のアプローチは,第三者が関係する暴力とハラスメン

---

(28) ILO 2018c, paras.412, 455.
(29) ILO 2019d, paras.370, 372.
(30) ILO 2018c, para.614.
(31) ILO 2018c, para.617.
(32) ILO 2019d, paras.435-440

トを考慮に入れることを明記している。「第三者」は，第二次討議において，ここに挿入された。

「事務局結論案」Point5は，「被害者・加害者」の範囲について，「使用者，労働者，顧客，消費者，サービス提供者，利用者，患者，公衆を含む第三者とすることができる」と述べていた。第一次討議では，「第三者」を削除する修正案は採用されず(33)，使用者，労働者の次に「それぞれの代表者」を挿入する修正案が可決された(34)。第二次基準案4条の被害者・加害者の定義をめぐって，第二次討議では，2条が適用範囲を広く定義しているため4条の必要はないという意見が出て，激しい議論がなされた結果，4条自体が削除された。

4条の削除を受けてカナダ政府から，5条2項に「第三者」を加える修正提案がなされた。使用者側は5条2項(c)に書き込む案を出したが，カナダ政府はインフォーマル懇談会での合意を得ていると主張して，カナダ修正案は採用された(35)。その結果，条約5条2項の柱書に「第三者」が加わったのである。

第三者が被害者・加害者になりうるかは，日本の法改正でも論点だったため，日本の労働組合代表は，「（第二次基準案の）4条が削除されても，2条の対象には第三者が含まれている」という理解を日本政府との間で共有した，と述べている(36)。

(3)　加盟国が実施する具体的内容

条約4条2項は，加盟国が採用する具体的事項を，(a)から(h)に明記している。

「事務局結論案」point7は(a)から(g)を示すものであったが，第一次討議でブラジル政府は，「労働監督機関を通じて，……暴力とハラスメント事案の監督と調査を強化する手段」を加える修案を提案した(37)。日本政府は，自国では労働監督はその任にあたる機関ではないと述べ，オーストラリアは「その他の適任の機関」を追加する修正補充案を出し，さらに「強化する」を「効果的な手段を確保する」に修正した新項目(h)が採用された(38)。

第二次討議では，5条2項(f)の「制裁」について，ロシアとベラルーシが，

---

(33)　ILO 2018c, para.475.
(34)　ILO 2018c, para.493.
(35)　ILO 2019d, paras.454-456.
(36)　井上 2020a, p.30.
(37)　ILO 2018c, para.761.
(38)　ILO 2018c, paras.761-784.

これは国内法の問題であり，救済は2項(e)が規定しているからとして，削除を提案した(39)。労使ともに反対した後，インド政府の求めに応じて事務局は，「制裁」には，罰金や免許剥奪から，免職や禁固に至る幅広いものが含まれ，何を選択するかは対象とされる行為による，と説明した(40)。5条2項(g)についてはまた，「必要に応じて，利用可能な形式で」との一文を挿入するイスラエル政府の修正案が採用された(41)。

4　労働の基本原則と権利

⑴　労働の基本原則の重要性

条約は，暴力とハラスメントの防止・撤廃には，労働における基本原則（結社の自由，団体交渉権の承認，強制労働の撤廃，児童労働の廃止，雇用差別撤廃など）が重要であること（5条），また，暴力とハラスメントからとくに影響を受ける人々のために，平等と無差別の権利が保障されること（6条）を強調する。

⑵　脆弱な集団のリスト化をめぐって

2条が対象を幅広く設定する一方，6条は，女性労働者，ならびに，暴力とハラスメントの影響を受けやすい「脆弱な集団または脆弱な状況におかれている集団」の差別撤廃政策の不可欠性を強調する。さらに，勧告13は，脆弱な集団とは「適用可能な国際労働基準および人権に関する国際文書にしたがって解釈されるべき」とする。

「事務局結論案」Point10は，とくに影響を受けやすい9つの集団をリスト化していた。第一次討議では，とくに性的マイノリティ集団（= LGBTI）の明記に反対する意見や，リスト化されない集団を排除することになるという反対意見が出され(42)，議論は紛糾したが，集団リストを勧告に回すという議長提案によって決着がついた。

第二次基準案の勧告13は，「脆弱な状況にある集団」という表現を加え，「労働者」を「人」という表現に修正した集団のリストを掲載した。第二次討議でも，リスト削除の修正案がアフリカグループから出されたが(43)，使用者側

(39)　ILO 2019d, para.479.
(40)　ILO 2019d, para.485.
(41)　ILO 2019d, paras.490-492.
(42)　ILO 2018c, para.852.
(43)　ILO 2019d, para.1267.

が，LGBTI をリストに含むべき，リストなしでは差別を改めない国もある，リストは網羅的でなくとも追加は可能であるとして，強くリストの維持を主張した(44)。フランスと EU は，リスト化を見送っても誰も取り残さない方針は維持できるとして，脆弱な集団については国際労働基準および人権国際文書により解釈されるべきとする修正補充案を提起した(45)。使用者側の質問に応じて ILO 事務局は，国連人権条約は性的指向・性自認を明記していないが，LGBTI 差別は人権条約違反と解釈されていると回答した(46)。議長は，①勧告のリストを維持する提案，② EU 修正補充案について，それぞれ記録投票を行う提案をした(47)。投票の結果，①については不採択(48)，②については採択(49)となった。

この経緯をみるかぎり，使用者側が LGBTI の権利保障にきわめて積極的であったことがわかる。一方，この間の経緯については，紛糾しやすい課題であるため，総会前のインフォーマル懇談会で EU から妥協案が提示され，労使ともほぼ調整済だった問題を，使用者側が突然に態度を翻してリスト維持を主張して混乱をまねいた，という説明もある(50)。記録だけからは理解できない事実であり，紹介しておきたい。

条約が，すべての人々を対象に含みつつ，とくに脆弱な集団に言及しているのは，近時の差別論における複合差別や交差差別を重視しているからである。条約前文 12 段は，「暴力とハラスメントに終止符を打つためには，……複合的で交差的な差別形態……を含む……ジェンダーに対応したアプローチが必須」と述べる。同じ女性でも，黒人女性と白人女性の被差別経験には違いがあることに注目して，差別論においては，現在，脆弱集団が被る複合差別や交差差別の救済・是正に力を入れている(51)。

---

(44)　ILO 2019d, para.1271.
(45)　ILO 2019d, para.1273.
(46)　ILO 2019d, para.1292.
(47)　ILO 2019d, para.1293.
(48)　ILO 2019d, para.1296.
(49)　ILO 2019d, para.1297.
(50)　井上 2020a, pp.31-32.
(51)　浅倉 2016.

5　加盟国と使用者の採るべき措置

(1)　加盟国の措置

条約7条は，加盟国に，暴力とハラスメントを定義し禁止する法令の制定を求め，8条は，加盟国が採用すべき適切な防止措置として(a)から(c)を示す。8条(a)は第二次討議で加わった条文であり，インフォーマルセクターの街頭行商人やウエイスト・ピッカー（廃棄物処分施設から有価物を収集して売買する者）が，公的機関から，商品の没収，性的情実，離散の強制などを通じて，暴力やハラスメントに直面することが多いという事実を考慮したものである(52)。

8条(b)は，暴力とハラスメントに晒されやすい産業，職種，働き方に注目するが，それらは，具体的には，夜業，孤立した労働，医療，接待，社会福祉事業，救急，家事労働，輸送，教育，娯楽などとされている（勧告9）。2016年の専門家会合の「結論」は，労働者が暴力に晒される危険を増大させる仕事として，(a)から(k)にわたる11の就労状況を示したが(53)，そこには(f)非社会的な労働時間（日没後の労働や深夜労働）が含まれていた(54)。勧告12は，危険要素を含むこれら産業，職種，働き方から，結果的に女性や脆弱な集団の人々を排除することがないように，注意をうながしている。

これらの条文の意味は，ILOの夜業条約の変遷をたどれば理解できるだろう。すなわち，1948年のILO89号条約は，深夜業から女性労働者を排除していたが，1990年のILO171号条約は，夜業自体の環境改善や危険性の除去によって，女性も夜業に従事できるようにした。190号条約も，暴力とハラスメントを理由に，特定の産業，職種，働き方から女性や脆弱集団の人々の就労機会を奪うのではなく，危険要素を取り除き環境改善すること自体の重要性を強調するものとして，理解されるべきである。

(2)　使用者の採るべき措置

条約9条は，使用者に「その支配の程度に応じた（commensurate with their degree of control）適切な措置をとる」よう求める法令の採用を，加盟国に義務づける。

第二次討議では，使用者側からこの修正案が示され，EUも使用者がコントロールできる状況とできない状況のバランスをとる必要があると認め，労働者

(52)　ILO 2019d, para.586.
(53)　ILO 2016a, Appendix, para.9.
(54)　ILO 2016a, para.226.

側も妥協案として支持することを表明した。ナミビアから,「合理的に実現可能な限り」ではなく「支配の程度に応じた」という表現がなぜ必要なのかという質問を受けて,事務局は,「支配の程度に応じた」は比例性の意味が含まれること,一方「合理的に実現可能」は(a)〜(d)の列挙項目にかかる修飾語で,使用者の規模や活動状況に照らして,努力,時間,財源に応じた措置をとりうるという意味だ,と説明した。議論の結果,修正案が可決された[55]。

6　執行と救済

(1)　秘密保持義務の悪用防止

条約10条は,執行と救済にかかる加盟国の措置として(a)から(h)を規定する。ここでは(c)のプライバシーおよび秘密保持の要請についてのみ,取り上げておく。

(c)は「個人のプライバシー保護」と「秘密保持」の調整をはかる規定であるが,第二次討議では,労働側から,近年,秘密保持協定の悪用がみられるとして,被害者からの通告が抑制されないよう,「悪用されないことを確保し」という一文を挿入する修正案が出され,可決された[56]。

日本でも同様の事案がみられる。ハラスメントの被害者が職場において実態を録音しメディアに公表したことや,企業を相手に提訴した事実を公表したことが,協約上の秘密保持義務違反として非難される事例である。裁判所は,原告労働者の記者会見での発言などが企業の名誉毀損行為に該当するとして,労働者に損害賠償を命じた[57]。ハラスメントに限らず,労働事件ではめずらしくない被害の公表にかかわって,秘密保持義務を根拠に抑制することは,ILO条約の趣旨に逆行するのではないか。

(2)　ドメスティック・バイオレンスへの対応

190号条約は,防止と撤廃の対象である暴力とハラスメントにドメスティック・バイオレンス(DV)を含むものである。使用者にはDVの責任はなく,そもそもDVは労働と無関係であるはずだが,この条約は,そこから一歩も二歩も踏み込んでいる。すなわち,前文13段は,DVが雇用,生産性,健康と安全に影響を与えること,DVに対しては,政府,使用者団体,労働者団体,

---

(55)　ILO 2019d, paras.632-649.

(56)　ILO 2019d, paras. 828-837.

(57)　ジャパンビジネスラボ事件・東京高裁令和元年11月28日判決(労働判例1215号5頁)。

労働市場に関する組織による支援が可能である，と述べ，条約10条は，締約国は，DVが仕事の世界に影響を与えることを認識し，合理的で実行可能なかぎり，仕事の世界への影響を軽減するための適切な措置を行う，と規定する(同条(f))。DVの影響を軽減する措置として，勧告18は，DV被害者のための休暇，柔軟な就業形態と保護，DV被害者の解雇からの一時的保護，職場のリスク評価にDVを含むこと，DVに対する公的な軽減措置が存在する場合にはその照会システム，DVの影響についての意識啓発，をあげる。

第二次討議では，第二次基準案11条(f)を削除すべきという修正案が出された。使用者側は，労働の場以外で発生した暴力はコントロールできないと主張したが，労働側は，DVは国家経済にも影響を及ぼし，仕事の世界でも，有給休暇や交代制，労働時間，場所などに関する合理的配慮など，できることは多いと述べ，カナダ政府も，DVは同僚への影響も大きく，労働の場は避難所になりうるとして，削除提案に反対した。使用者側は，再度，「適任の当局が」対応すべきだとする修正案や，「合理的に実現可能なかぎり」を挿入する修正案を出し，後者が，労働側，EU,日本，スイスなどの支持を得て，採用された[58]。

Ⅳ　ILO条約批准に向けた国内法整備の課題

1　ILO条約の発効

ILOの条約は，2カ国の批准がILO事務局に登録されてから1年後に発効する。190号条約に関しては，2020年6月12日にウルグアイが，同年6月25日にフィジーが，それぞれ批准したために，2021年6月25日に発効予定であり，日本も条約批准に向けて取り組む必要がある。

2　国内法規制の現状と特色

(1)　国内法規制の現状

日本におけるハラスメントの法規制は，ILO条約の包摂的アプローチとは異なり，個別的で複雑である。法規制は，必要に応じて随時行われてきたが，2019年改正で立法化はほぼ完了して，現在，以下の4つの類型のハラスメントが規制対象となっている。第1がセクシュアル・ハラスメント（セクハラ），

(58)　ILO 2019d, paras. 850-884.

第２が妊娠・出産関連のハラスメント，いわゆるマタニティ・ハラスメント（マタハラ），第３が育児・介護関連のハラスメント，いわゆるケア・ハラスメント（ケアハラ），第４がいわゆるパワー・ハラスメント（パワハラ）である。第１と第２は均等法が，第３は育児介護休業法（育介法）が，第４は労働施策総合推進法がそれぞれ規制している[59]。４つのハラスメント法規制の概要は，文末の**【表２　日本のハラスメント法規制の現状】**を参照していただきたい。

⑵　国内法規制の特色

さて，現状の日本の法規制には，以下のような特色がある。

第１に，４つの類型のハラスメントはそれぞれ，別個の法律で規制されているが，ほぼ内容は共通している。1997年，2006年のセクハラ規定がモデルとなり，2016年にマタハラ規定とケアハラ規定が加わり，2019年にパワハラ規定ができた。

第２に，各ハラスメントに関する「定義」規定は存在せず，事業主の措置義務規定において，その内容を把握することができる。

第３に，各ハラスメントの「禁止規定」はない。2019年にできた国，事業主，労働者の責務規定は，パワハラを例にあげれば，国については「広報活動，啓発活動その他の措置を講ずる」努力義務（労働施策総合推進法30条の３第１項），事業主については「国……に協力する」努力義務（同法30条の３第２項）と「自らも，……関心と理解を深め，労働者に対する言動に必要な注意を払う」努力義務（同法30条の３第３項），労働者については，「関心と理解を深め，他の労働者に対する言動に必要な注意を払うとともに，事業主……に協力する」努力義務（30条の３第４項）である。

第４に，規制の中心にある事業主の措置義務の内容は，労働省告示である「指針」によって具体化されている。

第５に，事業主の措置義務違反については，行政指導と企業名公表によって担保されている。

第６に，紛争解決には，都道府県労働局長が，助言，指導，勧告，調停に

---

(59)　2019年の法改正の内容については，以下の文献が参考になる。井上 2020b；大和田 2018；大和田 2020a；大和田 2020b；小畑 2019；河合 2020；厚生労働省 2020；中窪 2020；原 2020. ハラスメントの略称は確定的ではなく，大和田 2020b は，ケアハラをパタニティ・ハラスメント（パタハラ）という。しかし父親だけが対象ではないため，誤解を招くのではないだろうか。

よって対応する。

3　ILO条約批准に向けて

日本は，ILO事務局が第一次討議資料作成のために実施した80カ国調査の時点では，一般的な暴力とハラスメントを規制する国と評価されていなかった(60)。しかし2019年法改正でパワハラ規制立法ができたため，ILO190号条約の批准は，遠い夢ではなく，実現可能性がある課題の一つになったといえよう。だからこそ，残されている課題を検討しておくことは，重要である。

最大の問題は，190号条約4条2項(a)，7条が求めているハラスメントの定義と禁止を定める法令が，日本には存在しないということである。いずれの法も事業主の措置義務を定めるのみである。たしかに，国，事業主，労働者の責務規定があるが，ハラスメントを禁止する趣旨を読み込むには無理がある。ハラスメントが他者の人権侵害になり許されない行為であるという強いメッセージを盛り込むには，正面から，ハラスメントとは何かを定義して，当該行為を禁止する規定が必要である。その点，190号条約をめぐる第一次討議で，日本政府代表がアメリカと共に提出したハラスメントの定義案は，参考に値する(61)。これを国内法化することは可能なのではないだろうか。

つぎに，条約が幅広く被用者以外の人々を対象に人的適用範囲を定めていることに照らすと，この要請に応えるには，事業主の措置義務規定だけでは足りない。たしかに指針は，ILO条約の要請に応え得る部分を示しており，措置義務の及ぶ範囲を可能なかぎり広げようとしている(62)。その点は評価できるが，条約は，さらにボランティア，就職活動中の学生，フリーランスの人々を対象に含み，「加害者」として幅広く，取引先や顧客など第三者への対応を行うなど，事業主の措置義務を超えた対応を求めている。この要請に応えるには，雇

---

(60)　ILO 2018a, figure 4.6, para. 208. セクハラについては，日本は「規制している国」に分類されていた。ILO 2018a, figure 4.1, para. 194.

(61)　前掲（注22）。

(62)　たとえばセクハラ指針は，均等法の条文自体の不備を補う形で，同性に対するハラスメント行為も含まれること（指針2(1)），被害を受けた者の性的指向や性自認にかかわらず対象となること（指針2(1)），加害者としては取引先等の事業主またはその雇用する労働者，顧客，患者またはその家族，学校における生徒等も対象となりうること（指針2(4)），自らの雇用する労働者以外の者に対する言動に関しても必要な注意を払うよう努めることが望ましいこと（指針7）に言及する。

用関係をベースとする措置義務規定を超えるハラスメント規制立法が望まれる。

現行法のように，各種ハラスメントを別個の法律のなかにモザイク的に組み込む法規制のあり方は，ILO条約が求める「包摂的で，統合的で，ジェンダーに対応したアプローチ」とは異なるものである。従来の規制枠組みにこだわることなく，日本でも，包括的なハラスメント禁止立法の構想に挑戦すべきときがきているのではないだろうか。

表1　条約の成立過程の条文変化

	事務局結論案	第二次基準案	条約
暴力とハラスメントの定義	Point 3 (a)「暴力とハラスメント」とは，単発的か反復的かを問わず，身体的，精神的，性的または経済的害悪を与えることを目的とした，またはそのような効果をもたらす一連の許容できない行為および慣行またはその脅威として理解されるべきであり，ジェンダーに基づく暴力を含む。	1条1項　この条約の目的にとって， (a)仕事の世界における「暴力とハラスメント」とは，単発的か反復的かを問わず，身体的，精神的，性的又は経済的害悪を与えることを目的とした，またはそのような結果を招くもしくはその可能性のある一定の許容できない行為および慣行またはその脅威をいい，ジェンダーに基づく暴力とハラスメントを含む。	1条1項　この条約の適用上， (a)仕事の世界における「暴力とハラスメント」とは，単発的か反復的なものであるかを問わず，身体的，精神的，性的または経済的害悪を与えることを目的とした，またはそのような結果を招くもしくはその可能性のある一定の許容できない行為および慣行またはその脅威をいい，ジェンダーに基づく暴力とハラスメントを含む。
	(b)「ジェンダーに基づく暴力」とは，性またはジェンダーを理由として，直接個人に対して行われる，または特定の性もしくはジェンダーに不均衡な影響を及ぼす暴力およびハラスメントとして理解されるべきである。	(b)「ジェンダーに基づく暴力とハラスメント」とは，性またはジェンダーを理由として，直接個人に対して行われる，または特定の性もしくはジェンダーに不均衡な影響を及ぼす暴力およびハラスメントをいい，セクシュアル・ハラスメントを含む。	(b)「ジェンダーに基づく暴力とハラスメント」とは，性またはジェンダーを理由として，直接個人に対して行われる，または特定の性もしくはジェンダーに不均衡な影響を及ぼす暴力およびハラスメントをいい，セクシュアル・ハラスメントを含む。
		2項　本条第1項(a)に影響を与えることなく，暴力とハラスメントは，法令において，単一の概念または別々の概念として定義されることができる。	2項　本条第1項(a)および(b)に影響を与えることなく，国内法令の定義は，単一の概念または別々の概念を定めることができる。
範囲	Point 3(d)「労働者」は，公式経済及び非公式経済の双方におけるあらゆる部門の人々をカバーすべきであり，都市におけるものか他の地方におけるものかを問わず，以下の者を含む。 (i)契約上の地位にかかわらず雇用もしくは職業に携わる人々 (ii)インターンおよび見習いを含む，訓練中の人々 (iii)レイオフされた労働者及び休職中の労働者 (iv)ボランティア (v)求職者および応募者	2条 この条約は，都市におけるものか地方におけるものかを問わず，公式経済および非公式経済の双方におけるすべての産業部門における，労働者および国内の法律および慣行により定義される被用者，契約上の地位にかかわらず働く人，インターンおよび見習いを含む訓練中の人，雇用が終了した労働者，ボランティア，求職者および応募者をカバーする。	2条 1項　この条約は，国内の法律および慣行により定義される被用者，契約上の地位にかかわらず働く人，インターンおよび見習いを含む訓練中の人，雇用が終了した労働者，ボランティア，求職者および応募者，ならびに使用者の権限，義務または責任を行使する人を含む，労働者及び仕事の世界における労働者以外の人を保護する。 2項　この条約は，民間か公共か，都市におけるものか地方におけるものかを問わず，公式経済および非公式経済の双方にお

			けるすべての産業部門に適用する。
	Point 4　仕事の世界における暴力とハラスメントは，以下のような状況をカバーするものとする。 (a)仕事を行う場であって，公的，私的な空間を含む職場 (b)労働者が支払いを受けるもしくは休憩または食事をとる場所 (c)往復の通勤時 (d)仕事に関係する出張，移動，訓練，行事または社会活動中 (e)情報通信技術により可能となる仕事に関連する連絡を通じたもの	3条　この条約は，仕事の過程において，または仕事に関連してもしくは起因して生じる，以下において掲げる仕事の世界における暴力とハラスメントに適用する。 (a) 仕事を行う場であって，公的および私的な空間を含む職場 (b) 労働者が賃金を支払われる場所，休憩または食事をとる場所，もしくは労働者が利用する衛生，洗面所および更衣設備 (c) 仕事に関係する出張もしくは移動，訓練，行事または社会活動中 (d) 情報通信技術により可能となる仕事に関連するコミュニケーションを通じたもの (e) 使用者が提供する住居 (f)合理的に実行可能な範囲で，往復の通勤時	3条　この条約は，仕事の過程において，または仕事に関連してもしくは起因して生じる，以下において掲げる仕事の世界における暴力とハラスメントに適用する。 (a)仕事を行う場であって，公的および私的な空間を含む職場 (b)労働者が賃金を支払われる場所，休憩または食事をとる場所，もしくは労働者が利用する衛生，洗面所および更衣設備 (c)仕事に関係する出張，移動，訓練，行事または社会活動中 (d) 情報通信技術により可能となるものを含み，仕事に関連するコミュニケーションを通じたもの (e)使用者が提供する住居 (f)往復の通勤時
基本的アプローチ	Point 6(i) 仕事の世界における暴力とハラスメントに終止符を打つためには，ジェンダーに基づく固定観念を含む，根本的な原因とリスク要因に対処するための，包摂的で，統合的で，ジェンダーに対応したアプローチが必須であることを認識し	前文11段 ジェンダーに基づく暴力とハラスメントは，女性と女児に不均衡に影響を与えることを認めて，仕事の世界における暴力とハラスメントに終止符を打つためには，ジェンダーに基づく固定観念，複合的で交差的な差別形態，ジェンダーに基づく不平等な力関係を含む，根本的な原因とリスク要因に対処するための，包摂的で，統合的で，ジェンダーに対応したアプローチが必須であることを認識し	前文12段 ジェンダーに基づく暴力とハラスメントは，女性と女児に不均衡に影響を与えることを認めて，仕事の世界における暴力とハラスメントに終止符を打つためには，ジェンダーに基づく固定観念，複合的で交差的な差別形態，ジェンダーに基づく不平等な力関係を含む，根本的な原因とリスク要因に対処するための，包摂的で，統合的で，ジェンダーに対応したアプローチが必須であることを認識し
	Point 7　加盟国は，暴力とハラスメントのない仕事の世界への権利を認め，代表的な使用者団体および労働者団体と協議のうえ，仕事の世界における暴力とハラスメントの撤廃のために，以下のものを含み，包摂的で統合されたアプローチを採用する。	5条1項　この条約を批准する加盟国は，暴力とハラスメントのない仕事の世界への権利を認めるものとする。 2項　加盟国は，国内の法律および事情にしたがい，かつ，代表的な使用者団体および労働者団体と協議のうえ，以下のものを含み，仕事の世界における暴力とハラスメントの撤廃のための包摂的で，統合的で，ジェンダーに対応したアプローチを採用するものとする。	4条1項　この条約を批准する加盟国は，暴力とハラスメントのない仕事の世界に対するあらゆる人の権利を尊重，促進，実現する。 2項　加盟国は，国内の法律および事情にしたがい，かつ，代表的な使用者団体および労働者団体と協議のうえ，仕事の世界における暴力とハラスメントの防止および撤廃のための包摂的で，統合的で，ジェンダーに対応したアプローチを採用する。そのアプローチは，該当する場合には，第三者が関係する暴力とハラスメントを考慮するとともに，次に掲げる事項を含むべきである。
	(a)あらゆる形態の暴力とハラスメントの法律上の禁止 (b) 関連する政策における暴力	(a) 暴力とハラスメントの法律上の禁止 (b) 関連する政策における暴力	(a)暴力とハラスメントの法律上の禁止 (b)関連する政策における暴力と

	とハラスメントへの対処の確保 (c)包括的な暴力とハラスメント防止戦略の採用 (d)執行および監視の仕組みの確立 (e) 被害者の救済利用および支援の確保 (f) 制裁の規定 (g)手段，指針，教育および訓練の確立	とハラスメントへの対処の確保 (c) 暴力とハラスメントを防止しこれと闘うための措置の実施に向けた包括的な戦略の採用 (d) 執行および監視の仕組みの確立または強化 (e) 被害者の救済利用および支援の確保 (f) 制裁の規定 (g) 手段，指針，教育および訓練の確立ならびに意識啓発 (h) 労働監督機関または他の権限を有する機関を通じた暴力とハラスメントの事案の監督および調査のための効果的な手段の確保	ハラスメントへの対処の確保 (c)暴力とハラスメントを防止しこれと闘うための措置の実施に向けた包括的な戦略の採用 (d)執行および監視の仕組みの確立または強化 (e)被害者の救済利用および支援の確保 (f)制裁の規定 (g)必要に応じた，利用可能な形式における，手段，指針，教育および訓練の確立ならびに意識啓発 (h)労働監督または他の権限を有する機関を通じたものを含め，暴力とハラスメントの事案の監督および調査のための効果的な手段の確保
		3項　本条2項に規定されるアプローチの採用および実施にあたり，加盟国は，政府，使用者，労働者およびそれらの団体の補完的な役割および機能を，それらの責任の性質および範囲の多様性を考慮に入れて，認識する。	3項　本条第2項に規定されるアプローチの採用および実施にあたり，加盟国は，政府，使用者，労働者およびそれらの団体の異なる補完的な役割および機能を，それらの責任の性質および範囲の多様性を考慮に入れて，認識する
労働の基本原則と保護	Point 8　仕事の世界における暴力とハラスメントを撤廃する観点から，加盟国は，労働における基本的原則および権利，すなわち，結社の自由および団体交渉権の効果的な承認，あらゆる形態の強制労働の撤廃，児童労働の実効的な廃止ならびに雇用および職業における差別の撤廃を尊重し，促進し，かつ実現すべきである。	第6条　仕事の世界における暴力とハラスメントを撤廃する観点から，加盟国は，労働における基本的原則および権利，すなわち，結社の自由および団体交渉権の効果的な承認，あらゆる形態の強制労働の撤廃，児童労働の実効的な廃止ならびに雇用および職業における差別の撤廃を尊重し，促進し，かつ実現し，また安全な労働とディーセント・ワークを促進する。	第5条　仕事の世界における暴力とハラスメントを防止および撤廃する観点から，加盟国は，労働における基本的原則および権利，すなわち，結社の自由および団体交渉権の効果的な承認，あらゆる形態の強制労働の撤廃，児童労働の実効的な廃止ならびに雇用および職業における差別の撤廃を尊重し，促進し，かつ実現し，またディーセント・ワークを促進する。
	Point 10　加盟国は，暴力とハラスメントによって不均衡に影響を受ける1または2以上の集団に属する労働者とともに，女性労働者を含むすべての労働者のための平等および無差別(non-discrimination)の権利を確保する法令および政策を採用すべきである。それらの労働者には，以下の者を含む。	第7条　加盟国は，女性労働者，ならびに仕事の世界における暴力とハラスメントによって不均衡に影響を受ける1または2以上の脆弱な集団または脆弱な状況におかれている集団に属する労働者及び他の人のためのものを含む，雇用および職業における平等および無差別の権利を確保する法令および政策を採用する。	第6条　加盟国は，女性労働者，ならびに仕事の世界における暴力とハラスメントによって不均衡に影響を受ける1または2以上の脆弱な集団または脆弱な状況におかれている集団に属する労働者及び他の人のためのものを含む，雇用および職業における平等および無差別の権利を確保する法令および政策を採用する。
	(a)若者と高齢の労働者 (b)妊娠中および授乳中の労働者，ならびに家族責任をもつ労働者 (c)障害をもつ労働者 (d) HIV に感染している労働者 (e)移民労働者	勧告13　条約7条にいう脆弱な集団および脆弱な状況にある集団は，以下の人々を含む。 (a)若者と高齢者 (b)妊娠中および授乳中の女性，ならびに家族責任をもつ人 (c)障害者 (d) HIV に感染している人	勧告13　条約第6条に規定する脆弱な集団および脆弱な状況におかれている集団は，適用可能な国際労働基準および人権に関する国際文書にしたがって解釈されるべきである。

	(f)先住民族・部族出身の労働者 (g)民族的もしくは宗教的マイノリティの労働者 (h)カースト制の影響を受けている労働者 (i)レズビアン，ゲイ，バイセクシュアル，トランスジェンダー，インターセックス，既存のジェンダー分類に該当しない(gender-nonconforming) 労働者	(e)移民 (f)先住民族・部族出身者 (g)民族的もしくは宗教的マイノリティ (h)カースト制の影響を受ける人 (i)レズビアン，ゲイ，バイセクシュアル，トランスジェンダー，インターセックス，既存のジェンダー分類に該当しない人	
加盟国と使用者の保護および防止措置	Point 9　加盟国は労働の世界におけるあらゆる形態の暴力とハラスメント，とくにあらゆる形態のジェンダーに基づく暴力を禁止する国内の法律および規則を採用すべきである。 Point 11　加盟国は，次に掲げる事項を含む，仕事における暴力とハラスメント防止を確保する措置をとる。 (a)関係する使用者団体および労働者団体との協議のうえ，労働者が暴力とハラスメントに晒されやすい産業部門，職種及び働き方の特定 (b)かかる労働者が効果的に保護される措置 Point 12　加盟国は，使用者に対し，仕事の世界におけるあらゆる形態の暴力とハラスメントを防止するための措置を採ること，とりわけ，次に掲げる事項を行うことを要求する国内法令を採用すべきである。 (a)職業上の安全および健康について組織内の暴力とハラスメントおよび関連する心理的リスクの考慮 (b) 労働者およびその代表者との協議のうえで，あらゆる形態の暴力とハラスメントに関する方針の採用 (c)労働者およびその代表者の参加の下での，暴力とハラスメントの危険の特定およびリスクの評価，ならびにそれらを防止および管理するための措置，および	第8条　加盟国は，ジェンダーに基づく暴力とハラスメントを含む，仕事の世界における暴力とハラスメントを禁止する法令を制定する。 第9条　加盟国は，次に掲げる事項を含む，仕事における暴力とハラスメントを防止するための適切な措置をとる。 (a)関係する使用者団体および労働者団体との協議のうえ，及び他の手段を通じた，労働者および関係する労働者以外の人々が暴力とハラスメントに晒されやすい産業部門，職種及び働き方の特定 (b)かかる人々を効果的に保護する措置 第10条　加盟国は，使用者に対し，仕事の世界における暴力とハラスメントを防止するための措置を採ること，とりわけ，合理的に実行可能な範囲で，次に掲げる事項を行うことを要求する法令を採用する。 (a)労働者およびその代表者との協議のうえで，暴力とハラスメントに関する職場方針の採用および実施 (b) 職業上の安全および健康の管理の側面における暴力とハラスメントおよび関連する心理的リスクの考慮 (c)労働者およびその代表者の参加の下での，暴力とハラスメントの危険の特定およびリスクの評価，ならびにそれらを防止および管理するための措置，および	第7条　第1条に影響を及ぼすことなく，またこれに適合するように，加盟国は，ジェンダーに基づく暴力とハラスメントを含む，仕事の世界における暴力とハラスメントを定義および禁止する法令を制定する。 第8条　加盟国は，次に掲げる事項を含む，仕事における暴力とハラスメントを防止するための適切な措置をとる。 (a)非公式経済の労働者の事案における公的機関の役割の重要性の認識 (b)関係する使用者団体および労働者団体との協議のうえ，及び他の手段を通じた，労働者および関係する労働者以外の人々が暴力とハラスメントに晒されやすい産業部門または職種及び働き方の特定 (c)かかる人々を効果的に保護する措置 第9条　加盟国は，ジェンダーに基づく暴力とハラスメントを含む，仕事の世界における暴力とハラスメントを防止するために，使用者に対し，その支配の程度に応じた適切な措置を採り，とりわけ，合理的に実行可能な範囲で，次に掲げる事項を行うことを要求する法令を採用する。 (a)労働者およびその代表者との協議のうえで，暴力とハラスメントに関する職場方針の採用および実施 (b)職業上の安全および健康の管理の側面における暴力とハラスメントおよび関連する心理的リスクの考慮 (c)労働者およびその代表者の参加の下での，暴力とハラスメントの危険の特定およびリスクの評価，ならびにそれらを防止および管理するための措置，および

	(d) 特定された暴力とハラスメントの危険およびリスク，ならびに関連する防止および保護措置に関する情報および訓練を労働者及び他の関係者に提供すること	(d) 特定された暴力とハラスメントの危険およびリスク，ならびに関連する防止および保護措置に関する情報および訓練を労働者及び他の関係者に提供すること	(d)本条(a)で規定する方針に関連した，労働者および他の関係者の権利および責任を含め，特定された暴力とハラスメントの危険およびリスク，ならびに関連する防止および保護措置に関する情報および訓練の，必要に応じた利用可能な形式での，労働者及び他の関係者に対する提供
執行および救済	Point 13　加盟国は，以下のことを行う。 (a)仕事の世界における暴力とハラスメントに関する国内法令の監視および執行を確保する適切な措置 (b) 以下のことを含め，すべての労働者が有する，仕事の世界における暴力とハラスメントの事案における，適切かつ効果的な救済の容易な利用ならびに安全，公正かつ効果的な紛争解決の制度の確保 (i)職場レベルの申立および調査制度 (ii) 職場外の紛争解決制度 (iii)裁判所または審判所へのアクセス (iv)申立人，証人および通報者に対する報復からの保護，および (v)申立人のための法的，社会的，行政的支援制度 (c)仕事の世界における暴力とハラスメントの事案における適切な制裁の規定 (d)仕事の世界におけるジェンダーに基づく暴力の被害者が特定の（specialized）紛争解決制度，支援，サービス，救済に効果的にアクセスすることを確保する追加的措置を採用 (e) 仕事の世界におけるドメスティック・バイオレンスの影響の認識，およびそれらに取り組む措置 (f)労働者が，暴力とハラスメントにより生命，健康に緊急かつ重大な危険があると信ずるに足りる合理的な根拠がある仕事の状況から，報復もしくは他の不当な結果を被ることなく，離脱する権利の確保，	第11条　加盟国は，次に掲げる事項のための適切な措置を行う。 (a)仕事の世界における暴力とハラスメントに関する国内法令の監視および執行 (b) 以下のことを含め，労働者と関係する他の人が有する，仕事の世界における暴力とハラスメントの事案における，適切かつ効果的な救済の容易な利用ならびに安全，公正かつ効果的な通報および紛争解決の制度の確保 (i)申立および調査手続，ならびに適当な場合における，職場レベルの紛争解決制度 (ii)職場外の紛争解決制度 (iii) 裁判所または審判所（tribunals） (iv)申立人，被害者，証人および通報者に対する加害または報復からの保護，および (v)申立人および被害者のための法的，社会的，医療的および行政的支援制度 (c)可能な範囲かつ必要な場合には，関係者となった個人のプライバシーの保護および秘密保持 (d)適切な場合における，仕事の世界における暴力とハラスメントの事案における制裁の規定 (e)仕事の世界におけるジェンダーに基づく暴力とハラスメントの被害者が利用できる，ジェンダーに対応した安全かつ効果的な紛争解決の制度，支援，サービスおよび救済の提供 (f)仕事の世界におけるドメスティック・バイオレンスの影響の認識，およびそれらに取り組む措置 (g)労働者が，暴力とハラスメントにより生命，健康に緊急かつ重大な危険があると信ずるに足りる合理的な根拠がある仕事の状況から，報復もしくは他の不当な結果を被ることなく，離脱する権利の確保	第10条　加盟国は，次に掲げる事項のための適切な措置を行う。 (a)仕事の世界における暴力とハラスメントに関する国内法令の監視および執行 (b)次に掲げるような，仕事の世界における暴力とハラスメントの事案における，適切かつ効果的な救済の容易な利用ならびに安全，公正かつ効果的な通報および紛争解決の制度と手続きの確保 (i)申立および調査手続，ならびに適当な場合における，職場レベルの紛争解決制度 (ii)職場外の紛争解決制度 (iii) 裁判所または審判所（tribunals） (iv)申立人，被害者，証人および通報者に対する加害または報復からの保護，および (v)申立人および被害者のための法的，社会的，医療的および行政的支援制度 (c)可能な範囲かつ必要な場合には，関係者となった個人のプライバシーの保護および秘密保持，ならびにプライバシーと秘密保持に関する要請が悪用されないことの確保 (d)適切な場合における，仕事の世界における暴力とハラスメントの事案における制裁の規定 (e)仕事の世界におけるジェンダーに基づく暴力とハラスメントの被害者が利用できる，ジェンダーに対応した安全かつ効果的な申立および紛争解決の制度，支援，サービスおよび救済の提供 (f)ドメスティック・バイオレンスの影響の認識，および合理的に実行可能な範囲での仕事の世界におけるその影響の緩和 (g)労働者が，暴力とハラスメントにより生命，健康または安全に緊急かつ重大な危険があると信ずるに足りる合理的な根拠がある仕事の状況から，報復もしくは他の不当な結果を被ること

	(g) 労働監督官は，即時の強制力のある措置を要求する命令，ならびに，生命，健康への差し迫った危険がある場合に仕事を停止させる命令を発することを含む，暴力とハラスメントに対処するための権限が与えられていることの確保	(h)労働監督官および他の関連する機関が，適当な場合には，法律によって定められる場合がある司法機関または行政機関に対するあらゆる上訴権に服して，即時の強制力のある措置を要求する命令，および生命，健康への差し迫った危険がある場合に仕事を停止させる命令を発することを含む，暴力とハラスメントに対処するための権限が与えられていることの確保	なく，離脱する権利の確保，ならびに，管理者にこれを報告する義務の確保 (h)労働監督官および他の関連する機関が，適当な場合には，法律によって定められる場合がある司法機関または行政機関に対するあらゆる上訴権に服して，即時の強制力のある措置を要求する命令，および生命，健康または安全への差し迫った危険がある場合に仕事を停止させる命令を発することを含む，仕事の世界における暴力とハラスメントに対処するための権限が与えられていることの確保
指針，訓練，意識啓発	Point 14　加盟国は，代表的な使用者団体および労働者団体と協議のうえ，次に掲げる事項を確保する (a)職業上の安全および健康，平等及び無差別ならびに移民に関する政策を含め，関連する国内政策における仕事の世界における暴力とハラスメントへの対処 (b)指針，資源，訓練または他の手段は，使用者，労働者，それらの団体および執行機関に提供されること	第12条　加盟国は，代表的な使用者団体および労働者団体と協議のうえ，次に掲げる事項を確保する (a)職業上の安全および健康，平等及び無差別ならびに移民に関する政策を含め，関連する国内政策における仕事の世界における暴力とハラスメントへの対処 (b) 仕事の世界における暴力とハラスメント，とくにジェンダーに基づく暴力とハラスメントに関する，指針，資源，訓練または他の手段が，使用者，労働者，それらの団体および関係機関に提供されること，および (c)意識啓発キャンペーンを含む取組みの実施	第11条　加盟国は，代表的な使用者団体および労働者団体と協議のうえ，次に掲げる事項を確保する (a)職業上の安全および健康，平等及び無差別ならびに移民に関する政策を含め，関連する国内政策における仕事の世界における暴力とハラスメントへの対処 (b)ジェンダーに基づく暴力とハラスメントを含む，仕事の世界における暴力とハラスメントに関する指針，資源，訓練または他の手段が，必要に応じた利用可能な形式において，使用者，労働者，それらの団体および関係機関に提供されること，および (c)意識啓発キャンペーンを含む取組みの実施
適用手段	Point 15　この条約は，国内法令または労働協約によって，また暴力とハラスメントを対象に含めるための既存の職業上の安全および健康上の措置の拡大もしくは適合および必要な場合には特別の措置の策定によることを含む，国内慣行に適合する他の方法により適用される。	第13条　この条約の規定は，国内法令または労働協約によって，また暴力とハラスメントを対象に含めるための既存の職業上の安全および健康上の措置の拡大もしくは適合および必要な場合には特別の措置の策定によることを含む，国内慣行に適合する他の方法により適用される。	第12条　この条約の規定は，国内法令または労働協約によって，また暴力とハラスメントを対象に含めるための既存の職業上の安全および健康上の措置の拡大もしくは適合および必要な場合には特別の措置の策定によることを含む，国内慣行に適合する他の方法により適用される。

表2　日本のハラスメント法規制の現状

	セクシュアル・ハラスメント	マタニティ・ハラスメント	ケア・ハラスメント	パワー・ハラスメント
事業主の措置義務	均等法11条1項	均等法11条の3第1項	育介法25条1項	労働施策総合推進法30条の2第1項
規定の内容	事業主は，職場において行われる性的な言動に対するその雇用する労働者の対応により当該労働者がその労働条件につき不利益を受け，又は当該性的な言動により当該労働者の就業環境が害されることのないよう，当該労働者からの相談に応じ，適切に対応するために必要な体制の整備その他の雇用管理上必要な措置を講じなければならない。	事業主は，職場において行われるその雇用する女性労働者に対する当該女性労働者が妊娠したこと，出産したこと，労働基準法第65条第1項の規定による休業を請求し，又は同項若しくは同条第2項の規定による休業をしたことその他の妊娠又は出産に関する事由であって厚生労働省令で定めるものに関する言動により当該女性労働者の就業環境が害されることのないよう，当該女性労働者からの相談に応じ，適切に対応するために必要な体制の整備その他の雇用管理上必要な措置を講じなければならない。	事業主は，職場において行われるその雇用する労働者に対する育児休業，介護休業その他の子の養育又は家族の介護に関する厚生労働省令で定める制度又は措置の利用に関する言動により当該労働者の就業環境が害されることのないよう，当該労働者からの相談に応じ，適切に対応するために必要な体制の整備その他の雇用管理上必要な措置を講じなければならない。	事業主は，職場において行われる優越的な関係を背景とした言動であって，業務上必要かつ相当な範囲を超えたものによりその雇用する労働者の就業環境が害されることのないよう，当該労働者からの相談に応じ，適切に対応するために必要な体制の整備その他の雇用管理上必要な措置を講じなければならない。
国・事業主・労働者の責務規定	均等法11条の2	均等法11条の4	育介法25条の2	労働施策総合推進法30条の3
不利益取扱い禁止	均等法11条2項	均等法11条の3第2項	育介法25条2項	労働施策総合推進法30条の2第2項
指針	セクハラ指針（平成25年厚労省告示383号）	マタハラ指針（平成28年厚労省告示312号）	ケアハラ指針（平成21年厚労省告示509号）	パワハラ指針（令和2年厚労省告示5号）

【引用文献】

邦　文

浅倉むつ子［2016］:「イギリス平等法における複合差別禁止規定について」ジェンダー法研究3号33頁

井上久美枝［2019］:「『仕事の世界におけるハラスメント』に関する世界の動きと連合の取り組み」女性労働研究63号80頁
──［2020a］:「ILO条約第190号 『仕事の世界における暴力とハラスメントの根絶に関する条約』の意義」季刊労働法268号28頁
──［2020b］:「パワハラ指針のポイントと留意点──労働組合の立場から」労働法律旬報1960号16頁
大和田敢太［2018］:『職場のハラスメント　なぜ起こり，どう対処すべきか』〔中公新書〕。
──［2020a］:「包括的で実効的なハラスメント規制の原点とは」季刊労働法268号2頁
──［2020b］:「ハラスメント規制原則に反する法制化と指針」労働法律旬報1960号6頁
小畑史子［2019］:「パワー・ハラスメント防止のための法政策」日本労働研究雑誌712号76頁
河合塁［2020］:「パワハラ防止法制化の意義と課題」日本労働法学会誌133号261頁
厚生労働省雇用環境・均等局雇用機会均等課［2019］:「仕事の世界における暴力及びハラスメントに関する委員会」Work & Life 世界の労働49号16頁
──［2020］:「職場におけるパワーハラスメントに関する指針等の解説」ジュリスト1546号20頁
田口晶子・木下徹郎［2019］:「『仕事の世界における暴力とハラスメント』に関する国際労働機関（ILO）での議論」季刊労働法264号111頁
中窪裕也［2020］:「ハラスメント法制の歩みと課題──パワーハラスメント防止の措置義務の法制化を契機として」ジュリスト1546号26頁
長谷川真一［2010］:「2009年のILO総会について」大原社会問題研究雑誌618号3頁
原昌登［2020］:「ハラスメントの定義と課題」ジュリスト1546号14頁
労働政策研究・研修機構［2010］:「労働政策研究報告書No.123　個別労働関係紛争処理事案の内容分析」

【英文】

European Foundation for the Improvement of Living and Working Conditions (Eurofound)［2015］: *Violence and harassment in European workplaces: Extent, impacts and policies* (Dublin).
Hoel,H.et al.［2014］: *The ups and downs of LGBs' workplace experiences: Discrimination, bullying and harassment of Lesbian, gay and bisexual employees in Britain* (Manchester, Manchester Business School).
ILO［2016a］: Final Report　Meeting of Experts on Violence against Women

and Men in the Would of Work (2-6 October 2016), Geneva.

——[2016b] : Women at work trends 2016, Geneva.

——[2018a]: Ending violence and harassment against women and men in the world of work, Report V (1), ILC, 107th Session, Geneva.

——[2018b]: Ending violence and harassment in the world of work, Report V (2), ILC, 107th Session, Geneva.

——[2018c] : Provisional Record 8B (Rev.1), International Labour Conference, 107th Session, Geneva, May-June 2018.

——[2018d] : Provisional Record No.8A, International Labour Conference, 107th Session, Geneva, 2018.

——[2019a] : Ending violence and harassment in the world of work, Report V (1), ILC, 108th Session, Geneva,2019.

—— [2019b] : Ending violence and harassment in the world of work, Report V (2A), ILC, 108th Session, Geneva, 2019.

——[2019c] : Ending violence and harassment in the world of work, Report V (2B), ILC, 108th Session, ILC, 2019.

——[2019d] : Provisional Record 7B(Rev.), International Labour Conference, 108th Session, Geneva, June 2019.

Trades Union Congress (TUC) [2016]: *Still just a bit of banter? Sexual harassment in the workplace in 2016* (London).

World Health Organization (WHO) [2013] : *Global and Regional Estimates of Violence against Women: Prevalence and health effects of intimate partner violence and non-partner sexual violence.*

39　ハラスメント根絶と学術の発展——改めて京大・矢野事件を考える

Ⅰ　はじめに

研究分野における男女共同参画というテーマは，これまでにもさんざん繰り返された感がある。にもかかわらず，日本では，科学技術分野や学術分野におけるジェンダー不平等は一向に解消していない。研究者に占める女性割合は17.5%で，OECD諸国のなかでも群を抜いて低い(1)。大学等における専門分野別教員の女性割合をみると，職位があがるほど女性教員の割合が低い。

研究職におけるジェンダーの不均衡は，科学技術および学術の発展にもマイナスの影響をもたらし，研究の質を貶めている。そうした観点からみても，学術研究の排他性を否定して，科学技術に携わる人々の偏りをなくすことは，重要な政策課題である。研究者育成過程のハラスメントを根絶することは，そのための一つのステップでもある。したがって本稿では，研究者育成とハラスメントについて，改めて考えてみたい。

あらゆる領域のハラスメントの撤廃は，もちろん，人権すなわち人々の尊厳を守るという点できわめて重要であるが，とりわけ，高等教育機関や研究者育成過程でハラスメントをなくすことは，学術研究内容の質を高めるためにも，必要不可欠である。本稿では，「京大・矢野事件」を素材にしながら，このことを改めて肝に銘じたい。

Ⅱ　京大・矢野事件とは(2)

1　事件が投げかけた衝撃

研究分野の深刻なセクシュアル・ハラスメント（以下，セクハラと略することがある）が日本で初めて公になったのは，京大「矢野事件」であった。当事件の一連の事実は驚愕すべき内容であって，研究に携わるすべての者に学問のな

---

(1)　内閣府男女共同参画局『令和4年版男女共同参画社会白書』146頁。

(2)　以下に示す事実は，小野和子編著『京大・矢野事件——キャンパス・セクハラ裁判の問うたもの』（インパクト出版会，1998年），甲野乙子『悔やむことも恥じることもなく』（解放出版社，2001年）を参考にしている。

んたるかを深く反省させた。私もまた，四半世紀以上も前に，本件をめぐる複数の司法判断を読んで，大きな衝撃を受けたことを忘れられずにいる。

それは，矢野暢（とおる）教授という学問上の「世界的権威」が，いかに乏しい人権感覚の持ち主であるのかを思い知らされたショックでもあり（学問と人格とのギャップ），同時に，大学というものがハラスメントの解決・介入を困難にする構造にあることを目の当たりにしたショックでもあった。しかも裁判では，私が専門とする法律学における伝統的な理論が，ハラスメント加害を擁護する観点から用いられた。一方，本件裁判ではからずも被告という立場に立たされた歴史学専門の小野和子教授とその代理人は，堂々と当該法理を批判する論陣をはり，裁判所は見事に被告側の主張を取り入れる判断を下した。このことは，学問的に同質性の高い人々が権威的に積み上げてきた理論が，他分野の研究者からの批判によって，もろくも崩れ去った瞬間でもあった。もちろん法律学においても，これを機に，人権への配慮に欠ける伝統的な法理を克服する学問的試みが広がったことは，いうまでもない。

2　事実の概要

まず，本件事案の流れを整理しておこう。京都大学東南アジア研究センター所長の矢野氏が女性秘書らに繰り返していた4件のセクハラ事件が，1993年1月から2月にかけて，発覚した[(3)]。にもかかわらず，矢野氏は，協議員会（教授会の上に位置するセンターの意思決定機関）によって，同年2月にセンター所長に再選された[(4)]。

しかし，同年6月には矢野研究室の私設秘書全員が辞職願いを提出したため，同センターの女性職員有志（中心には米澤真理子助手がいた）は，事件の真偽の

(3)　1997年3月27日京都地裁判決（判例時報1634号110頁）によれば，矢野氏が，1993年1月，秘書に応募したA子に「時には添い寝をすることも秘書の仕事」と発言し，A子が応募を否定すると，センターで働いていたA子の姉をやめさせると告げた「A子事件」，出張時に秘書B子にホテルの部屋で抱きつき，着衣を脱がそうとした「B子事件」，ほぼ同じ状況で発生した秘書「C子事件」，エレベーター内で非常勤職員に抱きついた「D子事件」の4件。A子の申立により，93年2月にはセンターの複数の教授の立ち合いの下でA子への謝罪がなされた。

(4)　再選の背景には，矢野氏が，同年4月から発足予定の科学研究費による巨大プロジェクト（重点領域研究「総合的地域研究の手法確立――世界と地域の共存のパラダイムを求めて――」）の責任者だったからではないかといわれている。4年間の総予算5億円という大規模プロジェクトであった。小野・前掲注(2)13頁。

究明とその結果にもとづく処置を求める質問状を提出した。同センターは「勤務環境調査改善委員会」を設置したが，7月に矢野氏が所長を辞任する意向を示しただけで，調査の開始が言明されることはなかった。

この経緯を知った甲野乙子（仮名）が，同年9月に，米澤助手に自分の被害状況を告白したために，さらに深刻なセクハラ事実が明らかになった。女性職員有志は，弁護士を代理人として文部大臣あてにセンターの不充分な対応を告発し，10月には文部省から，センターに同件の照会があった。センターの新所長は矢野氏の事情聴取を行ったが，矢野氏はセクハラ事実をあくまでも否定していた。この段階でようやく，前掲の「勤務環境調査改善委員会」は，小懇談会で米澤氏から申出を受けた調査を公的に行う決定をした。

米澤氏は，11月8日，被害者からの証言をもとにした調査報告書を作成し，同委員会に提出した。委員会の教授4名が被害者を面接したところ，矢野氏は潔白ではないのではないかとの心証を持つに至ったが，教授会では，「センターには司法権がない。矢野氏個人の誠意ある対応を待つしかない」との消極論を唱える者が大勢を占めた。

一方，甲野乙子は，1993年12月，京都弁護士会人権擁護委員会に，矢野氏からのセクハラ被害の人権救済を申し立てた。この申立は匿名のままで行うことが可能であった。甲野乙子は，矢野氏が非常勤として講義に行った先の大学の研究者志望の学生だったが，ある日，矢野氏からホテルで研究の話をするからと言われ部屋に入ったところ，暴力的に性的関係を強要された。のちに矢野氏から勧められるまま京大・東南アジア研究センターの事務補佐官員として勤務し，7年間にわたって性的関係を強要され続けた。だが，矢野氏が他のアルバイト学生に性的関係を強要した事実などを知り，研究室を去る決意を固め，その後は東南アジア研究の道を選択せず，矢野氏との接触を避けていた。しかし前述のとおり，矢野氏による数件のセクハラの事実が公になったことを知って，人権救済申立てに踏み切った(5)。

甲野乙子による申立ては，1993年12月17日付け読売新聞および同月18日付け京都新聞で報じられた。矢野氏は，対処方法を学内の数名の教員と相談し，同月20日に辞職願を提出したが，セクハラの事実を否定して臨済宗東福寺に

(5)　一連の裁判がほぼ確定した1998年3月31日，京都弁護士会人権擁護委員会は，甲野乙子からの人権救済申立書に対して，矢野氏あてに「警告書」を出し，京都大学総長と東南アジア研究センター所長に「要望書」を送付した。

入山し，居士として修行すると述べていた。

一方，京都大学女性教官懇話会の代表であった前出・小野和子氏は，甲野乙子による人権救済申立の報道に接し，これは女性研究者の人権にかかわる問題であると考え，1993年12月に，京都大学総長あてに調査委員会を作り事実を明らかにして欲しい旨の要望書を出した。1994年1月18日付け京都新聞には，京都造形芸術大学教授・野田正彰氏による「女性職員が告発したいなら実名で刑事告訴すべき」との小論が掲載された（「危機状況における判断」）。これを読んだ小野氏は反論の必要性を感じて，同年1月25日付けの京都新聞に「学者と人権感覚」という「手記」を載せた(6)。この中で小野氏は，「3件の比較的軽微なセクハラの事実」と「その過程で浮かび上がってきたのが，一人の女性の，レイプに始まるすさまじいまでのセクハラの証言であった」と表現した。この部分が，後に，矢野氏から名誉毀損として訴えられることになった。

さらに，京都大学法学研究科教授・河上倫逸氏は，同年2月10日付け京都新聞に「もう一つの人権侵害」という寄稿文（「河上寄稿」とする）をのせ，この中で小野氏を批判した(7)。批判の第1は，小野氏が本件の政治的背景を無視してセクハラ問題へと矮小化していること，第2は，「伝聞」のみによって原告（矢野氏）と原告家族の人権を侵害している，というものであった。

これに対し小野氏からは，「河上倫逸氏に答える　セクハラは小事か」と題する反論がなされ，この「文書」は，1994年2月20日に京都府婦人センターで開催された公開シンポジウム（大学でのセクシュアル・ハラスメントと性差別をテーマとするもの）で参加者に配布された。当該「文書」で，小野氏は，「河上寄稿」の第1の批判点について，「セクハラ即ち女性の権利の侵犯は果たして『矮小』なことなのであろうか。そこには『政治的背景』は大事，セクハラは小事，とする意識がありありと見てとれる」が，それこそ問題の解決を困難

(6)　この小論は，論評であって単なる「手記」ではないが，小野氏への名誉毀損訴訟で，裁判所は，原告・矢野氏の主張にそってこれを「手記」としているため，ここでも「手記」と述べておく。

(7)　「河上寄稿」は，1997年3月27日京都地裁判決のなかで，以下のように概要を紹介されている。「原告（矢野氏）の事件は非常に根深い政治的背景を窺わせるものであるが，元女性秘書に対するセクシュアル・ハラスメントという問題に矮小化されている。これは大学の自治の問題であって，国立大学の教授の身分保障の観点から論じられるべきであり，滝川事件の例も考慮されるべきである。また，原告の家族の人権も侵害されている。……甲野乙子も原告も事実関係について争うのであれば刑事告訴ないし民事訴訟の提起をするべきである」。

にしたものだ，と反論した。また第2の批判点については，けっして「伝聞」ではないと反論し，たしかにご家族の人権については胸が痛むものの，踏みにじられた女性の人権とそれとはまったく別次元の問題であって議論をすり替えるべきではなく，ましてや，質を異にする滝川事件を引き合いに出しても事態は変わらない，と述べた。「いまなおこの問題の解決を妨げているのは河上氏の主張に代表されるような『セクハラは小事』とする学内外の差別意識であることを強調しておこう」と結んでいた。

一方，「河上寄稿」掲載日と同日，矢野氏は，朝日新聞東京版に，自らの辞職は本意ではなく，京都大学の一部の人々による「政治的謀略」であり，それに反論せず沈黙を守ったのは自分の美学だったという趣旨の一文を掲載した（1994年2月10日朝日新聞）。政治的背景を指摘した「河上寄稿」と軌を一にする内容であり，矢野氏に沈黙を強要したとされた人々（1993年12月に矢野氏が対処方法を相談した学内の数名の教員たち）は，おそらく裏切られたと感じたのではないだろうか。矢野氏は，直後の2月15日に，自ら訴訟を提起する「声明」を発表した。

3　裁判の結末

矢野氏が提起した4件の訴訟について，述べておこう。第1は，文部大臣を相手とする京大教授としての地位確認を求める行政訴訟（94年3月8日提訴），第2は，セクハラが存在したかのような虚偽事実を新聞などに公表され名誉を毀損されたとして，小野和子氏に1千万円の慰謝料を請求する民事訴訟（94年3月18日提訴），第3は，矢野氏の配偶者から甲野乙子に対して，著しく名誉を傷つけられたという500万円の慰謝料請求訴訟（同年4月1日提訴）[(8)]，第4は，甲野乙子および女性職員有志の代理人である井口博弁護士に対して，教員人事への自主決定権の侵害などを理由とする1千万円の慰謝料請求訴訟（同年4月5日提訴）であった。なお，第2ないし第4の3件の民事訴訟は東京地裁に提起されたが，京都地裁への移送請求が認められた。

それぞれの訴訟について，以下に，結論のみをまず示しておく。第一訴訟は，1996年8月20日，東京地裁で，原告の請求を棄却する判決が出された（労働

---

(8)　94年7月12日には矢野氏から甲野乙子に対して，名誉毀損による慰謝料請求訴訟が提起され，両訴訟は併合された。

判例707号92頁)。矢野氏側は地裁判決を不服として控訴したが，同年12月2日，控訴審第1回において裁判長から訴訟を取り下げるようにとの勧告があり，矢野氏側は取り下げの申出をした。

第二訴訟は，1997年3月27日，京都地裁にて，原告の訴えを棄却する判決が下された（判例時報1634号110頁)。矢野氏側は一審判決を不服として控訴したが，同年11月13日に控訴を取り下げ，一審判決が確定した。

第四訴訟は，1997年7月9日，京都地裁が原告の訴えを棄却する判決を出し，原告側は控訴せずに，判決が確定した。

第三訴訟は，1997年9月19日，京都地裁が，原告・矢野氏および配偶者からの訴えをいずれも棄却する判決を出した。10月3日，原告側は一審判決を不服として大阪高裁に控訴したが，11月15日に控訴を取り下げ，一審判決が確定した。

4　特筆すべき判断

これら複数の判決は，一般の人々がほとんど知ることがなかった「聖域」としての大学と知識人の権威的虚像を内側から暴く貴重な証拠となった。とりわけ民事訴訟の最初の判決（小野氏に対する前掲・第二訴訟判決：以下，本件判決ということがある）は，さまざまな「教訓」を残した。

セクハラを人権問題と位置づけた場合，本件の裁判は，まぎれもなくセクハラ問題をめぐる意見・論評への攻撃であった。これはあきらかに言論・表現の自由に対する挑戦という意味をもつ。植木壽子は，ここに着目して，本件判決は，原告側が初めから憲法上の議論に入ることを回避したために，「事件が『真実性』だけで帰趨を決し……，表現の自由と名誉毀損についての議論が深まらなかったことは，残念」と述べた[(9)]。本件ではセクハラ「事実の真実性」を証明するために，被害者・甲野乙子の証言が不可欠とされた。結果的には，同人が公開の場にたつという勇気を示したことで助けられたが，植木は，この点に関して，アメリカのニューヨーク・タイムズ・ルールという「公正な論評」の新しい法理（事実が虚偽であることを知っていたか，真実性についてまったく考慮せずに論評が行われたことを，原告側が証明すべきというルール）を日本も

---

(9)　植木壽子「表現の自由と名誉毀損」小野・前掲注(2)248頁以下。植木論文は，名誉毀損訴訟をめぐる論点を，最高裁判決やアメリカ法を参照しながら簡潔にまとめており，参考になる。

取り入れるべき，と主張している。今後とも検討されてしかるべき論点である。

このような批判はあるにせよ，本件判決の「真実性」をめぐる判旨は，セクシュアル・ハラスメントに関する重要な法的判断を提供した。ここでは，二点だけ，とりあげておく。

第1は，判旨が，原告・矢野氏が甲野乙子との性関係を合意の上であったと主張する際に持ち出したウィグモアの証拠法理論(10)──強姦被害を受けたら女性はすぐにその暴行を他者に訴えるのが人間性の必然だというもの──を，歯牙にもかけず否定した点である。被告・小野氏は，ウィグモアの著書は1935年のもので，いかに証拠法の大御所であったとしても時代遅れの法理であり，その後に発展した心理学によってかかる認識は覆えされていること，むしろ，深い心的外傷を受けた者はそれを誰にも言えず沈黙するほうが真実であることを，豊富な資料によって明らかにしていた。

裁判所は，ウィグモアの理論そのものにはふれず，「強姦の被害者が意に反した性交渉を持った惨めさ，恥ずかしさ，そして自らの非を逆に責められることを恐れ，告発したことも決して少なくないのが実情であって，自分で悩み，誰にも相談できないなかで葛藤する症例（いわゆるレイプ・トラウマ・シンドローム）もつとに指摘されるところであるから，原告と性交渉を持った直後あるいは原告の研究室を退職した直後に甲野が原告を告発しなかったことをもって原告との性的関係がその意に反したものではなかったということはできない」と述べて，原告の主張を明確に否定した。

私は以前，小野和子氏から本件訴訟について話を聞く機会があったが，そのときにも小野氏は，法的主張を代理人のみに委ねることなく，自らの研究者としての深い学識を背景に，ウィグモアの証拠法理論を批評しておられた。このような小野氏の学問に対する真摯な姿勢に，裁判官も敬意を払わざるをえなかったのではないだろうか。

第2は，甲野乙子が矢野氏と7年間にわたり継続的に性的関係を持ち続けたことをもって，矢野氏が「承諾に基づく男女関係であった」と主張したことを，判旨が明確に否定した点である。矢野氏は，彼女は研究者をめざして矢野氏に近づき，配偶者がいることを承知しながら7年間も継続的な性関係をもったこ

(10)「ウィグモア・証拠法入門」の理論は，1996年9月4日の原告側の準備書面で紹介された。

と，初回の性交渉においてあったという暴力は，男女の通常の性行為に随伴する程度のものであり，ホテルの部屋への誘いを断らず性交渉に応じ，その後，研究室で秘書として勤務したことなどからも，両者の関係は合意に基づく性的交渉であった，と主張した。

これに対して裁判所は，7年も強要され続けた性的関係は，甲野乙子が研究を行いたいと希望をもつ非常勤職員で，矢野氏の意向に逆らえば自らの研究者としての将来を閉ざすことになりかねないという構図のなかで，暴力的行為を伴いつつ，形成，維持されたものである，と評価した。そして6年にわたり研究室勤務を継続したことについても，やめたい意向を申し入れるたび矢野氏が激怒し，殴られるなどして辞意を撤回させられたこと，また，他の研究者に対して人事上の嫌がらせを執拗にする様を目の当たりにしていたことも考え合わせると，研究者の道に進みたいという将来の希望をつなぐため，矢野氏の求める性的関係をもはや明確に拒むことができない精神状態になってしまったことによるものであった，と認定した。

このように，判旨は，甲野乙子との性的関係が合意であったとの矢野氏による主張のすべてを，明確に否定した。裁判官は2人の現実的な地位や力関係をありのままに認め，従来の「強姦神話」を乗り越える判断を示したのであった。この判旨部分は，繰り返し参照されてよい。

さて，これまでにみたように，京大・矢野事件は，学問上の権威といわれた人が，研究者を志した女性の人生を徹底的に破壊し尊厳を貶めた事案であり，同時に，複数の女性の人生を暴力的に侵害してはばからなかった事案であった。このような重大な人権侵害が長年にわたり許されてきたことへの衝撃は，きわめて大きく，学術界にも反省を迫る契機をもたらした。小野和子氏の「手記」が結んだ以下の言葉を，私たちは胸に手をあてて，反芻しなければならない。

「たとえどの学問であれ，学問する者はその根本において人間の生命に対するいとおしみと確かな人権感覚が要求されるであろう。今，問われているのは決してたんなるセクハラではなく，その学問の根底にあるべきものである，と私は思う」[11]。

---

(11)　小野和子「学者と人権感覚」1994年1月25日京都新聞。

Ⅲ　大学組織とハラスメント

1　大学の構造的な問題

なぜ，大学内で，長年にわたってかかる重大な人権侵害が見逃されてきたのか。この問いに答えるには，大学の特有な構造的問題を認識しなければならない。大学には，特有のフラットではない関係性の構造があり，このことが，各種のハラスメントを生じやすくし，解決しにくくしている。以下，北仲千里が指摘するところを参考にしながら，考えてみたい[(12)]。

第1に，大学は，そもそも専門知による圧倒的な力量差による人間関係で成り立っている。指導教授は，学生や院生にとっては尊敬の対象で，めざす研究者モデルにもなりうる存在だが，だからこそ大きな権威になりうる。教員の言動は，学生や院生を励まし育てる活力にもなるが，反面，大きなダメージを与えてしまうことがないわけではない。指導方法のわずかな違いや，指導にかける情熱の多少の差異が，学生や院生に不安をもたらし，勉学意欲を喪失・低下させるかもしれない。それらは，院生相互の仲間意識に微妙な影を落とし，人によっては孤立感を引き起こしたりもする。これらをできるだけ少なくするには，マンツーマンよりも，複数の教員による集団的な指導体制が必要であろう。いったん生じたハラスメントを解決・介入するためにも，このことは重要である。

第2に，北仲は，大学は「自治組織の集合体」であるという[(13)]。「多層的な自治」（教員，研究室，講座，学科，部局など）によって構成されているために，専門領域を超えて介入することが越権行為になりやすい。それゆえ，ある分野で生じている関係性のトラブルに，他分野の教員が関与することは難しく，当該自治組織内での解決に委ねるべき，という発想が強くなる。とりわけアカデミック・ハラスメントの問題は，研究分野ごとの著しい特性が解決を難しくする。分野ごとに，研究業績の公表の仕方や評価方法には違いがあり，研究不正とは何かの判断を難しくすることは容易に想像がつくからである。

しかし，当該組織のみでは解決は難しい。矢野事件では，東南アジア研究センター内の「勤務環境調査改善委員会」はほとんど機能しなかった。女性職員

(12)　北仲千里「大学でのセクシュアル・ハラスメント」角田由紀子・伊藤和子編著『脱セクシュアル・ハラスメント宣言』（かもがわ出版，2021年）53頁以下。

(13)　北仲・前掲注(12)58頁。

からの再三の調査開始要求は無視され，所長辞任ですまされようとしていた。文部大臣からの照会があってはじめて調査が実現することになったものの，教授会は，自ら動くことはなかった。個々の教員がいかに良心的であろうとも，同質性の高い自治組織集団が自浄能力を発揮することは，著しく難しいのである。この事情を汲めば，やはり外部からの第三者的な観点が必要ということであろう。

第3に，分野によっては，教授が過剰に影響力をもつ傾向が見受けられる(14)。本件においても，前述のように，すでに93年の早い時期に複数のセクハラ事件が発覚していたのに，矢野氏はセンター所長に再選されたが，これは同氏が，4月発足予定の巨大プロジェクト研究の責任者であったことが影響したと推測される(15)。世界的な権威である著名教授は，大学にとって研究費獲得に格好の存在であった。大学の研究資金獲得問題とハラスメント問題はけっして無関係ではない。どの大学でも徐々に経常研究費は縮小傾向にある一方，競争的資金の獲得はますます至上命題となっている。このような国による科学技術政策が学問にもたらす倫理上の影響を，私たちは，見逃してはならない(16)。

第4に，大学は，一般の職場よりも身分や地位が複雑に入り組み，雇用形態も多様化しており，ヒエラルキーが強固である。常勤と非常勤があり，任期の有無があり，キャリアの展開は当該大学・部局の「慣行」に基づく場合が多い(17)。任期中の者は，その間，業績をあげる競走に必然的にまきこまれて，一つでも多くの業績をあげなければという意識にとらわれる。教授に反抗的な態度をとって研究者集団から排除されることは，大きなリスクである。矢野事件の被害者たちも，私設秘書やセンターの非常勤職員であり，大学内の階層構造

(14)　北仲・前掲注(12)60頁。

(15)　前掲注(4)参照。

(16)　蛇足ながら，このことは，科学者の戦争責任とも共通する。「戦争こそ人間を破壊する最大の元凶であり，……軍楽共同を通じて戦争に協力する科学者は，真の教養を学んでいないことを意味する」と述べて，池内了は，「人格なき学問，人間性が欠けた学術にどんな意味があろうか」という言葉を引用している。池内了『科学者と戦争』（岩波書店，2016年）193頁。この言葉は，前掲注(11)の小野和子氏による「手記」の言葉を想起させる。

(17)　外部からは理解しにくい制度の一例に，1970年代に大学紛争の中で問題化した「助手問題」があった。同じ助手という名称でも，①研究助手，②実験助手，③事務助手，④臨床助手があり，同一大学内でも部局ごとに処遇は異なり，助手から教授への昇進の有無は「慣行」による運用であった。

ではもっとも弱い立場にあった。そのような中，女性教官懇談会という全学組織があり，そこに小野和子氏がいたことが，野田氏や川上氏による大学組織からみた「正論」に対する反論を可能にしたのであり，幸運だったといえる。

2　ハラスメント対策の進展

大学におけるハラスメント対策は，以上のような大学の組織構造を十分に考慮したうえで講じられる必要があるのだが，矢野事件以降，雇用の分野におけるハラスメント対応がようやく整備され始めた。矢野事件・第二訴訟判決と同じ1997年に，男女雇用機会均等法が改正され，セクハラ防止が事業主の配慮義務となった。同年には，キャンパス・セクハラ全国ネットワークが設立された。その翌年，改正均等法施行の時期にあわせて，均等法が対象としていない一般職の国家公務員に対するセクハラ防止定として，人事院規則10-10ができた。文部省も，大学にセクハラ防止措置を求めるようになった。その後の頻繁な法改正については，別稿を参照していただきたい(18)。

各大学はまた，自主的にハラスメント対策に取り組み，その方法を模索してきた。現在では，大学のほうが，一般企業より，ハラスメントの防止体制づくりを進めているのではないかといわれている(19)。矢野事件後，京都大学も努力を重ねて，現在では一つのモデルとなりうるハラスメント対策の枠組みを構築していると思われる(20)。同大学では，教員等を「処分して終わり」ではなく，当事者間の調整を行う和解手続を設け，さらに，調査結果をふまえて，謝罪の実施，両当事者を引き離すための教育上または人事上の措置，不利益の回復などの措置をとること，必要な場合には緊急保護措置を行うこと，としている。

とはいえ，法制度や各組織内での対策の進展はあったとしても，大学におけるハラスメントが減少した，あるいは，研究環境が改善された，という肯定的評価はあまりきかない。むしろいっそう深刻化している，という声もある。その実態を限られた資料からではあるが，確認しておこう。

---

(18)　浅倉むつ子「セクシュアル・ハラスメントをめぐる法的問題」角田＝伊藤・前掲注(12)99頁以下。
(19)　北仲・前掲注(12)61頁。
(20)　「京都大学におけるハラスメント防止と対応について」。京都大学HP参照。

3　大学におけるハラスメント紛争の傾向

大学のハラスメントをめぐる事案の数や紛争は，セクシュアル・ハラスメントのみに限定した場合でも決して減少していない。これらにアカデミック・ハラスメントやパワー・ハラスメントも含めれば，紛争の数はかなり膨大になっている[(21)]。私と鈴木陽子が2018年の共著論文で対象としたセクハラに関する50件の判決群から，事案の傾向を簡単に振り返っておきたい[(22)]。

私たちは，大学におけるハラスメントをめぐる訴訟類型を4つに分類した。Ⅰ型は，教員・職員から大学を訴えた事案，Ⅱ型は，院生・学生から教員や大学を訴えた事案，Ⅲ型は，教員から学生・職員を訴えた事案，Ⅳ型は，その他事案であった。反訴も含めて数えたため，総計は50件を超えているが，概数として，Ⅰ型の判決は24件，Ⅱ型の判決は23件，Ⅲ型の判決は6件，Ⅳ型の判決は2件であった。Ⅰ型とⅡ型が大半を占めている。

全体の流れをみると，初期の段階では，被害者（主に院生・学生）が加害者（主として教員）や大学に損害賠償を求めたⅡ型訴訟が多かったが，2004年頃からは，教員が大学を訴えるⅠ型訴訟が増えた。おそらくこの頃から，各大学におけるセクハラ防止対策が整備・強化されて，相談室が充実し，加害者への処分が増加したのではないだろうか。学内の自律的紛争解決手続によって，大学が教員を就業規則や懲戒規程にもとづいて処分し，かかる処分を不服とする教員が提訴する事案が増えたのであろう。

Ⅱ型訴訟では，加害者である教員の責任が問われるのみならず，大学もまた責任を問われる。私立大学は使用者責任（民法715条）を負い，国公立大学は国家賠償法上の責任（国賠法1条1項）が問われる。また場合によっては，大学自体の不法行為責任（配慮義務・措置義務）（民法709条）や，在学契約に基づく教育・研究環境配慮義務（民法415条）なども問題となる。

その場合でも，大学が，セクハラ防止指針を定め，相談員を配置し，防止対策委員会等を設置するなどして，セクハラ被害の申出を受けた後，被害者の心

---

(21)　キャンパス・セクシュアル・ハラスメント全国ネットワークは，「キャンパス・セクシュアル・ハラスメント裁判資料」を，毎年，更新している。これは報道・公刊・公表された裁判のみを掲載するもので，事実とは異なる場合があることを前提としているが，2021年の資料を数えたところ，事件数は336件であった。

(22)　浅倉むつ子・鈴木陽子「大学におけるセクシュアル・ハラスメント判例総覧50件」ジェンダー法研究5号（2018年，信山社）225頁以下。

情にできるだけ配慮したうえで加害者の懲戒手続を進めるなどの対応をする場合には，上記の義務違反を問われることはない。とはいえ，加害者を処分しただけでは十分な対応をしたとはいえず，被害者である院生や学生が従来と同じように研究活動に専念できるような回復措置こそが，大学には求められているのであろう。そのことは，裁判例からも読み取ることができる(23)。

北仲は，「申し立て→調査→処分」以外の柔軟な対応の必要性を強調し，「調整」の仕組みを設けるよう提案している(24)。北仲が述べる「調整」とは，処分のみではないその他の被害回復措置を含む概念で，学生の指導教員変更，研究室の移動，職員の配置換え，作業や勤務する空間を分けること，さらには，加害者に警告し，研修を行うことなどを含むようである。実際，大学は，教務上の措置（講義や演習科目の指導・担当の停止，教授会への出席停止などの措置）をとっているが，一方，被処分者からは，これらの措置が二重処分である，と主張される事案がみられる。

Ⅰ型訴訟をめぐる判例では，これら教務上の措置をめぐり，判断が分かれている。ある事案で，裁判所は，大学が教員の停職3カ月の懲戒処分に加えて，教育活動の停止および教授会等大学への参加停止措置をとり，それが2年経過後も放置されたことを裁量権の逸脱であり違法，と判断した(25)。しかし，大学が，学生への教育環境配慮義務を尽くすために必要な範囲で，教員の教授の権利や大学の運営に参加する権利を制限することは，当然の措置ではないだろうか。松本克美は，大学の教育研究環境配慮義務を，在学契約関係ないしそれに類似する社会的接触関係における信義則上の教育研究環境配慮義務違反，すなわち，債務不履行責任として捉えるべき，と提言している(26)。この意見に賛成したい。

Ⅳ　学術の質を高めるために

1　ブタペスト宣言

1999年，ブタペストで世界科学会議が開催された。ここで採択されたいわ

---

(23)　2009年7月27日東京地裁判決。浅倉＝鈴木・前掲注(22)242頁。

(24)　北仲・前掲注(12)62頁。

(25)　2005年6月27日東京地裁判決（判例時報1897号129頁）。

(26)　松本克美「キャンパス・セクシュアル・ハラスメント訴訟と大学の教育研究環境配慮義務」立命館法学300・301号（2006年）453頁以下。

ゆる「ブダペスト宣言」(27)は，科学は人類全体に奉仕すべきであり，現在と未来の世代にとって持続可能で健全な環境を提供すべきものであると宣言した（前文 para.1）。それにもかかわらず，現実には，「男女間の構造的な不均衡の結果，科学のほとんどの恩恵は公正に分配されて」おらず（同 para.5），「あらゆる科学活動への参加について，歴史的に男女間の不均衡」（同 para.24）があること，また，「社会的不利益集団が完全に参加できないような障壁がある」（同 para.25），という認識を示している。そのうえで，同宣言は，科学へのアクセスの平等性が必要であり，「世界の人口の半数以上を占める女性が，科学的分野の職業に就き，その職責を遂行し，そのキャリアを発展させるにあたって，あるいは科学・技術の分野での意思決定への参画にあたって直面する困難については，早急に対処が必要である」と，高らかに宣言している（para.42）。

科学技術の研究者層に偏りがあれば，研究の視点や研究方法にも偏りが生じ，同時に，科学の恩恵を受ける人々の層にも不公正が生じかねない。それらを反省する視点を打ち出したこのブダペスト宣言は，いまなお，世界各国の科学技術政策の指針として有効である。

ある分野における研究者の「同質性」が高すぎることは，当該グループに所属する人々の知と経験のみを「正しい」ものの見方とすることによって，異論を排除しやすくするであろう。このことにより，学問の排他性は深刻化するのである。そして，そのときに生じる排除の手段の1つが，ハラスメントになる。

そう考えれば，研究分野におけるあらゆるハラスメントをなくすことは，科学研究にたずさわる人々の同質性や偏りを見直して，より質の高い研究に到達するための不可欠な条件である，といえるのではないだろうか。このことを肝に銘じるべきである。

なぜ大学など高等教育機関において，ハラスメントがなくならないのか。ハラスメントに抵抗し，声をあげても，組織の壁に阻まれて，告発した側が研究者としての道をあきらめざるをえない実情が，なぜ繰り返されてしまうのだろうか。このような現状を，科学技術の在り方に関する深刻な問題として受け止めながら，すべての研究機関はハラスメント撤廃の取組みを進めるべきである。

(27)　世界科学会議「科学と科学的知識の利用に関する世界宣言（1999年7月1日採択）」学術の動向2000年4月号9頁以下。

2　社会政策学会のハラスメント調査をみる

本稿を閉じるにあたって，研究者育成におけるハラスメント根絶にあたっては，大学組織のみならず，それぞれの専門分野の学協会の役割が重要であることを，指摘しておきたい。「学会」は，研究者が相互に議論を重ね，成長し，高めあう重要な場であり，しかも研究文化が同じ人々の集団であるため，何が研究不正であるのかの理解が，大学よりは容易であると考えられる。だからこそ，学会がハラスメント防止に果たし得る役割は大きいと同時に，ここからの異論の排除は，研究者生命を左右するほど影響は大きい。

類例は多いかもしれないが，たまたま私が最近知りえた学会におけるハラスメント調査として，社会政策学会の例を紹介しておきたい(28)。この調査は，「社会政策学会ジェンダー部会」のプロジェクトメンバーによって，2020年5月～6月に実施された。社会政策学会は，2020年度秋季大会（第141回）で，この調査結果の概要を，萩原久美子会員が報告した。

これは1168人の会員を対象にしたウェブ調査であり，回答156件（女性50.6%，男性48.7%）で，回答率は13.3%と，けっして高くはない。しかし，回答者の一定数が研究職キャリアの各段階でハラスメント経験あり，と答えており，有益な情報を含んでいる。萩原氏による「まとめと含意」によって，その概要を紹介する。

研究者としてのキャリア形成過程で，女性はとくにハラスメント被害に遭遇しやすい。なかでも「ケア（育児介護経験あり）」は差別的処遇をうみやすい。組織内では「任期付き」研究者は不当な経験が多くなりがちである。キャリア形成「初期」には，学位取得の妨げ，盗用・剽窃が多く，キャリア形成「中盤」では「ケア責任」と「任期付き」に被害が集中している。

自由記述欄には，かなり過酷な経験が数多く記載された，と紹介されている。具体的な内容については，社会政策学会のHPをぜひ参照していただきたい。回答者からは，今後とも継続的に調査して欲しいとの要望が強い。重要な点は，アンケート自体が，教育的な効果をもたらすことであろう。また，学会員の防止力・対応力の強化につながるという意見も多かった。

なかには，アンケートに対して，「セクハラとパワハラが区別されていな

---

(28)　「社会政策学会研究環境調査──2020年ハラスメント調査報告書」（同学会HPに掲載）https://jasps.org/archives/4458

い」という疑問や，「想定されるサンプルにジェンダーバイアスがあるのではないか」など，注文をつける意見もあった。しかし，それらを上回って，強い「期待や関心」が寄せられていることに注目したい。「調査結果を広く共有して欲しい」，「その他の学会でも調査をしてください」という要望もあった。

おそらく他の学会でも，同様の調査に取り組むことは可能であるし，研究者育成過程において多様性を確保するためにも，それらアンケート調査の結果を有意義に活用できるはずである。本来の研究とは異なるこのようなアンケートを実施するには，専門的なチームによるかなりのエネルギーが必要であり，学会トップが強い意思をもって取り組む必要がある。このことが，日本の学術研究の進歩につながることをしっかり認識して，可能なかぎり多くの学会が多彩なハラスメント防止のための調査に取り組んで欲しいものである。

40　大学におけるセクシュアル・ハラスメント判例総覧50件

Ⅰ　はじめに

2017年から18年にかけて，全世界的に，性的被害の告発とその撲滅を訴える動きが相次いだ。国内でも例外ではなく，2017年には伊藤詩織氏が首相と親しいジャーナリストからのレイプ被害を告発し[(1)]，2018年には女性記者が元財務事務次官によるセクシュアル・ハラスメント（以下，セクハラとする場合がある）を明るみに出し，これらを契機に「メディアで働く女性ネットワーク」や「メディアにおけるセクハラを考える会」[(2)]が設立された。メディア界で働いている女性に対する権利侵害の実態が日の目をみたことは，1つの成果である。しかしながら，これらの件をめぐる一連の政治家発言は最悪で，世界に向けて日本が「性差別大国」であることを発信してしまった[(3)]。国の行方に責任をもつ大臣や議員が性暴力にここまで無理解であるのなら，一般社会の人々にその「害悪」を理解させることもまた，至難の業であろう。案の定，ネットには被害者である女性たちへの中傷・非難があふれ，背筋が寒くなる思いである。

セクハラは性暴力の一類型であり，就業環境や教育・研究環境を著しく悪化させる侮蔑的で敵対的な行為である。このようにきわめて深刻な人権侵害を引き起こす違法な行為であるにもかかわらず，セクハラについては「たかがこの程度の問題」としか理解されないことがまれではない。被害者による告発が，売名行為だとか，加害者を陥れる道具として使われたかのように非難される場合すらある。公的世界で名をあげた人々が加害者の場合にはなおさらであり，

---

(1)　伊藤詩織『Black Box』（文芸春秋，2018年）。

(2)　「メディアで働く女性ネットワーク」（2018年5月設立，林美子代表），「メディアにおけるセクハラを考える会」（2018年5月設立，谷口真由美代表）。

(3)　たとえば「週刊誌に録音売るのはある意味犯罪・はめられた」（下村博文・元文科相），「抗議する女性国会議員はセクハラとは縁遠い方々」（長尾隆・衆議院議員），「弁護士に話すのがそんなに苦痛なのか」（矢野康治・財務省官房長），「はめられて訴えられているんじゃないかという意見がある」「セクハラ罪という罪はない」（麻生太郎・財務大臣）などの発言が相次いだ。浅倉むつ子「日本は『性差別大国』」労働法律旬報1920号（2018年）4頁以下も参照。

政治の世界，メディアの世界，高等教育の世界でも，この構図は変わらない。

今回，私たちは，さまざまな分野に広がっているセクハラ事案のなかから，大学における裁判例50件を分析することにした[(4)]。特に大学のセクハラ事案をとりあげるのはいくつかの理由がある。大学では，第1に，セクハラが，被害者（主として院生・学生）と加害者（主として教員）の力の落差がもっとも大きい関係性において発生しがちであること，第2に，それだけに被害者が拒絶できない状況におかれやすいこと（教員による成績評価や指導上の影響力・支配力の大きさ），第3に，一般社会とは異なる学内の仕組みや，専門性が高い学問の世界という権威的構造があるため，他の分野とは独自に検討する必要がある，といえるからである。

Ⅱ　大学におけるセクハラ対策と法規制

職場におけるセクハラについては，1997年の均等法改正時に，女性労働者を対象とするセクハラ対策が事業主の配慮義務となり（均等法21条1項），2006年の均等法改正時には，男女労働者を対象とするセクハラ対策が事業主の措置義務となった（同法11条1項）。均等法のセクハラ指針は，事業主が講じるべき措置を具体的に示しており[(5)]，2013年の同指針の改正により，現在では，ジェンダー・ハラスメント（性差別意識に基づく嫌がらせ）や同性に対するセクハラも，事業主が対応すべき措置に含まれている。

この均等法におけるセクハラ措置義務規定は，一般職国家公務員には適用されない仕組みである。そこで97年改正均等法の施行時（1999年）にあわせて，一般職の国家公務員を対象とする人事院規則10-10が制定された[(6)]。当該人事院規則は，対応すべき対象となるセクハラ行為を均等法ほど限定的にはとらえず，幅広い行為を規制の対象とするものであった[(7)]。この人事院規則10-10に

(4)　キャンパスセクハラ判例について分析した先行研究として以下も参照されたい。松本克美「キャンパス・セクシュアル・ハラスメント訴訟と大学の教育研究環境配慮義務」立命館法学300・301号（2006年）453-488頁。

(5)　事業主が職場における性的な言動に起因する問題に関して雇用管理上講ずべき措置についての指針（平成18年10月11日厚生労働省告示第615号）。ここに明示されている措置は，①事業主の方針等の明確化およびその周知・啓発，②相談に応じ，適切に対応するために必要な体制の整備，③事後の迅速かつ適切な対応などである。

(6)　人事院規則10-10セクシュアル・ハラスメントの防止等（1998年11月13日）。

(7)　人事院規則は当初から，1997年改正当時の均等法が対象外としていた，①男性職員が被るセクハラ，②職場外の職員同士のセクハラ行為，③ジェンダー・ハラスメント，

倣う形で，各省庁はその後相次いで，通達等によってセクハラ防止対策を整備していった。

文部省（当時）もその一環として1999年に，国立大学におけるセクハラ防止対策にかかる文部省訓令4号(8)を策定した。2004年4月には国立大学が法人化され，均等法11条（当時は21条）が大学にも適用されることになったが，教育現場としての大学に関しては，従前どおり文部省訓令4号の趣旨を活かしたセクハラ防止対策が講じられてきている。公立・私立大学も，文部省訓令4号の趣旨をくみつつ，設置者である地方公共団体や学校法人等が，それぞれの権限と責任に基づき，大学内のセクハラ防止対策を講じている状況である。

セクハラ行為を行った行為者に対する制裁は，学内構成員に適用される就業規則の懲戒規定に従って対応がなされなければならない。処分の相当性は，懲戒処分に関する人事院通達に示されている標準例(9)が参照される傾向にある。ちなみに同通達は，セクハラについては，行為類型ごとに具体的な処分相当性の標準例を示している(10)。

一方，セクハラ行為が発生した場合の被害者の学習環境の保護等に関しては，各大学は，教務等に関する学内規則にのっとり学生のゼミ所属の変更等の措置を行っている。使用者が有する労働契約上の業務命令権にもとづき，大学は，教員に対して，ゼミや講義担当の変更，在宅勤務，研修受講等を命じている。現在，764校にのぼる全国の大学（国立86校，公立84校，私立594校）は，「セクハラ防止の取組を実施している」と回答し，99.1％の大学が，学内の全ての学生及び教職員が相談できる窓口を設置していると回答している(11)。以上の状況からみて，大学ではセクハラ事件が相変わらず多発しているものの，セクハラ対策については，大学のほうが一般企業よりはおそらく進んでいるのではな

などども対象としていた。浅倉むつ子『均等法の新世界』（有斐閣，1999年）98頁以下。

(8)　「文部省におけるセクシュアル・ハラスメントの防止等に関する規程」(1999年3月30日文部省訓令第4号)。

(9)　人事院「懲戒処分の指針について」(平成12年3月31日職職-68)。

(10)　セクハラ行為に対する処分の標準例としては，①暴行脅迫を用いるわいせつ行為等に対しては免職もしくは停職，②相手の意に反することを認識したうえでわいせつな言辞等の性的言動を繰り返したときは停職または減給。ただし相手が精神疾患に罹患したときは免職又は停職。③相手の意に反することを認識してわいせつな言辞等の性的言動を行った場合は減給または戒告，としている。

(11)　文科省「平成26年度大学における教育内容等の改革状況について」。

いかと推測される[12]。

Ⅲ　大学におけるセクハラ裁判例50件の4分類

本稿では，1997年から2018年までの判例50件をとりあげて分析した。概要は文末の【一覧表：大学におけるセクシュアル・ハラスメント裁判例50件】に示す通りである。これらの判例は，ウェストロー・ジャパン，判例秘書，TKCの検索により入手できた裁判例の中から，大学におけるセクハラ事案と考えられるものを時系列に並べ，判決の年月日，裁判所名，事案の概要，判断，出典を示した。右端の欄にはこれら判例をⅠからⅣに分類して表示した。(Ⅰ)教員・職員から大学を訴えた事案[13]，(Ⅱ)学生から教員や大学を訴えた事案，(Ⅲ)教員から学生・職員を訴えた事案[14]，(Ⅳ)その他の事案，である。

全体の流れをみると，初期の段階では，被害者（主として院生・学生）が加害者（主として教員）や大学に損害賠償を求めるⅡ型の訴訟が数多く提起されていたが，平成16年頃からは，教員が大学を訴えるⅠ型が増加した。時期が大学法人化と重なっているものの，その影響の有無は判然としない。ただ，この頃から，各大学におけるセクハラ防止対策の整備，相談室の充実，加害者への処分の増加があったのではないかと推測される。大学内での自律的な紛争処理手続きによって，大学が加害者とされる教員に対し就業規則や懲戒規程に基づく処分を講じ，かかる処分を不服とする教員が提訴するケースが増えたのであろう。

一方，大学から処分を受けた教員が被害の申し立てをした学生等を相手取って訴訟を提起するという事案もみられる（Ⅲ型）。院生・学生が大学の苦情相談窓口に虚偽の申告をしたとして，教員から不法行為もしくは名誉棄損による損害賠償を請求する訴訟類型である（例えば【36】【43】)。被害者である院生・学生は応訴の負担を強いられるが，【一覧表】にある裁判例において，最終的に原告（教員）の請求が認められた事例はない[15]。

---

(12)　これは，2018年9月3日に行われた日本学術会議主催のシンポジウム（「セクシュアル・ハラスメントをめぐる法政策の現状と課題」）において「キャンパス・セクシュアル・ハラスメントの実態と課題」を報告した北仲千里氏の見解とも一致するものである。

(13)　ほとんどの事件の原告は教員だが，【31】は職員が提訴した事件である。

(14)　ほとんどの事件の被害者は学生だが，【29】の被害者は職員である。

(15)　【1】の反訴では教授による名誉棄損の主張が認められたものの，控訴審（【3】）で

Ⅳ　セクシュアル・ハラスメントの行為類型

裁判所はどのような行為をセクハラと認定しているのだろうか。第1には，意に反する性交渉，性的部位（胸や下半身）への接触，その他身体的接触（抱きつく，キスをする）という行為がある。これらは刑事事件になり得る重大かつ深刻なケースであり，大学のセクハラ事案では相当数を占める。次に認定されているのは，性的関係を要求するような言動，食事に誘う等の執拗なメールを送信すること等である。

裁判所は，近時，女性を蔑視する発言等もセクハラと認定する傾向を示している。例えば，教員が女性の助教に対し，「女性研究者は出産とかで何年も空くと，やっぱりなかなか戻りづらい」などの発言につき，着任早々に複数回にわたって結婚又は出産で休職する予定がないかを尋ねたことも併せて考慮しつつ，「発言を聞いた女性労働者に対して強い不快感を与える」セクハラに当たる，と判断したケースがある【49】。このように裁判所は，セクハラを必ずしも「性的な言動」のみに限定せず，一般の女性労働者の感じ方に照らして，当該発言を聞いた女性労働者に強い不快感を与える発言をセクハラと認定する傾向にある。

Ⅴ　セクシュアル・ハラスメントの成否

1　供述の信用性

裁判では，意に反する性交渉等，セクハラ行為の存否が争点となる事案が多く見られる。それらが密室で起きた場合には，客観的証拠に乏しく，加害者と被害者の供述が大きく異なる場合が多いからである。裁判所は，どちらの供述が信用できるかを比較してセクハラ行為の存否を判断する。信用性の判断としては，それぞれの供述内容が，①具体的かつ詳細であるか，②不自然，不合理でないか，③一貫性があるかなどがポイントとなる。一般的に，当事者の供述が変遷すれば，その供述内容の信用性は疑わしいと受け止められる。しかし裁判所は，セクハラをめぐる裁判において被害者の供述が変遷することは，被害者が受けた性暴力の態様によっては十分にあり得ることだとして，理解を示す傾向がみられる（例えば【20】）。

棄却された。

また，【22】の事案では，セクハラ行為の事情聴取の進行において，院生・学生が，当初は担当教員との関係の悪化をおそれて被害の一部しか供述しなかったものの，その後に追加的に供述したという場合に，それをもって被害者の供述の信用性は否定されない，と判断した。

2　同意の有無

セクハラの成否に関しては，被害者が拒否したり，逃げたりしなかったという事実をもって，同意があったかどうかが問われる。しかし，大学における特有な関係性においては，教員は学生の成績評価，論文審査，修了などに関する絶対的な力を持ち，院生・学生は教員の機嫌を損ねれば著しい不利益を被りかねない立場にあり，それだけに，教員からの性的な要求をストレートに拒絶できないことが十分にありうる。裁判所も，院生・学生の同意の有無については，教員との関係性や被害者の心情を考慮しながら，それが真意に基づくものか不本意ながら従ったものかなど，慎重に判断する傾向にある。

教員が指導的地位・権限を利用して性的関係を強要することは許されるべきではない。しかし，教員と院生・学生が恋愛関係にあったと認定されると，セクハラ行為は否定される。大学の特任教授（原告）が他大学の院生に対する性的関係の強要等を理由に解雇された事案では，1審・控訴審ともに，教員と訴外大学院生Bとの性的関係は「大学教員としての品位を損なう不適切な行為であるとはいえるものの，相手の望まない性的な言動ということはできない」からハラスメントに該当しないとして，大学が行った処分を違法・無効と判示した（【39】【40】)。教員と院生の関係が「相互の愛情に基づくもの」としてセクハラ行為の存在を否定した事案（【44】)，教員と学生が「恋愛関係」にあったものと判断した事案（【25】【26】）もある。

しかし，教員と院生・学生間には特有な権力関係が背景にあることを考えれば，年齢差が著しい場合（【39】【40】）や，教員に配偶者がある場合（【25】【26】）においては，教員がいくら恋愛関係だと強弁し，院生・学生もそれに応ずる心理状態にあるとしても，両者の関係性は自由恋愛からはほど遠いものでしかないはずである。

Ⅵ　大学の対応の是非

セクハラ訴訟において大学の対応の是非が問われる裁判は，上記の判例分類のⅠ型とⅡ型に分かれている。Ⅰ型は，加害者とされる教員・職員が原告となり，大学が行った懲戒処分や教務上の措置の違法性を争う裁判である。Ⅱ型は，被害者である院生・学生等が原告となり，セクハラ防止対策やセクハラの事後的対応が不十分であったとして大学の責任を問う裁判である。以下では，まずⅡ型の事案を分析する。

1　被害者（院生・学生）からの訴え（Ⅱ型）

Ⅱ型訴訟の法的な根拠としては，私立大学の使用者責任（民法715条）ならびに国公立大学の国家賠償責任（国賠法1条1項），また，大学自体の不法行為責任（配慮義務・措置義務）（民法709条）や在学契約に基づく教育・研究環境配慮義務（民法415条）などが考えられる。

ア　使用者責任

教員のセクハラ行為につき大学の使用者責任が認められた事案は，【一覧表】の中では2つある（【12】【16】）。

【12】は，正規の授業時間外に学外で行われた合宿中に起きた事案であり，使用者責任の要件である業務の執行性が争われた。裁判所は，教授の指導者としての地位，合宿の批評会と授業内容との共通性，合宿参加者と授業参加者との共通性等の事情に照らして，当該合宿は授業の延長としての性格を有するため，「事業の執行行為と密接な関連を有する行為」であると認めた。

【16】は，海外調査旅行中にホテル客室内で起きた事案である。裁判所は，市立大学教授は「本件セクハラ行為を行うに当たって，自己が本件調査旅行の研究代表者であり，Xが通訳や雑用等の担当者であるという両者の上下関係から生じる事実上の影響力を巧妙に利用して不法行為に及んだものと認めるのが相当」とし，調査旅行中に客室が打合せに使用され，現に本件セクハラ行為の際にも客室内で翌日の日程の打合せがなされたという事情も考慮して，「その職務を行うについて」なされた違法有責な行為であると認定して，国賠法（1条1項）を適用し，大学の損害賠償責任を認めた(16)。

一方，国立大学教授のセクハラ行為について，それが全く私的な懇親会の帰宅途中になされたものであり，外形上「その職務を行うについて」なされたものではないと判断した事案（【22】）や，教授が学生に恋愛感情を抱いて告白し

(16)　本件では，国家賠償法が適用されたため，民法715条の適用は排斥されている。

た行為等は，講義や研究等の被告学園の事業とは関連なしになされた純然たる私的行為であり，「事業の執行につきなされたものとは認められない」とした事案（【23】）においては，使用者責任は否定されている。

イ　不法行為責任

セクハラ訴訟には，大学に対して固有の不法行為責任を追及するものもある。大学がセクハラ防止対策を講じており，セクハラ発生後に必要な調査や適切な対応をとっている場合や，大学が教員のセクハラを事前に抑止することが困難であったとされる事案では，大学に対する損害賠償責任は否定される（例えば【22】【23】）。

ウ　債務不履行責任

大学は高等教育機関であり，在学契約に基づき院生・学生に対して，セクハラ被害の発生防止やセクハラが発生した場合の適切な措置を講じる義務がある。これは教育・研究環境配慮義務の一環であり，この義務を懈怠した場合には，大学は契約上の責任を問われることになる。

大学がセクハラ防止指針を定め，相談員を配置し，防止対策委員会等を設置しており，セクハラ被害の申出を受けた後は被害者の心情にできるだけ配慮した上で加害者の懲戒手続を進めている場合には，当該義務違反は否定される（【22】）。

大学の研究環境配慮義務の内容を具体的に明示した判例をみよう（【30】）。本件は，指導教員からセクハラを受けた大学院生が，辞職した教員の後任指導者を速やかに採用せず，他の学生に対する適切な説明を怠るなどした大学に対して損害賠償を求めた事案である。裁判所は，年度途中で後任指導者を確保することは極めて困難であるため，新規に教員を採用できなかったことについては義務違反を否定しつつ，大学は原告らに対し，「研究環境配慮義務の一内容として採用方針やその採用に関する進捗状況について，セクハラの被害者に可能な限り具体的な情報を提供する義務があった」として，この対応を怠った大学の義務違反を認めた。さらに，大学は「研究環境配慮義務の一内容として，突然指導者を失うことになった他学生らに対し，……（彼らの）動揺や混乱を最小限度に止め，原告らの研究活動に支障を生じさせないよう速やかに適切な説明を行うなどの対策を講じるべき義務がある」と述べる。

セクハラが生じた場合には，加害者への処分だけでは十分な対応をしたとはいえず，被害者である院生・学生が従来と同じように研究活動に専念できるよう被害の回復に努めることも大学に求められているといえよう。

2　加害者とされる教員・職員からの訴え（Ⅰ型）

ア　事実誤認

大学から懲戒処分を受けた教員等が処分の無効，取消等を求めて提訴する場合，まずは懲戒事由がないこと，処分の前提となる事実の誤認が主張される。セクハラ行為は存在せず，就業規則等に定める懲戒事由に該当しない処分は違法であるとの主張であり，セクハラ行為の存否が，最初に争点となる。

イ　処分の相当性

セクハラ行為が認められた場合，次に問題となるのは処分の相当性である。大学が加害者に対して講じた懲戒処分の内容が相当といえるか否かが論点である。セクハラ行為と処分の軽重が比較衡量され，処分内容が不相当に重い場合には，権利濫用として無効となる。セクハラ訴訟においては，①ハラスメントの内容・回数・悪質性，②過去の懲戒処分歴の有無，③反省の意思，④加害者の不利益の大きさ（賃金が支払われない，研究室等が利用できない）等を総合的に考慮して，相当性が判断されている。

セクハラ行為が認定され，懲戒解雇や免職処分が有効とされた事案は多い。教員が地位や権限を利用して性的関係を強要したことが認定された事案（【34】），抱きしめる，キスをする，性的部位を触るなど身体的接触が認定された事案（【14】【32】【33】【34】【45】），相手の意に反して執拗に大量のメールを送信する行為が認定された事案（【31】【33】）は，刑法上の強制わいせつや「ストーカー行為等の規制等に関する法律」におけるストーカー行為としての評価を受けうる重大な違法行為であり，厳しい処分であっても，相当性が否定されることはない。

ただし，懲戒処分の中でももっとも重い懲戒解雇は無効とされることもある。【49】で裁判所は，大学院医学系研究科の教授（原告）の助教に対する女性蔑視発言や他の者を不快にさせる発言等をセクハラと認定し，懲戒事由に該当するとしたが，懲戒解雇は社会的相当性を欠き無効とした。懲戒解雇は，退職金が支給されず，再就職等にも影響を与えるもっとも重い処分であることから，相当性は慎重に判断され，重大な違法行為があった場合に限り有効とされる処分である。

解雇に次いで重い懲戒処分は停職であり，次に，減給，戒告と続く。【35】

事件では，大学院生を自己の研究室に誘い性交渉に及んだとして，被告大学から停職6カ月の懲戒処分を受けた大学院の准教授（原告）が処分の無効確認を求めたケースであるが，裁判所は停職処分を相当としつつ，期間は3カ月にとどめるのが相当であるとして，6カ月の処分は裁量の逸脱であり違法と判断した。

ただし，セクハラの事実が認定された上で，懲戒処分の相当性が否定された判例は，【一覧表】上は，上記2件にとどまる。停職処分(17)，戒告処分(18)が争われた事案ではいずれも，処分は有効とされた。

ウ　手続上の違法

懲戒処分は制裁罰の性格を持つことから，刑事処罰と類似の諸原則が要請される(19)。被処分者には，懲戒処分事由の告知，弁明ならびに防御の機会が付与されなければならない。【一覧表】の中では，懲戒処分の手続上の違法が認定された事案は見当たらず，これらの大学においては，適正な手続のもとに処分が行われていると推測される。

エ　教務上の措置

高等教育機関である大学においては，とくに被害者救済の観点から，懲戒処分とは別に，教員に対して教務上の措置（講義や演習科目の指導・担当の停止，教授会への出席停止などの措置）がとられる。被処分者からは，これらの措置が二重処分であると主張されることが多い。

判例上は，このような主張をめぐり判断が分かれている。同一事案に関して，1審は，教務上の措置は，制裁としての懲戒処分とはその性質・目的が異なるから二重の懲戒処分にあたらず適法，と判断したが（【8】），控訴審は，実質的には訓戒処分の対象となった行為に対する再度の不利益処分と評価して，一事

---

(17)　留学生である科目等履修生に対する性的な発言や身体接触の行為に対する3カ月の停職処分は相当とした事案（【24】），ゼミ所属の学生に対する執拗なメールを送り前年にも同様の言動を行って厳重注意を受けたのに再び事件を起こしたことを理由とする1カ月の職務停止処分を有効とした事案（【46】）がある。

(18)　指導教育する立場にある講師から院生（医師経験5年程度の内科医）になされた性的言動に対する処分が有効とされた事案（【20】）がある。

(19)　行政手続きでは，原則として，被処分者に対して，処分の根拠となる具体的事実についての事前の告知，弁解・防御の機会の提供が必要であるとされている（最高裁判所平成4年7月1日大法廷判決）。文部科学省も，セクハラに関する苦情相談を受けた後に加害者とされる職員から事実関係等を聴取する場合には，加害者とされる職員に対して十分な弁明の機会を与えなければならない旨を定めている。前掲注(8)参照。

不再理の原則に照らし違法と判断した例がある（【10】）[(20)]。

【24】事件では，裁判所は，大学は停職3カ月の懲戒処分に加えて，教育活動の停止及び教授会等大学運営への参加停止措置を採り，それが2年経過後も放置されたことを裁量権の逸脱があり違法，と判断した[(21)]。しかし，大学は雇用している教員に対して，管理運営上必要な事項について職務上の命令を発する権限を有しており，学生への教育環境配慮義務を尽くすために必要な範囲で，教員の教授の権利や大学の運営に参加する権利を制限することは当然の措置であると思われる[(22)]。判旨のように教員の権利を過度に重視する判断には賛成しがたい。

【19】事件では，裁判所は，停職処分の後になされた業務命令は実質的な懲戒処分ではないと判断した。ただし，被害者が修士課程を修了した後まで，教員に対して講義・研究指導の停止を継続した措置は違法である，と判示した[(23)]。さらに，教員の研究活動は教育活動と異なり，学生と接点を持たずに行うことも可能であり，居室を情報処理室の一室に限定して化学棟への立ち入り禁止を継続した措置は違法，とした[(24)]。業務命令の目的は，学生らに対する良好な教育研究環境の確保・提供であるとすれば，その必要性が認められない教務上の措置は違法・無効となる。

そのほか，停職処分後になされた在宅勤務・研修の業務命令や授業科目として演習を担当させない旨の通知につき，大学側に瑕疵はない，とした判例があ

---

(20)　本件で裁判所は，「教授会の権限は，各教員と債務者（雇用主）との間の雇用契約に基づいて有する権利ないし法律上の利益には及ばず，その各教員の権利ないし法律上の利益を，教授会が本人の意思を無視して侵害することはできない」として，教授会決定に基づく教務上の措置を違法とした【10】。

(21)　本件で，裁判所は，懲戒の被処分者が人事院に審査請求をすることは正当な不服申立権の行使であり，この判定が出るまで教育活動の停止及び教授会等大学運営への参加停止措置をとることができるとすれば，大学教授の正当な不服申立権の行使を抑制し，実質的に見て二重の処分を課するのと同様な結果を招来することになる，と述べている【24】。

(22)　松本は，大学の教育研究環境配慮義務違反，つまり債務不履行責任として捉えるべきと強調する。そのように解することで，国家賠償法の解釈として問題となる，大学の責任か公務員個人の責任かという二者択一問題を避けうるからである。松本・前掲注(4)論文476頁。

(23)　本件における業務命令は，停職期間が満了した後，1年10カ月継続した。

(24)　本件では，従来の研究室の荷物も運ばれず，なすべきことのないままに本件部屋に一人置かれているという状態が1年10カ月継続した。

る【46】。

3　その他（Ⅳ型）

【27】は，セクハラ相談の対応ミス等を理由に戒告処分を受けた大学教授が処分の有効性を争った事案である。本件では，セクハラ相談員（教授）が理事長の調査に不誠実な対応をして報告しなかったことが問題になったところ，裁判所は，セクハラ相談室はあくまで大学の一組織であるから，設置者である大学から報告を求められた際に守秘義務を理由に全て回答を拒絶することができると解するのは困難であるとして，教授の対応は不相当だったと判示した(25)。

【47】は，学生が非常勤講師の臀部を触った不法行為につき，教員から大学の対応には労働契約上の義務違反があるとして慰謝料請求がなされた事案である。大学は，学生に２度の事情聴取をし，学生が教員の臀部に触った可能性は否定できないとの印象を有しながらも，具体的状況にまで踏み込んだ綿密な調査をしないままに，ハラスメント調査委員会がハラスメント行為を否定したのであり，裁判所は，大学は「不十分な調査によって被用者である原告に不利な結論を下した」として，労働契約上の義務違反を認めた。当該大学は，加害学生に次回の原告の授業への出席を見合わせるよう指導し，次いで英語科目クラスを変更する措置をとったが，これらの措置は事態の早期決着をめざすことを優先しただけで，教員を精神的に相当傷つけたと判示された。

最後に，【一覧表】には登場してはいないが，大学においては学生間のセクハラが数多く発生していることを忘れるべきではない。コンパや誕生パーティなどの名目で飲酒し，そのあげくに行われる集団的な性暴力や，留学生を対象にした民族的蔑視が含まれる性暴力の事例など，大学内のセクハラ事案は，この国の人権意識の未成熟性をおおいに反映しているように思われる。この実態から目を背けずに，各大学は「たかがセクハラ」というような学内構成員による人権軽視の意識を根底から反省して，安全で十分な教育を受ける権利をすべての構成員に保障すべく，改革に本腰をいれて取り組まねばならない。

(25)　一方，裁判所は，教授の当該対応を懲戒処分の対象とするには疑義があるとして，戒告処分を無効とした。

一覧表　大学におけるセクシュアル・ハラスメント裁判例50件

	裁判年月日	裁判所名	事案概要	判断	出典	分類
1	平成9年1月28日（秋田県立農業短期大学事件）	秋田地裁	【本訴】出張先のホテル内で大学教授（被告）から強制わいせつ行為を受けたとして，研究補助員の女性（原告）が慰謝料を請求。【反訴】本訴被告から本訴原告に名誉棄損の反訴。	【本訴請求棄却】原告の供述内容は被害者の対応，言動として不自然であり，強制わいせつ行為の存在を否定。 【反訴請求一部認容】大学教授の名誉感情が著しく侵害され，社会的信用が著しく毀損された（慰謝料50万円・弁護士費用10万円）。	判時1629号121頁	本訴Ⅱ 反訴Ⅲ
2	平成10年10月15日（三重大学事件）	津地裁	コンパの二次会で大学の助教授（被告）に馬乗りなどをされた女子大学生（原告）がこれに抗議したところ，教官の地位，権限を誇示され，単位認定などで不利益を及ぼすことをほのめかされたとして損害賠償を求めた事案。	【請求一部認容】馬乗りになった行為は，社会通念上許容される範囲を逸脱する行為で見方によっては性行為をも連想させ，原告に著しい屈辱感と恐怖感を抱かせて精神的苦痛を与えたものといえ，被告は不法行為責任を負う（慰謝料30万円・弁護士費用3万円）。もっとも，原告らの抗議に対して被告がなした言動は脅迫とはいえず，不法行為には該当しない。	判タ1057号206頁	Ⅱ
3	平成10年12月10日（秋田県立農業短期大学事件・控訴審）	仙台高裁秋田支部	【1】の控訴審	【原判決変更】控訴人（地裁本訴原告）の供述と被控訴人（地裁本訴被告）の供述の信用性を比較検討し，控訴人の供述を採用。本件は，被控訴人が控訴人に強制わいせつ行為を行い，その性的自由を違法に侵害したものであり，不法行為に基づく損害賠償を命じた（150万円・弁護士費用30万円）。大学教授の反訴請求は理由がなく棄却。	判タ1046号191頁 判時1681号112頁 労判756号33頁	本訴Ⅱ 反訴Ⅲ
4	平成11年5月24日（東北大学事件）	仙台地裁	大学院生（原告）が在学中に指導および論文審査の担当教官であった助教授（被告）から，その地位を利用して性的関係を強要され，さらに被害申告を受けて研究科が実施した事実調査の過程においても虚偽の弁明によって精神的苦痛を受けたとして，不法行為に基づく損害賠償を求めた事案。	【請求一部認容】被告は支配従属関係を背景に，原告に性的な言動をし，原告が良好な環境の中で研究し教育を受ける利益を侵害した。また，原告に性的接触を受忍させ，肉体関係を結ばせ，原告の性的自由を侵害したものであり，不法行為は長期に及び悪質というほかなく，また研究科の調査に対しても自己の責任を免れようと図りその態度は卑劣かつ狡猾と言わざるを得ない（慰謝料750万円）。	判タ1013号182頁 判時1705号135頁	Ⅱ
5	平成11年6月3日（東北生活文化大学事件）	仙台地裁	大学の副手（原告）が，大学教授（被告）から車で迎えにくるよう呼び出され，途中で停車した車内で姦淫等の性的侵害を受けたとして，損害賠償を求めた事案。	【請求一部認容】被告は車内での姦淫行為は原告の協力なしにはできないと主張するが，体力差や原告の恐怖心等からすれば姦淫行為があったことも不合理ではない。本件には，あたかも原告が被告に謝罪するかのようなメモが存在するが，両親や恋人から誤解を受けるなど全くの孤立無援の状態で気力を失い混乱した精神状態で作成されたものである。被告は大学から自主退職の勧告を受けながらも大学教授の職にとどまり戒告処分以外には社会的制裁も受けていないという事情を総合考慮し，損害賠償請求を認容（慰謝料600万円。弁護士費用100万）。	判時1800号53頁 LEX/DB28080109	Ⅱ

6	平成12年1月26日（三重大学事件・控訴審）	名古屋高裁	【2】の控訴審	【原判決変更】被控訴人（地裁被告）が控訴人（地裁原告）に馬乗りになった行為は，社会通念上許容される範囲を逸脱する行為と評価でき違法。また，控訴人らの抗議に対する被告の言動は，女子学生の正当な抗議を封殺する意図があり，控訴人の権利行使などを妨害するためになされた威迫と認められ違法である（慰謝料80万円・弁護士費用10万円）。	判タ1057号199頁	Ⅱ
7	平成12年7月7日（東北大学事件・控訴審）	仙台高裁	【4】の控訴審	【控訴棄却】控訴人（地裁被告）が違法なセクハラを行ったことが認められるとして，慰謝料・弁護士費用等の支払いを命じた原判決を維持。	裁判所ウェブサイト	Ⅱ
8	平成13年1月18日（神戸学院大学事件）	神戸地裁	ゼミ生の「肩を抱く」「手を握る」行為が「セクハラになりうる言動」に該当するとして訓戒処分を受けた大学教授（債権者）が，学部教授会が行った演習科目の担当停止という教務上の措置は不適法だと主張して，大学（債務者）に対して，演習担当者の地位にあることを定める仮処分を申し立てた事案。	【申立却下】本件措置は，債務者の教授会での決議によってなされた教務上の措置であり，制裁としてなされたものではないから，二重の懲戒処分にあたらず，また債権者の講義や研究に関する活動を制限するものではなく，身分や給与等にも無関係の措置であるから，債権者の被る不利益が格段に大きいとまではいえず適法である。	判タ1092号189頁	Ⅰ
9	平成13年3月29日（東北生活文化大学事件・控訴審）	仙台高裁	【5】の控訴審	【原判決変更】控訴人（地裁被告）は，被控訴人（地裁原告）が控訴人を信頼し，また，指示・要求に従わざるを得ない立場にあるのを不当に利用し，被控訴人の意に反する性的行為ないし性的関係を強要した。この行為は非難されるべきだが，被控訴人の行動も無警戒にすぎ，断固として拒否する態度に出たなら本件行為にまで至らなかったものであり，賠償額は減額が相当（慰謝料200万円・弁護士費用30万円）。	判時1800号47頁	Ⅱ
10	平成13年4月26日（神戸学院大学事件・抗告審）	大阪高裁	【8】の抗告審	【原決定変更】被抗告人（地裁債務者）の教授会が決定した，抗告人（地裁債権者）の全演習科目の指導・担当を停止するとの措置は，措置の決定に至る経緯，その必要性，措置の内容等を考慮すると，実質的には訓戒処分の対象となった債権者の行為に対する再度の不利益処分と評価せざるを得ず，不適法であり，債権者の演習担当者としての仮の地位を定める仮処分を認める。	判タ1092号170頁	Ⅰ
11	平成13年7月30日	千葉地裁	大学院医学部研究科の大学院生（原告）が指導を受けていた大学教授（被告）から学会の宿泊先ホテルの被告の部屋で抱きつかれるなどのセクハラ行為を受けたとして損害賠償を求めた事案。	【請求一部認容】原告と被告の間には教育上の支配従属関係が存していたところ，被告が性的意図をもち，原告が拒絶の意思を明らかにした後もなお全身的な接触に及んだことは，社会通念上許容される限度を超えた相手方の望まない身体的接触であり，原告の性的自由または人格権を侵害する不法行為である（慰謝料300万円，弁護士費用30万円）。	判時1759号89頁	Ⅱ

12	平成13年11月30日（日本大学事件）	東京地裁	大学の研究合宿中に，担当教授（被告Ｙ１）からわいせつ行為を受けたとして，女子学生（原告）が，同教授および大学（被告Ｙ２）の不法行為責任を求めた事案。	【請求一部認容】わいせつ行為につき，被告教授はその事実を否定するが，原告の供述は被告教授の供述と比較して相対的に高い信用性を有するものであり，わいせつ行為の存在は認定される。本件合宿は授業の延長としての性格を有するものであり，被告教授の使用者である被告大学は損害を賠償する義務がある（連帯して慰謝料150万円・弁護士費用30万円）。	判時1796号121頁	Ⅱ
13	平成13年12月21日（東北生活文化大学事件・上告審）	最高裁第二小法廷	【9】の上告審	【上告棄却・上告受理申立て不受理】	LEX/DB28070690	Ⅱ
14	平成14年3月27日（琉球大学事件）	那覇地裁	交際関係にあった女子大学院生からセクハラを訴えられた妻子ある助教授（原告）に対して，大学は，当該行為の合意の有無の判断を留保したうえで道義的責任を理由に戒告処分をした。その後，別件判決でセクハラが認定されたのち，大学が懲戒処分（免職）を行ったところ，原告が当該処分の取消しを求めた事案。	【請求棄却】本件免職処分は，社会観念上著しく妥当性を欠き，裁量権を濫用したものとは認められない。また二つの懲戒処分（免職処分と戒告処分）で問題とされた事実は異なるため，二重処罰禁止の原則に反しない。	裁判所ウェブサイト LEX/DB28071033	Ⅰ
15	平成14年4月12日（大阪外大事件）	大阪地裁	国立大学大学院の教授（被告Ｙ１）から性的言動や他大学大学院の受験を妨害などを受けたととして，大学院生（原告）が指導教授及び国（被告Ｙ２）に対し，損害賠償を求めた事案。	【請求一部認容】被告教授は，原告についての虚偽の性的悪評を流布し，他大学大学院の受験を妨害し，良好な環境で研究を行う法的利益や名誉・信用等を侵害したとして，国賠法1条1項により国に損害賠償を命じた（100万円・弁護士費用10万円）。もっとも，セクハラに関する部分については，被告教授の言動は大学教員としての思慮分別を欠いた行為であるとのそしりは免れず，原告に不快感を与えたことは否定できないが，悪意から出たものとは認めがたく，内容，態様，原告に与えた不快感の程度等をも総合勘案すると，社会通念上違法性があるとは認められず，不法行為責任を否定。	LEX/DB28070781	Ⅱ
16	平成15年1月29日（名古屋市立大学事件）	名古屋地裁	【本訴】公立大学の教授（被告Ｙ１）が海外調査旅行に参加したロシアの大学院に在籍する日本人学生（原告）に対して，ホテルの一室でセクハラ行為を行ったとして，同教授及び市（被告Ｙ２）に対して損害賠償を求めた。【反訴】本訴被告Ｙ１から本訴原告に名誉棄損による損害賠償を求めた。	【本訴請求一部認容】被告教授が，間接的に自分の性的意図を明らかにする趣旨の発言をしたことや，原告が結婚するまで一時的な性的関係を希望するかのような言葉を繰り返した点について，セクハラと認定できる。調査旅行ではホテルの客室が打ち合わせに使用されており，セクハラ行為の際にも本件客室内で翌日の日程の打ち合わせがなされていた事情も考慮すると，本件セクハラ行為は，被告教授がその職務にを行うにつきなした違法有責な行為であり，被告市の使用者責任が認められる（慰謝料100万円・弁護士	労判860号74頁	本訴Ⅱ 反訴Ⅲ

				費用20万円）。 【反訴請求棄却】本訴原告の申立て事実は，主要な部分において真実と認めるのが相当。本訴原告の行為は違法に本訴被告教授の名誉を侵害する場合に当たらない。		
17	平成16年3月19日（早稲田大学事件）	東京地裁	大学のゼミに招聘されたマスコミ界の著名人（被告）がゼミの懇親会を中座し，ホテル客室内に女子学生（原告）を同行し，性的行為に及んだとして不法行為に基づく損害賠償を求めた事案。	【請求一部認容】被告が原告に対し性的行為を行うに至った経緯，性的行為の態様等全ての事情を総合的に勘案すると，原告の性的自由ないし性的自己決定権の侵害の慰謝料として150万円，侮辱行為に対し30万円，弁護士費用20万円を認めるのが相当。	ウエストロー・ジャパン	Ⅱ
18	平成16年8月30日（早稲田大学事件・控訴審）	東京高裁	【17】の控訴審	【控訴棄却・一部変更】控訴人（地裁被告・附帯被控訴人）が被控訴人（地裁原告・附帯控訴人）を心理的に拒絶不能の無気力状態にさせて性的行為を行った経緯，性的行為の態様等一切の事情を総合し勘案すると，被控訴人の性的自由ないし性的自己決定権の侵害の慰謝料として200万円，侮辱行為に対し30万円，弁護士費用40万円を認めるのが相当。	判時1879号62頁	Ⅱ
19	平成16年10月12日（鳥取大学事件）	鳥取地裁	国立大学の助教授（原告）が，強度の酩酊状態にあった女子学生をホテルに連れて行きセクハラ行為をしたとして，停職6か月の懲戒処分を受けた。学科長は，学生への講義・研究指導の停止，化学棟への立入禁止等の業務命令を行ったが，助教授は違法な業務命令であるとして国（被告）に対して賠償を求めた事案。	【請求一部認容】本件業務命令の目的は，学生らに対する良好な教育研究環境の確保，提供及び職員らに対する良好な職場環境の確保，提供であり，実質的な懲戒処分ではなく，手続違法はない。しかし，学生に対する講義，研究指導等を免ずる業務命令は，期間の定めなく命じられ，停職期間満了後1年10か月間継続したことは違法であり，また情報処理室の一室を居室に当て，化学棟への立入を禁止した措置は，学生らに対する良好な教育研究環境を確保，提供するために必要があったといえず，原告が受忍すべき限度を超えており違法。（慰謝料100万円・弁護士費用10万円）。	LEX/DB2809743 LLI/DB L05950416	Ⅰ
20	平成17年2月9日（名古屋大学医学部事件）	名古屋地裁	大学院の講師（原告）が，自己の研究室に所属する大学院生にセクハラをしたことを理由として総長が講師に対して行った戒告処分につき，事実誤認および処分手続上の違法があるとして国立大学法人（被告）に取消しを求めた事案。	【請求棄却】本件処分の認定において一部の事実誤認はあるが，原告の行為は院生の意思に反する性的な言動であってセクハラに当たることは明らかであり，本件処分が社会通念上著しく妥当性を欠き，裁量権を濫用したとは認められず，また処分手続上の違法もない。	裁判所ウェブサイト LEX/DB28100601	Ⅰ
21	平成17年3月9日（名古屋大学文学部事件）	名古屋地裁	大学助教授（原告）が指導していた女子大学生の心的，精神的混乱に乗じ，性交渉に至る関係を結んだこと等を理由としてなされた懲戒処分（6か月の停職）につき，事実誤認，適	【請求棄却】原告の一連の言動は教育公務員に対する国民の信頼を著しく失墜させる非違行為にあたり，本件処分の認定において一部の事実誤認があること，本件処分が6か月の停職という懲戒処分の中でも重いものであることを考慮しても，社会通念上著しく妥当性を欠き，裁量権を濫用し	裁判所ウェブサイト LEX/DB28101217	Ⅰ

			正手続違反の違法事由があるとして，国立大学法人（被告）に取消しを求めた事案。	たとはいえない。		
22	平成17年4月7日（お茶の水女子大学事件）	東京地裁	大学院教授（被告Y1）から，同教授のゼミの聴講をしていた科目等履修生（原告）がセクハラを受けたとして，教授及び国立大学法人（被告Y2）に対して損害賠償を請求した事案。 【24】と同一事案であるが，別訴訟。	【請求一部認容】被告教授が原告に対して行った行為はセクハラで不法行為に該当する（慰謝料200万円・弁護士費用30万円）。しかし被告大学は，被告教授のセクハラを事前に防止するための対応をとることは困難であったこと，また大学のセクハラ防止体制や本件報告を受けて以降の対応状況から，信義則上の義務違反があるとはいえず，損害賠償責任はない。被告教授のセクハラ行為は，全く私的な懇親会が場所を変えて行われた後，それぞれが帰宅する途中で行われたのであり，行為の外形上も公務員の職務行うにつきされたものではなく，国賠法で大学が責任を負うことはない。	判タ1181号244頁 LEX/DB28100833	Ⅱ
23	平成17年4月26日	東京地裁	大学のゼミ生（原告）が教授（被告Y1）からセクハラを受けたために心因反応で休養加療を余儀なくされたとして，教授及び大学（被告Y2）に対して，損害賠償を求めた事案。	【請求一部認容】被告教授が指導していた学生に恋愛感情を抱き，当該学生に告白した行為等は社会的相当性を逸脱し，不法行為を構成するものの，自己の純然たる恋愛感情を告白したもので，性的接触や性的発言等を伴うものではなくセクハラとは類型を異にし，その態様は悪質・執拗であったとはいえない（慰謝料30万円・弁護士費用8万円・通院費約7万円・前期授業料40万円）。また，被告教授の行為は，私的機会に個人的行為として行ったものであり，教授の地位・権限を濫用してなされたものではないため，被告大学の使用者責任，不法行為責任等を否定。	ウエストロー・ジャパン	Ⅱ
24	平成17年6月27日	東京地裁	ゼミ生にセクハラを行ったとして，大学から，停職3か月の懲戒処分を受け，さらに，当分の間全ての教育活動と大学運営への参加停止を命じられた（停止措置）大学院教授（原告）が，セクハラの訴えは虚偽であると主張して，国立大学法人（被告）に対して，懲戒処分の取消しを求め，さらに停止措置は違法であるとして損害賠償を請求した事案。 【22】と同一事案であるが，別訴訟。	【請求一部認容】ゼミ生からのセクハラの訴えは具体的かつ詳細で不自然・不合理ではなく，これを理由とする停職3か月の懲戒処分は相当。一方，懲戒処分から2年を経過した後も停止措置を取り続けたことは，教授の権利ないし大学運営に参加する権利を不当に制約するものであり，本件懲戒処分のほか本件停止措置まで課すものとしていわば二重処分をしたことにほかならず，裁量権の逸脱があり，大学は損害賠償責任を免れない（慰謝料100万円）。	判タ1189号243頁 判時1897号129頁 労判910号72頁	Ⅰ
25	平成18年10月19日（名古屋大学文学部事件・控訴審）	名古屋高裁	【21】の控訴審	【原判決取消し・請求認容】控訴人（地裁原告）と女子大学生との関係は控訴人の私的領域の出来事にとどまるものであり，暴行・脅迫行為は恋愛関係が破綻に至る経緯において生じたものであって，暴行・脅迫行為を独立して懲戒事	ウエストロー・ジャパン	Ⅰ

				由の前提事実として取り上げた本件処分（6か月の停職処分）は事実認定を誤り，かつ，懲戒権者の裁量権を逸脱してされた違法な処分である。		
26	平成20年2月26日（名古屋大学文学部事件・上告審）	最高裁第三小法廷	【25】の上告審	【上告棄却・上告受理申立て不受理】	ウエストロー・ジャパン	Ⅰ
27	平成20年4月18日	東京地裁	大学教授（原告）が論文の盗用，学生からのセクハラ相談に対する対応ミス，虚偽の出勤簿の作成等を理由として戒告処分を受けたため，大学（被告）に対し処分の無効及び損害賠償を求めた事案。	【請求一部認容】論文の評価は，同じ専門の研究者に委ねられるべき問題であり，懲戒処分になじまない。また，原告が虚偽の出勤簿を作成した事実や学生からのセクハラ相談に不適切な対応をした事実はない。理事長のセクハラ相談対応の調査に対する原告の対応は不相当であったといえるが，懲戒処分の対象とするには疑義があり，戒告処分は権利濫用で無効。理由なく懲戒処分を科したことは不法行為にあたる（慰謝料50万円）。	ウエストロー・ジャパン	Ⅳ
28	平成21年3月24日	東京地裁	大学教授（原告）が女子学生にセクハラを行い当該学生がPTSDを発症したという事実を，大学院研究科委員会において研究科長が発言したことは名誉棄損であるとして，原告が研究科長（被告Y1）及び国立大学法人（被告Y2）に対し慰謝料の支払いを求めた事案。 【32】と同一事案であるが，別訴訟。	【請求一部認容】女子学生が原告の行為を嫌がっていたことやそのためにPTSDに罹患したことは証拠がなく，この部分には真実性がないといえるが，原告の行為は大学院の指導教官として不適切であることはいうまでもない。研究科長の発言の一部は名誉棄損にあたるとしても，名誉棄損によって原告が被った苦痛は限られており，慰謝料5万円，弁護士費用1万円の支払いを被告大学法人に命じた。	判時2041号64頁	Ⅰ
29	平成21年4月22日	東京地裁	【本訴】大学教授（原告）は職員（被告）が実際にはセクハラ等なかったのに，被害申告をした結果，懲戒処分を受けるなどして名誉・信用を害されたとして，謝罪文の交付と不法行為に基づく損賠賠償を請求。【反訴】本訴原告からセクハラや嫌がらせを受けたとして，本訴被告が不法行為による損害賠償を求めた。	【本訴請求棄却】本訴被告の供述は，電子メールの存在や事実経過に付合する客観的証拠の存在から信用性が高いのに対し，本訴原告の供述は場当たり的な弁解の域を出るものではないとして，本訴原告がセクハラ・パワハラ行為を行ったものと認定，被害申告は虚偽のものではない。 【反訴請求一部認容】セクハラ・パワハラにより被った精神的苦痛の程度が著しい上に教授が本訴事件を提訴したことも相まって心身に変調が生じ，退職することを余儀なくされたことなど一切の事情を総合考慮して慰謝料275万円，弁護士費用25万円と認めるのが相当。	ウエストロー・ジャパン	本訴Ⅲ 反訴Ⅱ
30	平成21年7月27日	東京地裁	原告らが大学院に在籍中，指導担当助教授からセクハラ又はパワハラを受けたところ，大学（被告）は辞職した助教授の後任指導者を速やかに採用せず，他の学生に対する適切な説明を怠るなど，適切な研究環境を	【請求一部認容】本件において，被告は辞職した助教授の後任指導者を速やかに採用し，他の学生に対する適切な説明をするなどの措置を講ずべき義務がある。年度中に後任指導者を採用することができなかったことについては，採用に関する義務を怠ったということはできないが，原告らに対して後任指導者の採用に関する情報提供を怠ったこと，	ウエストロー・ジャパン	Ⅱ

			提供すべき義務に違反したと主張し，損害賠償を求めた事案。	他学生らに対して適切な説明をせず，原告らの孤立状態を漫然と放置し，研究環境を回復させるための措置義務を怠ったこと等は，在学契約上の研究環境配慮義務に違反する（原告1に対し330万円，原告2に対し110万円の慰謝料）。		
31	平成21年8月28日	東京地裁	大学の女性職員への複数のハラスメント行為や執拗なストーカー行為を理由に懲戒処分を受けた職員（原告）が処分は無効であるとして，大学（被告）に対して，雇用契約上の地位確認，解雇後の賃金及び慰謝料を請求した事案。	【請求棄却】原告の同僚女性に対するメール等による再三にわたるセクハラの存在を認定，当該行為が被告の就業規則の懲戒事由の諭旨解雇に該当するものである上，諭旨解雇に至る手続面にも瑕疵はなく，本件諭旨解雇は客観的に合理性及び相当性を有し，有効である。	ウエストロー・ジャパン	I
32	平成22年12月17日	東京地裁	2人の大学院生に対するセクハラ行為を理由に，国立大学法人（被告）から解雇された大学教授（原告）がセクハラ行為は存在せず，解雇手続きにも違法があり，解雇は無効であるとして，雇用契約上の地位確認，未払賃金及び慰謝料を請求した事案。【28】と同一事案であるが，別訴訟。	【請求棄却】原告によるセクハラはあったと認められ，論旨解雇は正当な処分理由に基づくものであり，セクハラ事案の審査の在り方は正に大学の自律的な判断によって決められることであって，セクハラを受けた院生2人に対する反対尋問の機会がないとしても，直ちに違法とならず諭旨解雇は有効。	ウエストロー・ジャパン LEX/DB25470708	I
33	平成23年2月16日	山口地裁	男子学生へのセクハラを理由として勤務先の大学から懲戒解雇された大学准教授（原告）が，当該処分は無効であるとして，公立大学法人（被告）に対して地位確認を求め（主位的請求），また処分が有効であるとしても退職金を支給しないことは違法であるとしてその支給を求めた（予備的請求）事案。	【請求棄却】原告は，教員としての優位な立場を利用し，男子学生の望まない約170通ものメールを送信し，男子学生の意に反する性的な行為を行ったと認められ，これを理由とする懲戒解雇処分は適法である。原告が行ったハラスメントの内容，態様及び程度，これによって男子学生，男子学生の両親及び大学に与えた損害の重大性や原告の責任の重大性に照らすと，原告の行為は，永年の功労を抹消してしまうほどの著しく信義に反する行為であり，退職金不支給規定が適用される。	LLI/DB L06650065	I
34	平成23年7月28日	東京地裁	学生へのセクハラ行為を理由として大学（被告）から懲戒解雇処分を受けたオペラ歌手の大学准教授（原告）が雇用契約上の地位確認，解雇後の賃金及び慰謝料を請求した事案。【36】と同一事案であるが，別訴訟。	【請求棄却】教え子の学生の供述は信用することができる一方，原告の供述は信用することができず採用できない。原告のセクハラ行為の態様はきわめて悪質であるうえ，まったく反省の態度を示していない。本件懲戒解雇は有効であり，解雇に至る被告の一連の手続きも適正であり，原告の請求は理由がない。	労経速2123号10頁	I
35	平成23年9月15日	大阪地裁	大学院准教授（原告）が，国立大学法人（被告）から女子学生に対するセクハラ行為を理由に停職6か月の懲戒処分を受けたため，同処分の無効確認及び停職期間中の賃金の支払	【請求一部認容】原告は，助教授又は准教授として学生が安心して教育を受け，研究を行うことができるように配慮すべき立場にありながら，深夜に密室である研究室で性交渉の事実を疑われるような状況を作り出したものである。原告の行為は被告の秩序，風紀又は規律を害する行為であり，	労判1039号73頁	I

			いを求めるとともに，慰謝料の支払いを求めた事案。	停職処分は相当であるものの停職期間は3か月にとどめるのが相当であり，6か月とした処分は懲戒権の濫用で違法無効，賃金支払い請求を認めた。もっとも，本件処分につき，被告の故意・過失は認められず，また処分の公表につき不法行為に当たる余地はなく，慰謝料請求は棄却。		
36	平成23年10月5日	東京地裁	【本訴】大学で学生（被告）を指導していたオペラ歌手の准教授(原告)が，被告が故意に原告を貶める目的で継続的に性的関係を要求されたと大学に虚偽の申告をしたとして，名誉毀損，慰謝料を請求。【反訴】本訴被告は本訴原告から継続的に性的行為を強要されたとして，損賠賠償請求。【34】と同一事案であるが，別訴訟。	【本訴請求棄却】本訴原告と本訴被告の供述の信用性を比較検討し，本訴被告の供述を採用。本訴被告が大学に申告した行為は，その主要な部分について真実と認めることができ，故意に本訴原告を貶める目的で虚偽の事実を申告したと認めるに足りないから，本訴請求には理由がない。 【反訴請求一部認容】本訴原告が本訴被告の指導をしていたという立場に乗じ性的関係を強要するなどした行為は社会通念上，是認できない違法なものであって，本訴被告の女性としての人格権を著しく侵害したものというべきである。精神的損害は250万円と認定。	ウエストロー・ジャパン	本訴Ⅲ 反訴Ⅱ
37	平成24年1月27日（学校法人尚美学園事件）	東京地裁	採用時および学科長就任時に，以前の勤務先でパワハラ・セクハラを行ったとして問題にされたことを告知しなかったことを理由に，数年後に普通解雇された大学教授（原告）が解雇無効を争い，大学（被告）に対して，労働契約上の地位確認，賃金等の支払い，不法行為に基づく損害賠償，名誉棄損における原状回復として謝罪文の交付を求めた事案。	【請求一部認容】告知すれば採用されないことなどが予測される事項について，雇用契約締結過程における信義則上の義務として自発的に告知する法的義務があるとはいえず，本件解雇は無効であり，地位確認を認め，被告は原告に賃金・賞与を支払うべきである。一方，被告が保護者会あてに文書を記載したことに名誉棄損の意図はなく，損害賠償請求及び謝罪文掲載請求は認められない。	労判1047号5頁	Ⅰ
38	平成24年5月31日	東京地裁	大学（被告）から必修科目の講義担当を外す措置等を受けた大学准教授（原告）が，これらは懲戒権の濫用等に当たり無効であるとして，地位確認や損害賠償を求めるとともに（甲事件），業務命令違反を理由にしてなされた懲戒処分の無効確認を求めた（乙事件）。	【甲事件：請求棄却，乙事件：請求一部認容】甲事件：原告の研究室に配属された院生や学生に対するセクハラの事実は認められず，本件措置の理由とするのは相当ではないが，それら以外の行為を理由にした本件各措置は，人事上の措置として有効であり，損害賠償請求は認められない。乙事件：研究室移転を命ずる業務命令に1回違反したことを理由になされた戒告処分は，権利の濫用に当たり，無効。	労判1051号5頁	Ⅰ
39	平成25年1月29日	京都地裁	他大学の大学院生に対する性的関係の強要等を理由に，勤務先大学（被告）から懲戒解雇された特任教授（原告）が，性的関係は合意にもとづくものであり事実誤認に基づき行われた懲戒解雇は違法，無効である上，被告	【請求棄却】原告の院生に対する一連の行為は，相手の望まない性的な言動といえず，セクハラには該当せず，ゆえに本件解雇は無効であるが，原告の雇用契約期間はすでに終了しており，地位確認請求には理由がない。また，本件処分について，被告が事実誤認をしてもやむをえない特段の事情があり，過失があったということはできないから，不	判時2194号131頁	Ⅰ

			がマスコミに公表したことにより精神的苦痛を被ったと主張して，地位確認及び不法行為に基づく損害賠償を求めた事案。	法行為に基づく損害賠償請求は理由がない。		
40	平成26年3月5日	大阪高裁	【39】の控訴審 原審では，労働契約上の権利を有する地位確認請求をしていたが，当審では雇用契約終了に基づく退職員支払請求へと訴えを交換的に変更。	【原判決変更】控訴人（地裁原告）の一連の行為はセクハラに該当せず，懲戒処分は違法無効であるとして退職金支払請求を認容。しかし，被控訴人（地裁被告）が本件処分をするについて過失があったと認めることはできず，また，被控訴人が本件処分の公表をするについても，故意・過失があったとは認められないから，損害賠償請求は理由がなく棄却。	ウエストロー・ジャパン	Ⅰ
41	平成26年4月14日	東京地裁	大学（被告Ｙ1）の科目等履修生（原告）が，同大学の職員（被告Ｙ2）からセクハラや侮辱行為を受けたこと，また原告が大学のセクハラ被害相談員協議会に相談したことの情報を大学職員（補助参加人）や被告Ｙ2が漏えいしたために原告が科目の履修を継続できなくなったとして，損害賠償を求めた事案。	【請求一部認容】被告職員が性的差別や侮辱する内容の発言をしたと認める証拠はない。また被告職員は，学生からセクハラ行為で訴えられたことを他の職員等に話しているが，それが原告であることを特定しておらず，話した相手方も友人等数名に限られており，守秘義務違反は認められない。しかし補助参加人は，担当授業内で被告職員がセクハラ行為で訴えられた旨を約30人の学生の面前で発言した。被告大学において，学生からのセクハラ相談があった場合には，手続きに直接的に関与した教職員のみならず，これを伝聞等により間接的に認識するに至った教職員についても，その情報を外部に漏洩してはならないという守秘義務を負うのであり，補助参加人が行った行為は守秘義務違反を免れず，被告大学は補助参加人の不法行為について使用者責任を負う（慰謝料10万円，弁護士費用1万円）。	ウエストロー・ジャパン LEX/DB25519223	Ⅱ
42	平成26年6月10日	東京地裁	大学の非常勤講師（被告）からアカデミックハラスメントを受け，またその意に反して性交渉を強制されたとして，女子学生（原告）が損害賠償を求めた事案。	【請求一部認容】原告をホテルに連れ込み，性交渉を持つことを強く要求し，原告を困惑させてその意に反し，被告との性交渉に応じることを余儀なくさせたのであるから不法行為が成立する。慰謝料120万円，治療費及び弁護士費用として約57万円を認容。	ウエストロー・ジャパン	Ⅱ
43	平成26年12月22日	東京地裁	留学生（被告）が大学のハラスメント防止委員会に大学教授（原告）によるセクハラ等の事実を申告し，苦情を申し立てたところ，防止委員会の調査結果を受けて大学の理事会により教員を解任された原告が，被告の申立ては内容が虚偽であり不法行為に該当するとして損害賠償を求めた事案。	【請求棄却】本件申立ては，その内容が事実無根であったとも，意図的に事実をねじ曲げたものであったともいうことはできず，本件申立の内容と事実の乖離が甚だしいとはいうこともないから，申立ては違法であるとはいえず，請求は理由がない。	ウエストロー・ジャパン	Ⅲ

44	平成27年3月27日	東京地裁	原告は，大学院在籍中，同大学の准教授（被告）から継続的なセクハラを受け，また被告は結婚に向けた努力をするなどと称して原告との交際を継続したが，原告の妊娠が判明すると原告との結婚を拒絶，妊娠中絶を強要したなどと主張し，不法行為に基づく損賠賠償を求めた事案。 【48】と同一事案であるが，別訴訟。	【請求一部認容】交際は基本的に相互の愛情に基づくものであったというべきであり，被告が原告に対する指導的な立場や上下関係を利用して，あるいは暴力的支配によって交際及びその継続を強要し，原告が不本意ながら従ったものであるとは認められず，セクハラとして不法行為に該当するとの原告の主張は採用できない。もっとも，被告が交際解消を申し入れた原告を引き留めて性的関係を継続した挙げ句，妊娠判明後に結婚を拒み，妊娠中絶を求めたことは人格権侵害の不法行為が成立する。また妊娠中絶に関する原告の不利益を軽減・解消しなかった行為も不法行為にあたる（慰謝料200万円・弁護士費用20万円）。 ＊参考　本件と同一事件だが別訴訟である【48】によれば，本件の控訴審判決（東京高裁・平成27年9月10日）は，一審被告が妊娠中絶による原告の不利益を軽減・解消する行為をしなかったことについては不法行為を否定したが，そのほかは一審判決とほぼ同様の判断により，損害額を減額して認定した（慰謝料150万円・弁護士費用15万円）。	ウエストロー・ジャパン	Ⅱ
45	平成27年6月8日（学校法人早稲田大学事件）	東京地裁	大学院生らに対するハラスメント行為を行ったとして大学（被告）から解任された大学教授（原告）が，当該解任は無効であるとして労働契約上の地位確認を求め，さらに，本件解任に係る事実をウェブ上に摘示し，教職員に電子メールで送信したことが労働契約上の債務不履行または不法行為に当たると主張して，損害賠償を求めた事案。	【請求棄却】原告は飲み会終了後，学生に対して性的身体的接触を行ったことが認められ，それは刑法上の強制わいせつ行為としての評価を受けうる重大な違法行為であるから，本件解任は社会通念上相当であり，有効。大学がウェブサイト上に解任の対象者の所属を明らかにして適切性を欠く行為をしていたことを摘示する公示行為は，原告の社会的評価を低下させるものであるが違法性が認められるものではない。原告の請求はいずれも理由がない。	労判1141号82頁	Ⅰ
46	平成27年6月9日（学校法人実践女子学園事件）	東京地裁	女子大（被告）から，ゼミ所属の女子学生に対する言動がハラスメントに当たると認定され，1月の停職処分，在宅勤務・研修の業務命令，担当する授業科目に関して演習を担当させない旨の通知等を受けた大学講師（原告）が，当該処分は違法であるとして，取消しを求め，かつ，不法行為に基づく損害賠償を求めた事案。	【請求棄却】原告は，繰り返し，執拗と言えるほどのメール送信，教員と学生という間柄を超えた親密な関係を，学生からすれば性的な関係を求められていると受け取れるような言い方をしており，教員の学生に対する指導の範疇を超える。学生に対する指導は将来を慮って慎重になされるべきであることも考慮すると，これらは重大なハラスメントにあたり，本件停職処分（1か月）は理由があり，取消事由もない。	ウエストロー・ジャパン LEX/DB25540625	Ⅰ
47	平成28年11月29日	千葉地裁松戸支部	クラスの生徒（被告Y1）から授業中に臀部を触られたとして大学の男性非常勤講師（原告）が大学に対処	【請求一部認容】被告学生が授業中に原告の臀部を触った事実を認定（慰謝料10万円・弁護士費用1万円）。また，被告大学の措置は労働契約上の義務に違反し，損害賠償責任	労判1174号79頁	Ⅳ

			を要請したものの，学内の調査委員会の対応が不十分であったとして，学生および大学（被告Ｙ2）に損害賠償請求を求めた事案。	を負う（慰謝料80万円・弁護士費用8万円）。		
48	平成29年7月14日	東京地裁	セクハラ・アカハラを理由として大学（被告）から懲戒解雇された大学教授（原告）が，当該処分は無効であるとして，地位確認，未払賃金・特別手当の支払い，不法行為に基づく損害賠償を求めた事案。 【44】と同一事案であるが，別訴訟。	【請求一部認容】原告の言動は著しく不誠実かつ無責任なものであり，また品位に欠けるものであって，一般的な社会倫理規範に反し，懲戒規定の減給，停職及び降格事由に該当する。そして，その情状は悪質であるから，7日を上限とする被告大学における停職では明らかに軽すぎ，少なくとも降格に処することは相当である。もっとも，懲戒解雇は客観的に合理的な理由があり社会通念上相当であるとは認められない。本件懲戒解雇は無効であり，地位確認請求，未払賃金と特別手当(平成27年12月分)の支払請求を認容。懲戒解雇に不法行為としての違法性及び過失があり，かつ損害が原告に発生しているとは認められず，大学に対する損害賠償請求は棄却。	ウエストロー・ジャパン	Ⅰ
49	平成29年10月4日（国立大学法人群馬大学事件）	前橋地裁	パワハラ・セクハラを理由として勤務先の国立大学法人（被告）から懲戒解雇された大学院教授（原告）が，当該処分は無効であるとして，地位確認と賃金支払いを求め，さらに精神的損害を被ったとして損害賠償を求めた事案。	【請求一部認容】女性蔑視の発言等はセクハラに該当し，業務の適正な範囲を超えた叱責・指導・暴言はパワハラに該当するが，懲戒解雇は社会通念上相当性を欠き，懲戒権又は解雇権濫用で無効。原告の地位確認を認める。大学が論旨解雇を懲戒解雇に切り替えた行為は不法行為であり，被告は損害賠償責任を負う（慰謝料15万円）。	労判1175号71頁	Ⅰ
50	平成30年2月28日	東京高裁	【48】の控訴審。 教員（地裁原告）及び大学（地裁被告）がそれぞれ控訴した事案。	【一審原告控訴に基づき原判決変更・一審被告控訴棄却】地裁被告が地裁原告に懲戒処分を付すること自体には相応の理由が認められるが，懲戒解雇は合理的な理由を欠き重きに失し，社会通念上相当であるとは認められず，懲戒権の濫用として無効とすべきである。地裁原告の平成27年12月から本判決確定に至るまでの特別手当の支払請求権を認め，原判決をその限度で変更。	ウエストロー・ジャパン	Ⅰ

出典　判例掲載誌：「判時」（「判例時報」），「判タ」（「判例タイムズ」），「労判」（「労働判例」）
　　　判例情報データベース：ウエストロー・ジャパン，TKC（LEX/DB），判例秘書（「LLI」），裁判所ウェブサイト

分類　（Ⅰ）教員・職員から大学を訴えた事案
　　　（Ⅱ）院生・学生から教員や大学を訴えた事案
　　　（Ⅲ）教員から学生・職員を訴えた事案
　　　（Ⅳ）その他の事案

第11章　研究・教育・学術

41　労働法の「女性中心アプローチ」

I　はじめに

本稿は，2019年1月17日に早稲田大学で行った最終講義[(1)]の内容に，若干の修正と補充を行なったものである。自分の古希論集にこのような論稿を掲載させていただくのは異例のことかもしれない。しかし，後掲の「著作・業績一覧」をみていただくとき，私が自らの研究史を語っている本稿は参考になるだろうという編者の皆様からのお勧めもあって，あえてこのような形で紙幅をいただくことにした。

本稿では，私が大学院に入学してから48年，大学の教員という定職をもってから40年にわたる研究者生活を振り返りつつ，前半では，労働法の「女性中心アプローチ」に辿りついたプロセスについて語り，後半では，その延長線上にある現在の関心事について述べることにしたい[(2)]。

II　婦人労働問題研究から出発――オリジナリティを模索した時代

1　東京都立大学法学部の学生時代（1967年～　）

労働法研究における私の生涯の関心事は「女性労働問題」（当時でいう「婦人労働問題」）である。自分のこの問題関心の発端は，高校時代に知ることになった住友セメント事件に関する東京地裁判決だった（東京地判昭和41年12月20日）。

---

(1)　2019年1月17日16時半から18時，早稲田大学（早稲田キャンパス）8号館206教室において「労働法の『女性中心アプローチ』～ジェンダー法との架橋を求めて」という最終講義を実施した。

(2)　本稿の内容には，以下の論文と一部重複している部分があることをお断わりしておきたい。浅倉むつ子「〈著書を語る〉『女性中心アプローチ』への誘い――浅倉むつ子著『労働とジェンダーの法律学』（有斐閣，2000年）をめぐって」ジェンダー研究20号（東海ジェンダー研究所，2018年）3頁以下。

高校時代，私は，たまたまえん罪事件に関心をもったことから[(3)]，大学では法律を学びたいと考えるようになった。3年生になり，法学部入学をめざして受験勉強をしていた冬，「結婚退職制は無効」という大きな記事が目に飛び込んできた。住友セメントという大企業を相手に提訴した鈴木節子さんが，東京地裁で勝訴したという記事だった。記憶は定かではないが，新聞には小柄な鈴木さんの写真が載っていたような気がする。法学部をめざしていた高校生にとって，このニュースはかなり刺激的で，勉学の励みになったことは間違いない[(4)]。

翌1967年に東京都立大学法学部に入学し，3年生を迎えたとき，私は，迷わず，沼田稲次郎先生と籾井常喜先生の「労働法ゼミ」を選択した。ゼミで行った初めての報告では，この住友セメント事件判決をとりあげた。ところが，東大紛争を発端とした全国的な学園紛争の嵐は，少し遅れて都立大学にも波及し，1969年6月には目黒区八雲にあった都立大のキャンパスもバリケード閉鎖され，到底，勉強するような環境ではなかった。しかも，当時の大企業には明白な女性差別があり，法学部を卒業しても女子学生の就職口はきわめて限られていた。大学のクラスにいた4人の女子学生のうち，民間企業に就職したのは1人だけ[(5)]，2人は公務員に，私は，ただ「もう少し勉強したい」というだけの気持ちから，1971年に東京都立大学の大学院（社会科学研究科基礎法学専攻）に進んだ。

2　大学院修士課程から博士課程へ（1971年～）

修士論文のテーマは，高校時代から関心を持っていた「婦人労働者の権利」だった。しかしこの分野の労働法の先行研究は決して多くはなく，官庁の資料や国会の議事録，他分野の研究書，いくつかのロー・ジャーナル等を読みあ

---

(3)　上田誠吉・後藤昌次郎『誤った裁判』（岩波新書，1960年）を読んで，理不尽な冤罪をこの世からなくしたいという思いにかられた記憶がある。

(4)　鈴木節子さんは，2017年5月6日に放映されたNHK（Eテレ）の番組（「ETV特集　暮らしと憲法①　男女平等は実現したのか」）にもお元気な姿で登場されていた。私は，以下の文章で，このことについてふれた。浅倉むつ子「企業における女性の働き方は？」山下泰子・矢澤澄子監修，国際女性の地位協会編『男女平等はどこまで進んだか　女性差別撤廃条約から考える』（岩波ジュニア新書，2018年）71頁以下。

(5)　当時，私は経済学部と法学部の混成クラスに所属していたため，正確にいえば，同じクラスで民間企業に就職したただ一人の女性は経済学部生であり，法学部生の女性は誰も民間企業には就職しなかったことになる。

さって，なんとかつたない修士論文を仕上げた(6)。しかし，その内容たるや自分にとってもまったく満足できないレベルのものでしかなく，さらに勉強したいと考えて，1973年に博士課程に進学した。

院生時代には，ドメス出版編集長の鹿島光代さんから誘われて，同社が手掛けていた全10巻にわたる『婦人問題資料集成』出版のアルバイトをすることになった。資料を集めて，読み込み，掲載資料を選択するという有意義な仕事だった。1977年に出版が完了するまで，私は，鹿島さんに連れられて，編者の方々やその他の著名人の自宅や事務所を訪問しては資料をみせていただき，お話を聞き歩くという経験をした。山川菊栄さん，丸岡秀子さん，市川房枝さん，もろさわようこさん等，どなたのお話もきわめて啓発的で勇敢であり，大きな影響を受けた。

私がもっぱら資料収集を担当した巻は，『第3巻　労働』であり，編者は赤松良子さんだった。掲載資料を選択する仕事は，当時労働省で働いていた私と同世代のキャリアの方々，一杉一子さん，岩田喜美枝さん，杉田美恵子さんたちと一緒に行った。仕事のあとには必ず，赤松さんからワインをご馳走になり，実に楽しいアルバイトであった。

博士課程に行ったとき，沼田先生が都立大の総長になられたために，指導教授は籾井先生になった。籾井先生からは，論文の書き方から研究者としてのふるまい方まで，さまざまなことを教えていただいた。博士課程ではさらに，他大学の先生からも大学の枠を超えて指導をいただく機会が増えた。早稲田大学の島田信義先生，中山和久先生，法政大学の青木宗也先生，茨木大学の山本吉人先生には，とくにお世話になったことを思い出す。

比較法の対象国としては，イギリスを選択した。イギリスでは，1975年の性差別禁止法がいちはやく「間接性差別」禁止という法概念を導入して，数多くの裁判例を生み出しており，研究の素材には事欠かない状況だったからである。

その後，日本でも少しずつ，女性労働をめぐる裁判例が増え(7)，1975年の国

---

(6)　修士論文の一部は，以下に公表した。浅倉むつ子「労働力政策と婦人労働」福島正夫編『家族　政策と法第2巻　現代日本の家族政策』（東京大学出版会，1976年）289頁－322頁。

(7)　1975年には，女性労働をめぐる国内の判例が50件を超えた。浅倉むつ子「判例総覧・婦人労働者の権利(上)(中)(下)」労働法律旬報882号，884号，886号（1975年）

際婦人年を契機に，社会的関心も高まってきた。私にも研究発表の機会が回ってくるようになり，1977年(8)と1984年(9)に，2回の学会報告を行った。また1982年には，第1回野村賞を受賞する機会に恵まれた(10)。

このように回想していると，恵まれた環境だったはずなのだが，当時の私の研究自体は決して順調ではなかった。労働法分野の先生方から折にふれて言われ続けたのは，「女性労働問題は研究テーマとしては些末で周縁的すぎる，このような研究では主流の研究者にはなれない，早くテーマを変えなさい」ということだった。

このような助言はすべて「善意」からのものではあった。そして，他の社会科学分野の友人たちもまた，女性問題を研究テーマに選んだ段階では，多かれ少なかれ学界の先達から同じような善意の助言を受けることが多かったときく。女性問題研究は，当時，分野によってはなお，研究テーマとしての承認が得られていなかったのだろう。

私の場合，研究テーマの変更はモチベーションを奪われるに等しかったために簡単ではなく，結局，同じ研究を続けていた。その結果，たしかに私は「主流の研究者」ではなく，ようやくテニュアの職（東京都立大学法学部講師）についたのは1984年のことで，同期の院生の中ではもっとも遅かった。

当時の私にとっての悩みは，自分の研究上のオリジナルな理論的筋道を探しあぐねていたことだった。自分の研究が日本の労働法学にどのような貢献ができるのか，その自信を持つことができないという状態で，苦しかったことを記憶している。1984年に行った2回目の学会報告で少し光明を見出したような気もしたが，それもまた，自分の頭で理論を捻出したわけではなく，男女雇用機会均等法が制定されるなど，時代の変化がたまたま幸運をもたらしてくれた

参照。

(8)　第53回日本労働法学会では「婦人労働と基準監督行政」を報告した。浅倉むつ子「婦人労働に関する基準監督行政の動向と問題点」日本労働法学会誌50号（1977年）74頁以下。

(9)　第68回日本労働法学会では「性差別の類型と法規制の態様」を報告した。浅倉むつ子「性差別の類型と法規制の態様」日本労働法学会誌65号（1985年）23頁以下。

(10)　野村賞は，早稲田大学の労働法の重鎮・野村平爾先生の功績を記念して野村基金として創設され，1982年から25年間の間に，11人の若手労働法学研究者に授与された。私の受賞対象論文は以下のものである。浅倉むつ子「婦人労働者の権利──その理念と構造(1)〜(4)」労働法律旬報1015=1016号28頁以下，1019号14頁以下，1023号19頁以下，1029号53頁以下（1981年）。

にすぎない。当時は，先が見えない道に迷いこんでいたような状態であったように思う。

Ⅲ　雇用平等法理の日英比較——一つの理論的支柱

1984年に東京都立大学法学部講師という安定した職を得たことは幸運だったが，それ以上に重要だったのは，女性差別撤廃条約を介して得られた研究上の友人たちとの出会いだった。

1985年にケニアのナイロビで行われた第3回世界婦人会議・NGOフォーラムに参加した経験が契機となって[(11)]，1988年には，国連の女性差別撤廃委員会における日本審査の模様を，大脇雅子さん（弁護士），山下泰子さん（文京学院大学教授）と共に，初めて傍聴した[(12)]。この体験から，私は，女性差別をなくすためには社会における性別役割分業の変革が必要，という強いメッセージを受けとった。そして，自分のライフワークである日本とイギリスの雇用平等法制の比較研究をとりまとめる際に，女性差別撤廃条約の基本理念を主柱にすえることを学んだ。これによってようやく，求め続けていたオリジナルな研究上の理論的支柱を得た気がしたものである。

その結果，初の単著として，1991年に『男女雇用平等法論——イギリスと日本』を上梓した。鹿島さんが折りにふれて「あなたの初めての本は絶対にうちから出版するわよ」と言ってくださっていた通り，本書はドメス出版社から出版された。幸いなことに，本書は1991年に第11回山川菊栄賞を受賞し，また1993年には，早稲田大学から，本書によって法学博士号を授与された。

女性労働者の労働権保障にとっては，①男女雇用平等措置，②母性保護措置，③健康と安全保護措置，④家庭生活援護措置という4つの施策が必要であるという認識にたち，本書では，女性差別撤廃条約（第一部），日本の男女雇用平等立法（第二部），イギリスの男女雇用平等立法（第三部）を対象に，4つの措置それぞれの形成と展開を跡づけた。とりわけ，私が興味を引かれたのは，日本と同じように性別役割分業意識が根強いイギリスにおいて，構造的差別を解

---

(11)　浅倉むつ子「『将来戦略』が私たちに示すもの」婦人研究者グループ編『世界女性の「将来戦略」と私たち』（草の根出版会）10頁以下。

(12)　このときの傍聴記は以下の論文に詳しい。浅倉むつ子「男女差別撤廃への課題　第7回国連女子差別撤廃委員会傍聴記」法の科学16号（1988年）185頁以下，赤松良子他編著『女子差別撤廃条約——国際化の中の女性の地位』（三省堂，1990年）。

消するための法的挑戦が果敢になされ，その結果，次々に新たな判例が生み出されているという事実であり，法制度や判例の分析を通じて，イギリスからは多くのことを学ぶことができた。

とはいえ，この時期に至ってもなお，私は常に，ある種の不安にとらわれていた。自分の研究はあくまでも，従来の労働法学の中における「女性労働」もしくは「雇用平等法理」というごく狭い分野の研究でしかなく，このような研究テーマでも，今後，学会のなかで他の研究者仲間と切磋琢磨しつつ生きていくことができるのだろうか，という不安だった気がする。

Ⅳ 「フェミニズム法学」と「労働法のジェンダー分析」

1　アメリカで出会ったフェミニズム法学

一方，初の単著を書き上げて一段落した気分にもなり，私は，1991年9月からの1年間を，アメリカの東部にあるヴァージニア大学・ロースクールの客員研究員として過ごした。大学があるシャーロッツビルは，当時，人口3万人という小規模で治安のよい美しい街だった。近年，トランプ政権になってから，この地に白人至上主義者が集まり非常事態宣言が出されたというニュースが2017年に飛び込んできたが，1991年当時にはそのようなことは想像すらできない平和な雰囲気の街であった。

アメリカでの1年間は，学生時代に戻った気分で授業やゼミに出させてもらい，世界中から来ていた客員研究員の友人たち(13)と国内を旅行する楽しい毎日を過ごした。ここで出会ったのが，当時ロースクールの学生たちを夢中にしていた「フェミニズム法学　Feminist Jurisprudence」という授業だった(14)。

当時，日本でも「フェミニズム法学」の胎動はあり，金城清子『法女性学のすすめ』（有斐閣，1983年），角田由紀子『性の法律学』（有斐閣，1991年）が出版されていた。これらの著作は，フェミニズムに裏打ちされた実務家の観点からの斬新な問題提起を含むものであり，とくに後者から私は強い感銘を受け

(13)　ヴァージニア大学の客員研究員はScholars in Residenceと呼ばれており，以下の方々とはとくに親しく交流した。D J Devine（南アフリカ・ケープタウン大学国際法教授），Jozef Prusak（チェコスロバキア・コメンスキー大学法哲学教授），Eugene Tanchev（ブルガリア・ソフィア大学憲法学教授），Zhong Hai Zhou（中国・北京大学国際法教授）。

(14)　この授業はMary Anne Case准教授（現在はシカゴ大学ロースクール教授）が担当していた。

た[15]。しかし日本では，フェミニズムが法学教育にもたらした影響は，ごく一部の女子大学や短期大学に限られたように思われる。法学の専門教育課程である法学部の講義科目として「法女性学」が登場することはほとんどなかったし，当時，専門教育にたずさわっていたごく少数の女性教員も，相変わらず，男性教員とほぼ同じ内容の専門的講義を行い，「法学という分野に性別はない」と信じていたのではないだろうか。少なくとも私は，当時，母校の法学部で教鞭をとっていたが，そのことを不思議とも思わず，労働法や社会保障法の授業をしていた。つまり自分自身の研究と教育を切り離したものとしてしか理解していなかったのだろう。

そのようなとき，法学専門教育の本流であるアメリカのロースクールで「フェミニズム法学」という授業を経験したのである。大教室を超満員にした授業では，出版されたばかりのキャサリン・マッキノンの著作『フェミニスト国家論に向けて』[16]が大人気で，教師も学生も夢中になってマッキノンの著作を論じ合っていた。私も読んでみたマッキノン教授の主張は，従来の法学という学問を根底から覆す内容であり，大いに衝撃を受けた。フェミニズム法学への熱気をアメリカで体験したことによって，私は，人類の半分を構成する女性の問題は，労働法も含む法律学にとってごく片隅にある問題などではなく，もっとも主流をなす研究テーマなのかもしれないという，ワクワクする気分を経験したことを思い出す。

さらに，アメリカに滞在していた1991年10月，連邦最高裁の裁判官候補であったクラレンス・トーマス氏をめぐる事件が発覚した。トーマス氏が，EEOC委員長時代に，当時彼の助手をしていたアニタ・ヒル（オクラホマ大学教授）に対してセクシュアル・ハラスメントをしたという告発が公になったのである。実際にハラスメントがあったのか否かをめぐって，連日，議会の公聴会の模様がテレビ放映されていた。ロースクールでも，この問題をめぐって議論が沸騰しており，私は，フェミニズムが法の世界と遠い存在ではないことを，

---

(15)　私は，角田由紀子『性の法律学』を読んだときの衝撃と深い感銘を忘れることができない。本書は，これまで常識とされてきた法律学の権威に対して，フェミニズムの観点から堂々と疑問を投げかけた最初の本といえるのではないだろうか。

(16)　Catharine A. MacKinnon, *Toward a Feminist Theory of the State* (Harvard University Press, 1989).

身をもって体験した(17)。

さらに翌1992年6月には，ニューヨークで，当時まだ日本ではあまり知られていなかった，日本国憲法24条の起草に携わったベアテ・シロタ・ゴードンさんをインタビューする機会もあり(18)，アメリカでの1年間は，私の研究史に忘れがたい彩りを添えてくれた。

2 「労働法のジェンダー分析」

アメリカから帰国して以来，私は，1994年から2年間，東京女性財団の「アファーマティブ・アクション調査研究」に関与し(19)，また，1995年から3年間，(財)婦人少年協会の「グラス・シーリング解消のための国際交流事業」(20)に携わり，諸外国のポジティブ・アクション法制の研究に専念した。1997年には均等法改正が行われて，ポジティブ・アクションを行う事業主に対する国の援助規定が導入され，2冊目の単著『均等法の新世界』（有斐閣，1999年）も出版された。

一方，研究上の大きなモチベーションを私に一貫して与え続けてくれたのは，INTELL（インテル；International Network of Transformative Employment and Labour Law──「改革的雇用法・労働法をめざす国際的ネットワーク」）という国際的な労働法研究者グループによる国際会議だった。石田眞さん（名古屋大学・

(17)　浅倉むつ子「アメリカ社会と雇用平等の一断面（山川菊栄研究奨励賞受賞式講演）」日本婦人問題懇話会会報52号（1992年）90頁以降。忠実な保守派候補としてジョージ・ブッシュ大統領から指名されたクラレンス・トーマス氏は，この事態を乗り切って最終的には，リベラル派として知られたサーグッド・マーシャル判事の後任として，1991年10月に連邦最高裁判事に就任した。アニタ・ヒル（伊藤佳代子訳）『権力に挑む　セクハラ被害と語る勇気』（信山社，2000年）。

(18)　浅倉むつ子・尾崎薫「日本の女性たちへ──憲法の起草者の一人ゴードンさんから」まなぶ404号（1992年）57頁以下。ベアテさんを私たちに紹介してくれたのは，ニューヨーク市立大学のジョイス・ゲルブ教授だったが，ベアテさんが24条の起草者としてよく知られるようになったのは，私たちのインタビューより後のことだったように思う。

(19)　この成果は，以下の2冊の調査報告として出版された。『世界のアファーマティブ・アクション──諸外国におけるアファーマティブ・アクション法制（資料集）』（東京女性財団，1995年），『諸外国のアファーマティブ・アクション法制──雇用の分野における法制度とその運用実態』（東京女性財団，1996年）。

(20)　この仕事によって以下の書籍を監修し，出版した。浅倉むつ子監修『グラス・シーリング解消に向けて──イギリス編』（婦人少年協会，1998年），同監修『グラス・シーリング解消に向けて──ニュージーランド編』（婦人少年協会，1998年），同監修『グラス・シーリング──オーストラリア編』（婦人少年協会，1998年）。

早稲田大学名誉教授）がINTELLの当初からのコア・メンバーであり，日本人研究者にも声をかけてくれたため，私もINTELL国際会議に参加するようになった。

INTELLメンバーの多くは，批判法学の流れをくむ労働法研究者で，数年に一度，どこかの国で国際会議を開いていた(21)。常にその参加者の3分の1くらいは女性研究者で，それゆえ，中心テーマには必ず「ジェンダー」があった。

私も，第4回大会（南アフリカ・ケープタウン，1999年），第5回大会（カナダ・トロント，2000年），第6回大会（イタリア・カターニア，2002年）に参加してきたが，そこで行われる議論は，国内では到底経験できないほど楽しく刺激的であり，この議論から，私は，いずれの国でも労働法研究にはジェンダー視座が不可欠だと認識されていると確信した。

2004年3月には，第7回INTELL大会を京都・立命館大学で開催した。この会議の開催を目的として科研費を申請し，4日間の会議を成功裡に終えることができた(22)。会議を貫くテーマは「境界（Boundaries）を超えて」であり，「境界」と「グローバリゼーション」をキーワードに，新しい労働法の方向性をさぐるというものであった。日程に組み込まれた公開シンポジウムは「労働法のジェンダー分析」というタイトルで行われた。労働分野では，男性と女性，正規と非正規，ペイド・ワークとアンペイド・ワーク，雇用労働者と自営業者が，それぞれ異なる階層的な関係として位置づけられており，労働法は，社会におけるこれら非対称領域を区分する「境界」を構築してきた，という認識が語られた。今や，境界の自明性は大きく揺らいでいるのではないか，という問題提起も共有されていった。

INTELLの会議で，世界中の労働法研究者たちとこのような問題意識を数年にわたって論じてきた結果，私は，「女性労働問題を周縁的なものとしている労働法の中にある強固な『男性規範性』こそ，問題なのではないか」という確信をもつようになった(23)。

---

(21)　第1回の会合は1994年にマサチューセッツで行われたときく。INTELLに関しては，石田眞「世界の学会動向・INTELLについて」法社会学54号（2001年）237頁以下を参照。

(22)　2002年～2003年度科学研究費補助金基盤研究(C)(1)課題番号：14594011（研究代表者　浅倉むつ子）「労働法のジェンダー分析――ジェンダーの視点からの労働法の再構築に向けて」。

(23)　その後のINTELL国際会議は第8回（メキシコ・クエルナバカ，2006年）を最後

V　労働法の「女性中心アプローチ」

労働法の伝統的な「男性規範性」が女性労働を周縁化しているということであれば，次なる課題は，それを克服するために労働法はどのように再構築されなければならないのか，労働法がめざす労働政策全般の中心となる理念は何なのだろうか，という問題になるだろう。この疑問に応えるために，私は，いくつかの論文を書いた。これらの論文は，3冊目の単著『労働とジェンダーの法律学』（有斐閣，2000年）および4冊目の単著『労働法とジェンダー』（勁草書房，2004年）に収録され，さらに，「労働法の再検討――女性中心アプローチ」（大沢真理編『ジェンダー社会科学の可能性　第2巻』岩波書店，2011年，43頁以下）によって，一応，完結した。

「女性中心アプローチ」は，INTELL参加の研究者のみならず，日本の労働法以外の分野，たとえば労働政策，労働経済，労働社会学などの研究者による先行業績を労働法に「応用した」ものである。私は労働法に深く組み込まれたジェンダー秩序に対抗するものとして，概要，次のようなことを主張した。

労働法はそもそも近代法に対するアンチテーゼとして登場し，近代法が想定する「自由で平等な個人」という人間像が，現実といかに乖離しているかを認識し，そこから出発した学問である。すなわち労働法は，労働者を「他者」として排除していた近代市民法に対抗して，「労働者」に〈承認〉を与えたのである。ところが，労働法がここで包摂したのは，市場労働としての「ペイド・ワーク（有償労働）」の担い手，すなわち男性労働者であった。一方，女性は，他者のためのケア労働（家事・育児・介護などの労働）を担う存在として，労働法においては周縁的で補助的な労働者と位置づけられており，同時に，「労働する身体」と「産む身体」との矛盾の中で生きる存在でもあった(24)。そのような労働法を見直すには，労働者モデルそのものを修正しなければならず，それが，ジェンダーに敏感な視座をもつ「女性中心アプローチ」である。

に途絶えている。INTELL会議の成果はいくつかの書籍として出版されている。私も以下の論文を掲載した。Mutsuko Asakura, 'Gender and Diversification of Labour Forms in Japan', in J.Conaghan & K.Rittich (eds.), *Labour Law, Work, and Family* (Oxford: OUP, 2006), 177.

(24)　この表現は，杉浦浩美『働く女性とマタニティ・ハラスメント――「労働する身体」と「産む身体」を生きる』（大月書店，2009年）が掲げる主要テーマである。

「女性中心アプローチ」は従来の労働法理論にさまざまな修正を迫り，これを通じて，ワーク・ライフ・バランス論，妊娠・出産と不利益処遇，禁止されるべき「差別概念」，同一価値労働同一賃金原則など，浮き彫りにされる具体的な労働法の諸問題はとても多いと思われる。

この「女性中心アプローチ」については，労働法の研究者からは，「性中立的アプローチとすべきではないか」，「なぜ，女性中心なのか」という批判もあった。しかし「女性中心アプローチ」は，女性の問題だけを取り出して特別扱いするのではなく，従来「女性労働問題」とされてきた問題を，ジェンダー視座から分析して，そこから引き出される知見を労働法理論の中心にすえて，すべての労働者により広汎に適用する，という試みである。ワーク・ライフ・バランス論や差別禁止概念などの個々の諸問題は，女性のみならず，障害のある人や非正規労働者にも汎用性の高い理論であり，労働法がこれまで「他者」として排除してきたさまざまな人々の〈承認〉の理論ともいえるのではないだろうか。

そしてもちろん，男性労働者も無縁ではない。生身の男性労働者は，けっして男性規範性によりモデル化された存在ではない。それぞれに身体的・心理的な脆弱性も抱えながら，「強固で揺るぎない男性」という規範にとらわれて苦しむ人々でもあり，それゆえ，「女性中心アプローチ」は，実は「男性規範性」にとらわれて苦悶する現実の男性労働者の〈承認〉の理論でもある，と考えたい。そのような意味で，「女性中心アプローチ」は，現在でもなお，ジェンダー視座の必要性をもっとも端的に示す理論として，重要である。

この段階に至ってようやく私は，「女性労働研究は周縁的にすぎる」という批判に対して抱いていたうしろめたさから，解放された気がした。常に私を不安にしてきた「女性問題＝周縁的テーマ」という労働法学的な決めつけは，フェミニズム法学を学んだ後には，むしろ労働法という学問そのものが有する問題性なのではないかという疑問に収束していった。伝統的な労働法は，「男性」労働者を「規範」としてきたため，家族圏の労働を公共圏の労働と切り離し，前者が後者に劣るという前提にたって法的課題を語ることになったのである。それゆえ労働法においては，女性は常に「保護の対象」であり「雇用平等」の担い手ではあっても，労働法の「中心テーマ」として浮上することはなかった。労働者の権利保障を旨とする労働法の「男性規範性」は，かえって他の法分野よりも強固といえないだろうか。

しかし，「男性規範性」に彩られている学問こそ，多かれ少なかれ限界性を露呈して，正統性に揺らぎをみせることになるのではないだろうか。未来志向の労働法を構築するためには，むしろ，以前には周縁的な存在でしかなかった女性という存在を「モデル化」する必要があるはずである。その新たな労働法の下では，労働者は，包括的な差別禁止法の下で，いかなる属性によっても差別されず，また，ケア労働や地域活動のための生活時間を確保しながら働く権利を保障されなければならない。それが「女性中心アプローチ」の労働法だ，と考えるようになった。

Ⅵ　ジェンダー法との架橋を求めて

1　時代の変化の中で

世紀の変わり目において，私の研究環境もかなり変化することになった。25年間勤務してきた母校・東京都立大学を離れて早稲田大学に移ったのは，2004年4月のことだった(25)。以来，労働法以外に「ジェンダー法」という講義も担当するようになった。

この当時，労働法の専門知識を活かした仕事としては，「人事院規則10－10（公務職場におけるセクシュアル・ハラスメント防止規程）」策定のための委員会(26)や，均等法改正のための研究会(27)参加があった。2006年の第二次均等法改正によって，限界性のある条文ではあるものの，日本にも間接性差別禁止規

(25)　私が早稲田大学への移籍を決めたのは2002年10月頃であり，当時は，ほぼ1年後に石原慎太郎東京都知事が大学統廃合を一方的に強行することを予想することはできなかった（2003年8月1日，知事による「新大学構想」の突然の発表）。とはいえ，東京都による大学運営への管理強化はその数年前から徐々に進行し，都立大学の評議会には，毎年，教職員組合執行役員の処分要請が東京都から届くようになっていた。その中で評議員を務めることに息苦しさを感じていたことが，移籍理由の1つだった。東京都立大学統廃合問題については，以下の文献を参照のこと。東京都立大学・短期大学教職員組合首都圏ネットワーク編『都立大学はどうなる』（花伝社，2004年），清水照雄『東京都大学改革を巡る問題の経過・資料集──報告・総括・鎮魂』（内部資料，2006年）。

(26)　人事院公務職場におけるセクシュアル・ハラスメント防止対策検討会（1998年4月～9月）。

(27)　厚生労働省「男女雇用機会均等政策研究会」（2002年～2004年）。この研究会の「報告書」（2004年6月）は，2006年の男女雇用機会均等法の第二次改正にそのまま反映されることはなかったが，間接性差別の概念化を行い，間接差別と考えられる7つの典型事例を示すなど，今日でもなお参照されるべき意義をもつ提言といえよう。

定ができた（均等法7条）[28]。

日本でジェンダー平等に本格的な関心が向けられたのは，やはり世紀の変わり目の頃であり，1999年には男女共同参画社会基本法が国会を通過し，地方自治体の男女共同参画条例制定運動が各地に広がり始めた。私もいくつかの男女共同参画の地域条例づくりの仕事に携わることになった。「埼玉県男女共同参画推進条例」（2000年）には埼玉県女性問題協議会の1メンバーとして関与し，「東京都男女平等参画条例」（2000年）の策定には，東京都第5期女性問題協議会の条例策定専門部会長として関与した。当時，東京都女性問題協議会の会長は樋口恵子さんで，この方からも大きな薫陶を受け，仕事はやりがいのあるものだった。ところが諮問を受けたときの都知事は青島幸男氏だったが，1999年に答申を出したときの都知事は，石原慎太郎氏に変わっていた。協議会メンバーは「答申」とは異なる条例の内容や，条例後の東京都の女性政策について批判したものの，力及ばずという経験をした[29]。一方，同じ時期に，土屋県知事の下でできあがった埼玉県の男女共同参画推進条例は，独立の苦情処理委員会を設けるなどの点で，各段に上質な内容であった[30]。

これら地方条例の制定に呼応するかのように，日本でも，フェミニズムに対するバックラッシュがおきた[31]。2000年頃から，「日本会議」や他の保守系団体が，男女共同参画は「偏った思想」であり，行政の行きすぎを監視する必要があると声高に主張するようになった。東京都でも，条例制定後に「職場における男女差別苦情処理委員会」が廃止され，2年後には東京女性財団が廃止された。都は徐々に，教育現場における性教育や男女混合名簿などの先進的な取

(28) 2006年には，「間接性差別禁止の立法化に貢献」し「実践的にも女性の労働環境の改善に向けた政策提言」をしたという理由から，エイボン教育賞を受賞した。

(29) 樋口恵子『チャレンジ「平和ボケおばさん」70歳の熱き挑戦！』（グラフ社，2003年）56頁以下，浅倉むつ子「男女共同参画社会と地域条例――東京都と埼玉県条例を比較する」女性施設ジャーナル6号（2001年）22頁以下。

(30) 東京都は，条例策定後の初の審議会委員任命において，条例策定に携わった者全員をメンバーから排除した一方，埼玉県では，私も，2000年から6年間，新たな男女共同参画審議会委員に就任し，2012年からは男女共同参画苦情処理委員を務めた。両者の取り扱いの差異は歴然としていた。

(31) スーザン・ファールディは，フェミニズムへの「反動・揺り戻し」であるバックラッシュは，アメリカでは「フェミニズムが勝つかもしれないという危惧から発生している」という（ファールディ〈伊藤由紀子・加藤真樹子訳〉『バックラッシュ――逆襲される女たち』（新潮社，1994年）20頁。日本でも，まさにそのような状況だったといってよい。

り組みに対する非難を強め，2003 年には入学式・卒業式で日の丸に向かって起立し，君が代斉唱を義務づける「10・23 通達」を出し，2004 年には「ジェンダー・フリーに基づく男女混合名簿」を禁止する通達を出した。教育現場への違法な介入も目立つようになった(32)。

そのような状況の中で，2003 年 12 月には，友人たちとともに「ジェンダー法学会」を立ち上げた。上述のように，ジェンダー・フリー・バッシングの嵐によって，多くの研究者が疲弊し，翻弄されていたが，これに対抗するためにも，学問的営みを強めたいと考えたのである。司法におけるジェンダー・バイアスの根絶もまた，当時の大きな課題であった。ちょうどこの頃，司法改革の一環として，2004 年 4 月に全国でロースクール開設が予定されており，そのスタートの前に，研究と実務を架橋するためにも，ジェンダー法学会を立ち上げる必要があった。

第 1 回のジェンダー法学会は早稲田大学で開催され，大きな会場が熱気であふれんばかりだった。第 1 回の学会は大成功で，この学会の設立を機に，全国のロースクールで「ジェンダーと法」という授業が始まり，法学の専門分野でもようやく，ジェンダー法学が徐々に社会的承認を得ることができたように思う(33)。ジェンダー法学会は，2012 年には創立 10 年の記念事業として，『講座ジェンダーと法（全 4 巻）』（日本加除出版）を出版するなど，順調な活動を続けている(34)。

(32)　バックラッシュは全国に拡大し，豊中市では，男女共同参画推進センター館長だった三井マリ子さんの館長職からの排除が行われた。私は 2008 年に，大阪高裁へ「意見書」を提出し，同高裁は，豊中市と財団が三井さんの人格的利益を侵害したとして 150 万円の支払いを命じた（2010 年 3 月 30 日）。最高裁は上告を棄却して本件は確定した。三井マリ子・浅倉むつ子編『バックラッシュの生贄──フェミニスト館長解雇事件』（旬報社，2012 年）。

(33)　ロースクールのジェンダー法教育については，以下を参照。浅倉むつ子「ジェンダー法教育の意義と課題──早稲田大学のロースクールの経験を中心に」小林富久子・村田晶子・弓削尚子編『ジェンダー研究／教育の深化のために──早稲田からの発信』（彩流社，2016 年）335 頁以下，同「ロースクールにおけるジェンダー法講義の経験から」法の科学 46 号（2015 年）125 頁以下。ジェンダー法学会発足については以下を参照。浅倉むつ子「発足したジェンダー法学会」女性展望 2004 年 2 月号 1 頁，同「難関に取り組むチャレンジングな学会」ジェンダーと法 2 号（2005 年）1 頁。

(34)　私は「『講座ジェンダーと法』編集委員会」の委員長をつとめた。浅倉むつ子・二宮周平「（書評）『講座ジェンダーと法全 4 巻』」国際女性 27 号（2013 年）164 頁以下。

2　包括的差別禁止立法の研究

上記以外にも，「同一価値労働同一賃金原則」の実施方法をめぐる社会政策学との共同研究の経験など(35)，記憶に残る仕事は多々あったものの，すべてにふれるわけにはいかない。そこで最後に，労働法の「女性中心アプローチ」の応用問題ともいえる2つの仕事について言及しておきたい。

その1つは「包括的差別禁止立法」の研究である。2010年頃から，私は，内閣府の「障がい者制度改革推進会議」の「差別禁止部会」に参加した(36)。これは，性差別と障害差別の「異同」について考える意義深い経験だった。私は，障害をめぐる「社会モデル」という考え方――社会的な障壁を除去することによって，障害による障壁を解消することが可能になるという考え方――から多くのことを学び，また，障害者運動をしている方々からも深い感銘を受けた。この流れのなかから，新しい学会として「障害法学会」も生まれた(37)。

ここで学んだことを活かしつつ，2016年末に5冊目の単著『雇用差別禁止法制の展望』（有斐閣）を刊行した。本書の中心となる主張は，イギリスが2010年平等法として具体化した「包括的差別禁止立法」を日本でも構想すべき，という提言である。雇用差別に対応する日本の法的規制は，必要に応じてモザイク的に条文を設けてきたにすぎない。しかし，包括的な立法策定という作業によってはじめて，「差別」というものが反規範的な行為であること，すべての人々にとって差別されないことが基本的人権であることが，社会に浸透することになるのではないか。そのために，禁止されるべき差別事由とは何か，その定義・形態はどうあるべきか，実効性の確保の仕組などはどうあるべきか，などを研究する必要があると考えて，本書をとりまとめた(38)。

この経緯において，私は，「複合差別」をどのように禁止するかという理論課題に直面した(39)。全世界的にみても，法的に禁止される差別事由は，性別・

(35)　森ます美・浅倉むつ子編『同一価値労働同一賃金原則の実施システム』（有斐閣，2010年）。

(36)　差別禁止部会は，その後，障害者政策委員会の下でも継続し，「『障害を理由とする差別の禁止に関する法制』についての差別禁止部会の意見」（2012年9月14日）を公表した。

(37)　浅倉むつ子「障害を理由とする雇用差別禁止の法的課題」障害法創刊第1号33頁以下。

(38)　本書によって，2016年5月に，第9回昭和女子大学女性文化研究賞を受賞した。

(39)　2014年～2016年度科学研究費補助事業基盤研究(C)課題番号：26380082（研究代表者　浅倉むつ子）「雇用領域における複合差別法理の研究」。

人種などから，障害・年齢・性的指向などへと，徐々に拡大している。その結果，複数の事由により差別される人々に関心が向けられるようになった。これが「複合差別」である。複合差別については，実態の解明の必要性とともに，法的に解決すべき問題も明らかになってきている。

たとえば，白人女性と黒人女性は同じく性差別の被害者であるが，黒人女性のほうが人種と性の二重差別によって，より大きな被害を受ける立場にある。ところが法的には，人種差別と性差別は別類型の差別であり，それらが重複しているからといって特別な救済がなされるわけではない。裁判において，黒人女性は，当然ながら，性差別・人種差別の両方を主張するが，それらは各々，別個の差別として裁かれることになる。その結果，いずれかの差別であると認定されて救済されればよいのだが，実際には，どちらの差別にも該当せず，救済されないというケースが生じることになる。

被害は甚大なのに，使用者の抗弁によって法的救済が難しいという現象が生じるからである。たとえば，黒人女性が昇進差別を受けている場合に，白人女性は昇進していることを使用者が立証すれば，性差別は否定され，黒人男性は昇進していることを使用者が立証すれば，人種差別が否定されてしまうからである。このような「複合差別」の救済を可能にするためには，法文上，特別な禁止規定を設ける必要があり，その一例は，イギリス2010年平等法の「結合差別」禁止条項にみられる。複合差別禁止規定の明文化は，2010年平等法のような包括的差別禁止法の制定によって可能になったといえるであろう。

私は，日本の雇用における差別禁止法制も，イギリスのような包括的な法制度にする必要があると考えているのだが，その理由はとくに，複合差別禁止法理の研究に基づいている[(40)]。

---

(40)　CEDAW（女性差別撤廃委員会）は，2016年3月7日に，日本政府に対して第7回および第8回報告書審査の結果として「総括所見」を示し，その中で，アイヌ，部落，在日コリアン女性など民族的その他のマイノリティ女性に対する差別を防止する法律の制定などをフォローアップ項目と指定した（21項(d)(e)）。これに対して日本政府は，2018年4月にフォローアップ報告を提出したが，CEDAWは，複合差別に関してはなお勧告が「履行されていない」と評価するに至った（2018年12月17日）。次回の定期報告で，日本は，複合差別に関するさらなる行動の情報を提供しなければならないことになっている。複合差別禁止の「法理」については，以下の論文を参照。浅倉むつ子「イギリス平等法における複合差別禁止規定について」ジェンダー法研究3号（2016年）33頁以下，同「連載　雇用とジェンダー(3)女性障害者に対する複合差別」生活経済政策205号（2014年）4頁以下。

3 「男女共通規制」と生活時間プロジェクト

労働法の女性中心アプローチの応用問題の2例目は，労働時間短縮問題である。

2018年10月に私は，『労働運動を切り拓く』（旬報社）（共著者は，神尾真知子，萩原久美子，井上久美枝，連合総研）という本を出版した。本書は，「連合総研」から依頼を受けて，1970年代から80年代の「雇用平等法」制定要求運動のなかで労働運動を牽引してきた12人の女性リーダーからの「聞き取り」をまとめたものである。ここでは，均等法の制定過程で撤廃されていった「女性のみの保護規定」（すなわち時間外労働の上限規制や深夜業禁止規定）がどのような意味をもっていたのかを，改めて分析した。

周知のように，男女雇用機会均等法が制定されるときの最大の議論は，「保護か平等か」をめぐる激しい攻防だった。結果的に，女性のみの保護規定は廃止され，雇用平等法としてはあまりにも弱体な「均等法」が制定された。

この均等法をめぐっては，労働省婦人局（途中まで婦人少年局）の女性官僚による「奮闘・努力の物語」として語り継がれてきた(41)。しかし一方で，女性差別撤廃条約の批准のために限界のある均等法を受け入れ，その代わりに女性のみの保護規定を放棄せざるをえなかった労働側の経験については，ほとんど関心が払われてこなかった。それどころかむしろ，均等法は「運動側の敗北」として批判されることが多かったように思う。

しかし労働運動のなかにいた女性たちは，いったい何を主張していたのだろうか。実際には，彼女たちは，保護規定の放棄という苦悩のなかから，将来への展望も見出していたのである。それが「男女共通規制」という要求であった。従来の女性保護規定を男性にも拡張せよという要求のことだが，このことがもっている意味について，本書では改めて焦点をあてることになった。

とりわけ労働時間に関する「男女共通規制」要求は，当時の労働運動全体からは受け入れられることはなかった。なぜなら，当時の労働組合運動が男性中心だったからである。ケア労働を引き受けることのない男性組合員にとっては，労働時間短縮問題は自分たち自身のものというより，「女性の問題」にすぎな

(41)　NHKの番組「プロジェクトX」は，2000年12月に「女たちの10年戦争　男女雇用機会均等法誕生」を放映した。均等法制定当時の労働省婦人局長赤松良子氏による著作『均等法をつくる』（勁草書房，2003年）も，よくこの法律制定の経緯を描き出している。

かったのかもしれない。労働運動全体にとって，労働時間短縮意識は遅れていたとしか思えないのである[42]。

一方，この数年来，私は「かえせ☆生活時間プロジェクト」という活動に加わってきた。ともに活動してきた仲間は，労働法の毛塚勝利さん，浜村彰さん，労働運動の龍井葉二さん，弁護士の棗一郎さん，圷由美子さんなどであり，全国でシンポジウムなどを行ってきた。当プロジェクトが「生活時間」という言葉を使うのは，長時間労働によって奪われているのは大切な私たちの「生活時間」だという発想にたつからである。「かえせ☆生活時間プロジェクト」は，長時間労働に対抗して，生活時間を取り戻そうという発想こそが重要と考えて，いわば，時間短縮要求への意識改革を試みている。

男性中心の労働運動の発想では，生活時間を奪われることの痛みが軽視され，金銭的に補償されればよいという発想に陥りがちである。しかし「女性中心アプローチ」から労働時間をとらえれば，他者のケアを引き受けている「生活者」目線で労働時間をとらえることになる。日々の生活時間を確保するには，なんといっても１日の労働時間の上限規制こそ重要であり，また，奪われた生活時間は金銭ではなく時間で返してほしいという要求になるだろう。労働時間問題はまさに，労働組合だけの問題ではなく，女性問題でもあり，地域問題でもあり，国民的課題として位置づけられる必要がある[43]。

『労働運動を切り拓く』という本は，私にとっては，均等法制定時から女性たちが求め続けてきた「男女共通規制」という要求と，私自身がこの数年来関与してきた「かえせ☆生活時間プロジェクト」の２つを合体させる試みでもあった。どちらも労働法の「女性中心アプローチ」から必然的に生まれ出た発

---

(42)　連合本部が男女共通規制を運動方針として決定したのは1996年6月4日，第22回連合中央委員会でのことだった。浅倉むつ子「労働組合運動と女性の要求　『敵対』から『共存』へ」浅倉他編著『労働運動を切り拓く――女性たちによる闘いの軌跡』（旬報社，2018年）35頁。

(43)　「かえせ☆生活時間プロジェクト」に関わって書いた論文としては，以下を参照のこと。浅倉むつ子「労働時間法制のあり方を考える～生活者の視点から～」自由と正義67巻2号（2016年）41頁以下，同「生活時間をとりもどす・長時間労働の是正，男女均等待遇へ」経済253号（2016年）28頁以下，同「『かえせ☆生活時間プロジェクト』がめざすもの」女も男も129号（2017年）4頁以下，「なんのための労働時間短縮なのか」世界2017年11月号118頁以下，同「取り戻そう生活時間（基調講演）」労働法律旬報1893号（2017年）6頁以下，同「『金持ち』ではなく『時間持ち』になろう」労働法律旬報1903＝1904号（2018年）6頁以下。

想にほかならない。

Ⅶ　おわりに

以上のように，最終講義のために私の個人としての研究史を振り返ってみた。当初は，女性労働者が働き続けるためにどのような権利保障が必要かという観点で研究をしてきた。つぎには，労働法がこの問題に無関心なのはなぜかを問うことによって，労働法が女性という存在を周縁化する「男性規範性」に彩られている学問だということに気づくことになった。しかし，そのような労働法はいずれ限界性を露呈するであろう。そこで新たな労働法を構築するために，ケア労働の担い手であり，だからこそ労働と生活との矛盾のなかで生きている労働者をモデルとする労働法，すなわち「女性中心アプローチ」の労働法を提唱することになった。これが私の研究史の到達点である。

振り返りの過程で改めて感じたのは，研究とは孤独な仕事だと思いこんでいたが，実際には，とても多くの人たちとの関わりのなかでしかなしえないことであったという発見である。中でも感謝したいのは，裁判の原告の方々，社会運動や労働運動に実際に携わってきた方々である。私が研究を始めたころは，裁判といえば住友セメント事件判決くらいしかなかった。しかしその後，時代を動かす裁判がいくつも提起され，それらが社会を動かし，立法も変化させ，私の研究の意義も高めてくれたように思う。差別というものを理不尽と考え，果敢に訴訟を提起して，権利の実現のために挑戦する原告やそれを支える代理人の方々の努力がなければ，私の研究も単なる自己満足に終わったことだろう。それだけに，研究もまた実務との架橋なしには成り立たないものであると実感している。

42　ジェンダー法教育の意義と課題
――早稲田大学ロースクールの経験を中心に

Ⅰ　はじめに

今世紀初頭の「司法改革」から10年以上が経過した。この司法改革の動向は，本稿がとりあげるロースクールにおけるジェンダー法教育に深く関わっている。司法制度改革審議会意見書が2001年に出されて以来，司法改革は順次進められた。そのキーワードは「すべての人々にとってアクセスしやすい身近な司法」であった。それまでの司法が国民から遠い存在であったことを反省し，司法の担い手である法曹三者（裁判官，弁護士，検察官）は，これ以降，可能なかぎり国民の要請に応える活動をなすべきだという理想が打ち出された。

改革の議論では，司法の担い手は，幅広い教養と豊かな人間性，十分な職業倫理を身につけ，社会のさまざまな分野で厚い層をなして活躍する法曹でなければならないとされ，そのためにも「点」（試験）による選抜ではなく，「プロセス」（教育）としての法曹養成制度が必要とされた。その中核を担う法科大学院（ロースクール）制度は，2004年4月にスタートした。

一方，司法改革に対しては，「国民に身近な司法」といいながらもジェンダーの視点が欠落しているとの批判が，各方面から寄せられた。司法は人権の最後の砦という機能を担うにもかかわらず，司法改革では法曹養成におけるジェンダー教育について言及がない，司法界からジェンダーに基づく性別役割分業意識，固定観念，偏見を排除することは，なによりも司法改革に期待されたことだ，などの指摘である（浅倉 2001)。日弁連は，2002年の定期総会で，「司法の判断が，個々の人権に重大な影響をもたらすこと，裁判による規範定立を通じてジェンダー・バイアスを再生産してしまうこと，さらに，救済を求めて司法を利用する人々が，ジェンダー・バイアスによりその利用を非難されることで，いわば二次的被害さえ生じていること，などを見逃すわけにはいかない」とする決議を採択した（日本弁護士連合会 2022)。

法曹や家事調停員のジェンダー・バイアスが市民に二次被害を生み出しているという指摘は，きわめて重要であった。法曹界からのこの問題提起は，ジェンダー法に取り組む研究者の問題意識と呼応し，その結果，実務と研究の架橋の必要性が強く意識されて，2003年12月にジェンダー法学会が発足した。それゆえ，ジェンダー法学会の趣意書には，①法学をジェンダーの視点からより深く研究すること，②研究と実務を架橋することと並んで，③ジェンダー法学に関する教育を開発し深めることが，目的として掲げられた。

言うまでもなく，ジェンダー法教育は，法曹になる人のみを対象に行われるべきものではない。三成美保は，中学校，高等学校，大学・大学院，生涯教育という4つの段階すべてにおいて，ジェンダー法学は「市民教養」という生涯を通じた発展的カリキュラムとして構築されるべきである，と提言している（三成 2014a)。三成のこの提言に賛同しつつ，本稿では，とくに法曹養成専門職大学院（ロースクール）に的をしぼり，中でも私自身が経験してきた早稲田大学におけるジェンダー法教育を素材として，その意義と課題を論じることにしたい。

Ⅱ　「ジェンダー法関連科目」の全国的開講状況――2つの調査から

法科大学院におけるジェンダー法教育に関する実態調査としては，後藤弘子による2006年10月に行われた調査がある。以下，これを「2006年調査」とする（後藤 2007)。さらに，2012年11月，第22期日本学術会議「法学委員会・ジェンダー法分科会」は，ジェンダー法学教育に関して，全国の法科大学院と法学部に対して郵送によるアンケート調査を実施した。以下，これを

表　ジェンダー関連科目開講法科大学院

	2006年調査		2012年調査	
国立	9	大阪，香川・愛媛連合，金沢，九州千葉，東大，東北，新潟，横浜国立	7	九州，静岡，千葉，東北，新潟，横浜国立，琉球
公立	0		0	
私立	14	青山，大宮，学習院，関西学院，慶應，創価，中央，獨協，南山，法政，明治，立命館，龍谷，早稲田	13	青山，大宮，学習院，関西学院，慶應，中央，中京，桐蔭横浜，東洋，明治，立命館，龍谷，早稲田
	4	（単位互換） 上智（←早稲田） 久留米，西南学院，福岡（←九州）	4	（単位互換） 上智（←早稲田） 久留米，西南学院，福岡（←九州）
計	27		24	

「2012年調査」とする。私は，日本学術会議の同分科会の委員長として，2012年調査に携わった。実質的責任者は三成美保（奈良女子大学）と二宮周平（立命館大学）であり，分析に際しては，立命館大学法学アカデミーの赤塚みゆきさんにお世話になった。当該調査全般の紹介は別稿に譲る（二宮 2014）（三成 2014b）。

ここでは以上の2つの調査から，簡単に，全国の法科大学院におけるジェンダー法関連科目の開講状況をみておこう（表参照）。2006年調査では，全国74の法科大学院のうち，ジェンダー法関連科目を開講していたのは27校（36.5%）であり，国立9校，私立18校であった。ただし私立の4校（上智大，久留米大，西南学院大，福岡大）は，独自に科目を開講していたわけではなく，他大学との単位互換制度を通じて学生に受講機会を与えていた。すなわち上智の学生は早稲田大の科目を受講し，久留米大，西南学院大，福岡大の学生は，九州大が提供する科目を受講していた。

一方，2012年調査では，全国の法科大学院のうち「ジェンダー法関連科目」を開講していると回答した法科大学院は13校だった。それらにHP上で開講が確認できた7校を加えて，二宮は開講校を20校と紹介しているが（二宮 2014，19頁），これに2006年調査がカウントした単位互換校を加えた数は24校（32.4%）になる[(1)]。したがって，開講校の数については，この10年にさしたる変化はみられないといってよい。

2006年調査時に開講していたが2012年に不開講となったのは，国立の4校（東大，金沢大，大阪大，香川・愛媛連合），私立の4校（獨協大，創価大，法政大，南山大）であり，他方，新たに開講したのは，国立の2校（静岡大，琉球大），私立の3校（中京大，東洋大，桐蔭横浜大）である。ただし開講中の法科大学院には，すでに募集停止を表明した3校が含まれているため（大宮大，新潟大，龍谷大），今後の開講校の数は減少すると予測される。

法科大学院における司法試験合格人数は偏りが激しく，合格者人数のみをみると，2014年司法試験の全合格者（1810人）のうち上位10校の合格者が1044人（56.4%）を占めている。それらは，大阪大，京大，慶応義塾大，神戸大，

(1)　この10年の間の法科大学院全体の変化は著しい。この間に法科大学院の募集停止や統合化が進み，2014年7月時点で募集停止を表明している法科大学院は16校にのぼる。2004年度から2014年度の間に，法科大学院志願者は7万2800人から1万1450人に減少し，入学者は5767人から2272人へと大幅に減少した（江澤 2014）。

中央大，東大，一橋大，北海道大，明治大，早稲田大（五十音順）であった。それに上位20校の合格者を加えれば，1344人（72.6%）となり，大阪市立大，関西大，九州大，首都大東京，上智大，同志社大，東北大，名古屋大，法政大，立命館大（五十音順）が加わる。つまり，わずか20校が全法曹の7割を輩出しているのである。当然ながら上位の法科大学院には大規模校が多いため，多数の法曹を世に送り出す大規模校の責任は重大というべきである。

2012年調査によって，ジェンダー法関連科目を開講している法科大学院の規模をみると，200人前後の定員の大規模校6校（京大，慶應義塾大，中央大，東大，明治大，早稲田大）のうち4校が開講している（66.7%）。100人前後の中規模校は，10校（大阪大，関西学院大，九州大，神戸大，上智大，同志社大，名古屋大，一橋大，北海道大，立命館大）中，4校が開講（40%），それ以外の小規模校では，58校中16校が開講している（27.6%）。規模が大きい法科大学院ほど教員数が多いためにカリキュラムに多様性をもたせることができ，開講割合が高いということがわかる。

2006年調査では，大規模校の中でジェンダー法関連科目を開講していないのは京大のみだったが，2012年調査では，東大も不開講校になった(2)。開講しているのはすべて私立大学である。国立大学の大規模校でしかも合格率が高い東大と京大が2校ともジェンダー法関連科目不開講としているのは，司法改革の精神からみてもおおいに問題を感じざるをえない。ちなみに法科大学院出身者の司法試験合格率そのものは年々低下しており，2015年に合格率（受験者中の合格者割合）50%に近い数値を示したのは，国立大4校のみであった（一橋大55.6%，京大53.3%，東大48.9%，神戸大48.3%）。社会的責任の観点からも，とりわけ国立大学は早急にカリキュラム編成を見直すべきではないだろうか。

法科大学院制度そのものの見直し動向からみても，司法試験合格者は今後さらに大規模校に集中することが予想される。カリキュラム編成上，ジェンダー関連科目の開講に無理がないはずの大規模・中規模校の開講数を増やすためには，今後，何ができるだろうか。また，小規模校の学生たちにも可能なかぎりジェンダー関連科目の受講機会を与えるためには，どのような創意工夫が考えられるのだろうか。本稿ではこの課題を意識しながら，早稲田大学における

(2)　ちなみに2006年，東大法科大学院は「現代法の基本問題：ジェンダーと法」（寺尾美子教授）を開講していたが，2012年には寺尾（柿嶋）美子教授の担当科目は「現代アメリカ法Ⅱ」であり，シラバスにジェンダーの視点は書き込まれていない。

ジェンダー法教育の現状を，まず以下において整理しておきたい。

Ⅲ　早稲田大学ロースクールの経験から

1　ジェンダー法関連カリキュラム概要

早稲田大学ロースクール（大学院「法務研究科」）は，2015 年度現在，1 学年の入学定員 230 名[(3)]，専任教員 64 名（うち実務家 16 名）という大規模校である。それだけに，数多くの展開・先端科目や，現実の法サービスに接する「臨床法学教育」（リーガル・クリニック）科目を提供することが可能であり，2004 年度の制度発足時から，ジェンダー法を専門とする専任教員が配置されてきた。

2004 年度発足時には，浅倉むつ子（研究者教員）と林陽子（実務家教員）がジェンダー法専任教員として就任した。実務家教員は 5 年任期のため，林は 2008 年度で任期満了し，2009 年度には榊原富士子が就任した。ただし榊原は，事実上ジェンダー法も担当したものの，就任時には家族法担当という位置づけであった。そして榊原が任期満了した 2013 年度以降は，ジェンダー法を事実上担当する専任の実務家教員はいない。ジェンダー法関連科目は，現在，研究者教員としての浅倉と石田京子（2012 年度より准教授）の 2 人を中心に，複数の専任教員によるオムニバス科目として行われている。早稲田大学にはジェンダー法学会の会員である専任教員が他大学よりは多いために，このようなことが可能になっている。

講義「ジェンダーと法」は，3 年生向けの選択科目である。当初，これは担当者一人の単独講義科目であった。早稲田では，法科大学院創設当初，300 人定員のほとんどが未修コース入学者で，既修コースは 30 人に満たない人数だったため，既修コースの学生が 3 年になった 2005 年には，まだ 30 人の中に「ジェンダーと法」を選択した学生はいなかった。したがって，実際にこの科目を開講したのは 2006 年度からであった。2006 年度から 2008 年度の間は，「ジェンダーと法Ⅰ」（春学期，2 単位）を浅倉が，「ジェンダーと法Ⅱ」（秋学期，2 単位）を林が，それぞれ担当し，秋学期には，浅倉は「雇用差別と法」を，

(3)　入学定員については，文科省から全国の法科大学院に適正化が指導されており，早稲田大学の場合も 2015 年には 230 名に定員を縮小した。このような動向については，文部科学省の中央教育審議会大学分科会法科大学院特別委員会「法科大学院の組織見直しを促進するための公的支援の見直しの更なる強化について」（2013 年 11 月 11 日）等を参照のこと。

林は「演習：女性と暴力」を担当していた。

当時の講義を振り返ると，実務家教員はともかくとして，研究者教員にとってロースクールで「ジェンダーと法」という講義を1人で担当することはかなり困難であった。2年間の準備期間の間に，私は，主に教科書を作成し（浅倉2003）（浅倉＝戒能＝若尾 2004），2004年には，角田由紀子弁護士が明治大学法科大学院で開講した「ジェンダーと法」の授業を聴講させていただいた。それにもかかわらず，専門外のテーマを掘り下げて教えることは難しく，とくに実務経験がないことの障壁は大きかった。また，浅倉の2007年度の授業の受講者は52人，2008年度は73人だったにもかかわらず，2クラスに分けることをしなかったために，受講生との対話・議論が不十分であったことなど，今となっては反省すべきことが多く思い浮かぶ（浅倉 2015）。

このような経験を経たために，2009年度からは，春学期を「ジェンダーと法A」，秋学期を「ジェンダーと法B」として開講することにした。同じ授業内容を，春と秋に1クラスずつ提供することにしたのである。そして，これらを複数の教員が担当するオムニバス形式の授業にした。3年生は，春・秋のいずれかの学期にこの授業を受講できる。担当する教員は年次ごとに異なるものの，徐々に増える傾向にある。たとえば2015年度は，6人の研究者教員と2人の実務家でこれを担当した。研究者は，浅倉むつ子（労働法），石田京子（法社会学），北川佳世子（刑事法），棚村政行（家族法），弓削尚子（西洋史），吉田克己（民法）であり，実務家は，招聘講師として林陽子弁護士，授業協力者として光石春平弁護士（ロースクール卒業生）にお願いした。受講生の数は，年間で50名から60名，各学期ではほぼ30名前後であり，クラス人数は適正規模である。ちなみに数年間の受講者の数をあげれば，2009年度はAクラス29名，Bクラス16名，2010年度はAクラス40名，Bクラス10名，2012年度はAクラス29名，Bクラス27名，2013年度はAクラス31名，Bクラス26名，2014年度はAクラス30名，Bクラス36名，2015年度はAクラス11名，Bクラス31名であった。

オムニバス講義は専門分野の教員が担当するために，最適な講義形態だといえよう。ただし，担当者任せにせず，統括責任者が受講生に常に向き合い，講義の流れを把握し，情報等を補うなど（ある講義でとりあげたテーマに関する新しい判例が出たときは，別の教員が補うなど），教員同士が相互に連携している必要がある。成績評価は自由課題のレポート提出と日常点によるが，オムニバスでは複数の教員が相談しながら評価する体制がとれるために，教員も採点に責任をもちうるし，受講生の納得も得られやすい。

早稲田大学のジェンダー法関連科目としては，講義以外にも「家事・ジェンダー」というリーガル・クリニック科目がある。この仕組みを説明しておこう。早稲田大学附設の法律事務所「弁護士法人早稲田大学リーガル・クリニック」には，複数の弁護士が所属し，その多くは実務家として活動しながら，法科大学院の教員として研究と教育に従事している。この事務所で行う法律相談には，有料相談と無料相談がある。前者は所属弁護士が担当する通常の法律相談だが，特色があるのは後者である。無料法律相談（クリニック相談）では，法科大学院の授業の一環として，弁護士教員と学生がグループを作り，市民からの相談に対応する。学生は教員の監督と指導のもとに，実際の法律相談を担当し，事案の分析や法的な理論の構築などを行いつつ，相談者に回答する。ときには，弁護士教員が案件を受任した実際の事件について，証拠収集，訴状や各種文書の作成，証人尋問における尋問事項の作成，証人や当事者との打ち合わせ，関連の調査や裁判傍聴を行ったりして，法的な解決に至るプロセスを経験することもある。

リーガル・クリニックは，「民事」，「家事・ジェンダー」，「刑事」，「労働」，「行政」，「外国人」，「商事」，「障害法」の8分野から構成されている。当初は「ジェンダー」という独自分野を設定したが，法律相談をする一般市民にとっては「ジェンダー」という言葉になじみがないせいか，相談事案を集めるのに苦労することになった。そこでここ数年間は，「家事・ジェンダー」クリニックとして，法律相談を受け付けている。「家事・ジェンダー」クリニックの分野では，「家事・ジェンダーⅠ」（2単位）が春学期に3年生向けに開講され，「家事・ジェンダーⅡ」（2単位）が秋学期に2年生向けに開講される。毎年，「家事・ジェンダー」は受講希望者がもっとも多い分野であり，2014年度の春学期は，受講生14人・教員7名，秋学期は，受講生8名・教員は6名，15年度の春学期は受講生2名・教員5名，秋学期は受講生10名・教員5名であった。15年度春学期の受講生が減少したのはカリキュラム編成の変更が影響したらしく，再度の見直しが行なわれた。ちなみに2015年度秋学期の担当教員は，浅倉むつ子（専任教員），棚村政行（専任教員，弁護士），松原正明（専任教員，元裁判官），岡田裕子（兼任教員，弁護士），榊原富士子（兼任教員，弁護士）であった。

「家事・ジェンダー」クリニックにおいて2013年度春学期に扱われた9件の事案は，相続事案3件に加えて，①相談者の不貞相手である男性の妻が慰謝料請求をしてきた場合，どのような対応が可能か。②中学2年生女子に対する父親の面会交流の援助。③DV夫から離婚請求されている妻からの関係修復を望む相談。④夫のDVのために家を出た妻から離婚すべきかどうかの相談。⑤婚外子の相続分を婚内子の2分の1とする家庭裁判所の審判について不服申立したいという相談。⑥子連れ別居中の妻から離婚調停が申し立てられ，いかなる対応をすべきかという夫からの相談，などであった。このような事案の傾向は，ほぼ毎学期，共通している。ジェンダーの観点がからむ問題が多く，どのように回答するのかそれぞれに苦労しながらも，リーガル・クリニック受講生の満足度は高いと思われる。

2　講義「ジェンダーと法」――特色と課題

前述の「ジェンダーと法」の講義を担当する教員は，講義のほぼ1週間前に，使用するレジュメや参考資料や判例などを，受講者全員が利用するTKCという教育研究支援システムにアップし，全員がそれに目を通していることを前提に，講義を行う。講義では，できるだけ受講者とのやりとりを通じて理解を深める。おそらくこのことは，多くの法科大学院に共通する方法であろう。

2015年度春学期を例に，各回の講義内容について，特色といえそうな若干の点についてふれておきたい。第1回（浅倉「ジェンダー法学の概要」）では，ジェンダー法は女性のみに関わるものだという受講生の思い込みを覆すためにも，男性やLGBTが直面しているジェンダー・ステレオタイプ化問題を意識的にとりあげる。第2回（弓削「ジェンダー概念の歴史的変遷」）では，ジェンダーの歴史的構築性を考察する中から，法がその時代のジェンダー観を反映する一方，ジェンダー規範を作りそれを維持する装置だということを学ぶ。第3回（石田「司法におけるジェンダー・バイアス」）では，司法におけるジェンダー・バイアスが司法界への信頼を喪失させるものであることに注意を喚起しつつ，先進国の法曹継続教育で使用されている具体的な教材を使って，受講生にエクササイズを試行してもらう。第6回（光石「LGBTアイデンティティと法のジェンダー，実務の視点」）では，同弁護士が自ら経験した事件を素材に，LGBT当事者の弁護では実務家としてどのような対応が必要かつ可能なのかについて，具体的に考える機会を提供する。第7回（林「国際法とジェンダー」）

は，同弁護士が就任している国連・女性差別撤廃委員会の委員（2015年からは委員長）という立場から，世界各国が抱えているジェンダー関連問題の最新情報を素材に，検討する。

上記以外はおそらく他のロースクールの講義でも共通して取り上げるテーマだと思われるが，第4回（石田「セクシャル・マイノリティの権利」），第5回（浅倉「労働におけるワーク・ライフ・バランス」），第8回（石田「DV問題」），第9回（浅倉「雇用における性差別の諸相」），第10回（石田「性と生殖の権利」），第11回（浅倉「性の売買を考える──売買春と人身取引」），第12回（北川「刑事法とジェンダー」），第13回（棚村「家族法とジェンダー」），第14回（浅倉「男女共同参画とポジティブ・アクション」），第15回（吉田「女性の逸失利益」）となっており，それぞれ，関連する法制度，判例を議論の素材としつつ，ときに海外の法状況との比較を盛りこむなどの工夫をしている。

受講生の授業評価は学期中に2回実施され，1回は学期の中間時点で，残る1回は学期の終了時点で行われる。中間時点で示される受講生の意見・要望については，それを授業内容に反映させることが可能である。たとえば14年度秋学期には，中間時点の授業評価で「指名により発言を求められることは多いが，手をあげて発言する機会が少なく残念。また受講生同士で意見を交わす機会も欲しい」という意見があった。そこでさっそく，第9回の講義では，1つの判例を素材にグループ討論の中で法的な論点について意見を交わし，その後に全体で議論するという機会をもった。このような参加型の方法を採り入れることは，ときに効果的である。オムニバス講義の場合は，教員が連携して，自由討論やワークショップをうまくリードしながら，多様な手法を採り入れる実践を意識的に配置することが必要であろう。

もちろん早稲田大学の講義にも，解決すべき課題はある。2015年度にようやく刑事法の担当者が加わったが，それまでは，カリキュラム上，刑事法分野が手薄になりがちであった。全国的にみても刑事法分野のジェンダー法研究は，難問をかかえている。裁判に関しては，性暴力被害の実態や被害者心理に対する裁判官による理解の欠如を指摘すべきであろう。裁判官の強固なジェンダー・バイアス意識が，「経験則」として裁判における事実認定に反映されてしまうことは多い（浅倉 2014）。

また，性暴力事件をめぐっては，被害者救済をめざすジェンダー法的視座と冤罪防止を追求する人権法的視座が対立することもあり，専門分野の研究者同士のコンフリクトが大きい。たとえば痴漢冤罪事件をめぐる両者の対立構図は，その一例である。私見では，被害者救済と冤罪防止とはけっして対立するものではなく，いずれも人権尊重という観点から理解しあえるはずだと思うのだが，そのためにはまずお互いに相手の主張を尊重しつつ議論する必要がある。かつて私は，1コマをこの問題に割当て（「性暴力と刑事司法――強姦罪と痴漢冤罪を考える」），痴漢をめぐる最高裁判決と性暴力をめぐる最高裁判決の両方をとりあげながら，真の被害者はいったい誰か，問題は冤罪被害者と性暴力被害者の双方を生み出す司法システムにあるのではないか，ということを解き明かそうとした（参考：石橋 2003）。どこまで説得力のある講義だったかはわからないが，一方のみをとりあげた場合よりも反感を露わにする受講生は少ないと感じた。ロースクールでの授業のあり方を工夫する必要がある問題である。

加えて，今後ともオムニバス方式を維持するためには，一層，教員の中にジェンダー法学への理解者・協力者を増やす必要がある。今後とも取り組むべき大きな課題である。

Ⅳ　おわりに

既述のように，法科大学院の将来を見据えると，今後，大規模・中規模校のジェンダー関連講義の開講数を増やし，小規模校の学生たちにもジェンダー関連科目の受講機会を与えることは重要である。早稲田大学のようにジェンダー法教育を展開・維持してきた大規模校は，近隣の大学との単位互換に，一層積極的に取り組むべきだろう。また，全国的に教育手法を交流して，ジェンダー法教育に携わる教員の養成を行う必要がある。ジェンダー法学会では，ジェンダー法教育に関与している教員に呼びかけて，経験や教材を持ち寄りつつ知恵を絞る取組を開始しようとしている。

ところで，早稲田大学のジェンダー法研究を支える最大の特色は，カリキュラムの外にあることを付言しておきたい。それは，法務研究科の公認サークル「ジェンダー法研究会」の存在である。ロースクール開講時以来，早稲田大学ロースクール生は自主的なサークルとして「ジェンダー法研究会」を組織してきた。「ジェンダーと法」が3年生向けの科目であったために，未修者には2年間まったくジェンダーを学ぶ場がない。そのため学生たちが2004年夏に，1泊2日の「ジェンダー法夏合宿」を企画し，浅倉と林もそれに参加した。その後，この研究会は公認サークルとなり，大学から若干の金銭的な援助を受けつつ，活動を続けている。サークル活動への積極的参加は法律事務所就職時にプラス評価されるため，学生たちにとってもインセンティブになっている。

同研究会の主な活動内容は，第1に，夏合宿である。毎年8月に15人から25人規模で1泊の勉強会を行う。主に現役生がテーマを決めて報告し，教員・卒業生も参加するのだが，これは2015年までに12回を数えている。第2に，新入生歓迎の勉強会や学期途中での講演会の企画，第3に，ゆるやかなメーリングリスト交流による情報交換（外部のジェンダー法企画の情報など）である。

一方，ジェンダー法研究会の卒業生たちは「ジェンダー法稲門会」（「稲門会」とは，早稲田の同窓会の名称）を組織し，現役生とは別のメーリングリストを作り，年に1回の総会をもっている。現在，50名程度の参加者があるが，早稲田大学でジェンダー法を学んだ卒業生が，今や各分野で活躍する実務家になり，各地方弁護士会の両性平等委員会，自由法曹団，労働弁護団，男女共同参画の苦情処理委員などに活躍の場を見いだしているのは頼もしい。また，卒業生弁護士が所属する法律事務所は，現役生にエクスターンシップ（ロースクール生が法律事務所などで実習してそれを単位化する科目）を提供する基盤にもなっている。

このような自主サークル活動は，法科大学院をとりまく環境が厳しくなるにつれて徐々に難しくなっていることは間違いないが，教員としては，この研究会に支えられることが実際多かった。夏合宿の学生たちの新鮮な問題提起にはおおいに触発された。現に，2013年夏合宿で学生が報告した内容を授業で紹介したこともある(4)。なによりも学生たちがジェンダー法に関心を示してくれていることがおおいなる励みになる。他大学でも，働きかけによっては，学生のこのような自主的なサークル作りが可能なのではないだろうか。ぜひお薦めしたいことである。

(4)　2013年8月17日から18日にかけて行われた早稲田大学ジェンダー法研究会合宿で，現役生の勘解由小路雄一さんと畑福生さんは，報告に際して「早稲田龍馬の履歴書」を作成・配布した。これは，架空の男性の一生を履歴スタイルにより語るものだが，男性であることによるさまざまなジェンダー差別的体験が記述されており，非常に考えさせられ，かつ，身につまされる。私はこの資料を両人の同意を得て，講義の初回に配布し，ジェンダー法が女性問題に限られるものではないことを理解する資料として使用させてもらっている。

【参考文献】

浅倉むつ子（2001）「司法改革・法学教育・ジェンダー」民主主義科学者協会法律部会編『だれのための「司法改革」か――「司法制度改革審議会中間報告」の批判的検討』日本評論社，218-219頁
――（2003）監修『導入対話によるジェンダー法学』不磨書房
――（2014）「『法の世界』におけるジェンダー主流化の課題」『ジェンダー法研究』1号，1-15頁
――（2015）「ロースクール（LS）におけるジェンダー法講義の経験から」『法の科学』46号，125-129頁
浅倉むつ子／戒能民江／若尾典子（2004）『フェミニズム法学――生活と法の新しい関係』明石書店
石橋英子監修（2003）『なぜ女は男をみると痴漢だと思うのか　なぜ男は女の不快感がわからないのか』ビーケイシー
江澤和雄（2014）「法科大学院の現状と課題」『レファレンス』2014年7月号，2-37頁
後藤弘子（2007）「ジェンダーと法曹養成教育――日本における現状と課題」（ジェンダー法学会誌）『ジェンダーと法』4号，3-20頁
二宮周平（2014）「ジェンダーとLS教育」『ジェンダー法研究』1号，17-41頁。
日本弁護士連合会（2002）「第53回定期総会　ジェンダーの視点を盛りこんだ司法改革の実現をめざす決議」
三成美保（2014a）「『市民教養』としてのジェンダー法学」『学術の動向』2014年5月号，25-33頁
――（2014b）「大学教育におけるジェンダー法学教育の現状と課題」『ジェンダー法研究』1号，75-97頁

43　日本学術会議会員の任命拒否事件の本質

Ⅰ　はじめに

2020年10月1日，菅義偉内閣総理大臣は，日本学術会議（以下，学術会議）が次期会員として推薦した候補者105名のうち6名の任命を，理由も示さずに拒否しました。この前代未聞の「暴挙」は，科学者だけではなく一般市民をも震撼させ，直後から，幅広い抗議の波が全国に広がっています。私は2003年から2014年にかけて学術会議の会員だったので[(1)]，その経験をもとに，本稿では，任命拒否のねらいとその違憲性・違法性を明らかにしたいと思います。

Ⅱ　何が起きたのか

学術会議の会員は210名です。任期は6年ですが，3年ごとに半数が改選されるため，2020年9月末には105名が改選時期を迎えました。学術会議は8月末に内閣府人事課に，新会員候補の推薦名簿を提出しましたが，うち6名が任命拒否されました。現在，学術会議会員は204名しかいない状況です。拒否された6名は人文・社会科学分野の研究者（第1部）で，専門は，法学3名，哲学1名，史学1名，政治学1名です。

学術会議は，10月3日に，①任命拒否の理由を明らかにすること，②6名を推薦どおりに任命することを求める「要望書」を決議しました。1000を超える学協会，弁護士会，大学関係，市民団体等は，学術会議の要望書を支持して，任命拒否に強く抗議する声明や要望書が次々に公表されました。

一方，学術会議を非難・中傷するフェイクニュースが扇動的に流されました。フジテレビ解説委員の平井文夫氏は，「学術会議会員になると，そのあと学士院に行って年金250万円がもらえる」と発言し，翌日に訂正しましたが，SNSなどでは「学術会議は10億円の税金を無駄に使っている」という非難が飛び交いました。元経済産業大臣・衆議院議員の甘利明氏は，自身のブログで，

(1)　私は，第19期から第22期に会員として，その後は連携会員や特任連携会員として，学術会議に関与している。

「学術会議は中国の千人計画に協力している」と述べ，学術会議事務局から「事実ではない」と言われると，「間接的に協力していることになりはしないか」と，修正しました。

Ⅲ　任命拒否の違憲性・違法性

今回の任命拒否は，明らかに違憲・違法な行為です。学術会議法は，学術会議が「優れた研究又は業績がある科学者のうちから」会員候補者を選考して，内閣総理大臣に推薦し（同法17条），総理大臣はその「推薦に基づいて」会員を任命する，と規定しています（7条2項）。

現在行われている会員選出方法は，Co-optation方式ですが(2)，総理大臣の「任命」は法に羈束（きそく）された権限行使であり(3)，「推薦」を無視することは許されません。菅首相は，学術会議は国の機関で会員は特別職公務員だから，自分に「公務員の選定・罷免権」がある（憲法15条1項）と言いますが，憲法15条1項は国民の権利に関する規定であり，首相も公務員であって，絶対的な裁量権をもつ独裁者ではありません。この解釈はまったくの誤りで，任命拒否は，学術会議法7条と17条違反の行為です。

任命拒否は，さらに，憲法19条（思想・良心の自由），21条（表現の自由），23条（学問の自由）違反です。憲法23条はとくに重要です。「学問の自由」は，学問の自律性を尊重すること，とくに政治の世界からの介入・干渉を防止することを目的とするからです(4)。研究機関が業績評価により人事を行っているときに，内閣や大臣が，当人の政治信条を理由に人事に介入する行為は，明白に憲法23条違反です。同じく，学術会議は，学問の世界の評価基準にのっとって「研究・業績」を自律的に評価し，会員を推薦しているのですから，その推

---

(2)　Co-optation方式の下で，学術会議は，会員・連携会員および学協会からの推薦をもとに，約2500名程度のリストを作り，選考委員会の審査を通じて，その中から，優れた研究・業績の人を候補者とする「推薦名簿」を作成する。この手続は，約半年かけて慎重・公平に行われる。ちなみに当初の会員選出は完全な公選制だったが，票の獲得競争になってしまうことから，1983年に学会推薦制になった。しかし，これも出身母体の利益代表になってしまう欠点があったため，2004年に現行のCo-optation方式が採用された。

(3)　広渡清吾「科学者コミュニティと科学的助言」『世界』2021年2月号77頁。「羈束（きそく）」とは「しばりがある」という意味で，行政庁は，羈束行為については，法律が定めることを機械的に執行するのみ。

(4)　長谷部恭男『憲法（第7版）』（新世社，2018年）237頁。

薦を否定する任命拒否は，政治による学問の世界の独立性・自律性を破壊する介入行為です(5)。これは明白な憲法違反です。

Ⅳ　任命拒否に「正当理由」はあるのか

菅首相は，「人事のことだから理由は言えない」としつつも，国会で追及されると，自らの行為を正当化するいくつかの理由を持ち出しました。その 1 つが，2018 年 11 月の内閣府「内部文書」です(6)。学術会議の会長や幹事会も知らなかったこの「怪文書」(7)は，総理大臣は任命権者として一定の監督権を行使できるから，学術会議の「推薦のとおりに任命すべき義務があるとまでは言えないと考えられる」，と書かれたものです。

このような解釈が誤りであることはすでに述べましたが，この文書の存在自体が驚愕の対象でした。なぜなら 1983 年の学術会議法改正時の国会では，当時の中曽根首相をはじめ政府関係者がことごとく，学術会議からの推薦を尊重する，首相の任命権限は形式的なものである，と解釈していたからです。内閣府は，その従来の政府解釈を一方的に変更する「内部文書」を，数年前に密かに策定し，周到な準備をしたうえで，今回の任命拒否を行なったのでした。

広渡清吾・元学術会議会長は，「この論法には既視感がある」と述べています(8)。集団的自衛権を認めないという憲法 9 条の政府解釈を，「変更した」と言わずに，以前からの解釈を確認したと言いくるめて，安保法制を強行した安倍政権の論法と同じ，というわけです。日本の政治は，もはや「欺罔政治」になり下がったかのようです。

菅首相は，任命拒否は「総合的・俯瞰的な活動を確保する」ためだ，とも述べています。しかし「総合的」とは「人文・社会科学を含めた視点」，「俯瞰的」とは「科学者コミュニティの総体を代表する観点」という意味であって，これらは学術会議自身が用いている表現です。任命拒否の根拠として持ち出す意味があるとは思えません。

---

(5)　木村草太「学問の自律と憲法」佐藤学・上野千鶴子・内田樹編『学問の自由が危ない』（晶文社，2021 年）81 頁以下。

(6)　内閣府日本学術会議事務局「日本学術会議法第 17 条による推薦と内閣総理大臣による会員の任命との関係について（平成 30 年 11 月 13 日）」。

(7)　前田朗「民主主義と学問の危機」『神奈川大学評論』97 号 49 頁。

(8)　広渡清吾「科学と政治：日本学術会議の会員任命拒否問題をめぐって」（2020 年 10 月 6 日）https://www.web-nippyo.jp/20948/

さらに，会員の「多様性確保」のためだ，とも言っています。しかし学術会議は，多様性を尊重して推薦を行っており，とくにCo-optation方式は，多様な特性の候補をバランスよく推薦名簿に掲載しうる方法です。実際，任命拒否された6名は，女性，若手，私学，地方在住の会員候補者という多様な方々ですから，首相の説明は詭弁としかいいようがありません。

Ⅴ　任命拒否の本当の理由

6名は，政権が歓迎する「従順な学者」でないことは確かですが，優れた研究者としてすでに高い評価を得ている方々なので，任命されなかったことが研究活動の妨げになるとは思えません。かえって「研究上の余裕が生まれた」との感想を口にした方がいても，少しも不思議はないでしょう。それだけに，今回の任命拒否は，6名の排除自体が目的というよりは，これを機に学術会議の弱体化をはかることがより根本的なねらいだと思われます。問題は，なぜ学術会議がそれほど現政権にとって「うとましい存在」なのか，です。

歴史をたどると，それがみえてきます。学術会議法の前文は，学術会議は日本の「平和的復興，人類社会の福祉に貢献」することを使命とする，と宣言しています。これは，科学者が戦争目的の研究にかりたてられ，学問の自由が失われたことへの深い反省を示すものです。実際，学術会議は，1950年と1967年の2度にわたって，軍事研究を拒否する声明を出してきました。

そして2017年3月，学術会議は3度目の「声明」を出しました(9)。2015年に防衛省が，「安全保障技術研究推進制度」という競争資金を開始したからです。「声明」は，学術研究には自主性・自律性・公開性が必要であるため，競争資金を受けるには，大学等研究機関が自ら審査制度を設けるべきである，と提言しています。「声明」は，研究機関に対して居丈高に「研究費申請を拒絶せよ」と迫るものではありません。しかしこの「声明」を受けて，多くの大学や研究機関は，自主的に応募を控える良心的な決断をしました。政権にとっては，このような学術会議の動きがうとましかったのでしょう。

この「声明」以外にも，学術会議は，政権にとって「耳の痛い」数多くの提

(9)　学術会議幹事会「軍事的安全保障研究に関する声明」(2017年3月24日)。

言を出しており[10]，なかにはジェンダー視点からの提言もあります[11]。提言の対象は，国のみならず市民も含むのですから，国にとって都合のよいことばかりでは，社会的責任を果たしているとはいえません。

Ⅵ　学術会議の設置形態をめぐる議論

学術会議の改革は，これまでに幾度も議論されてきました。1983年と2004年には学術会議法改正が行われ，直近では，2015年3月に，内閣府有識者会議の意見が出されました[12]。従来の改革論議は，学術会議の「目的」（学術会議法2条：我が国の科学者の代表機関），「職務」（3条：独立して科学に関する重要事項を審議し実現する），「権限」（5条：政府への勧告）をよりよく行うためであり，学術会議や学協会の意見を十分に聴取しながら行われてきました。

ところが，2020年末，自民党プロジェクトチーム（PT）は，任命拒否問題を未解決にしたまま，一方的に，学術会議の組織改革を提言しました[13]。「提言」は，日本学術会議はその「機能を十分に果たしているとは言い難い」から，「独立した新たな組織として再出発すべき」であり，「組織形態としては，独立行政法人，特殊法人，公益法人等が考えられる」，としています。財政については，「当面の間は運営費交付金等により，基礎的な予算措置を続ける」が，同時に「競争的資金の獲得，……会費徴収，……寄付等による自主的な財政基盤を強化すべき」としています。これは，学術会議の機能強化や活性化のためではなく，学術会議を国から切り離し，財政基盤の弱体化をねらっているとしか思えない提言です。

もっとも，学術会議はこれまでにも「改革」自体を拒否することなく，さまざまな議論に真摯に向き合ってきました。今回の自民党PTの「提言」に対しても，学術会議は，改革にあたって満たすべき5要件を示して，自らの見解を

---

(10)　一例として，原子力委員会の審議依頼に応えた「回答：高レベル放射性廃棄物の処分について」(2012年9月)。

(11)　2020年にはジェンダー関連の3つの提言が出された。「性的マイノリティの権利保障をめざしてⅡ」(9月23日)，「『同意の有無』を中核に置く刑法改正に向けて」(9月29日)，「社会と学術における男女共同参画の実現を目指して」(9月29日)。

(12)　日本学術会議の新たな展望を考える有識者会議「日本学術会議の今後の展望について」(2015年3月20日)。

(13)　自由民主党政策調査会・政策決定におけるアカデミアの役割に関する検討プロジェクトチーム「日本学術会議の改革に向けた提言」(2020年12月9日)。

出しました(14)。5要件とは，①学術的に国を代表する機関としての地位，②そのための公的資格の付与，③国家財政支出による安定した財政基盤，④活動面での政府からの独立，⑤会員選考における自主性・独立性，です。

学術会議が「国の機関」である場合，5要件は満たされますが，それ以外の設置形態では，5要件は完全には満たされず，相当な準備と時間が必要，という結論が示されました。2015年の内閣府有識者会議も，「現在の制度は，日本学術会議に期待される機能に照らして相応しいものであり，これを変える積極的な理由は見出しにくい」，と述べていました。これらの検討と比較すれば，自民党PTの組織改革案がいかに無謀で非論理的であるかは，十分，明らかです。

Ⅶ　おわりに

学術会議は，2021年4月の総会で「声明：日本学術会議会員任命問題の解決を求めます」を出し，学協会等も，任命拒否を撤回すべきという声を強めています。2021年4月には，法律家1162名（法学者322名，弁護士840名）が，内閣府に対して，任命拒否問題に関する行政文書の開示請求を行いました。2020年11月5日の参議院予算委員会で，加藤勝信内閣官房長官が，「任命に至る経緯で，杉田副長官と内閣府のやりとりの記録は内閣府が管理している」旨の答弁をしたため，その記録文書の開示を請求することにしたのです。同時に，6名の方々も，行政機関の保有する個人情報の保護に関する法律にもとづき，自己情報の開示請求を行っています。

内閣府は，開示請求先の部署によって，不開示あるいは開示期限を延長すると回答しています（2021年6月20日現在)。「記録」の公開があれば，任命拒否に至ったプロセス，責任の所在，任命拒否の違法性・不当性が多少なりとも明らかになるでしょう。この事件はきわめて重大な歴史の一齣ですから，私たちは，任命問題が解決するまで決して緩むことなく，政府の責任を追求していかねばなりません。

(14)　日本学術会議「日本学術会議のより良い役割発揮に向けて」(2021年4月22日)。

44　学術会議の独立性を毀損してはならない

I　はじめに

2023年2月14日，学術会議の歴代会長5名（吉川弘之，黒川清，広渡清吾，大西隆，山極寿一の各氏）が，連名で，岸田文雄首相あてに「声明」[(1)]を発表する記者会見を行った。同「声明」は，学術会議が人類の福祉と日本社会の発展のために果たしてきた使命にてらし，首相に，学術会議の独立性と自主性の尊重と擁護，そして政府自民党による学術会議「改革」の「根本的再考」を求めた。存命の元会長全員が連名で声明を出すのは初めてで，「日本学術会議は，一朝一夕に出来上がったものでなく，日本の科学者の努力と献身，そして国際的な連携・協力によって構築され」てきたものであることを，強く主張した。2月19日には，ノーベル賞・フィールズ賞の日本の受賞者ら8名（天野浩，大隅良典，小林誠，白川英樹，鈴木章，野依良治，本庶佑，森重文の各氏）が「声明」[(2)]を出した。同「声明」は，成熟した先進国の政府はナショナル・アカデミーの活動の自律を尊重し，介入しないことを不文律にしているのに，日本政府が検討している法改正は，学術会議の独立性を毀損するおそれがあるとして，政府に再考を求めた。

危機感に満ちたこれら2つの声明は，日本の学術が，いま，かつてない異例の事態に直面していることを，改めて私たちに認識させるものである。

II　任命拒否とその後の経緯

学術会議の会員は210名，任期は6年である。3年ごとに半数が改選されるため，2020年9月末には105名が改選時期を迎えた。同年8月末に，学術会議は内閣府人事課に新会員候補の推薦名簿を提出したが，10月1日，菅義偉内閣総理大臣は，理由を示さずに，6名の任命を拒否した。6名は人文・社会科学分野の研究者（第1部）で，法学3名，哲学1名，史学1名，政治学1名

---

(1)「岸田首相に対し日本学術会議の独立性および自主性の尊重と擁護を求める声明」(2023年2月14日)。

(2)「声明　日本学術会議法改正につき熟慮を求めます」(2023年2月19日)。

であった。この任命拒否により，第25期（2020年10月〜2023年9月）の会員は204名で活動することを余儀なくされた。会員それぞれが専門的学識にもとづき「科学的提言活動」をする学術会議にとって，この欠員は重大な活動阻害要因であり，任命拒否が及ぼした不利益は重大であった(3)。

学術会議法は，会員は学術会議が，「優れた研究又は業績がある科学者のうちから」候補者を選考し，内閣総理大臣に推薦し（同法17条），総理大臣はその「推薦に基づいて」会員を任命する（7条2項）と規定する。総理大臣の「任命」は，法に羈束された権限行使であり，「推薦」を無視することは許されない。任命拒否は明白な学術会議法違反であった。

ところが2020年末には，自民党PTが，学術会議の組織改革を提言した(4)。同「提言」は，日本学術会議はその「機能を十分に果たしているとは言い難い」から，「独立した新たな組織として再出発すべき」であり，財政については，「当面の間は……基礎的な予算措置を続ける」が，同時に「競争的資金の獲得，……会費徴収，……寄付等による自主的な財政基盤を強化すべき」とした。学術会議を国から切り離し，弱体化させかねない内容であった。

一方，学術会議は，2021年4月22日の総会で，任命拒否の撤回を求める一方，ナショナル・アカデミーとして満たすべき5要件を提示した(5)。それらは，①学術的に国を代表する機関，②そのための公的資格，③国家財政支出による安定した財政基盤，④活動面での政府からの独立，⑤会員選考における自主性・独立性，であり，「国の機関」なら5要件を満たすことができるが，それ以外の設置形態では難しい，という結論を示した。学術会議は「改革」自体を拒否することなく，自己改革提案を含めさまざまな議論に向き合いつつ，繰り返し，政府との「対話」を求めたが，政権がこれに応じることはなかった。

Ⅲ　現段階――内閣府「方針」への学術会議からの懸念表明

そして，2022年12月6日，内閣府はきわめて唐突に，「日本学術会議の在り方についての方針」（以下，「方針」）を示し，同月21日に「日本学術会議の

(3)　たとえば第25期学術会議の第一部・法学委員会には，行われた任命拒否によって「憲法学」専門の会員がいなくなった。

(4)　自由民主党政策調査会・政策決定におけるアカデミアの役割に関する検討PT「日本学術会議の改革に向けた提言」(2020年12月9日)。

(5)　日本学術会議「日本学術会議のより良い役割発揮に向けて」(2021年4月22日)。

在り方について（具体化検討案）」を公表した。

「方針」は，学術会議に「政府等と問題意識や時間軸等を共有」しつつ「質の高い科学的助言を」発出するよう求め，そのために，政府は，学術会議を「国の機関として存置した上で」必要な措置をとることとした，と述べる。そのうえで，①「科学的助言等」は「高い透明性・客観性の下で」行われること，②会員等の選考・任命は「会員等以外による推薦などの第三者の参画など」の改革を進め，「内閣総理大臣による任命が適正かつ円滑に行われるよう必要な措置を講じること」，③経費は国庫の負担とすること，④今後必要なときには「最適の設置形態となるよう所要の措置を講ずる」こと，等を求めている。

「具体化検討案」は，「方針」に基づいて，「内閣府において法制化に向けて必要な検討・作業等を進め，令和 5 年通常国会に所要の法案を国会に提出することを目指す」，とした。

これに対して，学術会議は，同年 12 月 21 日に，「声明　内閣府『日本学術会議の在り方についての方針』について再考を求めます」を出し，同月 27 日に，「内閣府『日本学術会議の在り方についての方針』に関する懸念事項」を公表した。

学術会議は，これらの文書で，内閣府「方針」が「国の機関として存置する」と明記したことを評価しつつも，選考過程に関与する第三者委員会の設置を含めた法改正が準備されていることに「強い懸念」を示し，①すでに学術会議が独自に改革を進めているもとで法改正を必要とする理由（立法事実）が示されていない，②会員選考のルールや過程への第三者委員会の関与は，学術会議の自律性・独立性に介入するおそれがある，③任命拒否の正当化につながりかねない，④学術には，政治や経済とは異なる固有の論理があり，「政府等と問題意識や時間軸等を共有」できない場合があることが考慮されていない，など，批判点を指摘した。また，この「方針」が，学術コミュニティや国民との対話を欠いたまま示され，拙速に改正法案の準備がなされようとしていることに，強い危機感を表明した。

このような現状に対して，冒頭に述べたような二つの声明が出されたのであった。

Ⅳ　改めて，任命拒否の違法性・違憲性を問う

学術会議問題の発端は，理由を示さない任命拒否にあったが，内閣府の「方

針」も「具体化検討案」も，任命拒否の是非にふれずに「改革」論議に終始している。学術会議が，これに対して，任命拒否の正当化につながりかねないと懸念するのは当然である。法改正を提案するのなら「改正の必要」を説得的に論じるべきだが，現状では，任命拒否の正当化以外に「法改正」の理由を見出すことは難かしい。

菅総理は，当初，学術会議は国の機関で会員は特別職公務員だから，自分に「公務員の選定・罷免権」がある（憲法15条1項）と主張した。だが，憲法15条1項は国民の権利に関する規定であり，首相も公務員であって絶対的な裁量権をもつ独裁者ではない。この解釈は誤りで，任命拒否は学術会議法7条と17条違反の行為である。任命拒否は，さらに，憲法19条（思想・良心の自由），21条（表現の自由），23条（学問の自由）違反である。憲法23条はとくに重要で，「学問の自由」は，学問の自律性を尊重すること，とくに政治の世界からの介入・干渉を防止することを目的とする(6)。研究機関が業績評価により人事をしているときに，内閣や大臣が，当人の政治信条を理由に人事に介入すれば，それは明白に憲法23条違反になるのと同じく，学術会議は，学問の世界の評価基準によって「研究・業績」を自律的に評価し会員を推薦しているのだから，それを否定する任命拒否は，政治による学問の世界の独立性・自律性を破壊する介入行為である(7)。明白な憲法違反といえる。

菅首相は，「人事のことだから理由は言えない」としながら，国会で追及されると，自らの行為を正当化するために，2018年11月の内閣府「内部文書」を持ち出した(8)。学術会議の会長や幹事会も知らなかった「怪文書」(9)である。学術会議の「推薦のとおりに任命すべき義務があるとまでは言えないと考えられる」と書かれたこの文書の存在自体が，驚愕の対象だった。1983年の学術会議法改正時の国会では，当時の中曽根首相をはじめ関係者はことごとく，首相の任命権限は形式的なもの，と解釈していたからである。内閣府は，この従来の政府解釈を一方的に変更する「内部文書」を密かに策定し，周到な準備を

---

(6)　長谷部恭男『憲法（第7版）』（新世社，2018年）237頁。

(7)　木村草太「学問の自律と憲法」佐藤学・上野千鶴子・内田樹編『学問の自由が危ない』（晶文社，2021年）81頁以下。

(8)　内閣府日本学術会議事務局「日本学術会議法第17条による推薦と内閣総理大臣による会員の任命との関係について（平成30年11月13日）」。

(9)　前田朗「民主主義と学問の危機」『神奈川大学評論』97号49頁。

したうえで，今回の任命拒否を行ったらしい(10)。

また，菅首相は，任命拒否は「総合的・俯瞰的な活動を確保する」ためだ，とも述べた。「総合的」も「俯瞰的」も，「科学者コミュニティの総体を代表する観点」として，学術会議自身が用いてきた表現であり，任命拒否の根拠にはならない。首相はさらに，会員の「多様性確保」のためだ，とも述べた。しかし学術会議は，多様性を尊重して推薦を行っており，とくに現行の選考であるCo-optation方式は，多様な特性の候補をバランスよく推薦名簿に掲載しうる方法である(11)。任命拒否された6名は，女性，若手，私学，地方在住の会員候補者という多様な方々であり，首相の説明は詭弁としかいいようがない。

V　任命拒否の本当の理由

任命拒否を正当化する理由は，以上のように，どこにも見出せない。それだけに，任命拒否は6名の排除を機に学術会議の選考手続に政治的介入をはかるねらいと思われる。問題は，なぜ政権は，学術会議をそれほどコントロールしたがっているのか，であろう。

歴史をたどれば，それは鮮明にみえてくる。学術会議法の前文は，学術会議は日本の「平和的復興，人類社会の福祉に貢献」することを使命とする，と宣言する。かつて科学者が戦争目的の研究にかりたてられ，学問の自由が失われたことへの深い反省の一文である。学術会議は，実際，1950年と1967年の2度にわたって，軍事研究を拒否する声明を出してきた。

そして2017年3月，学術会議は3度目の「声明」を出した(12)。2015年に防衛省が，「安全保障技術研究推進制度」という競争資金を開始したからである。「声明」は，学術研究には自主性・自律性・公開性が必要であるから，競争資

(10)　広渡清吾は，この論法には既視感があるという。集団的自衛権を認めないという憲法9条の政府解釈を，「変更した」と言わずに，以前からの解釈を確認したと言いくるめて，安保法制を強行した安倍政権の論法と同じ，というわけだ。広渡清吾「科学と政治：日本学術会議の会員任命拒否問題をめぐって」(2020年10月6日) https://www.web-nippyo.jp/20948/

(11)　学術会議の会員選出方法は，いわゆるCo-optation制をとっている。すなわち，会員・連携会員および学協会からの推薦をもとに，約2500名程度のリストを作り，選考委員会の審査を通じて，その中から，優れた研究・業績の人を候補者とする「推薦名簿」を作成する。この手続は約半年かけて慎重・公平に行われており，改革を重ねた学術会議が，2004年以来，もっとも望ましい形として選択している方法である。

(12)　学術会議幹事会「軍事的安全保障研究に関する声明」(2017年3月24日)。

金を受けるには，研究機関が自ら審査制度を設けるべき，と提言した。「声明」は，研究機関に対して「研究費申請を拒絶せよ」と迫るものではないが，これを受けて，多くの大学は，自主的に応募を控える良心的な決断をした。政権はこれをうとましく思ったのであろう。

学術会議は，政権にとって「耳の痛い」数多くの提言を出しており(13)，ジェンダー視点からの提言も多い(14)。提言の対象は市民も含むのだから，国に都合のよいことばかりでは，学術会議が求められる社会的責任を果たしているとはいえない。そもそも学術会議が担う「科学的助言」の役割は，内閣府「方針」が求めるような「政府等と問題意識や時間軸を共有」するものではなく，「ときどきの政府の利害から学術的に独立に自主的に行われるべきもの」である(15)。政府はこれをはき違えている。

Ⅵ おわりに

この危機的状況に直面して，私たちは，科学者代表機関としての学術会議の意義について，より理解を広め，その独立と自律の不可欠性を説得的に示していく必要がある。

1999年7月，ハンガリーで開催された「世界科学会議」は「ブタペスト宣言」を採択した。この会議に学術会議会長として出席した吉川弘之は，この宣言が，科学のこれまでの光と影を自省し，科学は社会のために貢献すべきものとし，科学者は科学的知識の利用について責任を負うべきであること（科学者の社会的責任）を明確に提起した，と位置づけた(16)。以来，学術会議は，日本の科学者コミュニティが課題とすべきものを，代表性の自覚の上に探求する活動を展開してきたのである(17)。

最後に，任命拒否問題の後に，吉川が寄稿した科学者コミュニティに関する

---

(13) 一例として，原子力委員会の審議依頼に応えた「回答：高レベル放射性廃棄物の処分について」(2012年9月)。

(14) たとえば2020年には，ジェンダー関連の3つの提言が出された。「『同意の有無』を中核に置く刑法改正に向けて」，「社会と学術における男女共同参画の実現を目指して」，「性的マイノリティの権利保障をめざして(Ⅱ)」。

(15) 前掲注(1)。

(16) 広渡清吾『社会投企と知的観察』（日本評論社，2022年）26頁による。

(17) たとえば第17期から18期に取り組まれた「日本の計画」，第20期から21期に取り組まれた「日本の展望」，24期の「未来からの問い」などの文書には，中長期的展望の下に科学の課題を解決しようという学術会議の決意が示されている。

論説を紹介しておきたい(18)。科学者が研究の自由をもち各種「恩恵」を被っているのは，社会が科学者の存在を認めているからであり，だからこそ，科学者は「社会の期待」にどのように応えるかを考えねばならない。だが，これに応え得るのは，個々の科学者でも，領域別の科学者コミュニティでもなく，科学全体の俯瞰を通じて学問全体の状況を把握できる科学者の代表機関である。日本学術会議は，その代表機関という役割を担い，社会からの負託に応える責任をもつ代表アカデミーでなければならない。

科学者代表機関として，学術会議は，全学問分野の俯瞰により状況を把握し，社会から科学への期待を理解し，それを背景として政策立案者への有効な助言をしなければならない。吉川によれば，じつは学術会議は，全学問分野を網羅し，法律による定めをもつことから，世界に先駆けてその使命を果たすための十分な組織であったという。吉川は，代表アカデミーに属する科学者は，「俯瞰的視点を以て社会にとって有益な，しかも時代を通じて継承可能な新しい学問の進化を推進するための役割を認識し，そのうえで社会と科学の対話における一方の主役であることを意識」する必要がある，と強調している。

冒頭に引用した元会長の声明にある一文──「日本学術会議は，一朝一夕に出来上がったものでなく，日本の科学者の努力と献身，そして国際的な連携・協力によって構築され」──は，このことを述べているのである。この一文が示す意味を，私たちは，繰り返し，かみしめねばならない。学術会議の独立性を毀損することは，科学者代表機関としてのこの貴重な役割が失われることを意味する。

(18)　吉川弘之「科学者コミュニティについて」『学術の動向』2022年6月号70頁以下。

【初出一覧】

第1章　包括的差別禁止法制と複合差別

1　包括的差別禁止立法の検討課題
（初出 ―「包括的差別禁止立法の検討課題 ― 雇用分野に限定して ―」浅倉むつ子・西原博史編著『平等権と社会的排除 ― 人権と差別禁止法理の過去・現在・未来 ―』成文堂，2017年2月，3頁〜17頁）

2　雇用平等の展望と包括的差別禁止法
（初出 ―「雇用平等の展望と包括的差別禁止法」生活経済政策246号（2017年7月）4頁〜8頁）

3　性差別禁止法のエンフォースメント
（初出 ―「特集　性差別禁止法のエンフォースメント　本特集の趣旨について」季刊労働法260号（2018年3月）2頁〜5頁）

4　イギリス平等法における複合差別禁止規定
（初出 ―「イギリス平等法における複合差別禁止規定について」ジェンダー法研究3号（2016年12月）33頁〜55頁）

5　障害を理由とする雇用差別の禁止
（初出 ―「障害を理由とする雇用差別禁止の法的課題」日本障害法学会誌「障害法」1号（2017年11月）33頁〜49頁）

6　女性差別と障害差別の交差性を考える
（初出 ―「女性差別と障害差別の交差性を考える ― 障害女性に対する差別禁止規定を設ける意味 ―」早稲田大学法学会編『早稲田大学法学会百周年記念論文集　第4巻　展開・先端・国際法編』成文堂，2022年12月，91頁〜115頁）

第2章　均等法をめぐる攻防

7　均等法の立法史
（初出 ―「雇用の分野における男女の均等な機会及び待遇の確保等に関する法律」島田陽一，菊池馨実，竹内（奥野）寿編著『戦後労働立法史』旬報社，2018年12月，305頁〜341頁）

8　労働組合運動と女性の要求
（初出 ―「労働組合運動と女性の要求　「敵対」から「共存」へ」浅倉むつ子，萩原久美子，神尾真知子，井上久美枝，連合総合生活開発研究所編著『労働運動を切り拓く ― 女性たちによる闘いの軌跡』旬報社，2018年10月，16頁〜51頁）

【初出一覧】

第3章　男女賃金差別の是正・解消

9　ジェンダー視点からみた同一価値労働同一賃金原則の課題

（初出──「ジェンダー視点からみた同一価値労働同一賃金原則の課題」女性労働研究61号（2017年3月）25頁〜39頁）

10　同一価値労働同一賃金を実現する法制度の提案──賃金格差是正のプロアクティブモデルをめざして

（初出──「同一価値労働同一賃金を実現する法制度の提案──賃金格差是正のプロアクティブモデルをめざして」森ます美＝浅倉むつ子共編著『同一価値労働同一賃金の実現』勁草書房，2022年2月，229頁〜258頁）

11　男女間賃金格差是正に取り組む法の構想を

（初出──「男女間賃金格差是正に取り組む法の構想を」労働法律旬報1999＋2000号（2022年1月）64頁〜69頁）

12　女性活躍推進法における男女賃金格差開示義務

（初出──「男女賃金格差を縮小・是正する法政策の展望──女性活躍推進法における男女賃金格差開示義務化を契機に」労働法律旬報2021号（2022年12月）6頁〜14頁）

第4章　ジェンダー視点による「働き方改革」批判

13　雇用分野のジェンダー不平等はなぜ解消されないのか

（初出──「雇用分野のジェンダー不平等はなぜ解消されないのか」法社会学82号（2016年3月）81頁〜92頁）

14　労働時間法制のあり方を考える〜生活者の視点から〜

（初出──「労働時間法制のあり方を考える〜生活者の視点から〜」自由と正義67巻2号（2016年2月号）41頁〜49頁）

15　なんのための労働時間短縮なのか

（初出──「なんのための労働時間短縮なのか」世界901号（2017年11月号）118頁〜125頁）

16　「働き方改革」は待遇格差を是正できるか

（初出──「働き方改革は待遇格差を是正できるか」世界892号（2017年2月号）29頁〜32頁）

17　安倍政権の労働法制「改革」を批判する

（初出──「安倍政権の労働法制『改革』を批判する」法と民主主義526号（2018年2月）4頁〜9頁）

18　ジェンダー視点で読み解く労働判例

（初出──「第7章　労働　総論」ジェンダー法学会編『ジェンダー視点で読み解く重要判例40』日本加除出版，2023年12月，425頁〜435頁）

第5章　コロナ禍と労働法

19　新型コロナとジェンダー
（初出──「新型コロナとジェンダー」和田肇編著『コロナ禍に立ち向かう働き方と法』日本評論社，2021年1月，161頁〜170頁）

20　コロナ禍におけるジェンダー問題
（初出──「コロナ禍におけるジェンダー問題──日本の課題を展望する」NWEC実践研究（国立女性教育会館）12号（2022年2月）6頁〜24頁）

21　ジェンダーをめぐる課題と法律家の役割
（初出──「ジェンダーをめぐる課題と法律家の役割」法と民主主義582号（2023年10月）29頁〜34頁）

第6章　男女共同参画条例

22　多摩市の条例策定への道のり
（初出──「多摩市条例──『先進的』と呼ばれる条例策定までの道のり」LGBT法連合会編『「LGBT」差別禁止の法制度って何だろう？──地方自治体から始まる先進的取組み』かもがわ出版，2016年5月，97頁〜110頁）

23　男女共同参画条例に基づく「苦情処理」の意義
（初出──「男女共同参画条例に基づく『苦情処理』の意義」大島和夫他編『民主主義法学と研究者の使命──広渡清吾先生古希記念論文集』日本評論社，2015年12月，497頁〜516頁）

第7章　女性差別撤廃条約の実効性

24　女性差別撤廃条約批准後の国内法の展開
（初出──「女性差別撤廃条約批准後の国内法の展開」国際女性33号（2019年12月）52頁〜57頁）

25　女性差別撤廃条約に言及する国内判例の分析
（初出──「女性差別撤廃条約に言及する国内判例の分析」ジェンダー法研究7号（2020年12月）27頁〜58頁）

26　女性差別撤廃条約選択議定書──批准の「障害」とは何か
（初出──「女性差別撤廃条約選択議定書──批准の『障害』とは何か」国際女性34号（2020年12月）135頁〜138頁）

27　個人通報制度が変える　この国の人権状況
（初出──「個人通報制度が変える　この国の人権状況──女性差別撤廃条約と司法判断」世界947号（2021年8月）176頁〜185頁）

28　女性差別撤廃条約選択議定書の批准を求める地方議会意見書の動向
（初出──「女性差別撤廃条約選択議定書の批准を求める地方議会意見書の動向」国際女性35号（2021年12月）35頁〜44頁）

29　女性差別撤廃条約の個人通報事例──重度障害児の在宅介護と年金保険算定

上の不利益
（初出――「CEDAW 個人通報事例研究会報告　重度障害児の在宅介護と年金保険算定上の不利益（通報番号 104/2016）」（黒岩容子との共著）国際女性 37 号（2023 年 12 月）101 頁～105 頁）

第 8 章　ジェンダー主流化をめざす

30　「ジェンダー主流化」を国内法規範に
（初出――「『ジェンダー主流化』を国内法規範に」労働法律旬報 1951＋1952 号（2020 年 1 月）6 頁～12 頁）

31　北京から 25 年――ジェンダー関連の国内法の展開と課題
（初出――「北京から 25 年：ジェンダー関連の国内法の展開と課題」日本婦人団体連合会編『女性白書 2020　ジェンダー不平等を超える――「北京＋25」』ほるぷ出版，2020 年 8 月，17 頁～26 頁）

32　性差別撤廃運動の新展開
（初出――山川菊栄記念会編『いま，山川菊栄が新しい！　山川菊栄生誕 130 周年記念シンポジウム記録』山川菊栄記念会，2021 年 7 月，34 頁～42 頁）

33　性差別撤廃運動の 35 年――バックラッシュとの攻防
（初出――「性差別撤廃運動の 35 年――バックラッシュとの攻防」女性としごと 55 号（労働大学出版センター，2021 年 4 月）9 頁～13 頁）

第 9 章　判例を契機に考える

34　職場における旧姓使用禁止は許されるか――学校法人日本大学第三学園事件
（初出――「職場における旧姓使用禁止は許されるか――学校法人日本大学第三学園事件」ジェンダー法研究 4 号（2017 年 12 月）177 頁～193 頁）

35　公務における「隠されたコース別人事」と性差別
（初出――「公務における『隠されたコース別人事』と性差別――東京地裁平成 31 年 2 月 27 日判決を契機として」ジェンダー法研究 6 号（2019 年 12 月）181 頁～197 頁）

36　「ケア」を軽んじる社会に未来はあるか？――ジャパンビジネスラボ事件
（初出――「『ケア』を軽んじる社会に未来はあるか？――ジャパンビジネスラボ事件を契機に考える」LAW and PRACTICE 15 号（早稲田大学大学院法務研究科　臨床法学研究会，2021 年 9 月）1 頁～24 頁）

第 10 章　ハラスメントの防止と撤廃

37　セクシュアル・ハラスメントをめぐる法的課題
（初出――「セクシュアル・ハラスメントをめぐる法的課題――労働法の領域から」伊藤和子・角田由紀子編『脱セクシュアル・ハラスメント宣言――法制度と社会環境を変えるために』かもがわ出版，2021 年 4 月，99 頁～

119 頁）

38　ILO 第 190 号条約のアプローチに学ぶ
（初出 ──「ハラスメントの防止と撤廃をめざす法政策 ── ILO 第 190 号条約のアプローチに学ぶ」遠藤美奈・植木淳・杉山有沙編著『人権と社会的排除 ── 排除過程の法的分析 ──』成文堂，2021 年 8 月，117 頁～145 頁）

39　ハラスメント根絶と学術の発展 ── 改めて京大・矢野事件を考える ──
（初出 ──「ハラスメント根絶と学術の発展 ── 改めて京大・矢野事件を考える ──」ジェンダー法研究 9 号（2022 年 12 月）119 頁～133 頁）

40　大学におけるセクシュアル・ハラスメント判例総覧 50 件
（初出 ──「大学におけるセクシュアル・ハラスメント判例総覧 50 件」（鈴木陽子との共著）ジェンダー法研究 5 号（2018 年 12 月）225 頁～247 頁）

第 11 章　研究・教育・学術

41　労働法の「女性中心アプローチ」
（初出 ──「早稲田大学における最終講義　労働法の『女性中心アプローチ』── ジェンダー法との架橋を求めて ──」『「尊厳ある社会」に向けた法の貢献 ── 社会法とジェンダー法の協働　浅倉むつ子先生古希記念論集』旬報社，2019 年 10 月，625 頁～643 頁）

42　ジェンダー法教育の意義と課題 ── 早稲田大学ロースクールの経験を中心に
（初出 ──「ジェンダー法教育の意義と課題 ── 早稲田大学ロースクールの経験を中心に」小林富久子，村田晶子，弓削尚子編『ジェンダー研究／教育の深化のために ── 早稲田からの発信』彩流社，2016 年 3 月，335 頁～348 頁）

43　日本学術会議会員の任命拒否事件の本質
（初出 ──「日本学術会議会員の任命拒否事件の本質」日本婦人団体連合会編『女性白書 2021　コロナ禍とジェンダー平等への課題』ほるぷ出版，2021 年 8 月，143 頁～148 頁）

44　学術会議の独立性を毀損してはならない
（初出 ──「学術会議の独立性を毀損してはならない」法と民主主義 577 号（2023 年 4 月）17 頁～20 頁）

〈著者紹介〉
浅倉むつ子（あさくら　むつこ）

〈略　　歴〉
早稲田大学名誉教授　東京都立大学名誉教授　法学博士（1993年，早稲田大学）
1948年千葉県生まれ。1971年東京都立大学法学部卒業，79年東京都立大学大学院社会科学研究科基礎法学専攻博士課程退学，79年東京都立大学法学部助手，87年同助教授，91年同教授，2004年早稲田大学大学院法務研究科教授，2019年早稲田大学定年退職。
日本労働法学会代表理事（2003年～05年），日本学術会議会員（2003年～14年），ジェンダー法学会理事長（2007年～09年），女性差別撤廃条約実現アクション共同代表（2019年～現在），国際女性の地位協会共同代表（2022年～現在）。

〈主要著作〉
『男女雇用平等法論――イギリスと日本』（ドメス出版，1991年），『均等法の新世界』（有斐閣，1999年），『労働とジェンダーの法律学』（有斐閣，2000年），『労働法とジェンダー』（勁草書房，2004年），『雇用差別禁止法制の展望』（有斐閣，2016年），『新しい労働世界とジェンダー平等』（かもがわ出版，2022年）

学術選書
267
労働法・ジェンダー

尊厳の平等という未来へ

2025（令和7）年4月25日　第1版第1刷発行
28293：P676 ¥12500E　012-040-010

著　者　浅倉むつ子
発行者　今井 貴 稲葉文子
発行所　株式会社 信山社
〒113-0033　東京都文京区本郷6-2-9-102
Tel 03-3818-1019　Fax 03-3818-0344
henshu@shinzansha.co.jp
笠間才木支店　〒309-1611　茨城県笠間市笠間515-3
Tel 0296-71-9081　Fax 0296-71-9082
笠間来栖支店　〒309-1625　茨城県笠間市来栖2345-1
Tel 0296-71-0215　Fax 0296-72-5410
出版契約 2025-28293-01012　Printed in Japan

印刷・製本／ワイズ書籍（M）・牧製本
ISBN978-4-7972-8293-1 C3332 分類 328.619 労働法・ジェンダー